人材育成ハンドブック

人材育成学会 ［編］

金子書房

人材育成学会の歩み

人材育成学会初代会長　森田一寿

はじめに

つぎの3つの内容について書きたいと思う。
・人材育成学会の設立と経緯について
・『人材育成ハンドブック』の編集について
・人材育成研究について

Ⅰ　人材育成学会の設立と経緯

学会の立ち上げの発端

　学会設立の発端は，産業能率短期大学が4年制大学を1979年に開設し，大学の研究所プロジェクトとして，人的資源管理に関する調査研究を進める中にあった。当時，研究所担当事務局の責任者であった故腰塚弘久（研究担当事務局長）と私で，「我々の活動は，欧米の研究をベースにしたセミナー開発や企業向けの研修を実施するだけではなく，もっと日本の組織に合った実践教育の研究が必要ではないか。そのためには勉強会か学会の設立をしたらどうだろうか」という話になった。この会話が学会設立の発端である。

　産業能率大学（以下，産能大）は，産能短大当時から，産業界に研修コースや調査報告書を提供し，教育研修やコンサルティングを実施していた。そのため，文部省（現文部科学省）よりも通産省（現経済産業省）や産業界によく知られた大学だった。マスコミ等にもよく取り上げられていたし，それなりの社会的地位を築いていたと思う。

　産能短大創立者である故上野陽一は，もともと日本のコンサルタントの草分けで，「能率の父」と言われており，産業界への教育活動の新しい道をつくる努力をした人物である。上野先生は，1人では限界があり同志をつくる必要があるとの観点から，昭和25（1950）年に短期大学を開設した。昼間部を申請したが認

可されず，夜間部として認可された。それが，日本で初めての夜間短期大学であり，幸いにも仕事が終わった後の産業人の勉学の場を創ることになった。

上野先生の没後，ご子息の故上野一郎が理事長を継ぎ，昼間部を昭和40（1965）年に開設し，その後，大学設置の準備を兼ねマネジメントスクールを開設。産業人の教育に力を注ぎ，昭和54（1979）年に日本で初めての学部，経営情報学部を擁する産業能率大学を開設した。大学院（修士課程）を昭和55（1980）年に開設し，社会人大学院におけるビジネススクールとして世間から一定の評価を得ていた。

実践重視の学会を目指す

「21世紀を前に，社会人大学院の柱として，幅広い研究者・実務家の研究の場と若手研究者の育成の場を創ることを目的に学会を設立しよう」という話を具体的に進めることになった。

実効性のある実践教育の研究・調査をし，産業界に貢献したい。「単なる流行」とか「横書きを縦書きにする」のではなく，「理論に裏打ちされた日本企業にとって実効性のある実践教育を研究する必要がある」との思いから，多くの同志を募って勉強会・学会を創りたいと考えた。

社会的基盤の整理から現実現場の活用まで，机上の空論にならない研究・開発・実践を産学官共同で行えるような学会の設立準備にかかった。

故上野一郎理事長と相談し，故山田雄一先生（当時，明治大学教授）に相談してみることを勧められた。

明治大学山田研究室訪問

学長就任でお忙しい山田先生の研究室をお訪ねし，ご相談したところ，「産学官の研究者に参加を呼びかけて，新しい視点から研究・調査をする学会を是非」ということになった。

当時，明治大学ではキャンパス一部移転案に対して反対の学生運動が盛んで，暴徒を防ぐためにベニヤ板で通路を狭くしてあった。その通路を通り学長室にご相談に行った。危機管理の実態に触れることができ，私にとっては貴重な経験になった。

多くの知恵を結集し，社会に貢献するために，どんな方にメンバーになっていただくか，先生の推薦を受けながら輪を広げていった。

我々は産業界の企業人育成を核とした学会を目指した。当時，関連する学会はいろいろあったが人的資源管理に関するプロパーの学会はなかった。人的資源を経営現象の中でどう捉え，どう活用するかという点にフォーカスし，政府への提言を行いプレゼンスできる学会にしたいと考えていた。
　学会運営の基本的な考え方，研究領域などをまとめていった。

設立の趣意

　故山田雄一先生のお考えをベースに設立準備をした。先生のお考えは，
- 世の中の出来事はすべて「人」によって動いていること。
- 人的資源の活用こそ経営活動における最重要課題であり，取り組むべき課題が山積していること。
- その解決は，究極的経営資源である人的資源の調達・活用・開発の各局面において，全く新しい発想のもとに有効な施策を打ち出せるか否かにかかわっていること。
- 余儀なく潜在化されている能力を顕在化させるための人的資源管理が今，本格的に求められていること。

などの視点を強調された。
　こうした問題意識の共有の下に，そのための社会システムをつくり，人材戦略の検討，人材の調達・活用・開発から特に，人間が健全な姿で働くために必要と考えられるメンタルヘルスの向上に至るまでの諸領域にわたり，真摯な研究をすることを決意し，本学会をスタートすることになった。

設立準備委員会の設立

　準備委員会を設け，打ち合わせを重ねることになった。
　事務的業務は，産能大学の経営開発本部の故伊藤栄二郎（総合研究所社会人MBA準備室課長）に担当していただき，準備委員会の開催に際し，諸資料の作成，会場の手配，参加委員への連絡などをしていただいた。実質的業務は現常任理事の荒井元明（当時産能大）にしていただいた。事務局が動き出した時期である。その後，児玉利之（産能大学・学会事務局）に引き継がれ，今日に至っている。学会設立に伴い，産能大学には人材育成学会担当業務をつくっていただき，大変お世話になっており，感謝している。
　新改装前の旧東京駅のステーションホテルの会議室を会場として準備委員会を

重ねた。その時期は，前述したように，明治大学では大学と学生との対立が激しくなり，学長の山田先生にはガードマンが数人ついて会議に出席していただいた。

学会の在り方，学会参加者の募り方，活動内容，学会運営の仕方など議論を重ねた。第一回の準備委員会は，2001年7月1日にホテル国際観光の「梅の間」で，次のメンバーで開かれた。

山田雄一（明治大学学長），南隆男（慶應義塾大学教授），生田目常光（東海大学教授），大泊剛（株式会社人事工学研究所所長），三木佳光（文教大学教授），藤本雅彦（株式会社サイエンティアHRMコンサルタント），腰塚弘久（産業能率大学総合研究所），森田一寿（産能大学大学院教授）の8名だった。

その後東京ステーションホテルの「桜の間」がよく使われ，11回の会合を重ねた。会合では，「社会的基盤の整理から現実現場の活用まで，机上の空論にならない研究・開発・実践を産学官共同で行えるような学会で，それぞれの視点で，ミクロ的企業人育成からマクロ的企業人育成の共同研究によって，政策提言する学会にしたい」という理念を確認し，合意された。学会設立に向けて準備を進めた。

設立総会に向けて

準備委員会において，設立趣意書の作成，学会活動内容の調整，発起人候補者のリスト作り，設立大会の内容とその準備などを議論しまとめていった。

「学会運営規約」を南隆男先生が作成し，学会活動内容として，「年次大会の開催」「機関誌の刊行」「研究プロジェクトの遂行」の3つを掲げ，6つの研究領域を想定し，学識者及び実務家からなるプロジェクトを形成し，実践的研究を進めていくと謳った。

6つの研究領域は，次のとおりである。

① 「人材育成と社会システム」人材育成の社会的，経済的，文化的基盤及び環境倫理を取り扱う領域
② 「戦略と計画」事業戦略と人的資源計画に関わる領域
③ 「採用と配置」人材の調達及び配置に関わる領域
④ 「評価と処遇」人材の評価と処遇に関わる領域
⑤ 「訓練と開発」人材の教育・訓練と個人のキャリア発達・開発に関わる領域
⑥ 「職場環境とメンタルヘルス」職場環境のアメニティとメンタルヘルスの向上を取り扱う領域

107名の方々に発起人になっていただいて，人材育成学会の設立総会・設立記念大会を開催した。

設立記念大会と基調講演
　設立総会と設立記念大会は，目白大学新宿キャンパスの「研心館ホール」で2002年11月17日に開催した。

　祝辞をメルシャン株式会社の鈴木忠雄取締役社長にいただいた。

　設立総会で，発起人代表の山田先生に会長となっていただくことを当初からお願いしていたが，ご多忙とのことで辞退され，急遽，初代会長として私を推薦する提案がなされ，出席者の賛同を得て就任した。

　南隆男先生を中心に作られた会則の承認も得られた。

　基調講演は明治大学学長の山田雄一先生「21世紀と人材育成」であった。

　シンポジウムは，「これからの人材マネジメントを考える」と題し，
　　　コーディネータに生田目常光（東海大学教授）
　　　パネリストに
　　　　・学術界の立場から髙橋潔（南山大学助教授）
　　　　・産業界の立場から小宮登（株式会社日立インフォメーションアカデミー顧問）
　　　　・コンサルタントの立場から大泊剛（株式会社人事工学研究所代表取締役所長）
がそれぞれの立場からの人材マネジメントについて述べていただいた。

　新聞などに新しい学会の創設として取り上げられ，厚生労働省のホームページでも学会の設立が紹介された。

　労働新聞（11月18日）には，職業人材を研究テーマとした，新たな学会が設立されたことの取材記事が載せられた。そこでは，「山田雄一（明治大学学長）が発起人代表になり，人材育成にかかる諸問題に取り組む研究組織として，立ち上げを目指してきたもの。理念的な研究にとどまらず，実践的な研究を進め，現場で活用できる成果の提供を第一義に挙げている」と紹介された。

学会の運営——学会活動の目標と運営組織
　当初，学会活動の目標として掲げたのは，
　　・学会として存在価値を高めること

そのためには，日本学術会議に認められる学会にする必要があると考えた。
- 学会の知名度を高めること
- 会員を500人規模にすること

であった。
日本学術会議の協力学術研究団体になるための条件として，
- 年次大会の定期開催
- 機関誌の定期発行
- 定期的な研究会の開催
- 学会員の構成：研究者が半数以上，役員の半数以上が研究者

などが審査対象になると聞き，まず，そのための運営を整えるように努力した。
学会運営組織として，
- 研究会の企画運営……………………大泊剛・故小林薫両先生
- 機関誌の発行…………………………木谷光宏・髙橋潔両先生
- 細則など運営のルール作り……小宮登・荒井元明両先生
- 広報活動………………………………小宮登・藤本雅彦両先生

各担当の責任者になっていただき進めた結果，以下のことが決まった。
- 研究会は年4回開催
- 機関誌『人材育成研究』は年1回発行
- 学会運営基盤の規約規程を定めること
  会員全員が公明，公正に安心して参加できる素地を固める。特に，金銭支出について恣意的な判断が入らないように細則まで定める。
- 学会の存在を広報すること
  学会の活動を一般紙に限らず経済紙にも掲載されるように努める。特に研究会は開催都度予定掲載してもらう努力をする。

年次大会の開催

　第一回年次大会は，2004年2月に城戸康彰，故小林薫，故腰塚弘久の先生方によって，産能大学の自由が丘キャンパスで「雇用環境の変化と人材育成」のテーマで開かれ，学会大会をスタートさせた。

　同年12月に，木谷光宏，永野仁両先生によって，明治大学駿河台キャンパスで，「働き方の変化と人材育成」のテーマで実施し，その後毎年開催している。

　2016年12月には懸案だった地方大会の開催も復興都市仙台の東北大学川内南

キャンパスで,「地方創生と人材育成」のテーマで藤本雅彦,髙橋修両先生に開催していただいた。

参考までに,学会開催のテーマと開催大学,大会委員長について挙げておく。

年次大会

回	開催年	大会テーマ	講演・シンポジウムテーマ	会場	正副実行委員長
1	2004年	雇用環境の変化と人材育成	人材育成の今日的課題	産能大学 自由が丘	城戸康彰・小林薫・腰塚弘久
2	2004年	働き方の変化と人材育成	働き方の変化と人材育成	明治大学 駿河台	木谷光宏・永野仁
3	2005年	ライフスタイルを変革するキャリア形成支援	働く人々のキャリア形成とその支援をめぐって	文教大学 湘南	三木佳光・那須幸雄・山口一美
4	2006年	組織と社会との接点 人材育成の新たなる課題	組織と社会との接点 人材育成の新たなる課題	上智大学 四谷	野宮大志郎・木谷光宏
5	2007年	新たな人材マネジメントの役割 ―人材育成を中心に	新たな人材マネジメントの役割 ―人材育成を中心に	首都大学東京 南大沢	宮下清・腰塚弘久
6	2008年	これからの人材育成を考える キャリアステージごとの視点から	「インターンシップ」という人材育成	慶應義塾大学 湘南藤沢	花田光世
7	2009年	ワーク・ライフ・バランス支援による 個人の成長と組織の成果	ワーク・ライフ・バランス支援による 個人の成長と組織の成果	杏林大学 医学部附属病院 三鷹	福井トシ子
8	2010年	就職難時代の人材育成	就職難時代の人材育成	東洋学園大学 本郷	杉忠重
9	2011年	非連続でない人材育成 ―人は資産である	非連続でない人材育成 ―人は資産である	杏林大学 産能大学 代官山	高橋真義
10	2012年	女性のキャリアを考える 企業と学校教育との連携	女性のキャリアを考える	立教大学 池袋	石川淳
11	2013年	今の時代のリーダー育成に求められるもの	今の時代のリーダーシップやリーダー育成に求められるもの	産業能率大学 代官山	城戸康彰
12	2014年	多様性時代の人材育成	多様性時代の人材育成	明治大学 駿河台	永野仁・中西晶
13	2015年	氾濫する「グローバル」 グローバル人材育成 ver.2	氾濫する「グローバル」 グローバル人材育成 ver.2	中央大学 多摩	野宮大志郎・菅野洋介
14	2016年	地方創生と人材育成 ―地方における雇用創出を考える	地方創生と人材育成 ―地方における雇用創出を考える	東北大学 川内南	藤本雅彦・髙橋修
15	2017年	働き方と人材育成 ―生涯にわたって活躍できる働き方を考える	働き方と人材育成 ―生涯にわたって活躍できる働き方を考える 65歳以降の高齢者雇用	法政大学 市ヶ谷	石山恒貴
16	2018年	新たな人事・教育部門のあり方 ―生産性や革新性,成長性を高める組織運営のために	新たな人事・教育部門のあり方 ―生産性や革新性,成長性を高める組織運営のために グローバル人材育成・第三の道:外国籍留学生の雇用と課題	東海大学 高輪	荒井元明

機関誌『人材育成研究』の発行

第1巻1号を2005年に木谷光宏，髙橋潔両先生の編集委員の下で発刊され，毎年刊行を続け，2017年には第13巻第1号を発行した。

学会ロゴも髙橋潔先生考案で2005年に決定した。

研究会活動

年4回を目標に，2003年「日本企業の競争戦略と人材育成上の課題」と題して実施し，今日まで32回開催されている（詳しくは人材育成学会のホームページを参照されたい）。

学会組織運営規定

学会運営に関する細則などの諸細則，研究会等運営内規などを2003年にほぼ決定した。

学会会員構成

構成員もアカデミック系会員をやや半数を超える構成で，2005年351名になり，2006年4月に，全会員の協力により，日本学術会議から協力学術研究団体の称号を付与され，学会として一人前になることができた。

IT化の促進

IT化の促進（ITシステムの構築）も図ってきた。事務手続きの整備やホームページの制作は，小宮登，藤本雅彦，荒井元明の諸先生，事務局が精力的に活動して，組織運営が軌道に乗った。

研究活動の助成

研究助成プロジェクトとして，若手研究者に研究助成をする制度（表彰制度）をつくっている。

表彰制度

2013年に学会賞規程をつくり，論文賞，奨励賞，特別賞を制定した。論文賞は，学会誌『人材育成研究』に掲載された優秀な論文に授与することとし，第一回表彰は2014年に行った。この時は第1巻（2005年）から第8巻（2013年）までの

論文を検討し，次の4論文に贈られた（所属は論文掲載時）。

　　伴英美子（慶應義塾大学）他　　　第1巻（2005年12月刊）
　　吉澤康代（慶應義塾大学）他　　　第3巻（2008年2月刊）
　　尾形真実哉（甲南大学）　　　　　第6巻（2011年3月刊）
　　服部泰宏（滋賀大学）　　　　　　第8巻（2013年3月刊）

　以後，2016年まで該当者がなかったが，2017年には第12巻（2016年8月刊）の島田徳子（武蔵野大学）他が表彰された。また，年次大会及び研究会において発表された優れた研究発表または事例発表の中から選出された候補者が，学会誌『人材育成研究』に論文の投稿を行い，編集委員会が受稿したものを表彰する奨励賞では，2014年に

　　相馬知子（株式会社日立製作所）
　　北條陽子（元東北大学）

が受賞し，以後　2015年5名，2016年2名が受賞されている。
　「論文賞，奨励賞の氏名・所属・テーマ」については学会のホームページを参照されたい。

プロジェクトの推進

　2012年に研究プロジェクトとして「若者の成熟の動向と展望」を大泊剛先生を中心に立ち上げ，2015年8月刊の学会機関誌に特別レポートとして「現代日本の高校生の成熟（憧憬人物の存在と逆境乗り越え経験の意味するところ）」を発表している。
　また，「グローバル社会の人材育成」について海外をはじめ国内のいろいろな研究と実態を検討して，グローバル企業のあり方をテーマとした「グローバル研究会」を2016年に花田光世先生をチーフとして立ち上げ，活動している。

研究領域の拡大・拡充

　学会発足時から考えていた研究領域で，近年，大きな課題となってきた，グローバル社会に対応する人材育成に関わる領域として2016年に「グローバル人材育成」を7つめの活動領域として加えた。

会員500名の突破

登録会員500名以上を目指してきたが，2011年の末に517名，2015年に554名になった。

Ⅱ 『人材育成ハンドブック』の編集について

出版の意図

当初，学会設立10周年の区切りをつけるべく，2014年に常任理事会に発議してから，諸般の事情により，3年程遅れたので，15周年記念として，まとめたものである。

学会創立以来今日までの活動をまとめ，人材育成の重要性が増してきた今日，学会活動の1つの区切りとして作成したもので，1里塚（マイルストーン）にすぎない。今後，さらなる発展を続けていくことを期待している。

ワーキンググループの設置

ワーキンググループを立ち上げた。メンバーは，宮下清（大分大学；(現)長野県立大学），櫻木晃裕（宮城大学），髙橋修（東北大学），荒井元明（東海大学）で，多少異なる専門分野の方々でグループを編成した。

編集責任者，章立て，具体的なテーマ設定，お願いする執筆者，キーワードの選定，内容の構成，出版社の選定など基本的な内容はすべてこのグループをもとにして活動した。

議論百出の事もあり，こちらを立てればあちらが立たず，あちらを立てればこちらが立たずといった経緯もしばしばあった。学会の承認，出版計画・企画書，出版社の選定及び依頼など具体的に，本の装丁，執筆者，テーマなどを決めた。

基本コンセプト　編集方針

残念ながら人材育成学としての体系をまとめることはできなかったが，本書は現在の動向を踏まえ産学官の視点から人材育成に関する理論・実践・話題を学会の研究領域をベースにまとめた。

ハンドブックの全体構成を考えるにあたって，現学会の活動領域の関連性を整理し，ワーキンググループメンバーの髙橋修先生（東北大学）に図式化・体系化してもらった概念図をベースにした。

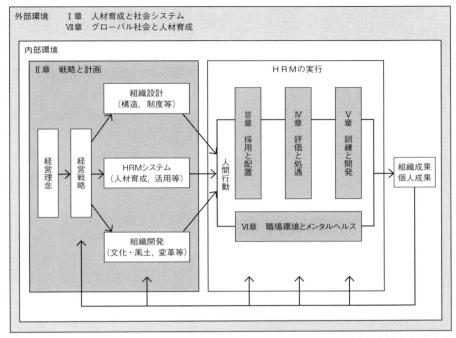

ワーキンググループ 髙橋修（東北大学）作成

『人材育成ハンドブック』概念図

　生活すべてが人間形成に関わる問題であり，重視すべき点はいろいろある。家庭教育・学校教育や産業教育・生涯教育などの視点も重要であるが，大変幅広く，ボリュームもありすぎるので，直接関係する組織人・企業人を中心にまとめることとした。ここでは組織に関わる人を対象にしている。

　しかし，これも幅広く，人材育成を経営サイドから体系的な枠組みとして示すことは諸論あって大変難しい。マネジメント領域の理論にしても，クーンツ・オドンネルが示したようにマネジメント・セオリー・ジャングルであり，ヘンリー・ミンツバーグが分類しているように，戦略サファリであり，10のタイプを指摘している。マネジメント理論そのものも複雑であり，その中で人的資源管理の扱いも様々である。

　キャリア形成も欠かせない視点である。キャリア形成理論，スーパーの理論など（キャリア発達・ライフキャリアレインボー）は，生涯を考えるには欠かせない理論である。

人材育成学会の歩み　xi

したがって，ハンドブックの構成を当学会の活動領域をベースにまとめることとした。

学会の活動領域として，特別な切り口として，焦点を与えた2つの領域がある。

1つは，「メンタルヘルスに関する研究領域」である。メンタルヘルスは学会発足当時の社会・企業の新しい問題になってきた領域である。もう1つは，「グローバル化に関する研究領域」である。グローバル化の問題で，昨今の大会の研究発表も多く，これからの重要な研究テーマとして考えているものである。

したがって，企業内の人的資源開発・管理のメイン領域である戦略・調達・育成・配置とマネジメントに大きな影響を与える社会環境要因，そして「メンタルヘルス」と「グローバル化」で構成することにした。

作成の目的

本ハンドブックの出版の目的をまとめると次の4点になる。
1．本学会設立15周年記念出版であること
2．人材育成学会がどのような研究領域に関心を持っているかを多くの人に，広く理解していただくこと
3．人材育成学会が産学官の共同研究組織で，多様な視点から研究を進めていることを知っていただくこと
4．学会員をはじめ人材育成に興味・関心を持つ実践的研究家の指針になり，研究・実践の動機づけにしていただきたいこと

人材育成に関連する研究テーマを持っている会員が，いろいろな視点，研究の仕方，研究課題の存在などに気づいてもらうための情報提供になればと考えている。

本ハンドブックを役立てていただき，社会に貢献する新しい発想の多くの実践的研究が生まれることを期待している。

本書の構成

本ハンドブックの章立ては，前述したように，人材育成学会設立時の6つの研究領域に加え，最近，話題の多い「グローバル社会と人材育成」を加えた7章構成になっている。

各章は，「大項目」「中項目」「トピックス」で構成し，「キーワード」については重複することも多いので章を超えて単独で構成してある。

- 「大項目」(章全体の概要・鳥瞰をする)

　大項目の設定とその体系については，学会の分科会の構成を基にした。
- 「中項目」(テーマについての概要・事例・今後の研究課題等)

　「人材育成の基本的な捉え方」として，人材育成の基本的な考え方を述べていただき，執筆者には，「人材育成はこうあるべきだが，現状はこうした課題がある。課題解決にはこんなことを考え，研究する必要があるかを教示していただき，企業人に限っても良いし，家庭教育，学校教育を含んでも結構です」とした上で，「限られた字数ですが，ご自由に視点をあてていただき，ポイントになると思われるものをまとめていただきたい」と依頼した。
- 「トピックス」(テーマについての話題提供・今後の研究方向と課題等)

　トピックスはその領域の研究課題として期待され，話題性のあるものをいくつか列挙した。

　今後の人材育成学会に期待されること，社会への提案として，社会システム，実践研究の成果を世に問う機会をつくること。これに加え，真実を追求し，慣行や机上の空論を論破し実践として実効性がある研究・理論の構築を実施されるように働きかけていただくようにお願いした。

　読者が，触発され自分自身の研究課題を設定して，研究する切っ掛けになればと考えた。
- 「キーワード」(用語解説)

　何らかのエビデンスのある内容でまとめていただくようにお願いした。

　学会誌や研究発表論文集にあげられているキーワードを整理し，500単語を目安として選んだ。最終的には392単語になった。

　人材育成に関連する重要な単語が抜け落ちているものがあると思う。諸般の事情によるものとお許し願いたい。

編集委員は担当章順に，永野仁（明治大学）・藤本雅彦（東北大学）・二村英幸（文教大学）・髙橋潔（神戸大学）・花田光世（慶應義塾大学）・渡辺直登（慶應義塾大学）・野宮大志郎（中央大学）の諸先生方にお願いした。

執筆者は学会員だけでなく，研究上でいろいろとお世話になった先生方にもお願いした結果，総勢244名の方々に及んだ。

Ⅲ 人材育成研究について

　世の中の大きな動きは，ボーダレス化であり，テクノロジーの急速な進化（IT化，AI化），コミュニケーションの質的・量的変化，価値観の多様化などが挙げられる。10年後，20年後に無くなる仕事がいろいろと報道されている。「人間でしかできないことは何か」が問題になっている。「人間の行動」をどう理解すればよいのかが問題である。人は重要な存在であり，したがって人づくりの重要性を強調し，皆が重要性を認識する必要がある。

　社会は人によって構成されている。人の動きによって生きやすい社会になったり，生き難い社会になったりする。

　人によって社会は創られる。人の行動は，その人の目標に対する動機づけによる。人を動機づけるには「褒めればよい」と言われる。確かに「豚もおだてりゃ木に登る」と言われるが，「褒め殺し」と言うこともある。良い点を褒めて伸ばし，悪い点を指摘して直す方向を示唆することが大切である。

　自己成長や自己変革は自らモチベートされなければ，できないからである。

　人はその人自身によって成長する。だからと言って1人では成長できない。世に充満する不条理な出来事を乗り越える力をつけながら成長している。生き物を育てるのと同様，人間も手を掛けただけのことはある。それは過保護ではなく，育成環境を考え，最適環境を提供することである。育む環境（育成環境と成長へのシステム創り）の提供である。

　実効性のある育成環境を創るとき重要なのは，現実を直視し，理論のための理論ではなく，実効性のある研究・理論構築によるものでなければならない。現場主義を忘れないでいただきたい。

　また，本質に迫るものであってほしい。オリジナリティのある基礎研究の重要性を認識し，マスコミなどの話題に振り回されない研究態度が必要だと思う。文部科学省・厚生労働省・経済産業省などの施策についても，単なる与件として受け入れるのではなく，おかしいことはおかしいと言い，真実・本質を追求する研究が期待される。

　真実を究明する研究は科学的であり，創造的なコンセプトによるものである。

　そのための方法論は，実践的科学研究アプローチ（『行動科学の方法』池田央）が必要である。理論から実践へ展開したり，現象（実践）から理論に展開し，実効性の検証をする，仮説検証の繰り返しである。そして理論化していくことであ

る。帰納的アプローチと演繹的アプローチの適時の活用が必要になる。

　研究・教育者として必要なのは，研究のベースとして幅広い，知識や理論を持ち，多彩な好奇心と経験をもとに，自らの研究領域の基礎と専門分野の基礎固めをして，実践的に実効性のある研究をしていくことである。

 行動として現れるもの（実効性のある研究成果）
中核になるもの　　　（専門研究領域の基盤）
ベースになるもの（幅広い知識・理論・経験・好奇心）

そのとき欠かせない重要な視点がいくつかある。
・理論には，必ず背景があること。
　　理論の背景には，時代的，地域的，社会・経済的，文化的なものがあることを知る必要がある。理論はその背景のもとに生まれている。理論は限定条件の下で生まれている。社会科学においては限定条件を普遍化することはなかなか難しい。常に限定条件を明らかにする努力が必要だと思う。アインシュタインの「相対性理論」のような普遍性のある理論と言われるものでも，反論が検討されているように，常に理論の普遍性は問われるものである。
・個人も組織も社会も常に変化していること。
　　その変化に対応した研究が必要である。生態系の変化に類似している。何かに変化が起これば，それに連鎖して大きな変化を生むことになる。
　　個人の成長，組織の変革・職務の変化をどう調和させるかが決め手になる。
・中核人材は同一人物とは限らないこと。
　　常に中核にいられる人は，変化に対応し，不条理な現実を乗り越え前へ進める力のある人である。
・時の流れの連続性（連続か非連続か）
・進化する混成職場（ダイバーシティの中での人材育成よるチーム力・組織力のup）
・多様性（究極は個人差）と変化が重要である。
などが，研究を進めるにあたって，考えておいていただきたいことである。
政府・行政機関に提言するような研究成果を期待している。

最後に

　このハンドブックの完成には，多くの方の協力を仰いだ。

　協力，支援をしていただいた方々に心よりお礼を申し上げる。特に，ワーキンググループの先生方にはいろいろと無理難題をお願いした。こうした協力がなければこの本は完成しなかったと思う。

　前述したように，執筆者は，学会員中心に総勢240名を超える先生方の協力を得ている。執筆者のご努力，忙しい中の執筆に感謝したい。

　不整合や不十分なところがあるかと危惧している。その点編集責任者の私の力不足であり，お許し願いたい。

　学会あってこそのハンドブックである。事務局を維持していただいている産能大，事務局として児玉利之氏，その他学会事務に携わっていただいた多くの人に深く感謝したい。

　また，原稿が期日通りに集まらない中，金子書房の井上誠編集部長，木澤英紀氏に大変お世話になった。完成へのお力添えに心より感謝している。

　故山田雄一先生に学会員はここまでまとめることができるようになりましたとご報告したい。先生から何と言っていただけるか楽しみである。

　現在の社会情勢を見るとき，ますます人材育成の重要性が増してきているように思われる。このハンドブックが，人材の育成に関心を持つ多くの方々（研究者・企業教育にかかわる人）にとって何らかのプラス情報になることを願っている。また，人材育成学会の発展に多少なりともお役に立てば幸いであり，大変嬉しいことである。

人材育成ハンドブック／目次

人材育成学会の歩み──i

第Ⅰ章
人材育成と社会システム

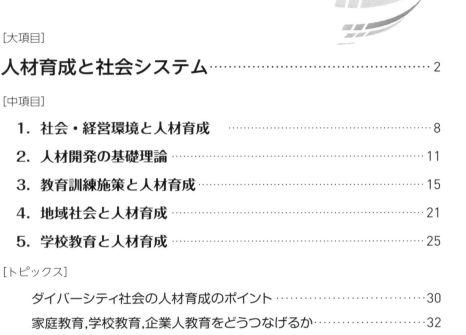

[大項目]

人材育成と社会システム……………………………………… 2

[中項目]

1. 社会・経営環境と人材育成 ……………………… 8
2. 人材開発の基礎理論 ……………………………… 11
3. 教育訓練施策と人材育成 ………………………… 15
4. 地域社会と人材育成 ……………………………… 21
5. 学校教育と人材育成 ……………………………… 25

[トピックス]

　ダイバーシティ社会の人材育成のポイント ……………………30
　家庭教育,学校教育,企業人教育をどうつなげるか ……………32
　女性が活躍できる社会と人材育成の役割 ………………………35
　社会人大学院の今後 ………………………………………………37
　近年なぜキャリアが重視されるのか ……………………………39
　高齢化社会の施策と今後の課題 …………………………………40
　障がい者雇用の諸問題 ……………………………………………42

目次　xvii

第Ⅱ章
戦略と計画

[大項目]

戦略と計画 …………………………………………………… 52

[中項目]

1. 経営理念と人材育成 ……………………………… 64
2. 経営戦略と組織・人材システム ………………… 69
3. 組織と職務の設計 ………………………………… 73
4. 組織文化と組織変革 ……………………………… 82
5. モチベーション …………………………………… 86
6. リーダーシップ …………………………………… 90
7. HRMの機能 ……………………………………… 94
8. 人事部の役割 ……………………………………… 98
9. HRM情報システム ……………………………… 103

[トピックス]

戦略的HRMとは何か ……………………………………… 108
Talent Management ……………………………………… 110
組織コミットメントの理論と実際 ………………………… 112
職務満足感の理論と実際 …………………………………… 114
学習する組織 ………………………………………………… 116
雇用の多様化とリーダーシップのあり方 ………………… 118

xviii

第Ⅲ章
採用と配置

[大項目]

採用と配置 ………………………………………………………… 126

[中項目]

1. 採用コミュニケーション ……………………………………… 136
2. 適性と人材要件 ………………………………………………… 141
3. 採用選考の方法 ………………………………………………… 145
4. 採用選考プロセスの評価 ……………………………………… 148
5. 採用面接 ………………………………………………………… 152
6. 配置と導入 ……………………………………………………… 157
7. 障がい者の採用管理 …………………………………………… 160

[トピックス]

- 学生から社会人へのトランジション ………………………………… 165
- 採用と心理的契約 ………………………………………………………… 167
- 採用広報と採用選考の歴史 …………………………………………… 170
- 就職協定の意義と歴史 ………………………………………………… 172
- 職務遂行能力(実践的能力)・スキルの概念と評価 ……………… 174

第Ⅳ章
評価と処遇

[大項目]

評価と処遇……………………………………………………… 184

[中項目]

1. 年功制と職能資格制度 ……………………………………… 199
2. 成果主義と年俸制 …………………………………………… 203
3. グローバル賃金制度 ………………………………………… 208
4. 人事評価の目的と方法 ……………………………………… 213
5. 目標管理制度 ………………………………………………… 217
6. パフォーマンス・マネジメント …………………………… 223
7. コンピテンシー評価と多面評価 …………………………… 228
8. 昇進・昇格の仕組み ………………………………………… 233
9. 複線型キャリア開発 ………………………………………… 238
10. 非正規従業員の処遇と管理 ………………………………… 242

[トピックス]

評価格差と公平性 ………………………………………………… 247
ポスト成果主義賃金の行方 ……………………………………… 249
女性管理職の活用 ………………………………………………… 251
グローバル・ジョブ・ローテーション ………………………… 254
外国人従業員の不満と定着 ……………………………………… 256

第Ⅴ章
訓練と開発

[大項目]

訓練と開発·· 268

[中項目]

1. 人材育成の基本の捉え方（能力開発・キャリア開発）········ 285
2. 新入社員・若手社員研修·· 289
3. 管理者研修··· 293
4. 中堅社員の教育·· 298
5. 熟練・中高年社員の教育·· 302
6. 経営幹部の教育とキャリア·· 306
7. 360度フィードバックとは··· 310
8. 組織コミュニケーションの新動向··································· 315
9. 研修効果・セルフアセスメントの測定······························ 320
10. 女性社員のキャリア開発··· 325
11. キャリア自律への多様な支援（キャリアは誰がデザインするのか）······ 328
12. キャリア・カウンセリング，キャリアアドバイス，コーチング ····· 333
13. 非正規社員のキャリア開発支援·································· 337

[トピックス]

職業教育とキャリア教育 ·· 341
「グローバル教育」（英語教育・外国籍社員の国内キャリア）········· 343

新研修技法：バイトサイズ・コンテンツ, ラーニング・コミュニティ ……… 345
　　eラーニングとSNS ……………………………………………………… 348
　　メンタリング・メンターの育成 ………………………………………… 350
　　働きやすさと働きがい …………………………………………………… 352
　　キャリアコンサルティング施策の現状と今後 ………………………… 355
　　公務員育成体系をどう考えるか ………………………………………… 358
　　KAIZEN推進のための人材育成 ………………………………………… 360
　　ダイバーシティ対応の新潮流 …………………………………………… 363

第Ⅵ章
組織環境とメンタルヘルス

[大項目]

組織環境とメンタルヘルス …………………………………………… 374

[中項目]

　1. 人間工学 ……………………………………………………………… 384
　2. Quality of Working Life─労働の人間化─ …………………… 388
　3. 職業性ストレスに関する基礎理論 ……………………………… 393
　4. メンタルヘルスマネジメント …………………………………… 398
　5. ストレス反応とメンタルヘルス不調 …………………………… 403
　6. ソーシャル・サポート …………………………………………… 407
　7. 職場ハラスメント ………………………………………………… 412

8. 労働災害 ·· 416
　　9. ワーク・ライフ・バランス ··· 421
　　10. ストレス・コーピング ··· 425

[トピックス]
　　安全文化の確立のために ··· 430
　　産業カウンセラーの役割とその育成 ································· 432
　　ストレスチェック制度をめぐって ···································· 435
　　ストレス耐性とレジリエンス ··· 437
　　ワーク・ファミリー・コンフリクト ································· 440
　　EAPの現状と課題 ··· 442
　　1次予防としての職場環境改善活動の効果 ······················· 444
　　産業疲労測定のポイント ··· 446

第Ⅶ章
グローバル社会と人材育成

[大項目]
グローバル社会と人材育成 ··· 456

[中項目]
　　1. グローバル化と労働市場 ··· 466
　　2. グローバル化と日本的経営 ······································· 471
　　3. グローバリゼーションとCSR ···································· 475

目次　xxiii

- 4. 企業の海外進出と現地雇用 ……………………………… 480
- 5. グローバル化と経営戦略 ………………………………… 485
- 6. グローバル化と人的資源管理 …………………………… 490
- 7. グローバル化と組織開発 ………………………………… 493
- 8. 海外技術移転 ……………………………………………… 498
- 9. 現地採用 …………………………………………………… 501
- 10. 外国人人材の採用 ………………………………………… 505
- 11. 外国人幹部の採用 ………………………………………… 510
- 12. グローバル・リーダー …………………………………… 515
- 13. 海外派遣者のキャリア …………………………………… 520
- 14. 外国人留学生の卒業後の実態と育成のあり方 ………… 523

[トピックス]

- 外国人留学生の活用 ………………………………………… 528
- 海外地域特性に合わせたマネジメント対応のあり方 …… 530
- ASEAN・中国・台湾・韓国における日系企業の人材育成活動 ……… 533

KEYWORD —— 541

あとがき —— 700

索引(人名) —— 706

索引(事項) —— 708

執筆者一覧 —— 718

第 I 章

人材育成と社会システム

1. 社会・経営環境と人材育成
2. 人材開発の基礎理論
3. 教育訓練施策と人材育成
4. 地域社会と人材育成
5. 学校教育と人材育成

ダイバーシティ社会の人材育成のポイント
家庭教育, 学校教育, 企業人教育をどうつなげるか
女性が活躍できる社会と人材育成の役割
社会人大学院の今後
近年なぜキャリアが重視されるのか
高齢化社会の施策と今後の課題
障がい者雇用の諸問題

第 I 章 人材育成と社会システム

　人材は，企業や組織（以下，単に「企業」とよぶ）にとって，必要不可欠な経営資源である。なぜなら，実際に企業活動を計画し決定するのも，そして実行するのも，人材という経営資源のみが可能なことだからである。その人材という資源を企業が獲得するための中心的な手段の1つに，必要な人材を育成するという方法がある。他方，個人にとっては，人材育成によって職業能力が高まることは，より高度な仕事を遂行できるようになることを意味している。それゆえ，人材育成を経ることによって，個人は仕事のやりがいや報酬が増すことになり，仕事からの満足度も高まることが想定される。

　このように人材育成は，企業と個人の双方に望ましい影響を与えることが予想されるが，それをどのように，誰を対象に，どの程度進めることが望ましいかというような具体像を考えるためには，より多くの要因を考慮する必要がある。というのは，そのような具体像は様々な要因によって影響を受けるからである。そこでこの章では，そのようないくつかの要因を，相互に作用しながら影響を及ぼすシステムとして整理し，次章からの人材育成そのものに関する議論につなげることにする。

1. 人材育成・人材開発・能力開発

　ところで，「人材育成」という用語に類似した用語として，「人材開発」や「能力開発」がある。これらはいずれも，英訳すると「Human Rescurce Development（HRD）」であり，ほぼ同義語と理解される。[1]

　そのHRDの定義も実は一様ではないが[2]，ここでは，企業の「経営成果」や，

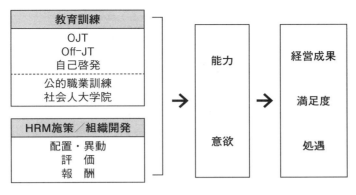

図1-1　人材育成の図式

個人の「満足度」を高めることを意図して，「教育訓練」や「HRM（Human Resource Management：人的資源管理）施策」，または「組織開発（Organization Development：OD）」を展開し，仕事の「能力」や仕事に対する「意欲」を高める活動とする。それをフローの形で示したものが，図1-1である。なお，能力や意欲の変化は，個人の賃金等の「処遇」にも影響を及ぼすので，図の右端の枠内にはそれも示してある。

「教育訓練」の主たる方法は，「OJT（On the Job Training：仕事につきながらの訓練）」，「Off-JT（Off the Job Training：仕事を離れての訓練）」，および「自己啓発」である。ここで，OJTは職場で実際の仕事を行いながら，その仕事に関する上司や先輩の指導などを通じて展開される教育訓練であり，Off-JTは研修所など職場とは別の場所で，仕事を離れて実施されるものである。ただし共に，企業主導で実施されるという共通性がある。それに対し自己啓発は，当人が自らの意志で行う自学自習のことである。自己啓発は仕事を離れての実施となるので，Off-JTに含めることも可能ではある。同様にOff-JTに含まれるものであるが，公的職業訓練や社会人大学院のコースを，従業員が自主的に，あるいは企業の指示により受講することもあるので，図1-1にはそれも示してある。

他方，「HRM施策/組織開発」としては，仕事の内容が決まる「配置」や「異動」，そしてその仕事の達成度や遂行する能力に対する「評価」や，その評価によって

1　同様の指摘は，佐藤厚（2016，序章）にも見られる。
2　HRDの定義については，Swanson & HoltonⅢ（2001，Chap1）を参照。

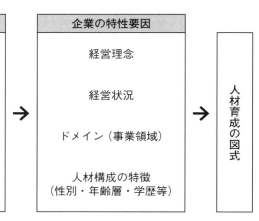

図1-2　人材育成に影響を与える要因

決まる「報酬」などが，HRDに関連が強いものである。なお，長期的な人材育成に関連する「キャリア（Career）」とは，教育訓練が，HRM施策の異動を通じて時間的に連鎖し，能力が長期的に高まることに着目したものである。

2. 企業を取り巻く環境要因

　このような人材育成のプロセスに影響を与える要因には，大別すると企業を取り巻く環境要因と，その企業自体の特性要因がある。これらを示したものが図1-2であるが，ここではまず，環境要因について説明しよう。

　「環境要因」としてまず指摘したいのは，「グローバル化の進展」という要因である。最近，一部の先進国においてナショナリズムともいえる自国中心的な論調が強まってきているが，それは少なくとも日本がとるべき方向ではない。日本には天然資源の欠如という大きな制約があるので，諸外国との交易が必要不可欠である。そのためにも，グローバル化は避けて通れないことである。

　BRICSやNIEsなど新興工業国・地域が，低コストを武器に既存分野・領域では先進国を凌駕しつつあるが，その中でグローバル化を進めていくためには，新興工業国とは別の分野・領域で独自の地位を占めることが求められる。そのこととも関連するが，急速に進展する情報技術や生命科学などの先端分野をはじめとした様々な分野での「技術革新」に対応し，それを推進していくことが必要である。それにより世界の中で独自の地位を確保することが可能になるし，仮にそう

ならなくとも，技術革新に対応すること自体が，長期的な競争力維持のためには必要だからである。

 他方，人口や労働力の特性も，人材育成に影響を与える環境要因である。まず指摘する必要があるのは，「少子高齢化」という人口構造の変化である。日本ではすでに労働力人口そのものが減少を始めているが，その中でこれまでと同様の経済水準を確保するためには，生産性の向上を一層図る必要があり，そのための工夫が求められる。また，増加する高齢者の豊かな経験を，どのような形でどのような場で発揮してもらい活かしていくか，あるいは豊かな経験をより若年層にどのようにして移転していくかなども，検討が必要な課題である。

 さらに，働く人々の間に「多様性（Diversity）」が生まれてきているということも留意しておく必要がある。例えば，従来は仕事第一という考えで行動をする人が多かったが，最近は仕事以外の活動も重視する人が増えてきている。その背景には，従来とは異なる価値観を持つ人が多い女性や外国人の就業者の増加という現象もあるが，同時に同一区分の人材の中での価値観の多様化の進展ということもある。いずれにしても，そのような多様性の進展の中で，人々の協働を促し，その意欲をどのように高めていくかは，避けて通れない課題である。

 なお，人口や経済力の大都市への集中が進展し，地方での過疎化や地域社会での疎遠化という現象が発生してきている。そのため，「地域社会」をどのように再生するかということも課題となってきている。

 このような社会の変化に対しては，企業はそれぞれの事情に応じて可能な範囲で対応することが原則である。しかし変化のいくつかに関しては，法制や行政を通じた「公共政策」によって，より強い対応を企業に求めているものが出てきている。その中には現時点においては，対応の実施を求める「実施義務」ではなく，実施に向けて努力することを求める「努力義務」に留まっているものも少なくないが，それにより政策の方向性を知ることができる。ともあれ，そのようなものを列挙すると，「高齢者の就業機会」を確保すること，「女性の活躍の場」を高職位の仕事も含め拡げること，「仕事と生活の調和」がとれるように，長時間労働を避けるのみならず，育児負担を女性のみに負わせないようすること，「障がい者」の社会参加を促すために雇用機会を積極的に提供すること，さらに継続的に従業員の職業能力の開発・向上に努めることなどである。なおこの最後のものは，

---

3 キャリア権に関しては，諏訪（2017）が詳しい。

最近唱えられてきている「キャリア権」に関連している。[3]

　ところで，このような諸課題と並んで，各企業共通に作用する人材育成上の前提とでもいえる2つのことがある。その1つは「教育制度」である。教育には，学校教育のみならず家庭教育もあるので，図1-2には両者を併記している。もう1つは，「職業訓練」に関する施策である。学校教育や家庭教育は仕事との関連がやや薄いのに対し，それとの関連が強いのが職業訓練である。これらの機能とその動向に留意する必要がある。

3. 企業の特性要因

　上記のような環境要因は，共通して企業活動に影響を与えると考えられるが，すべての企業にその影響が等しく現れるわけではない。それぞれの企業の状況が異なるからである。そのような企業の状況を「企業の特性要因」とすると，前出の図1-2に示したように，いくつかのものが指摘できる。

　まず考慮すべきは，企業の「経営理念」である。特に重要なのは，人材についての理念や方針である。自前で人材を育成するのが望ましいと考えているのか，即戦力人材を獲得して経営していくと考えているのかなどの違いである。また，どのような理念を抱いているにせよ，「経営状況」が悪ければ，理念を実現することは不可能である。それゆえ，その企業の「経営状況」も考慮すべき特性要因である。

　さらに，その企業の「ドメイン（事業領域）」も重要である。どのような業種・業界を主たる事業領域と設定していて，その業界の特質は何なのかということである。また，その企業の人材構成の特徴，つまり性別，年齢層別，学歴別などの構成がどうなっているのかという特性も重要である。

　これらの各企業の特質によって，上述の環境要因が各企業の人材育成に，異なる影響を及ぼすことになる。そして，図1-2に示した社会の環境要因や企業の特性要因が，前出の図1-1の人材育成システムに影響を及ぼすことになる。

4. 本章の内容

　本章は，5篇の中項目と7篇のトピックスによって構成されている。
　以下では，本章の各論稿について，上述の枠組みに従って簡潔に紹介する。

中項目最初の「社会・経営環境と人材育成（執筆者：木村琢磨）」は，ここでの図1-2の枠組みを，より精緻に展開したものである。続く「人材開発の基礎理論（中原淳）」は，図1-1を，視点を変えて，より詳しく解説したものである。つまり，この2つの中項目は，この章全体にかかわる議論をしている。

　続く3篇の中項目は，図1-2の「環境要因」にかかわるものである。「教育訓練施策と人材育成（浅野浩美）」は，図1-2の「職業訓練施策」に該当するが，その制度的な紹介と同時に戦後の展開を解説している。「地域社会と人材育成（石山恒貴）」は，図1-2の「地域社会の再生」に関連した論稿で，地域の産業集積と再生について，事例も紹介しながら論じている。そして，「学校教育と人材育成（亀野淳）」は「教育制度」に関連した論稿で，インターンシップ（就業体験）の人材育成への影響が，主要な論点である。

　トピックスの7篇の論稿は，次のようになっている。

　「ダイバーシティ社会の人材育成のポイント（横山和子）」は，図1-2の「環境要因」の「多様性への対応」に関連している。「家庭教育，学校教育，企業人教育をどうつなげるか（西山昭彦）」は，「環境要因」の「教育制度（学校・家庭）」に関連する論稿である。共に，現状のみならず，今後どうすべきかを論じている。「女性が活躍できる社会と人材育成の役割（牛尾奈緒美）」は，「公共政策」の中の「女性活躍の場の拡大」が該当するが，より政策志向を強めた論稿となっている。

　「社会人大学院の今後（金雅美）」は，図1-1の「教育訓練」にある「社会人大学院」に関連した論稿である。社会人大学院の最近の動向を紹介しながら，その課題を整理している。続く，「近年なぜキャリアが重視されるのか（木村周）」は，図1-2「環境要因」の「職業訓練施策」と「公共政策」の「キャリア権の尊重」に関連した論稿で，キャリアカウンセリングの重要性を指摘している。「高齢化社会の施策と今後の課題（鹿生治行）」は，「公共政策」の「高齢者の就業機会の確保」を扱っている。65歳までの就業を目標としてきた政策の現状を紹介する一方で，今後課題となる65歳以上の年齢層の問題を指摘している。そして最後の「障がい者雇用の諸問題（高見令英）」は，図1-2の「公共政策」の「高齢者の就業機会確保」に関連する論稿である。障がい者が働くことを通じて社会に参加する可能性と，難しさを論じている。

　いずれも，論点が良く整理された論稿となっていて，人材育成の意義を社会や個人とのかかわりから議論するための素材となっている。一読されたい。

（永野　仁）

1. 社会・経営環境と人材育成

　少子高齢化，経済のグローバル化，企業間競争の激化という経営環境の変化を受け，日本企業における人材育成は新たな課題に直面している。例えば，高い潜在能力を持つ人材を，以前よりも減少した若年者の中から選抜し，グローバル競争の中での価値創造に貢献できる人材へと育成することが求められている。また，優秀な若年労働力の不足ゆえに，従来以上に女性や外国人の採用と育成が課題となってきている。

　市場で生き残るのみならず競争優位性を実現するために，今日の企業は，戦略的経営の視点に基づく人材育成を行うことが不可欠である。戦略的経営の中核は，高業績を実現するための，環境的条件と組織の資源・ケイパビリティとの適合である（Bourgeois, 1985）。この考えは人的資源管理論にも応用され，戦略的人的資源管理論（SHRM: strategic human resource management）とよばれる研究領域が展開されてきた（Jackson et al., 2014）。以下では，SHRM論の視点に基づいて，「経営環境と人材育成」という広いテーマについて，導入的な議論を展開する。

　SHRM論の多くは，リソース・ベースト・ビュー（RBV: resource-based view）をその理論的基礎として用いてきた。RBVは，外部環境に存在する機会の活用と脅威の無力化を可能にする組織内資源が競争優位性の源泉となり，さらに，その資源は模倣困難で代替不可能であるときに持続的な競争優位性の源泉となる，と想定している（Barney, 1991）。また，RBVは，保有する資源は企業ごとに異なっており（資源の異質性），資源の企業間での移動は制約されているためにその異質性が長期的に持続する，と想定している。

　このRBVの考えは，戦略的経営における人材育成に対して重要なインプリケーションを持つ。企業は，経営資源の一部である人的資源を競争優位性の源泉とするために，組織の効果性・効率性を高める戦略の形成・実行を可能にする人材を育成する必要がある。労働市場から優秀な人材を獲得する（採用）という方法も有効であるが，自社固有の知的資本・社会的資本を有する，模倣困難で代替不可能な人的資源は，企業内での仕事経験・教育を通じて育成することが効果的である。

　RBVの考えに依拠した人材育成施策の1つとして，近年，タレント・マネジ

メント（TM：talent management）が，学術研究および実践の世界で広く認識されている。実践の世界では，TMは経営幹部候補者の獲得・育成のための施策と同一視されることも多い。しかし学術研究においては，TMは，企業の持続的競争優位性を左右するポジション（キー・ポジション。職種や階層を問わない）を明確化し，そのポジションを担うべき人材をタレント人材と位置づけ，獲得・育成していくという施策として認識されている（Collings & Mellahi, 2009）。このキー・ポジションを中心とした考え方は，先述の戦略的経営の考え方と合致するものである。日本など少子高齢化の進む国を本国とする多国籍企業にとっては，TMを，国内労働市場にとどまらずGTM（global talent management）として国境を越えて展開することも必要になってきている（Vaiman et al., 2012）。

　RBVに依拠すると，各企業の人材育成は，他の企業との異質性を含むものとなる。なぜなら，RBVは持続的競争優位性の実現を目指すものであり（パフォーマンスの異質性），各企業の内部環境の異質性ゆえ，競争優位性の具体的な実現プロセスは（少なくともその一部は）他社と異なるものになるからである。よって各企業は，競合他社の施策を模倣するのみならず，外部環境・内部環境の分析によって自社固有の課題を明確化し，人材育成施策の具体的な展開においては自社固有の進め方をしていくことも必要である。

　実際には，企業の（人材育成施策を含む）人的資源施策にはかなりの同質性が見られる。この同質性は，あらゆる組織・業務に普遍的に必要とされる施策（ベスト・プラクティス）の存在と，制度理論（institutional theory; DiMaggio & Powell, 1983）により説明される。制度理論によれば，法や規制などの制度（institutions; Scott, 1995）がもたらす圧力（制度的圧力）が，ある構造を有することを，同一フィールドに属する組織が従うべき社会的規範とする。そして，フィールド内の組織は，社会的規範に従うことによって正当性を確保するために共通の構造を導入する。その結果，同一のフィールドに属する企業の同質化が進行する。このプロセスは，企業間での人材育成施策の同質化の説明にもなり得る。

　今日の企業は，制度的要請ゆえに，CSR（企業の社会的責任：corporate social responsibility）の一環として，自然環境の保全策や，ダイバーシティ・マネジメントの実践などを求められている。企業は社会的な正当性を確保するためにこれらの施策を的確に実行しなければならないが，そのためには，これらの施策を担う人材の確保が必要になる。例えば，環境保全に取り組む企業は，廃棄物削減など環境マネジメントに関する知識・技術およびコミットメントを有する人材を獲

1．社会・経営環境と人材育成

得・育成しなければならない（Renwick et al., 2013）。また，ダイバーシティ・マネジメントの推進を高業績の実現と両立させるためには，高いダイバーシティ・スキルを持つ人材を抱えることが必要条件となる。よって，ダイバーシティ・マネジメントの推進にあたっては，人材育成施策としてダイバーシティ・トレーニングの効果的な実施が求められる（Bezrukova et al., 2012）

　このように，戦略的経営における企業内人材育成は，価値創造という点でRBVに，正当性の確保という点で制度理論にそれぞれ依拠して設計・実行されることが求められる。価値創造と正当性の確保はいずれも，企業の持続的競争優位性の確立のために必要なものであるため，この2つのパースペクティブは，あらゆる企業にとって必要な視点といえる。ただし，同じ人材育成施策が，異なるパースペクティブに依拠したものにもなり得る。例えば，筆者は環境マネジメントを制度的圧力への対応策として例示したが，環境技術に優位性を持つ企業では，環境マネジメントを実現するための人材育成は，価値創造，RBVの視点からも行われ得る。

　経営環境は絶え間なく変化するものであり，それゆえに競争優位性をもたらす人的資源の特性も変化する（Priem & Butler, 2001）。また，制度的圧力の内容や強度も，環境変化に応じて変動し得る。よって，環境と組織の資源・ケイパビリティとの適合を実現・維持していくためには，このような経営環境の変化に応じて人材育成の方針や具体策も変化させていく必要がある。しかし，人材育成は個々の従業員にとっては企業から受ける便益の1つであること，および企業が利害の異なる個人・集団の集合体であることが原因となり，人材育成方針・施策の設計や変更はしばしばコンフリクトを伴う。また，ステークホルダー間の利害や選好の相違も，人材育成に関する意思決定に際してコンフリクトを生み出し得る。

　このようなコンフリクトを克服し，価値創造と制度的要請への対応を実現できる人材育成を効果的に推進していくためには，第1に，従業員をはじめとする組織内外のステークホルダーの人材育成に関する利害を理解し，その理解を人材育成施策の正当性，および施策の実行への内外からの協力の確保のために活かすことが重要である。よって，経営者や人材育成担当者は，組織内政治に対処するための政治スキル（Kimura, 2015）やステークホルダー・マネジメント（Mitchell et al., 1997）のスキルを身につけることが必要である。

（木村琢磨）

2. 人材開発の基礎理論

　人材開発とは，一般に「組織戦略・目的達成のために必要なスキル，能力，コンピテンシーを同定し，これらの獲得のために従業員が学習するプロセスを促進・支援すること」であるとされる（Hall, 1984）。

　実務において，人材開発が実践される局面は様々なものが想定されるが，ここでは，伝統的に「仕事現場から離れて行われる学習（実務の現場でいうところの，いわゆるOff the job training：Off-JT）」と「仕事現場における学習（いわゆるOn the job training：OJT）」の2つに大別して，それぞれを裏打ちする人材開発の基礎理論にいかなるものがあるかを考察する。

　ここで，人材開発の基礎理論を問うにあたり，わたしたちがまず把握しなければならないことは，人材開発という営為全体を統一的に解釈・説明し得る，唯一絶対の「グランドセオリー」は存在し得ないということである。人材開発においても，他の人文社会諸科学同様，局所的なセオリーが群雄割拠する事態が生じており，それぞれの局面にあった理論が引用されている。

　実際は，それらの理論体系は複雑に絡み合いながらも発展しているが，既述したように，ここでは読者の弁を考え「仕事現場から離れて行われる学習」「仕事現場における学習」という2つのカテゴリーにおいて，それらを形式的に分類し，論じるものとする。なお，本稿を執筆するにあたっては，中原（2012, 2013, 2014）を適宜，参照・引用するものとする。

　まず前者の「仕事現場から離れて行われる学習」，いわゆるOff-JTや研修を支える理論についてである。こちらは，伝統的には，長い間，教授設計理論（Instructional Design Theory）の影響下にあった。

　周知のとおり，教授設計理論は，1970年代の行動科学の発展を後景として，教育学において展開してきた理論体系であり，その探究の矛先は「学習効果の高い教授・教材をいかに効率的に実現し得るか」に定められている。教授設計理論においては，学習目標を外的に測定可能な行動目標として記述し，それに関連する教育要素を合理的に配列すること，さらにはそれらをシステマティックに評価することが目指される。教授設計理論は，学習研究に認知心理学が導入される80年代，また状況的学習論の影響が増してくる90年代には，下火になるものの，

現在でも，研修などを開発する際の基礎的知識として参照されることが少なくない。

　ちなみに，現在においてOff-JTや研修に関する理論的探究の中心となっているのは，教授設計理論ではない。言うまでもなく研修転移研究（Learnig Transfer Research）とよばれる理論群である。

　研修転移とは，「研修の現場で学んだことが，仕事の現場で一般化され役立てられ，かつその効果が持続されること」をいう。教授設計理論の主な関心が「学習効果の高さ」に置かれていたこととは対照的に，研修転移研究が主眼とするのは「それが職場で実践されるかどうか」である。

　この背後には，2000年代になって急速に広まることになったある危機感が存在する。その危機感とは研修の存在意義にかかわるものであり，「研修で学習された内容のほとんどが職場で実践されることが少ない」という指摘である。

　関根・齊藤らのレビューによれば（関根・齊藤, 2017），2000年代の研修転移研究においては，研修で学んだことの60%から90%は，職場で実践されていないという。教授設計理論を駆使してどんなに学習効果の高い研修をデザインしても，その実践のされ方，研修参加者の参画のさせ方を間違えば，学習内容が実践されない研修が少なくないという指摘とも解釈できる。

　このような背景のもとに，研修転移研究においては，研修における学習内容の実践度を高めるための様々な促進要因が探究されている。それらの諸知見を概括すれば，1）研修転移は研修中の研修デザイン，教授デザインのみならず，研修前後の要因の影響を受けること，2）とりわけ，研修前後の職場の学習風土や，研修参加者当人の上長（管理職）や同僚の理解などが，研修転移により大きな影響を与えることがわかっている。

　教授設計理論は，Off-JTや研修に対する，いわば教育学的接近ともいえる。一方，研修転移研究はこれらに対する組織論的接近とも考えられる。将来的には，これらの諸要素間の交互作用などが研究され，より学習効果が高く，かつ，実践されやすい研修のあり方，研修への参画のさせ方が探究課題となることが予想される。

　つぎに「仕事現場における学習」である。この用語から，わたしたちは，日々の職場で行われている教育・指導，いわゆるOJTを想起する。これらを裏打ちする理論群としては，経験学習理論，組織社会化理論，職場学習理論などが想定できる。以下，これらを考察しよう。

振り返って見れば，1990年代以降に進行した雇用慣行の変化と大量のリストラクチャリング，組織フラット化，そして，それらと連動して顕在化したと思われる職場の人材育成の機能不全は，OJTなどの職場指導を戦略的・組織的に行わなくては，組織のコアコンピタンスを維持できないという，企業の人事部，経営層の焦燥感を喚起した。

この時期，日本企業では，年功序列賃金・終身雇用等の見直し等の人事諸施策が相次いで実行され，従業員の能力形成に少なくない影響を与えた。この時期進行した諸処の人事制度改革の結果，1）長期にわたる職場での学習・自己研鑽のモチベーションの消失，2）組織フラット化による管理職の多忙化と指導不足，3）能力の高い人への仕事の集中による能力格差の顕在化などの諸現象が生まれ，職場の人材育成基盤は揺らぎを見せることになる。職場の人材育成基盤が機能不全に陥る一方で，グローバルな競争環境において，いち早く成果を出せる人材をただちに育成しなくてはならない。日本企業は，このディレンマを解消し，自社の「人材育成システム」を，戦略的に再構築するべき岐路に立たされてきた。

そして，その際に，理論的根拠として引用・参照されてきたのが，既述した経験学習理論，組織社会化理論，職場学習理論などである。

その中で最も注目されてきたのは，経験学習理論である。

経験学習理論は，1）職場での業務経験こそが業務能力発達のリソースであること，2）業務経験の振り返り（リフレクション：reflection）こそが発達のキーとなり得ることを主張する理論群である。古くは，ジョン・デューイ（Dewey, J.）のプラグマティズムを嚆矢とし，それらを簡便化・簡略化したサイクル論を打ち立てたディビット・コルブ（Kolb, D. A.）らの経験学習サイクル論をへて，2000年代に最も参照された人材開発理論といってもよい。その先鞭をつけたのは『経験からの学習』を著した松尾睦の一連の研究であろう。松尾は，経験学習を中心的な概念として用いながら，営業職，ITコンサルティング職など，様々な業種の学習，またOJTのあり方などを考察している（松尾，2006）。

つぎに組織社会化理論である。一般に人文社会科学において「社会化」とは，無限の可能性を有する個人の行動を，個人の属する社会や社会集団の基準に照らして正統だと思われる方向へ組織化し，体制化するプロセスであると考えられる。組織社会化とは，組織参入時の組織からの個人にもたらされる社会化の諸力であり，社会化の下位概念と考えられる。

組織社会化は，組織に新たに構成員が加わった際に実施される。それが奏功し

た場合は，1）個人の役割・職務が明確化する，2）業務内容についての理解が進み，生産性が向上する，3）業務の時間配分を行えるようになる，4）自己効力・自信が獲得できる，5）同僚等に受容され，彼らから信頼感を得ることはできる，6）職務態度・組織コミットメントが質的に向上する，7）離転職（組織からの離脱・退去）の防止に役立つなどのメリットが生まれる，などとされている。

ちなみに，組織社会化の歴史は1970年代にさかのぼる。理論的には非常に古い歴史を持つこの理論も，2000年代の職場の人材育成機能の機能不全にあって，様々に注目されている。特に組織行動論を専門とする研究者によって理論的探究が行われている。

最後に職場学習理論である。

職場学習理論は，従来，1）組織学習論といわれた研究領域における研究分析単位のミクロ化の動き，2）学習研究における学習の社会性・相互作用性への注目，3）人的資源管理研究のミッシングリンクとなった職場のダイナミズムへの焦点化といった，複数の理論的関心の交差した領域に開花した理論群である。職場学習理論が焦点をあてるのは，主に「職場とよばれる目標を共有している社会集団内部において，職場メンバー間の相互作用，社会的ネットワークを通じて，いかに成人が能力発達をとげるか」についてである。

従来のOJT研究は，OJTの際に重要な役割を果たす教育主体として上司がかかげられ，上司－部下という1対1の指導関係が分析単位として焦点化されるきらいがあった。これに対して職場学習研究は，分析対象をより広範囲にとり，上司以外の職場のメンバー（例：職場の先輩，同僚）などにも焦点をあてる。

筆者は職場学習の観点から，これまで様々な実証研究を積み重ねてきた。筆者の分析によれば，職場において若手・中堅社員は，その発達支援のために，上司・上位者・同僚同期などの異なるエージェントから，業務支援（業務に関する助言・指導），内省支援（個人の認知や行動に対する客観的なフィードバック）を受け，成長していることがわかった。

以上，「仕事現場における学習」の理論を3つに分けて論じた。

本論考においては，読者の弁を鑑み，これらを分けて論じたが，実際にはこれらの諸理論は非常に密接に絡み合いながら発展している。

例えば，既述した職場学習の動向は，近年の組織社会化研究と重なり合うところも多い。近年の社会化研究においても，上司による働きかけだけでなく，上位者，同僚同期といった，いわゆる「Co-worker」のエージェントを巻き込んだ，

社会的ネットワークにおける学習が主張されている。

また職場学習理論と経験学習理論も重なり合うところがある。例えば，職場学習理論においては，職場における能力発達を促す要因として「振り返り（リフレクション）」を促す支援——すなわち「内省支援」が主張されているが，これは経験学習理論でももともと主張されているところと重なる。

このように３つの理論は異なった角度からスポットライトをあてつつも，複雑な現場での学習を説明しようとしている。

（中原　淳）

3. 教育訓練施策と人材育成

◘ 教育訓練施策の概要

いわゆる政策としての教育訓練施策には，行政が行う公的職業訓練（愛称：ハロートレーニング）のほか，企業が行う教育訓練への支援，労働者の自己啓発に対する支援，さらに，能力評価などがある。

① 公的職業訓練

公的職業訓練には，図1-3のような種類がある。

図1-3　公的職業訓練

公共職業訓練のうち，離職者訓練は，雇用保険の失業給付を受給しながらハローワークで求職活動を行う者のうち，ハローワークが「就職するために職業訓練を受けることが必要」と判断し，職業訓練の受講を斡旋した者などを対象とした訓練である。訓練期間は３ヵ月〜１年で，雇用保険法に基づき，基本手当，受講

手当等が支給される。高齢・障害・求職者雇用支援機構が運営するポリテクセンター，都道府県が運営する職業訓練校のほか，都道府県から委託を受けた民間教育訓練機関において実施される。障害者向けの訓練校もある。

養成訓練は，学卒者訓練とも言う。中学・高等学校卒業者等を対象にした1～2年の普通課程のほか，高等学校卒業者等を対象にした2年の専門課程，さらに専門課程修了者等を対象にした応用課程がある。普通課程では，地域産業で必要とされる多様な技術・知識を習得させるための訓練が行われている。一方，専門課程及び応用課程では，ものづくり系のコースを中心とした高度な技能・知識を習得させるための訓練が行われている。いずれも就職率はきわめて高く，中小企業等への人材供給源となっている。

在職者訓練は，在職者を対象に行われる訓練で，2～5日間の短期間，ポリテクセンター，都道府県職業訓練校のほか，中小企業向けに民間教育訓練機関でも行われ，有料である。

これら公共職業訓練の主体は，長い間，国（高齢・障害・求職者雇用支援機構を含む）や都道府県であったが，近年，民間教育訓練機関への委託が行われるとともに，都道府県の役割がより増大するようになった。

求職者支援訓練は，ハローワークの求職者のうち，主に雇用保険を受給できない者を対象とした訓練である。ハローワークの受講指示に基づいて行われ，受講者ごとに支援計画が作成される。2008年に起こったリーマンショックを契機に，雇用保険に加入していなかった者の失業が社会問題となったことから行われるようになった訓練で，職業訓練受講手当が支給される。基礎コースと実践コースがあり，訓練期間は1～6ヵ月である。民間訓練実施機関が実施している。

②**事業主等が行う教育訓練への支援**

事業主等が行う教育訓練に対する支援策としては，認定職業訓練制度のほか，人材開発支援助成金，キャリアアップ助成金がある。

認定職業訓練は，事業主等が行う職業訓練のうち，教科や訓練期間，設備等が厚生労働省令で定める基準に適合しているものについて認定し，費用助成を行うというものである。

人材開発支援助成金は，職業訓練などを実施する事業主等に対して，訓練経費や訓練中の賃金を助成するというもので，2001年にスタートした（2017年に，キャリア形成促進助成金から名称変更）。

キャリアアップ助成金は，いわゆる非正規雇用の労働者の正社員転換等のため

の教育訓練に対する費用助成で，2013年から行われるようになった。

③労働者の自己啓発に対する支援

労働者自らが主体的に行う自己啓発に対する支援策としては，雇用保険の教育訓練給付のほか，キャリアコンサルティング施策がある。

教育訓練給付は，1998年より行われているもので，労働者等の自己啓発費用の一部を支給するというものである。2014年に拡充され，中長期的キャリア形成に資する専門的，実践的な教育訓練に対し，より充実した給付が行われるようになった。

キャリアコンサルティング施策については，2000年頃から，キャリアコンサルティングを担う人材であるキャリアコンサルタントの養成，資質向上のための施策が講じられるようになった。キャリアコンサルタント資格は，2016年4月から国家資格とされた。また，2015年より，キャリアコンサルティング制度などを導入し，人材育成に取り組む企業に対する助成が行われるようになった。

④能力評価等

能力評価のための制度としては，技能検定，認定社内検定，職業能力評価基準等がある。

技能検定は，国家検定制度で，一定以上の実務経験を有する労働者の技能を公的に証明するものである。認定社内検定は，事業主等が雇用する労働者を対象に行う検定のうち，推奨すべきものを認定する制度である。職業能力評価基準は，労働者の職業能力を共通のモノサシで評価するために，知識，技術・技能，職務遂行能力を，業種・職種別に整理したものである。2016年5月現在，9職種，54業種が策定されている。技能水準の向上のほか，個人がキャリア形成を行っていくうえで必要となる能力の把握・明確化に向けて，整備が図られている。

教育訓練施策の流れ

日本において，古くは，技能は，西欧と同じく徒弟制度により習得されていた。20世紀初頭からは，企業による熟練工養成が行われるようになった。

戦後，教育訓練施策は，技能者養成のための公共職業訓練から始まったが，経済成長が進む中で，企業は労働力確保を兼ねて労働者の教育に力を入れるようになった。1968年に制定された職業訓練法では，訓練実施を事業主の努力義務とされ，事業主が行う教育訓練への援助が行われるようになった。また，1975年には，雇用保険法により，教育訓練施策を行う財政的な基盤が整備された。その

表1-1 戦後の教育訓練施策をめぐる動向と現状・課題

	経済情勢	1945年～ 戦後復興期	1955年頃～ 高度成長期	1970年代～ オイルショック前後	1980年代中頃～ バブル経済期
教育訓練施策	概要		旧職業訓練法の制定（1958年） 職業訓練法の制定（1969年）	雇用保険法の制定（1974年） 職業訓練法の改正（1978年）	職業訓練法を職業能力開発促進法に改正（1985年）
	職業訓練の実施	公共職業補導所（1947年～。失業者対策）	公共職業訓練（1958年～。失業者対策（離職者訓練），技能者養成（養成訓練）） 在職者訓練（1973年～）		
	事業主等の行う教育訓練の推進		事業内職業訓練への援助（1958年～）	認定職業訓練制度（1969年～）	自己啓発助成給付金（1986年～）
	労働者のキャリア形成支援				
	能力評価		技能検定（1960年～）		認定社内検定（1984年～）

ような中，1985年に，職業訓練法は職業能力開発促進法に改められ，職業生活の全期間を通じて職業能力開発を促進していくこととなり，翌年には，自己啓発助成給付金が創設された。さらに，1998年からは，教育訓練給付制度が始まった。また，2001年の職業能力開発促進法改正では，労働者の自発的なキャリア形成への支援が教育訓練施策の柱の1つとして加わった（表1-1）。

2016年に厚生労働省が策定した「第10次職業能力開発基本計画」（2016～2020年度）においては，生産性向上に向けた人材育成戦略として，真っ先に，労働者の主体的なキャリア形成の推進や企業・業界における人材育成の強化について記載されている。

日本においては，これまで事業主による教育訓練が人材育成のかなりの部分を

	1990年前半 バブル経済崩壊後	1990年代後半～ 低成長時代	2000年代中頃～ 近年の状況
		職業能力開発促進法の改正（1992年）	職業能力開発促進法の改正（2001年） ・労働者による職業生活設計を法に位置づけ ・職業能力評価制度の整備
		職業能力開発促進法の改正（1997年）	職業能力開発促進法の改正（2006年） ・実習併用職業訓練制度の創設 ・労働者の自発的な職業能力開発の促進
		教育訓練給付制度の創設（1998年）	職業能力開発促進法の改正（2015年） ・キャリアコンサルタント登録制度の創設 ・ジョブカードの普及促進
			求職者支援訓練（2010年～）
			キャリア形成促進助成金（2001年～） 実習併用職業訓練（2006年～） キャリアアップ助成金（2013年～） 企業内人材育成推進助成金（2015年～）
		教育訓練給付（1998年～）	キャリアコンサルティング施策の推進（2001年～） 専門実践教育訓練給付（2014年～）
			職業能力評価基準（2002年～）

※筆者作成。年代区分，経済情勢は，経済の好循環実現に向けた政労使会議第1回（2013.9.20）樋口委員提出資料にならった。

担う中で，技能者養成を目的とした公的職業訓練や，事業主による教育訓練への支援などの教育訓練施策が行われてきた。これに対し，第10次計画では，企業の人材育成を促進する取り組みを強化する一方で，労働者の自発的な能力開発支援，主体的なキャリア形成支援に重点的に取り組んでいこうとしている。

◪ 今後の研究課題

企業内訓練については，実務的なものも含め，事例的な調査研究は少なくない。その一方で，行政が行う教育訓練施策については，施策の重要性が高まっているにもかかわらず，労働政策研究・研修機構の一連の調査研究を除けば，研究は多くはない。

そのような中で，今後，第1に求められるのは，教育訓練施策の効果に関する研究である。黒澤（2003）は公共職業訓練が収入に与える効果の計測を試みている。しかしながら，指標を比較するだけでは，訓練受講者の能力や意欲など訓練効果以外のものの影響が含まれてしまう（Wooldridge, 2010）。指標以外に受講者の意識面に着目した研究もある。労働研究・研修機構（2015）は，求職者支援訓練受講者に，訓練前，訓練後，1年後に調査を行い，ポジティブな変化を把握している。ここに来て，職業訓練後の就職率が行政評価・監視の対象となるなど効果への関心は高まっている。効果測定のためのデータ整備，受講指示時の情報の把握・活用などを行っていくことが必要であろう。

　第2に，事業主等が行う教育訓練との関係である。事業主等が行う教育訓練への支援策も講じられていることから，公的職業訓練と事業主が行う教育訓練との関係や，支援の対象となっている事業主等が行う教育訓練の内容や効果についての検証も必要であろう。

　第3に，学校教育との関係である。学校で行われる職業に関する教育は，一般的な教育も特定の職業に特化した職業教育も文部科学省の所管であることから，これら学校教育における職業教育については，本稿で述べた厚生労働省が所管する職業訓練とは別に扱われている。昨今，学校におけるキャリア教育が重視されるとともに，学校から社会への円滑な移行などが，社会問題となっている。学校で行われる職業に関する教育との関連についても，研究対象とすべきであろう。

　第4に，諸外国の動向の把握である。教育訓練施策は国によって異なるが，求められる能力が変化する中で，各国とも様々な取り組みをしている。施策の背景も含めて，諸外国の制度や実態を把握していくことは，今後の教育訓練施策の方向性を検討していくうえでも重要である。

　なお，研究を行っていくうえでは，能力評価基準が整備されつつあることから，今後は，これを活用していくことも可能となろう。

　教育訓練施策の重要性は高まっており，研究の有用性は高い。教育訓練施策をより効果的なものにしていくためにも，今後の研究が期待される。

（浅野浩美）

4. 地域社会と人材育成

◘ 地域社会における人材育成の意義

　地域社会における人材育成の重要性に近年，注目が集まっている。とりわけ，日本の人口減少問題を分析した結果，896の自治体に消滅の可能性があるとし，東京一極集中の解消を訴えた報告（増田, 2014）により地方創生の必要性の認識が広がったと言える。ただし，本稿では地域を地方と単純に同義としては捉えないものとする。地域を地方のように中央に対比される概念として考えるのではなく，地域を農山村，中山間地域，都市という区分を横断して存在する地理，産業，文化，歴史などなんらかの意味上のまとまりを有する概念として考える。

　地域において人材育成が重要とみなされる理由の1つは，地域としての競争優位の確立が重視されるようになったことがある。ポーター（Porter, 1998）の産業クラスターという概念が，地域の競争力の議論に大きな影響を与えた。産業クラスターとは関連性の高い企業，関連機関，大学などが地理的に集中し共通性と補完性を有して競争力を生じさせている状態を示す。ポーターはこのようなクラスターが生じる理論的根拠として，「要素（投入資源）条件」「企業戦略および競争環境」「需要条件」「関連産業・支援産業」から構成されるダイヤモンドフレームを示し，クラスターが成立，進化する理論枠組みを提示した。この枠組みにおいては，クラスターから価値の高い資源が得られるだけでなく，クラスター内の関係者が常に激しい競争を繰り広げることがイノベーションを生むとされる。

　さらにサクセニアン（Saxenian, 1994；2006）はポーターの議論を発展させ，地域の優位性が生じるメカニズムをシリコンバレーの地域ネットワークという概念で説明した。シリコンバレーでは地域ネットワークを介して人材がオープンにかつ濃密に交流し協働する。また台湾，中国，インドからの留学生がシリコンバレーで活躍した後に，母国へ頭脳還流し，母国のハイテク産業地域の形成に寄与し，シリコンバレーとの共存共栄を果たすようになった。

　このように地域の優位性をもたらす産業クラスターと地域ネットワークの議論では，人材がその概念を支える役割を果たすが，フロリダ（Florida, 2005）は，より明確に地域と人材の関係を論じた。フロリダは，あらゆる人がその労働にお

いてクリエイティブな能力を発揮することが重要としたうえで，クリエイティブ・クラスという労働者のあり方を定義し，その労働者の比率は30％程度とした。さらに，クリエイティブ・クラスが主体となってくる状況においては，競争は国家間のみで生じるわけではなく，都市や地域間で生じていくとした。つまり，才能あふれる人材の獲得競争の主要な場は国から都市や地域に移行したのである。

樋口（2015）は，ポーターやフロリダの議論を学習地域として整理する。学習地域の類似概念として岡本（2009）は，スイスのジュラ地域，イタリアのプラートにおいて地域コミュニティが成立しているとし，これらの地域ではコミュニティ構成員間の信頼に基づき自由でオープンな議論と水平的な人間関係が成立し，それゆえに産業集積が進化したとする。樋口はこうした地域の信頼が学習地域の基本条件と指摘し，日本では有田などの陶磁器産地が学習地域のモデルに成り得るとする。また，地方自治体が適切に地域ビジョンを設定することで，地域の学習システムを構築していくことが必要であるとする。

以上述べてきたように，地域という構成単位の競争力が問われている。その鍵は地域内の信頼，および才能あふれる人材とその学習システムの構築にある。

地域社会とコミュニティ

地域社会と人材育成を考えるうえで，コミュニティの存在が重要であることは上述のとおりである。地域におけるコミュニティの代表的な議論は，ソーシャル・キャピタル（社会関係資本）であり，その論者としてはパットナム（Putnam, 1993；2000）があげられる。パットナムは，例えばイタリアの南北格差については歴史上の市民共同体としての成熟度がソーシャル・キャピタルの蓄積に関係し，その蓄積の結果，イタリア北部では社会的信頼が培われ，南部と比較して政治・経済的な成功につながったとする。

こうしたパットナムの議論には様々な批判があることも事実だ。例えば，ソーシャル・キャピタル指数が人口効果を強く含んでおり見せかけの相関である可能性が高いこと（日下部, 2012），特定の社会機能としてのソーシャル・キャピタルと社会的に望ましいことの区分が厳密にできていないこと（筒井, 2007），地域内の信頼に関する具体的内容が十分に深まっていないこと（岡本, 2009）などの批判がある。他方，日下部は人口効果を除去すれば，ソーシャル・キャピタルを測定できる可能性を認めており，地域の成員の信頼関係や社会参加の程度に意味がないわけではない。

地域の成員の信頼関係や社会参加の具体的な受け皿となり得るコミュニティを考えるための有力な概念に実践共同体がある。実践共同体とは，あるテーマに関心や熱意などを持つ人々が自発的に参加し，相互交流するコミュニティである（Wenger et al., 2002）。

　具体的には石山（2013）が地域における実践共同体を4類型に区分し紹介している。第1の類型は大学などの教育機関と地域が連携して成立するコミュニティである。第2の類型は地域における横断的な人材育成のためのコミュニティである。例えば，市民が有志でつくる塾，あるいは地域密着型の生涯学習大学，市民大学などがこの類型に該当する。第3の類型は，地域活性化を目的として，地域で内発的に創設されるNPO，研究会，会議，ネットワークなどが該当する。第4の類型は外部団体，いわゆる「よそ者」と地域が協働して創設されるコミュニティである。

　ウェンガー（Wenger, E）らが指摘する実践共同体の本質は，コミュニティと個人の相互学習にあり，石山の指摘する4類型はいずれも地域の人材育成に貢献するだけではなく，コミュニティの組織としての学習に貢献すると考えられる。

　松永（2012）は，地域人材の主役が「地元の名士」から「普通の人びと」へ移行しつつあるとし，「普通の人びと」が形成する地域コミュニティを基軸とする地域自治，社会的企業などの重要性を指摘する。また山崎（2011）は外部人材がワークショップなどを行うことで，意図的に地域で「普通の人びと」のコミュニティをデザインした例を紹介している。これらのコミュニティは実践共同体の概念と重なる。つまり，市民なら誰でも，興味・関心に基づき自発的に参加できるコミュニティであり，そこで発生する学びは地域の人材育成に資するであろう。

◘ 地域雇用の観点から見た人材ポートフォリオ

　地域の競争力，コミュニティという議論の結果として，具体的に地域で求められるものが，地域雇用の創出である。地域雇用の創出と人材育成の関係について述べるにあたっては，地域の人材ポートフォリオという視点が必要になるだろう。すなわち，どのようなタイプの人材が地域雇用の創出を担っているのか，という視点である。

　伊藤（2008）によれば，地域雇用の創出には企業誘致型，産業クラスター型，ベンチャービジネス型，第三セクター型，コミュニティビジネス型の5類型があ

4. 地域社会と人材育成

るが，第三セクター型，コミュニティビジネス型が小規模な地域を活性化できるという点で，少子高齢化の進む日本におけるモデルと成り得るとする。

第三セクター型，コミュニティビジネス型が重なり合った成功例として徳島県上勝町の「つまもの」とよばれる葉っぱのビジネスがあるが，この成功には町外から赴任してきた「よそ者」のリーダーの存在が知られている。

同様のコミュニティビジネス型としては，島根県海士町，徳島県神山町の成功が知られている。海士町における改革の契機は，町長のリーダーシップであったが，くわえて，初期の段階から，地域プロデューサーという位置づけで「よそ者」としての地域活性化の専門家が貢献している（玉沖, 2012）。また海士町ではU・Iターン者と地元継続居住者の交流を目的とした意図的なコミュニティづくりが実施された（山崎, 2011）。神山町では，NPOグリーンバレーなどの地元の団体が長期間，地道な活動を行ってきた成果が結実した（湊, 2013）。

コミュニティビジネス型以外の人材ポートフォリオの組成については，ほかにも様々な例がある。地域外の企業と自治体が組む形式として，異業種5社の管理職が「地域課題解決研修」として北海道美瑛町の地域課題に取り組むという外部人材と内部人材の協働の例がある（中原, 2015）。

また，地域に根ざした中小企業・小規模事業者の人材育成の取り組みという観点もある。『中小企業白書2015年版』（中小企業庁, 2015）によれば，中小企業・小規模事業者が個社で人材を育成するだけでなく，産学連携による仮想の産業技術の大学が地域が求める人材を育成する仕組み，あるいは他社，NPOなどで就業して人材育成する仕組みなどが実施されつつある。このような仕組みを系統的に行うために，地域の複数の中小企業・小規模事業者でコンソーシアムをつくる地域企業人材共同育成事業が構想されている。また内閣府（2015）は，地域社会で事業革新を進めるためにはプロフェッショナル人材が地方に還流することが必要だとし，プロフェッショナル人材事業を進めている。これに伴い民間人材ビジネス会社などが，いわゆる地方転職とよばれる人材斡旋を進めている。

地域では，外部人材，内部人材，自治体，企業，NPOなどを多様に組み合わせる人材ポートフォリオの試みが実施されている。多様な人々の相互交流が新しい刺激を生むことで，地域の人材育成に寄与するという効果があるだろう。

◘地域社会の人材育成における今後の課題

本稿では，地域の競争力，コミュニティ，人材ポートフォリオについて概観し

てきた。ただし，日本においては，中央集中かつ公共部門偏重により，産業クラスターや地域コミュニティの機能が不十分という指摘がある（岡本，2009；ポーター，1998）。また外部人材が地域課題に取り組んでも，実際に地域では成立しない理論偏重の解決策のみ提示してしまう，という課題も指摘されている。実効性があり，信頼関係に依拠したコミュニティおよび人材ポートフォリオの実現に向けて，地道で現実的な取り組みが求められている。

（石山恒貴）

5. 学校教育と人材育成

◘ 人材育成にとっての学校教育の重要性

①学校教育における人材育成の変遷

近代社会の成立以前は，一部の特権階級を除き正規の教育を受けることはほとんどなかった。つまり，権力者にとっては，教育は権力を維持するうえで危険な存在であるという発想であった。しかし，近代社会後は，教育は経済発展の要素であり，その代表的な理論が後述する人的資本論である。以下では，日本の戦後からの教育と経済発展を歴史的にみながら人材育成の効果を論述したい。[1]

戦後の産業復興期は，復興に対する人材需要の増加に対して，当時の教育水準は低く，多くの大企業は中卒者を採用し，企業内で人材を育成するシステムを整備していかなければならなかった。

高度成長期になると，高校進学者の増加に伴い，企業では中卒採用から高卒者への採用にシフトした。ただ，高校は普通教育志向が強く，採用後の企業内教育の重要性が一段と増した。こうしたことを背景に，政策的にも企業内教育への支援が中心となり，結果として学校教育の職業的な関心への低下につながった。さらに，1960年代後半から大学進学率も上昇したが，企業の採用は新卒一括採用が中心であり，大学教育への企業からの要望は少なく，高度成長期から安定成長期に移行した後も大きく変化することはなかった。

---

[1] 戦後の経済復興と職業能力開発の関係は日本労働研究機構編（1998）の序章などに詳しい。

しかし，バブル崩壊による景気低迷以降は，経済団体は数多くの教育に対する要望を出している。例えば，経済団体連合会『創造的な人材の育成に向けて－求められる教育改革と企業の行動－』(1996) では，教育界などに対して，「大学教育の充実」「思考力と体験を重視した学校教育の推進」など 8 つの改革を要請するとともに，経済界自らの支援についても言及している。これは，バブル経済崩壊以降の企業業績の悪化による人材育成コストの負担の余裕がなくなったというだけではなく，求められる能力の高度化による影響も大きいと考えられる。

　②教育における人材育成の効果に関する理論

　教育の効果について理論としては，「人的資本論」や「シグナリング理論」が有名であり，この理論は相反するものの両者ともノーベル経済学賞を受賞している。人的資本論はシュルツ (Schultz, T. W.) やベッカー (Becker, G. S.) らによって打ち立てられた理論[2]であるが，人的資本 (Human capital) とは，労働者に備わっている知識や技能，教養，ノウハウといったものの総称[3]であり，この人的資本が教育によって高められ，労働生産性が高まるという考え方である。つまり，教育は個人の能力を向上させる機能を持っているという考え方にたっている。一方，これとはまったく対照的に，教育はその個人の能力を他人に知らせる「シグナル」にすぎないというのが，スペンス (Spence, A. M.) らによって提唱されたシグナリング理論である。[4]

◘ 各学校段階における人材育成

　ここでは，職業人としての人材育成と学校教育の関係を小学校から高等教育（大学など）まで段階別に概説する。学校教育によって育まれる基礎学力そのものが将来の職業や人材育成に重要な役割を果たしているのは当然であるが，キャリア発達，職業意識，進路形成などの観点から学校教育の役割や効果を学習指導要領や中央教育審議会『今後の学校におけるキャリア教育・職業教育の在り方について（答申）』(2011)（以下「中教審」という）などを用いて整理したい。[5]

　①初等教育（小学校）段階

　小学校段階では，進路や職業に関する直接的かつ明確な目的はないが，中教審

---

[2] 代表的な文献としては，Schultz (1963)，Becker (1983) など。
[3] 小塩 (2002) p.28
[4] こうした理論については，小塩 (2002)，荒井 (1995) などに詳しい。
[5] 日本産業教育学会編 (2013) や日本キャリア教育学会編 (2008) などに詳しい。

では，「社会生活の中での自らの役割や，働くこと，夢を持つことの大切さの理解，…（中略）…が重要である。このため，…（中略）…「働くこと」の意義を理解することや，自分が「できること」「意義を感じること」「したいこと」を理解し行動すること，これらを「学ぶこと」の意欲につなげることなど」と記載されている（p39）。このように，働くことの意義やそれを通じた学習意欲の向上などに重点が置かれている。

②前期中等教育（中学校）段階

中学校段階になると，義務教育の最終段階やその後の進路選択が将来のキャリアに影響を及ぼすこととなることから，進路（指導）や就業などの文言がみられる。学習指導要領では，「生徒が自らの生き方を考え主体的に進路を選択することができるよう，学校の教育活動全体を通じ，計画的，組織的な進路指導を行うこと」と記載されており，主体的な進路選択やそのための進路指導，就業やボランティアなどの体験などに触れられている。

③後期中等教育（高等学校）段階

高等学校段階では，中学校とは異なり，現実的な職業選択や上級学校への進路選択に密着している。中教審では，「後期中等教育修了までに，生涯にわたる多様なキャリア形成に共通して必要な能力や態度を育成し，これらの育成を通じ，勤労観・職業観等の価値観を自ら形成・確立する」（要約）とされている。

専門高校（工業高校，商業高校など），専門学科（工業学科，商業学科など）では，その学科に基づいた専門的な職業教育が実施されている。また，専門高校のみならず普通高校においても，高等学校段階で望ましい勤労観，職業観を育成することが重要な課題となっており，「総合的な学習の時間」やインターンシップなどを実施している学校も増加している。

④高等教育（大学など）段階

高等教育への進学率の推移をみると，大学進学率では高度成長期に上昇し，1970年代前半には40％近くまで上昇した。1990年頃まではほぼ横ばいで推移したが，その後，上昇に転じ，近年は約50％程度に達している。これに短大を加えると57％程度，さらに，高専と専門学校を加えると約80％に達している。

大学においては，各学部の専門に応じた職業教育が実施されていると解釈することもできる。例えば，医学部などではほとんどの卒業生が医師になり，そのための専門的な教育がなされていることから，大学での教育と職業が直接的に関連している。一方，文学部などでは，その専門性と卒業後の職業とは直接関係がな

い場合が多いが，大学での教育を通じて論理的思考能力などの向上につながり，間接的に関連していると解釈することも可能である。

　また，大学院では，より高い専門性に応じた教育が実施されており，工学などの分野では，学部卒業生の多くが大学院に進学していることから，企業等で研究開発などの職種に就くうえでの標準的な学歴となっている。さらに，法科大学院などの専門職大学院の整備や社会人大学院生の増加など，学校における職業能力開発の分野での大学院の役割も高まっている。

　一方，専修学校は，1976年に新しい学校制度として創設され，実践的な職業教育機関として，多岐にわたる分野でスペシャリストを育成している。

　これらに加え，実践的な職業教育を行う新たな高等教育機関について，2019年度の開設に向けた具体的な検討が進められている。

　学校教育の各段階での職業に関する能力，態度，意識の醸成についてまとめてみたが，どの段階においても汎用的能力（Generic Skill：どのような職業にとっても重要な能力）の重要性が世界的に問われている。このジェネリックスキルの重要性は初等・中等教育段階においては，OECDのDeSeCo（Definition and Selection of Competencies），日本では文部科学省の「生きる力」，内閣府「人間力」など，高等教育・職業教育段階では，OECDのAHERO（The Assessment of Higher Education Learning Outcomes）（OECD, 2012など），日本では，経済産業省が「社会人基礎力」，厚生労働省が「就職基礎能力」，文部科学省が「学士力」などを提唱している。[6]

◪現在と今後の研究課題

　現時点及び今後の学校教育と人材育成の関係についての研究課題を，①教育の効果，②教育と職業の関係，③就職システム，④産業構造や労働市場の変化への対応，⑤教育の本来の役割，の5点に整理し，簡単に解説することとする。

①教育の効果

　教育の効果については，国内では古くから市川（1987）などで議論がなされているが，前述した人的資本論やシグナリング理論も教育の効果をどのように認識するかというところから出発しており，今後より求められるのは，教育の効果

---

[6] 能力論については，松尾（2015），松下（2010）などに整理されている。
[7] 大学教育の効果については，最近では松繁（2004），平尾ら（2013）や梅崎・田澤編（2013）などでアンケート調査に基づいた実証分析がなされている。

の実証分析である。[7] 特に，財政面で厳しい先進国を中心に政府の教育支出の多寡を論じる際にアカウンタビリティーとしての重要性が増している。一方，発展途上国では，経済成長を図るために教育システムの充実による人材育成を図るという観点からの重要性がより増している。

②教育と職業の関係（職業的レリバンス）

教育の効果とも関連するが，ここでいう職業的レリバンスとは，学校教育と職業との二者間の関連性，適合性等に関する議論である。大学への進学率が5割を超える中で，大学教育と職業の関係を無視することはできない。特に，日本においては，文系の場合は，新卒一括採用であること，事務系の職種概念が曖昧なことなどから大学の専門教育と職業の関連性が海外諸国と比べ相対的に希薄であるという特徴がみられる。このため，教育と職業の関連性に対する疑問もあり，その分，関心も強いといえるかもしれない。

③就職システム

日本の学卒就職は「新卒一括採用」が一般的であるが，世界的に見れば特異な存在である。しかし，これが若年層の低い失業率や学校の進路指導，職業指導に結びついていた面もあり，その特徴に関する研究も数多い。しかしながら，バブル経済崩壊以降，新卒一括採用が崩れてきたわけではないが，様々なほころびがみられ，新たなシステムの構築が求められている。大学生の就職活動日程の度重なる変更や混乱なども日本の特異な就職・採用システムの影響であるといえる。「新卒一括採用」は終身雇用などの雇用システムとも密接に関連しており，雇用システムの変化による影響も大きくなるかもしれない。

④産業構造や労働市場の変化にいかに対応するか

経済発展と教育に明確な関連性があれば，産業構造や労働市場の変化に教育制度・内容は臨機応変に対応すべきであるという論調は主に経済界から多く発せられている。しかし，一方で教育は人材育成の基礎をなすものであるとともに，教育効果が発現するには長い年月を要するものであり，たとえ教育が経済発展に資するとしても，その制度や内容を頻繁に変えるものではないという議論もある。

⑤教育の本来の役割論

④は，教育は職業や経済発展に役立つという前提の議論であるが，「教育は職業や経済発展のためではない」という主張も依然として多い。ここでは，教育そのものの役割について論ずるつもりはないが，少なくとも教育は，意図する，意図しない，のいずれにもかかわらず職業や経済発展に何らかの関連性があるのは

5．学校教育と人材育成

事実であり，教育を受ける者（本人），受けさせる者（主に保護者），あるいは政策立案者（政治家，行政など）はそれを意識しているはずである。教育によって人的陶冶が成り立てば，結果として，就職や職業能力の向上につながるというのは間違いないであろう。

(亀野　淳)

TOPICS

ダイバーシティ社会の人材育成のポイント

ダイバーシティとは「多様性」を意味し，多様な人材を活用する人材育成は，ダイバーシティ・マネジメント（Diversity Management）とよばれる。ダイバーシティ・マネジメントは，1990年代に米国を中心に人種，国籍，性別，年齢にとらわれずに，企業が多様な人材の能力を活用し，パフォーマンスの高い，より利益の上がる強い企業をつくろうとする動きの中から生まれ，企業活動がグローバル化し，社会が複雑化する中，企業経営に積極的に取り入れられるようになった。

日本ではダイバーシティ・マネジメントとは，「女性の活用」施策として考えられることが多いが，「女性の活用」はダイバーシティ・マネジメントの一部であることに留意する必要がある。

日本社会の価値観の多様化，グローバル化を考える際，先行事例として，ダイバーシティが人事施策に広く浸透している国際機関の取り組みは参考になる。国際機関勤務者への調査から，多様性の高い職場で働く日本人は次のような意識を持っていることがわかっている。

① 働くうえで最も重要な要素は職務満足である。職務満足度と職位の間の相関関係は非常に高い。
② 給与による不満は少ない。労働時間の短さなどの「生活の質」を重視している。
③ 高度な専門性を有する者は，転職に積極的である。専門性が高い職員は，

自分の能力・経験を活かす機会があれば，給与の低下があっても転職に積極的な姿勢を見せる。
④ 高齢化が進む中，親の世話・介護の問題を真剣に考えている。

企業の職場環境整備のための人材育成の5つのポイント

長期雇用と年功的要素の強い賃金体系を前提とする日本の雇用システムは，産業構造の変化，グローバル競争の激化，高齢化の進展などへの対応を迫られている。日本社会および経営環境が外的環境の変化に対応できるダイバーシティ社会を目指すためには，次の5つのポイントを含む職場環境の整備を行う必要がある。

① 専門職職員の育成である。日本企業の人材育成はジェネラリストの育成が中心であるが，日本以外の国や組織では，専門分野での学位歴や関連分野の職務経験がある高度な人材を積極的に活用している。今後，新興国を含む海外の企業との競争を考えると，専門性の高い専門職職員の育成を急ぐ必要がある。
② 中途採用市場の活用である。能力の高い専門家は，能力を発揮できる職場で働きたいと考え，同じ組織に長期間勤務することに固執していない。専門家の能力を社会全体が有効活用するという観点から，専門職分野の人材の流動性を高める中途採用市場を拡充させ，人材を積極的に活用する必要がある。
③ 多様性を生かす職場環境の整備である。多様性を尊重する職場をつくるためには，人事制度の整備，違いを尊重する教育，外国語や異文化コミュニケーション能力等を習得できる環境づくり等が必要になる。職場環境の整備が成果を上げるまでには長い期間を必要とする。それゆえ，ダイバーシティを目指す企業は，早期から職場環境の整備に着手する必要がある。
④ 「女性の人材活用」である。日本では，女性の人材活用が十分に進んでいるとはいえない。女性労働の戦力化には時間がかかり，国際機関でも男女の雇用均等を実現させるために30年以上の年月を要している。女性を，労働力不足を補う戦力にしようとするのであれば，女性の活用を推進させる施策の拡充に真剣に取り組む必要がある。
⑤ ワーク・ライフ・バランス（Work Life Balance）の実現である。ワーク・ライフ・バランスが保たれなければ，長期的に仕事か家庭のどちらかに支障をきたす。その含意は，私生活の充実や満足が成果主義組織で働き続けるう

えでの頑張りにつながるということである。組織内の人的資源を長期間にわたり有効活用するという観点から，組織主導で仕事と生活のバランスを実現できる職場づくりに真剣に取り組む必要がある。

まとめ

新卒一括採用と日本的経営の柱の1つである終身雇用は経済合理性が高く，雇用保障は企業組織への帰属意識を高めている。しかしながら，日本的雇用システムにおいてダイバーシティに基づく雇用システムとの適合性はきわめて低い。

今後，人材を有効活用するという観点から，日本企業は勤務国や職員の国籍を問わず，同じ基準で職員の雇用管理を行う世界共通人事制度の導入が求められる。その実現のためには，ダイバーシティ社会を前提とした人的資源管理や人材育成の整備は急務である。

（横山和子）

家庭教育，学校教育，企業人教育をどうつなげるか

若年層の育成に関して企業人がよく言うのは，「大学教育の見直しをして，学生をもっと戦力化してほしい」である。企業人はかつて「大学教育には期待していない。自分たちでやり直す」と言っていたはずである。しかし，近年のグローバル競争の激化で，その余裕が減ってきたのだろうか。企業も，家庭から始まり小中高大と続く教育の効果に目が向きだした。それをどうつなげば効果的なのかを考えてみた。

教育の目標

家庭教育について，文部科学省によれば，家庭は基本的な生活能力，人への信頼感，豊かな情操，基本的倫理観，自立心，マナーなどを身につけるうえで重要とし，職業観，人生観，企画力も家庭教育の基礎の上に培われるとされている。最後の部分は，家庭教育の先に職業を含む人生観とスキル形成が展望されている。

義務教育は，中教審答申などを見ると，一生を通じての人間形成の基礎を習得させる，個性と社会性の発達を助長するとされている。ここでは，人間力と個を生かした成長が求められている。大学教育については，学問を通じて学生が自ら

主体的に考えて判断する力を培い，卒業後の社会的・職業的な自立に資するよう教育研究機能を充実・強化していくことが必要とされている。ここでは，スキルと職業意識が求められている。

全体を通じて教育に求められるのは，人生観・職業観とスキルに集約され，後者は基礎としての人間力，自ら考える力と個の特性を生かしたスキルとなる。

企業の求めるもの

他方，企業は何を求めているかを，日本経済団体連合会（以下，経団連）の「2015年度新卒採用に関するアンケート調査」から見る。選考にあたって特に重視した点はコミュニケーション能力が12年連続1位で，主体性，チャレンジ精神が続く。10％以上入った項目を，教育に求められるものによりグルーピングすると，人生観・職業観6，人間力3，考える力3，個を生かした力1となる。

個を生かした専門性などは意外と低い結果となっている。他方，人生観・職業観と基礎スキルが高い。企業は即戦力を求めつつあると初めに述べたが，経団連の調査ではそうはなっていない。

人生観・職業観と基礎スキルがどうすれば身につきやすいかをさぐり実行することが社会の課題となる。ここでは，このうち最も重視された人生観（職業観を含む）について筆者が参加した調査から考える。人生観や世界観という大きなフレームがベースにあれば，目の前の事象を照らし合わせて理解，吸収でき，仕事や生活，本やニュースなどから学べる度合いが高くなる。

「自分の人生観，世界観はいつできたか」という質問に対して，回答者（50歳以上）を年収で2グループに分けて集計すると，1800万円以上の人は47.3％が「30代までにできた」と答えている。一方，600万円台の人のそれは32.8％で，「まだできていない」人が42.0％に上った。仕事で成果を上げている人は年収が高いと想定すると，早く人生観を確立することは本人，社会にとって重要といえる。

では，人生観はどう形成されるのか。すべての体験や学びからとしか答えられないが，病気や災害など大きな出来事に遭遇した人から「人生は有限と気づき，以降一生懸命生きるようになった」という話を何度も聞いた。

他方，このような体験がない人がいきなり人生観を確立することは難しいが，1つの分野を突き詰めていくと，その過程で生き方のフレームが確立されてくる場合がある。例えば，スポーツなど特定分野をとことん追いかけることで自分なりのフレームができ，それが人生観の土台作りになる。別の分野に取り組むとき

にフレームは拡張され土台を強固にする。ここから，家庭から教育を経て企業人となる過程で，1つの分野を極めることがその後の人生観の形成に寄与するといえないだろうか。そういう意味では，小さいころから好きなことを見つけ集中する体験はこの萌芽といえ大切にする必要がある。受験を優先し，それを封印することがいいことか再考すべきである。

3点が重要

　筆者は，人材の成果をスキル×モチベーション×マッチングにより決定されると考えている。高いスキルとやる気，そして自分の適性に合った仕事についたとき，人は力を発揮し成果を上げる。採用においても，企業はこの3点で学生を判定しようとしていると想定できる。

　初めのスキルは，本来仕事のスキルで勉強のスキルではないが，学生についての情報が豊富ではないので，学歴やSPIなどテストの結果を代理指標に推定し，自社の基準以下の学生を足切りする。「難易度の高い有名大学の出身者のほうが基礎能力が高いので，仕事の能力も高いはずで貢献も期待できる」という声がある。

　統計的差別の理論でも説明できる。これまで実績を上げた人は，その見返りとして出世しているに違いない。だから，会社の役員，幹部になっている人の出身大学の学生をとれば，実績を上げてくれるはずという考えだ。この過去のデータに頼る傾向がある限り，歴史のある有名大学の優位性は維持される。これらスキルの点では，それらの学生に各社が殺到するのも経済合理的動きということができる。しかし，指標はあくまで代理で，実際には面接で落とされたり，入社後仕事で実績を上げられない人が多数いることも事実である。大手化学メーカー人事部長が「どんなに厳選しても，4割は入社後期待以下の実績だ」と悩んでいた。

　モチベーションは，働く意欲とその継続性を見るもので，サークルやバイトでの経験，役割を代理指標にできる。面接でも，これまでの経験を聞いて，「どういう困難に直面し，それをどう乗り越え，教訓化しているか」が頻繁に出る質問である。運動部主将で大会優勝などの実績があれば，モチベーションの高さの証拠になり，企業は一義的には採用したいと考える。本人の姿勢は人生観にもつながるものである。

　このモチベーションというか，それを含めた学生のマインドに関して，採用側がネガティブチェックポイントにしているのは，その人の一時的なやる気低下の背後にあるメンタル面の弱さである。何かで大きく落ち込んだり，やる気を失う

人を企業は採用したくない。それを過去の体験や圧迫面接などで見ようとする。

最後のマッチングは，その会社，仕事の適性に合った学生を採用することである。コンサルティングのような高度の思考を要求される仕事や，企業の本社政策立案部門などは，地頭のよい人を採用しようとする。だから，上のスキルと同じような判断になる。

一方，営業や接客などは，コミュニケーションスキルの高い学生が採用の対象になる。また，経理などでは，数字の強さ，几帳面さ，正確さなどが求められる。

以上から，家庭，学校で地頭を鍛え，人生観の基礎をつくり，企業ではその土台の上にスキル，モチベーション，マッチングを高めていくというフローが発見できる。

（西山昭彦）

女性が活躍できる社会と人材育成の役割

　日本において女性の活躍推進の契機となったのは，1986年に施行された男女雇用機会均等法である。ただし同法は，募集・採用，配置・昇進などに関する差別撤廃が努力義務にとどまっていたこともあり，その後90年代に入っても，女性の活躍推進に対する企業側の姿勢はさほど変化せず，社会的責任の一環として問題に対処するにすぎなかった。しかし1999年に，上記項目における差別が禁止されたほか，ポジティブ・アクションに関する条項などが盛り込まれた改正均等法が施行されると，徐々に変化を見せはじめる。2004年以降は，ポジティブ・アクションをダイバーシティ・マネジメントと結びつけて考える傾向が顕著になり，日本の経済界を代表する大手企業数社から女性の積極的登用を主眼とした日本型ダイバーシティ・マネジメントともいうべき組織改革の表明がなされるようにもなった。そして2016年には，女性登用について数値目標を含む行動計画の作成と公表を義務付けた女性活躍推進法が施行されるまでに至っている。

　日本における女性の就労状況は近年の変化として，①女性就労者数そのものの増加，②就業継続傾向の強まりと平均勤続年数の伸長，③男性に匹敵するほどの高学歴，といった3点が指摘できる。結婚，出産，育児など，家庭責任の重なる時期に退職する女性が多いことを示すM字カーブも改善傾向にある。ただし女性は非正規雇用の割合が56.7％と，男性の21.8％に比べ非常に高い（総務省「労働

力調査」2014)。この割合は中高年女性では特に高い。また，管理的職業従事者に占める女性割合も上昇傾向にあるが，11.3%と依然低い水準である（同前）。

　女性就労者がこうした状況にある一因は，日本企業に浸透している，長時間労働をベースにした，いわゆる男性的な価値観，働き方，そしてそれを支える人事制度にあると考えられる。結婚後，特に出産後の女性は多くの場合，家事，育児などにおいて過度な家庭責任を負う，いわゆる家父長制的な慣習がネックとなり，男性的な働き方への適合が困難になる（牛尾・志村，2014）。また，日本企業の中間管理職や人事担当者の多くは女性就労者に対して，「女性は結婚・出産すると離職してしまうので，人材投資は無駄になる」及び，「女性は男性に比べ生産性も向上心も低い」という２種類のネガティブ・ステレオタイプを抱いているが，こうした認識の存在こそが，女性の活躍を阻害しているとの報告もある（山口，2010）。この悪循環を正し，企業主導で女性の能力発揮を促進させるためには，男性の，特に管理職層の意識改革が不可欠である。

　女性の活躍推進には制度改革も欠かせない。具体的には，育児休業，介護休業，時短勤務，フレックス・タイム，残業時間の削減，有給休暇の消化，在宅勤務などのワーク・ライフ・バランス関連の施策，および，公正な評価，職務範囲の拡大，的確な登用などの人事関連の施策である。これらを効果的なものにするためには，男性の意識，働き方が変わらなければならない。

　女性自身の意識改革，育成も必要である。例えば第一生命保険では，「Career Development Program」として上位職位への登用に向けたプログラムと多様な職務展開を目指すプログラムを設け，積極的に女性のキャリアアップを支援している。前者では，ポジティブアクションプログラムという，女性が高い目標に向かって自らチャレンジするための体系的な能力開発プログラムを設けている。具体的には，リーダーチャレンジ研修，アシスタントマネジャー養成塾，マネジャー養成塾，選抜女性管理職塾などがある。一方後者では，キャリアサポートプログラムを設けている。具体的には，キャリアチャレンジ制度，社内トレーニー制度（短期間の社内留学制度），社外トレーニー制度（短期間の他社留学制度）がある。

　女性の育成にはメンター制度も有効である。指導や評価にとどまらず，昇進のための様々な活動まで行うとよい。コミュニティ活動も成果を上げている。日本IBMでは，社内に社長直属の諮問委員会の「ジャパン・ウィメンズ・カウンシル」を設置し，女性エグゼクティブをリーダーに女性の活躍推進における課題の分析と解決策の検討，経営への提言のとりまとめ，次世代育成などを行っている。一

般に女性管理職は上司や同僚からのサポートがあまり期待できていないため（牛尾ら，2015），メンター制度やコミュニティ活動はその解決策となり得る。

女性の活躍推進は，法令遵守，社会的責任，労働力人口の確保，国際社会からの要請等の動機づけだけでは成功は覚束ない。欧米先進諸国においては，いまだいわゆるガラスの天井を完全には解消できないものの，女性の活躍が，企業の，そして国家の競争力を高めるのに大いに貢献している。日本もそうなるべく，産官学が連携し邁進していくことが求められる。

（牛尾奈緒美）

社会人大学院の今後

日本の大学院制度は，「大学院」と「専門職大学院」という2種類の大学院から構成されている。

学部と切り離された専任教員を持つ，独立した大学院が創立されるのは，1970年以降のことである。その構想が広く実現するのは，社会人に門戸を開放することを目的に，2000年の「専門大学院」制度，続いて2003年の「専門職大学院」制度が制定されたことがはじまりである。「専門職大学院」制度が制定されると，その1つであるビジネススクールの創立ラッシュが起こる。ここでは筆者の過去の実態調査から，社会人大学院の中でもビジネススクールに焦点をあて，その動向を整理し，今後の方向を示してみよう。

日本にビジネススクールは100校程度あり，公開されている入試倍率の平均は1.5倍程度である。この入試倍率を，ビジネススクールが労働市場や社会からどのような評価を受けているかを示す基準とみなし，ビジネススクールの区分を試みた。それは，「優良ビジネススクール」「準限界ビジネススクール」「限界ビジネススクール」「消滅ビジネススクール」の4つである。

優良ビジネススクールとは，創立以来，入学定員割れが一度も起きたことがなく，学生の確保が継続してできているところである。準限界ビジネススクールとは，入学者数が近年3年間減少し，定員割れが起きているところである。限界ビジネススクールとは，過去から入学者数が減少し，定員割れが3年以上続いている，または創立当初から入学定員が埋まっておらず，しかも減少し続けているところである。消滅ビジネススクールとは，すでに廃止されたところである。

ビジネススクール全体の特徴としては，平日夜間と週末に授業が行われるパー

トタイムの学生がほとんどである。「日本でフルタイムのビジネススクールは運営が難しい。学生は企業を辞められないからだ」という教員の声は大きい。また，ビジネススクールの学校数，受験者数，卒業者数は増えていない。逆に減っている。ビジネススクールはすでにピークアウトしたようである。

続いて，優良ビジネススクールの特徴としては，修士論文を主力とするほどに力を入れている。逆に，「学生には研究課題があるが，それはパワーポイントを使った口頭発表でも良いことになっている」という限界ビジネススクールの教員の声のように，定員割れのところほどあまり力を入れていない。また，かなりユニークな戦略がビジネススクールを創立する当初から練られており，それが忠実に実行されている。明確な方針・戦略がある，そのための強いリーダーシップを発揮する教員がいる，教員全体のコミットが大きい，さらには大学もビジネススクールの運営を大切にしている（学部とビジネススクールは別組織として機能している），などの特徴がある。

準限界ビジネススクールも修士論文（課題論文）に力を入れており，授業内容も優良ビジネススクールと変わらないところが少なくない。しかし問題なのは，専門職大学院の制度に便乗してスタートしたのはよいが，創立当時から明確な方針や戦略がなく，それを実行する強力なリーダーシップが欠如している。教員全員のコミットも優良ビジネススクールに比べると少ない。専任教員の多くが学部とも兼任しているため，強くコミットできないという課題が大きい。

限界ビジネススクールも同じく，専門職大学院の制度に便乗してスタートしたのはよいが，創立当時から明確な方針や戦略がなく，それを実行する強力なリーダーシップがほとんど欠如している。一部の限界ビジネススクールでは，アメリカのビジネススクールをそのままモデルとしている。日本の優良ビジネススクールには，アメリカのビジネススクールをモデルとしているところはない。日本の企業環境に合わせる，大学の学部が持っている資源を最大限に利用する，珍しいプログラムの開発など，自分たちが置かれている地域や環境に合わせることを第一目的としている。

ビジネススクールの半数以上が定員割れである可能性を考慮すると，ビジネススクールのほとんどが，準限界および限界ビジネススクールに陥っているようだ。これらのビジネススクールが消滅ビジネススクールへと向かうのはたやすいが，優良ビジネススクールへと昇っていくのは難しい。もともとのビジネススクールの設計やビジネスモデルが市場に合っていないため，現在までも大きな苦労を強

いて進んできているからだ。

　一方，優良ビジネススクールが厳しい日本の企業環境の中で，したたかに生き抜いていく姿は今後も変わらないだろう。これはアメリカ型のビジネススクールとは異なるものである。日本的なビジネススクールの誕生ともいえる。「日本的」というのは，修士論文を重視する，地元企業の後継者育成に焦点をあわせる，授業は土日だけ（ウィークエンドMBA），教員のほとんどを占める実務家教員の半数強が博士号を持つ，社会経験ゼロの学卒者が学生である，税理士試験と医療経営に焦点を合わせる，中小企業診断士とMBA学位の取得を可能にするなど，少ない資源と厳しい社会環境の中で，創立当初のユニークな戦略を守り抜いていることを意味する。

　最後に，今後の日本のビジネススクールの生存と再生に対する若干の提案をしてみよう。第1に，限界ビジネススクールを反面教師にすることである。第2に，学生に勉強させることである。第3に，教員の意識を変えコミットさせることである。第4に，研究ベースのビジネススクールにすることである。第5に，ビジネススクールが日本的経営を変える可能性があることである。それは，MBAホルダーは日本でも少数派であるが，少しずつ彼らが増えることによって，日本的経営が変わらざるを得なくなっていく，という意味である。第6に，市場開拓をすることである。それは，新興・IT・専門サービス・外資系などの企業や，役所・学校・病院などの非企業である。第7に，アメリカのビジネススクールの新しい動きとして，オンライン教育があるが，日本のビジネススクールもこの動きを避けることはできないだろう。

（金　雅美）

近年なぜキャリアが重視されるのか

「職業からキャリアへの転換」
　アメリカで1950年代に行われた「職業指導からキャリア・ガイダンスへの転換」が，その後の世界的な技術革新，職務内容の変化，職業生活・人生の長期化などにより，わが国の教育，雇用，企業の働く人の能力開発に大きな影響を与え今日に至っている。
　それを促進した重要な要素は，心理学者であるスーパー（Super, D. E.）が示し

たキャリアの概念である。それは次のようなものである。
① 人生を構成する一連の出来事。
② 自己発達の全体の中で,労働への個人の関与として表現される職業と,人生の他の役割の連鎖。
③ 青年期から引退期に至る報酬,無報酬の一連の地位。
④ それには学生,雇用者,年金生活者などの役割や副業,家族,市民の役割も含まれる。

この定義には,発達的な仕事移動,生涯にわたる継続,人間的成長,自己実現の要素を含み,キャリアの概念を構築している。

それが諸科学,教育理念,職業選択の意味,個人の自己実現,企業や社会の変化をもたらし今日に至ったのである。

職業からキャリアへのその後の進展

教育の世界では,職業指導からキャリア教育へ,就職の世界では,態様別職業紹介など職業紹介の革新,働く人の能力開発ではキャリアコンサルティングが,職業能力開発促進法に基づく国家資格化などが,この10年着々と進められている。

実践を支える理論の世界では,プランドハップンスタンス理論,ナラティブ・アプローチ（構築理論）,社会正義の重視（文脈理論）などの新しいキャリア発達理論が提案されている。

また,OECD,ILOなどの国際機関が,キャリア・ガイダンスの実施体制の整備,役割や機能の拡大,目標や目的の拡大などについて具体的な提案をしている。

これらの実践と理論,一国を超えた新しい動きは,まさに今なぜキャリアかを明確に示している。

（木村　周）

高齢化社会の施策と今後の課題

ここでは,高年齢者雇用政策と企業の高齢者雇用の現状を紹介し,高齢期の就業の課題を述べることにしたい。

現在,企業には段階的に65歳までの雇用機会を確保する義務が課せられている。65歳までの雇用確保は,雇用と年金との接続を意識し,平成16年改正の高年齢者

雇用安定法（以下，「法」という）において定められた。この改正法では65歳までの雇用確保を，①定年の定めの廃止，②定年年齢の引き上げ，③継続雇用制度の導入，のいずれかの方法で講じることを義務づけていた。③を選択する場合には，継続雇用の基準を労使協定等に定め，継続雇用者を選抜することが認められていた。平成24年改正法では，その規定は削除され，働き手が希望すれば段階的に65歳まで雇用する義務を企業に課している。

平成16年改正法は，昭和22年から24年生まれの「団塊世代」が定年による大量退職を前に施行（平成18年施行）された。この法改正は，60歳代前半層の雇用増に貢献した。「労働力調査」（総務省，2015）によれば，男性（60〜64歳）の労働力人口比率は，平成17年70.9%から平成18年74.4%，平成27年には78.9%に増え，就業率も同様に，各々67.1%，70.8%，75.5%と増加した。

『平成29年「高齢者の「雇用状況」集計結果』（厚生労働省）によれば，平成29年6月現在，65歳までの雇用確保措置を講じる31人以上の企業は全体の99.7%を占め，希望者全員が65歳以上まで働ける企業は75.6%を占めている。その内訳は，継続雇用制度の導入によるものが圧倒的多数を占めており（74.0%），65歳以上定年が22.5%，定年制の廃止が3.4%となっている。『平成29年就労条件総合調査結果』（厚生労働省，2017）をみると，一律定年制を定める企業（全体の97.8%）のうち，定年年齢を60歳とする企業は79.3%を占めている。多くの企業は，定年年齢を60歳とし，それ以降は再雇用や勤務延長により65歳までの雇用を確保している。

60歳以降は，定年前と異なる人事管理を適用している。60歳以降も在籍する従業員（以下，「高齢社員」という）は増加傾向にあるため，雇用機会を提供する「福祉的雇用」では労働意欲や職場の業績が低下する問題が起こる。高齢社員の人事制度を整備し，企業業績に貢献する人材として活用を進める必要がある。

人事管理の整備状況をみると，「福祉的雇用」ではなく，高齢社員を「戦力」と位置づけている企業は多い（高齢・障害・求職者雇用支援機構，2015）。人事管理の個別領域においては，「労働時間管理」や「能力開発管理」は定年前の人事管理に近づけ，一方「賃金管理」は定年前と異なる管理を適用している（藤波・大木，2011）。高齢社員を活用する場合，活用領域の人事管理を強化する傾向にあり，企業は高齢社員がすでに保有する能力を再編しながら活用する志向を持っている。さらに，近年，定年制度の見直しを含めて，高齢期の人事制度が整備されつつある（高齢・障害・求職者雇用支援機構，2018）。

高齢化社会の施策と今後の課題

超高齢社会を迎えるにあたり，高齢者には社会を支える側に回ってもらう必要がある。それには65歳を越えても働ける機会を確保する必要がある。現状（2018年1月時点）においては，65歳を越えた雇用機会の確保の義務は企業に課せられていない。65歳を越えて働くためには，働き手が自らの職業人生を設計し，企業に売れる能力を自ら獲得することが求められる。それには，高齢者になる前からの準備も必要となる。

　同時に，日本社会が，企業に直接雇用される以外の就業機会を提供する必要もある。本人の希望に応じて，多様な選択肢があることが望ましい。高齢期の就業には，創業や高齢者派遣，シルバー人材センターを通じた就業や活動，NPOにおける就業や活動などがある。超高齢社会を迎えるにあたり，働く側の「自主・自律」を前提としながらも，上記のような就業機会を提供する社会的基盤をより一層整備することも求められる。

（鹿生治行）

障がい者雇用の諸問題

障害者雇用施策と障害者手帳

　わが国の障がい者が，その能力に応じた職業に就くことを支援する法律として「障害者の雇用の促進等に関する法律」がある（以下雇用促進法と略す）。この雇用促進法によって適用対象となる障がい者が示されている。

　その対象は，「身体障害者」「知的障害者」「精神障害者」「発達障害者」「その他の心身の機能の障害を有する者」である。そして，身体障害者は身体障害者福祉法に基づく「身体障害者手帳」を，知的障害者は「療育手帳（地域により異なる名称がある）」を，精神障害者は「精神障害者保健福祉手帳」を交付されている者が雇用促進法の適用対象となる。発達障害，その他の心身の障害に関しては，医師の診断書などにより適用対象となるかどうかが決定される。このように基本的には，各種の手帳が交付されていることが雇用促進法の適用を受けられるかどうかを左右することとなる。発達障害，その他の心身の障害を除くと，様々な理由により手帳の交付を受けることができていない障がい者は，障害者雇用施策の枠外に置かれることとなることが明白である。いわゆる手帳主義に基づく雇用施策の課題がここにあるといえる。

障がい者雇用と法定雇用率

　雇用促進法は、障害者雇用率制度を定め、民間企業においては常用雇用労働者101人以上の場合、常勤の従業員の2.0％（国や地方公共団体においては2.3％）以上の障がい者を雇用することと定められている。この法定雇用率は、2018年4月から民間企業2.2％、国、地方公共団体等2.5％に引き上げられる。また対象となる事業主の範囲が45.5人以上を雇用するものに拡げられる。

　この障害者雇用率制度によって、障がい者の雇用者数の目安が示されているが、その算定にはいくつかの特徴がある。例えば、重度の身体障がいのある人、または重度の知的障がいのある人を1人雇用すると、障がい者を2人雇用したと見なすことができるのである。ここでいう重度とは身体障害者手帳1級か2級、または3級の障がいを重複して有する者を指し、重度の知的障がいとは療育手帳のA等級を指している。

　また重度の障がい者を短時間労働者（週労働時間20時間以上〜30時間未満）として雇用した場合には、障がい者を1人雇用したと見なすことができる。重度以外の障がい者の短時間労働は、0.5人を雇用したと見なされる。

　これらは、重度の障がいを有する者の就労機会を拡大するための施策として講じられているものである。このダブルカウントの制度を導入したことにより、以前に比較すれば重度障がい者の就労機会は拡大している側面もあるが、これにより障がい者全体で見ると重度の障がい者以外の就労機会を縮小させているという側面も見逃すことができないといえる。したがって、法の定める雇用率の完全実施には、まだまだ遠い道のりである。短時間労働、ワークシェアリング等の様々な手法を組み合わせることにより、障がい者の就労可能性を高めていく施策の展開が期待されるところである。

障がい者雇用にかかわる様々な課題

　障がい者雇用にあたって、障害者職業センターや障害者就業・生活支援センター等に寄せられる問い合わせを整理してみると、採用活動にかかわる事柄、入職の準備にかかわる事柄、採用後の人事にかかわる事柄、障害者の職場定着にかかわる事柄など多岐にわたる相談が寄せられている。

　いくつかの場面に区分して整理してみる。

　採用活動にかかわる事柄の中には、①障がいの特性によって採用時に留意するべきことはどのようなものがあるのか、②採用にあたって障がいの種類を特定し

てよいのか，③雇用形態や給与体系はどのようにすればよいのか等がある。

　入職の準備にかかわる事柄としては，①労働時間，休憩時間，休暇等は障がいのない従業員と同じでよいのか，②施設や設備の改良は必要なのか，③障がい者用の特別な器具や機器を準備する必要があるのか，④人的なサポートの必要性はあるのか，⑤障がい者を配属する場合の配慮事項はどのようなことがあるのか，⑥配属先の従業員の理解を得るためにはどのようなことをしておく必要があるのか等がある。

　採用後の人事にかかわる事柄としては，①採用段階における採用予定者との話し合いの中で決定した配属先において，十分に能力が発揮できない様子があるので，本人の意向に反して配転をしてよいものかどうか，②障がいのない従業員と障がい者との仕事の遂行率を比較し障がい者のほうが低い場合，勤務評定や給与に反映させてよいものなのか，等がある。

　障がい者の職場定着にかかわる事柄としては，①障がいのある従業員に対する配属先の従業員の理解が十分ではないため，職場の雰囲気に影響を及ぼしているがどうすればよいのか，②障がいのある従業員が，同じ職場の従業員とのコミュニケーションが十分にとれないと悩んでいるが，どのようにしていけばよいのか，③障がいのない従業員も障がいのある従業員もお互いに人間関係で悩んでいるがどのようにしていけばよいのか，このような相談を引き受けてくれるところはあるのか，④障がいのある従業員の健康にどのように配慮すればよいのか，等がある。

　障がい者雇用にかかわる障害者雇用上の困りごとのいくつかを取り上げて整理してみると，共通するキーワードが見えてくる。その1つが，「障害者理解」である。雇用促進法が対象とする障がいの種類は，前述したように身体障害，知的障害，発達障害，その他の障害といくつかの区分がある。しかし大切なことは，身体障害といっても肢体不自由，視覚障害，聴覚障害，内部障害等いくつもある。そのうえ，例えば肢体不自由でも欠損，マヒなどいろいろな状態がある。つまり，1人ひとりの障がい者によって様々な種類と程度の障がい像があり，その状態をどのように理解し，共に働くことができるかということが大切である。

　わが国は，長い間教育段階において，障がいを有する子どもと障がいのない子どもを分離して教育を行ってきた。現在は分離教育から転換しインクルーシブ教育が行われている。この点から言えば，現在の労働者の多くは教育段階から障がいを有する人と分離された生活を送って来たわけである。したがって，職場で障

がい者と共に働くこととなっても，その障がい者のことを理解するためには，その同僚となる障がい者の有する障がいの基礎的な理解をしたうえで，共に働く同僚としての人間関係を築いていく必要がある。現在のインクルーシブ教育は，少なくとも教育段階における障がいの基礎的な理解を身につけることができる可能性がある点において，現在の職場に横たわるいくつかの課題を事前に解消してくれるものと期待している。

（高見令英）

引用・参考文献

大項目

人材育成と社会システム
佐藤厚（2016）『組織のなかで人を育てる』有斐閣
諏訪康雄（2017）『雇用政策とキャリア権』弘文堂
Swanson, R. A., & HoltonⅢ, E. F. (2001) *Foundations of Human Resource Development*. Berrett-Koehler Publisher, Inc.

中項目

社会・経営環境と人材育成
Barney, J. (1991) Firm resources and sustained competitive advantage. *Journal of management*, 17(1), 99-120.
Bezrukova, K., Jehn, K. A., & Spell, C. S. (2012) Reviewing diversity training: Where we have been and where we should go. *Academy of Management Learning & Education*, 11(2), 207-227.
Bourgeois, L. J. (1985) Strategic goals, perceived uncertainty, and economic performance in volatile environments. *Academy of Management journal*, 28(3), 548-573.
Collings, D. G., & Mellahi, K. (2009) Strategic talent management: A review and research agenda. *Human Resource Management Review*, 19(4), 304-313.
Cyert, R. M., & March, J. G. (1963) *A behavioral theory of the firm*. Englewood Cliffs, N. J.: Prentice-Hall.
DiMaggio, P. J., & Powell, W. W. (1983) The iron cage revisited: Institutional isomorphism and collective rationality in organizational fields. *American sociological review*, 48(2), 147-160.
Jackson, S. E., Schuler, R. S., & Jiang, K. (2014) An aspirational framework for strategic human resource management. *The Academy of Management Annals*, 8(1), 1-56.
Kimura, T. (2015) A review of political skill: Current research trend and directions for future research. *International Journal of Management Reviews*, 17(3), 312-332.
Mitchell, R. K., Agle, B. R., & Wood, D. J. (1997) Toward a theory of stakeholder identification and salience: Defining the principle of who and what really counts. *Academy of management review*, 22(4), 853-886.
Priem, R. L., & Butler, J. E. (2001) Is the resource-based "view" a useful perspective for strategic management research? *Academy of management review*, 26(1), 22-40.
Renwick, D. W., Redman, T., & Maguire, S. (2013) Green human resource management: A review and research agenda. *International Journal of Management Reviews*, 15(1), 1-14.
Scott, W. R. (1995) Institutions and organizations. Thousand Oaks, CA: Sage.
Vaiman, V., Scullion, H., & Collings, D. (2012) Talent management decision making. *Management Decision*, 50(5), 925-941.

人材開発の基礎理論
Hall, D. (1984) Human resource development and organizational effectiveness. In C. Fombrun, N. M. Tichy, & M. A. Devanna (Eds.), *Strategic human resource management*. John Wiley and Sons. (pp.159-181).
松尾睦（2006）『経験からの学習』同文舘出版
中原淳（2012）『経営学習論　人材育成を科学する』東京大学出版会
中原淳（2013）「経験学習の理論的系譜と研究動向」『日本労働研究雑誌』No.639, 4-14.
中原淳（2014）「職場における学習」の探求『組織科学』Vol. 48(2), 28-37.
関根雅泰・齊藤光弘（2017）「研修転移」中原淳編『人材開発研究大全』東京大学出版会

教育訓練施策と人材育成
原ひろみ（2008）「アメリカの職業訓練政策の現状と政策評価の取組み──労働力投資法を取り上げて」

『日本労働研究雑誌』No.579, 42-52.
樋口美雄（2013）経済の好循環実現に向けた政労使会議第1回提出資料（http://www.kantei.go.jp/jp/singi/seirousi/dai1/siryou4.pdf）
厚生労働省（2016）「第10次職業能力開発基本計画―生産性向上に向けた人材育成戦略―」
黒澤昌子（2001）「職業訓練・能力開発施策」『雇用政策の経済分析』東京大学出版会
黒澤昌子（2003）「公共職業訓練の収入への効果」『日本労働研究雑誌』No.514
尾高煌之助（1993）「企業内教育と公共職業訓練」『企業内教育の時代』岩波書店
労働政策研究・研修機構（2007）『日本の職業能力開発と教育訓練基盤の整備』プロジェクト研究シリーズNo.6
労働研究・研修機構（2015）『求職者支援制度利用者調査―訓練前調査・訓練後調査・追跡調査の3時点の縦断調査による検討』労働政策研究報告書No.181
労務行政研究所編（2008）『職業能力開発促進法』労務行政
田中萬年（1996）「近年の公的職業訓練の実情と課題」『日本労働研究雑誌』No.434
Wooldridge, J. (2010) *Econometric analysis of cross section and panel data*. MIT press.

地域社会と人材育成

中小企業庁（2015）『中小企業白書2015年版』
Florida, R. (2005) *The Flight of Creative Class.* New York: Harper Collins Publishers,Inc.（井口典夫訳『クリエイティブ・クラスの世紀』ダイヤモンド社 2007）
樋口一清（2015）「産業集積と学習地域」樋口一清・白井信雄編著『サスティナブル地域論―地域産業・社会のイノベーションを目指して』中央経済社 pp.76-99.
石山恒貴（2013）「地域活性化における実践共同体の役割―NPO2法人による地域の場づくりに向けた取り組み事例」『地域イノベーション』6,63-75.
伊藤実（2008）「地域における雇用創造類型」伊藤実・金明中・清水希容子・永久寿夫・西澤正樹『地域における雇用創造―未来を拓く地域再生のための処方箋』雇用開発センター pp.25-40.
日下部眞一（2012）「Social Capital論の陥穽―ソーシャル・キャピタル指数は何を測っているのか？」『広島大学大学院総合科学研究科紀要．Ⅱ，環境科学研究』7, 1-29.
松永桂子（2012）『創造的地域社会―中国山地に学ぶ超高齢社会の自立』新評論
増田寛也（2014）『地方消滅―東京一極集中が招く人口急減』中央公論新社
湊美和（2013）「典型的な過疎地に創造的な人材が集まる」『Works』120, 26-31.
内閣府（2015）「プロフェッショナル人材事業について」
中原淳（2015）「異業種5社による『地域課題解決研修』の効果とは何か？―アクションリサーチによる研修企画と評価」『名古屋高等教育研究』15, 241-266.
岡本義行（2009）「産業集積の転換可能性―なぜ産業集積は進化するのか」『イノベーションマネジメント』6, 23-40.
Porter, M. E. (1998) *On Competition*. Boston: Harvard Business School Press.（竹内弘高訳『競争戦略論Ⅱ』ダイヤモンド社 1999）
Putnam, R. D. (1993) *Making democracy work: Civic traditions in modern Italy*. Princeton: Princeton University Press.（河田潤一訳『哲学する民主主義―伝統と改革の市民的構造』NTT出版 2001）
Putnam, R. D. (2000) *Bowling alone: The collapse and revival of American community*. New York: Simon & Schuster.（柴内康文訳『孤独なボウリング―米国コミュニティの再生と崩壊』柏書房 2006）
Saxenian, A. (1994) *Regional Advantage Culture and Competition in Silicon Valley and Route 128*. Boston: Harvard Business School Press.（山形浩生・柏木亮二訳『現代の二都物語―なぜシリコンバレーは復活し，ボストン・ルート128は沈んだか』日経BP社 2009）
Saxenian, A. (2006) *The New Argonauts: Regional Advantage in a Global Economy*. Cambridge: Harvard University Press.（酒井泰介訳　星野岳穂・本山康之監訳『最新・経済地理学』日経BP社 2008）
玉沖仁美（2012）『地域をプロデュースする仕事』英治出版
筒井淳也（2007）「ソーシャル・キャピタル理論の理論的位置づけ―効率性と公平性の観点から」『立命館産業社会論集』42(7), 123-135.
Wenger, E., McDermott, R., & Snyder, W. M. (2002) *Cultivating communities of practice*. Boston: Harvard

Business School Press.（野村恭彦監修『コミュニティ・オブ・プラクティス―ナレッジ社会の新たな知識の実践』翔泳社 2002）
山崎亮（2011）『コミュニティデザイン―人がつながるしくみをつくる』学芸出版社

学校教育と人材育成
荒井一博（1995）『教育の経済学―大学進学行動の分析』有斐閣
Becker, G. S. (1983) *Human capital: A Theoretical and Empirical Analysis, with Special Reference to Education*, 3rd ed. University of Chicago Press: Chicago.（佐野陽子訳『人的資本: 教育を中心とした理論的・経験的分析』（第 2 版）東洋経済新報社 1976）
中央教育審議会（2011）今後の学校におけるキャリア教育・職業教育の在り方について（答申）（http://www.mext.go.jp/component/b_menu/shingi/toushin/__icsFiles/afieldfile/2011/02/01/1301878_1_1.pdf）
平尾智隆・梅崎修・松繁寿和編著（2013）『教育効果の実証―キャリア形成における有用性』日本評論社
市川昭午編（1987）『教育の効果』東信堂
経済団体連合会（1996）創造的な人材の育成に向けて～求められる教育改革と企業の行動～（http://www.keidanren.or.jp/japanese/policy/pol083/index.html）
小塩隆士（2002）『教育の経済分析』日本評論社
松尾知明（2015）『21世紀型スキルとは何か―コンピテンシーに基づく教育改革の国際比較』明石書店
松繁寿和編著（2004）『大学教育効果の実証分析―ある国立大学卒業生たちのその後』日本評論社
松下佳代（2010）『〈新しい能力〉は教育を変えるか―学力・リテラシー・コンピテンシー』ミネルヴァ書房
日本キャリア教育学会編（2008）『キャリア教育概説』東洋館出版社
日本労働研究機構編（1998）『リーディングス日本の労働⑦　教育と能力開発』日本労働研究機構
日本産業教育学会編（2013）『産業教育・職業教育学ハンドブック』大学出版協会
OECD (2005) *The definition and selection of key competencies: Executive summary*, OECD.
OECD (2012) *Assessment of Higher Education Learning Outcomes Feasibility Study Report Volume 1 – Design and Implementation*, OECD
Schultz, T. W. (1963) *The Economic Value of Education.* Columbia University Press: New York.（清水義弘・金子元久訳『教育の経済価値』日本経済新聞社 1981）
Spence, A. M. (1974) *Market Signaling: Informational Transfer in Hiring and Related Screening Processes.* Harvard University Press: Cambridge.
梅崎修・田澤実編著（2013）『大学生の学びとキャリア』法政大学出版会

トピックス

ダイバーシティ社会の人材育成のポイント
横山和子（2011）『国際公務員のキャリアデザイン』白桃書房
横山和子（2012）「日本企業グローバル人材育成に向けて提言―日本人国際公務員のキャリア研究から」『現代経営経済研究』3(1), 24-27.

女性が活躍できる社会と人材育成の役割
総務省統計局（2015）「労働力調査（基本集計）平成26年（2014年）平均（速報）」
牛尾奈緒美・志村光太郎（2014）『女性リーダーを組織で育てるしくみ―先進企業に学ぶ継続就業・能力発揮の有効策』中央経済社
牛尾奈緒美・志村光太郎・宇佐美尋子（2015）「女性管理職の職場ストレスに関する組織的要因―性差・職位差を踏まえた検討」『人材育成研究』, 10(1) & 11(1).
山口一男（2010）「女性雇用者のネガティブ・ステレオタイプは企業が生みだしている」『経済産業研究所ディスカッション・ペーパー』10-J-049.

社会人大学院の今後

金雅美（2015）「日米ビジネススクールの現状と課題」『東西南北2015』和光大学総合文化研究所年報, 146-169.
大野晃（2005）『山村環境社会学序説』農文協
吉原英樹・金雅美（2015）「Japanese Business Schools: Adaptation to Unfavorable Environments」『国際ビジネス研究』7(1), 15-30.

近年なぜキャリアが重視されるのか

木村 周（2013）『キャリア・コンサルティング 理論と実際』(一社) 雇用問題研究会
下村英雄（2013）『成人キャリア発達とキャリア・ガイダンス』労働政策研究・研修機構

高齢化社会の施策と今後の課題

藤波美帆・大木栄一（2011）「嘱託（再雇用者）社員の人事管理の特質と課題—60歳代前半層を中心にして」『日本労働研究雑誌』No.607, 112-122.
濱口桂一郎（2004）『労働法政策』ミネルヴァ書房
高齢・障害・求職者雇用支援機構（2015）『高齢者の人事管理と人材活用の現状と課題—70歳雇用時代における一貫した人事管理のあり方研究委員会報告書』（座長：今野浩一郎教授）
高齢・障害・求職者雇用支援機構（2018）『65歳超雇用促進マニュアル〜高齢者の戦力化のすすめ〜』
今野浩一郎（2012）『正社員消滅時代の人事改革』日本経済新聞出版社
厚生労働省（2017）『平成29年「高年齢者の雇用状況」集計結果』
厚生労働省（2107）『平成29年就労条件総合調査結果』
総務省（2015）『労働力調査』（年平均）

第Ⅱ章

戦略と計画

1. 経営理念と人材育成
2. 経営戦略と組織・人材システム
3. 組織と職務の設計
4. 組織文化と組織変革
5. モチベーション
6. リーダーシップ
7. HRMの機能
8. 人事部の役割
9. HRM情報システム

戦略的HRMとは何か
Talent Management
組織コミットメントの理論と実際
職務満足感の理論と実際
学習する組織
雇用の多様化とリーダーシップのあり方

第Ⅱ章 戦略と計画

1. はじめに

　今日の社会では様々な組織が何らかの目的を持って活動している。こうした組織的な活動によって，人間が1人では成し遂げることができない様々な製品やサービスを提供することが可能となり，経済や社会が発展してきた。人類の発展にとって組織的な活動は不可欠なものであり，組織が多大な貢献をしてきたことは紛れもない事実である。

　組織の形態は，官公庁などに典型的な従来型の階層型組織だけでなく，今日ではインターネット上のバーチャル組織のような新種まで多種多様だが，組織的な目的を達成するためには，複数の人間が意図的に協働し合うことが不可欠である。しばしば意図的にマネージ（経営）されるという意味で「経営組織」とよばれるが，こうした協働体系としての組織とはいかなるものであろうか。

　経営組織論の父とよばれるバーナード（Barnard, C. I.）の定義によれば，経営組織とは，自由な意思を持つ2人以上の人間の集団で構成された様々な活動の仕組みや体系である（Barnard, 1938）。また，しばしば組織図で表現されたり所在する建物で象徴されたりするが，物理的には存在せず，人間が意図的に規定する活動の「場」である。

　組織的な活動とは，その組織に関係する個々人の活動による協働に依存しており，厳密に言えば組織そのものが活動しているわけではない。会社の販売活動は営業に携わる様々な人々の営業活動が合成されたものでしかない。したがって，組織的な活動の成果は，究極的には1人ひとりの人材の行為とそれに先立つ意思

決定に依存している。

こうした組織が存続するためには，まず，組織目的がその組織を取り巻く環境に適応できるか否かという組織の「有効性」（effectiveness）が問われる。組織目的とは，そもそもなぜこの組織が存在するのか，この組織は世の中のためにどのような貢献をすべきか，というような社会的な価値や責任（CSR：Corporate Social Responsibility）を規定する経営理念に根ざしたものである。今日の社会では，あらゆる組織の社会的な価値や責任が問われているのである。

組織目的を踏まえて具体的な組織目標が設定されるが，その達成のための将来的な方針や指針もしくはそのシナリオが一般的には戦略とよばれる。そして，戦略を実行するための3年から5年スパンの中長期計画および単年度の短期計画が策定される。ただし，究極的には個々人の能力や貢献意欲をどの程度発揮させることができるかという組織の「能率性」（efficiency）が問われる。能率性が悪ければ，組織的なパフォーマンスを十分に発揮することができず，組織を存続することは困難になる。

一般的には，あらかじめ戦略と計画が策定され，それらに従って組織的活動がマネジメントされる。しかし，実行しながら環境変化に応じて当初の戦略と計画は修正されたり，抜本的に見直されたりすることも少なくない。結果的に実現した戦略や計画は，当初の戦略や計画とはしばしば異なるものになるのである。

2. 組織と人材のマネジメント

組織目標を達成するための戦略と計画が明らかにされると，その組織に所属する個々人は，目標達成に貢献するために何らかの役割行動が要求される。

ところが，組織の中で与えられる個々人の役割行動は，しばしば個人的な価値観や動機とは乖離してしまうのである。例えば，1人のバイオリニストだけでは他の楽器とのハーモニーを生み出すことはできないが，オーケストラ楽団に所属して協働することによって交響曲などを演奏することが可能になる。しかし，オーケストラ楽団に所属すると，自分が演奏したい楽曲だけを弾くことも，自分のペースで演奏することも許されず，指揮者の指示に従って演奏することが要求される。

協働体系としての組織の中では，個々人に対して組織的な役割行動が優先され，本人の価値観や動機に基づく個人的な行為は制約されてしまう。すなわち，組織

の中では，しばしば自由意思を持つ「個人人格」よりも組織的な役割行動に縛られた「組織人格」が優先されることになる。一般的な言葉に置き換えると，組織の中での個々人は，「ホンネ」と「タテマエ」を使い分けねばならず，しばしば「ホンネ」よりも「タテマエ」が優先されるのである。

組織をマネジメントする経営者や管理者は，必然的に個人人格（ホンネ）と組織人格（タテマエ）という二重の人格を持つ人材をマネジメントすることになる。それゆえに，組織と人材のマネジメントは非常に厄介で骨の折れるものになる。なぜならば，組織目標を達成するために配分された組織人格としての役割行動を十分に遂行させるためには，多様な価値観や動機を持つ個人人格に対して様々な欲求を充足させなければ，本人の能力や貢献意欲（モチベーション）を十分に引き出すことはできないからである。

したがって，組織は個々人に対して個人的な欲求充足に必要な様々な誘因（インセンティブ）を提供しない限り，貢献意欲を十分に引き出して役割行動を遂行させることができない。この誘因は，金銭的報酬に限らず，承認欲求や自己実現欲求などの個々人によって多種多様に合成されたものである。

そもそも組織とは，非常に不安定なものである。組織と人材のマネジメントは，環境と組織と人材という三者の微妙な均衡関係に依存しており，意図的で適切なマネジメントが不可欠なのである。

3. 求められる組織像

戦略と計画に従って組織目標を達成するためには，組織的な分業が不可欠である。この分業によって構造化された組織のあり方は，組織目標の達成度を大きく左右することになる。組織目標を達成するための戦略には，その戦略に相応しい組織のあり方が存在すると考えられている。戦略と組織がフィットしなければ，生産性が著しく低下してしまう。

つまり，チャンドラー（Chandler, Jr. A. D.）の命題として知られているように，「組織は戦略に従う」（Structure follows strategy）のである。たとえ同じ業界で同規模の組織であっても，戦略が大きく異なれば「求められる組織像」も異なる。

では，求められる組織像とは，どのように設計されるのであろうか。

4. 組織構造化と調整

　イギリスの古典的な経済学者であるスミス（Smith, A.）のピン工場のたとえ話で広く知られているように，1人ですべての作業工程を担当するよりも，全作業工程を幾つかの職務群に専門分化し，それぞれの職務ごとに専任者を配置して作業したほうが効率的で生産性が高い。こうした組織の末端に位置する専門分化された職務のまとまりとしての単位組織は「作業組織」とよばれる。そして，複数の単位組織を括ることによって「管理組織」が形成される。

　これらの作業組織や管理組織には，単位組織ごとに具体的な組織目標が設定される。組織全体の組織目標を階層構造に従ってブレイクダウンすることによって，すべての単位組織には具体的な組織目標があらかじめ設定される。したがって，理論的にはすべての単位組織がそれぞれの組織目標を達成すれば，組織全体としての組織目標が達成されるはずである。

　ところが，分業によってすべての単位組織の組織目標が明確に設定されると，それらの間には組織的な利害対立が生じ得る。また，時間の経過とともに経営環境が変化すると当初の戦略と計画も見直しせざるを得ず，あらかじめ設定した組織目標をしばしば修正もしくは抜本的に変更する必要が生じる。

　こうした組織内での利害対立や，環境変化による個別の組織目標の調整や見直しを継続的に行わなければ，組織全体の生産性は低下し，組織目標を達成することは困難になるのである。

5. 非公式組織と組織文化

　分業によって構造化された組織や職務の設計図は，あくまでも組織の一部を公式的に象徴しているにすぎない。ある程度の大きさの規模の組織には，こうした「公式組織」とは別に，個々人が社会的な関係で結ばれた「非公式組織」が存在している。公式的な組織図には記載されることのない組織である。組織内での親しい友人関係をはじめとして同期入社の会や派閥などに見られるようなインフォーマルな社会的な関係のことである。言い換えれば，公式的な「オモテ」の組織に対する非公式な「ウラ」の組織である。

　生まれたばかりの小さな組織であれば，組織の構成員はお互いに気心の知れあ

った仲間同士として意思疎通が可能である。しかし，組織の規模が大きくなるにしたがって組織構造は複雑になる。そして，細かく規定された組織内の制度やルールによって公式組織が運営されると同時に，個々人が社会的関係によって結びつけられた非公式組織が形成される。こうした非公式組織は，個々人に共通する価値観や行動規範の束としての組織文化を醸成することになる。

一般的に，組織には特有の価値観や行動規範としての組織文化が存在することが経験的にも知られている。「スピード，スピード，スピード」とか，「石橋を叩いて渡る」などという組織特有の価値観や行動規範によってしばしば表現されたりする。

こうした組織文化は，組織内での個々人の社会的な結びつきを強固にし，組織への所属意識やコミットメントを高めさせ，組織的なアイデンティティを形成する。こうして特定の組織に長く所属する個々人は，「居心地のよさ」を感じはじめ，組織との関係に継続性が担保されることになる。

ところが，このような組織に特有の組織文化は，しばしば組織の変革を阻害することもある。

今日のように組織を取り巻く環境変化が激しい時代，戦略に従って求められる組織像は絶え間なく変革が求められる。ところが，組織図や職務分掌などに象徴される公式的な組織構造や職務を変えるだけで，組織そのものが変わるとは限らない。本質的には，組織文化が変わらない限り，個々人の価値観や意識を変えて新たな行動を喚起することは容易ではない。組織の中の個々人は，絶えず無意識的に既存の組織文化を学習し続け，組織的な同調メカニズムが機能しているため，自分だけが新たな価値観に基づいて行為することは忌避されるからである。

今日，組織を取り巻く環境変化に応じて戦略が臨機応変に変化することは必至であり，そのスピードは加速度的にアップしている。組織は既存の製品やサービスを効率的に提供すると同時に，様々なイノベーションによって新たな製品やサービスを開発し続けざるを得ない。そのために組織は複雑化し絶え間なく変革が要求されている。結局のところ，組織を変革し，個々人に新たな行為を喚起するためには，優れたリーダーシップが不可欠になるのである。

6. 管理者の権限とリーダーシップ

分業によって階層構造化された組織の中の管理者には，あらかじめ公式的な責

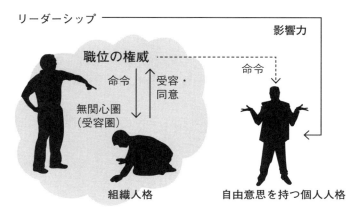

図2-1 職位の権威とリーダーシップの相違

任と権限が付与されている。営業部長であれば営業部の業績を管理して販売目標を達成するという責任を担い，そのために配下の営業マンに具体的な業務命令を与える権限を持っている。

しかし，個々の営業マンは，上司である営業部長の業務命令を素直に受け入れて，本気で自分の能力や努力を100パーセント発揮するか否かは，究極的には本人次第なのである。営業部長としての公式的な権限や権威は，実際には部下である営業マンに受容されてはじめて効力を持つにすぎない。個々の営業マンは，自分の意思決定や行為にある程度の自由裁量の余地を持っており，上司である営業部長の命令に従ってどの程度努力するかは，厳密には部下が決めているのである。

つまり，究極的に見れば，上司の命令に対して部下自身の価値観に照らし合わせて是非を判断する余地を完璧に消去した状況（無関心圏）をつくらない限り，上司の命令は部下からの受容や同意を得られるとは限らない。かつてのオウム真理教事件では，教祖が一部の信者を洗脳することによってこうした無関心圏をつくることに半ば成功したが，きわめて例外的な事例でしかない。一般的には，上司と部下の上下関係に完璧な無関心圏をつくることは現実的ではない。

したがって，上司の公式的な職位の権限や権威は，組織的な役割行動に従う組織人格に対してのみ有効である。自由意思を持つ個人人格に対する働きかけには上司のリーダーシップという影響力が不可欠なのである（図2-1）。

一般的には，上司の権威とリーダーシップが相乗的に機能することによって，部下の行動はコントロールされている。しかし，部下からの信頼を得られなけれ

ば上司のリーダーシップは発揮されず，職位の権限や権威だけで部下を動かすことは少なからず限界がある。

一般的にリーダーシップとは，「人間の集団的努力を喚起して集団の目的を効果的に達成していくためにリーダーが集団成員に対して行使する対人的な影響力」（占部，1980）であると定義される。

従来のリーダーシップは，フォロワーに何らかの見返りを与えることを前提にして，彼らに影響力を与える手段的，打算的なリーダーシップを主に意味していた。しかし，今日のリーダーには，ビジョンやミッションを提示し，高い目標に向けてフォロワーを鼓舞し，フォロワーが目標達成するためのお膳立てをするようなリーダーシップが要求されている。

とりわけ今日の経営者には，こうしたリーダーシップが求められている。経営者のリーダーシップによって個々人の意識を変え，行動を変え，組織全体を変革することで戦略を実現することになるからである。

7. 求められる人材像

戦略に従って組織のあり方が規定されるように，人材にも経営理念や戦略に従って「求められる人材像」が定義される。求められる人材像が明確に示されることによって，採用，配置（活用），育成，評価，処遇などの人材マネジメントの仕組みが有機的に制度化されてマネジメントされる。求められる人材像が曖昧であれば，どのような人材を採用し，育成し，評価し，処遇すべきかを決定することができないからである。

では，求められる人材像とは，どのように定義されるのであろうか。

求められる人材像は，組織全体に共通する汎用的な定義だけでなく，事業部門や職種など様々な範疇で定義され，個々人のポジションごとに「人材スペック」（human resource specification）などとよばれることもある。一般的には，求められる人材像は，顕在的な側面と潜在的な側面に分けられる。

顕在的な人材像は，主に戦略に従って要求される，より具体的な人材スペックである。一般的には具体的な知識やスキルなどである。例えば，1990年代のIBMは，それまでの大型汎用コンピュータビジネスからソリューションビジネスに大きく転換した。その結果，IBMが求める人材像も大きく変わった。それまでのコンピュータの製造販売に必要な専門的知識やスキルは，顧客のビジネス課題を解

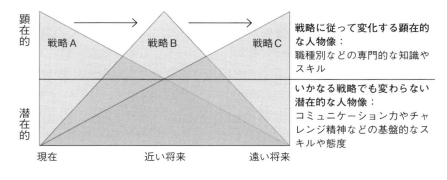

図2-2 顕在的な求められる人材像と潜在的な求められる人材像との関係

決するために必要な専門的知識やスキルとは大きく異なった。その結果，世界中のIBM従業員30万人の３分の１近くがリストラされ，新たにコンサルティングファームなどからのソリューション知識やスキルを持つ社員などと入れ替わった。

一般的な欧米企業では，ポジションごとに顕在的な人材スペックが定義される。人材スペックは，そのポジションで要求される専門的な知識やスキルをはじめとして，必要な学歴や経験など客観的に把握できる要素が詳細に定義される。実際には，職務記述書（job description）や職務明細書（job specification）などに表記されて，人材の採用や評価に活用される。つまり，欧米企業などでは，顕在的な求められる人材像が重視される傾向がある。

他方，潜在的な人材像は，経営理念に深く関係するとともに戦略が変わったとしても大きく変化しないものである。具体的にはコミュニケーション力やチャレンジ精神などの主に汎用性の高い能力や態度である。先ほどのIBMの事例でも，こうした汎用的な能力や態度は，どのような戦略であっても潜在的に要求される必要条件であると考えられる（図2-2）。

多くの大手日本企業では長期雇用を前提として新卒採用を重視しているが，その際に求められる人材像は，主にこうした潜在的な人材像を意味している。新卒入社の時点では，入社後に複数の部門や職種を配置転換しながら長期的に育成することを前提にして，一部の特殊な専門職種を除いて，特定の専門知識やスキルに限定せずに汎用性のある能力や態度が求められている。また，個々人のポジションごとの職務内容を明確に規定しないことによって，仕事の変化に柔軟に対応し，能力開発の余地を大きくするような仕組みが一般的である。

ところが，今日では，新卒採用だけにこだわらずに積極的に中途（キャリア）採用を実施している。潜在的な能力や態度を重視して新卒社員を長い時間をかけて育成していくだけでは，急激な環境変化に対応するための戦略と計画の実行に必要な人材を十分に確保することができなくなったからである。経営環境の変化のスピードが速ければ，それだけ戦略の賞味期限が短くなり，短期間で戦略と計画を実行して成果を上げることが要求される。

　例えば，1980年代までの大手銀行などでは法人営業が収益の柱であることから，総合職は長期雇用を前提とする男子の新卒採用一辺倒だった。新卒が法人営業で一人前に成長し収益に貢献するまでには，長期的な教育投資が不可欠だからである。大卒女子を採用したとしても，一人前になるまでに結婚などで退職されてしまうと投資回収ができなくなる可能性が高かった。

　今日では様々な金融商品を扱うリテールバンキングが収益の柱の1つになるにしたがって，証券業界などからの中途採用や大卒女子の採用にも積極的になってきた。新たな戦略を速やかに実行するためには，従来の新卒男子だけにこだわらずに，多様な人材の雇用が不可欠になったのである。

　つまり，従来の大手日本企業は潜在的な求められる人材像を偏重していたが，今日では潜在的な側面だけでなく顕在的な人材像も重視するようになってきたのである。

　短期的には戦略に従って顕在的な求められる人材像は変化するが，長期的に見ると戦略が変わっても潜在的な求められる人材像は大きく変わらない。組織を存続させるためには，両者の視点から求められる人材像を定義することが望ましい。

8. 人材マネジメントの主な機能と人事スタッフの役割

　一般的な人材マネジメントの機能は，時系列的に大括りで見ると，採用（インフロー）から配置・昇進，育成，評価・報酬など（インターフロー）を経て退職（アウトフロー）までの要素に分けられる。また，これらの機能を間接的に支援するための労使関係管理や福利厚生管理のほかに，HRM（human resource management）情報システムによる支援機能などがある。人材マネジメントの究極的な目的は，こうした様々な機能を設計し有機的に運用することによって，組織的なパフォーマンスを最大化することである（図2-3）。

　これらの機能を統合的に担う専門職能が人事スタッフである。大規模組織など

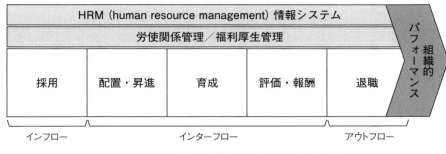

図2-3 時系列的な人材マネジメント機能の構図

では，人事スタッフはさらに幾つかの専門的な機能に分化したグループで構成される。人材採用チーム，海外人事チーム，給与・福利厚生チーム，教育研修チームなど，組織によって多種多様なグループに分化される。また，階層的に見ると，コーポレート（本社）人事スタッフと，そのブランチとして事業部門や工場などのライン（拠点）人事スタッフに分かれる。

戦後の高度経済成長期から1980年代までの日本企業では，本社人事部などに人事権が集中しており，正社員（正規従業員）の採用から配置・昇進および評価に至るまでの最終的な決裁権限は人事部が握っていた。長期雇用慣行を前提として，正社員を組織横断的に活用すると同時に育成することが第一義であるため，現場のラインマネジャーには人事権を与えずに中央集権的で包括的な人材マネジメントが主流だった。

ところが，1990年代以降，失われた10年や20年とも言われる長期不況期を経て，多くの日本企業において従来型の人材マネジメントのあり方は大きく変貌した。今日の人材マネジメントは，人事スタッフだけでなく，トップマネジメントをはじめとして現場のラインマネジャーや従業員本人による主体的なコミットメントが重要な役割を担っている。

トップマネジメントとコーポレート人事スタッフは，長期的な視点から全社横断的な人材の配置や育成などに関する人材戦略や人材計画を立案したり，経営理念に基づくコア・バリューの浸透を図ったり，場合によっては組織変革などで重要な役割を担うこともある。とりわけ「サクセッションプラン」とよばれる，組織の枢要なポジションを中心とした長期的な後継者育成計画は，トップマネジメントが主導する全社的な幹部人材育成のマネジメントとして大手日本企業でも定着してきた。

表2-1　今日の人材マネジメントにおける多様な主体と役割

意思決定の次元	本社人事スタッフ（コーポレート人事）	ライン人事スタッフ（事業企画や部門人事）	ラインマネジャー	従業員本人
戦略的意思決定（中長期）	・全社戦略に従う全社的な人的資源の計画・調達, 活用, 開発の人材政策の決定 ・全社共通のコア・バリューの浸透や組織能力の構築などの文脈的な組織政策の決定	・事業戦略に従う事業部門内の人材の計画・調達, 活用, 開発の人材政策および文脈的な組織政策の決定	自部署の人材政策の決定	長期的なキャリアビジョンの決定
執行的意思決定（短中期）	・全社的な人材の採用計画, 配置計画, 人材開発計画, サクセッション計画などの立案 ・全社共通の人事諸制度の設計	・事業部門内の人材の配置計画や人材開発計画などの立案	部下の人材マネジメント計画の立案	中期的なキャリアデザインの策定
運用的意思決定（年度単位のオペレーション）	・人事諸制度をはじめとして採用, 配置, 人材開発, サクセッション計画などの運用（給与計算や福利厚生などのオペレーション実務は効率化もしくはアウトソーシングの方向） ・現場の上司への人材マネジメントと従業員へのキャリアマネジメントに関するコンサルティング支援		部下の業績目標達成と能力開発の実践	業績目標達成と能力開発の実践

　また，複数の事業に多角化した日本企業では，全社横断的な人材マネジメントとは別に，事業部門ごとに事業戦略に従って事業部長とライン人事スタッフが事業部門独自の人材の配置や育成計画を策定するケースも珍しくない。同じ企業組織の中でも事業部門によって事業戦略が異なれば，求められる人材像も変わることになるからである。

　現場のラインマネジャーは，全社および事業部門の長期的な人材戦略を踏まえて，部下に対する日常的な人材マネジメントが要求される。最近では正社員だけでなく非正規従業員や派遣社員などの多様な雇用形態の人材マネジメントが要求され，彼（女）らの採用（インフロー）から退職（アウトフロー）に至るまでのすべての責任と権限が与えられている。そして，個々人に仕事をアサインして目標を設定して達成に向けて進捗管理すると同時に，彼らを育成することが大きな使命となる。仕事経験による学習が人材育成の7割を占めるといわれるように，人材育成の成否の大半は，現場のラインマネジャーが担っている。

　最後に，これまでは受動的に人材マネジメントされる側だった1人ひとりの従

業員も，組織にコミットメントしながら自ら主体的にキャリアをデザインすることが求められている。これまでは所属する組織が一方的に個々人の組織内キャリアを決定してきたが，今日では個々人が自分自身の長期的なキャリアビジョンを持ち，組織との調整をしながら主体的にキャリアを形成することが求められている。

いずれにしても，今日の人材マネジメントの主体は，特定の人事スタッフだけでなくトップマネジメントからラインマネジャーおよび従業員本人による有機的なコラボレーションが不可欠なのである（表2-1）。

9. おわりに

20世紀初頭の工業化社会では，経営組織にとって最も貴重な資源は資金や機械設備だったが，21世紀の今日では人材に蓄積される知識や才能である。人材はもはや単なる労働力としての生産要素の1つなどではなく，最も重要な中核的資源であると同時に投資対象とみなされつつある。グーグルは，世界中から有能な人材を獲得し，彼らの才能を十分に活用し開発することによって，インターネットビジネスに留まらず車の自動運転などの様々な新事業を展開している。彼らは情報システムに投資をしているというよりも，人材が持つ才能の可能性に莫大な投資をし続けているのである。

どのような戦略や計画を描いたとしても，実際に有能な人材を獲得し育成することにこそ，持続的な競争優位の源泉があるのではないだろうか。経営環境を分析し，戦略と計画を策定し，そのために必要な組織と人材をマネジメントするという従来型の戦略マネジメントは徐々に意味を持たなくなりつつある。多彩な才能ある人材を獲得して育成し，彼らの知識を組み合わせて製品やサービスの新たな価値を創出し続けることによって持続的な競争優位が確立されるのではないだろうか。

（藤本雅彦）

1. 経営理念と人材育成

◘ はじめに（劣化する日本の現場）

　今日の世界経済や社会を動かしている基本原則は，市場原理主義とグローバリズムである。市場原理主義は，徹底した自由競争と勝者の論理であり，企業経営に緊張をもたらし，新たな創造を生み出した。しかし，同時に勝者と敗者が明確になり，仕事の現場では不具合，偽装，法令違反，事故など信じられない劣化が目立つ。

　市場原理主義には，「利潤は道徳を信じず，市場は法を信じない」という言葉があるように，多くのモノを市場化，証券化して利益を上げるシステムである。しかし，日本にとって不幸なことは，労働，資本，土地など，本来は市場化になじまないものまで市場化してしまったことである。中でも労働の市場化は，雇用人口の3分の1以上が非正員という状況を生んでいる。その結果，企業の現場では個人主義がはびこり，職場の砂漠化が進行している。

　かつての日本は健全な競争原理と組織原理が両立し，人間の成長を目的とした経営が行われていた。協調を美徳とする組織風土が崩壊した原因として，IT過信が影響していることも指摘できる。ITの本意は，パソコンやインターネットで仕事をすることではなく，情報を使って仕事を主体的に変革していくことである。特に現場の仕事は最終的には人間の判断が必要である。IT過信は日本の伝統的な職人的技術・技能を軽視し，その結果仕事の品質が劣化したといわざるを得ない。

◘ 奥深い経営理念に戻れ

①デミング博士の経営哲学

　21世紀に入った頃から，アメリカの良識ある人々から，"日本企業はグローバル経済やIT革命にうつつを抜かさないで，戦後の復興の原動力となったデミング博士の「品質管理」の考え方に戻るべきだ"という声が出た。デミング博士は「企業方針は最高経営者の見解ではなく，顧客が何を望んでいるかを出発点にすべきだ」と言い，顧客が望むものは「信頼出来る品質に尽きる」と指摘した。

　昭和25年にデミング博士を招聘した日本企業の経営者や技術者は直ちにこれ

を理解した。このとき，デミング博士は優れた製品を生産するためには全社員の完全な「協力」が必要であることを強調した。この「協力」の考え方を元にして，日本独得の「QCサークル活動」が花開いたのである。デミング博士の品質管理の考え方は，工程上のバラツキを統計学的に観察するところから生まれたが，本質は組織のマネジメントや働きがい，リーダーシップを含む広範で奥深い経営理念そのものであった。

平成不況以来，日本企業はこのデミング哲学を忘れて，人々にムチを入れて利潤に走ったといわざるを得ない。

②協力組織をどうつくるか

デミング博士の協力組織とは何か。平成不況以来，日本企業は競争原理に基づいて，特に組織構造面での変革を急いだ。フラット型（課長制の廃止など），分社化などと共に，流行になったのがサッカー型組織論であった。サッカー型では個人の役割や機能をいかに果たすかが問われるため，常に自立した精神を持ち，新しい知識や情報を吸収し，変化に対応しなければならないという。この考え方はそれなりに説得力がある。相撲のように序列意識もなければ，野球のよう監督やコーチからのコントロールは強くない。

しかし，企業組織とサッカー組織は本質的に違うものである。一般にスポーツ組織は「勝つ」ことが最大の目的であるが，企業は必ずしも勝つことだけに目的があるのではない。企業の本来の目的は社会や顧客によい製品やサービスを提供し，社会全体の幸福に貢献することである。このことを通じて企業を永遠に発展させることでもある。社会貢献活動の過程で，結果的に企業間に業績格差が生じるが，初めから相手に勝つことを目的とはしない。しかも，何をもって勝者と敗者を明確に分けるのか。例えば，売上高や利益で優位であっても，従業員の幸福度が劣っていれば勝者とはいえないのではないか。

また，企業の秩序安定要素は実力や実績だけで決まるものではない。組織内には年齢差，性差，地位差，人間関係能力差などからくる微妙で感情的な要因が存在しており，これらを無視した組織維持は困難である。また，企業組織にはサッカーに見られるように，中央のコントロールがなくて，個人の判断に任せられるような組織運営は少ない。

◪ 真の人材育成とは何か

これまで述べたように，日本企業は平成不況以来，デミング博士の協力精神を

放棄し，グローバルな競争原理を採用し，目の前の取引を有利に勝ち取る能力の育成を重視してきた。この結果「こころの不況」が生まれ，職場は砂漠化し，共同体が破壊されてきた。このような状況の中で人材育成をどうするのか。

①会社の読み・書き・ソロバン教育の徹底

最近，「コーチング」なる技法が流行している。コーチングとは，相手の可能性を引き出し，自発性を促進する技法といわれる。何のことはない。これはかつての日本が得意とした「OJT」である。このコーチングなる技法が経営にどれだけ貢献しているか疑問である。それは，一口で言えば「操作主義」にある。操作主義は，特にアメリカの組織原理であり，"人はこうすればこう動く"という発想である。日本のOJTは人間的成長を主たる目的にしたため，操作によって人を動かす発想は合わないのではないか。

変化を乗り切る企業革新は操作ではなく，人々の人間としての意識，態度，行動の変革によって生まれる。そのためには，人々が自分の会社に誇りを持ち，責任ある個人として集団に貢献できることに生きがいを持つ人材を育成することである。ここで重要になってくるのが，企業の読み・書き・ソロバンを徹底することである。企業の外にある新技術や新手法ではなく，自社の理念，ビジョン，現場の仕事のやり方や問題解決の考え方を教えることである。

読み・書き・ソロバン教育にとって最も有効なテキストは「自社史」である。そこには，創業の苦労や問題解決のノウハウはもちろん，創業者や先輩たちの人間性が盛り込まれており，改めて自社の存在価値の大きさに思いを馳せることができるのである。

②学習する組織による人材育成

一般的に人材育成というと，座学や体験学習が連想されるが，今後重要になってくるのは組織学習である。組織の変革は構造面からでは限界がある。では組織学習とは何か。それは，環境変化という新しい事態を集団としてどう認識し，どう対応するかを学ぶことである。具体的には何を成すべきか。

1) 仮説・実践・検証を回す

変化が常態化した環境では，将来を見通すことはきわめて困難である。そのため，どうしても変化についていく（後追い）という行動をとりがちになる。しかし，変化の後追いだけでは成長戦略を構築することはできない。試行錯誤がくり返されるだけだからだ。大切なことは，変化の先行きを予測し，仮説を立てて実践し，その結果を検証する。このサイクルをくり返すことで，当初は絵に描いた

餅でしかなかった未来ビジョンの全体像が明らかになり，実現に近づく。

すぐれた企業はこのサイクルを徹底する過程で，すぐれた人材を生んでいる。例えば，トヨタ自動車には"なぜを5回くり返す"という言葉があるという。これだけ回せば問題の本質がいやでも見えてくるはずだ。つまり，学習のプロセスを回すことで，目標や価値創造を阻害する要因を職場の中で発見し，見える形にする。このことで，組織内における行動を経験知化し，時には原点に回帰し，長期的な視点で組織の方向性を見直す能力を身につけることができるのである。

2) 運動と儀式の復活

運動とは全社的な改善目標を掲げて，一定期間全社員で取り組むものである。運動の目的は全社員の問題意識を統一するためである。それによって「我々意識（一体感）」を盛り上げることができる。先に述べたデミング博士の小集団活動の1つである。

儀式は朝礼，表彰式，コンパなどの催しのことであるが，その目的と効用をしっかりと把握している企業は少ない。儀式はその集団にとって「何が価値か」を知らしめる大事なものである。朝礼で課長が話す内容はその集団の価値である。表彰式で表彰された人の業績を見れば，会社が何に価値を置いているかがわかる。社員に期待されている価値がわかれば，日々の行動に目的意識が芽ばえ，集団の活性化と個人の能力の開発につながる。コンパがなぜ儀式か，などと疑っているようでは，人間の心理がわかっていないと言わざるを得ない。

3) 意図的に「ゆらぎ」をつくる

「ゆらぎ」とは変化，迷い，危機など，不安定性の強い要素である。このゆらぎを意識的にかつ適度につくることによって，人材を育成することができる。例えば，新規事業の展開はもちろんのこと，健全な赤字部門を持つこと，あえて異質な人間をメンバーに加えること，などが人々を適度に緊張させ，能力の開発を促す。健全なゆらぎとそれを同化する引き込みをうまく使うことが組織の活性化に欠かせない。

以上の組織学習は，人々の行動の変革を通じて，企業の文化を形成することである。文化の創造なくして，どんな個別の教育も成果を生まないことを認識すべきである。

◼ 真のエリート教育とは何か

平成不況以来，日本企業の，特にリーダー教育の欠陥は人間が社会や集団で生

きるための基本的な知識や考え方を疎かにしてきたことにある。何のために生きるのか，働くとはどういうことか，という人生観や哲学を軽視してきた。これからの企業経営は，競争原理主義と卑屈なグローバル対応を改め，人々の人間としての尊厳と誇りを取り戻すことが急務である。

この人間対応で成功している企業がある。日本レーザーである。日本レーザーは平成23年度第1回「日本で一番大切にしたい会社大賞」において，「中小企業長官賞」に輝いた商社で，以来，中小企業経営のモデルとして注目を集めている。

この企業の卓越性は，まず経営者の独特の人生哲学にある。

例えば，

- 幸せになるための条件や近道はない。努力している過程そのものが幸せである
- 人生での最短距離は直線ではない
- 今，ここ，自分（今頑張らなくていつ頑張るのか，ここで頑張らなくてどこで頑張るのか，自分が頑張らなくて誰が頑張るのか）
- どんなにハイテクやグローバル時代が進もうと「ご縁と感謝」が大切である

以上の人生哲学に基づいて，社員第一の経営を徹底して成果を上げている。その心は，

- 事業を発展させる原動力は社員の成長にある
- 人材育成にかかる費用は無駄ではない
- 企業の成長は人にどれだけ投資するかで決まる

というものである。

◘ 最後に

組織は環境変化へのすぐれた対応によってのみ生き残ることができる。そして，この対応はきわめて人間的な営みである。そうだとすれば，そこには人間の特質を引き出し，人々の行動に意味と意義を与える価値の体系がなければならない。つまり，人々の思考や行動を特徴づけ，これを組織内に共通化し，企業体質にまで高めることが真の人材育成である。日本人は生きる意味を感じることができれば，大きな力を発揮する。人間教育こそ日本復活の王道である。

（竹村之宏）

2. 経営戦略と組織・人材システム

◘ はじめに

　人材育成について考える場合には，まずそれを取り巻くいくつかの概念を理解しておく必要がある。ここでは，経営戦略と組織・人材システムとの関係を中心に，その意味と関連する概念，それらの関係性について述べていきたい。さらに，経営戦略と組織・人材システムがかかわる事例なども考えてみたい。

　経営戦略と組織・人材システム，およびその関係とは，企業など主に組織内における戦略と人材・組織の関係といえる。これは「戦略」が先か，人材を含む「組織」が先かという，チャンドラーやアンゾフらによる著名な命題とかかわるものである。この関係は見方を変えると，企業などの目的やその達成のための計画にかかわる「経営戦略」と，その目的や計画を実現するためのヒト，モノ，カネなどの経営資源にかかわる「組織・人材」との関係と捉えることができる。

　企業目標の決定とその達成のため，経営戦略は策定されるが，その際，最も大きな影響を与えるものが組織・人材システムと考えられる。この組織・人材システムには，戦略を規定するためのもの，すなわち戦略を実現するための手段，資源，方法などのすべてが含まれるからである。もとより，経営戦略は企業を取り巻く組織内外の環境，企業の原点としての価値観や方向性の基礎となる経営理念，経営目標（目的）と現在と今後の経営資源，とりわけ人材を含む組織を評価したうえで策定される。これらの関係は密接であり，相互に影響，作用し合うものである。

　目標，資源，組織などのどれを優先するか，先に考慮すべきかは一定ではなく，各組織の力点の置き方，ポリシーに依拠する面が大きい。それゆえ，戦略か組織か，といった意思決定の課題として捉えられている。

◘ 基本的な概念

①経営戦略とは

　経営戦略とは，チャンドラー（Chandler, 1962）による定義では，「企業の長期的な目標（方向性）の決定と目標達成のための進路選択，資源配分の決定」と

されている。すなわち経営戦略は、企業が自らの事業分野（ドメイン）を設定し、どの方向へ向かうか、その進め方を示す企業の作戦、羅針盤といえるものである。経営戦略は、環境と組織との相互関係の中で策定されることが重要である。

　同じような環境下にあっても、すべての企業が同じ方向に進むわけではなく、そこには企業（経営者）の意思決定に基づく理念や文化、そして資源の違いによる評価がなされ、その方向や方法が決まってくる。経営戦略が実現されるためには、何といってもその企業が有する組織能力が重要となる。その組織能力を決めるのは人材の力であり、それらを束ね、保持し、伸ばす仕組みや管理・育成のあり方が広い意味での組織・人材システムである。経営戦略や事業計画を実現、実行するためには、組織・人材システムが的確に働くことが不可欠なのである。

②組織と人材システムとは

　組織については、様々な定義や論点があるものの、バーナードによる組織の定義が、まずオーソドックスで基本的な説明となる。それによると、組織とは「2人以上の人々の意識的に調整された活動や諸力の体系」となる。そして、組織に必要なものは、共通目的、貢献意欲、コミュニケーションの3つとされる。このように組織とは、共通の目的を持った人の集まりであり、その人たちには目的の達成のために頑張ろうという気持ち、つまり貢献したいとの意欲を持っている。さらに組織となるためには、そうした人々の間での情報交換ができている、つまりコミュニケーションが成り立っていることが必要なのである。

　また組織については、その形態や構造から論じることもできる。すなわち、組織編成や組織改革、また組織統合や組織分化など、そのあり方については多くの論点が含まれている。とりわけ、組織の階層を減らすフラット化や事業の再編成や合理化を発端とする組織統合や組織改革などは、多くの事例があり、また戦略との関係も深い組織の論点である。

　人材システムについては、人材（人的資源）そのものと人事管理や人材育成の制度や施策、さらに人事情報システムがその一義的な意味となるだろう。システムという用語が使われる場合、オープン（開放）システムとして、組織内外との連係があること、他の要素・システムとの関係性、相互作用があることを強調していることが多い。またシステムが組織・人材と共に使われる場合、業務システム、情報システムとしての意味合いがあり、各部門・機能における業務改善、業務処理ルール、意思決定のプロセスと設計などが含まれる。このように組織、人、システムは、経営目標や戦略の達成を支える要素となっている。

◪ 関連する概念

①環境と資源のシステム

　経営戦略と組織・人材システムについて，それらを取り巻く環境を理解しておくことが肝要である。これらは経営における内部要因と外部要因とされるものである。すなわち，企業経営には経営戦略，資金や人材など経営資源をはじめとする内部要因と多くの外部要因が関連している。外部要因の代表的なものとして，景気，金利などの経済，政治・法律，労働市場があげられる。内部要因には，当該企業の持つ資産や設備，技術やノウハウ，それらを発揮する人材，人材を生かす組織，経営理念と経営戦略，経営計画や経営管理なども含まれる。

　企業における最善の組織や人材システムは固定的なものではなく，環境や経営によって，そのあり方が決まってくる。つまり企業はオープン・システム（開放体系）であり，外部要因と内部要因が相互作用をしながら，企業は経営理念（哲学），経営目標，経営戦略，計画とその行動を次第にブレイクダウンし，計画と業務へと具体化を図っている。

　人材システムは，一般に人事管理の制度・施策，そして人事管理システムまたはHRM（Human Resource Management）システムと称される。それらいくつかの用語の意味は類似しているが，人材システムの場合は，企業内外の環境や組織の要素との関係やプロセスが重視されていると考えられる。また人事管理や経営管理のことを人事管理システム，経営管理システムと称することもできるが，それらシステムとしての意味が付加されながら，通常はシステムという用語が省略されているとも言える。組織・人材システムは経営管理システムと連係し，企業システムの中の一部を構成している。組織・人材システムには，採用，評価，教育などのサブシステムが含まれている。

　企業にとって，外部環境はほぼ同様となることは少なくないが，個々の企業の環境への評価は異なる。例えば，地域，規模，業種が同様な競争企業であれば，外部環境が与える影響はほぼ同様なはずだが，使われている組織・人材システムには異なる点も少なくない。それは各企業が経営理念や環境，組織の評価から，独自の経営戦略を策定しているためである。そのため，経営戦略と関連する組織・人材システムは個々の企業で異なることが想定される。経営管理システムの大きな部分を占める組織・人材システムであるが，その傘下にサブシステムとしての報酬システム，評価システム，教育システムなどが存在している。

②経営戦略の対象と階層

　経営戦略では，どんな戦略を策定するかという内容が重要であるが，組織のどの部分を対象にするかという組織階層も考慮する必要がある。そこには全社戦略と部門戦略という考え方がある。経営戦略は企業毎に策定され，経営戦略とは全社戦略と想定されることが一般的である。全社レベルでの方向性やどの事業を主に戦うかとの事業領域（ドメイン）を定める戦略である。ここでは組織・人材システムという全社的に共通となる資源やシステムとの関係が強い。

　また特定の製品や市場セグメントの戦略となると事業戦略となる。これは競争戦略を想定し，競合他社（ライバル企業）と比較し，より高い能力（競争力）の獲得を重視している。さらに経営資源の生産性を最大限に高めることで独自能力の構築を目指す機能別戦略もある。それらは人事，財務，生産，技術，購買など多くの機能や分野のシステムとの関係が強くなる。

　高い競争力や組織能力を構築するためには，企業の経営資源を独自能力と捉え，その獲得，蓄積，配分を考えなければならない。ここでは組織を構築し，システムを運営し，業務を効果的に進めるために組織・人材システムの果たす役割は大きい。さらにこうした独自能力を活かす資源戦略に加えて，採用戦略，育成戦略などサブシステムを含む人材システムを主眼とする下位戦略も重要な役割を果たしている。

③経営戦略と人事戦略

　従来，人事部はサービス部署とされていたが，現在は定型業務だけでなく，新たな付加価値を生み出すことも求められている。アメリカの新しい人的資源管理では，人事部門が企業戦略にかかわるなど，全社的な視点や理解が求められている（Ulrich, 1997）。伝統的な日本企業の人事部は採用，異動，評価，育成などを通して，全社的に人材を掌握し，組織の中心との位置づけがなされてきた。しかし，昨今は人事職務のアウトソーシングや部門別人事など，その位置づけにも変化がみられる。

　組織・人材システムが，経営戦略とかかわる役割を果たすためには，従来の枠組みを超えた知識や発想が求められる。人事部がライン部門の相談に乗り，事業戦略を支援し，その実現に貢献する。そのような経営戦略と人事戦略の連係が重要度を増している。このように全社戦略と連動した人事は戦略的人事として，企業目標の実現をサポートするものである。

◘ 事例（日本ＩＢＭにおける戦略と組織・人材システム）

　IBMは，グローバル統合化された企業であり，その経営戦略，管理，運営などはすべてグローバルなシステムの下で行われる。このようなグローバル戦略を実現するために，日本IBMの組織では，上司は必ずしも日本におらず，機能部門長は，様々な国に滞在しながら，統括する組織がつくられている。

　また人材育成においても，一般的な日本企業では入社後，一定レベル（当初の10年程度）までは，階層別研修として，共通な研修を受けるが，IBMでは，入社後，スペシャリストとなり，特定の領域での専門性を高め，統一された社内認定を受けている。これはプロフェッショナル制度として，IBMでは世界共通の社内資格制度である。

　このようにグローバル戦略を実現するための組織と人材システムが機能しており，それらは相互に関係していることがうかがえる。

（宮下　清）

3. 組織と職務の設計

◘ 組織と職務の設計とは

　人間が１人でできることには限界がある。そこで，集団で協働行動することになり，組織が必要になる。組織は複数の人間の秩序ある集合体で，組織を構成するメンバーのそれぞれがなすべき任務の内容と範囲が定め（課せ）られた職務（役割や地位）を責任と権限で実行に移す有機的構造体である。組織目標達成に向けて合理的に編成（組織化）したものが組織である。人間の集合の協働効果が単に「$1 \times N = N$」となるのでは組織を編成する意味がなく，N以上のプラス・アルファの効果を出す複数人間の協働体制づくりが，"組織と職務の設計"である。職務を遂行するにあたって職務担当者に承認された一定の自由裁量の範囲が「権限」で，権限には必ず「責任」が伴う。

　現在，至るところに存在する組織形態は，大企業を例示するまでもなくピラミッド組織（中央集権システム）と階層（職位）別職務であるが，その弊害（技術

革新や多様化する社会ニーズ・組織メンバーの価値観の変容に対応できない部分）を克服する戦略的組織改革（事業部制組織やフラット組織）が進化・発展してきた。それらは，現場に権限を委譲する"分権的組織形態（逆ピラミッド型）""プロジェクトベースの職務遂行組織"，さらにはビジネスプロセスの遂行主体である"顧客ネットワーク⇒社会的ネットワーク"であり，外部情報の獲得・発見を可能とする"バーチャルコーポレーション"への組織変革が，今日的課題となっている。

◘ ピラミッド組織の原型はプロイセン軍隊

　ヘルムート・フォン・モルトケ参謀総長が統率したプロイセン軍は19世紀後半の欧州列強の軍隊を次々と打ち負かし，戦争の姿を激変させた。当時の欧州は産業革命が一巡した人口の爆発的増加の時代であった。徴兵制度によって集められた49万人の兵隊を"一糸乱れぬ組織力で整然と統率していくにはどうしたらいいのか"という難問に挑んだのがモルトケであった。彼は組織を人体に準え，頭脳となる参謀本部が第一線の兵士を手足のごとく動かすことを可能とする"指令システム"を考案した。プロイセン軍以前の司令官（将軍）は戦場で直接指揮を執っていた。ところが，モルトケは第一線部隊に当時の最先端テクノロジーであった電信機を駆使する「電信隊」を創設配備し，戦場から遠距離の参謀本部が電信隊に本部の戦略・戦術（指令・命令）を伝達し，司令官の職務を本部の戦略・戦術に基づく第一線での戦闘を行うことにしたのである。参謀本部の指令に従う司令官はピラミッド組織の中間管理職の原型となった。

　労働者は技能もなく，膨大な単なる労働力として存在するだけの社会情勢の最中にあった創業初期のフォード社は，T型（画一型）自動車の大量生産に労働者を使いこなすのに，モルトケの中央集権組織を手本とした。フォードが自伝で「生産システムが詳細に分業化されているので，労働者が独自の考え方を持ち込むことは一瞬たりとも許されていない。労働者は会社（監督者）の指示に従い言われたことだけをやってほしい」と語っているように，工場の労働者は分業による単純労働をマニュアル行為の繰り返し作業で行うだけで，現場には業務を変更（創意工夫）する権限を全く委譲していなかったのである。フォード社の中央集権組織が20世紀の世界各国の製造工場のみならず，産業社会のすべての組織のプロトタイプ（雛形の原型）であった。

◘ 20世紀の組織と職務設計の原則

　組織を取り巻く環境は常に変化し，これに対応した組織内で実施されるそれぞれの職務も絶え間なく変化するし，各成員は機械のようにいつまでも一定の能力で一定の機能を発揮するだけでは職務を遂行することはできない。そこで，ピラミッド組織を秩序正しく運営・維持していくのに効果があると考えられる組織編制活動の普遍的な準拠基準（組織の原則）は，どんな場合にも適用できる絶対的なものはないし，原則の画一的な適用は避けることが必要となるので，その種類も多様で論者によって内容も異なることになる。とはいえ，20世紀の組織設計の原則は，概ね以下の5つであったといえる。

　その第1は「専門化の原則」。組織成員の分担する職務は，担当者の習熟度の高い効率的な遂行が可能な技術・知識・経験による類似した業務によって構成されたものでなければならないとする原則である。その結果として，職務は単純化され，同質化された標準的成果が期待できることになる。専門化の次元は垂直的と水平的の2軸で，前者は職務実施の専門化の度合い（それが高度になると，それ独自で他の職務と一切のかかわり合いのない機械的，マニュアル的な作業となる），後者は職務範囲の専門化の度合い（それが高度になると，一種の万屋的総合職務となる）である。

　その第2は「権限委譲の原則」。各組織単位や成員に責任ある職務を遂行させるには，それ相当の権限を与えなければならないとする原則である。権限の幅や種類を拡大することは，ヒト，モノ，カネ，情報・技術等，必要経営資源の自由裁量の幅を大きくすることである。この原則は部下に積極的な創意工夫をさせる機会を与えることを意味する。もちろん，与えられる権限の範囲と程度は責任の種類（性格）と範囲以上でもなく，それ以下でもない。権限に比べて責任が大きすぎる場合，権限委譲の成果が得られないので，上司からその責任を追及されることになる。その逆の場合は，成果を考慮しないで大きな権限に頼って職務を遂行することになるので，そこには"やりっ放し""権限の濫用"といった無責任体制を惹起することになる。

　その第3は「統制範囲の原則」。部下を有効適切に指揮・掌握できる人数は限りがあるとする原則である。職務の種類・難易度・標準化の程度等で適正掌握人数が決まる。部門（職場）の人数を規定する最大の要因は管理者が部下の管理に費やすことのできる時間と能力（管理者の担当職務の内容）である。

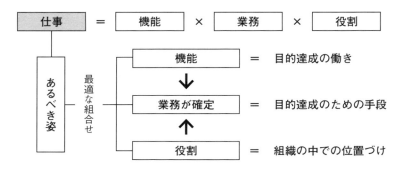

図2-4 仕事に内包する機能・業務・役割（その1）

　その第4は「職務割当ての原則」。各組織単位の部下数人が同じような職務をしていては無駄な手間をかけていることになるので，職務は相互に重複させないとする原則である。各組織単位や個人がその職務に熟練し，専門性を高めていけるように，職務の割当ては具体的で同種類，同目的のもので分担範囲を明確にしなければならない。特定組織単位や特定個人が忙殺しており，他のところが閑居を持て余していることのないように，必要職務は漏らさず個人に割当てるとともに，割当て職務は適量・適質でなければならない。

　その第5は「命令系統（one-man, one-boss）の原則」。命令・報告は決められた命令系統を通じて行われなければならないとする原則である。同一種類の職務について多くの上司から指図を受けるのでは誰に対して責任を負うべきなのかが曖昧になるので，1つの職務の直接の上司は常に1人でなければならない。

　この5つの組織設計の原則に則り，職務分析では，職務を"人と職務の管理システム"と捉え，職務に内包している「機能」と「業務」と「役割」を明確にする（図2-4）。「職務」を遂行する場合，必ず"目的"もしくは"達成したい目標"が必要になる。その目的（目標）を達成するためには，"働き"があり，その働きが「職務」で，その機能は"その職務はなぜ必要なのか""その職務は何をするためのものか"に対する答えとして明確になってくる。その機能を発揮する作業群の束が「業務」である。つまり，機能（仕事の働き）が"目的"であり，業務はその目的を達成する手段である。したがって，ある目的を達成（機能を発揮する）するための手段（業務）は1つとは限らない。要するに，業務は特定することができず，機能を満たす手段としての業務は数多くあり，新たな発想のもとに目的達成のための最適な業務を見つけ出すことができることになる（図2-5）。

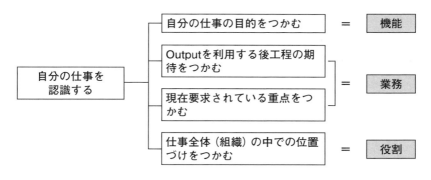

図2-5 仕事に内包する機能・業務・役割（その2）

「業務」を表現する際の似たような用語としては次の5つである。①要素作業（Element）：従業員1人分の仕事を構成する個々の行動や思考が「要素作業」である。作業は作業活動を動作，運動，精神過程などにバラバラに切り離して考えない作業活動の最小単位である。②課業（Task）：目的を同じくする要素作業を括ったもの。つまり，1つまたはそれ以上の要素作業のまとまりが課業である。課業は労働者が要素作業を遂行する上で，論理的・必然的に踏むステップから構成され，他とは明瞭に区別される活動の1つである。ある特定の目的を達成するための身体的・精神的努力をする際の仕事の単位である。③職位（Position）：従業員1人分の複数の課業から構成される課業の束である。④職務（Job）：類似するポジション間で共通する主要な，あるいは特有な課業（通常数個の課業）で構成され，それに伴う責務が同一である一群の職位を括ったものである。同一職務

表2-2 職位別役割

	（一般社員）		（部課長）
仕事の範囲	分担者	←→	責任者
指示の受け方	具体的・行動指示的	←→	包括的・問題提起的
対応の姿勢	内部適応型	←→	外部適応型
実務の能力	計算分析力	←→	企画構想力
仕事の条件	与えられたもの	←→	開発できるもの
コストの対象	発生コスト	←→	機会コスト
仕事の進め方	ルール意識	←→	目的意識

に従事する労働者の数は1人の場合もあるし，多人数の場合もある。仕事は職務に必要な条件を明示した「職務明細書（業務分掌）」をもとに行われる。⑤職種（Occupation）：類似する職務を括ったものである。

組織を構成する各部署は必要な諸職務を分担している。その分担する職務は，1人ひとりの社員に職位別役割として割付けられる。割付けられ，分担している職務を予定どおり発揮（遂行）するのが，その部署（個人）の役割である。役割という観点からみると，部課長などの"管理者の役割"と"一般社員の役割"は，組織管理の原理原則から表2-2のような違いになる。

◪ 20世紀の組織構造論の変遷

古典的な組織管理論は組織を精密機械のメタファー（met-a-phor）として理解する視点にあり，"効率的な生産志向の管理構造"とする古典的管理論（科学的管理法：テーラー，F. W.，管理原則・管理過程論：ファイヨール，H. 等）と"合理性を貫徹する規則の体系"とする官僚制組織論（ビューロクラシー論：ウェーバー，M.）の2つである。

その後，組織を環境に適応する有機体と理解する視点が主流となり，初期の人間関係論（非公式集団やそこでの人間関係の重要性を指摘したホーソン工場実験，集団のキーコンセプトとしてリーダーシップを指摘したミシガン研究）が唱えられた。後期の人間関係論は人的資源管理論（自己実現人モデル：アージリス，C.，X理論・Y理論：マグレガー，D.，動機づけ・衛生理論：ハーツバーク，F.），と近代組織論（組織均衡論：バーナード，C. I.，意思決定の合理性論：サイモン，A. 等）である。

1960～70年代になると環境学派のコンティンジェンシー理論（環境不安定性：バーンズ，T.，＆ストーカー，G. M.，環境不確実性：ローシンス，P. R.，＆ローシュ，J. W.，市場異質性と市場不安定性：野中，等），技術学派のコンティンジェンシー理論（技術と組織構造の線型・非線型：ウッドワード，R. B.，例外頻度・分析可能性：ペロー，C.）が唱えられた。

1980年代になると組織構成員間で共有された「組織文化（価値観・意味）」によって組織化を図っていく"人を動かす仕組み（モチベーション論とリーダーシップ論）の実践的あり方"が人材育成の主要テーマになってきた。

1990年以降，ビジネスプロセスに適合する組織構造として，経済市場の変化が異質・加速化するにつれ，事業部制や部課制といった組織形態上の特徴とは異

なる分権化・分社化が進み，それに対応した人材育成が社会的組織学習（ダブルループ・トリプルループ学習）への要請を高めることになった。

◪ ピラミッド組織からの脱却を目指す組織と職務の変革

　ピラミッド組織は古典的組織管理論であり，その典型は，上官の指示・命令に反する行動を厳しく禁じる軍隊である。米国陸軍の「作戦行動マニュアル」では"上官から兵士への命令の鎖システム"が定められている。たとえ戦闘中であっても上官への戦況報告が義務づけられており，バケツリレーのように司令部に情報が集約され，それらを司令部で解析・判断した作戦指令がピラミッド組織経路で最前線の兵士に伝えられ，それに従って兵士は行動する。命令なしの行動は厳格に禁じられていた。ところが，陸軍組織変革のシナリオ（陸軍制作ビデオ『2015年の"未来の兵士"』）は，2015年の陸軍兵士1人ひとりが"戦術インターネット情報システム"のIT機器をヘルメットに装着し，上官の命令を受けることでなく，データスクリーン作動のカメレオンモードに映し出される戦場全体の映像（情報）を兵士全員が共有して，刻々と変わる戦況に各兵士が自分の意思で行動することを求めている。

　フォード社は創業以来の大量生産を可能にしたピラミッド組織を，2002年，「顧客の多様なニーズに現場の最前線で対応できる逆ピラミッド組織にする180度の変革」にパラディラ副社長（北米担当）を先導役としてルージュ工場で取り組んだ。現場が主導権を握り，品質改善を労働者が主体的に自分の意思で行える生産方式への組織変革である。ロッキード・マーチン社のスカンワークス・プロジェクト組織は，"朝令暮改"で臨機応変に組織の目的を変えられる最短の道筋で技術開発することのできる階層をなくした組織である。指揮者のいない楽団として米国ビジネススクールの教材（トップダウンからの脱却）にもなっているオルフェウス室内管弦楽団のリハーサルでは，楽団員1人ひとりがキャリアに関係なくお互いに忌憚のない意見を言い合う対等関係にある30人のプロフェッショナル集団である。

　未来社会学者の米デューク大学のデビッドソン（Davidson, C. N.）教授は，AI（人工頭脳）が産業界に導入・普及する動向を踏まえ，2011年に，ニューヨークタイムズのインタビューで，「今度小学生になる子供の65％がまだ存在していない職に就く」という未来を予測し，世界的な注目を浴びた。英オックスフォード大学でAIなどの研究を行うオズボーン（Osboren, M. A.）准教授は，702の職種

すべてについて，コンピュータに取って代わられる確率を仔細に試算した。「消えてなくなる」可能性の高い主な仕事は，いずれもコンピュータに代わられる確率は90％以上という驚くべき数字である。トルコ・イスタンブールで行われた「TED×Reset」（2011/2/10）の講演の中で，フレイ（Frey, T.）氏は2030年までに技術革新によって，現在存在している仕事の50％が無くなる，と指摘した。オックスフォード大学と野村総合研究所の共同研究試算（2015年12月2日 ITmediaニュース）では10～20年後に，日本の労働人口の49％が人工知能・ロボットで代替されるとしている。

◘ 21世紀型組織での人材育成の課題

　このことが現実のものとなると，人間が何世紀もしてきた仕事をコンピュータが代わって行ったり，補佐したりすることになる。処理・判断作業を繰り返し行う数万に及ぶ業務の自動化（標準化・アルゴリズム思考判断）が進んで，知識・技能・経験がコンピュータに集積され，人工知能による学習（ディープラーニング）が日常化する。

　最も価値の高い労働者が行う仕事は，人間相互の協調型コミュニケーション調整，総合的・定性的思考（直観）による問題解決等，認知科学者が"インタラクション"と称するものに職務要件の性格を急速に変えていく。組織成員の能力評価基準は，"段階付け評価や人数枠の相対評価"といった短期的なパフォーマンス評価から，ステークホルダーにまで視野を広げた"組織成員個々人が持っている能力育成の可能性"を評価していくことになる。それは"人間だからこそできるセレンディピティの重視（思いがけないモノを発見する才能）"とともに"誰がどのような知識・技能・経験の活用のスキルを持っているのか（Who know what），それらスキルは相互にどのような連繋を持っているのか，組織知として伝承され残さなければならないものはなにか"といったトランザクティブ・メモリー（Transactive Memory）としての組織知創造の一連のプロセスそのものである。組織が新たな知を獲得し，それらを記憶させながら，組織内外に移転させ，複数の知識・経験の組み合わせから，さらに新しい知識を創造すること，言い換えれば，組織成員の個々人が持っている多様な能力発揮を組織原理とすることが重要なこととなる。

　マサチューセッツ工科大学のマローン（Marlone, T.）教授の「21世紀型組織研究プロジェクト（2002年）」は世界17ヵ国の264企業の組織構造を分析し，電子

仮想社会空間（広場）に浮かぶ白い球体が組織成員の各個人で，所属部署がない未来の組織を描いている。1人ひとりがつながる広場は個人が参加するプロジェクトである。広場は個人が自発的に結びつくことで次々と生まれる。様々な専門性を持つ個人が縦横無尽に結びつくことで，仲間に認められた新たな組織パワーが生み出される。

　このような"組織と職務の設計"は，ニューロンネットワークであり，システムではない。システムは多数の構成要素の集まりで機能を果たす統一体であり，部分と全体が秩序ある関係を保ち，最も効率の良い機能の発揮を目指す。一方，ネットワークは職場や居住地域の異なる人々が共通の目的や価値観によって結ばれた，情報や資源を分かちあう活動を意味している。自由な個人が自発的に参画し，水平的な情報の流れを軸とする分権的・複眼的・多頭的な参画原理である。ネットワークは既存の枠組みを越え，平等・複合・分散型の役割形態を示す言葉として使用され，これまで対立していた異質の個人相互の協働体を意味する。

　これを人材育成の視点から捉えると，個人の裁量が大幅に認められるのに比例して自分の居場所や職務は自分で確保しなければならないことになる。その際，個人に求められる人材育成の課題は，やるべきことがうまくいかない不安定な状況に置かれても決してネガティブにならない強靭な精神（冷静さと集中力）である。そして，一見関係がないと思われている情報や誰もが当たり前と思って見逃している情報の中に新たな価値を見つけ出す能力である。言い換えれば，個人は広範囲にアンテナを伸ばして異質な人間とつながり，誰か1人が創造的な活動で成果を上げれば，その創造活動はネットワーク経路（回路）を通じて多数の個人に影響を与える。こうした多元的な共創を可能にする能力の開発が必要不可欠なこととなる。

　21世紀型の組織と職務は，中間管理職が消滅するので，ネットワーク内外の「誰が何を知っているのかのトランザクティブ・メモリー」を持つ人材になる能力開発が必要不可欠になる。要するに，自分自身の得意専門領域を磨くだけでなく，自分にない他者の専門性を活用できる"社会的ネットワークの人材"になることである。複雑系の社会ネットワークでは自己組織的な組織の変革が常態となる。そこでの個人や組織の知的創造は，"社会のために，その知識体系をどのように使うのか"を常に問い直す視点が必要で，その視点は"個人の感性と組織の価値観"との相克の克服である。

（三木佳光）

4. 組織文化と組織変革

　組織文化の研究が登場し，盛んになったのは，日本の企業，及びその経営，つまり日本的経営に関心がもたれたことに強く関連している。1970年代後半から1980年代前半にかけて，日本経済と日本企業の成功は，日本企業の独自な経営である日本的経営に関連があるとみられた。終身雇用，年功序列，企業別組合は日本的経営の「三種の神器」といわれ，日本企業は欧米企業とは異なるユニークなものであると考えられた。日本的経営を基礎とする日本企業は，契約，規則，手続によって運営される階層的な官僚制組織ではなく，日本企業と従業員との関係は長期的であり，家族的な雰囲気が社内に醸成されていると考えられた。特に，当時の日本企業の社内では，社歌が歌われ，朝礼，新入社員式，社葬，運動会などが開催さることは一般的であった。これらは，いわば文化人類学でいう「儀式」としてみられ，企業と従業員との間の絆が強く，日本企業の社内には独自の「文化」があると，欧米の研究者からみられた。日本企業は企業文化を持っているということが，日本企業の強さの1つであると，彼らは理解するようにもなった。企業文化は，日本企業だけでなく，米国のエクセレント・カンパニーにも存在していることが知られるようになった。その後，企業文化そのものを研究するようになった。このような研究においては，企業文化，つまりcorporate cultureというよりも，組織文化，つまりorganizational cultureという言葉を用いるようになった。

◪ 組織文化とは何か

　研究者は学術的な意味を込めて組織文化という言葉を利用して，実務家は彼らが運営する企業が身近な存在であるので，企業文化という言葉を多用することが多い。それだけが，組織文化と企業文化との違いであろうか。企業も組織の一形態であるので，その意味においては，企業の文化も組織文化である。企業だけでなく，地方自治体，政府機関，病院，大学，軍隊なども組織であり，これらの組織の文化も組織文化である。組織文化はあらゆる組織体の文化を示す一般的な言葉であるのに対して，企業文化は企業の文化に限定した言葉，概念であると理解できる。

　このように組織文化と企業文化の違いを理解したうえで，組織文化とは何であるのか，どのように定義されているのかを考えたい。一般的に，社会，国，地域

の文化といった場合，文化とは，慣習，宗教，言語，意味，イデオロギー，精神，態度，儀礼，儀式，生活スタイルなどであり，これらが文化的特徴を表す。このような文化の考え方を用いて，組織文化とは，組織構成員によって共有されている，価値観，信念，哲学，イデオロギー，規範，意味，行動様式，態度，伝統，慣習，儀礼，儀式，ビジョン，英雄，リーダーシップ・スタイル，シンボル（象徴），社内言語，物語，武勇伝，神話，仮定，タブー（禁句），仕事の仕方，パラダイム（範例），その他の組織の生活様式にかかわる総体である。組織文化の構成要素は多数，多様であり，どれも組織，経営の研究と実践には看過できないものである。よって，組織文化とは，上記の組織文化の構成要素を包括する一般的概念として理解したほうが良いであろう。

このように組織文化の定義は多様であり，組織文化とは何であるかということに同意がないことに同意があるとまでいわれる。しかしながら，組織文化を理解する場合には，いくつかの共通点がある。第1に，組織文化は，組織構成員によって共有されていることである。例えば，個々人が価値観を持つように，組織レベルにおいても価値観が共有され，組織文化が存在していると考えられる。組織文化は，個人，国家の現象ではなく，組織現象なのである。第2に，組織文化は当該組織と他の組織を区別する，特異性を持っている。例えば，日本の中でも企業の間に組織文化の違いがみられ，さらに自動車，電機とった同種の業種でも，企業間に組織文化の違いがみられるということである。第3に，組織文化は，組織や職場に根付いていることである。組織文化は組織のDNA（遺伝子）ともいわれるように，世代を超えて受け継がれ，組織の中に定着するからである。

組織文化の多様な定義を分類する，枠組みがある。シャイン（Schein, E. H.）によって提起された組織文化の三層モデルである。シャインによると，組織文化とは，組織構成員の学習によって習得された基本的仮定のパターンであり，それは世代を超えて受け継がれるものである。基本的仮定とは，人々の思考の前提であり，基本的な考え方であり，当たり前と考えられていることである。国家レベルで考えれば，人権，資本主義を当たり前と考え，それを疑問視することがない人々がいる。一方において，特定の宗教の教義が国家存立の基盤となり，生活の隅々まで浸透をしている生活を送っている国の人々がいる。このような人々にとって，その宗教の教義は，疑う余地もない，当たり前のことである。基本的仮定のパターンとは，基本的仮定が断片的なものでなく，相互に関連した関係があることを意味する。例えば，人権と資本主義である。このような基本的仮定のパタ

ーンが組織にあり，それが組織文化の本質であると，シャインは考える。

　基本的仮定は，観察すること，目に見えることも，認識することさえできないものである。これが，組織文化の最も深い，第3水準にある。組織のパラダイムは企業の世界観であり，当たり前と信じられているものであるので，基本的仮定と並んで組織文化の第3水準にあると考えられる。第3水準の基本的仮定が表明されたものが，あるいはそこから出現したものが，一般的な意味での価値観であり，これらは観察できないが，組織構成員はこれを知っており，認識している。より具体的には，経営理念のような表明された組織の価値観，哲学，信念が，この組織文化の第2の水準である，価値水準に存在する。人々の行動を規定する規範や非明示的なルールもこの水準にあろう。職場での服装を規定するドレスコードは，規範や非明示的なルールの一種である。第2水準の組織の価値観が目に見え，形となったものが，組織文化の表層的な第1水準にある。この水準にある組織文化の構成要素は，観察もでき，認識もできるものである。例えば，儀礼，儀式，仕事の仕方，神話，社内言語等である。組織風土もこの水準にある。それは，従業員の職場環境の知覚であり，従業員の知覚というフィルターを通して，職場の環境や雰囲気を表明したものである。職場は，フレンドリー（友好的）か，女性に優しいか，ぬるま湯的であるかなどの言葉によって，組織風土は形容される。

　組織外の人々，あるいは入社間もない人々にとって，直接的に観察でき，知覚できるのは仕事の仕方，従業員の言葉使いや態度，職場の雰囲気としての組織風土などのみである。しかし，そのような背後には，表明された経営理念，非明示的なルール，規範，さらにその下には基本的仮定のパターンとしての組織文化がある。上記の人々が観察，気づいているのは組織文化の氷山の一角にすぎず，シャインの組織文化の3層モデルを敷衍すれば，組織文化という現象は氷山のようなものとしてみることもできよう。

◪ 組織文化の変革

　組織文化は，組織構造，経営戦略，技術，ガバナンス（企業統治）構造など他の組織，経営にかかわる側面と比べると，その変化は緩慢である。しかし，それでも組織文化は変化していくものである。ここでは，組織文化の自然的な変化よりも，経営者，リーダーたちによる組織文化の計画的変革について説明をする。

　組織文化の構成要素は多様であり，組織の価値観，風土，神話，物語，仮定など，どこに焦点を置くかによって，組織文化の変容のアプローチが異なってくる。

例えば，ドレスコードとしての職場の規範を変革するのと，企業の性格にもかかわる基本的仮定や組織のパラダイムを変革するのでは，変革への抵抗，規模，時間，範囲などにおいて相当，異なるであろう。それにもかかわらず，組織文化が表層的なものからより深層的な文化的要素へと相互に関連しているとすれば，ドレスコードが会社の象徴であり，それは組織の仮定や価値観，信念と密接に関連していた場合には，ドレスコードを変えることでさえ多大な労力を要するであろう。このように，組織文化を変革することは，組織構造，戦略，技術，ガバナンスなどを変えることよりも，一層の労力を要するものである。最近，コーポレートガバナンスの変容について語られる場合，それだけで企業は変化したとはいえず，形（ガバナンス構造）を変えても，魂（組織文化）は変わらずといわれる。これは，組織文化を根本的に，つまり基本的仮定をも含んだ組織文化の総体を変え，ひいては組織の性格，組織そのものを変えることは困難であることを示唆している。

　シャインは，組織文化の創造，変革について，組織の進化の段階において，リーダーシップとのかかわりにおいて説明をしている。組織の誕生期には，組織の方向性をビジョンとして提示し，理念提唱型のリーダーである，ヴィジョナリーリーダーが必要である。組織が成長，発展する組織進化の中間期には，組織が成長し，拡大することによって生まれた，異なる部門，事業部の離散的な下位文化を統合するリーダーシップが必要である。組織が成長期を過ぎ，成長が鈍化した成熟期には，組織文化の変革が必要になってくる。

　組織文化は意思決定の指針となり，モチベーションの源泉となり，組織を統合でき，組織の戦略を支援するなど，重要な機能を果たすことができる。それは，組織の成功を支え，成功，強さの源泉の1つとなる。しかし，組織文化が柔軟性，適応性を失い，硬直化し，それが時代，環境に合わなくなってくると，組織文化は組織の資産というよりも，負債になる。このような問題は，組織の成熟期に発生することがある。シャインによると，このような場合には，組織文化を変容することが，リーダーシップの重要な役割である。しかしながら，組織文化の変容には抵抗が伴う。組織文化は組織に定着して，見えざる構造となっているからである。組織文化の変容のためには，外部から新しい経営者を招いて，彼らが既存の組織文化に縛られず，組織文化の改革の推進者，つまりチェンジ・エージェントになるのが1つの方法である。その際に，従業員に不安を与えない，変革の意味をよく理解してもらうことが必要である。さらに，組織文化の中でも，変えるべき文化の側面と持続すべき文化の側面を見極めることによって，抵抗を少なく

できるであろう。これは，変革後の組織の再生にとっても重要である。

(咲川　孝)

5. モチベーション

◘ モチベーションとは

　モチベーション（motivation）はそれ自体直接観察できるものではなく，その定義も過去様々になされてきた。例えばアトキンソンはモチベーションを「行為の方向性，活力，持続性に及ぼす即時的（直接的）な影響」（Atkinson, 1964）と定義している。またピンダーは，仕事へのモチベーション（ワーク・モチベーション）を「個人の内部および外部にも存在するものに源を持ち，仕事関連行動を引き起こし，そしてそのかたちや方向性，強度，持続性を決定する一連の活力（energetic force）」と定義している（Pinder, 1998）。スティアーズらによれば，こうしたモチベーションの定義の中には共通して，行動の活性化，方向づけ，持続という3つの要素が含まれている（Steers et al., 2004）。

　ここからは，モチベーションが行為や行動や活動という，人の「動き」にかかわる概念であることが見てとれる。モチベーションの語源自体が英語のmovementに相当するラテン語のmovereに遡るものであり（Steers et al., 2004），日本語で「動機づけ」とよばれるように，まさに動くきっかけ（機）を与える心のはたらきということができる。では，動くきっかけを与えるものは何か。スティアーズらが指摘したモチベーションの3つの要素は，いずれも目標があってこそ顕在化するものである。目標があるからこそ行動が方向づけられ，目標達成に向かって活性化し，目標達成までその行動が持続する。言い換えるなら，目標のないところにモチベーションは生まれない。

　仕事場面におけるモチベーションの重要性を示す公式として「業績＝能力×モチベーション」がよく知られている。すなわち，業績は能力とモチベーションの相互作用であり，どちらが欠けても高い業績は達成できない。したがって組織は，仕事に必要な個人の能力に着目するだけでなく，目標達成に向かって積極的に努力しようとするモチベーションについても，その促進に働きかける工夫が必要に

なる。特に，比較的安定した能力要因に比べて，モチベーションは些細なきっかけで大きく変化するものでもあり，モチベーションをいかにコントロールするかは，従業員本人だけでなくマネジメントの視点からも重要な問題である。

◘ 研究の動向

モチベーションの問題を組織行動の視点から探る試み，すなわちワーク・モチベーション研究については，その萌芽を20世紀初頭のミュンスターバーグ（Münsterberg, H.）の研究に求めることができるという指摘もある（Latham, 2007）が，理論が整備され研究が本格化したのは1960年代に入ってからである。

ワーク・モチベーションの体系的な理論としては，ヴルーム（Vroom, 1964）の道具性期待理論（Expectancy-value theory）がよく知られている。期待という概念は，人の行動に働きかける認知的な要因として，心理学では古くから注目されてきた。道具性期待理論では，モチベーション（行為への力：Force）は，期待（Expectancy：ある行為がある結果をもたらすだろうという，当人がもつ見込み），誘意性（Valence：その行為がもたらす結果についての魅力の度合い），道具性（Instrumentality：得られた結果が，魅力ある2次的な結果につながる手段として役立つ見込み）の3要因をもとに，次の公式で表される。

$F = E \times \Sigma (V \times I)$　　F：行為への力（Force）　E：期待　V：誘意性　I：道具性

道具性期待理論は，モチベーションの強さを実際に測定し数値で表現できることから，多くの研究が生まれた。しかしながら，誘意性の測定に限界があることや，合理的な意思決定を前提とした予測であることへの疑問，複雑な状況下での測定の難しさなど，理論の限界点が指摘されている。

ロック（Locke, E. A.）とレイサム（Latham, G. P.）が1960年代に提唱した目標設定理論（Goal-setting theory）は，最も妥当で高い実用性を備えたワーク・モチベーション理論（Lee & Earley, 1992）として，現在に至るまで数多くの研究が蓄積されている。レイサムはその著書の中で，目標設定理論の論点を大きく5つにまとめている。第1は目標に影響を与える変数としてのフィードバックの役割，第2は目標設定の意思決定に参加することの効果，第3は期待理論を用いたときの業績予測との違いの原因，第4は制御理論（Carver & Scheier, 1981）が考える目標設定の役割との違い，第5は最善を尽くせ型の目標（do-best goal）設定と具体的で高い目標（specific and hard goal）設定との効果の違いに

ついてである（Latham, 2007）。期待理論と目標設定理論については，わが国では松井賚夫のグループが早くから取り組み，海外学術誌を中心に一連の成果を発表している。

ヴルームの流れを汲む期待理論研究は，近年は見るべき成果に乏しく終息した感があるが，期待という変数についてはその後も様々な研究に採り入れられている。バンデューラ（Bandura, A.）は，人が行動を通じて成果を得るプロセスには2つの期待が存在していることを示した。すなわち，Xという行動をとればYという成果が得られるであろうという「成果期待」と，自分がその行動をうまくとれるかどうかという「効力感期待」である。バンデューラはこれを自己効力感（sense of self-efficacy）と名づけ，「予測される状況に対処するために必要とされる一連の行為を，いかにうまくなし得るかについての本人の判断」と定義した（Bandura, 1977）。困難に直面しても自分がその行動をやりおおせるという自信があれば，人は行動を持続することができる。その意味で，自己効力感はモチベーションの維持促進に強い影響を与える変数であり，目標設定理論と融合した研究も多くなされている。

1970年代に提唱されたデシ（Deci, E. L.）の内発的モチベーション理論も，現在に至るまでモチベーション研究の中で重要な位置を占めている。近年は，やりがいや働きがいということに強い関心が集まっているが，内発的モチベーション理論はこうした問題についても有効なヒントを与えてくれる。職場では給与や昇進，周囲からの賞賛などを刺激とする外発的モチベーションの影響は大きい。一方，仕事に打ち込むことを通じて人の内部に生まれる充実感や達成の喜びは，それ自体が報酬としての働きを持ち，仕事へのモチベーションを強める。こうした内発的モチベーションによる行動に対して外部から報酬が与えられると，好きだから面白いからそれをやっているという感覚が阻害され，行動への興味が失われてしまうことがある。これはアンダーマイニング現象とよばれる。

内発的モチベーション理論の背景には，人は他からの束縛を嫌い，自らの自由意思で行動したいという願望を持つ存在であることが仮定されている。デシ（1975）によれば，内発的モチベーションによって生まれる行動は，自分を取り巻く環境を自分自身がコントロールできているという有能さ（competence）の感覚と，外部的な制約からではなく自らの自由意思で行動しているという自己決定（self-determination）の感覚をもたらす。

実際には，外発的モチベーションと内発的モチベーションとは排他的な関係で

はなく，相互作用の中で行動に影響を与えるものである。どのような行動であっても，初めは外的な刺激や強制力が働くことが多いが，その行動の中に充実感ややりがいを見出せるようになれば，有能感や自己決定の感覚が強まり，外的な強制力や報酬に頼らずとも行動へのモチベーションを維持し促進することができる。

内発的モチベーションによる行動の究極は，我を忘れるほどの行動へ完全な没入状態，いわゆる没我の状態といえる。こうした究極の心的充足体験を，チクセントミハイ（Csikszentmihalyi, 1990）はフロー（flow）体験とよんでいる。仕事であれ日々の生活の中であれ，フロー状態はもてる最高の能力を発揮するところで得られる体験であり，それがさらなる能力や技能を得ようとするモチベーションを生む。こうして人は，フロー体験を通じてさらなる成長を遂げていくことができる。

◪ 今後の展望

近年のポジティブ心理学の潮流は，モチベーションの問題を考えるうえでも手がかりを与えてくれる。堀毛（2010）のまとめからは，米国で2002年と2009年に出版された『ポジティブ心理学ハンドブック』の中では，認知的アプローチの中で目標設定や自己効力感，自己決定に関する研究が取り上げられている。

ポジティブ心理学の提唱者であるセリグマン（Seligman, M.）は，楽観的思考と悲観的思考をキーとする「説明スタイル」の概念が，生命保険営業員の販売成績と離職率の予測に役立つことを明らかにした（Seligman & Schulman, 1986）。角山ら（2010）は，生命保険女性営業員400名を対象に，セリグマンらの研究を追試した。結果は，挙績件数，新契約高のいずれも，悲観的思考が強い営業員よ

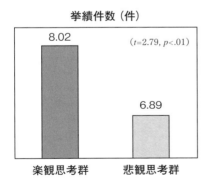
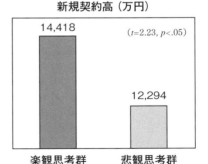

(角山ら，2010)

図2-6　楽観的思考営業員と悲観的思考営業員の販売成績

りも楽観的思考が強い営業員のほうが成績は有意に高かった。また，早期離職者についてみると，悪い出来事への楽観的思考が弱く悲観的思考が強いことが明らかになった。すなわち，起こり得る出来事を楽観的に捉えるか悲観的に捉えるかという説明スタイルの違いが，営業員の販売へのモチベーションや早期離職傾向に影響することが示された（図2-6）。

組織行動の中でモチベーションの問題を考えるときには，生産性を高め業績を向上させるという管理する側の視点と，人は何を求めて働くのかという個人の側の視点が存在する（小野，2014）。両者は不可分に結びつくものではあるが，後者の視点に注目すれば，ポジティブ心理学で重要なテーマとなっているウェルビーイング（subjective well-being）の問題は，「良く生きる」ことを探る中でモチベーションの問題と深くかかわってくる。社会心理学分野を中心にすでに多くの研究がなされているが，ワーク・モチベーションの観点からも研究の展開と蓄積が望まれる。

（角山　剛）

6. リーダーシップ

◘ 目標や課題があってのリーダーシップ

リーダーシップとは，集団の目標（集団に存在している問題解決のために，取り組む課題を意識化したもの）の実現を目指した働きかけを指す（Bass, 1990）。目標や課題があってのリーダーシップである。したがって，リーダーシップを議論し，リーダーシップの効果性を検討するには，当該集団が置かれている「状況」とともに，当該集団の「目標」や「課題」を考慮する必要がある。

本稿では，組織内の集団（職場やチーム）を中心として述べるが，「状況」「目標」「課題」は，いずれも"自明"ではない。そして第三者の目にはどのように映ろうとも，当該集団のリーダーと成員の捉え方にかかっている。

そのことから，リーダーが中心となり，①広い視野で，外的環境の動向や変化を適切に把握し，②高い視点から，自職場の目標と課題を，組織全体と関連づけて具体的に設定し，③それらを成員全員で，共有できることが必須である。

これは言い換えると，自職場が"何を成すのか"（目標，課題）を決め，それを果たすために"どのように為すのか"（具体的な手順や活動）を適切に選ぶことを意味する。今後も，"為せば成る。為さねば成らぬ何事も"であることに違いはないものの，目標や課題，効果を上げる手順や活動の内容が，かつてとは様変わりしてきており，求められるリーダーシップも変わっている。

◪何を成すのか——新たな競争力の創出

　今日の組織にとっての「成すこと」（重要課題）は，新たな競争力の創出である。
　①未経験課題への取り組み
　公的，私的組織を問わず，あてにできていた前提や発想が通用しなくなっている。各職場と個人は，かつてよりもはるかに多く，未経験課題（経験のない新たな課題）に取り組み，工夫して成果を上げ，新たな競争力の構築につなげる必要がある。これにはリーダーシップにかかわる3つの重要なことが付随している（古川・山口編，2012）。
　第1は，組織も個人も，未経験の状況や課題に取り組むにあたって，基本的に，これまでの反復と継続だけではうまくいかない。未経験課題（新規課題）に取り組む際に，新たな着想と創造性が求められ，新たな方法とシナリオを考え出す必要もある。培ってきた経験，知識，専門性の持つ価値が脅かされ，新規課題においてリーダーが優位にあるという保証はない。コーチングやサーバントリーダーシップが注目されるようになった背景はここにもある。
　第2に，経験のない課題は，課題の持つ特性や質が変わることから，基本的には「難しさ」が感じられる。従来の発想や前提が通用しないために，単に「意欲」を高めるだけでは成果は出ない。新たな課題に必要な「新たな能力」の学習が同時に求められる。組織の側に立てば，人材育成，能力育成が必須となる。
　経験のない新規課題の場合，成員にチャレンジングで難しい目標の設定を求めても，前向きの行動を起こさせることはできない。"気合を入れる""はっぱをかける"手法が効くのは，成員が，その課題に必要な能力を学習し，効果的に取り組む方法とシナリオについて見通しを持てている場合に限られるからである。
　第3は，既存の規則や規定，計画に頼るだけではうまくいかない。また内部完結では済まなくなっている。後述するように，新規課題の実現のためには，他との「連携」が必須となり，新しい関係者（関係先）との新たな申し合わせや合意を設ける必要がある。また，リーダーも成員も，決められたとおり，指示された

とおりというreactive（受け身の）活動では立ちいかない。proactive（先見的かつ能動的な）活動が求められる。これらはいずれも学習されなければならない。

②創造的アイデアの「生成」と「履行」

これからの主流となる未経験課題へのチャレンジを通しての競争力の獲得には，創造的なアイデアや企画の「生成」（generation）が不可欠であるが，それ以上に，そのアイデアや企画の「履行」（implementation）が重要である。これまで，現実には「よい企画案なのに，周りの受け入れが進まず，なかなか実現しない」との実感があっても，「創造的なアイデアが生まれたら，実現されるもの」との思い込みが支配的で，生成と履行の2つの段階を区別することはなかった。

「生成」段階：アイデア生成への関心は高かった。実践と多くの研究がなされている。実践では，発想法や創造性研修を開いたり，異業種交流を図ったり，アイデア開発チームを編成するなどである。組織内の創造性を刺激できると考えられる方向への人事処遇制度の整備や改定も進められている。

研究では，①メンバーの個人特性，②職場（チーム）や組織の仕事環境の特性（異質性や多様性の導入，創造的な仕事課題や目標設定とフィードバック，革新志向リーダーシップ，創造性発揮に対する報奨など），そして③それら両特性の相互作用の関数として検討されている（Anderson et al., 2014, などのレビュー）。

「履行」段階：生成された創造的アイデアが放置されたり，消え去ることなく採用され，練り上げられて，具体的な製品，サービス，プロセスや手続きとして実現，実行される段階である。

この履行がなされれば，創造的アイデアは，具体的な価値を生み，競争力獲得につながる。逆に，この履行段階を乗り切れなければ何も生まれない。しかし，創造性に関する実証研究のほとんどが創造的アイデアの生成過程についてであり，履行段階の議論と検討は始まったばかりである。

独創的で有望と思われるアイデアほど，その後の履行や実現に結びつかない現象を「創造革新性パラドックス」とよぶことにする（古川, 2015）と，このパラドックスが発生する理由をいくつか挙げることができる。

創造的アイデアを出せる人が，確実に履行できる保証はない。アイデアの提案者は，履行にかかわる現実的な問題に無頓着で，組織内の制約や思惑を看過しているかもしれない。顧客やマーケットの状況をよくつかめていない場合もある。アイデア創出（創造性）を促進する個人特性は，アイデアの履行，実現においては関係がないか，むしろ妨げにさえなる可能性も指摘されている。

組織の本性は効率化と安定性であり，実績のない新規アイデアは警戒されやすい。アイデアの良し悪しとは基本的には無縁である組織内の慣行や組織内人脈の「壁」や「溝」に翻弄され，それの克服方略について理解がないこともある。

◪ どのように為すのか──「連携」を通した創造革新と競争力の創出

　リーダーシップとは，本稿冒頭で述べたように，集団の目標や課題の実現を目指した働きかけである。そこで，「何を成すのか」（重要課題）として新たな競争力の獲得を見すえて，職場をあげて，創造的アイデアを着想し，練り上げ，履行していく働きかけの重要性を理解してきた。

　次は，それを「どのように為すのか」（具体的な方法や手順）である。現行の継続，反復の職務活動に加えて，新たな競争力の獲得を目指して，新規の課題（未経験の課題）にproactiveに取り組む必要がある。

　これの為し方の１つは，重要課題の実現と競争力の構築に向けて，自職場内で，創造性に富むアイデアをひねり出したり，既有の知識やアイデアを組み合わせる（新結合）などして，自分たちだけで創り出すという"自職場完結"の取り組みである。

　先に見たように，今日，未経験課題の割合が増え，それに必要な各種資源（知識，経験，情報，アイデアなど）が自職場内に不足しており，またそれらをじっくり蓄積する時間的余裕もない状況では，"自職場完結"では限界があることが気づかれている。そこで①組織内で，複数の他職場（部署）との「連携」による創造的アイデアの生成と履行が進められたり，②外部組織との「提携」，あるいは「連携」によってopen innovationを促進し，競争力を築く動きが増えている。

　「連携」の効果と懸念：「連携」という新結合はメリットを秘めているものの，それを円滑に進め，期待する成果にたどり着かせるのはやさしくはない。例えば，組織内の連携では，各部署は，"分業"の産物として，本来，独立した固有の機能と専門性を持っている。また，これまでの業績等を反映した序列や利害もある。原理的には，専門性の違いが明瞭な連携，異質な強みを持つ部署同士の連携が，新奇にして有用な価値を生むはずである。しかし，そういう組み合わせには緊張や葛藤が潜在しており，互いの交流がないときには何もないが，連携によって関係が始まると，「壁」や「溝」（不一致，緊張，葛藤）が顕在化しやすい。

　リーダーと成員に，新たな役割認識や心構え，そしてその壁と溝を越えていく新たな社会的，対人的能力が求められる。

「共に見るもの」の設定：「共に見るもの」の設定とは，組織内でいえば，経営ビジョンや経営課題を受け止め，連携する関係部署同士が"相互に実現を目指す価値や課題"などを意識し，持つことをいう。外部組織との間では"社会の問題や要請，悩みや困りを解決する課題"などを意識し，持てている状態を指す。

相互に，壁や溝が感じられているとき，その壁や溝の趣旨に付随した否定的な認知や感情が存在している。そのために，その壁や溝だけを気にし，見つめあっているのでは，互いの否定的な認知や感情は続き，むしろ強化される。

そこで，「共に見るもの」が用意されて，すなわち双方が共に見つめることのできる大義や新たな価値（経営ビジョン，経営課題などを含む）が設けられ，そのもとで新たな活動が少しでもなされ始めるようになると，壁や溝に沿っていたこれまでの認知や感情では相容れないようになり，認知が動き，変わる。

それを契機に，壁や溝はあるとしても，共に見る大義や価値の実現を目指して，互いの否定的な身構えや緊張が緩和され，共同や協働が進み始めるようになる。

連携の当事者間の打合せや会議において，論理や根拠性を添えながらも一貫して"共同一体"を基調とする交流を維持し，不必要な"対峙分別"を極力避ける姿勢が，「共に見るもの」の設定を容易することがわかっている（古川, 2015）。

（古川久敬）

7. HRMの機能

HRMとは，人的資源管理（Human Resource Management）のことであり，企業が経営目的を達成するため，そこで働く人々（Human Resource：人的資源）を管理（Management）するための一連の活動である。一般的に企業は，ヒト・モノ・カネ・情報などの経営資源を活用しながら，企業目標の達成を目指している。とりわけそこで働く人々は，職場で1人ひとりに割り当てられた職務をうまく遂行するためだけの存在ではなく，企業全体としての調整や調和を図るのに必要不可欠な資源だといえる（上林, 2016）。そのため，企業が継続的に事業を存続させるには，HRMの機能を正しく理解することが肝要である。

以下では，上林（2016）に基づき，HRMの主な機能や役割について3点を挙げる。第1に，作業能率の向上である。作業とは工場労働などをはじめとした肉

体的な作業はもちろん,それ以外の事務作業や管理的作業をも含め,製造業・非製造業等の業種を問うものでもない。一般的に作業能率は,少ないインプット（投入量）で,より多くのアウトプット（結果や成果）を生み出すことによって高まる（促進される）と考えられる。つまり作業能率とは,アウトプット／インプットで表され,その結果もたらされる値が大きいほど高能率と捉えることができる。企業で働く従業員の作業能率をこれにあてはめると,インプットは労務費や人件費として企業から従業員に支払われる賃金や報酬などがそれにあたり,アウトプットは従業員が生み出す製品やサービス,またそれらに伴う付加価値といえる。すなわち企業が支払う費用よりも,従業員が生み出す付加価値のほうが大きいほど,作業能率は高い状態にあるといえる。

　企業はなるべくインプットを小さくし,アウトプットを大きくすることで能率を上げようと考えることが一般的である。つまり,コストをなるべく低く抑え,最大限の成果を生み出そうとする発想が,企業の作業能率向上をもたらす一般的な考え方であることを理解する必要があるだろう。

　第2に,従業員を組織に引き留め,組織全体の一体感を高める機能である。前掲の作業能率が高まることで,企業の業績や収益などにも好ましい影響がもたらされると考えられる。しかし,仮に個々の従業員の作業能率が高い状態にあったとしても,それが短期的なものであれば,あまり意味をなさないだろう。例えば,企業が作業能率を高めようとするあまり,従業員に対して過度なプレッシャーを与えれば,従業員には心理的な疲労がたまり,欠勤や離職がくり返される事態となりかねない。そうした状況では組織全体としての能率を高めることはきわめて困難である。そればかりか,強いプレッシャーが上司と部下との関係性を悪化させることも考えられる。場合によっては労使関係にも亀裂が生じ,仮にストライキなども発生すれば,企業はその対応で莫大な費用を要することとなるだろう。

　企業としての目標を達成するためには,従業員の高い作業能率が長期的に継続される必要がある。またそのためには,従業員が高いコミットメントのもとで組織に留まり,1人ひとりが組織の一員として行動することが求められるだろう。例えば,募集の段階でマッチングを重視し,インターンシップなどのように実際の仕事や組織を見たり経験させたりしたうえで,それが採用に至れば,入社後における組織の一員としての意識や行動の促進につながると考えられる。事前にある程度の情報を得たうえで入社するため,リアリティ・ショックの回避や自らに求められる行動の理解につながる。また,常軌を逸するような過度な残業や,違

7. HRMの機能　　95

法な就労行為などを組織的に防止する風土が企業に根づいていれば，従業員が組織に留まる可能性は高まり，一体感にもつながるだろう。これらにより従業員の組織への統合も促されていくと考えられる。

　第3に，戦略や環境変化に対する柔軟な対応である。従業員の作業能率が向上し，所属組織に留まったとしても，各自が行っている職務そのものが，企業の目的に沿ったものでなければ意味はない。HRMでは，戦略や環境などの変化に対して，各自が行う職務が適合しているかどうかを確認し，仮に不適合が生じている場合には軌道修正し，作業内容などを変更させる必要がある。例えば，事業拡大などで緊急に優秀な人材が必要になった場合，新規学卒者における定期採用ではなく，求められる職務に対して相応の能力を有する中途採用を行わなければならない。中途入社者の受け入れに伴い，職場の作業内容や権限体制を刷新し，評価制度や賃金体系なども改めなければならないかもしれない。また逆に，それまで中途入社者ばかりであった職場で，新規学卒社員を受け入れるような場合も同様である。中途入社者の場合，基本的なビジネスマナーや職務のフローなどについて大がかりな教育訓練等は必要ないかもしれない。しかし，一般的に新規学卒者の場合，社会人としての心構え，ビジネスマナー，自社が行っている事業などを一から教える必要がある。

　すなわち，即戦力に向けた個人を尊重するようなマネジメントから，長期的な能力開発を前提とする指導的なマネジメントへシフトしなければならない。加えて，経済環境が悪化し不況などになれば，それまで非正規社員として働いていた従業員を雇い止めにしなければならないかもしれない。経営環境が良好なときは非正規社員も企業にとって必要だが，いったん不況になると，逆に不要となることは珍しくない。不況期には雇用した人材に辞めてもらうなどのHRM上の軌道修正が必要となる。いずれの場合も，現状に変化がもたらされることにより，HRMもそれに応じた柔軟な対応が求められ，それこそがHRMの重要な機能といえる。

　以上のようなHRMの機能や役割を実現するため，HRMは様々な領域（仕組み）によって構成されている。以下では，テキストとしても使用される4つの文献に基づき，HRMを構成する諸領域（仕組み）について確認する。ここで掲げる諸領域（仕組み）は，企業がHRMを実現するための個別具体的なHRM機能といえる。

　HRMの諸領域として，デスラー（Dessler, 2016）では，①採用・配置，②訓

練開発,そして③報酬を主な領域として挙げている。それぞれは,①職務分析・人事計画と募集・採用試験と選抜・応募者の面接,②訓練開発・業績管理と評価・キャリアとリテンション,③戦略的賃金計画・成果給と金銭的インセンティブ・ベネフィットの各領域で構成されている。とりわけ,採用計画・募集・選抜・能力開発などについては,Talent Managementのもと,一体化された目標志向による管理が提唱されている。例えば,人材の配置や報酬については目標志向のもとで行い,選抜・評価・報酬などに対する決定は,統一された形式のもとで意思決定が下されることの重要性を指摘している。また,ブラットンとゴールド（Bratton & Gold, 2012）は,HRMの構成要素として主に以下の仕組みを挙げている。人的資源供給（採用計画とTalent Management・募集と選抜）,職務業績と訓練（業績管理と評価,人的資源開発と職場学習,リーダーシップとマネジメント）,雇用関係（報酬管理・労使関係・従業員の参加・安全衛生管理）からなる3領域である。以上は,ディバナら（Devanna et al., 1984）が唱えた多くの組織で活用される包括的なHRM（選抜・評価・報酬・開発）に加え（図2-7）,近年の特徴であるTalent Managementの重要性についてもデスラー（2016）同様に指摘されている。

　一方,わが国では,八代（2014）によりHRMの諸領域として,初期キャリア管理（募集・選考管理,内定・初任配属〜入社後3年間）,異動・昇進管理（配置転換,昇進管理）,定年制と雇用調整（定年制,雇用調整と人的資源管理）,賃金・労働管理（賃金管理,労働時間管理）,そして人事考課が主に挙げられている。

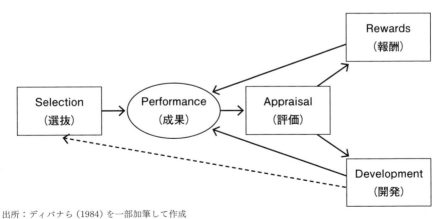

出所：ディバナら（1984）を一部加筆して作成

図2-7　人的資源のサイクル

また，上林ら（2010）では，採用・配置，キャリア開発・人材育成・教育訓練，評価・考課，昇進・昇格，賃金・福利厚生，安全・衛生，労使関係，そして退職が主なHRMの仕組みとして挙げられている。デスラー（2016）やブラットンとゴールド（2012）による海外のHRMと比べると，わが国のHRMは長期的な昇進構造や社内資格制度がいまだ一般的な傾向にあるためか，社内に向けた昇進・昇格の説明が比較的よく目に留まる。一方で，デスラー（2016）やブラットンとゴールド（2012）では，こうした話題はキャリア・マネジメントとして広く説明されている。また，Talent Managementに関しては，八代（2014）でわずかにその説明が見られるものの，テキストベースだと欧米ほどの広がりはまだ見られていないように思われる。

　このようなHRMの領域（仕組み・機能）に関するそれぞれの関係性は，ディバナら（1984）によりその基本的な考え方が示されている（図2-7）。ディバナらは4つの包括的なHRM（選抜・評価・報酬・開発）による連続的サイクルが，成果に及ぼす影響について説明している。成果とは個々のHRM機能の効用であり，選抜は職務に最適な人材の獲得・供給を意味し，評価は分配的公正により成果が報酬と結びつくことで従業員を動機づけることを表している。また開発とは，将来的な職務において成果を出すことに加え，現在の職務で高い成果を上げるための訓練でもある。

　以上のようにHRMの機能は，従業員に対する役割とそれを実現するための諸領域（仕組み）によって構成されている。それぞれの諸領域に関する詳細については，第Ⅲ章以降を参照されたい。

（小川悦史）

8. 人事部の役割

　本節では，企業の経営管理を行う一組織単位としての「人事部」の役割について論ずるうえで，まず，「人事」の業務の全体像を整理し，組織としての「人事部」のこれまでの変遷についてひも解き，最後に「これからの人事部に求められる役割」について紹介していくものとする。

表2-3 「人事」の業務領域の整理

領域	区分	業務例
組織人事	組織編成・要員配置	組織編成・要員体制の立案，役職者人事（任用・異動・降職）の立案・推進，要員配置・人事異動の企画・推進，等
	人事制度の企画・運用	職務開発，処遇制度，人事考課制度，役職・等級制度などの人事制度の企画・策定・制度の運営，等
	要員計画・人件費管理	長期的な組織戦略・要員計画の立案，人件費予算の設計・管理，等
	キャリア開発	「求める人材像」の確立，等級制度の整備，管理職指導，人材開発体系の作成，等
採用・人材開発	採用・導入	採用計画の立案，募集・採用要件・手順の設定，募集・採用実務，導入ガイダンス，等
	教育研修	社内教育の企画・運営，OJTの推進，自己啓発支援策の策定・推進，等
	就業・雇用管理	就業管理の諸手続き，就業規則・諸規定の整備・適用，雇用・退職手続き，雇用・労働法令への対応，国際人事・労務管理情報の把握・対応，等
労務管理	勤務管理	勤務時間・休日・休暇の取得の管理，勤務時間ルールの構築，勤怠管理データの記録・集計・分析，等
	賃金・社会保険	賃金計算・支払い手続き，賃金制度の整備・適用，退職金および企業年金制度の企画・運用，労働・社会保険手続き，等
	安全衛生	安全・衛生活動の推進，健康診断等の実施，労働災害防止策の推進，社員個々の健康状況・メンタルヘルスの把握・問題対応，等
	従業員個別対応	育児・介護者への対応，転勤者生活（転居・転校等）支援，個別生活状況の把握・対応，等
	労使関係	労使関係の維持・向上策の立案・推進，労使交渉や労働争議，労使協定の締結，個別労働紛争への対応，等
	福利厚生	財産形成支援，レジャー・余暇生活の充実支援，その他福利厚生メニューの作成・運営，等

厚生労働省「職業能力評価基準」における区分を参考に筆者が作成

◪「人事」の業務

「人事」とは，文字どおり「ヒトのこと」であり，企業活動における重要な経営資源の1つである「人的資源」を管理していくうえで必要となる業務全体のことを指す。ヒトは「人的資源」として，「入社」してから「退職」するまでの間，「配属」され，ふさわしい「勤務条件・職場環境」が整えられ，必要な「能力開発」が行われる。そして，業務遂行の対価としての「給与」が支給され，そのほか，より充実した仕事生活を行うための「福利厚生」の提供を受ける。また，それらの前提として，経営活動を行っていくうえでの合理的な「組織編成」や「要員計

画」が立案される。これらにかかわるすべてが「人事」の業務といえる。

「人事」の業務の整理の仕方はいろいろあるが，ここでは，厚生労働省による「職業能力評価基準」の「業種横断的な事務系職種」における区分を参考に，「人事スタッフ」が担当する業務単位を意識した視点による整理を試みてみる（表2-3）。

表においては，業務遂行に必要とされる「組織・経営知識」「人間行動・心理学」「労働法規・労働行政知識」といった能力要件の違いを中心に，人事の業務を「組織人事」「採用・人材開発」「労務管理」の3領域に区分した。もちろん，「人事スタッフ」の実際の担当分野は各社の状況に応じてより複合的なものになっていることが想定され，多様な能力要件が必要とされることになる。

◨「人事部」の変遷

前項のような「人事」の業務は，組織活動においてはある程度不可欠な機能であり，わが国においても「企業」という組織形態をとり始めた明治時代以降にはすでに行われていたと思われる。ただし，当初は「人事部」という専門組織によって行われていたわけではない。「人事部」という独立した組織単位が創設され始めたのは，第1次世界大戦の日本経済の拡大・発展期が端緒で，各企業の活動が活発化して，多くの労働者を新規に直接雇用・育成する必要性が生じたことに伴って，人事労務担当組織が設置されたことによる（白井，1992）。つまり，「人事部」の起源は，「採用・人材開発領域」の業務であるといえよう。

さらに時代を下ると，労働運動の高まりとともに「労使関係の管理」が「人事部」の業務の中における重要性を増してくる。第2次世界大戦直後の数年間において熱気は最高潮に達したといえるが，現在は，業種・企業による温度差は大きい。また，1991年のバブル経済の崩壊以降の「労働組合の存在意義の希薄化（呉，2011）」を機に大きくその様相を変えてきている。

また，第2次世界大戦後の高度成長期からバブル期までの長い経済発展の時期は，「人件費予算の策定・管理」「職能資格制度の構築」「人事考課等の制度運用」「教育研修体系」といった，「人事部」の現在の業務構造が整備され，併せて，「適性テスト・人材アセスメント」「ワーク・モチベーション向上」「リーダーシップ開発」等の心理学の研究成果が人事管理に積極的に応用されるようになった（大沢，1993）。戦後のベビーブーマーである「団塊の世代」が，40・50歳代を迎える1990年代には，「年功賃金からの脱却」を踏まえた「役割等級制度の導入」「給

与制度の見直し」が盛んに行われ，内容の手直しは図られてきているが，「人事部」の業務の構造そのものは，今もなお概ね同じ内容であろう。

バブル経済崩壊以降の「人事部」における重点課題を見ると，「社員のリストラ」に始まり，「非正規雇用の増加・雇用の不安定化」「社員の長時間勤務・ワーク・ライフ・バランスの問題化」と続き，並行して「メンタルヘルス」「育児・介護への対応」「女性活用」「高齢者の雇用促進」といった課題も生じてきている。そして，「労働契約法」をはじめとする各種関連法規や各種規制の改正も数多く打ち出され，これに対応することも求められている。「働き方改革」という社会的な気運も成熟し，今，「人事部」は，「勤務管理の健全化」「雇用の再構築」の時代を迎えているといえよう。

◨ これからの人事部に求められる役割

さて，「これからの人事部に求められる役割」について，改めて考えていきたい。「役割」は，単なる「業務」とは異なり，そこに「○○のために××をする」という「業務を行うことの目的」を含んだ表現である。「従業員の給与額を決定する」という業務も，「何のために，給与額を決定するのか」という「目的」を明確に位置づけることで，業務の持つ意味・価値が定まり，高いレベルで仕事ができているか，評価は変わるものである。

現代の企業における「人事部に求められる役割」の「目的」を整理すると，概ね以下の3つに集約することができる。

---

① 全社の経営管理が合理的かつ健全に行われることを目指す
② 会社内の各組織単位が合理的かつ高水準に業務推進できることを目指す
③ 従業員が健全かつ充実した仕事生活を送っていけることを目指す

つまり，「①全社の経営管理」「②各組織単位」「③従業員個々」の3方向が，「人事部」にとっての「貢献対象」であると位置づけることができるのである。例えば，「育児・介護についての新たなルールを作る」という業務を進めていくうえでも，「①健全な経営に向けて，コンプライアンスに努めるため」と「③対象となる従業員への最善の支援をしていくため」では，目指すべき成果はおのずと異なってくる。

これらの3つの「目的」の重点の置かれ方は，企業ごとの「人事部」の位置づ

けによって，濃淡に大きな違いがある。「人事部」を「コーポレート人事」と位置づけ，別に「ライン人事」を担う部署を設けて，各組織単位の業務推進のための「組織編成」や「要員配置」，「テンポラリーな人材調達」や「能力開発」を任せている場合は，当然「人事部」の中心的な役割は「①全社の経営管理」になり，「ライン人事」に比べて，より長期的・全社的な視点から「処遇管理」や「キャリア開発」を担っていくことになる。また，「労働組合」の活動が充実している企業であれば，「待遇改善」や「職場トラブルの解決」「福利厚生」といった「③従業員個々」を貢献対象とした役割について，分掌していくことが可能であろう。

ただし，ここで充分に意識しなければならないのは，これら「3つの目的」は，それぞれ目指す方向が相反するものではなく，「人事部」としては，必ずこの「3つの目的」のすべてに照らして適正に役割を果たしていくことが求められているという点である。

これら「3つの目的」については，しばしば対立するものとして取り上げられることは多い。例えば，「①全社の経営管理」と「②各組織単位」における「人事異動」についての利害の衝突である。「①全社の経営管理」の視点からいえば，優秀な人材に対しては人事異動を行い，早くから社内のいろいろな部署で経験を積ませることで「キャリア開発」を進めていきたいが，「②各組織単位」にとっては，長く組織内にとどめ，よりレベルの高い業務貢献をしてもらうことを当然期待する。また，「①全社の経営管理」と「③従業員個々」についても，「労使交渉」という場面では，「総人件費を抑制したい経営」と「少しでも給与額アップを勝ち取りたい従業員」といった対立構造で捉えられがちである。

しかし，全社が進める「人事異動」も決して各組織単位の業務推進を停滞させることを目的に行っているわけではなく，各組織単位にとっても，より高度な業務遂行に向け，近視眼的にならずに長期的展望をしていくことは重要である。そこに，双方にとって理解・共感できる方策を見つけることが必ずできるはずである。また，会社が合理的に「人件費管理」を行うことと，「給与を抑制する」こととは同じものではない。従業員は，なにも「会社経営が悪化してでも，高い給料を勝ち取ろう」としているわけではない。つまりは，人件費予算の合理性を追求して健全な経営管理に貢献しながら，従業員の満足度を高め，仕事生活の充実に貢献できる給与額を設定することが「人事部」に求められている役割であり，そこに「人事スタッフ」としての専門的な力量の発揮が期待されるのである。

特に，これからの経営環境を展望すると，「コーポレート」と「ライン」の関

係は，これまでとは大きく変化することが予想される。社内の事業部門を別会社に切り離し，ホールディングス化を行ったり，事業部単位で経営譲渡を行うことも珍しくない。そうなると，これまでの「全社」と「各組織単位」についての人事の関係は大きく変わってくる。当然，「キャリア開発」のプロセスもこれまでとは変えなければならない。また，「労働組合」の組織率も年々低下する傾向が見られ，厚生労働省の『平成29年（2017年）労働組合基礎調査』で17.1%と，今や「労働組合」が実質的には存在しない企業のほうがはるかに多い状況である。そうなると，「③従業員個々のために」という視点による役割を「人事部」が主体的に果たさない限り，従業員の仕事生活に支障をきたすことにつながりかねず，「①全社の経営管理」にとっても悪影響を及ぼすものとなる。

その意味では，「人事部」に求められる「役割」の重要性はますます大きくなってきているといえる。「目的」を理解し，企業の経営活動における「専門組織」として，高い使命感を持って「役割」を果たしていくことが期待されるのである。

（塩津　真）

9. HRM情報システム

◘ HRM情報システムの変遷

人的資源管理（HRM: Human Resource Management）を支援するHRM情報システムは，情報システムの技術革新と人的資源管理の変遷に伴って，その役割や機能が大きく変貌してきた。

戦後の日本のコンピュータ産業の歴史を振り返ると，その黎明期は非常に高価な大型汎用コンピュータの時代だった。当初，それらを実際に導入していたのは資金力のある一部の大手企業に限られていた。その後，日本では電機産業の発展に伴い国産のオフィスコンピュータ（オフコン）などが普及し，1980年代までに中小企業にもオフィスコンピュータの導入が拡大した。

初期の頃のHRM情報システムは，こうした黎明期の大型汎用コンピュータで稼働する給与計算のための情報システムであり，人事発令などの人事管理機能の一部が付加的にプログラム化されたものだった。また，大手企業を中心として自

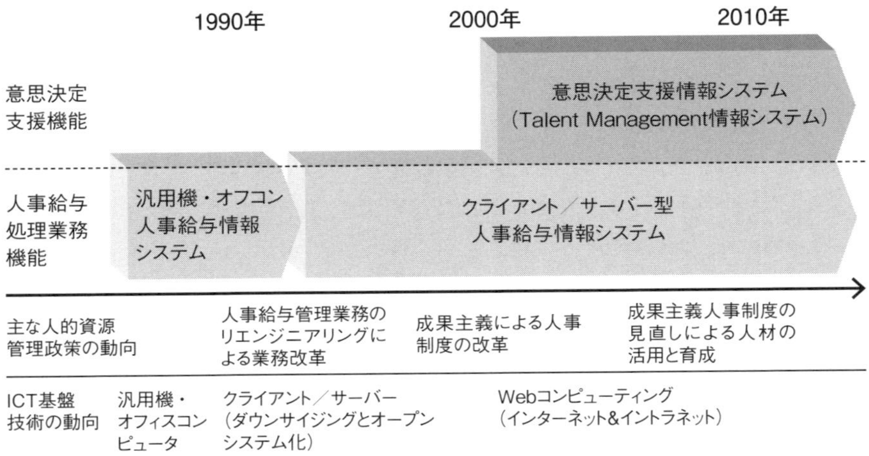

図2-8 HRM情報システムの変遷

社開発による独自の「人事給与（情報）システム」が主流だった。

そして、国産のオフコンが日本国内で普及するにしたがって、中堅・中小企業ではオフコンで稼働するパッケージ型の人事給与システムが普及することになった。ただし、コンピュータメーカーごとにOS（オペレーティングシステム）が異なっていたため、OSの数だけ同じような人事給与システムが幾つも存在しており、今日のようにコンピュータの機種にほとんど依存しない汎用的なパッケージという意味ではなかった。

ところが、1990年代に入ると、技術革新によってHRM情報システムは大きく変貌することになった。ビジネス界ではOSが実質的にWindowsに統一され、パソコンとサーバーの組み合わせによるクライアント／サーバー型情報システムが主流となり、それまでの大型汎用機やオフコンから代替されるようになった。こうしたダウンサイジング化とオープンシステム化は、それまでの人事給与システムを刷新することになった。

1990年代半ば頃、日本ではコンピュータメーカーやOSの違いを意識することのないクライアント／サーバー型情報システムで稼働する本格的なパッケージ型人事給与システムが登場した。新たに登場したパッケージ型人事給与システムは、規模の大小を問わず、1990年代後半には日本の企業や官公庁などでも急速に普及することになった。とりわけ大手日本企業などの大型汎用コンピュータで稼働

する独自開発の人事給与システムは多大な運用コストが問題視されていたため，新システムに移行することは必至だった。また，一部の企業などでは，給与計算を中心とするオペレーション業務そのものをアウトソーシングすることによって運用コストを削減するケースも見られるようになった（図2-8）。

つまり，米国を中心に1990年代に注目され始めた全社的な「リエンジニアリング」（抜本的な業務改革）の一環として人事管理業務も改革の対象となり，そのための道具として新たなパッケージ型人事給与システムが積極的に導入されたのである。

また，経済のグローバル化に伴い，海外に事業展開しているグローバル企業などでは，会計，生産管理，人事給与などの様々な情報システムのグローバル化が迫られ，世界中の拠点で共通して稼働する統合情報システムとしてERP (Enterprise Resource Planning) パッケージ（情報）システムが普及してきた。その結果，日本の大手グローバル企業でも，ERPパッケージシステムを導入するケースが増加し，人事給与システムがそれらの機能の一部として活用されるケースも少なくなかった。

他方，1990年代半ば以降，日本企業の人事管理においても大きな変化が見られた。1990年代初頭のバブル経済崩壊後の失われた10年といわれる時代を背景に，いわゆる「成果主義」という潮流が，日本企業の人事管理を席巻することになった。

年功序列的な人事給与制度を見直して，職務内容や短期的な仕事の成果を正当に評価して報酬に反映させる仕組みが模索された。この制度的な仕組みとして目標管理制度の導入や人事評価制度の見直しが活況を呈した。そして，これらの制度は，現場のライン管理職による部下の人事管理に関するコミットメントを高めることになった。

2000年代初頭，こうした日本企業の成果主義人事管理の浸透と同時期に，インターネットによるWeb系の情報システムが急速に普及した。その結果，全社的な成果主義人事管理制度の効率的な運用を支援するための新たな情報システムが登場した。その後，人材の計画や活用および開発（育成）に関する様々な意思決定を支援するための情報ツールに進化した。人事スタッフだけでなく現場のラインマネジャーや従業員本人が活用することを前提にして，目標管理制度や人事評価制度および自己申告制度などの全社的な人事管理制度の運用支援に留まらず，従業員の適正配置や人材育成などを支援するための「タレント・マネジメント（情報）システム」などとよばれるWeb系情報システムである。

9. HRM情報システム　　105

今日のHRM情報システムとは，従来からの人事給与（情報）システムと2000年代以降に登場した人事管理制度の運用支援および人材の計画，活用，開発（育成）などの様々な意思決定を支援するための情報システムを総称するものである。

◧ 今日のHRM情報システムの機能と役割

　今日のHRM情報システムの機能は，主に従来型のクライアント／サーバー型情報システムで稼働する給与計算や人事発令管理などの業務処理を目的とする機能と，新たなWeb系情報システムで稼働する多様な人材マネジメントに関する意思決定を支援するための機能に大別される（表2-4）。

　そのほかにも人事給与に関する情報を申請・承認・決裁するためのワークフロー情報システムや，新卒採用などでエントリー応募を受け付けて処理するための採用管理システムなど，特定の業務処理を目的とした独立したWeb系情報システムも付加的に活用されている。

　いずれにしても，今日の日本企業の主なHRM情報システムは，従来型の人事

表2-4 人事給与（情報）システムと意思決定支援（情報）システムの相違

HRM情報システム	人事給与（情報）システム	意思決定支援（情報）システム
主な活用目的	人事発令や給与処理業務の効率的運用支援	人事制度の運用と人的資源の計画・活用・開発に関する意思決定の支援
主なユーザー	本社人事スタッフと事業部門スタッフおよび工場勤労スタッフなど	トップマネジメントから現場のラインマネジャーおよび従業員本人までの全従業員
情報セキュリティ	人事関連スタッフなどの限定されたユーザーを中心とする包括的なID管理	全従業員IDに対する情報項目や参照対象者などの関係性を考慮した精細な情報セキュリティ管理
情報処理方法	月次や年次などの特定の期間や時期に集中的な一括処理（バッチ処理）	リアルタイムに随時更新
情報管理形態	数値もしくは区分マスタ形式によるデータベース管理（バッチ処理に適している）	現場での冗長的な文脈情報や断片的なドキュメント管理および非定型的な分析情報
データベース	これまでの人事情報（人事給与）データベース（句読点のない無機的なデータ）	新たな人的資源管理情報データベース（句読点を必要とする有機的な情報を含む）
主な情報管理項目	・所属歴 ・業績考課（標語） ・能力／情意考課（標語） ・教育研修受講歴 ・組織図（所属マスタ） ・各種固定統計データ（固定帳票）	・詳細な職務経歴（キャリア・インベントリー） ・目標管理の内容と達成度 ・評価コメント情報やスキルズ・インベントリー ・社内でのOJT記録や社外での教育研修履歴 ・組織ミッション，方針管理，従業員満足度 ・仮説検証のための人材情報の統計分析情報

給与（情報）システムと，近年登場したWeb系の意思決定支援（情報）システムとで構成されるが，それらの機能や特徴は大きく異なる。

　まず，従来型の人事給与システムの主な機能は，給与計算処理や人事発令などの人事関連スタッフが様々な人事管理業務を効率的に処理するためのものである。他方，Web系の意思決定支援システムは，目標管理制度や人事評価制度などの人事制度を効率的に運用するための運用支援と同時に，人材の計画，活用，開発（育成）などに必要な情報を全社的に共有化し様々な意思決定を支援するためのものである。そして，今日ではAI（Artificial Intelligence）を活用した人材の適正配置などの意思決定支援が注目され始めた。

　したがって，これらの情報システムのユーザーや情報セキュリティの考え方は大きく異なる。従来型の人事給与システムの中心的なユーザーは人事スタッフだが，Web系の意思決定支援システムの主なユーザーは人事スタッフに限定されず，トップマネッジメントから現場のラインマネジャーや一般社員まで全社員が対象となる。それゆえに，意思決定支援システムは，全社員にユーザーIDが提供され，そのユーザーIDごとに詳細な権限設定などの情報セキュリティ管理機能が要求される。

　また，これらの情報システムのデータベースで管理される情報項目も大きく異なる。人事給与システムでは，給与計算や人事発令などに必要な基本的な属性情報などが中心だが，月次の給与計算や時期的な人事発令のバッチ処理に必要な数値や区分マスタ化されたコードデータが大半である。一方，意思決定支援システムでは，目標管理や人事評価および自己申告などに関する定性的で冗長的なテキスト情報が多く，リアルタイムで更新される。このような定性的情報は，現場でのラインマネジャーによる人材マネジメント（ERM: Employee Relation Management）にとって不可欠な情報にほかならない。

（藤本雅彦）

TOPICS

戦略的HRMとは何か

戦略的HRMの定義

「戦略と何か」「組織とは何か」など多くの重要な概念に対する定義が1つではないように，戦略的HRMの定義も"戦略的HRMとは，組織と人の活用に関する戦略的選択に関するものであり，同時になぜ特定の企業が他の企業よりもより効果的にマネジメントできているかの説明に関するもの"（Boxall & Purcell, 2016），"人を通じて企業の長期的競争優位を実現するための組織システム"（Wright & Snell, 1998）など似通ってはいるが，様々な戦略的HRMに対する定義が提案されている。

トラスら（Truss et al., 2012）は，戦略的HRMに関する統一概念はなく，戦略的HRMは曖昧さを含んでいることを認めたうえで，これまでに提案されている戦略的HRMに対する定義を比較検討した。その結果，戦略的HRMに対して"日々のHR施策や実践ではなく人に対する組織の長期的なニーズに焦点をあて，報酬・組織開発・パフォーマンスマネジメントなどすべての個別HR戦略を包含したものである"（Chartered Institute of Personnel and Development, 2009）との概念を紹介。さらに，HRMに関する多様なアプローチを4タイプに分類したライトとボズウェル（Wright & Boswell, 2002）の分類に基づいて，HRM全体における戦略的HRMの位置づけを明確化しようとした。ライトとボズウェル（Wright & Boswell, 2002）の分類は，以下のとおり，分析レベルとHRM施策の数の2軸で多様なHRMに対するアプローチを分類したものだ。

(1) 複数HRM施策の組織全体レベルからの分析——戦略的HRM（SHRM）

　　企業のパフォーマンスに最も効果的なHRM施策群とは何かに焦点をあて，HRM施策群がどのようにして企業のパフォーマンスに影響を与えるかを分析する。

(2) 単一HRM施策の組織全体レベルからの分析——個別機能（isolated functions）

　　採用・報酬・トレーニングなど個別機能分野に焦点をあて，HRM施策と企業のパフォーマンスに焦点をあて，両者の関係を分析する。

(3) 単一HRM施策の個人レベルからの分析——機能別HRM（functional HRM）
    個人に対するHRM施策の影響に焦点をあてる。伝統的パーソナルマネジメントに最も近い。
(4) 複数HRM施策の個人レベルからの分析——心理的契約（psychological contract）
    システムとしてのHRM施策群と個人との関係に焦点をあて，システムとしてのHRM施策群が心理的プロセスに与える影響を分析する。

上記の分類で，戦略的HRMは(1)の組織全体の分析レベルから複数のHRM施策を対象に分析を行うものであり，その目的はパフォーマンス向上に寄与するHRM施策群を特定することにある。

戦略的HRMのモデル

以上のように戦略的HRMの定義は数多いが，ベストフィットアプローチとベストプラクティスアプローチの2つを戦略的HRMの具体的なアプローチとしている点では，多くの研究者の間でコンセンサスが得られているようである。このうちベストフィットアプローチでは，組織内外の様々な環境とのフィットを重視し，効果的なHRM施策群は1つではなく組織内外の環境によって異なるとの立場をとる。初期の代表的な戦略的HRMモデルの1つであるハーバードモデルでは，組織内外の環境として，株主・経営層・従業員グループ・政府・組合など組織を取り巻く様々なステークホルダーの利害と，企業の戦略・労働市場・法律・社会的価値など様々な状況的要素の2つを組織内外の環境要因として設定しており，これらの環境にフィットしたHRM施策の選択が重要としている。

以上のとおり，ハーバードモデルは組織内外の環境要因として幅広い要因を設定しているが，ベストフィットアプローチの特色としては環境要因として経営戦略を重視する傾向がある。これは，ハーバードモデルと並ぶ初期の代表的な戦略的HRMモデルである経営戦略・組織構造・HRMのフィットを提唱したミシガンモデルから続く傾向である。1980年代には経営戦略とHRMのフィットモデルとして，ポーターの基本戦略とHRMタイプのフィットを提唱したモデルといった，経営戦略タイプとHRMタイプの具体的なフィットを提案するいくつかのモデルが登場。さらに1990年代以降は経営戦略分野における資源重視型戦略論の台頭に伴い，資源ベース型戦略的HRMモデルが登場してきている。

もう1つのベストプラクティスアプローチは，組織内外の環境にかかわらずベ

ストなHRM施策群があるとの立場である。代表的なモデルとしてフェッファーの挙げたベストHRM施策群や，HRM施策群と組織パフォーマンスとの相関関係からHRM施策群のベストプラクティスを特定した研究などがある。ベストプラクティスアプローチをさらに分類すると，ハイコミットメントモデルなど従業員のコミットメント向上を通じての組織パフォーマンス向上というパフォーマンス向上ルートを想定した立場と，パフォーマンス向上ルートは特に想定せずに組織パフォーマンスを向上させるHRM施策群を特定する，との立場に大別できる。

以上のとおり，ベストフィットとベストプラクティスの2つのアプローチは立場を異にしているが，HRM施策群と組織パフォーマンスとの関係に焦点をあて，組織パフォーマンス向上に寄与するHRM施策群を特定しようとすることでは一致している。

（須田敏子）

Talent Management

Talent Managementは，経営学の中の人のマネジメントの分野において，久々に登場した新しい概念である。これまで上記の分野では，人事管理，人的資源管理，そして戦略的人的資源管理と，新しい考え方や呼称が登場してきた。Talent Managementは，人のマネジメントを部分的ではなく包括的に捉える新しい考え方になり得るだろう。なり得るとは，現状ではまだまだ概念として未熟で曖昧な点を残しているからである。つまり，経営実務の現場でのTalent Managementの実践や取り組みは欧米を中心になされており，実際，アメリカでは，Talent Managementの仕組みを持っていない企業はわずか26.5％にすぎないといわれている（ASTD, 2009）。しかし，学術的な研究は，まだまだ不十分である。そのため，今後の実践や研究の蓄積によって人のマネジメントの多くの分野を包括的に説明し得るフレームワークとなる可能性を秘めているといえるだろう。

さて，Talent Managementのタレントとは，一般に，「ある人が持つ技量――もともと持っている才能，スキル，知識，経験，知性，判断力，意識，性格，意欲――を統合したもの」（Michaels et al., 2001, 邦訳 p.23）等，幅広い意味合いで捉えられる。しかし，Talent Managementでは，「マネジメント人材。あらゆるレベルで会社の目標達成と業績向上を推し進める，有能なリーダーとマネジャ

ー」等と限定されることが多い（Michaels et al., 2001, 邦訳 p.25）。つまり，Talent Managementでは，マネジメント人材のタレントプールの構築が欠かせないプロセスとなる。その点で，Talent Managementは，すべての従業員を対象としてきたこれまでの人的資源管理とは異なっていることが特徴である。

そのうえでTalent Managementは，「高度な能力を持ったマネジャーを引きつけ，育て，評価し，やる気にさせ，引きとめるために，すべての企業のすべてのリーダーがなすべきこと」（Michaels et al., 2001, 邦訳 p.45），「企業の目標と適合したタレントの獲得，開発，配置のプロセスを通して，文化，エンゲージメント，能力，潜在能力を構築することによって，組織が短期及び長期の成果を導き出すことを可能にするような人的資本の最適化のための統合的なアプローチ（ASTD, 2009, p.9）等と定義されてきた。Talent Managementは，人のマネジメントの多くの分野を含んでいることがわかる。具体的には，人材獲得・採用，報酬管理，業績管理・評価，人材定着，後継者育成，キャリア・リーダーシップ開発等である。しかし，Talent Managementには，労使関係や福利厚生が含まれていないことから，人的資源管理と比較し，対象が限定されるとともに，その範囲も狭いことがわかる。

それでは，組織におけるTalent Managementの実態をみていこう。欧米企業におけるTalent Managementを調査した研究によると，Talent Managementが組織に及ぼす最も大きな効果は，優秀な個人のリテンション（定着）と内部登用率の向上である（石原, 2012）。つまり，欧米企業では，マネジメント人材を育成するという能力開発の視点より，彼らをいかに選抜し，活用し，最終的には定着してもらうかというリテンション，すなわち，彼らが組織の魅力を感じ続けるための機会の提供が求められる。つまり，リテンション・マネジメントとしての意味合いが濃い。これには，外部労働市場が発達し，マネジメント人材がいつ他社に転職してしまうかわからないという激しい人材獲得競争が背景としてあるだろう。

わが国ではどうだろうか。欧米に比べ企業へのTalent Managementの導入はいまだ初期段階にあり，その多くはグローバル化に伴う，グローバルに活躍できる人材の不足感が根底にあるという。そして，自社の優秀な社員，特にグローバル人材のデータベースの構築や，海外事業所を含めた評価基準や職位等の制度のグローバルな共通化が中心となっている（石原, 2013）。つまり，現状わが国企業のTalent Managementは，人的資源管理のグローバル化への対応段階にあると言い換えられるかもしれない。これには，わが国では欧米ほど転職市場が育っておら

ず，マネジメント層のリテンションが緊急課題になっていないという事情もあるだろう。今後，わが国の企業には，タレントになり得る人材を発掘するだけでなく，欧米と異なり育成していかねばならないという課題も突きつけられている。

(山本　寛)

組織コミットメントの理論と実際

　組織コミットメント（organizational commitment）とは，個人が組織に対して一体化している程度であり，また，組織の目標と個人のそれが統合され合致している程度である。一体化しているほど，あるいは，2つの目標の間で相違するところが小さくなるほど，コミットしていることになる。しかし，その間の相違を小さくしたいメンバーもいれば，小さくすることに関心を持たないメンバーもいる。コミットメントの個人差は顕著である。

　それがどのようなものであるかについては，いくつかの論説がある。例えば，①同一視，つまり，組織の目標や価値を自身のものとして採用すること，②没入，自身の活動における心理的な没頭，あるいは没入，および，③忠誠，組織に対して情愛を感じ，愛着を覚えることの3つの構成要件をあげている。また，個人がa) 組織の目標や価値をすすんで受け入れ，強く信じていること，b) 組織のためにすすんで貢献しようとすること，c) そのために組織の一員であること強く望んでいることが組織コミットメントであるという考え方もある。組織との関係で強制されない，受身ではないことを重視している。以上は，コミットメントの心理的な，いわば情緒的なところを捉えている。

　その後，さらに広範囲に，その概念を捉える立場から論じられるようになった。例えば，それを，感情的，存続的，規範的に分け，組織と個人の関係の多次元的な構造を論じている。感情的とは，前記のコミットメントに重なる。存続的とは，組織を辞める際のコストの知覚によるもので，存続的というのは，残る必要があるから残っている，つまり，辞めれば失うものも多くなるから残っている，それまで組織に尽くしてきた貢献が辞めることですべてがなくなるからである。とすれば，辞めたい気持ちはあっても辞めないでコミットメントを続ける。功利的コミットメントといってもよい。さらに，規範的というのは，理屈抜きに，組織にはコミットメントすべきであるとの信念によるものである。これらは相まって，

組織と人間の距離感と並行，あるいは重なっている。

　満足などの心理的な変数に比べると，これは大きな拡がりを有する概念であり，時間の経過とともに緩やかにつくられるものでもある。組織のメンバーになりながら，適応と順化の流れの中で少しずつ形成される。では，どのように組織の目標と合致させ，2つの目標の間の隔たりを小さくしていくのであろうか。新人ではまだその隔たりは大きい。社会化とともに，その隔たりは小さくなる。ベテランといわれるメンバーでは，その相違は小さい。

　また，メンバー相互の関係が持続的であるほど，個々のメンバーの目標は1つにまとまるようになる。それが組織の目標と合致するか，組織の目標との相違を少なくする。合致しないまでも，個々の目標が順序づけられ，コミットすべき程度を個々のメンバーが承知することができる。つまり，誰が何をどこまでするのかについてメンバーに合意ができるのである。目標の階層化である。組織の目標と個人の目標が近似することになれば，組織へのコミットメントは強くならざるを得ない。心から組織にコミットでき，自らを同一視させられるようになることは，正真正銘組織人になることである。

　コミットメントが強くなれない，あるいは，それを有することができないような場合，所属する組織を変更するようなこともあり得る。離職や転職を促すことになる。やむを得ずの場合もあれば，積極的にコミットメントできるような組織を探すようなこともある。

　以上の議論を外れることもある。組織に対するコミットメントを必要としない，あるとしても，それを意図的に留保する人たちもいる。組織への関与よりも，自らの職業に積極的に関与する人たちである。職業人とモデル化してもよい。彼らは所属している組織にはなじもうとしないで，自らの所属する職業集団や組織の外にある関連する集団を，価値観や行動規範を準拠させる集団とするのである。例えば，病院に勤務する医師などのプロフェッショナルである。組織が必要とするインテリジェンスが大きくなるほど，組織に対するコミットメントを必要としない，また，組織もそれを強要しないメンバーが多くなる。

　また，そのような職業に自我関与を大きくする人たちの中でも，さらに職業的な矜持を持って外部の職業集団などへの関与を大きくする人，逆に，その職業的な矜持を組織のために活用しようとする人の分化が起こる。前者がコスモポリタン，後者がローカルである。コスモポリタンとは渡り鳥のように，処遇がよいところを求めて組織を移動し，その知識や技術によって組織に貢献する。その人た

組織コミットメントの理論と実際　113

ちに所属する組織へのコミットメントを強いることは，その職業的な矜持を貶めるようなことにもなる。

（田尾雅夫）

職務満足感の理論と実際

職務満足感の理論

　今日の人的資源管理の根幹をなす研究領域である産業・組織心理学の研究において，最もよく取り上げられる重要なキーワードとされる職務満足感の理論を確立したのは，ホポック（Hoppock, R.）の1935年の"*Job Satisfaction*"である。20世紀初頭のアメリカ産業界は，労働者の離・退職が激しく，著しく生産性を阻害するコストとなっていた。そのような膨大な離・退職の原因を労働者の職務への不満に求めた研究は，初期のころから心理学に関連したジャーナルでも散見されていた。それを正の満足感の視点で捉えた最初の研究がこの著作で，この中で，彼は，職務満足感を「より有効な仮の定義として，われわれの関心事の中にあるものは，人をして『私は，私の仕事に満足している』と言わしめる心理学的・生理学的なもの，そして，環境の組合せである」（p.47）と定義づけ，測定尺度を用いた実証的研究も試みている。

　研究の大きな転換点となったのが，60年代に注目を集めたハーズバーグ（Herzberg, 1966）の2要因説とそこから発展した職務充実や職務拡大などとその診断ツールである職務診断論である。ハーズバーグの2要因説は，特に職務満足感＝動機づけという視点から，達成，仕事そのもの，承認などの内発的動機づけにかかわる部分を強調したために，その後の多くの研究の関心が仕事そのものに集中し，仕事に関連する人間関係や労働条件，そして仕事生活以外の家族生活や地域社会での活動（非仕事生活という）を等閑視する傾向が見られた。

　その一方で，同じ1960年代にJDIやMSQに代表される信頼性や妥当性の検証を経た職務満足感の測定尺度も確立されたが，それらの有力な職務満足感の測定尺度は，非仕事生活の要因をも含んだ内容である。

　その後，職務満足感と仕事ストレスやメンタルヘルス，QWL，ソーシャルサポートの関連が論じられるようになると，非仕事生活に関連するものや仕事生活の中でも労働条件，人間関係などを含んだ研究が飛躍的に増えてきている。

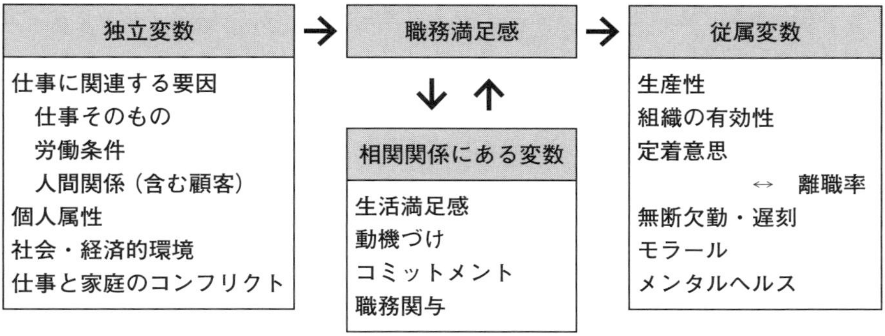

独立変数	→	職務満足感	→	従属変数
仕事に関連する要因 　仕事そのもの 　労働条件 　人間関係（含む顧客） 個人属性 社会・経済的環境 仕事と家庭のコンフリクト		↓ ↑ 相関関係にある変数 生活満足感 動機づけ コミットメント 職務関与		生産性 組織の有効性 定着意思 　　　　↔ 離職率 無断欠勤・遅刻 モラール メンタルヘルス

図2-9　職務満足感と関連要因

職務満足感の実際

　職務満足感を人的資源管理の視点で考えるとき最初に思い浮かべるのは，研究の出発点になった離・退職との関係であり，その後，動機づけやそれに関連する生産性の関連が注目された。一般的に多くの人々は，「満足している労働者はよく働く」ということは当たり前のこととして考えられてきたが，ヴルーム（Vroom, 1964）の研究によって職務満足感と生産性は一貫した関係を持たないとされるようになった。しかし，近年のメタ分析による研究は，職務満足感と生産性の正の関連を支持し，一般的に考えられてきたことが，学問的に妥当とされるようになってきた。

　1970年代以降，QWL・労働の人間化の進展の中で，職務満足感は，それらの重要な測定指標とされ，人的資源管理の中でも重要さを増し，今日のディーセントワーク（人間らしい働き甲斐のある仕事）を論じるうえでも，働く人々の生理的・社会的・心理的なウェルビーイング（well-being）の充足に不可欠なものとされ，人的資源管理を超えて社会的な課題として重視されている。

　近年，人的資源管理における職務満足感の研究は，ワーク・ライフ・バランスとメンタルヘルスとの関連で行われることが少なくない。前者は，少子化対策の一環として働く女性の社会進出の促進を念頭に置いており，そこでは，職務満足感と生活満足感（仕事以外の生活領域での満足感）のスピルオーバー（spillover）関係も考慮に入れた人事施策の展開が課題となっている。後者については，高い職務満足感を得ている人は仕事ストレスの影響を緩和し，否定的なストレス反応

を逓減するという緩衝機能を有しているとの研究が多く，メンタルヘルス不全対策としても，職務満足感の充足が重要であることを示している。

(小野公一)

学習する組織

「学習する組織（Learning Organization）」という概念は，マサチューセッツ工科大学（MIT）のピーター・センゲ（Senge, P.）が著書"The Fifth Discipline"（1990, 邦訳『学習する組織』）で提唱したものである。その背景には，ジェイ・フォレスター（Forrester, J.）のシステム・ダイナミクス論（System Dynamics: SD）や，クリス・アージリス（Argyris, C.）とドナルド・ショーン（Schön, D.）の組織学習論（Organizational Learning）の影響がある。

センゲは，学習する組織の行動原則（discipline）として，「個人マスタリー（Personal mastery）」「メンタルモデル（Mental Models）」「共有ビジョン（Shared Vision）」「チーム学習（Team Learning）」，そして「システム思考（Systems thinking）」の5つを挙げている。

第1の原則は「個人マスタリー」である。これは，キャリアや人材開発などで議論する個と組織の関係の問題にもつながるものである。わたしたちは自分が将来ありたい姿（個人ビジョン）を思い描くが，現実との間にはギャップがある。組織の中で働く個人は，自分のビジョンと現実との間に張りつめたゴムのような創造的な緊張関係（creative tension）を保つことによって継続的に能力を開発し，成長していくことが求められる。つまり，ゴムの一方の端を将来のビジョンに固定し，もう片方を現在の自分自身に結びつけて適度な緊張関係を保ちながら進んでいくというイメージである。センゲはこの成長・能力開発のプロセスを個人の熟練といっている。「マスタリー（mastery）」という言葉は，通常「熟練」と訳される。これは単なる「能力」や「スキル」よりも深い意味がある。熟練には「これで終わり」ということはない。自分のあるべき姿に近づくために，日々精進していくことが大切である。また，個人のビジョンと組織のビジョンの間には関連性があるということを理解しておく必要がある。

第2の原則は「メンタルモデル」である。メンタルモデルとは，心理学や認知科学の分野でしばしば用いられる言葉で，簡単にいえばわたしたちがものを見た

り考えたりするときの「枠組み」である。センゲは，わたしたちの心に深く浸み込んでいる固定観念というように説明している。メンタルモデルは，わたしたちの世界観や価値観，行動様式に影響を及ぼす。しかし，このことは通常なかなか意識されない。エドガー・シャイン（Schein, E）のいう組織文化における「基本的仮定」に近いものと考えると，メンタルモデルの重要性を理解することができる。組織に根づいたメンタルモデル，学習する組織を構築していくときの抑制要因となることがある。これは，強すぎる組織文化が組織変革の阻害要因となるという理屈と同じである。しかし，これまで組織で当然とされていたメンタルモデルをあえて意識化して検討することによって，組織としての学習を促進することも可能となる。組織変革においてトップが「ゆらぎ」を与えることや経営の「見える化」には，自分たちのメンタルモデルを見直すという意味がある。

　第3の原則は「共有ビジョン」である。センゲによれば，共有ビジョンとは組織として「私たちは何を創造したいのか」という問いに対する答えである。重要なのは，共有ビジョンを構築するために，トップだけでなく組織メンバー1人ひとりが自分のビジョンを創造できるようにしなければならないということである。センゲは，企業のビジョンに対して，しぶしぶ「従う（compliance）」ことと，自ら進んで「コミットメント（commitment）」の2つの態度を区別すべきであると主張する。真の意味での"共有"ビジョンを構築するためには，メンバー同士あるいは組織と個人との継続的な対話が必要なので，個人が自分のビジョンを主張するだけでなく，お互いに耳を傾けること，すなわち「相互傾聴」が不可欠である。また，共有ビジョンは組織の進むべき方向性，すなわち学習のための焦点とエネルギーを提供する。

　「チーム学習」とは，メンバーがチームとして力を合わせ，能力を開発して求める結果を出すプロセスのことである。ここでいうチームとは，「行動を起こすのにお互いを必要とする人々」と定義される。センゲは，現代の組織では，個人よりもチームが学習の基礎単位となると主張する。1人ひとりの個人が学習したからといって，必ずしも職場や組織全体が学習するとはかぎらない。むしろ，組織にとっては複数の個人の間での相互学習が基本である。現場のメンバーが，自分たちの課題を解決するために知恵を出し合い，チームとして学習する。

　「システム思考」は最も重要であり，センゲは，他の4つの原則を統合する「第5の原則（The Fifth Discipline）」とよんでいる。これが，著書のタイトルの由来である。センゲは，学習する組織にとってシステム思考は，関係する世界の全

体像を明らかにして効果的に変革する方法を把握するための知識・道具であると説明している。著書では、実際にシミュレーションゲームやワークショップなどでシステム思考を使い、自己の行動が全体とつながっているという認識枠組みの転換、簡単にいえば「気づき」をもたらしたことを紹介している。システム思考は組織メンバーにこのような気づきを促すとともに、個々のメンバーそれぞれが自分の仕事に関連する世界を知ることによって、メンバー間の共通認識を形成していくことに役立つという。

さらに、この5つのディシプリンを再構成して、学習する組織を創る「3つの力」に再構成している。第1は「志を育む力」で、自己マスタリーと共有ビジョンが、第2は「共創的な会話の力」でチーム学習とメンタルモデルが、そして第3に「複雑性を理解する力」としてシステム思考が相当する。

（中西　晶）

雇用の多様化とリーダーシップのあり方

最近では、多くの日本企業において、従業員の多様性を高めることの重要性が指摘されている。女性の活用促進や外国人の積極的登用などがこれにあたる。

しかし、このような指摘には、大きく2つの問題が含まれている。第1に、様々な多様性がある中で、性別や国籍の多様性に議論が集中している点である。第2に、多様性の影響の二面性を検討していない点である。

まず、多様性には、性別や国籍以外にも様々な側面がある。これについてIshikawa（2014）は、多様性を4つのカテゴリーに分けることを提示している。第1に、外面的で仕事に関連しない表層的関係志向多様性である。年齢、性別、人種、国籍などの多様性が含まれる。第2に、外面的で仕事に関連した表層的タスク志向多様性である。学歴や在職期間、担当している職務の多様性が含まれる。第3に、内面的で仕事に関連した深層的タスク志向多様性である。職務態度や職務に関連した情報の多様性が含まれる。第4に、内面的で仕事に関連しない深層的関係志向多様性である。価値観や性格の多様性が含まれる。

このように考えてみると、性別や国籍の多様性は、数多ある多様性の一部にすぎない。また、性別や国籍そのものよりも、その根底にある価値観や考え方の違いが行動や成果に影響を及ぼすのだと考えられる。

また，多様性は，ポジティブな影響とネガティブな影響を併せ持つ。例えば，シンら（Shin et al., 2012）は，認知的多様性がメンバー個人の創造性を高めることを明らかにしている。一方で，ハリソンら（Harrison et al., 2002）は，年齢や性別といった表層的多様性や，性格や価値観といった深層的多様性が，チーム成果にマイナスの影響を及ぼすことを明らかにしている。

　このような違いが出る理由の1つがモデレータの存在である。モデレータとは，先行要因が及ぼす影響力に影響を及ぼす要因である。例えば，多様性を容認する風土は，多様性の影響をモデレートする。組織に多様性を容認する風土があれば，多様性のポジティブな影響は促進されるだろう。

　多様性の影響に対する最も重要なモデレータ要因の1つがリーダーシップである。リーダーシップのあり方によって，多様性のポジティブな影響を促進したり，ネガティブな影響を抑えたりすると考えられる。

　先行研究によると，変革型リーダーシップやリーダーの配慮行動は，多様性のネガティブな影響を軽減する（Homan & Greer, 2013；Kearney & Gebert, 2009；Wang et al., 2013）。また，時間的感覚の多様性が高い場合のネガティブな影響を，スケジュール管理などに秀でたテンポラル・リーダーシップが和らげる（Mohammed & Nadkarni, 2011）。これに加えて，シェアド・リーダーシップも，多様性のネガティブな影響を軽減する（Acar, 2010）。

　このように，多様性とリーダーシップの関係についてはいくつか先行研究が行われている。しかし，先行研究の数は圧倒的に少ない。このため，検証されている多様性やリーダーシップ・スタイル，置かれている状況は一部にとどまっている。加えて，先行研究の多くは，多様性のネガティブな影響を軽減することが検証されているだけである。このため，今後は，さらなる検証を行うことで，様々な多様性とリーダーシップの関係を明らかにすることが必要となる。また，多様性のポジティブな影響を引き出すリーダーシップについても焦点をあてた研究が必要となる。加えて，リーダーシップのモデレート効果が生じるメカニズムについても明らかにすることが必要となろう。

（石川　淳）

引用・参考文献

大項目

戦略と計画

Barnard, C. I. (1938) *The Functions of Executives*. Harvard Business Press.（山本安次郎他訳『新訳　経営者の役割』ダイヤモンド社 1968）

Bartlett, C. A., & Ghoshal, S. (2002) Building Competitive Advantage Through People, *MIT Sloan Management Review*, Vol. 43, No.2, 35-37.

Bass, B. M. (1990) From Transactional to Transformational Leadership: Learning to Share the Vision. *Organizational Dynamics*, Winter, Vol. 18, Issue 3, 19-31.

Chandler, A. D. Jr. (1962) *Strategy and Structure: Chapters in the History of the Industrial Enterprise*. Cambridge, MA: MIT Press.（三菱経済研究所訳『経営戦略と組織』実業之日本社 1967）

Gerstner, L. V. Jr. (2002) *Who Says Elephants Can't Dance? Inside IBM's Historic Turnaround*. Janklow & Nesbit Associates.（山岡洋一・高遠裕子訳『巨像も踊る』日本経済新聞社 2002）

Mintzberg, H. (1994) The Fall and Rise of Strategic Planning. *Harvard Business Review*, January–February.

沼上幹（2004）『組織デザイン』日本経済新聞社

Pfeffer, J. (1998) *The Human Equation*. Harvard Business School Press.（佐藤洋一監訳『人材を生かす企業―経営者はなぜ社員を大事にしないか』トッパン 1998）

Schein, E. H. (1985) *Organizational culture and leadership*. Jossey-Bass.（清水紀彦・浜田幸雄訳『組織文化とリーダーシップ』ダイヤモンド社 1989）

占部都美編（1980）『経営学辞典』中央経済社

中項目

経営戦略と組織・人材システム

Chandler, A. D. Jr. (1962) *Strategy and Structure: Chapters in the History of the Industrial Enterprise*. Cambridge, MA: MIT Press.（三菱経済研究所訳『経営戦略と組織』実業之日本社 1967）

宮下清（2013）『テキスト経営・人事入門』創成社

日本能率協会編（2002）『競争優位をめざす人材戦略』日本能率協会マネジメントセンター

Ulrich, D. (1997) *Human Resource Champions: The Next Agenda for Adding Value and Delivering Results*. HBS Press.（梅津祐良『ＭＢＡの人材戦略』日本能率協会マネジメントセンター 1997）

組織と職務の設計

エドワード, P. L.（1998）『人事と組織の経済学』樋口美雄・清家篤訳 日本経済新聞社

グラットソン, L.（2013）『ワーク・シフト』池村千秋訳 プレジデント社

入山章栄（2012）『世界の経営学者はいま何を考えているか』英治出版

カドゥシン, C.（2015）五十嵐祐宏訳『社会的ネットワークを理解する』北大路書房

工藤剛治（2003）『社会的組織学習』白桃書房

ロス, A.（2016）依田光江訳『未来化する社会』ハーバーコリンズ・ジャパン

サベージ, C. M.（1990）島戸一臣・梅村守・奥田省三訳『第5世代マネジメント』朝日新聞社

奈良潤（2017）『人工知能を超える人間の強みとは―人間だからこそできることとは何か？』技術評論社

組織文化と組織変革

Schein, E. H. (1985) *Organizational culture and leadership: A dynamic view*. San Francisco, CA: Jossey-Bass Publishers.（清水紀彦・浜田幸雄『組織文化とリーダーシップ』ダイヤモンド社 1989）

モチベーション

Atkinson, J. W. (1964) *Introduction to motivation*. Princeton, NJ: Van Nostland.
Bandura, A. (1977) Self-efficacy mechanism in human agency. *American Psychologist*, 37, 122-147.
Carver, C. S., & Scheier, M. F. (1981) *Attention and self-regulation: A control-theory approach to human behavior*. New York: Springer-Verlag.
Csikszentmihalyi, M. (1990) *Flow: The psychology of optimal experience*. New York: Harper & Row.（今村浩明訳『フロー体験—喜びの現象学』世界思想社 1996）
Deci, E. L. (1975) *Intrinsic motivation*. New York: Plenum.（安藤延男・石田梅男訳『内発的動機づけ—実験社会心理学的アプローチ』誠信書房 1980）
堀毛一也（2010）「ポジティブ心理学の展開」 堀毛一也編集『現代のエスプリ：ポジティブ心理学の展開—「強み」とは何か，それをどう伸ばせるか』512号, 5-27.
角山剛・松井賚夫・都築幸恵（2010）「営業職員の楽観・悲観的思考が販売成績に及ぼす影響」産業・組織心理学会第26回大会発表論文集, 26, 53-56.
Latham, G. P. (2007) *Work motivation*. Sage Publications.（金井壽宏監訳『ワーク・モティベーション』NTT出版 2009）
Lee, C., & Earley, P. C. (1992) Comparative peer evaluations of organizational behavior theories. *Organizational Development Journal*, 10, 37-42.
小野公一（2014）「"ひと"はなぜ働くのか—働くことの中でのWell-beingと仕事への動機づけ」『モチベーション研究』3, 13-26. 東京未来大学モチベーション研究所
Pinder, C. C. (1998) *Work motivation in organizational behavior*. Upper Saddle River, NJ: Prentice Hall.
Seligman, M., & Schulman, P. (1986) Explanatory style as a predictor of productivity and quitting among life insurance sales agents. *Journal of Personality and Social Psychology*, 50, 832-838.
Steers, R. M., Mowday, R. T., & Shapiro, D. L. (2004) The future of work motivation theory. *Academy of Management Journal*, 29, 379-387.
Vroom, V. (1964) *Work and motivation*. New York: John Wiley & Sons.（坂下昭宣・榊原清則・小松陽一・木戸康彰訳『仕事とモチベーション』千倉書房 1982）

リーダーシップ

Anderson, N., Potočnik, K., & Zhou, J. (2014) Innovation and creativity in organizations: A state-of-the-science review, prospective commentary, and guiding framework. *Journal of Management*, 40, 1297-1333.
Bass, B. M. (1990) *Bass & Stogdill's handbook of leadership*. New York: Free Press.
古川久敬（2012）「プロアクティブ組織をめざして」古川久敬・山口裕幸編『先取り志向の組織心理学—プロアクティブ行動と組織』有斐閣
古川久敬（2015）『「壁」と「溝」を越えるコミュニケーション』ナカニシヤ出版

HRMの機能

Bratton, J., & Gold, J. (2012) *Human resource management: Theory & practice*. [5th Ed]. Palgrave: Macmillan.
Dessler, G. (2016) *Human resource management*. [5th Ed, Global edition]. Pearson Education.
Devanna, M. A., Fombrun, C. J., & Tichy, N. M. (1984) A framework for strategic human resource management. In C. J. Fombrun, N. M. Tichy, & M. A. Devanna (Eds.), *Strategic human resource management*. New York: John Wiley & Sons. (pp.33-51)
上林憲雄（2016）「人的資源管理」神戸大学経済経営学会編『ハンドブック経営学＜改訂版＞』ミネルヴァ書房
上林憲雄・厨子直之・森田雅也（2010）『経験から学ぶ人的資源管理』有斐閣
八代充史（2014）『人的資源管理論—理論と制度＜第2版＞』中央経済社

人事部の役割

呉学殊（2011）『労使関係のフロンティア』労働政策研究・研修機構　研究双書

厚生労働省（2017）「平成29年労働組合基礎調査」
厚生労働省「職業能力評価基準」「業務横断的な事務系職種：人事・人材開発・労務管理」
大沢武志（1993）『心理学的経営―個をあるがままに生かす』PHP研究所
白井泰四郎（1992）『現代日本の労働管理』（第2版）東洋経済新報社

トピックス

戦略的HRMとは何か

Boxall, P., & Purcell, J. (2016) *Strategy and Human Resource Management* (4th ed.). Palgrave.
Chartered Institute of Personnel and Development (2009) *Factsheet: Strategic Human Resource Management*.
Schuler, R, S., & Jackson, W, E. (1987) Linking Competitive Strategies with Human Resource Practices. *Academy of Management Executive*, 1(3).
Truss, C., Mankin, D., & Kelliher, C. (2012) *Strategic Human Resource Management*. Oxford University Press.
Wright, P. M., & Boswell, W. (2002) Desegregating HRM: A review and Synthesis of Micro and Macro Human Resource Management Research. *Journal of Management*, 28(3), 247-276.
Wright, P. M., & Snell, S. A. (1998) Toward a unifying framework for exploring fit and flexibility in strategic human resource management. *Academy of Mnagement Review*, 23(4). 756-772.

Talent Management

ASTD (American Society for Training and Development) (2009) *Talent management: Practices and opportunities*. ASTD Press.
石原直子（2012）「私たちの結論―あらためて，Talent Managementとは何か」『Works』115, 20-26.
石原直子（2013）「Talent Managementの本質―日本企業が学ぶべきポイントに着目して」『Works Review』8, 100-113.
Michael, E., Handfield-Jones, H., & Axelrod, B. (2001) *The War for Talent*. Boston, Massachusetts: Harvard Business School Press.（渡会圭子訳『ウォー・フォー・タレント 人材育成競争』翔泳社 2002）

組織コミットメントの理論と実際

桑田耕太郎・田尾雅夫（2010）『組織論（補訂版）』有斐閣
田尾雅夫（1999）『組織の心理学（新版）』有斐閣
田尾雅夫編著（1997）『「会社人間」の研究―組織コミットメントの理論と実際』京都大学学術出版会

職務満足感の理論と実際

Hoppock, R. (1935) *Job Satisfaction*. Harper & Brothers.
Herzberg, F. (1966) *Work and the Nature of Man*.（北野利信訳『仕事と人間性』東洋経済新報社 1968）
Vroom, V. (1964) *Work and Motivation*.（坂下昭宣 ほか訳『仕事とモティベーション』千倉書房 1982）

学習する組織

Senge, P. M. (1990) *The Fifth Discipline-The Art & Practice of The Learning Organization*. Doubleday Currency.（枝廣淳子・小田理一郎・中小路佳代子訳『学習する組織―システム思考で未来を創造する』英治出版 2011）

雇用の多様化とリーダーシップのあり方

Acar, F. P. (2010) Analyzing the effects of diversity perceptions and shared leadership on emotional conflict: A dynamic approach. *International Journal of Human Resource Management*, 21, 10, 1733-1753.
Harrison, D. A., Price, K. H., Gavin, J. H., & Florey, A. T. (2002) Time, teams, and task performance: Changing effects of surface- and deep-level diversity on group functioning. *Academy of Management Journal*, 45(5),

1029-1045.

Homan, A. C., & Greer, L. L. (2013) Considering diversity: The positive effects of considerate leadership in diverse teams. *Group Processes & Intergroup Relations*, 16(1), 105-125.

Ishikawa, J. (2014) National Diversity and Team Creativity: An Integrative Model and Proposition for Future Research. 立教ビジネスレビュー, 7, 7-23.

Kearney, E., & Gebert, D. (2009) Managing Diversity and Enhancing Team Outcomes: The Promise of Transformational Leadership. *Journal of Applied Psychology*, 94(1), 77-89.

Mohammed, S., & Nadkarni, S. (2011) Temporal diversity and team performance: The moderating role of team temporal leadership. *Academy of Management Journal*, 54(3), 489-508.

Shin, S. J., Kim, T.-Y., Lee, J.-Y., & Bian, L. I. N. (2012) Cognitive team diversity and individual team member creativity: A cross-level interaction. *Academy of Management Journal*, 55(1), 197-212.

Wang, P., Rode, J. C., Shi, K., Luo, Z., & Chen, W. (2013) A Workgroup Climate Perspective on the Relationships Among Transformational Leadership, Workgroup Diversity, and Employee Creativity. *Group & Organization Management*, 38(3), 334-360.

第 III 章

採用と配置

1. 採用コミュニケーション
2. 適性と人材要件
3. 採用選考の方法
4. 採用選考プロセスの評価
5. 採用面接
6. 配置と導入
7. 障がい者の採用管理

学生から社会人へのトランジション
採用と心理的契約
採用広報と採用選考の歴史
就職協定の意義と歴史
職務遂行能力（実践的能力）・スキルの概念と評価

第Ⅲ章 採用と配置

　本章では，採用から職場への配属（配置）を対象とし，異動・配置は別章に委ねることとする。「採用と配置」は，人材マネジメントの一環であることは間違いないが，その意味する領域はあいまいかもしれない。採用は，採用計画・広報・選考・導入などであろうが，並置される配置は，入社に続いての職場への配属（配置）のほか，在職社員の異動など，多義的な用語である。古くは「雇用主が求職者と一定の契約を結び特定の者を一定条件のもとで支配関係におくことを意味している」（桐原ら，1958. p.170）との定義がみられる。異論をはさみにくいが，労働市場の情勢変化を鑑みて周辺のテーマを取り込むなど広い視座をもって臨むべきであろう。

1. 「採用と配置」の視座

　本学会の名称でもある人材育成は，「人の成長支援」と広く捉えられており，組織における人材マネジメント領域を超えて，学校教育など多方面における育成の課題が対象となる。同様に，「採用と配置」も広く捉えることによってその意義を理解することができる。

● ── 学校教育と「採用と配置」

　学校教育との関連から採用を捉えなおすことができる。採用は学生にとっては就職活動であり，進路の検討・選択，応募・受験，入職・組織社会化，キャリア発達などがテーマとなる。就職活動は，学校教育の最後のプログラムで，社会人としての態度やスキルなどが育まれる一面もある。いわゆる学生から社会人への

移行（school to work）の課題で，就職活動が教室外の最後の学びの場ということができよう。産学共同的な色彩のあるインターンシップも同様に位置づけられる。社会人になるための事前訓練を直接的な目標とするが，その学びのプロセスの観察や成果の評価が採否判断の1つにされることもある。

焦点があてられる側面は，知識，スキルだけでなく，実践的な課題解決に求められる汎用的なスキルや意欲・態度も含む総合力とでもいうべきものである。それは，一朝一夕に習得されるものではなく，学生生活における日々の学びを通じて蓄えられるものであろう。換言すると，新規学卒者の採否はそれまでの学校教育の成果を評価する機会と捉えることができる。また既卒者の採用は，学校教育とそれに続く多様な経験を通じた学びの成果評価ということになる。したがって採用と配置のテーマは学校教育と学生時代の日々の学びにおける意欲や態度が視野に入ることになる。

こうした能力観は，経済のグローバル化，技術革新や経済の変化スピードが速まることに伴うもので，産業界から学校教育に対する質的な要請となっている。経済規模の拡大期においては，要請は輩出人数（量）のみであったものが，学びの質にも各方面から声があがるところとなったものである。産業界のほか，内閣府，文部科学省，経済産業省，厚生労働省など，官界からも異口同音に発信されるに及んでいる。ここには一般的な知的能力や知識・技術の他，学びの意欲と態度などが含まれており，これらが採用選考のターゲットとして認識されると同時に学校教育の目標に加わっている。

◉──社会システムとしての「採用と配置」

「採用と配置」は，個別の組織における人材マネジメントの一環というだけでなく，社会システムとしての意義も認識しておくべきであろう。雇用・就労の情勢は社会の成熟度や発展と無関係ではなく，社会一般の大きな関心事である。公の機関は人材斡旋機能を備えているし，雇用を促す政策の一環として職業教育サービスが展開されていることなどからもこうした事情は理解できる。また，新規学卒者の採用に際しては，官産学によるいわゆる就職協定とよばれる採用活動時期の申し合わせにより社会秩序を確保する努力がなされている。法制の枠が設けられたり行政指導の課題にされていることからも，その社会的重要性は理解できる。配置は組織内での個人の役割分担を決めるものであるが，採用は社会全体からみると雇用機会の提供と配分の問題であり，人的資源の社会的な配置というこ

ともできよう。

　社会的意義を示す具体例にはつぎのようなものがあげられる。まず，人権意識の高まりや福祉社会の進展を背景にして，女性の採用・登用に関して政治的，社会的な運動が高まったり，障がいを持つ人の雇用に関する法制，行政指導が進展したりしている。また，特別の配慮が必要な対象者，例えば，育児・介護など労働時間に制限のある人，高齢者，外国人，性的マイノリティ（LGBT）などに就業の機会を提供するのもこの文脈で説明できよう。これらは，組織の社会的責任（CSR：Corporate Social Responsibility）の一環として位置づけられる。実務的な対応と同時に研究的な取り組みが期待されるところである。

● ── 多様化・流動化する社会と「採用と配置」

　経済の進展やグローバル化，技術革新のスピード，社会の複雑化，多様化にともない，採用と配置のテーマも複雑化，多様化が進みつつある。雇用の形態は，期間の定めのない雇用（正規雇用），定めのある雇用（非正規雇用），臨時の雇用，さらに派遣労働も加わり，雇用・労働形態の多様化は時代とともに進行，拡大している。新規学卒者では，学歴別の採用，配置を基本としつつも，グローバル，国内，地方など活動領域別や職種別の雇用など，多様な形態が展開されている。働く個人も経済の成熟化，高学歴化などを背景に，個人の事情や価値意識，志向の多様化も進んでいるように思われる。例えば，グローバルな活動への志向，責任の大きな役割への志向，地域社会の中で複数世代の家族を守ることへの志向などである。

　採用と配置の課題は人材マネジメントの一環であることは言うまでもないが，多様化が進む環境にあって，キャリア発達支援，学校教育との協働，法規制や行政指導，社会福祉への貢献など，課題の広がりが見られる。

2. 「採用」の研究

● ── 採用の実務と研究

　採用は，人材マネジメントの実務の課題であるとともに研究対象でもある。この領域の研究的な意義は，真理の探求よりも実践的課題解決への貢献に重心が置かれ，採用活動の実践場面から証拠を集めて有効性を検証しつつ，改善への示唆

を得ることにある。

　研究の必要性についてギオン（Guion, 1992）は，つぎのように述べている。「採用選考はたしかに抽象的な学問の問題ではなく経営実務の問題であるが，課題の発見と課題解決のベースには科学的な理論と研究が必要である」(p.328) とその意義を強調している。また，ダネット（Dunnette, 1966／豊原・北村訳, 1969）は，『採用と配置（*Personnel Selection and Placement*）』をタイトルとした著書で，「人事上の諸決定を懸命に行おうとすれば，人々の個性や，いろいろな職務の特定の資格要件，それにこの両者の間の相互作用といったことについて，実証性を積み重ねることが必要であるということ……（後略）」(p.380) と述べ，実務に紛れることなく証拠をもとにして研究を進めるべきことを強調している。

　実務に研究的なアプローチが採り入れられた背景には1900年代の工業化があり，その契機としてつぎの2つをあげることができよう。最適な人，最良の仕事，最高の効果の3テーマによって体系立てられた産業心理学（Munsterberg, 1913），および組織の秩序と生産性が追求されたのは科学的管理法（Taylor, 1911）である。これらは，合理的，機械的人間観にもとづいて個人の能力・スキルと職務要件との関係づけが追求されたもので，採用と配置に関する科学的アプローチの始まりといえよう。

　さらに1924～1932年に精力的に行われたホーソン研究によって，働く人の人間的側面への気づきがもたらされ，性格，意欲，態度などの情動的側面に関心を向けられるようになった。そして心理測定の技術の発展を背景にしつつ研究が進められてきている。

◉── 日本的マネジメントにおける採用の研究

　証拠をもとにする合理的なアプローチには異論を唱えにくいところであるが，人を基軸とする日本的な人材マネジメントにおいては有効性を感じにくい一面もあるように感じられる。人は機械的な存在ではないという日本のマネジメント観がその違和感の源であろう。日本では心理的諸側面を計量化する技法を理解しつつも，実務においては全人間的な了解を基礎とする評価法に傾く傾向がある。また配置においては，適材適所など合理的な配置が指向されても，育成的な配慮からあえて未熟で適性を欠く人材が配置されることも珍しくない。

　つまり日本的なマネジメントにおいては，個性の測定と職務の分析によるマッチングという合理的なアプローチは建前に終わりがちということになる。個人，

職務いずれの変化も前提にし，しかも長期的な雇用を取り決める以上，マッチングは緩やかなものにならざるを得ない。担当職務に専門性が求められる場合を除いては，計量的な研究結果よりも個人の基本的な価値意識や人格的側面に焦点があてられ，全人格的了解による信頼感や期待感にもとづく判断が優先されやすい。組織は個人に全人格的な貢献を求め，組織は個人の安全と雇用を保証するという関係性には計量的な評価が入り込む余地は大きくない。計量的な研究の必要性は教科書として理解されたとしても，実務における有用性は認識されにくいということになる。少なくとも学術研究と実践的工夫は，相互に別の文脈で語られる。

もっとも，個別企業，とりわけ大手企業ではデータの蓄積と研究が進められることも少なくないが，それを社外の研究者と協働したり，広く開示したりする必要と動機が存在しないにすぎないのかもしれない。

●── 妥当性に関する研究の2つの方略

採用に関する主な研究テーマには，応募者の能力・スキルを把握するための人格理論，その枠組みに沿った心理測定の技法・ツールの選択，採否の意思決定のための基準設定，などの選考にかかわる研究があげられる。また付随する研究テーマには，求めるべき人材の要件を，職務分析などを通じて明らかにする技法，採用広報のあり方などもある。

これらの中で焦点があたることが多いのは，職務遂行能力や職務満足などの職務行動を基準とする採用選考のツール・手法の妥当性に関する実証研究であろう。この研究には2つの方略が存在する。いずれも採用選考に適用されたツール・手法の職務遂行能力などとの相関関係に関するデータの蓄積をテーマとするもので，1つは個別状況を超えた妥当性の普遍的な水準を探索するアプローチで，妥当性一般化（validity generalization）とよばれる。他の1つは，個別状況別妥当性（situational specificity of validity）とよばれるアプローチで，選考ツール・手法の普遍的な有効性は望むべくもないとして，個別状況ごとの検証を目指すものである。

前者は収集された個別の実証研究の結果を再分析し（メタ分析），それらに含まれる測定上の誤差を統計的な技法により補正して真の相関関係を推定する。これにより高い関係性が示されるとともに，実証的な研究がなされていない新たな状況においても，当該の人物特性の枠組み，ツール・手法を適用しても同じ水準の関係性が保障されることになる。メタ分析の解析法はハンターとシュミット

(Hunter & Schmidt, 1990) によって体系立てられ，日本にも適用例が報告されている（髙橋・西田，1994；二村ら，2000など）。しかしながら，統計解析の技法を駆使するにすぎず，計算上の解が現実からかけ離れるリスクが残るという見方もある。

これに対して後者は，個別の状況に従って実証的な研究を積み上げることになるので，現実に根ざした相関関係の確認が可能となる。しかしながら，複雑な個別状況要因や誤差の様相を解明できない事情は変わらない。

この2つのアプローチは，それぞれに得るものがあり二者択一の問題ではなかろう。要は相関関係の普遍的な水準は特定できないことを前提にしつつ，両アプローチを参照しながら不断のデータの蓄積によって科学する方略が必要になろう。大沢ら（2000）は，この科学的アプローチについて，つぎのように述べている。「科学などと言うきれいごとではなく，泥臭く実務の技がものをいう世界であるという思いも少なくないように思う。そこに科学を持ち込むことはたしかに手間もかかるし，難しい課題も多い。課題は多いが，それゆえに科学による実証を踏まえながら，着実に選考プロセスを高度化させる姿勢が求められている」(p.71)。そこには研究者と実務家の協働が必要になるのはいうまでもない。

3. 「配置」の研究

●── 採用と配置を並置する意義

採用は，経営戦略を具体化するために人材を確保するマネジメント過程であり，「配置」を並置しても，それなりの収まりが感じられないでもない。人材マネジメント領域では，米国に倣うことが多い文脈から，少なくとも教科書では採用と配置を並置しても違和感がないということかもしれない。

一方，日本では，採用を決めた後に個人に相応しい職務を割り当て，その後，配置転換を重ねつつ職務経験から学びを深めさせるモデルが一般的であろう。このような背景からは，並置は収まりがよくないように感じられる。こうした人を基軸とした人材マネジメントの特質は，かねてより指摘されているところである（Abegglen, 1958）。

両者を並置するのは米国的視座ということになるが，並置に日本固有の意義がないわけではない。採用の目標を要員数の確保に留めず，採用の後，組織の一員

となり役割を割り当てるまでのプロセス全体に焦点をあてれば一体と捉えてもよいように思える。採用は，狭義には内定を決定するまでの広報・募集・選考などの手続きであるが，配置され現場の戦力として機能するまでの組織への参入過程全体と捉える見方である。これが研究の視点を高め，採用計画・募集から選考に至るシステムを維持向上させ，人的資源を確保する組織力となるように思われる。この視点は，組織への適応支援と採用活動プロセスへのフィードバックの2点に整理することができる。

◉── 組織への適応促進

　組織の一員として役割を獲得するまでの過程は「組織社会化」（organizational socialization）とよばれ，様々な側面から研究が進められている。組織社会化はある学習や経験によって瞬間的に実現するわけではなく，日々の生活を通じて徐々に進む。研修やマニュアルなどによって必要な知識・情報・スキルが獲得されるだけではなく，意識・態度・行動様式などの質的な転換を含むもので，現実の職務を担い職場のコミュニケーションに参加することによって実現される。したがって研究テーマは多方面にわたる。

　まず，新たな組織集団への参入は働く個人にとっては，緊張と不安をともなう意識の転換が迫られる転機があげられる。この心理プロセスは，キャリア心理学において特別に「キャリア・トランジション」とよび，キャリアカウンセリングなどの文脈で議論される。応募当初の期待と組織の一員になって直面する現実とのギャップは，「リアリティショック」とよばれる。その心理的ギャップが不安，不満，現実に対する反発などを生じさせたり，組織からの退出につながったりすることになる。そこでリアリティショックの内容やその克服過程に焦点があてられることになる。

　リアリティショックを緩和させる支援策には，内定者研修，導入研修などのほか，採用広報において職務，職場の現実について情報を提供する努力などがあげられる。ちなみに，職務，職場のネガティブな側面も開示して理解を求める採用活動のあり方はRJP（Realistic Job Preview）とよばれ，組織への参画初期において適応を円滑にする効果が確認されている。ちなみに，効果はさらに組織コミットメントの促進，選考前の自己アセスメントの促進も確認されるなど，幅広い効果をもたらすものと捉えられている。

　つぎに組織社会化が完成した後のテーマとして「職務満足」（job satisfaction）

があげられる。ホポック（Hoppock, 1935）を嚆矢として多様に取り上げられる一大テーマであるが，採用と配置の観点からは，職務，職場にもともと適合的な応募者を選考，配置するという課題になる。つまり，採用，配置の目標となる満足を得やすい個性の特徴を事前に明らかにしておき，それを選考の1つの基準として適用する技法である。

　組織社会化に関するテーマとして見逃せない3つめの概念に「心理的契約」（psychological contract）があげられる。組織の一員として受け入れるに際しては所定の文書で義務と責任を定義するわけであるが，文面にないことがらが暗黙のうちに双方から期待されており，期待と期待に対する行動によって職務が円滑に遂行されることになる。双方の期待に認識の違いは多少存在するものであるが，日常の中で当事者間で調整され，これが問題になることは少ない。しかしながら，何らかのトラブルの際に期待はずれが表面化することもあり，その微妙な心理プロセスが研究テーマとなる。

◉——採用活動プロセスへのフィードバック

　組織の一員になるまでを採用の枠組みと捉える意義には，一連の採用活動の成否を確認し，その後のための示唆を得ることも含まれる。いわゆる選考プロセスの妥当性に関する情報を不断に蓄積することによって，採用システムの質の強化が可能となる。

　しかし採用活動の成否の判断は容易ではない。最も端的な基準は職務遂行能力の評価であろうが，具体的に検討するとその複雑さに気づく。何年後までが採用活動の成果とするか，担当職務・部署間の調整は可能か，昇給などに適用される人事評価は不適切ではないか，など決め手のない複雑な課題である。労働市場の情勢，一員にした後の育成の可能性なども視野に入れる必要もあろう。

　こうした中で，業績評価，能力評価，研修時の評価，訓練成績，昇進スピード，勤続年数などのほか，採用活動の是非を検討することを目的にして，直属上司に対するアンケート調査や面談によって，将来性などの総合的な評定が収集されることもある。また，当人が回答するサーベイによる上述の職務満足度が基準として併用されることもある。

　これらは入社後の職務行動で，採用活動の是非に関する示唆を含んでいるはずである。心理統計の技法を駆使することによって含意を抽出する研究が行われる。この心理統計プロセスは研究者の支援が生かされやすいが，事態は複雑で明快な

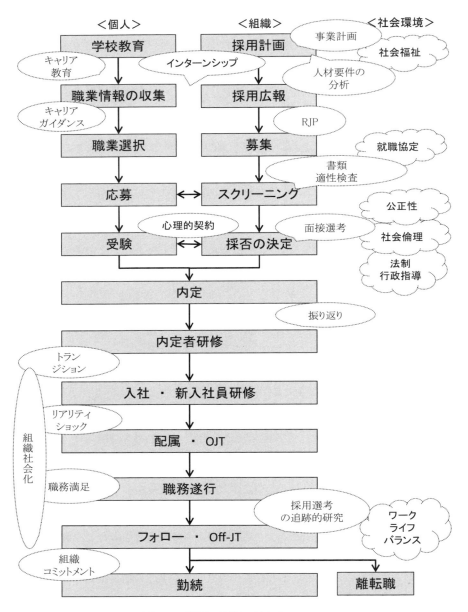

図3-1　採用と配置の流れとテーマ

判断が見出されるものではないうえに，採用から職務に就いてから得られる職務行動に関するデータであり，長期にわたるデータの収集と蓄積の努力が必要となる。これらの研究的アプローチが，確かな採用と配置を支える組織力となるはずである。

採用選考に用いるツールの是非の検討には，以上の採用選考を長期間フォローアップする方法と，在職者に社内研修などの機会を利用して適性検査などのツールを実験的に実施し，職務行動との関連性を分析する方法が用いられる。前者は「追跡法」，後者は「在職者法」とよばれる。

実際には可能な範囲でデータの収集を試み，多角的に分析を積み重ねることになる。いずれにしても即効が期待しにくく負荷の大きい課題であるが，その蓄積こそが採用と配置の質を高める工程になろう。

●──採用と配置のプロセスと研究テーマの俯瞰

以上，縷々採用と配置に関するテーマをみてきたが，これらプロセス全体を俯瞰し，研究テーマの存在を示したのが図3-1になる。

（二村英幸）

1. 採用コミュニケーション

◘ はじめに

　労働市場は今また,「求人難」の局面を迎えている。人口減時代の到来,リーマンショック後の採用抑制の反動などが相まって,有効求人倍率はバブル期並みに高騰。大卒者の求人倍率も3年連続で上昇した。

　このような環境下でも,企業は自社の事業を前進させ得る有能な人材を確保しなければならない。そのためにはどのような採用コミュニケーションが有効なのか。本稿では採用活動を始める前に設計しておきたい「採用コミュニケーション」の全体像と,その各論のポイントについて述べていく。

◘ 採用コミュニケーションのフロー

　採用活動を始めるにあたっては,その全体像を押さえておく必要がある。

　下図は「採用コミュニケーションのエンジニアリングフロー」とよばれるものである（図3-2）。このように採用コミュニケーション設計においては,「採用目

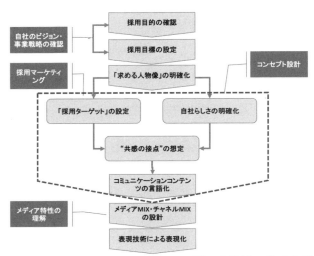

図3-2　採用コミュニケーションのエンジニアリングフロー

的の確認」「採用目標の設定」「求める人物像の明確化」の『前提条件の確定』,「採用ターゲットの設定」「自社らしさの明確化」"共感の接点"の想定」「コミュニケーションコンテンツの言語化」の『コンセプト設計』,「メディアMIX・チャネルMIXの設計」「表現技術による表現化」の『デリバリー設計』の3つのフェーズがあることがわかる。

　これらのうち『前提条件の確定』については,第2項「適性と人材要件」を参照していだくこととし,本稿では,『コンセプト設計』『デリバリー設計』について,詳しく述べる。

◪ 採用コミュニケーション＜コンセプト設計編＞

①採用ターゲットの設定

　採用ターゲットの設定とは,シンプルにいえば「自社が求める人材は,現在どこで何をしている人なのか」を設定することである。そのためには自社の求める人材像を明確にするだけでなく,今の就職・転職市場の全体像や相場を知る必要がある。

　こうした情報は独力で適正なものを集めることは困難である。現在は様々な就職支援事業者が存在しており,幅広い業種・職種にネットワークを持っている。

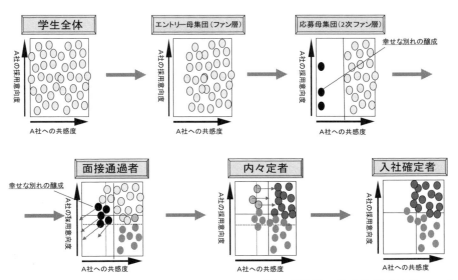

©Recruit Holdings Co.,Ltd. All rights Researved

図3-3　採用ターゲットの抽出

情報提供自体が有料のケースもあるが，多くの就職情報会社や就職エージェントは広告掲載課金やマッチング課金のビジネスモデルを採用しており，情報提供自体に費用はかからないので，活用を検討されたい。

また多くの対象者から母集団を形成し，採用コミュニケーションの過程を通じてターゲットを絞り込んでいくという手法もある（図3-3）。主に新卒採用や大量採用の場合に用いられる手法である。

②自社らしさの明確化

採用ターゲットの興味関心を引き，応募意欲を高めるためには，自社の魅力をしっかりと伝える必要がある。

社会心理学において，ヒトがヒトの共同体に参画する誘因は大きく4つあるとされている。「目標への共感」「活動内容の魅力」「構成員の魅力」「特権の魅力」である。それを就職先検討に置き換えたのが，8つの魅力因子である（図3-4）。

また，昨今は「入りたいか」だけではなく「入れるか」も，応募者の行動を大きく左右する。それゆえその共同体の参加可否に関する情報の提供も欠かせない。

これらの計10の魅力因子のそれぞれについて，自社は何が言え，それは他社と比較してどのような特徴があるだろうか。実際に入社した現存社員のインタビ

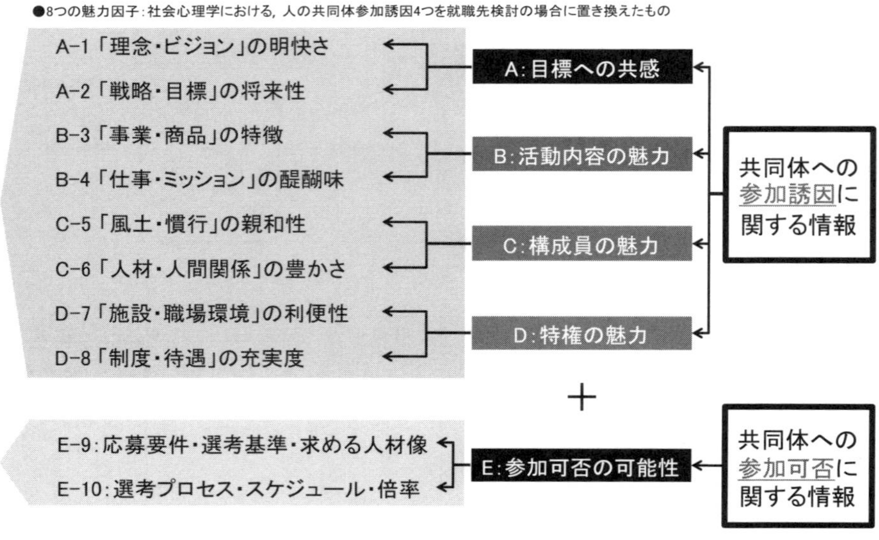

●8つの魅力因子：社会心理学における，人の共同体参加誘因4つを就職先検討の場合に置き換えたもの

- A-1「理念・ビジョン」の明快さ
- A-2「戦略・目標」の将来性
  → A：目標への共感
- B-3「事業・商品」の特徴
- B-4「仕事・ミッション」の醍醐味
  → B：活動内容の魅力
- C-5「風土・慣行」の親和性
- C-6「人材・人間関係」の豊かさ
  → C：構成員の魅力
- D-7「施設・職場環境」の利便性
- D-8「制度・待遇」の充実度
  → D：特権の魅力

→ 共同体への参加誘因に関する情報

＋

- E-9：応募要件・選考基準・求める人材像
- E-10：選考プロセス・スケジュール・倍率
  → E：参加可否の可能性

→ 共同体への参加可否に関する情報

©Recruit Holdings Co.,Ltd. All rights Researved

図3-4　共同体参加の10因子

ューや，外部パートナー（就職情報会社，エージェント等）のアドバイスも得ながら，自社の強み・ウリを整理されたい。

③ "共感の接点" の想定

「採用ターゲットの設定」＝相手を知る，「自社らしさの明確化」＝自分を知る，の双方が整えば，つぎはその接点をいかにつくるかである。例えば，企業がどんなに自社事業の将来性を訴えたとしても，肝心の採用ターゲットの最大の関心が「構成員の魅力」に寄せられていたとすると，"のれんに腕押し"になってしまいかねない。採用ターゲット群がある程度特定できる場合は，そのターゲット群の興味関心をあらかじめ把握する。また，採用母集団の適性検査結果が手元にある場合は，個々人の特性に合わせた"共感の接点"の想定にもチャレンジされたい。

④ コミュニケーションコンテンツの言語化

"共感の接点"が想定できたら，つぎはそれをキーワードにする作業である。情報技術の大いなる発展により，現代は情報消費量の約500倍の情報が提供されているといわれている。数多くある情報の中から自社のメッセージを見つけ出し，興味関心を高めてもらうには，言葉の磨きこみが欠かせない。

また最近は採用コミュニケーションにおける映像利用も急速に進んでいる。映像は文章に比べて情報量が桁違いに大きく，限られた時間の中で多くの情報を届けられるという特長がある。デバイスの進化により制作や編集も随分手軽にできるようになっている。ぜひその活用を視野に入れて検討されたい。

◘ 採用コミュニケーション＜デリバリー設計編＞

① 自社ホームページを充実させる

自社ホームページは，応募受付から選考終了まで長期にわたって見られる媒体である。この後に述べる就職サイトや会社説明会では，そこで届けられる情報内容に制限があったり，スペースや時間が限られていたりする場合も多い。しかし自社ページならある程度自由に表現できる。当然コストはかさむが，採用担当者が個別に1つひとつを説明する時間や労力を考えればむしろリーズナブルともいえるのではないだろうか。

② 就職サイトに掲載する

就職情報会社が運営し，企業の求人情報をWeb上に掲載するのが就職サイトである。学生の就職活動における定番ツールとなって久しいが，昨今は就活の際に就職サイトを利用した世代が転職市場にも多く見られることから，転職において

もポピュラーになってきている。

掲載料金を支払って自社の情報を掲載し，その反響として応募者情報を受け取る「広告型」が主流だが，「成功報酬型」「逆求人型」など様々な形態のものも登場しているので，自社に合ったツールを選択されたい。

③合同会社説明会に参加する

母集団形成に有効な手段の1つが会社説明会である。単独の企業で行うことが多いが，独自で運営する余裕がない，独自で開催したのでは人が集まらない，といった場合は合同会社説明会に参加するという方法もある。

合同会社説明会で個別企業のブースに着席した学生のアンケートによると，約7割の学生が「その企業を今日のイベントで初めて知った」と回答している。知名度が低い会社にとっては，企業認知を促すのに役立つ場であるといえよう。

④自社説明会を開催する

会社説明会のタイプは複数存在する。自社の目的に応じてプログラムを組み立てる必要があるが，主な形態は以下のとおりである。

A）レクチャー型

最もオーソドックスなタイプ。会社概要や募集要項について説明し，質疑応答を募る。1.5～2時間のことが多い。

B）座談会型

応募者と自社社員がざっくばらんな雰囲気で直接対話するタイプ。充実した魅力因子のうち，主に「構成員の魅力」を訴えたい企業が積極的に取り入れている。

C）体感型

入社後のギャップ解消を重視する企業が用いているタイプ。実際の仕事やそれに模したワークを応募者に「お試し体験」してもらう。半日程度を費やすケースが多く，A）B）と比較すると時間や手間はかかるが，応募者からはその密度の濃い内容に好意的な声が聞かれる。

⑤そのほか

採用スタッフ以外の社員が応募者にコンタクトをとる「リクルーター」や，Facebook・TwitterなどのSNSも，採用メッセージのデリバリーにおける有効なツールとして注目されている。「採用ターゲット」および「採用メッセージ」との相性を踏まえて選択を検討することが望まれる。

（岡崎仁美）

2. 適性と人材要件

　企業にとって人材採用とは，経営活動を行うための重要な経営資源である人材を外部から獲得するための活動であり，採用した後にその企業の職務や組織風土に適応し，成果を上げることができる可能性の高い人物を選抜することが求められる。効果的な人材採用を行うためには，その企業が採用すべき人材，すなわち当該組織において活躍可能性が高い人材が有する能力，スキル，行動特性，態度，資質等をあらかじめ明らかにしておくことが必要となるが，採用選抜にあたって企業が応募者に求めるこれらの能力や特性等のことを一般に「人材要件」とよんでいる。

　他方，応募者という個人の側に目を向けたとき，その人物が有している特定の職業，職種，職務における成功に結びつく能力や資質のことを「適性」とよぶ。企業の人材要件に適合する適性を高いレベルで有する応募者は，その企業に採用される可能性が高いと同時に，入社後に当該組織に適応しやすく，職務遂行においても成果を上げる可能性が高いと予測される。

　採用選考のプロセスとは，当該企業において活躍するために必要な人材要件を明確にしたうえで，その要件に適合する適性を有する応募者を様々な選考手段を用いて見極める過程であるということができる。人材要件の明確化が人材採用を効果的に行うための基盤になるという考え方は，近年，わが国においても広く定着しつつある。

◘ 適性の定義と特徴

　適性（aptitude）という用語は，個人の能力や特性における個人差と職業，職種，職務との関連性を示す概念である。例えば営業職適性というとき，その人物が営業職という仕事で成果を上げるのに適した能力や特性を備えているかどうか，また，業務遂行に必要となる知識やスキルを将来にわたって獲得できる可能性を有しているかどうかに焦点があてられている。ワレン（Warren, 1938）の定義では「例えば，言葉を話し，音楽を創作するなどの能力のように，ある種の知識，技術または一般の反応を訓練によって獲得し得る個人の能力の徴候的なものとみなされる特性の状態または組み合わせ」とされるが，この定義からも見て取れる

ように,適性の概念には3つの特徴がある。第1に,現在の顕在化した能力や技能を指すのではなく,将来における可能性を志向したものであること。第2に,経験によって獲得した要素だけではなく,個人の素質や資質など先天的・素因的な傾向に目を向けるものであること。第3に,能力的な要素に主眼が置かれていることである。

ここで最後にあげた点に関して,日米の間で差が見られることには留意が必要である。職務を基軸にしたキャリア採用(中途採用)を主とする米国と,人を基軸にした新卒採用を主とする日本の人的資源管理に関する考え方の違いが背景にあるものと考えられるが,わが国で適性という言葉が用いられるときには,能力的な側面だけを指すのではなく,性格や価値観,興味などを含んだより広義の全人格的な概念を表すことが多い。例えば大沢(1989)は,適性の内容を能力的適性,性格的適性,態度的適性に3区分しているが,気質,性格などの傾性的な要素や,意思,意欲,価値観など自己概念や態度的要素をも含むものとして幅広く適性を位置づけている。米国においても類似の考え方がないわけではなく,スーパーとボーン(Super & Bohn, 1970)が「職業適合性」(Vocational Fitness)という用語を提示しており,この概念は日本で用いられている適性という語の意味により近いものと考えられる(図3-5参照)。

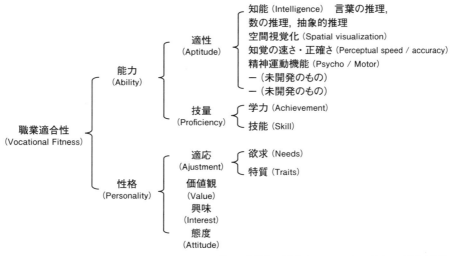

(Super & Bohn, 1970, *Occupational psychology*; 邦訳, 1973)

図3-5 スーパーの職業適合性モデル

◘ 人材要件とその構成要素

　採用選考の実施に先立って，企業は自組織で活躍するために求められる人材要件をあらかじめ明確にしておく必要がある。一口に人材要件といってもその構成要素は企業により様々に異なるが，ここでは能力的要素，性格的要素，態度的要素，コンピテンシーの4つに大きく区分し，それぞれの特徴を示す。

【能力的要素】
　職務において成果を上げるうえで求められる能力的要素は，当該職務を遂行するために必要な知識，スキル，個別の専門能力という顕在的な要素（Knowledge, Skills, Abilitiesのそれぞれの頭文字を取ってKSAとよばれる）と，業務遂行上で必要となる知識やスキルを将来にわたって獲得するためのポテンシャルとしての一般知的能力（General Mental Ability）とに大きく分けて捉えられる。一般に，入社後すぐに戦力としての活躍が求められるキャリア採用（中途採用）においては前者が，入社後に一定期間の教育・育成を経て中長期的な視点での活躍が期待される新卒採用においては後者がより重視される傾向がある。

【性格的要素】
　性格は時間や場面を超えて人の行動に一貫性をもたらしているものであり，対人面での緊張や軋轢が生じやすい仕事など，ある種の職業，職種，職務においては，組織における適応や業績との関連性を高いレベルで示す場合もある。また，採用選考において応募者がその企業の組織風土や組織文化に合う人物であるかを確認するうえでも重視される要素である。
　米国においては採用に際し，能力的要素（KSA）に重きを置く傾向があるが，近年，ホワイトカラー系の職務を中心に性格的要素や態度的要素の重要性が認識されつつあり，これらも含むKSAO（OはOther traitsを指す）という用語がKSAに代わり用いられるようになってきている。

【態度的要素】
　職業興味・指向や価値観などの態度的要素は，働くうえでの個人の納得感ややりがいと結びつきやすく，入社者の定着や職務満足ともかかわる要素である。性格的側面と同様，採用選考において企業の組織風土や組織文化との適合の確認のために着目されることも多い。

【コンピテンシー】

1990年代以降，米国を中心に人的資源管理の領域で広く普及した考え方にコンピテンシーがある。成果を上げるための包括的な企業人能力を指し示す概念であるが，その主な特徴として第1に，従来のように能力的要素（KSA:Knowledges, Skills, Abilities）にのみ重きを置くのではなく，性格的要素や態度的要素（O:other characteristics）をも含めて成果に結びつく実践能力を統合的に捉えようとする点，第2に，能力・スキルや特性の保有状況ではなく，その発揮のされ方や行動とのつながりという実践的・行動的な面に焦点をあてようとする点があげられる。

日本的な意味での全人格的な適性の捉え方にも通ずる概念であり，2000年前後の時期より，わが国においても採用選考や人材育成・人事評価に適用する企業が増えるなど一定の普及が見られている。

人材要件を明確化するための手法

人材要件を把握するうえでは，大きく2つのアプローチが存在する。人的資源管理の基軸を職務に置く米国では，職務ごとに厳密な手続きに従った職務分析を実施したうえで，当該職務の遂行上必要となるKSAOを個々に特定していくアプローチが基本とされている（Work-oriented）。

一方，人を基軸にした人事管理が主となる日本においては，職務を厳格に特定するのではなく，職種や組織集団を想定して求められる能力や特性を明らかにするというアプローチが主流となっている（Worker-oriented）。

Worker-orientedな要件明確化の具体的手法としては，以下の3つが代表的である。①組織における経営層や管理職層のメンバーに対してアンケートを実施し，業務遂行に関連する具体的な行動，態度，能力などについて重要度を評定させる。②組織の従業員を対象にして，適性検査などの人事アセスメントの結果と人事評価などのパフォーマンス指標との関連性を統計的に解析する。③組織の中で実際に高い成果を上げている従業員（ハイパフォーマー）について観察やインタビューを行い，彼／彼女らに共通する特徴や行動を抽出する。この3つの手法に関してはそれぞれに利点と欠点が存在するため，人材要件の明確化を行う際には，できる限り複数の異なる手法を組み合わせて実施することで要件抽出の精度を高めることが可能になる。

（内藤　淳）

3. 採用選考の方法

　採用選考は求職者と企業との出会いの場であり，相互の要件を確認しあって雇用関係を結ぶかどうかを意思決定する機会となるため，採用選考は個人と組織とのマッチング・プロセスの中核をなすものである。企業にとって人材採用は，経営活動を行うための重要な経営資源である人材を外部から獲得し，調達するための活動である。わが国では新規学卒者の一括定期採用と，就業経験者の人材確保であるキャリア採用（中途採用）という大きく2つの方法で行われている。

　20世紀末のバブル経済の崩壊後，高度成長期に完成をみた日本の人事システムの限界が露呈し，成果主義の導入に代表される新たな人事システムの構築が模索された。欧米型の職務基軸の人事システムとの融合が図られたが，人材採用の面では人基軸の日本型人事システムの特徴を色濃く反映した新卒一括採用が中心的な位置づけとなっており，その基本的なあり方には大きな変化はない。

　新卒一括採用は日本的雇用慣行の特徴を象徴的に表しており，キャリア採用においても第二新卒とよばれる若年層を対象としたポテンシャルを重視した採用も盛んに行われている。欧米型の職務主義に対して，属人主義と表現される日本の人基軸の組織観は採用選考のあり方にも大きく影響しており，それを踏まえながら採用選考のステップと多様な選考方法やツールについて整理する。

◘ 採用選考の設計

　企業の人材採用プロセスは採用計画から始まり，採用広報・募集，採用選考，配属・定着と続くことになるが，それぞれの企業における適材を見極めるために，事前準備として人材要件の明確化が行われる。長期的視点と短期的視点，経営・人事や現場管理者の意見，職務の横断的な分析と個別的な分析などの相対する複数の視点を重ね合わせて検討し，人材要件を抽出して，採用すべき人材の質を定義する。

　採用選考の前段にあたる採用広報では求職者に情報提供して応募者を募ることになる。明確化された人材要件をもとに，ターゲットとする人材層に有効に訴求する広報手段と内容を決める。企業からの期待や仕事の実態を，人事からだけでなく先輩社員の声などを利用してリアルな情報を提供することによってRJP

(Realistic Job Preview)を促進する。募集にあたり提供される，求める人物像や採用基準の情報の内容が抽象的で企業による違いがわかりにくいなどの問題点が指摘されているが，職務基準の明確な能力要件とは異なり，属人主義の組織観におけるあいまいな能力要件と全人格的な人物要件の表現の難しさによるものと考えられる。これはわが国の人材マネジメントが人基準であることの特徴の一端が表れていると解釈できる。

採用は企業側から見ると経営の一環として行われる活動であるが，社会的には個人への雇用機会の提供であり，労働力を分配する機能を果たしている。人材獲得競争の激化や採用実務上の制約などにより，社会的規範を軽んじた動きも存在するが，応募者は現在もしくは将来の顧客であるとの視点から，企業姿勢を積極的にアピールする機会と捉え，マーケティング活動の一環として採用選考プロセスを検討することも重要視されている。

◘ 採用選考フロー

応募者の中から適材を選抜する採用選考は，一連の採用プロセスの中心に位置づけられる。採用選考は，初期選考にあたる前半のスクリーニングのプロセスと，中核選考にあたる後半の採否の意思決定のプロセスに大きく分けることができる。

前半のスクリーニングのプロセスでは，応募者集団の中から一定の条件によって面接による中核選考の対象となる応募者を絞り込む。新卒採用の場合，近年インターネットによる採用広報が一般化して人気企業を中心に応募者の増加が顕著である。そのため，採用面接者の制約などから面接が可能となる人数に絞り込むことが必要となっており，スクリーニングの有効性に対する期待がより高まっている。絞り込みにあたっては履歴書やエントリーシートなどの応募書類，適性テストなどの手法が用いられる。

応募書類では仕事に必要な資格，知識，スキルを所有するかが確認される。新卒採用ではエントリーシートの簡単な作文により，文章表現力のほかに志望動機や仕事に対する基本的な態度，取り組み姿勢や意欲などを確認することもある。

適性テストでは，職務遂行能力に関係する資質的な人物特性を確認する。適性テストは客観的な人物情報が得られるため，同じ基準での比較が可能であり多くの応募者から絞り込むときに利用される。ペーパーテストよりも利便性の高いテストセンターでの実施が普及したため，限られた時間の中でより多数の応募者に対して実施することが可能となっている。

適材となり得る人材のみに応募してもらうという意味において，採用広報によるスクリーニングの機能も見逃すことができない。会社や仕事，職場の実際の姿をポジティブな面だけでなくネガティブな面も積極的に伝えるRJPによって，自分の価値観や指向に合わない企業には応募しないというセルフ・スクリーニングが促進される効果が確認されている。最近ではソーシャルネットワーキングサービス（Social Networking Service：SNS）を利用した個別のコミュニケーションによるリアルな情報の流通が進みつつある。

後半の採否の意思決定プロセスでは，前半のスクリーニング過程で得られた情報と面接によって，採否が総合的に判断される。面接結果は面接者による主観的な判断によるため，最終的には経営者や人事責任者の人間観と人を見る目に委ねられることになる。面接では応募者の個人特性だけでなく，面接者と応募者の相互作用による場の影響を大きく受けるため，一般に，異なる面接者による複数回の面接が実施される。人基準の人材マネジメントにおいて，全人格的な人物理解が重要な要素であり，面接が採用選考の中心に位置づけられる所以である。

◪ 様々な採用選考の手法・ツール

事前準備として採用すべき人材の特徴を明確化した人材要件にそって，それぞれの人材特性を評価するために適切な選考手法やツールを選択することになる。人物のすべての側面を明らかにできる手法やツールは存在しないため，複数の手法を組み合わせて選考フローが設計される。表3-1は手法と人材要素との関連を整理したものである。

応募書類は経歴や取得資格など仕事に直接かかわる事実を確認する役割があり，キャリア採用では応募条件を確認する位置づけで利用される。また，志望動機などの記述は，面接で応募者の人物理解を深めるための手がかりとなる。適性テストは人物特徴を客観的に捉えるための評価ツールであり，短時間の面接では把握しづらい潜在的な特性を測定する。わが国では能力・性格的側面から人物特徴を総合的に捉える総合適性テストが主流となっており，人基準の人材マネジメントの特徴を反映したものであるといえよう。知識試験や技能試験などの筆記試験は，仕事に直接的に必要な知識や技術を評価するツールである。作文・論文は設定されたテーマに関する知識を評価するものであり，新卒採用ではエントリーシートに志望動機や自己PRを記述させることで価値観や興味，意欲など人物特徴を理解することに用いられる。グループ討議では小グループ内での討議を通じて，リ

表3-1 採用選考場面における評価手法・ツールと人材要素との関係

側面	評価要素（例）	応募書類	適性テスト	筆記試験	面接	作文・論文	グループ討議
職業観・職業興味	志望動機 働く目的・労働観 働き方の好み 組織との距離感	△			○	○	
基本的態度・姿勢	社会性・協調性・責任性 主体性・挑戦心・意欲 素直さ・ポジティブ思考		△		○	○	○
性格	一般適性的な性格特性 個別適性的な性格特性		○		○	△	△
基本的能力	一般知的能力 言語能力・論理的思考力・数的処理能力		○		△	△	△
知識	専門的知識 外国語能力 一般教養・資格	△		○	○	△	
実践的能力・スキル	課題形成力・課題遂行力 リーダーシップ・統率力 コミュニケーションスキル プレゼンテーションスキル	△			○	△	○

○：主な評価ツール　　△：補助的な評価ツール
（二村英幸，2000「採用選考における人事アセスメント」　大沢武志他編『人事アセスメントハンドブック』金子書房，p.81を再構成）

ーダーシップや対人関係スキルなどの実践的能力を評価する。面接では応募者との直接コミュニケーションにより得られた情報から，人物特徴を把握して採否を主観的に判断する。幅広い人材特性を対象とすることも可能となるが，経験に裏付けられた確かな評価眼が求められる。適性テストによる客観的な人物特性の情報を有効に利用することで人物理解を深めることが可能となる。

（舛田博之）

4. 採用選考プロセスの評価

　採用選考は企業人事の一環としての業務そのものであり，人事の採用業務を支援するサービスが数多く提供されていることにみられるように，実務面での様々な工夫がなされている。訴訟社会である米国では実務面の効率化だけでなく，合

理性と実証性の観点から，採用選考のプロセスに対して科学的なアプローチがなされており，選考システムの有効性を確認する妥当性研究をはじめとして数々の研究が行われている。このような背景には多民族社会である米国の事情が色濃く反映されており，人種差別のない採用選考であることを客観的な証拠によって明らかにすることが社会的に求められた結果といえる。それに対してわが国では採用選考における訴訟リスクがきわめて小さいことに加え，属人主義の組織観による個人の業績評価基準のあいまいさや人材要件の客観的記述の難しさも加わって，採用選考に対する科学的なアプローチがあまりなされてこなかったのが実情である。その中で人事測定の領域では個人特性を客観化することにより，適性テストを中心とした妥当性研究が行われている。

◘ 採用選考の信頼性と妥当性

応募者からの適材選抜の有効性を考えるにあたり，採用選考プロセスで用いられる手法・ツールの確からしさが問題となる。人事測定において選考手法・ツールが測定する結果の安定性を表す概念が「信頼性」であり，測定誤差が少なく何度測定しても同様な結果が得られるかどうか，の観点での検討を意味している。信頼性が低い手法・ツールではその結果が偶然性に左右されることになり，信頼できないことになる。信頼性は結果に測定誤差が含まれていない程度であり，別の見方をすると結果をそのまま信頼したときに誤った判断をしてしまうリスクの小ささともいえる。

つぎに目的に対して使用するツールの選択の適切さを表す概念が「妥当性」であり，測定したい対象を確かに測っているか，予測したい内容と関連性があり有効な情報であるか，の観点での検討を意味している。信頼性が高いツールであっても利用目的に合っていなければ妥当性があるとはいえないため，信頼性はツールそのものの問題であることに対して，妥当性はツールのみでなく，その適用方法も含めた問題であるといえる。したがって採用選考プロセスにおいてどのような選考手法やツールを適用するのか，それが目的に適っているか，の観点で採用選考の妥当性は検討される。

◘ 主な採用選考方法の信頼性と妥当性

【適性テスト】

テストにおける信頼性はテスト結果のスコアの安定性であり，テスト得点全体

の情報量に占める測定対象の情報量の割合を意味する信頼性係数で表される。信頼性係数は直接的に算出できないため，再テスト法，平行テスト法，折半法，内的整合法などにより推定される。信頼性係数の代表的な推定値であるα係数は，テストを構成する項目間の一貫した傾向によって信頼性を確認する内的整合法の1つであり，信頼性係数の下限値を表す。一般に信頼性係数は能力適性テストが0.8程度，性格適性テストが0.7程度は最低でも必要である。テストの信頼性はその項目数とも関連しており，実施時間の短縮のために必要以上に項目数を削減すると十分な信頼性が得られないことがある。コンピュータテスト（CBT：Computer Based Testing）では項目反応理論を用いた適応型テスト技術により，少ない項目数で十分な信頼性を確保することが可能となり，実用化されている。

　テストの妥当性にはいくつかの捉え方があるが，内容的妥当性，基準関連妥当性，構成概念妥当性の3つが代表的である。内容的妥当性は，出題されるテスト項目の内容が測定対象である人物特性の内容を適切に代表しているか，を意味するものである。主にテスト項目の作成時に意識されるもので，内容の偏りや不足がないかの観点である。基準関連妥当性は，予測したい内容を示す基準指標との関連性を意味するものである。主に利用したテストの有効性を確認するときに意識されるもので，基準となる情報は利用する目的によって選択される。基準となる指標と適性テスト結果との相関係数（妥当性係数という）などにより，その関連性を確認する。構成概念妥当性は，用意した人材特性を捉える枠組みと職務行動や適応性との関連を説明する理論的な仮説が適正であるかという観点であり，枠組みや仮説を構成概念とよぶ。内容的妥当性は意味内容の側面から，基準関連妥当性は結果の側面から構成概念妥当性をみたものであり，構成概念妥当性は両者を包括した上位の概念であるといえる。このほかに受検者の納得性にかかわる概念としての表面的妥当性があり，受検者がテスト結果を信頼して受け容れるためにも意識される必要がある。

・妥当性の一般化

　米国の訴訟における妥当性は，主に基準関連妥当性によって議論される。テストの妥当性は利用目的と合わせて考えられるものであるが，個別企業で妥当性検証を行うことが難しいのが実情である。そのため，一定の条件下では妥当性係数が同水準であることをメタ分析によって確認することを妥当性一般化とよぶ。米国で発展した方法であり，わが国ではわずかではあるが都澤真智子らや二村英幸らの妥当性一般化研究が存在する。

【採用面接】

　面接は採否の意思決定の場面であり，採用実務の一過程とみなされるため，結果の信頼性について検討するという発想はほとんどない。しかし，人材評価の手法として考えると，面接は面接者の主観的な評定に基づくものであり，その結果は不安定になりやすい。面接の信頼性をテストと同じように内的整合性や再テスト法によって確認することはなじまないため，複数の面接者による面接結果の一致度により信頼性を表すことが一般的である。結果の一致度を表すには相関係数を用いるのがふつうであるが，面接者の組合せは同一ではなく多数になるため，級内相関係数が用いられる。面接は企業の個別の状況に依存する手法であるため，テストのようにツールとしての信頼性を個別の面接について求めることには意味はないが，その一般的な水準を確認することには意味がある。

　米国では面接の個別性を踏まえたうえでの面接の信頼性の研究が数多くなされており，評価・質問内容や評価基準をあらかじめ設定して決められた手続きによって面接を展開する構造化面接（structured interview）のほうが，質問内容や展開を面接者に任せる自由面接よりも信頼性が高いことが確認されている。わが国での研究は数少ないが，今城志保らによる一企業での3年間にわたる採用面接をもとにした研究でも，構造化面接のほうが自由面接よりも信頼性が高いことが報告されている。

　面接は採否決定の場面そのものであるため，その結果の妥当性は適材を採用できたかどうかで検討される。適材の考え方にはいくつかの視点があるが，職務遂行能力の発揮度合いや業績に関する視点や，組織への定着に関する視点が代表的である。前者は入社後の業績，能力考課，昇進スピードなどが基準指標となり，後者は在籍期間や職務満足度などが基準指標となる。米国での初期の研究では面接の妥当性については悲観的な結果が報告されていたが，構造化面接の技術が導入されることにより適性テストと同等もしくはそれ以上の妥当性が確認されている。わが国での研究は数少ないが，今城志保の研究では新規学卒者の採用面接評価により入社後の職務遂行度を有意に予測できることが報告されている。

◘ 選考の公正性

　採用選考において行われる選抜は有効であるだけでなく，すべての応募者にとって公平なものでなければならない。応募者つまり選考を受ける被評価者の視点からの納得性とともに，第三者の視点からも採用選抜のあり方が正しいと広く受

け容れられることで,社会的に公正性が認められたことになる。選抜における公正性は「選抜結果の公正」「手続き的公正」「対人的公正」の3つの観点から検討される。

　選抜結果の公正は,人種や性別,年齢などによって差別的な扱いを受けた結果,不採用になったとみなされる場合など,選考結果に対する応募者の受け止め方にかかわる問題である。手続き的公正は,用いる選考手法やツールの確からしさ,選考手順の納得性など,選考方法の妥当性にかかわる問題であり,採用選考全般に関係する。選考ツールの信頼性や妥当性が確保されているか,その内容には納得感があるか,面接での質問が職務に関係ない個人的な話題におよんでいないか,どのような応募者にも同じ選考過程が提供されているか,などがこれにあたる。対人的公正は,選考方法や仕事や職場に関する情報をきちんと提供してもらっていると感じるか,真摯に対応してくれていると感じられるか,など選考過程での扱われ方に対する応募者の受け止め方にかかわる問題である。選考プロセスに対する心情的な側面であり,手続き的公正の一部とみなされる場合もある。

(舛田博之)

5. 採用面接

　日本企業の多くが,これまでの採用面接,特に新卒採用の際の面接では,すでにいる社員を基準にして,応募者を評価してきたのではないだろうか。しかし組織が異なるタイプの人物を求めるときには,何を基準に評価すればよいのだろうか。あるいは,海外オフィスでの現地社員の採用面接評価はどうすればよいのだろうか。少なくとも日本において,採用面接はこれまでは研究の対象として意識されてこなかった。だが上記のように,使い慣れた評価基準を変えなくてはならない場合や様々な評価基準を用いる場合には,採用面接を科学的に研究することに価値がある。本項では,これまで主に欧米で行われてきた面接研究をレビューするとともに,企業が今後直面する状況を考慮した際に,さらにどのような研究課題が考えられるかについて述べる。

◘ 採用面接の機能

　日本でも欧米でも，採用の意思決定に際して面接が重視される。日本では90％を超える企業で新卒採用時には面接が実施されるし（日本経済団体連合会，2009），米国でも同様である（Guion, 1976）。採用面接に期待される機能をギオン（1976, pp.347-348）は以下の4点にまとめた。

① 企業の広報活動の一環（採用広報，動機づけ，企業イメージの向上，現実的な職務広報（Realistic Job Previewなど）
② 応募者に関する情報収集（職歴や経済状況など）
③ 面接以外では評価の難しい個人特性の評価（親しみやすさ，第一印象のよさ，会話の流暢さ，など）
④ 応募者を次の選考段階に進めるか，あるいは採用するかといった意思決定の場

　先行研究では，③の評価の機能が最も多く扱われてきたが，今後の研究課題としては，①に関連する被面接者の反応に着目した研究も重要になるだろう。

◘ 採用面接の信頼性と妥当性

　採用面接研究の歴史は比較的古く，1915年にスコット（Scott, W. D.）が営業職の採用面接に関する研究を行っている。初期の研究では，採用面接評価の妥当性には研究間でばらつきがあり，質的レビューでは一定の傾向を見出すことが難しかった（Mayfield, 1964；Wright, 1969）。その後メタ分析によって，サンプルの偏りなどに関する統計処理を行ったうえで量的に研究がレビューされるようになると，面接評価の妥当性に関してまとまった知見が得られるようになった。これまでの主なメタ分析では（Huffcutt & Arthur, 1994；McDaniel et al., 1994；Weisner & Cronshaw, 1988），いずれもパフォーマンスを基準として中程度の妥当性が得られること，構造化面接は非構造化面接よりも妥当性の水準が高いことが報告されている。また構造化面接の妥当性は，採用評価手法の中で比較的妥当性が高いといわれている一般知的能力検査と比較しても遜色がないことがわかっている（Schmidt & Hunter, 1998）。

　しかし，一般知的能力検査と採用面接評価の妥当性水準は単純に比較できない（Arthur & Villado, 2008）。前者は一般知的能力とよばれる心理概念のレベルを測定しており評価内容が特定できるが，採用面接は評価手法の呼称であり，何が

5. 採用面接　153

評価されるかは特定されていないからである。米国の産業組織心理学会も、面接は評価手法の1つであり様々な人物特徴を評価できるため、妥当性に関する知見の一般化は差し控えるべきとしている（Society for Industrial Organizational Psychology, 2003）。面接評価の妥当性の水準が評価内容により変化する可能性について、今後の研究が必要である。

◘ 構造化面接

　構造化面接（structured interview）の技術は、採用面接研究で得られた最も堅固な実用知見である。構造化面接とは、事前に面接で評価する人物特徴を特定・記述したうえで、評価のための情報収集に必要な質問と、回答を評価するための評定項目を準備したうえで実施する面接のことで、構造化されていない面接よりも高い妥当性が得られることがわかっている。構造化面接には、大きく2つの種類がある。1つは、Behavioral Description Interview（Janz, 1982）で、将来の行動予測のために被評価者が過去の類似場面でとった行動の様子を尋ねるものである。もう1つは、Situational Interview（Latham, et al., 1980）で、こちらは仮定の場面での行動意図を尋ねる。構造化面接研究のほとんどは欧米で行われており、質問は仕事上の経験や、仕事上想定される場面での行動意図である。しかし、日本の新卒採用で評価される"積極性"のような抽象度の高いものを評価する場合の構造化の効果については未知数である。今城（2016）は日本の新卒採用における構造化面接の妥当性検証を行い、先行研究よりはやや水準は低いものの有意な妥当性を確認しているが、さらに多くの研究が求められる。

◘ ディップボイ（Dipboye）の採用面接プロセスモデル

　評価結果の妥当性に加えて、どのように面接評価が面接場面で形成されるかも重要な研究テーマである。社会的認知の研究を援用しながら、面接の評価プロセスについて提案された最も精緻なモデルが、ディップボイとゴーグラー（Dipboye & Gaugler, 1993）により提案されており、多くの研究で用いられている（例：Cortina, et al, 2000；Lievens & De Paepe, 2004）。このモデルは面接者が面接前に応募者に対して持つ印象や期待から始まり、言語・非言語のコミュニケーションを通じて面接場面での情報収集と職務への適合評価がなされ、最後に面接者の採否の意思決定につながるプロセスが示されている。また、面接の状況要因や面接者や応募者の個人特性がプロセスに影響を及ぼすとされている。しか

し，例えば非言語コミュニケーションの影響が大きい外向性と，適切な情報の収集が重要な決断力とでは，評価に影響を与える要素の強さが異なると考えられるため，研究をさらに前進させるためには，プロセスと評価内容の関連性を考慮することが望ましい。

面接の評価内容

ハフカットら（Huffcutt, et al., 2001）は，面接での評価内容を検討するために先行研究で用いられた評価項目の分類を行った。分類は「知的能力」「職業上の知識・スキル」「性格特性」「社会的スキル」「興味・指向」「組織への適合」「身体的特徴」からなる。分類の結果，一般知的能力と勤勉性の2つの人物特徴は，相対的に多くの面接場面で評価項目に設定されていたことがわかった。ただしこの分類によって評価項目のバリエーションはわかったが，評価プロセスとの関連性については不明である。

その後ハフカット（2011）は，面接の評価内容に影響を与える要素を「面接の場での応募者のパフォーマンス」「職務関連の面接内容」「個人的・属性的な特徴」とするモデルを提案している（図3-6）。また今城（2016）は採用面接での組織側の評価意図をベースとして，入社後のパフォーマンス予測に寄与する評価内容に限定して「職務との適合評価」「組織との適合評価」「面接場面での一般的

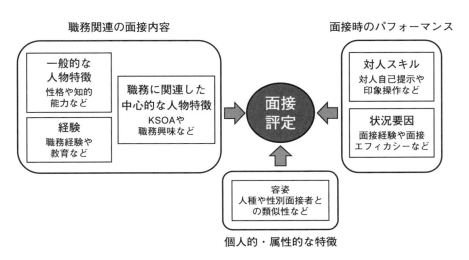

図3-6 面接評定の心理的概念モデル（Huffcutt, 2011）

5．採用面接 155

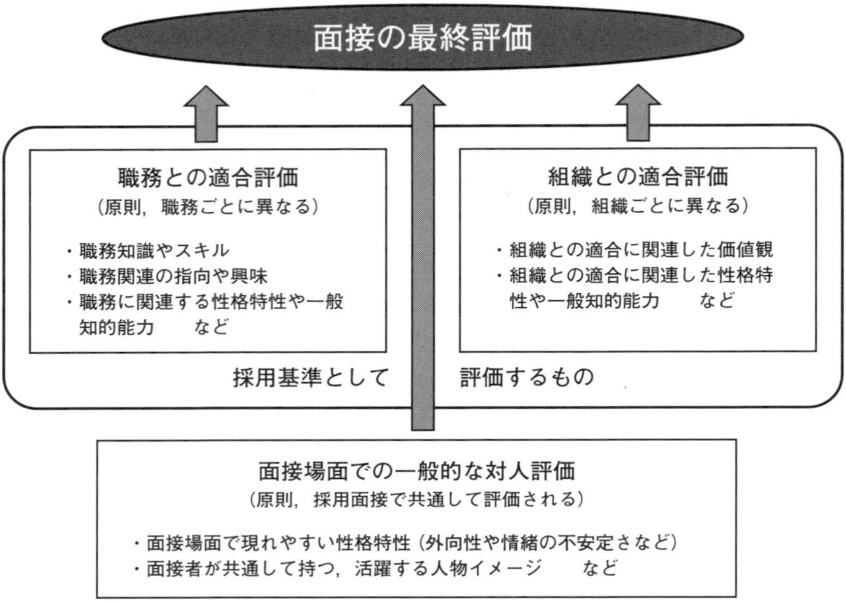

```
        ┌─────────────────┐
        │  面接の最終評価  │
        └─────────────────┘
         ↑      ↑       ↑
┌──────────────────────┐  ┌──────────────────────┐
│   職務との適合評価    │  │   組織との適合評価    │
│ （原則，職務ごとに異なる）│  │ （原則，組織ごとに異なる）│
│                      │  │                      │
│ ・職務知識やスキル    │  │ ・組織との適合に関連した価値観│
│ ・職務関連の指向や興味│  │ ・組織との適合に関連した性格特│
│ ・職務に関連する性格特性や一般│  │   性や一般知的能力    など│
│   知的能力       など │  │                      │
└──────────────────────┘  └──────────────────────┘
       採用基準として　　　評価するもの
                    ↑
┌──────────────────────────────────────┐
│    面接場面での一般的な対人評価       │
│  （原則，採用面接で共通して評価される）│
│                                      │
│ ・面接場面で現れやすい性格特性（外向性や情緒の不安定さなど）│
│ ・面接者が共通して持つ，活躍する人物イメージ　　　　　など │
└──────────────────────────────────────┘
```

図3-7 面接評価内容の概念的枠組み（今城，2016）

な対人評価」の3つの要素からなる面接評価内容の枠組みを提案している（図3-7）。今後はこういったモデルを用いながら，評価内容と評価プロセスあるいは妥当性との関連を総合的に扱う研究が期待される。

◘ 応募者の反応に関する研究

　採用面接は応募者と組織の従業員が直接コミュニケーションをとる場であることから，リクルーティングの機能も重要である。労働人口が減少する中で優秀な人材の確保は難しくなることが予想されるため，どのような採用面接を行えば応募者の入社意向が高まるかは，今後より注目されるようになるだろう。

　応募者が組織に感じる魅力に関して行われたメタ分析では，面接者の行動は応募者が組織や仕事に対して感じる魅力と有意な相関があった（Uggerslev et al., 2012）。また様々な採用選考手法に対する応募者の反応に関する研究のメタ分析した結果では，採用面接はワークサンプルテストに次いで，望ましい選考手法だと思われていた（Anderson et al., 2010）。しかし，伝統的な直接会って話をする面接ではなく，電話やインターネットを通しての面接になると，満足感が低下す

ることも報告されている（Chapman et al., 2003）。

採用面接は組織にとってだけでなく，応募者にとっても納得感の高い採用選考手法であることから，今後も活用されることは間違いないだろう。評価内容や実施方法など，採用面接が様々な変化を余儀なくされつつある今日，評価の精度向上とリクルーティング機能強化の両方をにらんだ，さらなる研究と知見の提供が求められている。

（今城志保）

6. 配置と導入

新たに採用した社員を最初の職務や地位につけることを，「初任配置」という。企業の人材マネジメントの観点から捉えると，初任配置は職種・勤務地の変更や昇進・昇格，出向・転籍といった広い意味での配置管理の一部である。違う見方をすれば，多くの企業において初任配置の意思決定を行うのは人事部門の採用担当部署であるから，採用活動の最終プロセスともいえる。また，新人の立場から見れば，初任配置は組織や職務への適応の始まりでもある。

この節では，こうした3つの側面から初任配置について考えてみたい。

◘ 日本企業における配置管理の特徴

配置管理のあり方は，企業の人材マネジメントの方針に規定される。人材マネジメントの基本的な考え方には，明確に定義された職務に人を割り当てる「ジョブ型」と，人に応じて職務の範囲を自由に変えられる「メンバーシップ型」の2つがある。日本の場合，正規雇用の多くは企業主導のメンバーシップ型であり，企業の要請によって部門や地域をまたぐような大胆な配置転換が行われる点に特徴がある。新卒採用においても同様で，募集や内定の段階で職務内容や勤務地が未定であることは珍しくない。近年は企業が個人の多様な働き方を支援する動きが見られるものの，ある調査では2015年時点で大卒新卒者の勤務地限定採用を導入している企業は2割程度にとどまっている（日本労働研究機構，2015）。

入社後に全社・部門間の異動の可能性がある大卒新卒者の割合は平均で8割という調査結果もあり（リクルートワークス研究所，2013），新卒者には依然とし

て制約のない働き方が期待されているといえる。なお，中途採用の場合，職種や勤務地域は応募の時点で明示されていることが一般的であるが，やはり入社後には企業からの要請で異動が行われる可能性がある。

◘ 若年層の配置管理の特徴

つぎに，若年層の配置管理に焦点をあててみたい。日本労働研究機構（1993）が大手企業のホワイトカラーを対象に行った調査によれば，20歳代に対する配置転換は「従業員の人材育成」「従業員に多能的な能力を身につけさせる」「従業員の適性を発見する」といった能力開発の目的で行われている。一方，40歳代以上になると，「組織の変化への対応」「部門間の交流の変化」といった組織活性の目的が目立つ。異動の範囲については，従業員規模，業種，職種等によって傾向は異なるものの，20歳代で部門をまたいだ異動がもっとも活発に行われている。2015年に176社を行われた調査でも，およそ7割の企業が，20歳代の社員の育成を目的としてジョブ・ローテーションを導入しているとの報告がある（リクルートワークス研究所, 2015）。

若手社員を対象として広範囲にわたる異動を行う背景には，職務や組織事情に精通した「幅」のある中核人材を社内で育成したいという日本企業の強い志向がある。20歳代は組織内の役割やライフイベント等の点で他の年代に比べて個別の制約が少ないため，大幅な配置の変更を行いやすい時期でもある。

このように考えると，企業にとって最初の配置はさほど重い意思決定ではないように思われる。しかし，初任配置でミスマッチが起きれば，立ち上がりの遅れや早期離職といった結果を招きかねない。また，新人自身のキャリアにも少なからぬ影響を与えることになる。その意味で，初任配置は丁重に行われるべきプロセスである。

◘ 初任配置のゴールとは

採用活動の最終プロセスとして，初任配置の意思決定はどのように行われているだろうか。

エドワードとシップ（Edward & Shipp, 2007）は，個人と環境の適合性（Person-Environment fit）の概念を統合的に整理し，フィットのタイプとして①個人と組織の類似性，②個人が組織のニーズを充たす程度，③組織が個人のニーズを充たす程度の3つを示した。配置の意思決定とは時に相反するこれらの要素のバラン

スをとる作業といえるが，特に初任配置の場合，類似性や組織ニーズの充足可能性を判断するための材料は，主に採用活動を通じて得られた情報に限られる。例えば，採用活動中の印象や適性テストの結果，学生時代のいくつかの経験に関するエピソード等である。個人のニーズについては本人に希望の聴取を行うことになるが，十分な就業経験がないために，現実とはかけ離れた認知や期待を抱いている可能性もある。

こうした事情を勘案すると，初任配置においては精度の高い解を求めるよりも，採用時の適性テストの結果等，客観性を担保できる情報を活用しながら，新人と配置先組織の納得感の醸成とミスマッチの防止を目指すことが現実的なゴールといえるだろう。そして，初任配置を採用活動の出口として終わらせず，配置後の新人と組織に対する継続的なフォローを行い両者の折り合いをつけていくことが重要と考えらえる。

◪ 新人の組織社会化

初任配置以後の導入フェーズで新人に期待されることは，組織にいち早く慣れることである。組織への適応がどのようなプロセスで起こるか，また，新人と企業が互いにどのように働きかけていけばよいかについては，1970年代から組織社会化の分野で研究が積み重ねられてきた。過去の研究成果については，フィッシャー（Fisher, 1986），高橋（1993），バウアーら（Bauer et al., 2007）が詳細なレビューを行っている。

組織社会化の過程で，新人は2種類の課題に対処する必要がある。1つは心理的な課題で，代表的なものにリアリティショックがある。リアリティショックは入社や配置の前に新人が持っている期待と入社・配置後の現実との間に生じるギャップのことで，モチベーションやコミットメントの低下，離職意思への影響が指摘されている。もう1つは組織や職務に関する学習課題で，組織（歴史・文化・価値観等），職場や人（職場のルール，メンバーの情報，人間関係等），職務（スキル，専門知識等）に関する知識やふるまい方が含まれる。

こうした課題を克服し，適応を果たしたことを示す指標としては，職場での受容，職務の明確さ，自己効力感等，さらにこれらを土台として達成される，職務や組織への適応感，職務満足，組織コミットメント，勤続意思等がある。また，現在の組織に適応するだけでなく，周囲に刺激を与える変革行動をとれるようになることも重要な指標である。

◘ 組織社会化を促進する企業のアプローチ

　心理的課題，学習課題のいずれについても，新人の努力だけで達成できるわけではない。特に就業経験のない新人の場合には，上司，先輩，同僚や人事部門といった幅広い他者の支援が不可欠である。例えば，リアリティショックを緩和する手立てとしては，入社前段階でのRJP（Realistic Job Preview）が知られている。RJPは，人事担当者等を通じて組織や職務の実態を伝える際，良い面だけでなく悪い面も含めてリアリズムに徹して情報を提供することである。1970年代から理論的な発展と実証研究が積み重ねられ，組織と新人の適合性を高めて定着率を高める効果が確認されている。

　入社後の効果的な働きかけ方については，企業の育成施策を指す組織社会化戦術の分野で探求が行われている。例えば，集合形式で行う導入研修，上司によるキャリアパスの提示，メンターによる指導等が組織社会化に及ぼす直接的・間接的効果について扱った研究がある。今後はこうした知見の蓄積がさらに進められるとともに，若手社員の志向や価値観，企業の個別事情を踏まえた実践的活用事例が増えていくことが期待される。

（飯塚　彩）

7. 障がい者の採用管理

◘ わが国の障がい者雇用政策の変遷

　障がい者の就業支援を実施することが含まれたものとしては，1949年に制定された身体障害者福祉法がある。しかしながら，障がい者の雇用状況の低迷，ILO勧告採択等を背景として，1960年に身体障害者雇用促進法が制定され，①職業紹介，②適応訓練，③雇用率制度が創設されたことで，実質的な支援を目的としたものが整備されたといえる。努力義務として定められた法定雇用率は，民間企業の現場的事業所（1.1％），事務的事業所（1.3％），国・地方公共団体（1.5％）であり，対象は身体障害者で，知的障害者等は含まれていない。

　1976年の身体障害者雇用促進法改正は，障がい者の雇用を努力義務から雇用

義務へと改正した点において，障がい者雇用政策の1つの転換点になっていると見ることができる。1976年改正においては，①雇用の義務化，②事業主に対する助成・援助を行う身体障害者雇用納付金制度の創設，③重度身体障害者の雇用についてダブルカウント制度を導入，④法定雇用率未達成企業の公表制度の導入，⑤障がい者を解雇する際の届出制度の導入，⑥法定雇用率を1.5％に引き上げ，などが主要な点である。しかし，同法の適用範囲は身体障害者であり，知的障害は雇用義務の対象とはなっていない。

1987年，「身体障害者雇用促進法」から「障害者の雇用の促進等に関する法律」に名前が改められた。改正点は，①同法の対象となる者の範囲を，すべての障がい者に拡大（身体障害者，知的障害者，精神障害者等），ただし雇用義務の対象は身体障害者のみ，②子会社で雇用されている障がい者を親会社で雇用されていると見なす「特例子会社制度」を法定化（制度自体は1976年局長通達により実施されている），③職業リハビリテーション（職業指導，職業訓練，職業紹介等）を推進するための整備を行う，④法定雇用率を1.6％に引き上げ，などが主な内容である。

1997年改正は，知的障害者と精神障害者の取り扱いが改正されたことが主要な点である。改正点は，①知的障害者の雇用を義務化，②助成金支給対象業務に精神障害者の短時間労働者を追加（ただし，精神障害者は雇用義務の対象とはなっていない），③特例子会社の認定要件を緩和（雇用する障がい者数を10人から5人へ，全労働者に占める障がい者割合を30％から20％に引き下げ），④法定雇用率を1.8％に引き上げ，などが主な内容である。

社会経済状況の変化の中で，企業再編が進むことへ対応するための改正が行われたのが，2002年改正である。改正点は，①企業グループでの雇用率制度の運用を可能とした（特例子会社を保有する企業が，その他の子会社も含めた企業グループ全体で雇用率を算出することができるようになった），②除外率制度の廃止（ただし，経過措置として段階的に縮小），③職場適応援助者制度を創設（職場適応が困難な障がい者に対し，援助者：ジョブコーチを派遣），などが主な点である。

2005年には，精神障害者の雇用対策（雇用率に組み込み可），在宅就業に対する支援策，発達障害者への支援策（職場適応援助者助成金に対応）等が改正された。2008年には，①納付金制度の適用対象を段階的に拡大（2010年常用雇用労働者201人以上，2015年常用雇用労働者101人以上），②雇用義務制度の短時間労

働者へ適用拡大，③除外率を10ポイント引き下げ，④企業グループ全体で雇用率を算定可能（特例子会社のない場合も適用），などが主な点である。

そして，2012年に政令を改正し，法定雇用率が2.0％に引き上げられた。

その後，2006年に国連で採択された「障害者の権利に関する条約」を批准するために「障害者基本法」の改正，「障害者差別禁止法」の制定，「障害者総合福祉法」制定など関連法規の整備が進められ，その一貫として「障害を理由とする差別解消の推進に関する法律」の制定とともに，「障害者の雇用の促進等に関する法律」も2013年に改正された。

2013年改正においては，①障害者の範囲を明確化（身体障害，知的障害，発達障害を含む精神障害，その他の心身機能の障害），②精神障害者の雇用を義務化，③障害を理由とした差別の禁止，④障害者に対して合理的配慮を提供する義務，⑤障害者の法定雇用率引き上げ（2018年4月から民間企業は2.0％→2.2％）などが主な点であった。

このように身体障害者雇用促進法から障害者の雇用の促進等に関する法律にかかわる改正点を概観すると，対象となる障がい者の拡大と，保護から福祉へ，そして平等へという方向性で進んできていることを見てとることができる。

採用にかかわる支援等

障がい者の採用にあたって，これまでに採用計画の中に組み込まれていなかった障がい者を採用することは，採用する側にも様々な不安等があるうえに，採用する側にデメリットとなる側面ばかりを考えてしまいがちであることは容易に推測することができる。しかしながら，障害者の雇用の促進等に関する法律において定められている雇用率を達成することは，法令の遵守という点からいっても守るべきものの1つであるといえる。そして企業の社会的責任を果たすということに関しても，利害関係者との間で協調しながら利害関係者からの期待に応えていくという，採用する側の企業等にとっても不可欠な考え方であるといえる。また，障害者の権利に関する条約を取り上げるまでもなく，企業等において多様性を認めて受け入れることは，企業活動を進めていくうえで，幅広い人材の活用は企業にとっては重要な考え方であるといえる。

障がい者を採用する際の採用ルートを整理しておきたい。障がい者の採用にあたっても，一般的な自社の採用サイト，ハローワーク，民間の人材紹介業の活用も可能である。このほかに，つぎの機関等により，国や地方公共団体等が主体と

なって障害者のみを対象とした情報提供・採用方法等を提供している。

①障害者職業総合センター

障害者職業総合センターの主たる業務は，(a) 職業リハビリテーションに関する調査・研究を行うこと (b) 障害者の雇用に関する情報の収集，分析，提供を行うこと (c) 障害者職業カウンセラー及び職場適応援助者の養成及び研修を行うこと (d) 広域障害者職業センター，地域障害者職業センター，障害者就業・生活支援センターそのほかの関係機関に対する職業リハビリテーションに関する技術的事項についての助言，指導そのほかの援助を行うこと (e) 障害者に対する職業評価，職業指導，基本的な労働習慣を体得させるための訓練並びに職業に必要な知識及び技能を修得させるための講習を行うこと (f) 事業主に雇用されている知的障害者等に対する職場への適応に関する事項についての助言又は指導を行うこと (g) 事業主に対する障害者の雇用管理に関する事項についての助言そのほかの援助を行うことである。

②広域障害者職業センター

広域障害者職業センターの主たる業務は，(a) 障害者に対する職業評価，職業指導及び職業講習を系統的に行うこと (b) (a) の措置を受けた障害者を雇用し，又は雇用しようとする事業主に対する障害者の雇用管理に関する助言等援助を行うことである。

③地域障害者職業センター

地域障害者職業センターは，各都道府県に設置されており，障害者職業カウンセラーが配置されている。主たる業務は，(a) 障害者に対する職業評価，職業指導，職業準備訓練及び職業講習を行うこと (b) 事業主に雇用されている知的障害者等に対する職場への適応についての助言，指導を行うこと (c) 事業主に対する障害者の雇用管理に関する助言，その他の援助を行うこと (d) 職場適応援助者の養成及び研修を行うこと (e) 障害者就業・生活支援センターそのほかの関係機関に対する職業リハビリテーションに関する技術的事項について助言，そのほかの援助を行うことである。

④障害者就業・生活支援センター

障害者就業・生活支援センターは，障がい者の就業面と日常生活面の一体的な相談・支援を行うことを目的に，都道府県知事によって指定を受けた一般社団法人，社会福祉法人，NPO法人等によって運営されている。その主な業務は，(a) 支援対象障害者からの相談に応じ，指導・助言を行うとともに，公共職業安定所，

地域障害者職業センター，社会福祉施設，医療施設，特別支援学校等との連絡調整，そのほかの援助を総合的に行うこと（b）支援対象者が障害者職業総合センター，地域障害者職業センター等で行われる職業準備訓練を受けることを斡旋すること（c）支援対象者が職業生活における自立を図るために必要な業務を行うことである。

　以上，主な採用に関連する機関を整理したが，いずれもハローワークへの求人票の提出をしたうえで，適切な機関を利用することが求められている。

　上記による就労をいわゆる一般就労とすると，そのほかに障害者支援の一環として授産施設や福祉工場，小規模作業所などの，いわゆる福祉的就労がある。福祉的就労に対応する事業として，就労移行支援事業，就労継続支援事業A型，就労継続支援事業B型がある。前述した授産施設や福祉工場は，就労移行支援事業と就労継続支援事業A型，B型に再構成され，小規模事業所の一部は地域活動支援センターⅢ型に組み込まれることとなった。就労移行支援事業所は，一般企業等における就労に必要な知識やマナーの修得を行うことが目的で，就労を希望する障がい者で，企業等に雇用されることが可能と見込まれる者が対象であり，就労前の訓練として利用されている。就労継続支援事業所は，企業等への就労に結びつかなかった場合などに，就労継続支援事業A型事業所では，雇用契約を結んだうえで，企業での就労機会を提供するものである。就労支援事業A型事業所での就労が困難な場合には，就労支援事業B型事業所において，雇用契約を結ばないで共同作業や生活訓練などを行うものである。

◘ 採用と雇用管理について

　障害者の雇用管理に関しては，共通する基準は，障がいの種類及びその程度によって，1人ひとり個別の雇用管理を計画することが求められる点であるといえる。そのうえで，障害者の雇用の促進等に関する法律で定める規程に基づき，「障害者に対する差別の禁止に関する規程に定める事項に関し，事業主が適切に対処するための指針」（差別禁止指針）が定められている。

　基本的な考え方として，①障害者に対して障害者でない者と均等な機会が与えられなければならない，②賃金の決定，教育訓練の実施，福利厚生施設の利用そのほかの待遇について，労働者が障害者であることを理由として，障害者でない者と不当な差別的取り扱いをしてはならないと定めている。また，障害者に対する差別を防止するという観点から，障害者もともに働く労働者であり，事業主や

同じ職場で働く者が障害の特性に関する正しい知識の取得や理解が深めることが重要である。差別禁止指針において、①募集及び採用、②賃金、③配置（業務の配分及び権限の付与を含む）、④昇進、⑤降格、⑥教育訓練、⑦福利厚生、⑧職種の変更、⑨雇用形態の変更、⑩退職の勧奨、⑪定年、⑫解雇、⑬労働契約の更新、のそれぞれにおいて禁止事項が定められている。

そのうえで、禁止される差別にならない場合についても以下のように定めている。法違反とならない場合として、①積極的差別是正措置として、障害者でない者と比較して障害者を有利に取り扱うこと、②合理的配慮を提供し、労働能力等を適性に評価した結果として障害者でない者と異なる取り扱いをすること、③合理的配慮に係る措置を講ずること（その結果として、障害者でない者と異なる取り扱いとなること）、④障害者専用の求人の採用選考又は採用後において、仕事をする上での能力及び適性の判断、合理的配慮の提供のためなど、雇用管理上必要な範囲で、プライバシーに配慮しつつ、障害者に障害の状況等を確認することを、差別に該当しないこととしている。

（高見令英）

TOPICS

学生から社会人へのトランジション

学生から社会人へのトランジション（school to work transition）とは、キャリア・トランジションの一種である。キャリア・トランジションという言葉は、2つの意味で用いられている。1つは発達論的視点からみた「トランジション」、もう1つはイベントとしての「トランジション」である。前者は、成人の各年代や発達段階には共通したある発達課題や移行期があるという見方である。そこでのトランジションは、これらの共通した発達課題や移行期を意味している。後者のイベントとしてのキャリア・トランジションの視点は、結婚、離婚、就職、転職、昇進、失業、引越し、本人や家族の病気などのように、トランジションをそれぞれの個人における独自の出来事として捉える視点である。そして、これらのいくつかは、その人の人生において大きな転機となる出来事であり、学生から社

会人へのトランジションは，イベントとしてのトランジションに含まれる。

　このようなトランジションには，環境や人間関係，役割など多くの変化が伴い，そのような変化に対応するために多くの課題が存在する。特に社会や仕事に関する知識の乏しい白紙状態（tabula rasa）の学生から社会人へのトランジションは，生活環境や人間関係，役割などが大きく異なるため，よりストレスフルなトランジションであるといえる。このような学生から社会人へのトランジションを経験した個人が遭遇し，克服しなければならない課題は，主に3つあげられる。1つめは，新人の内面で生じる心理的課題である。心理的課題とは新しい環境に移行を果たした個人の内面で生じる心理的負荷であり，主にリアリティショック（reality shock）をあげることができる。リアリティショックとは，「組織参入前に形成された期待やイメージが組織参入後の現実と異なっていた場合に生じる心理現象で，学生から社会人への移行を果たした個人の組織への愛着や定着にネガティブな影響を与えるもの」とされている。近年社会問題として取り上げられた若年就業者の早期離職の問題は，このリアリティショックが要因といえる。学生から社会人へのトランジションにはこのような心理的課題が伴い，それを克服しなければならない。

　学生から社会人へのトランジションを経験した個人が遭遇する2つめの課題が，組織や仕事に関する学習課題である。この学習課題は，新人が新しく参加した組織に定着するための組織社会化（organizational socialization）にとって重要なタスクであり，主に3つの次元に分類される。1つめが仕事に関する知識やスキルの習得やパフォーマンスを発揮できるようになることであり，それを職業的社会化とよぶ。2つめが上司や同僚，顧客から求められる役割に関する知識やそのような振る舞いができるようになる役割的社会化，3つめが会社の制度や文化，組織内の政治や人間関係の知識の習得や理念に基づく振る舞いができるようになる文化的社会化である。学生から社会人へのトランジションを経験した個人は，上述のような領域に社会化されることが求められ，円滑な組織社会化の達成が，学生から社会人へのトランジションの成功といえる。

　学生から社会人へのトランジションを経験した個人が遭遇する3つめの課題が，人間関係構築課題である。先述したように，学生から社会人へのトランジションは，多くの課題が生じるストレスフルなトランジションとなり，そのような課題を独力で解決することは難しい。それゆえ，他者のサポートが重要になる。企業組織で仕事に携わるうえで特に重要な他者となるのは，上司や同僚，ピア（peer）

の存在である。上司は組織や仕事，新人のキャリアに関する重要な情報を持ち，新人の組織内キャリア発達に影響力を持つ。それゆえ，上司との良質な人間関係は，環境への適応や組織内でのキャリア発達に重要な役割を果たすことになる。また，仕事を行ううえで頻繁に接触するのが同僚であり，新人は職場でのOJTを通じて仕事に関する知識やスキルを学び，そこでなされるフォーマル／インフォーマルなコミュニケーションを通じて，暗黙のルールや文化的知識を獲得していくことになる。ピアは地位などが等しい対等関係の他者のことをいい，具体的には同期を指す。ピアは上司や同僚とはまったく異なる存在であり，上司や同僚からは得られないような情報を入手できたり，抱えている問題や悩みも同じで心理的な支えにもなる。このような多くの他者との良質な関係構築が重要な課題となる。

　ここまで論じてきたように，学生から社会人へのトランジションは，多くの課題が生じるものであり，それらの課題を克服することで，当該組織に対する愛着やワークモチベーション，パフォーマンス，職務満足，キャリア展望などが高まり，組織に定着し，長く組織で活躍するコア人材に成長していくことになる。つまり，学生から社会人への円滑なトランジションは，個人の短期的な組織定着と長期的な組織内キャリア発達にとって重要である。さらに，組織の存続や成長に重要な役割を果たす。それゆえ，組織も学生から社会人へのトランジションを円滑なものとできるようなサポートを提供することが重要である。

　学生から社会人へのトランジションを円滑に乗り越えるためには，トランジションを経験した個人，その個人を取り巻く重要な他者，当該個人が所属する組織の三位一体となったトランジション・サポートが重要になる。

（尾形真実哉）

採用と心理的契約

　個人が組織に参入し，そこでうまくやっていくためには少なくとも2つのマッチングが必要になる。1つめは能力のマッチングである。読んで字のごとく，求職者が持っている能力と企業が必要とする能力とのマッチングを指す。例えば，ある企業において大量のデータを統計学的手法に基づいて分析するデータサイエンティストの採用を行っている場合，求職者が統計解析を行うに足るだけの知識

とスキルを持っており，その能力を遺憾なく発揮できる環境が企業にある場合，求職者はそこでイキイキと働き，満足のいく成果を上げられることだろう。能力のマッチングは，入社後の個人の業績を直接説明するが，これが入社後の満足や組織へのコミットメント，そして離職可能性に対して与える影響は，間接的なものでしかない。

　これらに影響するのが2つめの期待のマッチングである。個人が会社に対して求めるものと，会社が提供するもの（仕事特性，雇用条件，組織風土など）とのマッチングがこれにあたる。個人にとって会社は，ただ働き給与を得るだけの場所ではなく，人間として所属し，仲間を得て，生活するための共同体でもある。だから入社段階で，個人は会社に何を求め，反対に会社は自分に何を求めるのかということを，ある程度明確にすることが重要になる。この点がおろそかになると，入社後の会社への幻滅，不満足が誘発され，社員の離職につながることがわかっている。

　期待のマッチングは，何も文章化された契約書や職務記述書によって達成されるわけではない。むしろ大部分は，採用担当者と学生側の口頭での約束や暗黙の了解によって達成されていく。あくまで口頭での約束ではあっても，あるいは明確には言葉になっていない場合であっても，採用広告や採用担当者の発言を受けて，「この会社に入ればこんな仕事ができる」「こんなキャリアが待っている」と学生側が確信した瞬間，それは企業と学生の間の心の契約となることを指摘し，それを心理的契約と名付けたのがカーネギー・メロン大学のルソー（Rousseau, D.）である。ルソーによれば，学生側は給与水準，教育機会の提供，海外勤務の可能性など自身にとって重要な情報を，採用広告を閲覧したり，採用担当者に質問したりすることで収集する。他方で企業側は，募集情報の中に，様々な項目（例：勤務条件，職務内容）を記載し，説明会などを通じて説明して条件に合わない学生をはじくなどして，期待の確認を行うことになる。そうしたやりとりの中で，お互いがお互いに対して何を期待できるのか，できないのかということに関する確信を持つようになっていく，それこそが心理的契約なのである。

　ただ，日本の採用においては，期待のマッチングを図り，明確な心理的契約を形成するために必要な情報が開示されず，求職者としては，採用後にはじめてそうした点について理解するしかない状態になっている。企業側と学生の間に，期待のマッチングを図るために十分な情報交換がないままに，いわば（本来，様々なことが記載されるべき雇用契約に，必要なことがほとんど記載されていないと

いう意味で）まっさらな心理的契約に合意し，契約の中身については採用後にその詳細が書き加えられていく，というのが日本の採用の現実である。

　このように入社時点で期待が，そして心理的契約が，暗黙的で文章化されないことは，環境の変化に応じて人事制度を柔軟に変更できるといった日本企業の強みとしてこれまで議論されてきた。日本の新卒採用は，どのような業務に従事するかを事前に確定して，必要なときに，必要な資格や能力，経験を持った人を採用するいわゆる「欠員補充」ではなく，採用後様々な業務を遂行することを前提に，それらをこなす潜在能力があること，メンバーとして働くに「ふさわしい」かどうかを確認する形での採用となる。この場合，双方の期待を文章化された契約のような形で明らかにして，それによってお互いの行動を規制してしまうよりも，双方が長期的な関係性を結ぶこと，そしてお互いの目標や利害を大まかに一致させておくほうが都合も良い。遠い将来に何があるかわからない以上，配属やキャリアパスや給与水準に関して，お互いの期待を事前に明確にしてしまうよりも，それらをある程度曖昧なままにしておいたほうが急な変更に対応しやすい。採用時点で明確な心理的契約を結ばないわけであるから，入社後によほどのことが起きない限り，社員が会社による心理的契約の不履行を認識することもないだろう。しかもお互いの関係が長く続くという前提が共有されているから，一方が自己利益のために他方を貶めるような振る舞いをする可能性は低い。採用時点でお互いの期待を明確せず，曖昧なままの心理的契約でスタートすることには，それなりの合理性があったわけである。

　ただしこれは，あくまで双方が長期的な関係を結ぶことを了解しているという前提があったうえでの合理性である。こうした前提が共有されていない場合，お互いが何を期待し，何を期待できないのかということは，わたしたちをきわめてストレスフルにさせる。そのような条件下では，むしろ，お互いの期待を事前に明確にすること，具体的には，相手に対して何を提供することができ，何を提供することができないのかということを明確にし，実際にお互いがお互いの期待に応えること，そしてやむを得ず期待に答えられない時にはそれを正直に伝えることが重要になる。心理的契約というコンセプトによれば，長期雇用とは，採用段階で合意される暗黙の前提では決してなく，採用後にお互いがお互いの期待に答え続けることで，結果として実現されるものにほかならない。人材の流動化が進み，企業と個人のかかわり合いがもう少し短期的なものになっていくとしたとき，日本企業の採用に求められるのは明確で責任ある心理的契約の締結だということ

になるのではないだろうか。

(服部泰宏)

採用広報と採用選考の歴史

　今や日本の採用活動の代名詞ともいえる「定期一括採用」だが，これが日本社会に根付いたのは，実はそれほど昔のことではない。日本社会において初めて「大卒」が出たのは，東京帝国大学（現在の東京大学）が卒業生をはじめて出した1878年（明治11年）のことである。明治の末までには，帝大卒業生は官界，慶應義塾，早稲田，東京高等商業学校（現在の一橋大学）卒業生は企業へ，というように各校の卒業生たちの進路に差異が生じており，こうした学校を卒業したものは，推薦者・紹介者を経て企業にアクセスする形で就職を果たしていた。いわゆる縁故採用にほかならないわけだが，企業側から見れば，企業自らが被推薦者の素行，素性，性格から家庭事情に至るまで事細かくチェックする代わりに，政財界の有力者や大学教員などの「見立て」を信頼すればよかったわけで，それなりに合理的なやり方であった。

　「定期一括採用」が日本社会に定着し出したのは，大正初期の頃だったといわれている。今から100年ほど前である。日本経済がきわめて好調であった当時，それまで官界を目指していた学生たちまでもが，民間企業を目指し始めた。例えば当時の三菱は，1923年の採用数70名に対して応募があったのは200名と，およそ3倍の倍率であった。当時の人気企業にしては大した倍率ではないと感じる方も多いかと思う。当時は，企業が社会に対して広く広報活動を行うのではなく，大企業においては大学ごとの推薦枠とおおよその採用人数が決まっていたのであり，今のように「誰もがエントリーできる」という状況にはなかったようである。

　昭和恐慌期にあたる1920年代以降，大卒者の就職戦線に暗雲が立ち込めるようになる。学生の数が増加したことにより，全体として人材の供給過剰が起こり，大学生といえども就職において選り好みができない状況が発生していたのである。人材の供給過剰の状況になると，人気企業には多くの求職者が殺到することになるから，この時期は，自筆の履歴書や，卒業証明書，身体検査証，人物考課書に加えて，学校長の推薦状や，各学年別の詳細が記入された学業成績などの提出が義務付けられていた。もはや学校が成績順に1人1社を割り当てて，推薦書を出

しておけば、いずれはどこかの企業に就職ができる、という状況ではなくなっており、年々増加する志願者に対応するべく「足切り」がすでに行われていたわけである。

　戦後になると、それまで一般的であった選抜手法である筆記試験、面接、身体検査などに加えて、グループディスカッションや各種性格検査の導入が進んだ。グループディスカッションや適性検査といった手法によって候補者群をふるいにかけるやり方は、今日の採用の「王道」になっているが、これは1950年代にすでに確立されていたのである。1954年（昭和29年）9月26日発刊の『週刊読売』によれば、この時期の採用基準は上から順に、人物、健康、思想・信条・学識・見識、性格・素質、学業成績、身元・家庭、そして言語態度であったという。アメリカ心理学の影響を受けた「自己分析」の考え方が日本に入ってきたのも、この時期である。

　このように採用選考に関していえば、昭和前半期から戦後の早い段階ですでに、現在とかなり似た状況が出現していたわけだが、採用広告のあり方には決定的な違いがある。この時期、企業から学生たちへの情報提供、裏を返せば学生たちにとっての職探しの情報源は、新聞の求人欄や職業安定所、学校の掲示板の張り紙といった、きわめてローカライズされたものでしかなかった。企業側と学生の間の情報は、地理的、学歴的、そのほか様々な壁によって分断されており、それが両者の間に大きな情報ギャップを生み出していた。就職のガイダンスや、就職活動マニュアルの類は存在したが、それらは情報量、波及力いずれの点においても、不十分なものであった。

　こうした状況を一変させたのが、江副浩正氏がアメリカの雑誌のスタイルをヒントに考案した就職情報雑誌『企業への招待』、のちの『リクルートブック』にほかならない。学生側と企業側との情報のギャップを打破し、新卒労働市場の健全化を目指したのであった。1962年（昭和37年）の日本リクルートセンターによる「就職動機調査」では、大学生の人気就職先ランキングが登場しており、学生たちの就職先が就職情報会社の発する情報によって大きく左右されるという事態が、すでに起きていた。また優秀な人材を引きつけたい企業の側も、就職情報会社が発信する情報に対して、敏感に反応するようになった。

　その後、今日に至るまでの間で特筆するべきことといえば、エントリーシートの登場・定着と、就職情報のWeb化である。面接などの本選考に先立って、履歴書に加えてエントリーシートの提出を義務付けるというやり方が登場したのは

採用広報と採用選考の歴史　　171

1991年。ソニーが導入したエントリーカードがその先駆けであった。学校名を始めとする経歴情報を中心とした履歴書以外が記載されたエントリーシート（カード）を提出させることで，学歴情報では理解できない個人の考えや嗜好性をも採用に反映することが目的であった。ソニーが導入したエントリーカードは，1990年代半ばから後半にかけて，他社にも広まり，1次選考として応募者の絞込みのための定番ツールとして定着していく。現在では，各企業が独自でエントリーシートのフォーマットを作成している場合が多いようだが，他方で，リクルート社の「OpenES」のように，あらかじめ作成した共通フォーマットを，複数の企業が活用するようなケースも出始めている。エントリーシートの定着よりも，やや遅れて進んでいったのが，募集のWeb化である。1999年（平成8年）に，現在のリクナビにあたる就職情報サイトが登場し，就職産業はWeb時代へと突入する。毎日コミュニケーション（現マイナビ）が提供するマイナビや，日経HRとディスコの共同運営による日経就職ナビなど，いまでは複数の就職情報サイトがしのぎを削っている。

（服部泰宏）

就職協定の意義と歴史

「就職協定」とは？

「新卒一括採用」は，日本独特の雇用慣行の1つとされている。企業が毎年の卒業予定学生を対象とした求人をまとめて出し，在学期間中に就職試験を行い，その合格者たちは卒業後すぐに働き始めるという仕組みである。

そして「就職協定」は，この新卒一括採用の副産物といえる。この雇用慣行の下，毎年多くの企業が優秀な学生を確保するためにしのぎを削るわけだが，好景気期など，しばしばその過熱ぶりが問題視されることもあった。そしてその抑制を目的に，関係者が一堂に会して採用活動の解禁日を合議し，それぞれが周知徹底することで鎮静化を図った。このように，「就職協定」は新卒一括採用に時々生じる副作用を和らげる処方箋として，ある時代において，一定の役割を果たしてきた。

「就職協定」のあゆみ

　もう少し詳しく見てみよう。就職協定がその名の下に最初に定められたのは，1953年（昭和28年）のことである。当時の日本は朝鮮特需に沸いていた。敗戦によって遅れていた技術を最新のものに更新し，産業立国となるための重要なノウハウを確立して多くの外貨を獲得し，その後の高度経済成長の基盤をつくり上げた。それに伴い雇用も拡大。世界恐慌以降新卒者の定期採用を控えていた企業が，次々にそれを復活させた。

　企業の新卒採用熱が一気に高まると，学生へのアプローチも盛んになる。優秀な人材を獲得するために，他社よりも少しでも早く交渉しようとする企業の動きが目に余るようになり，1952年（昭和27年），当時の文部省・労働省両事務次官の通達の形で，初めて就職期日に関する指針が明示された。さらにその翌年，大学・経済団体，関係官庁によって構成される就職問題懇談会が，学生の推薦開始日を卒業年次の10月1日とする「就職協定」に合意したのである。

　しかし，その後協定の形骸化が顕著になり，1962年（昭和37年）に当時の日本経営者団体連盟（日経連）が廃止を宣言し，就職協定は一時停止。しかし時代は高度経済成長の真っ只中。協定廃止前には「青田買い」と問題視された採用活動の早期化はさらに加速，「早苗買い」「苗代買い」とよばれるまでになった。

　その混乱は解消されないままに70年代に突入。大学生の就職活動は3年生の12月頃にまで前倒しとなり，「種モミ買い」と称されるようになっていた。そこで問題を重く見た関係者が動きだし，1973年（昭和48年）に，文部省・労働省・日経連が青田買いの自粛基準を制定。就職協定の復活である。

　しかし以降も混乱は続く。80年代に入ってからは採用の過熱のみでなく，企業による学生の拘束についてもしばしば話題に上るようになった。1986年（昭和61年）には就職協定が10年ぶりに改定され，主要企業52社首脳による就職協定遵守懇談会が発足，翌年には就職協定が中央雇用対策協議会から大学等採用問題懇談会へと移行。その後も微修正を加えながら90年代を迎えたのだが，バブル崩壊を契機に「就職協定は役割を終えた」という声が一気に高まることとなる。そしてついに1996年（平成8年）に日経連が就職協定廃止を通達。翌年1月に就職協定はついにその44年の歴史に幕を閉じた。

協定廃止後の変遷

　就職協定廃止以降は，日本経済団体連合会（経団連）が「採用選考に関する企

業の倫理憲章」を，大学等で構成する就職問題懇談会（就問懇）が「大学，短期大学及び高等専門学校卒業・修了予定者にかかわる就職について（申合せ）」をそれぞれ定め，お互いを尊重した採用活動・就職を取り扱うことが合意されてきた。

しかし2013年（平成25年）4月，政府と経済界の意見交換会において，安倍晋三総理が経済界に対し，「2015年度卒業・修了予定者からの就職・採用活動開始時期の変更」を要請。6月には「日本再興戦略」における政府方針として閣議決定され，経団連は16年続けてきた倫理憲章を「採用選考に関する指針」に刷新したのである。

政府要請によって大幅に繰り下げられた採用スケジュールは2016年卒から適用された。しかしたちまち問題点が指摘されたため，2015年12月に翌2017年卒に向けた一部修正が発表された。しかしどの時期に定めたとしても，必ず何らかの問題は生じ得る。またそもそもこれらのガイドラインはあくまで「紳士協定」であり，法的拘束力もないため「協定破り」も必ず起こる。

関係者はこの最新スケジュール下でどのような就職・採用戦線が繰り広げられたのかを注視し，よりよい姿を模索されたい。

（岡崎仁美）

職務遂行能力（実践的能力）・スキルの概念と評価

能力とはなにか？『広辞苑（第6版）』では，「物事をなし得る力やはたらき」と定義されている。語尾に「力」がつけば，ありとあらゆる個人の資質を，広く能力として考えるのがわが国である。女子力や鈍感力や老人力など，ともすれば，その言葉が乱用されてしまうこともある。なにが能力で，なにが能力ではないのかについて，混乱が生じているのかもしれない。

一方，能力に関する科学を一手に引き受けてきた心理学では，知能検査で測れる知的な面での能力が大手を振っていた。「能力イコール地頭のよさ」というような考え方にとりつかれてきた。

例えば，新卒の採用場面でよく使われているSPIは，言語検査と非言語検査に分かれており，他の知能検査と同じく，言語能力（語彙・語の流暢さなど）と数理能力のレベルが，テストによって測定されている。人の能力というものが，言語

と数理に絞られて検査されるわけである。

しかし，仕事やボランティアや社会活動などの面で活きてくる実践面での能力を捉えようとすると，心理学者の持つ能力観も収まりがよくない。ビジネス場面では，能力そのものが，頭のよさとか賢さというよりは，「仕事を行うために発揮される幅広い能力」と捉えられており，それを一言で言い表す用語として，「職務遂行能力」がよく用いられてきた。

日本経営者団体連盟（1996）が能力を，「企業の構成員として，企業の目的達成のために貢献する職務遂行能力」と規定しているのはその好例である。わが国のビジネス界で，能力と職務遂行能力がほぼ同じものを指していることがわかる。

職務遂行能力と関連しているものに，スキル（もしくは技能）がある。スキル（技能）とは，広辞苑では，「技芸を行ううえまえや技量」と定義されている。技巧やテクニックなどの顕在的資質を中心にしており，スポーツ運動，楽器の演奏，機械の修理などの身体的技量をもともと示している。また，プログラミングスキル，文書コミュニケーション，口頭プレゼンテーション，課題解決スキルなどの知的技量も，その一部に考えられている。

スキルを捉えていくうえで大きな特長となるのは，技量の顕在性である。能力と比較すれば，スキル（技能）が，より発揮的で表出的な面に力点をおいていることはまちがいない。スキルは観察可能であり，当人がそれを持っているかどうかを，他人が目で見ることができるはずのものである。

第2の特長は後天性・学習性にある。スキルは，そのほとんどが，学習によって身につけることができる。能力が遺伝と環境の相互作用によって向上すると考えられているのに対し，スキルについては，学習による効果がそのほとんどを占めている。

スキルを実際に認定する方法として，おそらくもっとも一般的なのが，資格試験ならびに免許だろう。わが国で取得できる資格・免許のうち，代表的なものだけをまとめても，①建設関係，②危険物，③不動産，④医療・福祉，⑤教育関係，⑥運輸・交通・港湾，⑦公務，⑧法務，⑨食品関係，⑩服飾関係，⑪サービス業関係，⑫製造・修理，⑬ビジネス，⑭財務会計，⑮スポーツ関係，⑯語学，⑰情報関係，⑱動物関係，⑲その他，ときわめて多岐にわたっている（髙橋，2011）（表3-2）。

職務遂行能力とスキルの評価と判定は，一筋縄ではいかない。残念なことに，産業界は，職務遂行能力を測定し評価する努力を十分に行ってきたとはいえない。

職務遂行能力（実践的能力）・スキルの概念と評価

表3-2 資格・免許で認定されるスキル (髙橋, 2011)

①建設関係
足場の組立等作業主任者, 木造建築物等の組立作業主任者, 基礎施工士, 建築士, 電気工事士, 電気主任技術者, 管工事施工管理技士, 下水道技術検定, コンクリート技士, 浄化槽管理士, 昇降機検査資格者, 地下タンク等定期点検技術者, ボイラー技士, 冷凍空調技士, インテリアコーディネーター, キッチンスペシャリスト, マンションリフォームマネージャー, ビル経営管理士, ガス溶接技能者, コンクリート破砕器作業主任者, 造園施工管理技師, 測量士, 地質調査技士, 一般計量士, 発破技士, 砂利採取業務主任者, クレーン運転士, 車両系建設機械運転技能者, ショベルローダー等運転技能者, フォークリフト運転士, 林業技士, 木材切削士など

②危険物
高圧ガス製造保安責任者, 高圧ガス販売主任者, 火薬類保安責任者, 危険物取扱者, 特定化学物質等作業主任者, 毒物劇物取扱責任者, 廃棄物処理施設技術管理者など

③不動産
不動産鑑定士, 宅地建物取扱主任, 土地家屋調査士, 土地区画整理技術士など

④医療・福祉
医師免許, 看護婦・看護士, 准看護婦, 保健婦・保健士, 歯科医師, 歯科衛生士, 助産婦, 保育士, エックス線作業主任, 診療放射線技師, 細胞検査士, 臨床検査技士, 作業療法士, 理学療法士, 義肢装具士, 歯科技工士, 薬剤師, 精神保健福祉士, 臨床心理士, 介護福祉士, 介護支援専門員, 言語聴覚士, 社会福祉士, 按摩マッサージ指圧士, 柔道整復師(骨つぎ師), はり師・きゅう師など

⑤教育関係
教員資格認定試験, 学芸員, 司書, 文化庁発掘調査研究職員など

⑥運輸・交通・港湾
航空管制官, 運航管理者, 航空整備士, 航空通信士, 海上無線通信士, 水先人, 小型船舶操縦士, 事業用操縦士, 動力車操縦者, 自動車運転免許, 潜水士, 船内荷役作業主任者, 船舶衛生管理士, 船舶料理士など

⑦公務
警察官, 消防官, 刑務官, 皇居護衛官, 国税専門官, 裁判所事務官, 自衛官, 気象予報士, 救急救命士, 労働基準監督官など

⑧法務
司法試験, 司法書士, 行政書士, 家庭裁判所調査官など

⑨食品関係
調理師, ふぐ調理師, 栄養士, 衛生管理者, 管理栄養士, 製菓衛生士, ソムリエ, ビアテイスター, 酒造技能士, ティー・インストラクター, 食品冷凍技士など

⑩服飾関係
繊維製品品質管理士, ファッションコーディネート色彩能力検定, 洋裁技術検定, 和裁検定, きものコンサルタント, シューフィッターなど

⑪サービス業関係
クリーニング師, 理容師, 美容師など

⑫製造・修理
家庭用電気機器修理技術者, 時計修理技能士, 自転車組立整備士・安全整備士, 自動車整備士, 中古自動車査定士, 伝統工芸士など

⑬ **ビジネス**

社会保険労務士，中小企業診断士，証券アナリスト，ビジネス実務法務，ビジネス能力検定，秘書技能検定，職業訓練指導員，労働安全コンサルタント，販売士検定，一般旅行業務取扱責任者など

⑭ **財務会計**

税理士，公認会計士，簿記検定，簿記実務検定，税務会計能力検定など

⑮ **スポーツ関係**

スポーツ指導員，少年スポーツ指導員，健康運動指導士，レクリエーション・インストラクター，エアロビクス・インストラクターなど

⑯ **語学**

実用英語技能検定（英検），商業英語検定，実用フランス語技能検定，ドイツ語技能検定，ロシア語能力検定，実用イタリア語検定，スペイン語技能検定，中国語検定，日本語教育能力検定，通訳技能検定など

⑰ **情報関係**

情報処理技術者，パソコン検定試験，日本語文章処理技能検定（ワープロ技能検定），画像処理検定，システムアナリスト，ネットワークスペシャリストなど

⑱ **動物関係**

獣医師，狩猟免許，牛削蹄師，装蹄師，実験動物技術士，トリマーなど

⑲ **その他の資格**

実用数学技能検定，珠算検定，電卓技能検定，硬筆書写検定，毛筆書写検定，速記技能検定，トレース技能検定，日本漢字能力検定など

　職務遂行能力を測ろうとしたらできないわけではないのだが，職務遂行能力のレベルを検査を通して測る代わりに，同一職務に従事している期間の長さを代理指標にして，人事制度を設計してきた。それで満足してしまったために，そもそもの職務遂行能力を評価する意欲とインセンティブ（誘因）が薄れてしまったのである。

　一方，1990年代にアメリカから起こってきたコンピテンシー・ブームに乗って，職務行動を評価するメソッドが数多く開発され，多面観察評価制度や360度フィードバック施策などが，組織に導入されてきた。その結果，職務遂行能力の客観的測定（検査）という本来の目的は達成されず，職務行動の主観的評価にすり替わって，現状に至っている。

　他方で，資格と免許については伝統があり，国家資格，公的資格，民間資格などの区分で，質の異なる様々なスキルと知識が，客観的に判定されてきた。資格は，ある職業を遂行していくために必要となる能力の水準を，知識と技能を中心にして，民間ならびに公的機関が認定するものである。一方，免許は，最低限の能力の保持を公的機関が保証するという性格が強い。

実践的能力やスキルを評価し判定しようとすれば，理想的とはいえないまでも，適性検査と行動観察評価と資格・免許を合わせて，総合評価することが必要になる。1人ひとりの持つ職務遂行能力やスキルを，間違いなく判定するのはむずかしくても，組織全体としてみれば，従業員のヒューマン・リソース（人的資源）をトータルで把握することはできる。

　リソース・ベースト・ビュー（あるいは資源ベース理論，バーニー，2003）が指摘するように，人材を含めた資源は組織の競争優位性の元となる。自社なりの評価方法で，従業員の職務遂行能力やスキルの総量を把握し，それを組織の競争力につなげるべくうまく活用していくことは，大切な経営課題となる。だから，人的資源をトータルとして査定する方策を，自社なりに編み出していくこと。それが，人事が経営に資する肝心要の戦略である。

（髙橋　潔）

引用・参考文献

大項目
採用と配置

Abegglen, J. C.（1958）*The Japanese Factory; Aspects of Its Social Organization*. The Massachusetts Institute of Technology.（占部都美監訳『日本の経営』ダイヤモンド社 1958）
Dunnette, M. D.（1966）*Personnel Selection and Placement*. Wadsworth Publishing Company, Inc.（豊原恒男・北村忠雄訳『採用と配置』ダイヤモンド社 1969）
Guion , R. M. (1992) Personnel assessment, selection, and placement. In M. D. Dunnett et al., (ed.), *Industrial and Organizational Psychology Handbook*, 2nd. ed. Vol. 2. Consulting Psychologist Press.
Hoppock, R.（1935）*Job satisfaction*. Harper.
Hunter, J. E., & Schmidt, F. L. (1990) *Methods of meta-analysis: Correcting error and bias in research findings*. Sage.
桐原葆見・狩野広之・豊原恒男・永丘智郎編 (1958)『産業心理ハンドブック』同文舘出版
Munsterberg, H. (1913) *The Psychology of Industrial Efficiency*. Houghton Miffin Company.
二村英幸・内藤淳・今城志保（2000）「管理者層を対象とした性格検査・知能検査の妥当性のメタ分析と一般化」『経営行動科学』13(3), 159-167.
大沢武志・芝祐順・二村英幸編（2000）『人事アセスメントハンドブック』金子書房
髙橋潔・西田直史（1994）「知的能力検査に関する妥当性一般化―メタ分析による結果」『産業・組織心理学研究』8(1), 3-12.
Taylor, F. W.（1911）*The Principle of Scientific Management*. Harper & Row.（上野陽一訳『科学的管理法』産業能率短期大学出版部 1958）

中項目
適性と人材要件

二村英幸（2000）「採用選考における人事アセスメント」大沢武志・芝祐順・二村英幸編『人事アセスメントハンドブック』金子書房
二村英幸（2005）『人事アセスメント論―個と組織を生かす心理学の知恵』ミネルヴァ書房
大沢武志（1989）『採用と人事測定』朝日出版社
Super, D. E., & Bohn, M. J. Jr. (1970) *Occupational psychology*.（藤本喜八・大沢武志訳『職業の心理』ダイヤモンド社 1973）
Warren, C. H. (1938) *Dictionary of psychology*. Boston: Houghton Mifflin.

採用選考の方法

今野浩一郎・佐藤博樹（2009）『人事管理入門』（第2版）日本経済新聞社
舛田博之（2007）「Ⅲ. 採用と面接」山口裕幸・金井篤子編『よくわかる産業・組織心理学』ミネルヴァ書房
二村英幸（2000）「採用選考における人事アセスメント」大沢武志・芝祐順・二村英幸編『人事アセスメントハンドブック』金子書房
西川清之（2010）『人的資源管理論の基礎』学文社

採用選考プロセスの評価

今城志保（2008）「日本における新規学卒採用面接評価の予測的妥当性の検証：ある日本企業における人事評価を基準とする予測的妥当性の検証」『産業・組織心理学会第24回大会発表論文集』41-44.
今城志保・二村英幸・内藤淳（2000）「採用面接の実証的研究―面接の構造化における効果」『産業・

組織心理学会第16回大会発表論文集』80-83.
舛田博之（2007）「Ⅲ. 採用と面接」山口裕幸・金井篤子編『よくわかる産業・組織心理学』ミネルヴァ書房
二村英幸（2005）『人事アセスメント論』ミネルヴァ書房
二村英幸・今城志保・内藤淳（2000）「管理者層を対象とした性格検査・知的能力検査の妥当性のメタ分析と一般化」『経営行動科学』13(3), 159-167.
都澤真智子・二村英幸・今城志保・内藤淳（2005）「一般企業人を対象とした性格検査の妥当性のメタ分析と一般化」『経営行動科学』18(1), 21-30.

採用面接

Anderson, N., Salgado, J. F., & Hülsheger, U. R. (2010) Applicant Reactions in Selection: Comprehensive meta-analysis into reaction generalization versus situational specificity. *International Journal of Selection and Assessment*, 18(3), 291-304.

Arthur W., & Villado, A. J. (2008) The importance of distinguishing between constructs and methods when comparing predictors in personnel selection research and practice. *Journal of Applied Psychology*, 93, 435-442.

Chapman, D. S., Uggerslev, K. L., & Webster, J. (2003) Applicant reactions to face-to face and technology-mediated interviews: A field investigation. *Journal of Applied Psychology*, 88, 944-953.

Cortina, J. M., Goldstein, N. B., Payne, S. C., Davison, H. K., & Gilliland, S. W. (2000) The incremental validity of interview scores over and above cognitive ability and conscientiousness scores. *Personnel Psychology*, 53, 325-351.

Dipboye, R. L., & Gaugler, B. B. (1993) Cognitive and behavioral processes in the selection interview. In N. Schmitt, & W. Borman (Eds.), *Personnel selection in organizations*. San Francisco: Jossey-Bass. (pp.135-170).

Guion, R. M. (1976) Recruiting, selection, and job placement. In M. D. Dunnette (Ed.), *Handbook of industrial and organizational psychology*. Chicago: Rand-McNally. (pp.777-828).

Huffcutt, A. I. (2011) An empirical review of the employment interview construct literature. *International Journal of Selection and Assessment*, 19(1), 62-81.

Huffcutt, A. I., & Arthur, W. A. (1994) Hunter and Hunter (1984) revisited: Interview validity for entry-level jobs. *Journal of Applied Psychology*, 79, 184-190.

Huffcutt, A. I., Conway, J. M., Roth, P. L., & Stone, N. J. (2001) Identification and meta-analytic assessment of psychological constructs measured in employment interviews. *Journal of Applied Psychology*, 86, 897-913.

今城志保（2016）『採用面接評価の科学—何が評価されているのか』白桃書房

Janz, J. T. (1982) Initial comparisons of patterned behavior description interviews versus unstructured interviews. *Journal of Applied Psychology*, 67, 577-580.

Latham, G. P., Saari, L. M., Pursell, E. D., & Campion, M. (1980) The situational interview. *Journal of Applied Psychology*, 65, 422-427.

Lievens, F., & De Paepe, A. (2004) An empirical investigation of interviewer-related factors that discourage the use of high structure interviews. *Journal of Organizational Behavior*, 25, 29-46.

Mayfield, E. C. (1964) The Selection Interview—A Re-Evaluation Of Published Research1. *Personnel Psychology*, 17(3), 239-260.

McDaniel, M. A., Whetzel, D. L., Schmidt, F. L., & Maurer, S. D. (1994) The validity of employment interviews: A comprehensive review and meta-analysis. *Journal of Applied Psychology*, 79, 599-616.

日本経済団体連合会（2009）2008年度・新卒者採用に関するアンケート調査結果

Schmidt, F. L., & Hunter, J. E. (1998) The Validity and Utility of Selection Methods in Personnel Psychology: Practical and Theoretical Implications of 85 Years of Research Findings. *Psychological Bulletin*, 124, 262-274.

Scott, W. D. (1915) Scientific selection of salesmen. *Advertising and Selling Magazine*. (pp.5-6, 94-96).

Society for Industrial and Organizational Psychology, Inc. (2003) *Principles for the validation and use of personnel selection procedures* (4th ed.). College Park, MD: Author.

Uggerslev, K. L., Fassina, N. E., & Kraichy, D. (2012) Recruiting through the stages: A meta-analytic test of predictors of applicant attraction at different stages of the recruiting process. *Personnel Psychology,* 65(3), 597-660.

Wiesner, W. H., & Cronshaw, S. F. (1988) A meta-analytic investigation of the impact of interview format and degree of structure on the validity of the employment interview. *Journal of Occupational Psychology,* 61, 275-290.

Wright, O. R. (1969) Summary of research on the selection interview since 1964. *Personnel Psychology,* 22(4), 391-413.

配置と導入

Bauer, T. N., Bodner, T., Erdogan, B., Truxillo, D. M., & Tucker, J. S. (2007) Newcomer adjustment during organizational socialization: A meta-analytic review of antecedents, outcomes, and methods. *Journal of Applied Psychology,* Vol. 92(3), 707-721.

Edwards, J. R., & Shipp, A. (2007) The Relationship between person-environment fit and outcomes: An integrative theoretical framework. In C. Ostroff & T. A. Judge (Eds.), *Perspectives on organizational fit.* (pp.209-258).

Fisher, C. D. (1986) Organizational socialization: An integrative review. In K. M. Rowland & G. R. Ferris (Eds.), *Research in personnel and human resource management.* Vol. 4. (pp.101-146).

日本労働研究機構（1993）『調査研究報告書No.37　大企業ホワイトカラーの異動と昇進──「ホワイトカラーの企業内配置・昇進に関する実態調査」結果報告』

日本労働研究機構（2015）『企業の地方拠点における採用活動に関する調査』

髙橋弘司（1993）「組織社会化研究をめぐる諸問題──研究レビュー」『経営行動科学』8(1), 1-22.

リクルートワークス研究所（2013）『人材マネジメント調査2013』

リクルートワークス研究所（2015）『人材マネジメント調査2015』

トピックス

職務遂行能力（実践的能力）・スキルの概念と評価

バーニー, J. B.（2003）『企業戦略論（上・中・下）』ダイヤモンド社

日本経営者団体連盟（1996）「『新時代の日本的経営』についてのフォローアップ調査報告」『労務研究』580, 28-32.

髙橋潔（2011）『人事評価の総合科学』白桃書房

第 IV 章

評価と処遇

1. 年功制と職能資格制度
2. 成果主義と年俸制
3. グローバル賃金制度
4. 人事評価の目的と方法
5. 目標管理制度
6. パフォーマンス・マネジメント
7. コンピテンシー評価と多面評価
8. 昇進・昇格の仕組み
9. 複線型キャリア開発
10. 非正規従業員の処遇と管理

評価格差と公平性
ポスト成果主義賃金の行方
女性管理職の活用
グローバル・ジョブ・ローテーション
外国人従業員の不満と定着

第IV章 評価と処遇

1. 人事評価がなくなる

　評価と処遇にはつねに噂と憶測がつきまとうものだが，巷にある極論がささやかれている。「人事評価はいらない!?」というのがそれだ（リクルートワークス研究所, 2016）。

　人事評価の廃止論は，2010年代のアメリカから始まった1つの大きな話題である。フォーチュン500社の約10パーセントが，人事評価を廃止したという記事もあるくらいなので，その勢いは止まらない（松丘, 2016）。評価をやめるということは，処遇のあり方自体も見直すということなので，様々な意味で，人事管理の分水嶺だともいえる。

　マイクロソフトやギャップやアドビシステムズなど，名だたる企業が実践し始めた評価の廃止。中でも最も有名なケースは，ゼネラル・エレクトリック（GE）が，ジェフ・イメルト会長の命を受け，2015年に人事評価（レーティング）をやめたことだろう（熊谷, 2016）。パフォーマンスとリーダーシップの2つの評価要素を人事評価によって3段階に区分けし，3×3のマトリックス（表）に配置した「ナイン・ブロック」という制度は，特に有名だった。この評価制度を用いて次世代幹部候補のタレントレビュー（人材の棚卸し）を行う施策を，人材の選抜と育成のベスト・プラクティス（模範例）として，参考にしてきた企業も数多い。そのGEが人事評価を廃止したことは，大きな衝撃を与えた。

　世界の流れを見ていけば，成績を評価して給与処遇に反映させる「パフォーマンス・アプレイザル（業績評価）」が死語となり，代わりに，成果目標を立てて

その目標達成の程度を，上下のコミュニケーションを通して管理・評価していく「パフォーマンス・マネジメント（業績管理）」へと制度が切り替わったのが，2000年頃だろう（Latham & Mann, 2006）。それが20年の歳月を待たずに，評価しないことで逆に成果につながる意欲を高めようとする「パフォーマンス・ディベロップメント（業績開発）」に変わろうとしている。

一方，わが国の人事評価の歴史を振り返れば，戦後に「職能資格制度」にマッチする形で，職務遂行能力と成績を上司が評価する「人事考課」が，人事制度の中核を担ってきた。それが一転，バブル経済の崩壊を機に，年功的色彩の強かった制度が鳴りを潜め，代わりに，成果主義の流れの下で，当時のシリコンバレーの新興企業で実行されていた「目標管理制度（MBO）」が，成績評価の仕組みとして定着してきた。1990年代のことである（髙橋，2010）。このとき，年功的処遇が成果主義的な考え方に修正されたことは，人事における大きな価値観の転換であった。

21世紀に入ると，MBOを通した成果主義が，わが国の人事処遇になじまないことを薄々感じ始め，同時に，成果主義に対する現場からの不信感と不満を受けて，「修正成果主義」のための評価制度を模索し続けてきた。そんな矢先に，「人事評価の廃止」という新たなトレンド（動向）を目の当たりにして，人事部が当惑している姿が目に浮かぶ。成果主義に対して疑問を感じながらも，海外からの輸入に頼って，自分の組織に合った評価の仕組みを独自に構築していく努力を怠ってきたツケが回ってきたといえるかもしれない。

なぜ，人事評価をやめようとするのか？　その原因として考えられるのは，大きなビジネス形態の変化である。あらゆるビジネスが，インターネットを介してグローバル化するとともに，質的な変容を見せた。小売業であれば，百貨店やスーパーなどの伝統的小売業が衰退し，アマゾンや楽天市場やアリババなどのようなインターネットを介した販売が，店舗販売を上回っている。インターネット市場が実物市場を席巻している。

また，製造業においても，IoT（Internet of Things：モノのインターネット）が進展することによって，ハードとソフトが融合して顧客価値を最大化するビジネスモデルが台頭してきている。例えばGEのジェットエンジン事業では，航空機エンジンに組み込まれた数百個のセンサーによって動作情報を記録し，クラウド上でデータを集約して，ビッグデータ分析とAI（人工知能）によって正誤判断を行う。機体のデータを大量に瞬時に解析することによって，保全や安全確認

のサービスをつねに提供し，顧客に対し新たな価値を付加している。

シリコンバレーの新興企業が得意とするインターネット・ビジネスでは，新しいサービスがつねに輩出されるが，その新規性ゆえに，サービスが市場に受け入れられるかどうかは，実際に使ってもらわなければわからない。そのため，最低限の機能を備えたベータ版（お試し版）を市場に投入し，顧客の声をソーシャルメディア等で聞き，変更を加えながら進めていくリーン・スタートアップ（貧弱な立ち上げ）が重視されている。

従来のビジネスのように，完璧な機能と品質を備えたモノとサービスを提供するのではなく，半完成品を他社に先駆けていち早く上市し，市場や製品の反応を見ながら変更していくのが，新しいビジネスの方法だ。インターネットの普及によって，営業マンに頼らずに顧客に向き合うことができたり，リサーチに頼らずデータを収集し，AIによって状況判断ができるようになったことの恩恵を，最大限に享受する。このようなビジネス環境の変化は，アジャイル化（俊敏化）とよばれている（Gower, 2013）。

2. アジャイル化の影響

俊敏なビジネス環境の変化は，そこで働く従業員の仕事もアジャイル化（俊敏化）する。その結果として，人事評価に直結する仕事の進め方に対しても，大きく2つの影響が起きている。

第1は，業務の単位が個人をベースにした自立的なものから，組織と部門の壁を越えたコラボレーション（協働）へと変化したことである。アジャイルなビジネス環境では，ビジネス上の成果を生み出すために，個人の能力や努力よりも，チームの働きによる貢献のほうが大きい。したがって，評価に際しても，従来の個人成果や個人能力に重きを置いた仕組みは妥当性を欠き，チーム成果やチームのコンピテンシー（強み）などを評価の対象とする必然性が出てくる。評価単位が個人から集団に変わることは，これまでの人事評価を決定的に不都合にする。

第2に，成果が努力や能力の関数ではなく，偶然が作用する程度が大きくなったことである。インターネットで生み出されるサービスに関していえば，なにが当たるのか，なにが売れるのかについて，専門家が論理的に予測・説明できる範囲を超えてしまったようだ。

例えば，2016年に世界で2番目に多く再生されたYouTube動画が，ピコ太郎の

「ペンパイナッポーアッポーペン（PPAP）」だったことはよく知られている。再生回数に比例して加速度的に人気が沸騰したピコ太郎が，YouTube（Google）を含めた広告媒体から受け取った広告収入は 1 億円を下らない。この額を目当てにして，ヒットをねらった企画を広告代理店が周到に準備したとても，PPAPを上回るようなヒット作を意図してつくり出すことはできないだろう。一見無意味な動画がどうして大ヒットし，多額の利益を生み出すのか，まともなロジック（理屈）では説明できないからである。

インターネットを活用した知識集約型ビジネスを俯瞰してみれば，FacebookやLINEのようなソーシャルメディアが電話会社や広告代理店を凌駕したり，Airbnb（エアビーアンドビー）が旅行代理店と旅館業を変質させたり，Google Mapのストリートビューが自動車会社の将来性を左右するなど，従来の思考では予想できない不確実性が高まっている。

不確実性の根本は予測不可能性である。データや経験則や論理を積み上げた将来予測は通用しなくなり，代わって，偶然や運の要素によってビジネスの成功が規定される程度が，どんどん大きくなっている。昭和初期のニシン漁や戦後の小豆相場やバブル期の不動産投資などにも似て，現代のビジネスは射幸性が高いものとなっているようだ。

そうなれば，その下で働く従業員の個人成果もあらかじめ定義しにくいものとなる。「成果主義は結果主義に在らず」という従業員の不満が聞こえてきそうだが，だれかが達成したビジネス上の成果であっても，偶然の影響が大きくなってくると，それが本人の努力や能力などに帰せられないため，成果の評価に不信と不満を募らせることになる。

外発的インセンティブ（誘因・報奨）が内発的なやる気を削いでしまうマイナスの効果（アンダーマイニング効果）については，よく知られている（Deci & Ryan, 1985）。成果を出そうと必死に努力したとしても，その努力が水泡に帰す。それだけでなく，まったくの偶然で成果が大きく食い違うようになると，まじめに働くことがバカらしくなる。

同様に，パフォーマンス・マネジメントのプロセスを通して，部下の成果を向上させる役割を担う管理職としてみれば，評価と面談に多大な時間と精力を費やしていながら，それが部下や部門の成果につながらないもどかしさを感じることになる（松丘，2016）。ムダ・ムリ・ムラを削減するのが管理職の役割だとすれば，まさに人事評価自体がムダに思われてしまうのだ。

3. 仕事の成果の分布が変わる

　人事評価で査定しようとしているのは，仕事の成果である。個人の能力や行動や態度を総合判断するケースもあるが，目標管理制度（MBO）が広まった現代では，まずは仕事の成果が評価軸に上げられてくる。では，それにはどのような差がついているものなのだろうか？

　成果を考える基本前提に，1つの変化が見られている。上2割－中6割－下2割という2・6・2の法則があてはまっていた時代は過去のものとなり，21世紀の知識集約型産業社会では，格差がどんどん広がっている。上流層が富を占有する傾向が強まるとともに，中流層が下流に流れ，富裕層と貧困層に二極分化するような様相が，現代を特徴づけている。2011年に起こった「ウォール街を占拠せよ（Occupy Wall Street）」デモは，記憶に新しい。デモ参加者が掲げた「We are 99％」のスローガンは，グローバル社会で上位1％の富裕層が資産を独占し，不平等格差が広がっていることをはっきりと映し出している。

　ビジネスで達成される成果も，同様に，大きな格差が生まれている。よい意味で捉えれば，ビジネスを成功に導く少数のスター人材の働きが際立っている。組織と事業の将来を左右するビジネス上のヒット（大当り）は，経営陣の戦略的な方針決定から生み出されるのではなく，一風変わった人材の出したアイデアや他人が真似できない方策から生まれる。従業員の働きが思いがけない成果を生み出し，それが事業を牽引していく。

　ビジネスの成功は100％偶然の産物ではないので，偶然を必然に変えていこうとすれば，ヒットを量産できるスター人材を社内外に確保しておくことが肝心だ。そのような人材をつなぎとめておこうとしたら，利益を生み出したスター人材に十分に報いるような報奨の仕組みづくりをするのがよいことになる。

　現代のビジネスには，パレートの法則（80・20の法則）が流布している。経済活動において，全体の数値の大部分は一部の要素によって生み出されるという偏りに関する法則のことだ。「8割の土地は人口の2割によって所有される」というパレートの古典的例に始まって，「商品の売上げの80パーセントは20パーセントの銘柄で生み出される」とか，「80パーセントの利益は20パーセントの従業員によって生み出される」と信じている経営者も少なくない。だから，少数派の20パーセントのほうに注目するのがよいことになる。

一方，よくない見方からすれば，現代の格差を容認するビジネス発想で仕事の成果を考えるのは，バランスを欠いていると指摘できる。伝統的な成果の考え方からすれば，成果は能力と努力と機会の関数なので（Campbell et al., 1970），極端に成果が高い人が生まれることもないし，極端に成果が低くなることもない。平均的な能力の人が平均的に努力すれば，なるほど平均的に成果を上げられるものだ。だから，キャリアを通して成果を眺めていけば，たいてい平均に回帰するものである。平均のあたりにちょぼちょぼと散らばるのだから，その時々で大きな格差をつけてみても，長い目で見れば意味がないということになる。

　図4-1を見てほしい。破線で示された分布は，従来の考え方に従った正規分布（ガウス分布）のモデルである。この場合，平均や中心の部分に関心が向くので，極端な人材は外れ値として，当面は黙殺される。スター社員であっても，その成果は時を経れば，平均的な水準に戻っていくものなので，格差を大きくつけた処遇を行って報奨を与えるようなことをしなくてもよい。

　一方，実線で示されたのは非正規分布（パレート分布）のモデルである（Aguinis & O'Boyle, 2014; O'Boyle & Aguinis, 2012）。実線に見られるように，極端に高い成果を示す人は，数は少ないが右側に広く散らばっており，成果の分布の尻尾を長く引き伸ばしている。ロングテールとよばれる現象である（Gladwell, 2000）。この少数の人たちが，組織全体の成果を引っ張っている。

　逆に，最大多数の層は，成果の水準で見て，平均より低い範囲に収まっている。

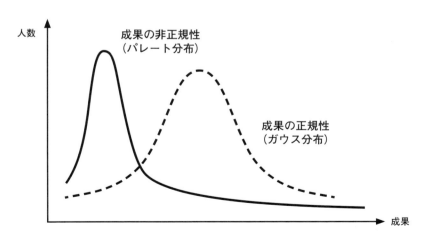

図4-1　成果を捉える２つの考え方

80・20の法則のように，大多数の従業員は低い成果に留まり，利益に対する貢献だけを見れば，組織のお荷物になっているといえるかもしれない。しかし，数少ないスター人材がそれを補って余りある成果を示し，組織を牽引する。

このような場合に，正規分布に従って評価をすれば，スター人材が低く見積もられてしまうので，正しい処遇にはつながらない。だから，スター人材が不満を募らせることになる。例えば，青色ダイオードの開発でノーベル物理学賞を受賞したカリフォルニア大学サンタバーバラ校（UCSB）中村修二教授が，かつて勤めていた日亜化学工業で社員としては破格の研究待遇を得ていたにもかかわらず，青色LED製品化から得た成果配分の低さゆえに，日亜化学工業と訴訟になったことは有名である。

確かに，個人の成果についても，現代のビジネス環境の下では，非正規分布（パレート分布や対数正規分布など）を想定するのがよいかもしれない。そこに目をつけたとしても，分布の偏りの方向が問題だ。才能豊かなスター人材が多くの成果をたたき出すことにはだれもが納得したとしても，組織で働く大多数の従業員が，成果主義の下では，自分なりに一生懸命努力しても，そこそこ重荷になっているというのでは，どうにも気持ちがおさまらないだろう。

4. 評価のインフレーションが複雑さを増す

さらに問題をややこしくさせているのは，人事評価の上振れの問題である。一般の人事評価では，従業員の成果が低いほうに偏っているのではなく，たいていは，S評価やA評価が増え，C評価やD評価が極端に少ないというように，評価が高いほうに偏る傾向がある。いわゆる，「評価のインフレーション（上振れ）」という現象がよく起きる。

上司としてみれば，自分の部下のことはよく知っているので，それだけよく見えるし，結果を本人にフィードバック（返戻）するにあたっても，悪い結果を返したくないのはヤマヤマだ。だから，結果的に評価が甘くなってしまう。この問題を解決するために，評価が出揃ったところで，二次評価者・上位評価者による部門間調整（キャリブレーション）を行う仕組みが定着している。

いま，成果に関して現実的な考え方をとり，パレート分布に合うように，インフレーションを起こしている人事評価を修正とするとしよう。そうすればどうなるか？　きっと，組織に大きな混乱が生じるのではないかという危惧がある。

図4-2にあるように，破線（評価のインフレーション）と実線（成果のパレート分布）を調整することを考えてみよう。相対評価を維持しながら調整しようとすれば，それまでA評価を受けていた人がB評価に，B評価がC評価に，C評価がD評価にダウングレード（格下げ）されることが必至だ。だから，分布に従って評価を調整することは，従業員全体に大きな痛みを強いることになり，大多数の従業員のやる気を削ぐ（ディモチベートする）ことにもなる。

一方，スター人材のほうでも，長期雇用が前提であれば，高い成果がゆえに組織に居づらくなる。また，その実績を売りにして転職する意欲が高まってくるのではあべこべだ。「角を矯めて牛を殺す」ことにもなりかねない。

シリコンバレーのIT企業を見習えば，21世紀の働き方は，組織にしがみつくのではなく，雇用先を転々としながらも，個人と組織が協力関係（パートナーシップ）や提携関係（アライアンス）を結ぶことが望ましいと思われている（Hoffman et al., 2014）。アメリカの大リーグ（MLB）やプロフットボール（NFL）のようなプロスポーツでも，スポーツ選手という職業で自己をとらえ，選手1人ひとりがチームに雇用されるというよりは，リーグに属して雇用機会を得るという意識が高い。だから，出場機会を求めてチームを変わることにも抵抗感が少ない。例えば，イチロー選手は，シアトル・マリナーズに12年間所属した後に，古巣を離れ，ニューヨーク・ヤンキースやマイアミ・マーリンズに移籍して活躍を

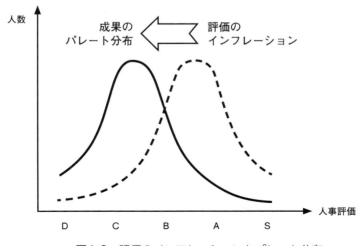

図4-2 評価のインフレーションとパレート分布

続けている。

　生涯1つの組織と添い遂げて，すべてを捧げるというような，古風な結婚観にも似たコミットメント（深い関わり合い）を求めるのではなく，その時々で，能力を活かし切ることのできるパートナーシップ（対等な協力関係）をお互いに求める。シリコンバレーやプロスポーツのように，それができれば，毎年の成果を報酬に直結させるような報奨制度がうまく機能するだろう。このような労働市場の条件がそろってこそ，パレート分布のような偏った成果評価と処遇が支えられることになる。

　一方，正規分布を非正規分布に変えるというのは，人事評価にかかわる哲学を切り替えることになる。だから，多くの従業員にとっては受け入れにくいことでもある。さらに，上振れした人事評価の下での成果主義に慣れてしまった従業員にとっては，新たな成果格差を反映させる本当の成果評価のあり方は厳しすぎて，とうてい甘受できないだろう。

　皮肉なことに，現実に合わなくなってしまった成果評価のあり方を，現実に合うように修正するよりは，人事評価自体をやめるという選択肢のほうが，まだ受け入れられやすいのだ。

5. 組織の「鏡」としての人事評価

　人事評価は組織を映す「鏡」である（髙橋, 2013）。評価の仕組みを見れば組織のことが見えてくる。組織の中でだれが優遇され，だれが上に昇るのか。それを決める手立てが人事評価だから，組織が大切にしている「価値」を，わかりやすい形で示している。

　組織の側からすれば，評価制度を通して，組織が大切にしている「価値」，組織の「哲学」をそれとなく伝える意識が欠かせない。評価される側は，評価制度から重要なメッセージを感じ取るものだ。だから，評価の仕組みを通して，組織の価値観をこれまで以上に熱心に伝えていく必要があるだろう。

　組織に深く浸透している目標管理制度（MBO）による人事評価を見てみよう。図4-3は，典型的な目標管理制度を示している（Odiorne, 1979）。

　目標管理制度によって人事評価を行うとすれば，まず期首に，評価される従業員が，管理者との面談の下で，仕事上の目標を設定することからはじまる。管理者は，期中に部下が達成した仕事の成果を，目標達成度の観点で評価する。期末

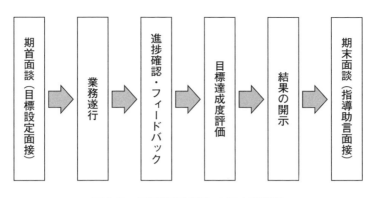

図4-3 目標管理制度による人事評価

には，面談を通して結果を本人に開示し，それを元に指導助言を行う。

　目標管理制度は，柔軟性の高い評価制度である。まったく異なった仕事を担当している従業員の間でも，期首に面談を通じて，評価基準となる目標を設定することができれば，目標達成率という共通のものさしを入れることができる。例えば，経理担当者と購買担当者のように，まったく異質な仕事を担当していても，その間に共通の基準を設けることができるのだ。だから，わが国に広く普及したのもうなずける。

　人事評価をやめるという極端な制度変更には踏み込めないまでも，成果主義時代だから，それに対応すべく，評価制度として目標管理（MBO）を取り入れ，期首の目標面談と期末の評価面談を上司に課すことで，上下間のコミュニケーションが図られたと安心している組織も多いことだろう。ここで気づいてほしいことは，漫才師のようにおしゃべりな上司でなければ，面談でうまくコミュニケーションがとれないということだ。まじめな上司が言葉を選んで，正しく成果を伝えようとすればするほど，重大な診断結果を伝えてインフォームド・コンセント（説明と同意）を得る医者と患者のように，お互いに凝り固まってしまう。

　「チームワークを重んじて，風通しがよいことがわが社の持ち味だ」と思っていれば，なおさら，成果主義に通じる目標管理制度は曲者だ。目標管理制度で評価されていれば，そこで働く従業員は，「この職場では成果がとりわけ求められている」と感じてしまう。組織が望んでいる価値観と反対のものが，意図せずに，従業員に伝わってしまう。「高い目標のストレッチが部下を伸ばす」と説明したとしても，目標チャレンジシートを書かされた段階で，もううすうす感づいている。

その一方で，従業員や組合に配慮して，伝統的な処遇のあり方を残し，年齢や能力などを考慮して給与を決めている（年功制・職能資格制が並存している）と，「成果は二の次だ」と従業員は感じてしまう。評価制度には，すでにいろいろな意味が込められている。無味無臭はあり得ない。

人事評価では，組織のバリュー（価値観）を評価要素に反映させて，組織が大切にするメッセージを伝える。それがあるべき姿だ。とはいえ，評価の仕組みはなかなか変わらない。評価者，評価プロセス，目標設定の仕方など，どれをとっても，すでに組織の中にしっかりと根を下ろしているので，不都合があったとしてもなかなか変えられないだろう。

ではどうすればよいか？

6. 人事評価の未来像

人事評価の目的はなにかというそもそも論からヒントを得てみよう。人事評価の目的には，だいたい決まって2つ上がってくる。処遇目的と育成目的だ。この2つは，それぞれ別のステークホルダー（利害関係者）の声を代弁している。評価はなんのためかという問題は，すなわち，だれのためかという問題と合わせ鏡になっている。

処遇目的というのは，従業員を管理して目標を完遂させる組織（とそのエージェントである管理職）の立場を反映している。企業であれば，利益を上げないと存続しにくいので，組織の目標がはっきりする。つまり，会社全体として成果や業績を高めていくことが，組織の目標となってくる。だから，従業員を評価するにあたっても，利益や利潤を上げたかどうかが，大切な評価の基準になってくる。組織というステークホルダーにとっては，評価をベースにして人材を管理監督していく処遇目的を第一に考えるのが当たり前だ。

一方，育成目的というのは，仕事を通して自己成長を求める従業員の立場を代表している。雇われる側の従業員にとっては，組織に使われるのではなくて，組織の中で自己成長や自己実現することのほうが大切だ。だから，従業員というステークホルダーにとっては，人事評価も育成目的で行われるべきだと感じる。

人事評価の目的は，時として自己矛盾し，相成り立たないことがある。1つの制度の下で，処遇と育成という2つの目的のために人事評価が実施されていることが多いが，それが不都合をよんでいる。

成果主義は，処遇目的となる人事評価の価値を重んじた。成果に応じて処遇を行えば，従業員のやる気に報いることができると考えられてきた。しかし，成果格差が行きすぎてしまえば，本来のインセンティブ（見込み）を押し殺す予期せぬ結果が起きてしまう（経済学用語では逆選択とよばれている）。平均的従業員のモチベーションを削ぎ，飛びぬけた成果を上げたハイパフォーマーを転職に向かわせるという，笑えない事態が起こるのだ。その1つの結末が，人事評価の廃止であることは先に述べた。

　アドビシステムズやマイクロソフトのように人事評価を廃止した企業がある一方で，シリコンバレーのIT企業の最右翼Googleでは，業績評価と人材育成を分けることで，人事評価の機能不全を解消しようとしている（Bock, 2015）。人材育成を主目的にするということは，裏を返せば，評価結果だけで処遇を決めず，処遇に能力開発の程度を反映させるということである。それは，人事評価を廃止することの本来の意図と同じことを目指しているといえる。

　それでは，人事評価を廃止した後に実践される処遇のあり方は，どのようなものとなるだろうか？　それは3つの特徴を持つのではないか。

① 年次評価を廃止する代わりに，普段から頻繁に（リアルタイムで）成果に関するコミュニケーションを持つこと
② 個人成果を過度に重視するのではなく，グループの協力体制とチームワークを通した成果を志向すること
③ 個人成果に応じた報酬配分（パフォーマンス・ベースト・ペイ）から，企業成果に連動したボーナスや社員持株制（ストックオプション）による報酬配分に変えること

　普段からのコミュニケーション，チームワーク重視，ボーナス制度などを見ていくと，アメリカで起こった人事評価廃止の動きというのは，皮肉にも，成果主義が定着する前のわが国の評価制度と親和性の高いものとなっているといえるかもしれない。人事評価にも振り子の揺り戻しがある。輪廻転生の運命を感じるわけではないが，先祖返りにも理がある。

7. 成果主義の先に貢献主義が見える

　成果主義の行きすぎに対する反省から人事評価の廃止が起こったとすれば，もう1つの人事制度の方針変更は，「貢献主義人事制度」とよべるかもしれない（髙

表4-1 成果主義と貢献主義

	成果主義人事制度	貢献主義人事制度
目標	成果目標	貢献目標
目標設定プロセス	組織目標の上意下達	価値の共創
評価者	管理職	職場仲間
評価基準	目標達成率・数値	共感
根幹	個人情報保護	情報共有

橋，2016)。

　ではいったい，貢献主義とは，どのような人事制度をイメージすればよいのか？

　多くの組織で慣れ親しんできた目標管理（MBO）による人事評価の枠組みを使って，成果主義を貢献主義に切り替えることができる。これまで期首面談で行ってきた目標の設定において，成果中心の考え方をやめて，貢献中心に切り替えていけばよいのだ。成果一辺倒ではなく，組織や部門への貢献も評価に加えていく。

　成果主義から貢献主義へ。表4-1を参照してほしい。制度変更のエッセンスは，意外と単純だ。

8. 貢献主義人事に欠かせない共感

　チームワークで仕事が行われている職場で，人事評価のベースとして，これまで個人成果ばかりが考えられてきたことに問題があった。一方，貢献主義では，組織に対する貢献やグループ成果に対する貢献などで，従業員各自の寄与をはっきり策定することができる。サービスの質や顧客満足などといった，量化しにくい要素についても，貢献という切り口であれば，その寄与を計画することができる。

　さらに，成果主義では，数字による客観的な目標を立てることが強調されていた。具体的でチャレンジング（挑戦的）な数値目標が，モチベーションを高めると理論化されていた（Locke & Latham, 1984)。だからいきおい，数字に対する信頼感も高くなる。

　一方，貢献主義人事制度では，数字がそれほど力を持たないかもしれない。貢

献というのは，なにか絶対的な基準や方策があるわけではない。絶対基準のようなものがつくりにくいから，評価で高いポイントを得るためには，周りから共感されることが大切だ。

　FacebookやTwitterの「いいね！」ボタンのように，多くの同僚から，共感を得ること。周りから貢献が認められれば，その人が高い処遇を得られる。これは組織にとっても，評価される従業員にとっても，わかりやすいことだろう。

　従業員1人ひとりは，それぞれ職場に対する貢献の仕方がある。サッカーを例にとってみよう。前線で相手と張り合い，ゴールを上げることに燃えるストライカー。前線にボールを運び，組織戦術の舵取りを行うボランチ。ミスや失点をしないようにがっちりと守備を固めるディフェンダー。最後の最後でゴールマウスを死守するゴールキーパーという専門職など。

　チームに対する貢献は，それぞれの持ち場や持ち味によるものだ。それにもかかわらず，成果主義の名の下で，ストライカーばかりを評価してきた組織のほうに問題がある。ストライカーばかりのチームというのはあり得ない。

　どのくらいの成果を示したか，上司・監督に認められたかよりも，それぞれのポジションごとでチームに貢献し，チームメンバーからどれほど多くの同意と支持を得ることができたかを大切にする。ゴマすりやモーレツ社員は，上からの信任を得られたとしても，昇進して人の上に立つ立場にもなれば，周囲からの信頼は勝ち得ない。だから，評価のプロセスにも，多くの同僚との共感を加味して，組織の中で実質的に信頼を得る人を，上にあげたいものだ。

　また，年1回の評価というのは，あまりに時間が空きすぎる。よいことでもよくないことでも，人材の成長につなげるためには，即座にフィードバック（返戻）するスピード感が求められる。

　人事評価にスピード感をもたせる秘訣は，情報共有である。ビジネスのスピードが速くなった現代には，情報共有は欠かせない。反対にいえば，評価にかかわる情報を上司だけが抱え込むようなあり方を改めること。

　個人情報保護法に敏感になっていると，個人が特定できるあらゆる情報が大切に保管され，隠されてしまう。しかし，行きすぎた個人情報保護は密室主義につながり，えこひいき（ECOひいきではない）と疑心暗鬼を生じてしまう。それは人材の活用にも，職場の活性化にもマイナスだ。反対に，貢献目標と貢献目標達成率を，職場に積極的に開示すること。それが職場に新たな流れをつくる。

9. 共創社会に向けて

　マーケティングに「共創」という概念が登場している。生活者（顧客）と価値を「共に創造する」という意味である。これは，貢献主義の考え方にもあてはまる。評価される従業員が，職場の仲間と価値を共創する。

　そのために，評価者の役割も変わる。評価権者としての役割から，職場への貢献を共に創り上げるコーチの役割へ。すると，人と人との間に格差をつけなければならないという嫌われ役の重圧から解放され，チーム作りに専心できる。管理職としての喜びも増す（髙橋，2011）。

　人事評価は簡単にはなくならない。人事評価の廃止は，グローバル企業であっても，相当の覚悟がいる。一方，人事評価を残したままで，ポスト成果主義に適した評価制度があるとすれば，それは貢献と共感と情報共有に根ざしたものだろう。評価される従業員が，職場と共に価値を創り上げる。それに管理者も協力する。

　そんな共創社会だからこそ，想い起したい言葉がある。

　大切なのは共感すること。共感とは，相手の目で見，相手の耳で聞き，相手の心で感じることである。　　　　　　　　　　　　　　　　―アルフレッド・アドラー

（髙橋　潔）

1. 年功制と職能資格制度

◘ 日本的雇用慣行の特徴

　OECD（経済開発協力機構）は，1972年の『対日労働報告書』の中で，日本的雇用制度には，定年までの生涯の雇用保障に務める「生涯雇用」（いわゆる終身雇用），勤続の長さに従って賃金が急勾配に増す「年功賃金制度」，一企業の常用労働者から構成される「企業別組合」という3つの主要な要素から成る特徴があることを明らかにした。こうした3つの特徴を有する日本的雇用制度が，わが国の高度経済成長を側面から支えた点から，当時の労働事務次官の松永正男はそれを「三種の神器」と称した。それ以降，日本的雇用慣行の特徴を意味する言葉として三種の神器が広く流布することとなる。

◘ 年功制の概念と効用

　ここでは，そうした日本的雇用慣行の特徴の1つである年功制に焦点をあてて見ていく。年功制とは，昇格・昇進ならびに賃金の決定基準を，学歴，性別，勤続年数といった個人属性に基づき，人事管理を展開しようとするもので，終身雇用と不可分の関係にある。ところで，年功といった場合，わが国では新卒一括定期採用を行っており，勤続が年齢と連動しているため，年齢と混同されやすいが，年功とは主に熟練の深まりを表す勤続年数を意味している。したがって，年功制とは勤続年数をベースにした昇進制（以下では年功昇進と表記）と年功賃金制度からできている。勤続年数をベースにした年功昇進は，遅い昇進モードとよばれており，同期の従業員を入社年次で昇格・昇進させる同年次管理が行われてきた。こうした同年次管理の昇進制は，一方で同期入社の間で仲間意識や集団意識を醸成するとともに，他方では高度成長期における組織拡大にともなうポスト増への対応も可能にした。さらに，年功昇進は従業員に昇進期待感をもたせ，管理職に昇進するまでの競争意識を植えつけ，モチベーションを向上させることにも貢献した。そうした点から，年功昇進は"意図せざる能力主義"と言っても決して過言ではない。

　一方，年功賃金は，当時の技術革新のテンポが緩やかで，実態として勤続年数

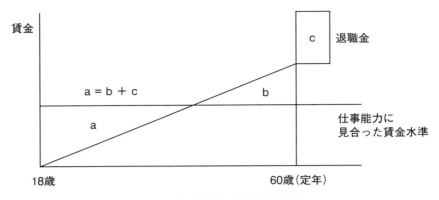

図4-4　年功賃金の経済的合理性

が能力や技能の習熟を意味しており，勤続年数の長さすなわち熟練の深まりとともに賃金が上昇することになんら矛盾が存在していなかった。また，年功賃金は図4-4に見られるように，若年時の低賃金を中高年時に取り戻すことができるように設計されており，賃金としての経済的合理性が担保されている。まさに年功賃金が「先憂後楽賃金」といわれる所以である。このような年功賃金は，従業員の長期勤続を促し，終身雇用の本格的定着化をもたらすとともに，若年時に低い賃金を提供することで企業の積極的な設備投資をも可能ならしめた。

　しかし，こうした年功制は担当職務の複雑性や困難度，職務遂行能力の発揮度や伸長度とはかかわりなく定められており，複雑で困難な職務に携わっている従業員や職務遂行能力の高い従業員にとっては，徐々に不満要因となっていった。また，年功で昇格・昇進や賃金が決まるため，高学歴化や高齢化の進展にともない，昇格・昇進に圧力が加わると同時に，人件費負担が重くのしかかり，企業経営を圧迫し始めた。

　さらに，そこに追いうちをかけるように，年功制を取り巻く環境が大きく変化し，その存続基盤が揺らぎ始めた。本来，年功制は高い経済成長を下支えに，要員構造が若年労働者を底辺とするピラミッド型構造を前提に維持されてきた。加えて，年功制は技術革新が緩やかで，勤続年数が熟練の深まりを表すことを前提に存続し得た。しかし，経済成長の鈍化や技術革新の進展，団塊の世代を中心とする年齢構成の変化，すなわちピラミッド型要員構造の崩壊，高学歴化などにより，年功制も崩壊せざるを得なくなり，職能資格制度を中心とする能力主義人事に人事制度の主役を奪われることとなる。

◪ ポスト年功制としての職務給の導入

ただ，ここで注意を要するのは，年功制から職能資格制度にすぐに移行するのではなく，ワンクッションを挟んでいるということである。当時の日本経済団体連合会（以下，日経連）は，1960年代前半にポスト年功制として職務給の導入を推奨し，日本製紙や新日本製鐵の前身である八幡製鉄や富士製鉄などの一部の大企業で職務給が導入された。

しかし，導入当時は高度経済成長期で組織や職務が拡大しており，職務給導入の前提ともいうべき職務の標準化が困難であったり，ジョブ・ローテーションでゼネラリストや多能工の育成を行ってきた日本的雇用慣行と合わない，つまり異動で職務が変わり賃金が変動することで，労働者の安定した生活がおびやかされる，などの理由から広く普及するに至らなかった。

◪ ポスト職務給としての職能資格制度

そこで，日経連はポスト職務給に向け，1965年の総会で採択した能力主義を具体化するために設置した研究会が中心となり，1969年に『能力主義管理－その理論と実践』を刊行し，能力主義人事の展開に向けた活動を本格化させていった。職能資格制度は，日経連の提唱する能力主義管理を人事制度として具現化したものであり，1960年代後半から1970年代にかけて大企業を中心にその導入が進み，現在では多くの企業に導入され，わが国の人事制度の代名詞とさえなっている。

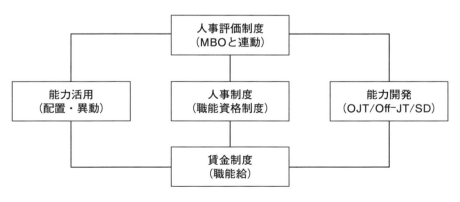

図4-5　トータル人事制度の全体図

職能資格制度とは，従業員の職務遂行能力（job ability）の発展段階に応じてランキング（序列づけ）をはかり，それをベースに能力の開発，能力の活用（配置・異動），さらには賃金（職能給）を決定していく人事処遇システムである（図4-5）。職能資格制度を核に，人事評価，能力開発，能力活用，賃金制度の4つのサブ・システムが効果的に連動したものをトータル人事制度とよぶ。

　先述したように，職能資格制度は大企業を中心に，多くの企業で導入されているが，導入されるにはそれなりの理由が存在している。そこで，つぎに職能資格制度の制度的特徴について見ていきたい。職能資格制度の制度として優れている点を列挙すると次のようになる。

① **資格と職位の分離により，組織の柔軟性と処遇安定の調和がはかれる**
　　職能資格制度では，資格と職位を分離することにより，処遇の安定化を追求しつつ，配置転換や組織の改廃を柔軟に展開することができる。

② **人事制度としてのトータル性を追求できる**
　　職能資格制度を核に，人事評価，能力開発，能力活用，賃金制度が効果的に連動し，人事制度としてのトータル性の追求が可能である。

③ **人事運用や処遇に対する従業員の納得性を高める**
　　従業員に期待される能力要件や昇格基準が明確にされており，それに基づき人事評価や昇格管理がなされ，従業員の昇格や賃金に対する理解と納得性を高めている。

④ **従業員に対するインセンティブを高める**
　　職能資格制度では，能力開発→能力向上→賃金上昇といった連鎖が組み込まれており，さらなる能力向上に向かわせるインセンティブに富んだ制度である。しかしその一方で，職能資格制度には，つぎのような欠点もあり，一部，制度的疲労が見え始めている。

① **潜在的能力を基準としているため，運用が年功的に陥りやすい**
　　職能資格制度の能力は，仕事で発揮された能力というよりも，潜在的な保有能力としての色彩を帯びているため，ややもすると運用が年功的になる。

② **賃金と能力，生産性とのギャップが拡大しつつある**
　　潜在的能力を基準としているため，年功的運用になりやすく，結果として賃金と能力，生産性とのギャップが生じ，経済的合理性が失われつつある。

③ **多様な価値観や求められる人材像に応えることができない**
　　職能資格制度は，管理職育成に向け，従業員を包摂した一元的管理として

の色彩が強く，従業員の多様な働き方や企業の求める人材像に応えられない。

このような欠点を内包する職能資格制度は，その特質ともいうべき単一管理から脱却し，人的資源管理の複線化，つまり複線型人事制度の導入をはかっていかなければならない。複線型人事制度とは，従業員の意思と適性に応じて人材を育成・活用していくための複線型のキャリア形成プログラムで，意思に応じた人材育成コースと適性に応じた人材活用コースから成り立っている。意思に応じた人材育成コースは，一般職，総合職，専能（担）職，適性に応じた人材活用コースは，管理職，専門職，専任職から構成されている。

（谷内篤博）

2. 成果主義と年俸制

◘ 成果主義とは

「成果主義」は，組織があらかじめ規定した「成果」に対して，所属する組織成員が一定期間内に達成した成果（結果・実績）に基づいて個人の「評価→報酬」が決定されることを重視する，人的資源管理における「基本原理」の1つである。このような成員の成果によらず，個人の基本的な属性である年齢に基づいて決定されることを重視する「年功主義」とは対照的な概念でもある。成果主義のような基本原理は，組織内の人材の序列構造である「人事等級制度」が構築され，給与の構成要件としての「報酬制度」が決定されることで現実のものとなる。

報酬制度では，成員の成果（実績）に対して支払う仕組みである「成果給」，成員の年齢（基本属性）に対して支払う「年齢給」，成員の能力に対して支払う「職能給」，成員の職種・職位に対して支払う「職務給」のように区別される（表4-2）。ただし，成員の給与全部が成果給のみで構成されたり年齢給のみで構成されたりすることは稀であり，いくつかの報酬を組み合わせ，比率を工夫しながらの運用が一般的である。

成果主義について，笹島（2002）は，「企業活動への貢献度に比例して処遇する」あるいは「会社の期待に応えた者を高く処遇する」と，正亀（2010）は，「狭義には，顕在的な発揮能力ないし仕事の短期的な成果に基づいている」と述べて

表4-2　成果主義と関係制度

基本原理	人事等級制度	報酬制度
年功主義 能力主義 成果主義	職能資格制度 職務等級制度 役割等級制度	年齢給 成果給 職能給 職務給

いる。いずれにしても,「成果」の測定尺度は,「貢献度」「期待」「発揮能力」のように,多分に主観的な価値を前提とするものである。このように考えると,成果の捉え方は組織それぞれに固有であり,成員あるいは外部への「メッセージ」として認識することが重要であろう。給与に占める成果給の割合から,組織の基本原理を推測できるが,その割合の多寡が絶対的要因とはならない。例えば,成果給の割合が30%だとすると,その組織の基本原理をどのように理解するのが妥当なのであろうか。

◘ 日本における成果主義

わが国では,バブル経済崩壊後の1990年代から,成果主義の考えを反映させた人事制度を採用する組織の増加が確認されている。この成果主義は,あくまでも1年以内というような短期的な成果(実績)に基づくものであり,過度な数量管理,目標達成の有無が主要な関心であるために,組織成員のキャリア開発との連関はほとんど重視されていないため,うまく機能しない事例も見受けられた。

成果主義を重視する傾向は,2000年以降も継続している。独立行政法人労働政策研究・研修機構 (2009) の調査 ($n=148{,}106$) では,30.2% ($n=44{,}674$) の企業が「成果主義賃金」を採用していると回答している。この中で,従業員1,000人以上の企業の73.5% ($n=2{,}889$) で採用していることが確認されている。また,66.8% ($n=98{,}868$) の企業が,「新しく採用した」と回答している。採用企業における適用範囲については,「従業員全員」とする企業が78.6% ($n=35{,}130$),「管理職層のみ」が6.1% ($n=2{,}734$),「特定部門の中核的職務従事者のみ」が8.3% ($n=3{,}698$) である。そして,成果により基本給が変動すると回答した企業が57.9% ($n=25{,}869$),賞与が変動すると回答した企業が87.2% ($n=38{,}943$) であり,過半数の企業では基本給にも何らかの影響を及ぼしている。成果が基本給の決定要素かどうかの5年前との比較では,管理職層は63.3% ($n=$

93,748）から73.0%（$n=108,101$）へ10ポイント程度の上昇が，非管理職層は58.6%（$n=86,723$）から69.0%（$n=102,129$）へ10ポイント程度の上昇が確認されている。

◘ 成果主義の影響

　人事諸施策において，どのような状況でも有効であるとかどのような組織にも有効であるとかの唯一の施策を設計するのは困難である。組織において採用されている施策，制度には，それぞれにプラス面，マイナス面が存在しており，どのような有効性を期待するのか，どのようなリスクを許容するのかは，組織の価値判断に依拠している。

　［プラス面］
① 設定した基準（目標）よりも高い成果の成員に対して，これを高く処遇することでモチベーションの向上が期待でき，優秀な人材の定着が可能となる。
② 設定した基準（目標）よりも低い成果の成員に対して，賃金の過払いを防ぐことで費用を低減できる。
③ 組織が成員に期待する内容が明確であるために，仕事意識の変革および主体的なキャリア開発行動に対して，有効に機能することが期待できる。

　［マイナス面］
① 成果（実績）評価におおいに依存しているため，評価の諸側面について精緻化，厳密化が強く求められ，設計のコスト高を招くとともに運用も困難である。
② 支払える賃金総額に限度があるために，多くの成員が高い成果を達成した場合には，十分な対応が困難となる可能性が高い。
③ 給与の変動が大きい場合，成員の生活に大きな影響を及ぼすため，コミットメントおよびモチベーション低下，他の成員との協働意識の低下を招く。

◘ 成果主義を機能させる

　日本の組織においては，年功主義（年齢給重視）から成果主義（成果給重視）への移行を留めることは困難であり，企業活動のグローバル化と成員のダイバーシティ（多様性）重視を考慮すれば，むしろ合理性の高いものである。それでは，成果主義に基づく評価制度，報酬制度を実施する際の留意点について検討したい。

　第1に，組織が独自に「成果」とは何かを規定することである。成果は組織の

妥当性・安定性・公平性・透明性 → 納得性 → 有効性

図4-6 施策の有効性に至るプロセス

主観に基づくものであり、他の組織での事例がいつでも援用可能であるとは限らない。第2に、規定された成果に基づいて、対象となる範囲（職種、職位など）を決定することである。組織における様々な職種の中には、このような施策、制度との整合性の高いもの低いものがある。第3に、成果を評価する方法、基準、尺度を規定することである。そして、①成果の困難度、②成果の達成総量、③目標への達成率、④評価する期間、⑤評価者、⑥評価回数、⑦結果のフィードバック方法などの決定と周知が必要である。第4に、評価を何に反映させるのか決定することである。ここでは、給与、賞与、昇進・昇格、福利厚生等が対象である。

いずれにしても、運用の「妥当性」「安定性」「公平性」「透明性」を確保することが成員の「納得性」を高め、結果として制度の「有効性」が担保される（図4-6）。

◘ 関係する人事諸施策

成果を重視する評価制度、報酬制度を有効に機能させ、成果主義を浸透、定着させるために、導入、運用を検討するべき人事施策がある。例えば、「インターンシップ」「職種別採用」「ジョブ・デザイン」「目標による管理（MBO）」「自己申告」「社内公募」「社内FA」「360度評価（多面的評価）」「アセスメントセンター」「評価者訓練」「ファスト・トラック」「裁量労働」「コンピテンシー」「CDP」「キャリアカウンセリング」等は、おおいに関係が深い施策といえる。

◘ 科学的管理法との類似

成果主義とそれに基づく諸施策を、新しい基本原理、制度として考える向きもあるが、テイラー（Taylor, 1947）の「科学的管理法」にも同様のものが見受けられる。テイラーは、作業の科学的分析と1日あたりの標準仕事量を設定し、達成した者には標準よりも高い報酬を、未達成の者には低い報酬を与えることで、労働者の労働意欲喚起、意識変革、組織における生産性の向上を意図している。

科学的管理法は，経営者（組織）に対しても従業員（組織成員）に対しても，同じように「最大限の繁栄」をもたらすことを目的として成果（実績）の向上に注目したものであり，成果主義の原理と類似したものとして捉えられる。

◘ 成果主義賃金としての年俸制

　成果主義に関係の深い賃金制度に，「出来高制」と「年俸制」がある。出来高制は，生命保険会社の営業職員の賃金体系に見受けられるもので，賃金のかなりの割合が，契約額あたりいくらと規定された「成績手当（営業手当）」として支払われる仕組みである。ここでは，あくまでも評価するのは営業成績だけである。

　年俸制は，成員が実際に達成した成果に基づいて評価が決定され，次年度の給与，処遇などに反映される成果主義に基づく賃金制度の１つである。年俸制の基本的な考え方はあくまでも毎年ゼロ・ベースであること，そのために，次年度の賃金が一定水準の上下変動を許容する制度であることに特徴がある。

　ただし，組織の規定した成果の中には，結果だけでなくプロセスも対象となることがあるのは，出来高制との相違でもある。年俸制は，成果給を中心とした給与体系（給与全体の中で成果給の比重が高い）であることと，成果をより重視するという組織としての原理，価値のメッセージを強調したものであるといえる。

◘ これからの成果主義

　成果主義そのものは，成果（実績）に基づく評価であるため，「結果の公平性」については一定の水準を担保している。これを有効に機能させるためには，組織が諸制度について説明責任を果たすとともに，「機会の公正性」を提供することが必要である。本来の成果主義は，労働時間ではなく成果に対して評価する仕組みであるが，労働時間に制約がなければ，成果達成のためにこれまで以上の長時間労働を招く可能性は低くない。効率的な労働を実現するための成果主義が，重大な逆機能となることも想定して，期間あたりの成果ではなく時間あたりの成果を評価の中心とする仕組みについても検討することが必要である。

（櫻木晃裕）

3. グローバル賃金制度

◘ 日本と諸外国の賃金決定要因

①日本企業の賃金決定要因

　日本企業の正社員の賃金の枠組みは「賃金＝基本給＋手当＋賞与」と表現することができる。賃金の主要部分である基本給について見ると，企業によってその決め方は実に様々であり，時代によって変化してきている。

　1970年頃から1990年代にかけて，「基本給＝職能給＋年齢給＋勤続給」という基本給体系が大企業を中心にかなり広がった。労働省（現厚生労働省）「雇用管理調査」（1990）によれば，職能給の導入に必要となる職能資格制度の導入率は，5,000人以上企業は77％，1,000～4,999人企業は65％，300～999人企業は50％に達した。年齢給は社員の生活費に配慮した賃金であり，社員の年齢に応じて決まることから，生活費が増加する中年期には高くなる。勤続給は勤続年数が高まると増加する賃金である。

　職能給は社員の職務遂行能力に基づいて決める賃金であり，能力主義の賃金であるとされたが，能力評価の難しさもあって，多くの企業では実質的には年功賃金と変わらないものとなった。その結果，年齢給および勤続給と合わせて，日本の賃金は中高年ほど賃金が高くなる年功賃金の状況が継続した。正社員については長期雇用を前提としていることから，以上の基本給体系は効果的であり，日本経済の成長が続く間は大きな問題をもたらさなかった。

　手当部分を見ると，役付手当など担当職務を反映する手当もあるが，家族手当や住宅手当など社員の生活に配慮した手当が大きな割合を占めている。賞与は企業業績を反映して支給額は変化するものの，企業業績が赤字であっても支給する企業が一般的であり，固定的部分があることを忘れてはならない。

　1990年代以降，日本経済の長期低迷，企業業績の悪化，社員の高齢化などが重なって，多くの企業は年功賃金の維持が困難となり，徐々に成果主義賃金を導入することとなった。成果主義賃金の特徴は，社員の担当業務に基づく賃金の比重を高め，人事評価を強く反映させることである。そうはいっても，全体としては2010年代後半に至っても依然として年功賃金の色彩が濃い状況にある。

②主要国企業の賃金決定要因

以上に見たように，日本企業は社員の職務遂行能力や生活費をかなり重視して賃金決定を行ってきている。このようなわが国の賃金決定は国際的に見るときわめて特異である。

諸外国では，社員の担当業務内容を基準として決める賃金である職務給を原則として利用している。アメリカ，イギリス，カナダ，オーストラリア，香港，シンガポールでは「基本給＝職務給」であり，ドイツ，フランスでも「基本給＝職務給」とする企業が一般的である。中国でも「職務給」を導入する企業が相次いでいる。上述以外の国々でも「職務給」は基本給の主流であると思われる。

手当について見ると，生活手当を支給する事例はほとんど見られない。社員が遂行する業務内容に応じて賃金を決めるという労働対価原則が貫かれている。

さらに，わが国で一般的な賞与（ボーナス）に関しては，マネジャー以上の役職者に限定して支給するのが一般的であり，それ以外の一般社員に対して支給しないか，支給するとしてもせいぜい月給1ヵ月程度のクリスマス・ボーナスが支給されるにすぎない。

◪ 職務給制度の仕組み

①職務分析と職務記述書

以上のように，賃金制度のグローバル・スタンダードは「職務給」（job-based pay）ということとなる。

「職務給」とは，労働者が担当する職務の企業にとっての重要度を評価して，重要であるほど担当労働者の賃金を高くするというものである。企業が職務給を導入するには，つぎの手続きが必要となる。

まず，企業内のすべての職務に対して職務分析（job analysis）を行う。これは労働者の担当職務の内容を調査する手続きである。次いで，職務分析の結果を職務記述書（job description）に取りまとめる。職務記述書には職責，具体的な職務内容，上司の役職，部下の数，職務遂行に必要となる能力等が記述される。職務記述書は採用，配置，人事評価，賃金決定，能力開発，昇進など様々な人事管理業務に用いられる重要な文書となる。

つぎに，職務記述書を用いて，各職務の企業にとっての重要度（職務価値）を測定する。この測定作業のことを職務評価（job evaluation）と表現している。

②職務評価

職務評価手法をタイプ分類すると，序列法，分類法，得点要素法などがある。

最も簡単な職務評価手法が序列法（ranking method）である。社内に委員会を設置し，企業内の各職務を総合的に見て，重要度の序列を決定する手法である。分類法（classification method）は，職務の重要度の序列を示す分類基準をあらかじめ用意して，企業内の各職務を分類基準と職務記述書に照らして分類していく手法である。序列法よりは客観的な評価手法であり，比較的容易に導入できる手法である。

要素別点数法（point factor method）とは，職務評価する要素，例えば，①職務の責任の大きさ，②職務遂行に必要となる知識・技能の程度，③職務遂行の複雑さ，④職務遂行における身体的負荷の大きさ，などをまず決定する。どのような，そして幾つの職務評価要素とするかは，それぞれの企業が事業内容や経営方針などに基づき決定する。決定した職務評価要素ごとに，幾つかの段階を用意して各段階の点数を決める。

「知識・技能の程度」を例にとると，①1ヵ月程度の訓練・短期間の実務経験を必要とする（10点），②3ヵ月程度の訓練・6ヵ月程度の実務経験を必要とする（20点），……，⑥広範な高度の知識・技能を必要とする（60点），というようにする。各職務について，職務記述書を利用して職務評価要素ごとにどの段階に該当するか判定し，対応する点数を求める。このようにして得られた点数の総合計が当該職務の職務価値（job value, job size）を示す，と考えるのである。

③グレード賃金の決定

職務評価の結果として，どの職務にも企業にとっての重要度（職務価値）が決まる。人事管理，賃金管理の便宜のために，類似する重要度（職務価値）を有する職務をまとめて，幾つかの職務グループをつくる。職務グループ数は，企業規模や企業の人事政策で変化する。この職務グループはいわゆる職務等級（job grade）のことであり，通常はグレードと表現している。

グレードごとに標準賃金を定め，標準賃金のx％増しの賃金をグレードの上限賃金，y％減じた賃金を下限賃金とする。x，yは企業によって様々であるが20％程度であることが多い。以下で述べるヘイ・システム（Hay System）では20％としている。賃金表（salary structure）はグレード別に上限賃金，標準賃金，下限賃金を示している。

わが国は長期雇用，長期勤続が根づいていることから企業間を移動する者の割

合は諸外国と比較して低い。諸外国では，労働者の企業間移動は活発であり，企業が世間相場より低い賃金を支給すると社員が他社に流出する可能性が高くなる。それを避けるために賃金水準をできるだけ世間相場並みとするのが一般的である。前述した標準賃金は，自社の考える世間相場賃金を反映して設定することとなる。

賃金表に定める賃金は基本給である。基本給以外にボーナスを支給する企業も多い。ボーナスは前述したように管理職に重点的に支給するのが一般的である。

◪ グローバル企業の賃金の枠組み

冷戦の終結，社会主義諸国の市場経済化，途上国の経済発展などから，各国間の経済的結びつきがますます強まると共に，自国内のみならず，世界各国で活動を展開する企業が増大した。海外活動のウエイトが低い段階では，進出先国での生産・販売活動では，現地に設立した子会社に本社から経営陣の一部を送り込み，経営のほとんどを現地法人に任せる手法を採用するのが一般的であった。人事管理の面でも，現地の経済的事情，文化的事情や法的事情を踏まえたものとするのが最も適切であった。

海外活動のウエイトが高まると共に，経営効率を高める観点から全世界の企業活動を統一的に運営する必要性が高まってきた。人事管理の面では，各国に設立した子会社の経営人材や幹部をどのように確保・育成・配置・処遇するかが重要な課題となってきた。

多くのグローバル企業が採用している人事管理の枠組みは，つぎのようなものである。

① 社員をグローバル社員とローカル社員に分類する。
② グローバル社員は，本社あるいは各国の子会社で経営を推進する役割を担い，国を越えた異動もあり得る社員である。
③ ローカル社員は，本社あるいは各国の子会社の業務を推進する役割を担い，異動は所属国内に限定される。
④ グローバル社員に対して職責・役割に応じた等級制度を用意し，全世界同一基準で適用・運用する。賃金水準は全世界同一基準とすることも，また各国の賃金水準を考慮して国ごとに設定することもある。人事評価は全世界同一基準で行う。
⑤ ローカル社員の等級制度や賃金水準，人事評価制度は，それぞれの国の労働事情に合わせて構築する。

以上の枠組みは，社員を総合職と一般職に分類し，総合職と一般職の確保・育成・配置・処遇を異にするコース別人事管理と類似している。

グローバル社員の等級制度は「職責・役割に応じて設定する」と表現したが，この等級制度は，前述した職務評価を実施して構築する職務等級制度にほかならない。

◪ 日本のグローバル企業の人事賃金制度

1990年代以降，今日に至るまで，日本企業の海外展開が急速に進んだ。海外ウエイトの低い段階では，日本国内の人事管理と海外での人事管理を切り離して運用することが一般的であったが，海外ウエイトの高まりに伴い，海外で有能な人材の確保・定着・インセンティブ向上のために，幹部人材に関しては世界統一基準で運用する動きが強まってきている。

幾つかのグローバル企業の例を挙げると，日立製作所は，①国内外の課長級以上についてはグローバル・グレード制度を適用する，②各管理職がグローバル・グレード制度のどのグレードに格付けされるかは職務や職責の大きさで決まる，③グレードごとに賃金水準を決める，としている（日経新聞夕刊2014年9月26日）。

曙ブレーキ工業は，2012年に，管理職層の役職等級（M1〜M4）はグローバル共通とし，特に最上級（M4）の部門長・拠点長クラスに関しては，全世界共通の職務給基準に基づく処遇の統一を実施した（労務行政研究所，2012）。

セイコーインスツルは，2000年に，職務価値・能力発揮度に基づいた賃金体系を国内管理職に導入し，同時に属人手当（家族手当，生計手当など）を廃止した。その後，2003年に対象を国内全社員に拡大し，2005年以降に海外の現地法人に段階的に拡大した。賃金は本給のみであり，本給表は職務価値で決まる等級（10段階）ごとに5ランクの賃金を定めており，5ランクのどの賃金が適用されるかは人事評価による。人事評価基準も国内および海外を共通とした（労務行政研究所，2011）。

アステラス製薬は，処遇の基準となる等級制度として職務等級制度，賃金制度として職務給を全世界の全社員を対象として採用している。職務等級制度を構築するための職務評価手法は，アメリカで開発され，世界の大企業が利用しているヘイ・システムである。以上の枠組みの下で，退職金や手当，賞与など基本給以外の給付を含めた報酬体系は地域ごとに地域に適した制度を構築している。人事評価も全世界共通に，業務目標の達成度および行動特性（コンピテンシー）の側

面から実施している（労務行政研究所, 2011）。

（笹島芳雄）

4. 人事評価の目的と方法

◘ 人事評価とは何か

　人事管理における評価とは，従業員の日常の勤務や実績の観察を通じて，その能力や仕事ぶりを評価し，賃金，昇進，能力開発等の諸決定に役立てる手続きのことである（白井, 1992）。

　もし従業員に対する評価が適切な根拠を持つものである場合，評価結果が必ずしも高くない場合でも，企業は従業員の貢献意欲や帰属感を高めることができる。また，そうした評価結果について綿密なフィードバックを行い，評価結果に合った新たな仕事機会の提供がなされる場合，従業員の能力向上にもつながる。さらには，こうした活動は企業全体における「適材適所」に結びつくため，企業戦略の達成にも貢献することができる。

◘ 様々な評価要素

　従業員による企業への貢献の内容は多岐にわたる。貢献を評価する際には，従業員が保有する意欲や能力（インプット），実際の職務行動（プロセス），業績（アウトプット）が，主として着目されてきた。

　業績は，従業員の企業への貢献を最も直接的に示すものである。それを評価して報酬に強く結びつけることは，従業員の職務遂行に対する強い動機づけ効果を持つ。しかし，ある時期の業績は，当該時期の，あるいは本人の能力・意欲・行動のみによって生まれるものだとは限らない。業績評価を過度に重視し，報酬と結びつけたのでは，企業の組織としてのパフォーマンスの継続性が揺らぎかねないうえ，従業員の生活や心理も不安定化しかねない。

　能力や意欲，さらにはそれらの現れとしての職務行動を評価する場合，従業員に「自分の努力次第で何とかなる」と思わせ，安心感や貢献意欲を持たせることが期待できる。しかも，能力の蓄積・発揮に従業員が動機づけられることは，継

続的な業績を期待できるために，企業にとってもメリットがある。もっとも，業績に対して報酬を支払う場合に見られる，人件費の低減や柔軟化の効果は期待できないうえに，業績と比べて測定するのが困難でもある。

複数の評価要素の間のバランスのとり方は，第1に，企業の事業，組織，戦略によって変わる。例えば，急成長を遂げるベンチャー企業のように，人材の確保のためにじっくりと内部育成を行う暇を持たない場合には，実際に上げた業績の高低に強く立脚して報酬を支払うことにより，労働市場全体から「即戦力」を確保することが合理的であろう。反面，特定の事業に時間をかけて，しかも個人間〜部門間の連携を通じて取り組むような企業の場合には，「組織人」としての素養を従業員にじっくりと身につけてもらうため，意欲や能力の評価に基づいた報酬の支払いが重視されよう。

第2に，従業員のタイプによっても異なる。例えば，若手社員に第1に期待されることは，将来の活躍に向けた能力蓄積であり，目先の業績ではない。こうした社員に対して業績給のウエイトを大きくした場合には，長期的に企業に貢献するだけの能力を身につけるための学習経験を積めなくなるかもしれない。逆に，管理職に対してはそのウエイトを高めることで，周囲を巻き込みながらイノベーションや業績向上を実際に達成するという，本来の役割に向けて動機づけることが必要となろう。

◘ 絶対評価と相対評価

一般的に従業員は，「私の」意欲，能力，頑張り，成果の評価についての正しい基準が存在し，厳格に適用されることを望む。この点に着目したものを，「絶対評価」という。あらかじめ決められた目標の達成度合いと評価水準を直結させるのである。こうすることで，従業員は「自分自身との戦い」の中で，より高い評価に向けた活動に動機づけられる。

ただし，たとえある従業員が基準以上の成果を上げたとしても，他の従業員も同様であった場合，「標準的」と評価することもできる。また，絶対評価を行うことで，人件費の計画的な管理を企業としては行いにくくなる。

こうした考え方に立ち，多くの企業が全社あるいは部門単位で人件費の総枠を定め，その枠内で各従業員の評価水準を決定している。従業員の評価得点の分布が定められることもある。こうした評価法を「相対評価」とよぶ。他者との競争に勝たない限りより高い評価を得られないということは，従業員にとって大なり

小なり苦痛やプレッシャーの元となろう。しかし，競争心がより高い評価を得ようというモチベーションにつながる部分もあるし，企業組織全体での活性化や成長をも引き出し得る。

◘ 近似的な客観性の確保

意欲や能力は言うまでもなく，行動や成果についてすら，従業員が保持・発揮しているものがどの程度企業にとって望ましいものであるかを把握することはとても困難である。従業員に求められる意欲や能力，さらには行動については，ほとんどが定性的に定義せざるを得ない。従業員には，複数の技能を動員したり，他者と綿密にかかわったりすることが，日常的に求められるのである。また，成果についても，特にホワイトカラーの業務に顕著であるが，財務的観点からその大小を測ることは難しい（中村・石田, 2005）。

こうした状況では，評価者によって評価結果が変わるということが頻発し得る。日本労働研究機構（1998）の調査によると，評価者が変わっても評価結果が変わらないとする企業の確率は4.2%にすぎず，5段階中で1段階変わるとする企業が58.6%，2段階変わるとする企業が32.8%であった。

評価が難しくなる背景としては，評価に甘辛が生じる（寛大化傾向と厳格化傾向），評価結果に差をつけたがらない（中心化傾向）といった評価者個人の心理的バイアスの存在が指摘される。その問題に対応するために評価者訓練が広く行われるが，「誰が測るか」という点での工夫も行える。もしあらゆる評価者が何らかのバイアスを持つことが避けられないとしたら，複数の評価者を置くことが，近似的に客観的な評価を行うことにつながる。

そのための手法として，例えば「多段階評価」がある。これは，評価対象となる従業員についての直属の上司（1次評価者）による評価を，その上司（2次評価者）が確認し，場合によっては自ら修正したり，1次評価者に修正依頼をしたりする，というものである。2次評価者の判断は，1次評価者よりも広い視野や，手元にある複数の1次評価者による評価結果などを利用してなされる。こうした評価法と比べて実際に企業に導入されることは少ないが，直属の上司以外にも，同僚や後輩・部下，さらには顧客などの観点も踏まえて当該従業員の評価を行う「360度評価」も，近似的に客観的な評価を行うための手法である。

◪ 納得的な人事評価に求められるもの

　これまでの議論からすると，評価結果について従業員に納得してもらうための勘所はいくつか存在する。「組織的公正論（Organizational Fairness）」の知見を借りて，その勘所を示したい（Colquitt, 2001）。

　第1が「分配」の側面である（Distributive Fairness）。従業員の貢献を，彼らの業績，行動，能力，姿勢等を総合的に踏まえて企業側として定義し，その定義について従業員と合意をとること。さらには定義どおりの評価実務を行うことが求められる。

　第2が「手続き」の側面である（Procedural Fairness）。所定の定義に基づいて実際に従業員の貢献を評価するため，必要な情報収集や情報処理を評価者側が行わなければならない。情報の収集・処理には，従業員からの積極的な情報提供や異議申し立ての機会を設けることも含まれる。

　第3が「社会関係」の側面である（Interpersonal Fairness）。従業員の貢献についての情報収集や情報処理は，実際には評価者と被評価者のコミュニケーションである。被評価者の人間性についての十分な配慮を評価者が行わないと，たとえ正確な評価だとしても，従業員の心証を害することになる。

　第4が「情報」の側面である（Informational Fairness）。「企業や評価者から十分に配慮してもらった」という従業員の感覚は，ともすれば事実を伴わない「印象操作」によっても醸成できる。真に公正な評価を行うためには，評価の結果や過程についての評価者から被評価者への十分な情報提供が必要となる。

◪ 納得性確保の難しさを前にしてできること

　深く考えられて設計された評価制度が当初の意図どおりに運用されない，ということが起こり得る（Molinsky & Margolis, 2005）。その原因としては，評価者の評価意欲や評価者訓練が不足しているということのほかにも，「質的に異なる仕事をしている従業員を序列化せざるを得ない」「評価項目にない事柄も評価結果に反映せざるを得ない」「否定的な評価を特定の被評価者に示すことで職場の人間関係が悪化しかねない」「複数の評価者が持つ異なる観点の間に優劣がつけがたい」といった，職場のリーダーとしての評価者たちが直面する，しかも自分たちの力ではどうしようもない構造的な苦難がある（江夏, 2010）。

　こうした要因は，「職務の範囲が曖昧である」「人格的要因も評価対象となる」

「解雇や転職が必ずしも多くない」といった特徴を持つ日本企業においては，特に重みを持つ。また，そもそも組織レベルで起きる事象は，その背景を個人レベルに求めるのみでは説明しきれない（創発特性）。このことを踏まえると，従業員「個人」の企業への貢献を測るということ自体が，従業員を職務遂行に動機づけるという経営実務上の価値を持ちつつも，論理的な矛盾を完全に排除しきれないものでもある。

こうした中でできることとして，例えば，人事評価に対する従業員の関心を大きくしすぎない，ということがある。人事評価の仕組みや実際の評価についての被評価者による「粗探し」は，日常業務の中での緊密な関係性を評価者と築くことで，抑制できる可能性がある（江夏, 2010）。もちろんそうした関係性は，評価者側の評価実務上の怠慢を認めるものではない。

別の例として，「公式的な」従業員評価によらない形で処遇を決定する，というものがある。近年，IT系の企業を中心に，従業員ごとに評点を割り振るのをやめ，評価者の合議によって実際の処遇を決定するという取り組みが広まりつつある。こうした「ノーレイティング」が実際に効果を発揮するのかについては今後の検証が待たれるが，評価者が被評価者と綿密な接点を日常的に持つこと，処遇決定に資する情報を人事担当者等のスタッフが収集整理し，評価者に提供することは，いずれにせよ欠かせない。

（江夏幾多郎）

5. 目標管理制度

◘ 普及の経緯

目標管理制度は，ドラッカーが著書『現代の経営（*Practice of Management*）』（1954）で提唱したことから普及し始めた。その章の表題は"Management By Objectives and self-contorol"であったが，日本では「目標による管理」や「目標管理」あるいは頭文字の一部をとって「MBO」という名称で1960年以降に徐々に普及し始めた。

1990年代以降は，人事管理の成果主義化が進む中で，急速に導入する企業や

組織が増えた（石田, 2006；奥野, 2004；八代, 2002）。

現在は,「目標管理制度」という名称が定着しつつあるが, ドラッカーが提唱した"Management By Objectives and self-contorol"の"Management"を「管理」, また「self-contorol」という言葉を省略して訳されたことも影響し,「目標管理制度」は強制的で, 型にはめられるなどの受け身のものとなってしまっている（柳澤, 2010）。

2006年の「労務行政研究所調査（第3681号－06.7.14）」によると, 制度導入率は約8割に上っている。アメリカでも「個人目標と組織目標の統合」という施策を取り入れている企業は93％となっている（笹島, 2008）。

◘ 目標設定理論

目標管理制度の発展を理論的に支えたものとして, 目標設定理論（goal setting theory；Lock & Latham, 1984）がある。「目標設定理論」という表題が示しているように, 主として「目標設定の効用」や, 目標管理サイクルにおける「目標設定」の重要さが指摘されている。

「目標設定の効果」について, 過去の現場研究のメタ分析の結果から, 対象とした研究すべてにおいて業績改善率の効果が見られたが, その中央値は16％であった, としている。それ以外にも, 役割期待への理解, 退屈感の軽減, 課業への興味の増大, 成果に対する満足感の増大, 仕事への自信や誇りを高めるなどの効果を指摘している。

◘ バランス・スコアカード

企業の業績管理や個人目標を管理する手法としてカプランとノートン（Kaplan & Norton, 1996, 邦訳, 1997）が提唱したバランス・スコアカード（blanced scorecard）がある。目標管理制度と同様に, 組織全体の活動の統合, あるいは調和を重視しており,「財務」「顧客」「社内ビジネス・プロセス」「学習と成長」の4つの視点から組織の業績を管理しようとするものである。企業の活動の非財務的, 非定量的な成果や活動にも着目したうえで, それらを測定するための指標を提示しようとしていることが特徴といえる（三輪, 2011）。

◘ 目標管理制度の運用

「人事評価制度」や「目標管理制度」は,「目標管理シート」など目に見えやす

いハードウェア的な側面に関心が集まりがちであるが，むしろ目標設定ミーティングやフィードバックなど，上司と部下がキャッチボールを重ねながら目標をマネジメントしていくこと，すなわち運用方法の適切さが目標管理制度の成否を分けるといっても過言ではない。

上司が部門目標設定の背景を部下に語り，その部門の目標達成に向けた課題を全員で共有する。そのような部門目標検討会議から目標設定がスタートしていくことが，目標達成のみならず，組織員のエンゲージメントを高めるために効果的である。部門目標検討会議は，自由な討論ができる雰囲気の中で行われると，一方的な上司からの命令や数字の割り振りを行う会議よりも，部下の部門目標達成へのコミットメントは高まる。

さらにその中で，部門目標を達成するために各人が分担すべき課題（個人目標の一部となるもの）や複数人で共有できる目標を設定することができれば，チームメンバーが相互に支援し目標を達成していく組織風土が形成される。

一方，上司が部門目標を部下に一斉メールで送信する。その後は，個人個人が上司とメールをやりとりして目標設定を図る組織も存在する。そのような運用の方法では，メンバー個人個人が，同僚の仕事に無関心になりやすく，チームで目標を達成する，というポジティブな組織風土は望めないし，各個人が目標達成過程で様々な問題にぶつかったり，悩み事が生じたとしても，サポートし合うことはできない。メンバーの1人ひとりは目標達成度や正規分布的な評価結果を奪い合う競争的な風土形成につながる。

目標達成プロセスにおいては，上司は部下の目標進捗に気を配る必要がある。その意図するところは，部下の目標達成が部門目標達成に不可欠だから，という側面はもちろんだが，PDSサイクル（目標管理プロセス）を通じて，部下の成長を支援することが，個人の自己効力感を高め，それが将来の組織の成長につながるからである。

一方，部下の成長に関心が薄い管理職は，自分の部門目標達成のために，部下に圧力をかけるか最後まで放任するかの2極に分かれる。過度に報告を求めすぎることや，未達成であることだけを叱責するような面談や会議は，組織目標達成に貢献する意欲をそぐことにつながるし，目標達成過程で放任された部下は，組織へのエンゲージメントは高まらない。

目標管理サイクルの最後に自己評価をさせることは，適正な処遇を実現するため，というよりは，自分自身の目標達成活動や目標とした課題そのものが的確だ

5. 目標管理制度 219

ったのか，目標設定時に見落とした環境的あるいは職務上の要素の見落としがなかったのか，という学習を促すために大切だ。

適正評価につなげるのは大切なことではあるが，全組織員に対して目標達成度の評価基準を合わせるのは，単一的な製品を均質の市場に販売しているような営業職以外では実際的に困難である。結果的に，個人の自己評価には，個人間の甘辛が生じることになる。

そのために一部の組織では，通常の考課者訓練や管理職向けの目標管理研修に加え，被評価者訓練を導入している。しかし従業員全体となると対象者の多さや費用がネックとなり，継続的に全従業員に自己評価の目線合わせを行うことは不可能に近い。

したがって自己評価はあくまで上司の人事評価の参考や，本人との面談での指導やヒアリングの材料とすべき程度の精度である，という認識をもって運用や制度設計を図る必要がある。

◘「目標管理制度」の主要3機能と「人事評価制度」

目標管理制度には，「経営戦略・経営方針の実現」と「能力開発」「人事評価への反映」の3つの機能がある。

「人事評価への反映」としているのは，多くの組織で「目標管理」だけで評価や処遇を決めているわけではないからだ。

例えば業績評価の一部として，「目標の達成度」や「目標の難易度」を利用している組織が多い（図4-7）。

業績評価における「目標」のウエイトが多いのか，「目標以外の実績」のウエ

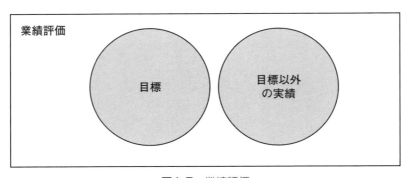

図4-7　業績評価

イトが多いのかは，組織によって異なる。また同じ組織内でも，「営業職」は「目標」のウエイトを重くしているが，「事務職」は「目標以外の実績」にウエイトを置いている，と別々にウエイトを管理しているケースもある。

また環境にも左右されがちな「業績評価」は主に賞与等の変動的な処遇に反映するが，「コンピテンシー評価」等の職務行動や成果創出までのプロセスを評価する評価項目は，本人の真の実力や貢献を示すものとして，賞与に比べればより長期的な影響が強い処遇である昇給や昇格に利用する組織が多い（石田，樋口 2009）。

◘ 目標管理制度の陥りやすい問題

目標管理制度は組織にあった設計や話し合いを重視した運用などが行われさえすれば経営全体のマネジメントやHRM上，有効なツールである。しかし目標管理制度の主要3機能は，大きな組織では担い手が変わる，という難しさを内包している。1つめの「経営戦略・経営方針の実現」は，メインプレーヤーは経営陣で経営企画部が運営を担うことが多い。その担い手の基本的な役割から，組織全体の戦略実現や目標達成を優先することになりやすく，結果的に目標数値を割り振ったりする全社目標のブレイクダウン的な行動に主軸が置かれやすい。経営目標を受けた部門長が自部門の環境や経営資源を考え抜いて部門目標を設定していく，というように目標が階層にそってカスケーディングされていくのではなくて，上から押しつけられた目標，という印象となって，個人のモチベーションが高まらないケースもしばしば見られる。

2つめの「能力開発」は，個人と管理職がメインプレーヤーであり，能力開発部門が担っていることが多い。この立場からすると，その期間中の部門や個人に適合した具体的な目標設定をリードすることや，難易度の高い挑戦的な目標設定はやりにくくなる。また能力開発目標を目標の1つに織り込むよう指導するなど，本来の仕事や職務成果とかけ離れてしまいがちな傾向が見られる。

3つめの「人事評価への反映」では，管理職と個人がメインプレーヤーであり，人事部が運営を担う。「人事評価への反映」という程度の位置づけであると，従業員や管理職が理解しているなら，目標設定や目標達成度評価も適切に行われやすいが，「人事評価のために目標管理をやらされている」という消極的な意識を持つ従業員や管理職も少なくない。

このように過度に「人事評価への反映」という機能を意識した管理職や従業員

が多い組織では，目標設定が不適切になるケースが多い。

1つめの問題は，人事評価を意識しすぎて挑戦的な目標が上がってきにくくなる傾向が生じることである。この問題を回避しようとして「目標の難易度」を目標管理シート等に表記する例も多いが，目標の難易度を客観的に評価し部門や個人間の甘辛を調整することは容易ではない。

2つめの問題は，課題が具体的に特定されていないまま目標として設定される傾向を生みやすいことである。営業職なら「未回収削減」というような，その期の具体的な課題を表した目標ではなく，毎年，同じように使い回せる課題を目標とし，目標数値だけを変えているようなケースである。

このような未回収を防ぐための手段や重点対象とする顧客の業種などが特定されていないような具体的ではない目標は，個人の課題設定能力を育まない。PDSサイクルを回しても，Pの部分での考察が不十分であるなら，能力向上は期待できない。

◘ 目標管理制度の今後

最初に見たように目標管理制度の歴史は長い。その間，様々な工夫が凝らされてきた結果，制度が複雑になりすぎている組織も散見される。

新入社員や外部からの転職してきた管理職にも，的確に理解されるよう，よりシンプルでわかりやすい制度にしていくことが必要な時期に至っている。

また目標管理制度の意義を管理職に啓発していく努力が今後とも求められる。主な運営主体者である人事部からすれば自明のことではあるかもしれない事柄，なぜ目標管理に取り組むのか，を自社のケースなどを蓄えて管理職と共有していく努力が大切である。

フランクな雰囲気で進められる目標検討会議は，まだ充分に浸透していない。年に数時間，この会議に投入することによって組織目標の達成，個人のモチベーション向上，チームワークの形成に大きな効果をもたらす。

また具体的な課題を目標設定した事例など，成功事例蓄積や共有も有効である。

従業員1人ひとりについては，目標設定時と振り返りに時間を注ぐよう指導していくことが今後とも大切であることに変わりはないが，中でも「振り返り」は要因をしっかり分析させて学習させるよう促すことが大切である。目標は未達で終わったが，目標追求過程で発生したセレンディピティな事柄についても自覚させる。同僚や上司，取引先からの支援を受けた事柄など，自分自身の行動以外の

結果についても広い視野から分析させることが，個人の能力向上や人間としての成熟度を高めたり，よりいっそう建設的な組織風土を形成することにつながる。

現在すでに見られる兆候ではあるが，今後，目標管理制度は，少しずつ360度フィードバックやゲーミフィケーションなどとの関係強化がすすんでいき，「やらされている目標管理」から「組織や自己成長のためにコミットした目標管理」へと徐々にシフトしていくことになるはずである。

〈田辺和彦〉

6. パフォーマンス・マネジメント

一般に，パフォーマンス（performance）とは，個人，グループ，部門，企業全体などの仕事の結果のことをいい，売上高，費用，利益といった財務的なものに限らず，品質，顧客満足度，イノベーション，環境負荷，社会貢献など多様な次元が含まれる。パフォーマンス・マネジメント（performance management）とは，組織が，個人，グループ，部門が行う仕事の結果を，業績指標（performance measures）を用いることによって明示的に測定しながら，組織目的の効果的な実現を図ろうとする一連の活動であると定義することができる。

パフォーマンス・マネジメントの具体的な活動としては，業績指標に基づく組織目標や計画の設定，組織目標の各部門や個人への展開，業績の記録と報告，業績評価，報酬の提供などがある。パフォーマンス・マネジメントの典型例としては，中長期計画の策定と管理や予算管理などがあり，規模，業種，国籍，営利vs.非営利などにかかわらず，広く実践されている。

わたしたちは，何か物事を効果的に成し遂げようとするときに，行きあたりばったりに行動をするようなことはない。組織的な活動であればなおさらである。わたしたちは，これから行おうとする行動について，あるべき姿を計画や目標として描こうとする。また，実行段階では，行動の結果を常に把握しながら，計画や目標がうまく達成されているかを確認し，効果的に実現しようと試みる。例えば，遠方までドライブするときには，カーナビを使用して目的地までのルートを設定し，その途上において現在位置を常に確認しながら，目的地まで運転を行う。また建築物を建てるときには，施主や建築家の抽象的な構想やイメージのほかに，

詳細な設計図を作成したうえで，建築中は設計図と実際の建物を見比べながら，設計図どおりの建物を建設する。このように事前に目標や計画を策定し，その進捗を確認しながら目的の達成を図ろうとする行為こそが，パフォーマンス・マネジメントの本質である。

わたしたちがパフォーマンス・マネジメントを行う理由には，つぎのようなものがある。まず，抽象的な組織目的や戦略があっても，実際に実行に移すことは難しい。事前に計画や目標を立てずに仕事に取りかかれば，無駄な手戻りややり直しが頻発し，限られた資源や時間を有効に活用することはできないだろう。また，実行段階において，実際の行動と計画の比較を行う術がなければ，自らが行った行動が目的の達成にかなうものかどうかも確認することができない。単純な仕事であればいざ知らず，ある程度複雑な仕事を，事前に計画を立てず，進捗も確認せずに効果的に遂行することは，至難の業である。このことは，地図やカーナビを利用しないで，遠く離れた見知らぬ土地まで旅をしたり，設計図なしに新国立競技場や五重塔のような複雑な構造物を建築することを想像すれば，容易に理解されるであろう。どんなに能力が高く，意欲に満ち溢れた人間がそこに集まったとしても，物事を有効に成し遂げることはできないのである。

ただし，企業のパフォーマンス・マネジメントは，つぎのような理由から，カーナビや設計図の利用と比較すると格段に難しい。第1に，カーナビや設計図が対象とする運転や建築作業に比べて，パフォーマンス・マネジメントが対象とする組織活動は，広範かつ著しく複雑である。カーナビや設計図の例では，GPSによる位置情報や寸法など物理的な尺度を用いて，行動の結果をあるべき姿として描くことができるのに対して，組織活動の場合はそう単純ではない。顧客サービスの向上により競合企業との差別化を図り，市場シェアを拡大するという目的を実現するために，どのような業績指標を用いればよいかは自明ではない。第2に，カーナビの例では，自動車を運転するのは自分自身であり，自らの心がけ次第で目的を達成できる。しかし経営者は，多数の従業員に仕事の多くを任せながら，組織目的を実現しなければならない。したがって，業績指標に基づき設定される計画や目標は，従業員にとって十分に理解されるものでなければならない。そのうえ，任された仕事を行うのは機械ではなく1人ひとり違う心を持った従業員である。計画や目標の設定方法，目標の厳格さ，モニタリングや業績評価の方法などは，やる気，ストレス，協働意思など従業員の心理的要因に影響を及ぼす。パフォーマンス・マネジメントに関してしばしば指摘される問題点は，1人ひとり

違う心を持った従業員に対する配慮が十分でないことから生じるものである。このため，パフォーマンス・マネジメントを効果的に設計・運用することは，一般に考えられているよりも，はるかに難しい。

パフォーマンス・マネジメントの設計における重要な課題の1つは，業績指標の選択である。業績指標は，抽象的で把握しにくい組織活動を定量的に映し出す鏡となり，経営者はその鏡に映し出された像を手がかりに企業経営を行う。したがって，組織活動を映し出す鏡としてどのような業績指標を採用するかによって，実際に行われる組織活動も大きく異なる。パフォーマンス・マネジメントの実施において，これまで多くの企業が用いてきたのは，売上高，費用，利益などの会計指標を中心とする財務指標である。パフォーマンス・マネジメントにおいて，財務指標が重視されることには，それなりの理由がある。

第1に，企業価値の向上を主要な組織目的の1つとしているが，抽象的な企業価値それ自体を測定し管理することは容易でない。そこで企業価値を可視化するための代理変数として，財務指標が用いられる。第2に，財務指標には，生産，営業，研究開発，物流，間接業務など広範にわたる組織活動の結果を総合的に描き出すというメリットがある。企業内部には，品質，顧客満足度，リードタイムなど特定の業務を可視化する業績指標は無数にあるが，組織活動全体を総合的に描き出す業績指標となると限られる。第3に，企業全体の売上高，費用，利益などは，事業部，工場，営業所などの各組織単位に展開することが可能である。逆に，各組織単位の会計数値を合算することで，企業全体の利益を算定することができる。このように財務指標を用いることで，企業内部の組織単位のパフォーマンスと企業全体のパフォーマンスを有機的に関連づけることが可能になる。第4に，外部報告のためにすでに整備された会計システムから入手される財務指標は，一般に経済性が高く，かつ，内部統制や外部監査が整備されているため，それ以外の情報と比較すると正確性や信頼性が高いというメリットがある。

以上のようなメリットがあるにもかかわらず，財務指標を中心としたパフォーマンス・マネジメントに対しては，しばしば不満が聞かれる。例えば，財務指標に基づくパフォーマンス・マネジメントの代表である予算管理に対して，膨大な資源が費やされながら作成されたにもかかわらず，環境変化によりすぐに陳腐化することや近視眼的経営を助長することなどが問題点として指摘される。これらの問題点は，予算管理が抱える本質的な問題であり，適切に対処しなければ企業の競争力を損なうであろう。一方で，上述したパフォーマンス・マネジメントの

意義や財務指標のメリットを忘れてはならない。パフォーマンス・マネジメントの潜在能力を発揮するためには，財務指標の特徴や役割を十分に理解したうえで，その長所を活かしつつ工夫を重ねることで短所を克服するという姿勢が求められる。

近年，財務指標を中心としたパフォーマンス・マネジメントの問題点を克服するための様々な試みがなされている。以下では，主なものとして2つの試みを取り上げる。第1の取り組みは，財務指標それ自体を改良しようとする試みである。財務指標の中心とされる会計利益の問題点の1つは，企業価値の代理変数とされている割には，企業価値との整合性が高くないという点である。これまで会計学領域で行われた数多くの研究によれば，年次利益と株価の相関係数は，0.1〜0.3程度にすぎない。そこで，近年，会計利益を，企業価値により直接的に反映した経済的利益に近づけようとする試みがなされている。

具体的には，キャッシュフロー重視の経営やEVA（Economic Value Added）があげられる。後者のEVAは，会計利益をキャッシュフローに近づけるための調整をしたうえで，資本コストを差し引くことで算定される。EVAは，理論的には，会計利益よりも企業価値との整合性が高いとされ，キャッシュフローや資本コストに対する従業員の意識を高めるうえで有益とされている。日本企業では，パナソニック，花王，AGAなどが採用している。ただし，EVAに関しては，その概念が複雑であるため従業員にとっては理解しがたく，実際の行動に結びつきにくいといった問題点が指摘される。

第2の取り組みは，顧客満足度やクレーム件数など財務指標以外の業績指標を活用することで，財務指標の問題点を克服しようとする試みである。財務指標が測定するのは，野球のスコアボードのように，すでに終了した組織活動の結果である。そのため，財務指標を手がかりに行う企業経営は，バックミラーだけを見ながら自動車の運転をするようなものであり，将来の業績向上に役に立たないと指摘されることがある。こうした問題点に対して，BSC（Balanced Score Card）に見られるように，将来の財務業績や企業価値の先行指標となる将来志向の業績指標を活用することで，財務指標の問題点を克服することが試みられている。

将来の財務業績や企業価値の先行指標の多くは，財務以外の業績指標であることから非財務指標とよばれている。企業価値に占める無形資産の役割が高まる中で，パフォーマンス・マネジメントにおいて，財務指標に加え，非財務指標をバランスよく活用することの重要性が高まっている。一方で，非財務指標の体系的

な測定には膨大なコストを要し，かつ，内部統制や監査の仕組みが財務指標ほど整備されておらず，情報の正確性や信頼性が低いといった問題があることに注意しなければならない。

　これまで日本企業は，パフォーマンス・マネジメントにおいて，短期的な収益性の向上よりもシェアの拡大を優先し，加えて，結果に偏らず，結果を生み出すためのプロセスについても重視してきたとされる。また，欧米企業では，業績評価と給与，賞与，昇進等の報酬を明示的にリンクさせることで従業員の動機づけを行うのに対して，日本企業のパフォーマンス・マネジメントでは，業績評価と報酬のリンクが弱いとされてきた。これは，集団主義や協調的な国民文化に加え，日本企業の多くが，採用活動，社内教育，経営理念の浸透など別の方法を通じて，従業員の動機づけを図ってきたからである。このような特徴を持つパフォーマンス・マネジメントは，長期志向の組織活動を促進することで，日本企業の競争力の向上に寄与してきたと考えられる。

　ただし，日本企業を取り巻く事業環境が大きく変化する中で，従来的なパフォーマンス・マネジメントのあり方が問われている。まず，労働人口の減少やグローバル化の進展により，日本企業の多様化が急速に進みつつある中で，日本人，とりわけ男性を前提に構築されてきた従来のパフォーマンス・マネジメントが，多様な人材を活用するための足枷となりつつある。また，間接金融から直接金融へのシフトを背景として，パフォーマンス・マネジメントにおいても，より収益性を重視した業績指標が強調される傾向にある。

　近年，ROE（Return on Equity）を組織目標に掲げる企業が増加しているが，こうした収益性を重視したパフォーマンス・マネジメントへの転換が，日本企業にどのような影響をもたらすのかについて，今後，注意深く監視しなければならない。さらに，結果とプロセスの両方を厳格に管理対象とするパフォーマンス・マネジメントは，しばしば官僚制や過剰管理を助長することで，従業員による創造性の発揮やリスクテイクを阻害してきた。従業員による創造性の発揮やリスクテイクが重要になる中で，従来型のパフォーマンス・マネジメントの変革が迫られている。

（梶原武久）

7. コンピテンシー評価と多面評価

◘ 人材を評価することの重要性

　評価とは,「価値」を定めることであり,その定めた「価値」を図る基準が評価基準である。経営を取り巻く環境が激変する昨今,事業や商品ライフサイクルが短命化することが少なくない。新たな「価値」を定め,その価値提供のあり方や,何をすれば評価されるのか,基準を示すことが求められる。

　JTBは2012年「総合旅行業」から「交流文化産業」へと事業ドメインを転換した。今までの「自社の旅行商品を企画して個人客を目的地に連れていく」「団体向け企画商品を売り込む」といった「旅行手配業者」「営業」から地域・企業が抱える課題を解決する場のプロデュースを行う「プロデューサー」「コンサルタント」という役割に変わることが求められる。そこで会社は今までとは違う価値提供や評価基準,評価のあり方を明示し,社員の意識・行動を変えた。激変する経営環境において,変革が求められる企業が多い中,「評価」は人事管理の中でも非常に重要な機能である。

◘ コンピテンシー評価と多面評価が導入される背景

　人事における評価には,「社員のいまの状態(能力,働きぶり)を知り評価する機能」と「人事管理に反映する機能」の2つの機能がある(今野・佐藤,2009)。

　評価システムを機能させるために適切な人事評価システムを構築する必要がある。そもそも人事評価とは何を評価するのか？　仕事の流れに合わせて評価要素を当てはめると図4-8のようになる(厨子,2010)。インプットの評価を「能力評価」,スループットの評価を「情意評価」と「行動評価」,アウトプットの評価を「成果評価」とよび,4つの評価基準がある(図4-8)。

　従来の日本企業では,職務遂行能力(過去から蓄積され保有してきた知識やスキルを中心とした「潜在」的な能力)と仕事への取り組み姿勢や意欲(情意)を評価基準にしてきた。日本企業では「いつでも」「どこでも」「なんでも」にフレキシブルに対応できる社員が中心となって働いている。そのため,職務遂行能力は仕事内容を細かく設定せず,どんな職務や職種でも当てはまるように設計して

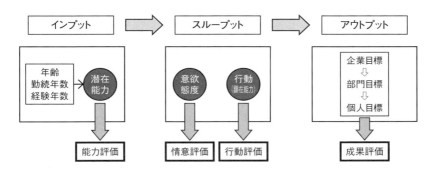

図4-8 人事評価の4つの基準

いる。よって能力は経験を重ねるごとに向上し，能力評価が高くなる運用がなされていた。そのため社員は専門性を磨くのではなく，仕事の経験の幅を広げることに積極的だった。また，異動してきた人に仕事を教える，フォローや気遣いする社員は協調的で積極的な取り組み姿勢があるとして情意評価が高くなるため，我先に率先して面倒をみたのである。

しかし，この制度システムでは問題があった。厨子（2010）によれば，1つめは能力評価が様々な職務を経験し幅広い知識やスキルを獲得することへインセンティブが働くため，（ゼネラリスト育成）社員が仕事に固有の専門的なスキル・アップを軽視しがちになる。2つめは職務遂行能力が職種共通の基準であるため，能力評価の客観性が乏しくなり，評価が曖昧になってしまう。また，年齢もしくは勤続年数が長いほど，職務遂行能力のレベルが高いと判断するため年功的な運用となり，人件費の増加が問題になる。3つめは情意評価がきわめて主観的な判断に偏り，評価者によって判断のバラツキが出る，としている。

そのような人事評価システムは仕事場面で能力や意欲を発揮するか否かは関係なく，また成果が上がらなくても問われない制度システムであった。好況期であれば賃金上昇を企業成長分で吸収できたが，不況期においても賃金を下げにくいシステムであるため，1990年以降のバブル経済崩壊後，従来の制度システムの機能不全が顕在化した。よってコンピテンシーが注目され，成果評価と行動評価を重視するようになった。

◪コンピテンシー評価と多面評価

コンピテンシーは，高業績者の成果達成するための類型化された行動特性であ

り，氷山にたとえられる。太田（1999）はパーソナリティとして動機・使命感，特性・性格，自己概念（信念・価値観）が見えない部分と，態度，技能，知識の見える部分などを通り抜けて成果を達成する行動をコンピテンシーとしている（図4-9）。

コンピテンシーという言葉は，1950年代ホワイト（White, R. W.）が「環境と効果的に相互作用する有機体の能力」と定義したのが最初である。単にできるというのではなく，うまく生きられることができる能力としている。

その後，コンピテンシーの概念が普及したのは，達成動機の研究をしているマクレランド（McClelland, D.）の影響が大きい。1970年代にマクレランドは米国外交官の適性研究を行ったことが始まりであった。彼は，成果を上げられる人は，適性やパーソナリティを超えて，どのような具体的行動をとっていたかを研究した。結果，特定のコンピテンシーを持つこと，持たないことがパフォーマンスに影響することがわかった。後に，マクレランドの研究を引き継いだボヤツィス（Boyatzis, 1982）は，ビジネス場面でコンピテンシーの概念を適用した。ボヤツィスは，「動機，特性，技能，自己像の一種，社会的役割，知識体系などを含む個人の潜在的特性」をコンピテンシーの定義とした。

さらに，コンピテンシーは様々な人が様々な定義をしている。スペンサーら（Spencer & Spencer, 1993）は「ある仕事や場面で，外部基準を照らして効果的，もしくは優れた業績を結果としてもたらす個人の潜在的特性」，ミラビレ

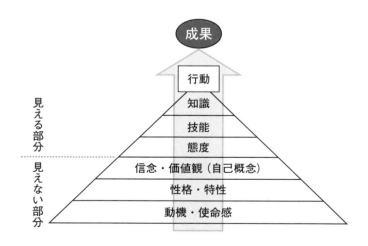

図4-9　動機から成果達成に至るまでのコンピテンシーの概念図

(Mirabile, 1997) は「職務上の高業績と結びつく知識，技能，能力，その他の特性」，太田（1999）は「ある状況または職務で高い業績をもたらす類型化された行動特性」，相原（2002）は「それぞれの仕事において，高いパフォーマンスに結びつく行動」など「高業績者」の行動に重きを置いている。このように1990年代以降数多くのコンピテンシー概念が出てきて企業内で導入されるようになった。

コンピテンシーモデルを設計する際，①自社内で高い業績を上げている社員への面接，行動の観察等を通じて行動特性を抽出する方法，②あらかじめ体系化されたコンピテンシー・ディクショナリーの中からハイパフォーマーを集めてコンピテンシーを選択させる方法，③自社の経営理念や戦略，将来あるべき方向性から取るべき行動をコンピテンシーとして抽出する方法がある。①は厳密な形でのコンピテンシーが作成できるが，時間・労力・費用がかかるため，②の方法で設計することが多く，これに適宜，実在モデルの情報を加えていくという手法が実際的である。しかし，グローバル企業ではプロフェッショナルな人事パーソンが経営陣にヒアリングして③の方法で設計するケースがある。

コンピテンシーモデルを導入するとき，本来は行動インタビュー（BEI: Behavioral Event Interview）を行って評価するのが最も正しいやり方といわれているが，時間や手間がかかるわりに面倒なので，多面（360度）評価で代替するケースが少なくない。フラット化などによって，管理範囲の拡大による部下数の増加，プロジェクト単位での仕事が増え，今までのような組織上の上司が部下を評価するという単線的な方式では不十分となった。エドワードとイーウェン（Edwards & Ewen, 1996）によれば報酬の決定，業績の測定，ローパフォーマーの確定などあらゆる要請にこたえるものとして，多面（360度）評価は意義があるとしている。

多面（360度）評価とは，上司だけでなく，部下や同僚，顧客など複数の方位から対象者を評価することである。上司からの一方的な評価だけでなく，関係者からの評価も盛り込むことで，公平かつ正確な評価が可能となる。被評価者にとっても，客観的な目線で自分自身を振り返ることが可能となる。日本企業では，昇給や賞与の算定根拠，処遇を決定に結びつけようとすることが目立つ。欧米企業では能力開発や本人に気づいてもらい，パフォーマンスや対人関係への改善につなげてもらうことをねらって導入している。

◘ コンピテンシー評価と多面評価における実践的課題

　コンピテンシー評価，360度評価ともに，欧米発評価手法で，日本企業にもかなり導入されてきたが，課題は多い。
　第1に，コンピテンシーを報酬に結びつけることを重視しすぎて，評価期間（半期や年間）の働きぶりを厳密に査定している。「社員のいまの状態（能力，働きぶり）を知り評価する機能」も厳密な査定を繰り返し続けると消耗感が高まり，メンタル不全や転職されてしまいかねない。また，コンピテンシーを基準に処遇を設定してしまうと，「人事管理に反映する機能」が機能不全になる。具体的には社員が成長する手段としてのジョブ・ローテーションやFA制度での異動が難しくなる。また，能力の強み・弱みを把握し，能力開発や自己啓発に活かすといった発想がなくなる。成長の手段として将来どう能力向上し，昇進・昇格してもらうかという観点が必要である。「evaluation」だけでなく「assessment」という視点でコンピテンシーを活用するべきである。
　第2に，コンピテンシーの抽出・設定の仕方である。目まぐるしく変化する経営環境において戦略は変わるもので，それに合わせてコンピテンシーモデルのメンテナンスを行っていくことが必要である。なぜなら評価制度自体に「社員の行動を変える」という機能も備えているからである。GEにおいてジャック・ウェルチからジェフ・イメルトという経営者に変わってから，二度にわたって新しい基準を設定している。激変する経営環境の中で新しい戦略や取り組みを社員はどう行動を変えたらいいのかを知る手段としてコンピテンシーを明示することは必要である。
　第3に，評価の公正性の観点である。評価は上司と部下の間で行われるが，マニュアルだけ配布してコンピテンシー評価を丸投げしているケースが少なくない。よって上司は評価期間における仕事成果の達成のみをやりとりして，部下から評判が悪い。評価能力を高めるための考課者訓練や評価への不満のはけ口として苦情処理，フィードバックの仕組みを整えることが求められる。
　第4に，コンピテンシー概念のあり方である。定義があいまいで職務遂行能力との違いがわかりくい。コンピテンシーの概念を打ち出したホワイトやマクレランドはモチベーションにつながる動機やパーソナリティ特性を重視していた。日本企業のグローバル化はさらに加速する必要があるが，グローバルな環境でマネジメント経験をした人が少ない。よって成果行動ベースのコンピテンシー評価で

は，海外人材に比べ劣っているとグローバル展開しているエグゼクティブファームは判断されている。海外の先進企業では動機・パーソナリティ特性の高い人を早期に選抜し，様々なポジションに計画的に異動させコンピテンシーを獲得させ，開花した人材を経営人材に登用している。グローバルで戦っている日本企業もそのようなやり方を導入しているとのこと，コンピテンシー概念の再考や見直しを検討する必要がある。

(須東朋広)

8. 昇進・昇格の仕組み

◘ 昇進・昇格とは

　昇進とは役職が上がることであり，例えば課長から部長になることである。一方，昇格とは，職能資格制度に基づく資格等級が上がることである。すなわち従業員の職務遂行能力が一段階上昇したことを会社が認め，それに応じた格付けをすることである。いずれも社内を役職・職能資格で階層化し，より上位へと進むことを表す概念である。日本企業の多くは，この2つの基準による階層化がなされている。

　役職・職能資格は賃金体系と連動させることで社内のより上位階層へ従業員を動機づけ，また昇進・昇格するためにはそれらに必要な職能が必要なことから，従業員をして自らの職能開発に向かわせしむ機能を有する。すなわち役職・職能資格間の報酬の差異が，主要な従業員の能力開発への動機づけ要因となる。なお昇進はポストの数に制限があるので従業員間の相対評価となるが，昇格は従業員の職能についての絶対評価でなされるので制限がなく（八代, 2002），安定的に機能発揮できるものである。

◘ 職能資格制度

　職能資格制度は1965年から1975年（昭和40～50年）頃に多くの企業で導入されていった（日本能率協会研究所, 1978）。従来の職務志向もしくは能力志向から職能志向への変化がある（日本経営者団体連盟広報部, 1980）としている。

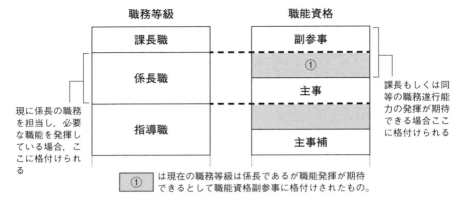

出典:日本経営者団体連盟弘報部(1980) p.69

図4-10　職務等級と職能資格の関係

　一般に職能(職務遂行能力)とは職務遂行上必要な能力要件(日本経営者団体連盟広報部,1980)であり,職掌・職群とは関係なく組織の垂直方向において職務の類似性に基づき分化させるものとするが,実際には職能要件の設定に関してはそのようなものから職掌・職群など水平方向にも分けるものまで企業により多様性が存在する。日本経営者団体連盟広報部(1980)によると,このとき職能資格の基準の設定には,前提として職務遂行要件からみた困難度・責任度の段階区分(職務等級基準)の明確化が不可欠とする(図4-10)。

　職能には職務遂行を通じて発揮された能力と職務遂行に要求される期待能力の2面があり,評価にあたっては職能の発揮度・期待度の2面で捉える(日本経営者団体連盟広報部,1980)とする。これは職業経験のない新卒の新入社員に一定のレベルの職務遂行ができるとの期待からある職能資格を付与し(期待能力),一定期間後に実際に遂行できるようになる(発揮能力)というものである。そしてある職務等級基準に照らして発揮能力を有したと評価された者は,1つ上の職務等級基準の職務に対する期待能力があるとされ,昇格する。

　このようにある職務等級の職能を有したところで昇格していくことを卒業方式という。これに対しある職務等級基準の職務に求められる職能を実際に有していると評価されたうえで昇格するものを入学方式という。入学方式には当該職務等級基準の職能要件を有しているか否かを判定するために試験や面接などが課せられるのが一般的である。1つ下の職務等級基準の職務の発揮能力評価ではわからないためである。日本企業では一般的に卒業方式が採用されている。

234　第Ⅳ章　評価と処遇

◘ 昇進・昇格制度の機能前提

　昇進・昇格制度は従業員に基本的に内部での上昇志向が存在しないと機能しないものである。内部労働市場の存在が前提となっているのである。内部労働市場についてはドーリンジャーとピオレ（Doeringer & Piore, 1971）が3つの生成要因を明らかにしている。第1が技能の企業特殊性である。企業特殊な技術や技能による高生産性を見込む企業は，企業特殊性のない技能を用いる企業より訓練費用や募集・選抜の費用などが高まる。加えて教育訓練費用の企業と雇用者の負担割合において企業分が高まる。自ら特殊訓練を行う必要があり，企業特殊性のない企業と異なる経営が求められるのである。第2が職場内訓練の過程の存在である。OJTによる単純な業務から高度な業務に至る一連の経験過程である。これらは教室による公式の訓練カリキュラムの開発が困難で，現場での技能の直接移転による教育に頼らざるを得なくなる。第3が慣習である。これは経営者および雇用者双方が安定性を実現させようとすることで，これにより社会的な集団ないし共同体が形成され，不文律が生み出されていくのである。

　積極的に外部市場を活用する企業と内部労働市場を活用する企業の存在に関し，比較制度論の立場からアオキ（Aoki, 1994）はランク・ヒエラルキー（企業内部の序列階層）について，従業員の広範な学習へのインセンティブを与え，組織内の情報ネットワークに特有な情報処理能力の蓄積を容易にすることによって，分権的，水平的な情報システムの有効性を高める。一方，職務が垂直水平両方向にはっきりと区分され，それぞれの技能に対する客観的な市場評価が十分に形成されるならば，労働者の地位の差別化として構築されるランク・ヒエラルキーを維持管理することは無駄となる，とした。つまり昇進・昇格制度が機能するのは従業員による企業固有の水平的な情報ネットワークによる生産性を追求する企業であり，昇進・昇格制度は企業に特殊な水平的情報システムを構築するためのインセンティブ機能を有している，ということである。

　ベッカー（Becker, 1975）は，企業と雇用者は共にこの企業特殊性を学習するための特殊訓練費用，およびそれによる将来収益を分かち合うことでお互いに長期的な関係を維持するほうが経済的に合理的となる，とした。企業は従業員を解雇すれば特殊投資から得られる長期にわたる収益を放棄することになり，また雇用者は転職をしても特殊投資による生産性の向上に対する配分が反映されたこれまでの報酬と同等のものを得られないからである。すなわち昇進・昇格制度は，

会社および雇用者の相互特殊投資に基づく長期雇用が前提となるのである。

◪ 役職と職能資格の関係

役職と職能資格の関係（図4-11）であるが，それらは1対1の対応関係にはならない。1つの役職に対して複数の職能資格が対応し，また1つの職能資格が複数の役職と対応関係を有するのが一般的である。

これは「職能資格制度」で示したように，昇格は卒業方式でなされるからである。しかしながら役職は組織的な責任と権限が付与される。したがって当該職能資格等級者の中で最適と思われる人材を選び，配置する（昇進させる）ことが必要となる。ここから昇格先行・昇進追随という慣行が生じる。

役職と職能資格の関係で問題になるのは，企業の業績が長期に低迷する場合である。長期に低迷すると，第1に業績とは関係なく雇用者の職務遂行能力は高まるので，このような状況でも昇格者は増えることになり，総額人件費は高まる。しかも昇格は絶対基準で行われるので，業績と総額人件費を連動させるようなコントロールが職能資格制度では難しい。

資格等級	資格名称	対応役職 ライン職	対応役職 専門職
管理・専門職能層 1	部長格	支店長／工場長・所内部長・所長／部長代理／所・室・センター長	部長，主席研究員1級，主席技術員1級
管理・専門職能層 2	副部長格	〃	副部長，主席研究員2級，主席技術員2級
管理・専門職能層 3	課長格Ⅰ	〃	課長，主任研究員1級，主任技術員1級
管理・専門職能層 4	課長格Ⅱ	〃	副課長，主任研究員2級，主任技術員2級
中間指導職能層 5	係長格Ⅰ	係長／主任	係長，研究主査，主査，技術主査
中間指導職能層 6	係長格Ⅱ	〃	同上
中間指導職能層 7	主任格	〃	
一般職能層 8	社員1級	班長	
一般職能層 9	社員2級	〃	
一般職能層 10	社員3級	〃	
一般職能層 11	社員4級		
一般職能層 12	社員5級		

注：係長，主任，班長は工場のみ

出典：日経連職務分析センター（1989）p.45

図4-11　職能資格と役職の対応関係：Q社（化学）の事例

◘ 昇進・昇格を決定するもの

　昇格は役職の数に関係なく雇用者の職能のレベルによりなされるが，昇進はその数に強く影響を受ける。したがって同一職能資格者でも，役職に就けるものと就けない者が存在することになり，ここに競争が生じる。昇進のあり方について今田・平田（1995）は日本企業には一律年功モデル，トーナメント競争モデル，昇進スピード競争モデルの3つの競争モデルによる重層型昇進構造が存在する，とした。入社後数年間は勤続年数に応じて一律に昇進する一律年功モデルにより昇進がなされる。その後昇進のスピードに個人差が生じるようになるが，いったん遅れても挽回が可能な昇進スピード競争が展開される。そして課長以降になると敗者復活のないトーナメント競争モデルが繰り広げられるのである。

　日本企業を対象としたキャリアの実態研究において，多くの企業で課長以降一部の人が多様な職群を経験するようになり，部長や役員へ昇進していくことを明らかにしている（砂田・遊間；1998, 辻；2008など）。

　ではこうしたキャリアの中でいかなる職能を身につけたものが昇進していくのであろうか。残念ながらこの疑問に答えられるだけの研究は蓄積されていない。内田（2016）は次世代経営幹部候補（部長層）で役員に昇進した人と昇進していない人のキャリアと，その経験の学習方法・学習内容に関する実証調査を行い以下のことを確認している。第1が役員などに昇進した者は「自組織の動かし方」「自社理解」「自社の強み・弱み」「信頼・ネットワーク」を習得していたことである。第2は次世代経営幹部候補で後に役員になった者が職能間異動を経験した際には「比較・類推」「説明による一般化」などの領域固有性を超える学習方法を用いていたことである。これにより異動による学習コストがあまりかからない。第3が役員になった次世代経営幹部候補にはゼネラリスト・スペシャリスト共に存在していたが，その機能は異なっており，ゼネラリストは会社全体の理解や動かし方についての，スペシャリストは専門性に加え当該分野における事業環境変化を認識し，その対策の必要性と方策などについての機能を発揮していた。これらの職能が昇進・昇格の判断根拠になっている可能性が示唆される。

　昇進・昇格の仕組みにおいては，キャリア経験から何をどのように学習して昇進・昇格しているのか，またそのことが企業の競争優位などとどのように関係しているのか，などについての研究が今後求められる。

（内田恭彦）

9. 複線型キャリア開発

◘ 概要

　内部労働市場におけるキャリアとは，組織の中で経験する「仕事の幅の広がり」（ヨコのキャリア）と「職位もしくは人事等級の上昇」（タテのキャリア）の時間的経路のことである。複線型キャリア開発とは，内部労働市場におけるキャリア，すなわち経験する仕事の種類や順序および昇進のパターンを複数のコースに分けて管理し，人材価値を高めていく組織の営みである。

　こうした複線型キャリア開発を人事制度に盛り込んだのが複線型人事制度である。ここで人事制度の基本システムは社員格付制度である。社員格付制度とは，キャリア・ラダー（career ladder）を構造化するとともに，賃金の上がり方（賃金カーブ）や決め方（賃金の算定要素）および仕事の配分を規定する制度である。複線型人事制度では，コース別に複数の社員格付制度が設けられ，異なるキャリア開発が施される。

　人的資源管理論の分野では，複線型キャリア開発は専門職制度に焦点をあてた研究が蓄積されてきた。専門職制度とは，研究開発など高度な専門性が要求される業務に従事するスペシャリストを対象に，その特徴に適したキャリア開発と人事処遇を施す仕組みである。典型的には，マネジリアル（ライン管理職）ラダーと並行してテクニカル（専門職）ラダーが設けられ，後者のラダーに主任研究員や主席研究員などと冠した専門職を配置し，管理職ラダーとは異なるキャリア開発が施される。

　専門職制度の源流は，アメリカで実践されたデュアル・ラダー・システム（dual ladder system）であり，研究開発技術者をライン管理職に就けず，研究開発の第一線で活躍し続けさせることが意図されている。デュアル・ラダーは，グルドナー（Gouldner, 1957）が提唱したコスモポリタンとローカルという人材タイプに対応している。グルドナーは，ホワイトカラーの潜在的アイデンティティのタイプを抽出するために3つの基準を設定した。①専門的知識や技術に対するコミットメント，②雇用されている組織に対する忠誠心，③準拠集団が組織の内にあるか外にあるか，である。

ローカルは働いている組織への忠誠心が高く，組織の目標や価値を自分のものとして内面化し，昇進に関心を寄せている。つまり準拠集団は，組織内にある管理職志向の強い人たちである。一方，コスモポリタンは雇用されている組織に対する忠誠心は低いが，専門技術に対するコミットメントが高く，準拠集団が組織の外にある。自らの職業の価値や倫理を重んじ，専門的な自己充足に関心を向ける専門職志向の強い人たちである。つまりローカルは管理職志向，コスモポリタンは専門職志向の異なるキャリア志向を持つと考えられる。

グルドナーはコスモポリタンとローカルの潜在的アイデンティティを識別すべく，大学教員を対象とする実証研究を行っている。その発見の1つが「コスモポリタンは博士号（Ph. D.）を持っているか，それを目指している。しかしローカルは文学系修士（M. A.）を持っているか，それを目指している」ということであった。この発見の実践的含意は，企業では博士号取得者は，事務系社員に比べて技術系においてはるかに多いことから，技術系専門職がコスモポリタンのアイデンティティを持っているということである。

◘ 事例

グルドナーの主張は現代の組織にも当てはまるのであろうか。田路（2013）は，半導体を含む電子産業の研究開発者を対象として日米のデュアル・ラダーの調査を行っている。その結果見出されたことは，アメリカ企業では入社時点から管理職ラダーと専門職ラダーに分かれ，それぞれ異なるキャリア・パスを歩むということである。管理職ラダーに対応する職位としては，manager（課長・室長），director（部長・所長），vice president（事業部長），CTO（chief technology officer: 最高技術責任者）があり，専門職ラダーには，senior researcher（主任研究員），senior scientist（主任技師），fellow（フェロー・技師長）がある。こういったデュアル・ラダーのひな型は図4-12のようになる。ここで特徴的なのは，アメリカでは入社段階で学歴によってどちらのラダーを昇るかが明確に決まるということである。アメリカでは，一般的に博士号を取得していない者は研究開発の現場ではテクニシャン（実験補助者）として扱われ，専門職ラダーを昇ることはできない（Allen & Katz, 1992）。

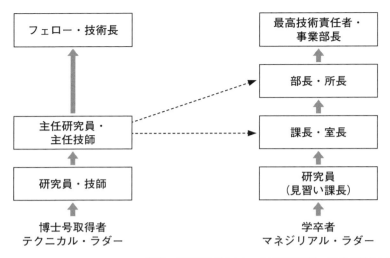

(出典：田路則子 日本のキャリア研究 2013, p.81 白桃書房より作成)

図4-12 アメリカのキャリア・ラダー　典型的デュアル・ラダー

　アメリカではキャリア・ラダーが学歴で分けられることは，森（1995）も製薬企業X社の研究所の管理職に対する聞き取りから見出している（調査時点は1993年）。X社では4つのラダーが制度化されている。①administrative ladder（エントリーレベル学歴：学士），②scientific ladder A（エントリーレベル：ポストドクトレート修了博士），③ scientific ladder B（エントリーレベル：ポストドクトレート修了博士），④technical ladder（エントリーレベル：学士）であり，2つのscientific ladderが設けられている。scientific ladder Aは自分の研究室を持ち，自分の研究室以外のワーカーの管理を行う必要がない。scientific ladder Bはグループ，プロジェクト，部門の管理を行うことから大人数の研究者および他の管理業務が要求される。博士号を持たない者はテクニシャンとしてテクニカル・ラダーを昇り，アシスタントの役割に留まる。

　一方，日本ではデュアル・ラダーはアメリカのように完全に分離していない。図4-13は日本企業のキャリア・ラダーである。田路（2013）が見出したことは，日本では若年のうちはラダーが分離していないことである。またアメリカと異なりラダーは学歴に規定されていない。日本では，20歳代のうちは研究に没頭し，30歳代後半に達すると研究開発の担当者から管理職ラダーに転向する者が出てくる。課長・部長と管理職ラダーを昇るに従い，職務の内容は次第にプロジェク

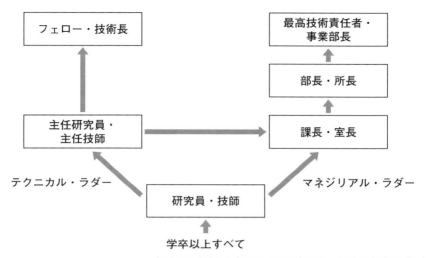

(出典：田路則子 日本のキャリア研究 2013, p.84 白桃書房より作成)

図4-13　日本のキャリア・ラダー

ト管理などにシフトしていく。

◘ 今後の研究課題

人材育成を主眼に置いた場合，複線型キャリア開発に関する研究課題として重要と思われるのは，さしずめ次の2つである。

①キャリア・トランジションに対処する

日本の複線型人事制度の特徴は，キャリア初期のラダーは初任管理職登用のタイミングで分化する。例えば日本の製薬企業の研究開発部門に勤務する研究者では，30歳代半ばで管理職ラダーへ転換するケースが多い。換言すれば，引き続き研究者としてのキャリアを深めていくのか，管理職の仕事に変わるのかの選択を迫られる節目の時である。研究にずっと携わりたいという気持ちをもってこれまでやってきた研究者にとって「ベンチ（実験台）を離れ，デスクワークに移る」ことのショックは大きい（東條, 2014）。ラダーの転換はキャリアの節目である。キャリア・トランジションに遭遇すると，①役割，②人間関係，③日常生活，④ものの見方や考え方など，様々な領域で変化が起こる（Schlossberg, 1989, 邦訳, 2000）。キャリア・トランジションへの対処（コーピング）という視座から複線型キャリア開発のあり方を考えてみたい。

9. 複線型キャリア開発　241

②イノベーションを支援する

　イノベーションにおいて重要なのは，「知と知の組み合わせ」である。マーチ（March, 1991）は企業の知識創造活動としてexploration（探求）とexploitation（活用）の2つを構想した。前者は，まったく新しい知識，発想，アプローチの獲得を目指した知識創造である。未知の分野の開拓，実験，リスクを恐れないコンピテンシーを必要とする。例えば基礎研究に携わる研究者が該当する。後者は，既知の技術・知識・ノウハウの共有と連結から改善を生み出すことを可能にするコンピテンシーを必要とする。例えば生産プロセスの継続的改善である。この2つの知識創造活動は，単純化すれば，探求は専門職ラダーの研究者が担い，活用は管理職ラダーのプロジェクト・マネジャーが担うことになる。

　探求と活用の知識創造活動とイノベーションとの関係は現代の経営学の重要なトピックスである。企業組織は中長期的には活用に偏りがちで，成果が出るまでの時間が長く不確実性の高い探求は疎かになる。また人は自分の身近にある知識だけを活用する傾向がある。知の近視眼化（myopia）である。結果として，当面の事業が成功すればするほど中長期的なイノベーションが停滞する。知の探求を進めるための人材育成と処遇という観点から，キャリア開発のあり方を捉えるとどのような課題があるのか。イノベーションを支援するという視座から複線型キャリア開発を検討することは重要である。

（平野光俊）

10. 非正規従業員の処遇と管理

◘ 非正規従業員とは

　一口に非正規従業員といっても，それが意味するものは必ずしも一義的ではなく，労働契約期間，呼称，労働時間によって分別される（神林, 2013）。例えば，総務省の『労働力調査』によれば，非正規従業員は，パート，アルバイト，派遣社員，契約社員，嘱託，その他，という呼称で分類される。また，厚生労働省による『賃金構造基本統計調査』では，短時間労働者（パートタイム労働者）を「同一事業所の一般の労働者より1日の所定労働時間が短い又は1日の所定労働時間

が同じでも1週の所定労働日数が少ない労働者」として説明しており，呼称と労働時間上の定義が示す内容には相違があることが確認できる。一方，正社員を定義する場合には，直接雇用で雇用期間に定めがなく，所定労働時間が通常の時間である働き方を指す（JILPT, 2011）ため，非正規はそれ以外の働き方を指すと考えられる。このため，ここでは実態として上記呼称が用いられ，正規労働者と比較して労働時間ないし雇用期間について限定性がある働き方をしている者を総称して非正規従業員（以下，非正規）とよぶことにする。

　この非正規をめぐる近年の動向は，しばしば基幹化というキーワードで説明される（中村，1989）。雇用者に占める非正規の割合は増加傾向にあり，これを量的基幹化という。総務省の2016年『労働力調査』によれば，役員を除く雇用者に占める非正規の職員・従業員の割合は37.5%であり，ここ10年では2009年を除き増加し続けている。また，実数は1,980万人で7年連続増加している。非正規の割合が全体の4割程度にまで近づいており，職場における非正規従業員は量的に拡大していることが確認できる。

　また，この量的拡大と並行して，非正規がより責任ある仕事を行い，職場でより高度な業務や管理職に就く機会も増えている。非正規の中には定型的・補助的な業務にとどまらず，正社員と同様の高度な仕事を担う人もおり，仕事内容や能力が向上し正社員のそれに接近しているという。これを質的基幹化という（本田，2004, 2010a；武石，2003）。例えば本田（2010a，2010b）では，食品スーパーで働くパートタイマーらが，長期間勤めるうちに従前正社員が行っていた業務を行うようになり，徐々にパートのみでその業務を担当するようになったプロセスが紹介されている。非正規という雇用形態の従業員は，量的にも質的にも，企業の戦略上もはやなくてはならない存在であることがうかがえる。

◪ 均衡処遇と非正規雇用の合理性

　このように，非正規が活躍する場と機会が拡大することによって，正社員と同じ職場で正社員とよく似た業務を行う機会が増え，正社員と非正規従業員との間に均衡処遇問題が発生した。つまり，以前は正社員が行っていた高度な仕事をしているにもかかわらず，賃金をはじめとした処遇は改善しないという処遇の公平公正に関する問題が顕在化した（図4-14）。

　例えば，厚生労働省による2016年『賃金構造基本統計調査』によれば，フルタイムの正社員と比較して，フルタイムの非正規（例：契約社員や嘱託社員等）

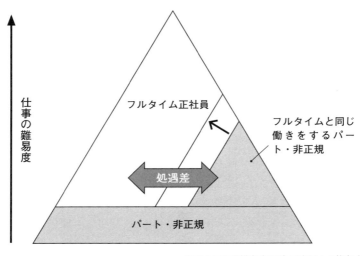

出所：厚生労働省（2002）図表32より筆者（余合）作成

図4-14　非正規の質的基幹化と均衡処遇

はおよそ7割，短時間の非正規（パートタイマー・アルバイト等）では5割程度の賃金（時間当たり）しかない。また，正社員にはある人事制度が，非正規においては存在しない，あるいは簡便化されたものであるケースが多い。厚生労働省による2014年『就業形態の多様化に関する総合実態調査』によれば，雇用保険，健康保険，厚生年金のような福利厚生や，退職金制度や賞与支払いといった仕組みの非正規における導入状況について，正社員との間に大きな隔たりがある。また，教育訓練を実施している事業所の割合も正社員のおよそ半分とされる（厚生労働省『平成27年度能力開発基本調査』）。このように，賃金やそれ以外の処遇全般において，正社員との間に格差が存在していることが確認できる。このため，正社員と同じ仕事に従事するパートは，賃金に不満を感じやすい（篠崎ら，2003）。非正規が活躍する場が拡大し，高度で貢献度の高い業務を行う一方，処遇の改善が進まないことから，均衡処遇の重要性を指摘する研究も多い（例：佐藤ら，2003；平野，2009, 2010）。

人材ポートフォリオの議論（平野，2009；Lepak & Snell, 1999）では，こうした均衡処遇の問題を検討する際に，雇用形態の合理性について指摘する。アトキンソン（Atkinson, 1985）によれば，雇用形態の議論において，数量的柔軟性，機能的柔軟性，金銭的柔軟性という3つの柔軟性を高める必要性があるという。

正社員は外部環境の変化に対する能力や技能の適応力としての機能的柔軟性を持ち，非正規は雇用者数の調整の容易さを意味する数量的柔軟性と，労務費用の変動費化という金銭的柔軟性の2つを高めるうえで機能的となる。企業の人事戦略上，業績の変動に従って雇用者数や賃金を柔軟に調整できることが非正規雇用の合理性であるといえる。

　一方，組織側の論理とは別に，従業員側の意思や事情についても検討の必要がある。非正規という働き方を，本人の意思とは別に選択している人々の存在も指摘される。総務省の2016年『労働力調査』によれば，現職の雇用形態（非正規雇用）についた主な理由として「正規の職員・従業員の仕事がないから」と回答した者（これを不本意非正規とよぶ）は，非正規全体のおよそ15.6%であるとされる。正社員を望みながら非正規として働くケースでは，非正社員が正社員へと移行することの難しさも指摘されている（玄田，2008）。同調査では，非正規の雇用形態についた理由として，「自分の都合のよい時間に働きたいから（27.2%）」「家計の補助・学費等を得たいから（21.3%）」の上位2回答で全体の5割弱を占めておりこれに4位の「家事・育児・介護等と両立しやすいから（12.1%）」を含めれば，全体の約6割が，自主的に短時間で少額の収入を得る手段として，非正規雇用を選択していることもわかる。したがって，均衡処遇の議論を展開するうえでは，こうした非正規という雇用形態を主体的に選択する側の事情についても考慮する必要があるといえる。ワーク・ライフ・バランスの観点やディーセントワーク（働きがいのある人間らしい仕事）保障の原則から，労働者による多様な働き方の自律的選択が求められている（川田，2013）。

◨非正規従業員をめぐる近年の動向と今後の課題

　近年では「多様な正社員制度」（例：久本，2003；2010；守島，2011；鶴，2011）への関心から，正社員内でも従事する業務内容や勤務形態には幅がある点が着目されている。無期雇用ではありながら，勤務時間，勤務地，職種等の労働条件に限定性のある働き方も見られ，正社員が多様化している。この場合，この限定性に伴って給与水準が引き下げられるようなケースもあるようである（佐藤，2012；脇坂，2012）。

　こうした企業における雇用管理の動向のほか，非正規雇用に関連する法整備もこの多様化を複雑なものにする。改正パートタイム労働法（2007年），改正労働契約法（2013年），改正労働者派遣法（2015年）といった正社員と非正社員の

間にある格差是正の立法的対応が進んでいる。特に改正労働契約法に関しては，5年を超えた有期雇用者は本人の申し出により無期雇用に転換でき，多様な正社員という雇用形態の働き方が今後拡大していくことが予想される。

　雇用管理の多様化と法整備の進展は，正社員と非正規との間の境界線をますます曖昧なものにする。例えば多様な正社員の一形態である短時間正社員は，先の厚生労働省の定義に従えば，パートタイム労働者と見なすことも不可能ではないが，労働契約法により無期雇用化された旧パートタイム労働者は，雇用期間が定まっていないという意味では正社員の定義にもあてはまる。

　多様な正社員や人材ポートフォリオの議論を踏まえ，非正規従業員を正社員へ転換する制度の機能性についても検討されている。余合と平野（Yogo & Hirano, 2016）は，組織的公正理論を用いて，正社員登用制度は必ずしもつねに従業員にとって公正な制度となるとは限らないことを指摘する。正社員転換制度の実態として，過去にロール・モデルとなる前例の転換制度利用者がいることや，転換に際して従業員に求める条件が厳しくないこと，転換の手続きが充実していることなどが，その機能要件として求められるという。正社員転換制度そのものが必ずしも公正感に正の影響を与えるとは限らないことも，いくつかの実証研究から示唆されている（平野，2015；余合，2014）。

　均衡処遇にまつわる法改正への対応として，従来どおり高い拘束性を正社員に求める転換の仕組みである場合，正社員という働き方を求める非正規にとってハードルの高いものになり，転換制度が形骸化する恐れもある。多様な正社員に対する処遇水準の議論も踏まえ，業務内容，労働時間や勤務地，職種のような労働条件と賃金をはじめとする処遇との均衡性・公正性について，正規非正規という枠組みにとらわれない人事戦略的な視点からの検討が，今後必要とされるであろう。

（余合　淳）

TOPICS

評価格差と公平性

　組織における公平性に関する研究は「組織的公正（organizational justice）」という研究領域において蓄積されてきた。この組織的公正研究という領域においては，組織の公平性あるいは組織成員の公平感が，組織成員の行動ないし組織の成果に大きな影響を与えているという前提に立ち，次の２つの主要な関心をもとに研究が進められている。第１に，人々がどういった要因や基準に基づいて公平や不公平の判断を下すのかを明らかにすることであり，第２に，公平や不公平の知覚が人々の態度や行動にどのような影響をもたらすのかを明らかにすることである。

　組織的公正の概念は，大きく分けると分配的公正と手続き的公正という２つの側面を持っている。分配的公正とは，限られた資源や成果を分配する場合に知覚される結果の公平性を意味しており，手続き的公正とは，限られた資源や成果を分配する場合に知覚される意思決定プロセスすなわち手続きの公平性を意味している。

　人的資源管理諸制度における相互の結びつきについて考えた場合，評価は，報酬や処遇の決定，あるいは能力開発や人材育成との関係が深いことから，評価格差の問題については，手続き的公正を中心に据えた分析と考察が重要になる。

　手続き的公正の基本的な考え方は，人がある状況を公平であると認知する理由は，分配結果が公平であるからというよりも，むしろそうした分配の結果に至るまでの手続きが公平であるからというのである。そして手続き的公正が認められれば，その結果としての分配もまた公平であると判断されるのである。

　そこで，レーベンソール（Leventhal, 1980）は手続き的公正を判断するための６つのルールを示している（表4-3）。

　すなわち，実際の評価制度の設計や運用に際して，これらの６つのルールがどの程度守られているかによって，評価に関する公平性の認知が変わってくるということである。

　また，レーベンソールによれば，分配プロセスにおいて手続き的公正の知覚対象となるのは，次の７つの要素であるという。

表4-3 手続き的公正の判断基準となるルール

判断基準となるルール	内容
一貫性 (The Consistency Rule)	ある分配の手続きが対象者に一貫して，一定程度の時間は変わらないこと
偏向の抑制 (The Bias-Suppression Rule)	意思決定者が利己的な考え方や偏見に影響されないこと
情報の正確性 (The Accuracy Rule)	決定が依存している情報は誤りを最小限にし，正確でなければならないこと
修正可能性 (The Correctability Rule)	最終分配の決定過程において修正の機会がなければならないこと
代表性 (The Representation Rule)	すべての関係者の関心や価値観が反映されたものでなければならないこと
倫理性 (The Ethicality Rule)	手続きが一般的な道徳や倫理基準に反しないものであること

レーベンソール (1980) を基に筆者作成

① 代表者の選定 (Selection of Agents)
② 評価基準の設定 (Setting Ground Rules)
③ 情報収集 (Gathering Information)
④ 意思決定構造 (Decision Structure)
⑤ 決定に対する申し立て (Appeals)
⑥ 防護措置 (Safeguards)
⑦ 仕組みの変更 (Change Mechanisms)

順に説明すれば，「代表者の選定」は，誰がいかなる理由で意思決定者や情報収集者になるのかを決定する手続き群である。「評価基準の設定」は，報酬の性質およびそれを得るために何をすべきかを当事者に知らせる手続き群である。ここでは意思決定の方法や判断基準などの規程が定義され，当事者に伝達される。「情報収集」は，評価をするにあたっての有効な情報の収集と活用に関する手続き群である。「意思決定構造」は，報酬や罰の最終決定過程を決め，実行する手続き群である。「決定に対する申し立て」は，一度なされた決定に対して不満がある場合に訂正を求めることができる手続き群である。「防護措置」は，意思決定者の権利の濫用を防ぎ，手続きの公平性を維持する手続き群である。最後に「仕組みの変更」は，現状の手続きが正常に機能しなくなった場合に，それを変更する手続き群である。

これら7つの対象は，おおむね人的資源管理における評価プロセスの流れに沿

っていることから，評価制度の設計だけでなく運用も含めて，それらを構成する諸要素が手続き的公正の知覚対象となっていることがわかる。

これまでの組織的公正研究から得られている知見は，分配的公正が主に賃金満足や職務満足などの個人的アウトカムと結びついており，手続き的公正が組織コミットメント，職務関連成果（job performance），組織市民行動（organizational citizenship behavior）などの組織的アウトカムと強い関係があるというものである。また，1980年代半ばには，組織的公正の第3の側面として，手続きの運用や配慮といった側面を強調した相互作用的公正という構成次元がビーズとモアグ（Bies＆Moag, 1986）によって提示され，研究が進められてきている（加納, 2014）。

組織的公正理論そのものは，すでに非常に堅固な理論的枠組みが提示されており，その理論的フレームワークに大きな進展は見られないものの，実証研究のレベルでは，相互作用すなわちコミュニケーションをどのように扱うかという課題が残されており，また人的資源管理の実践への応用については検討と修正の余地が残されている。

（加納郁也）

ポスト成果主義賃金の行方

1990年代後半以降，わが国の賃金制度は混乱を続けてきた。最大の攪乱要因となったのはいわゆる「成果主義賃金」である。それには必ずしも決まった定義があるわけではないが，賃金決定の原理として働き手個人の企業業績への貢献度を重視し，従来の勤続年数や職務遂行能力よりも短期的な業績貢献度や就いているポストの価値によって，各人の報酬を決めるものといえよう。そのムーブメントの端緒は，日本企業の業績の長期低迷の結果としての労働分配率の高止まりである。その元凶として槍玉にあげられたのが，戦後日本の人事報酬制度のスタンダードであった職能資格制度である。それは賃金の高止まりをもたらし，横並び処遇が付加価値創造力の低下の原因になってきたとの言説が広がった。

つまり，成果主義賃金は職能資格制度の対抗軸として浮上してきた形であるが，現実にはそれを代替できる代物ではなかった。職能資格制度は，採用・育成・評価・配置というトータルな人材管理プロセスを実践する際に，それを整合的にサ

ポートする評価制度であり，企業による雇用保障が強いため職務無限定の「就社型雇用」と整合的に設計された人事評価制度であった。成果主義賃金のムーブメントは，この就社型雇用のあり方はそのままにして，評価制度のみ変えようとしたもの（守島，2010）であり，様々な矛盾が生じることになった。成果主義賃金は，職務ベースで個人業績を重視する米国ホワイトカラーの賃金制度を範としたとされるが，「本家」ではプロフェッショナル労働市場が前提になっている。米国では中途入社・退社が一般的で，専門職大学院や職種別専門団体が個人主導の能力開発を可能にする環境が整備されるもとで（楠田，2002），職務限定の就職型雇用が基本になっている。そうした雇用のあり方のもとでの成果主義賃金ゆえに，評価の低い従業員は転職して新たな挑戦を行う一方，企業では人材の健全な代謝が行われる。しかし，転職が不利になる就社型雇用が一般的なわが国で成果主義賃金が導入されると，職場は勝ち組と負け組への二極分化が固定化され，モチベーション・チームワークの低下と仕事の偏在が生じてしまう。

　さらに，別の問題が生じることになった。成果主義賃金は高止まっていた人件費を圧縮し，業績低迷下では企業業績の改善に貢献した半面，企業収益が増えても賃金が上昇しなくなったのである。かつて職能資格制度が一般的な時代には，いわゆる春闘が機能しており，毎年ベースアップが決まれば，従業員全体の賃金が底上げされる状況にあった。しかし，成果主義賃金の名のもとで職能資格制度の見直しが進み，賃金決定の個別化が進む中で，春闘のベースアップ方式の形骸化が決定的になった。加えて，非正規労働者の割合が大きく上昇し，わが国で賃金を引き上げる仕組みが機能しなくなった。その結果，家計の低価格志向が定着してデフレが一般的になった。企業は価格引き上げが難しくなったため，高付加価値化による単価引き上げよりもコスト削減に注力することになり，それがさらなる賃金引き下げをもたらすという悪循環が日本経済で生まれてしまった。

　もっとも，職能資格制度の単なる復元は不可能であろう。その1つの理由は，働く人が多様化しているからである。職能資格制度が支えた就社型の雇用は，強い雇用保障の一方で職務や勤務地が選べず，労働時間も長くなりがちである。それは，男は仕事・女は家庭という家族モデルが前提になっていた。だが，人口減少が本格化し，女性の活躍が待ったなしになる中，男女ともに対等に働き，家事をすることが前提の社会を構築することが求められる。それは，多様な家族モデルを前提に，様々な働き方が可能でなければ成り立たない。高度な仕事を行う「就社型」の正社員と単純な仕事をする非正規労働者という二極化の構造ではやっ

ていけない。端的には,雇用保障はやや劣るが,職務や勤務地が選べ,労働時間もコントロールしやすい「就職型」の雇用,いわゆる限定正社員を増やすことが必要である。ただし,その前提として,業界ごとに共通の職業能力認定制度や専門職団体を普及させるほか,転職・再就職のあっせんの仕組みや社会人も学べる職業大学の整備を進める必要がある。

これと連動して重要なのが,ポスト成果主義の人事評価制度を構築することである。その基本的な考え方は,能力・職務・業績の3つの要素からなる共通の評価フレームを構築しつつ,職種や役割によって,3つの要素の割合を変える「ハイブリッド」とすることであろう。ただし,異なるタイプ間の相互転換を可能にし,基本的には20歳代を中心にすべての従業員が職能型正社員を経験することが望ましい。そうすることによって,日本企業の強みとされるチームワークや変化対応力の基本が身につきやすくなるであろう。消滅した賃上げの仕組みについては,春闘の再建が必要であろう。少なくとも当面は,米国のような高賃金を求めた転職の活発化や,欧州のような労働組合の強い交渉も,賃上げのドライブとして期待できない。ならば,春闘の場においてしかなく,私見では,第三者委員会を設置して賃上げの目安を示すべきと考える。ただし,それはあくまで平均賃金であり,重要なのは非正規も含めたそれであることだ。それを基本に個別労使が全従業員の平均賃金増分と,その労働者グループごとへの配分を決めていくという仕組みが望ましいであろう。

(山田　久)

女性管理職の活用

女性管理職のキャリア開発が進まない要因

日本における女性の管理職比率は低く,厚生労働省の「平成25年度雇用均等基本調査」によると,係長相当職で12.7%,課長相当職で6%,部長相当職で3.6%となっている。経年変化を見ても,係長相当職では大きく上昇してきたが,課長相当職や部長相当職においてはそれほど大きく変化しておらず,一桁台で停滞している。また,海外諸国と比較した場合においても管理的職業従事者に占める女性の割合は欧米諸国で3割を超えているのに対して,日本は11%弱と極端に低い。

このような状況が続いているのはなぜか。企業側が女性を管理職に登用,育成

していく際の問題点として指摘される1つが女性の勤続年数の短さである。これは女性の離職リスクを考慮して女性への人的資本投資に消極的になるという統計的差別（Aigner & Cain, 1977；Phelps, 1972）の理論によって説明される。ただし，女性の離職については，後述するように企業および社会的な両立支援によってその割合は徐々に低下しつつある。

　勤続年数の短さに次いで指摘されるのが，家庭責任の考慮や時間外労働，深夜残業をさせにくいといった項目である。これらは雇用主あるいは上司による性別役割分業意識やパターナリズム（配慮の意識）に分類されるが，どちらも嗜好の差別（Becker, 1957）で説明される理論である。ただし，統計的差別も嗜好の差別も，根源的には日本企業における正社員に対する拘束性の高い雇用システムが関係している。より具体的にいえば，職種，勤務地，勤務時間に定めがないという男性正社員の働き方に女性が合わせなければならない雇用契約のあり方である。

　例えば労働政策研究・研修機構（2011）の調査によると，非管理職と管理職の月間総労働時間の平均値は，男性では非管理職が187.5時間，管理職が186.0時間と大きく変わらないのに対して，女性では非管理職が170.1時間，管理職では183.8時間と10時間以上の差が生じる。また，月間残業時間の平均値は，男性では非管理職が28.5時間，管理職が31.9時間である一方，女性では非管理職が13.8時間，管理職が27.3時間となり，13時間以上の差がある。つまり，女性の非管理職の労働時間は男性の非管理職と比べれば少ないが，女性が管理職になると非管理職のときよりも一層労働時間が長くなり，その労働時間も男性の管理職と比べてあまり大きな差がなくなる。濱口（2011）の言を借りれば，「育児・介護という理由がなければ（あるいはあっても請求しなければ），女性の労働時間は男性並みの長時間労働がデフォルトルール」（p.135）となっているのである。

女性管理職に向けた人事施策

　こうした中，女性の管理職昇進を促進するために両立支援や女性活躍推進の人事施策が議論され，その効果についても学術的な実証研究が数多く蓄積されてきた。脇坂（2001）の研究を嚆矢として，その後多くの研究が理論的基盤として指摘してきたように，女性活躍を促進する人事制度には両立支援と均等施策の2つがある。既存の多くの実証研究で両立支援と均等施策が補完的関係にあり，双方の導入が企業業績やそのほかのパフォーマンスに正の影響を与える結果を示している（例：阿部・黒澤, 2008）。

両立支援では主に育児休業制度が女性のキャリアに与えるプラスの効果についての検証がなされてきたが，今田・池田（2006）は，これまで女性の就業継続を促進するとされていた育休制度が親族や保育所といった社会的サポートの条件に依存している可能性を指摘しており，育休単独の効果に疑問を呈している。また，育休制度は，組織的には代替要員の調達問題，女性従業員本人には機会損失という2つのネガティブな問題を引き起こす（脇坂，2002，2009）。例えば法定期間を超えた育休取得は管理職登用にマイナスの影響を与える可能性があり，また産前産後の育休期間が長いほど将来の管理職昇進の機会に負の影響を与えるという"出産ペナルティ"の存在も明らかにされている（Katoら，2013；周 2014）。無論，育休制度の価値を否定することではないが，学術的にこの問題を議論する際は育休制度を両立支援の中に包含するのではなく，仕事を"休む"育休と，育休後の長期にわたる子育て期間において日本企業の拘束性の強い働き方を緩和し，仕事と生活を"両立する"施策（例：短時間勤務制度やフレックスタイム制度など）と弁別する必要がある。これに着目した研究では，ポジティブ・アクション（PA）は女性の管理職昇進の自己効力感に正の影響を与え，かつ，女性の就業継続の自己効力感に対しては，PAは育休ではなく拘束性の緩和との交互作用のほうが望ましい影響を与えることが明らかにされている（小泉ら，2013）。

人事制度の制度的補完性

　以上のように，女性管理職の活用を目的とした「働き方」改革が社会的に議論されている。しかしながら，その働き方を統制する企業内の人事制度は，その国の法制度や労働市場，社会規範，歴史的経路依存によって大きく影響を受ける制度的補完性を有しているために，人事制度のみを変革することは望ましい結果をもたらさない可能性がある（青木・奥野 1996）。また，日本における内部労働市場は依然として頑健であり，人事や組織の調整のあり方はそれほど大きく変化していないことも示されている（Ono & Moriguchi, 2006）。例えば，労働政策研究・研修機構（2015）の企業の人材育成についての調査によれば，8割以上の企業が「従業員に教育訓練を行うのは企業の責任」と考えており，人材活用に関して外部労働市場からの調達よりも内部育成を重視している企業が依然として多数を占めている。したがって，女性管理職の活用については企業内の人事管理だけではなく，抜本的な社会改革の議論が必要とされる。

（小泉大輔）

グローバル・ジョブ・ローテーション

　企業内キャリア形成の一環として国内，海外を含むローテーションがある。ここでは特に海外への転勤を含む移動のことを「グローバル・ジョブ・ローテーション」とよぶことにする。具体的には，海外赴任のことであり，海外赴任者あるいは海外派遣者（以下では「海外派遣者（expatriates）」とよぶ）の評価と処遇の諸課題について考えることにしよう。

　海外派遣者には「グローバル人材」としての特性が求められる。筆者も関与した「産学人材育成パートナーシップ・グローバル人材育成委員会」の報告書[1]では，「グローバル人材」とは「グローバル化が進展している世界の中で，多様な人々と共に仕事をし，活躍できる人材」と簡略に定義されている。こうして，海外派遣者にも，海外のダイバーシティ度の高いビジネス環境下で自分の立ち位置を客観的に把握し，確実に成果を出すことが求められている。国を超えての活動には，状況や環境，つまり「コンテクスト」の変化・差異というものが存在し，それに対する知識力，認知能力，心理能力が，仕事能力に加えて必要となってくる。

　また，海外派遣者はそれぞれ具体的なミッションを持って派遣されている。そのミッションの内容は，まず，現地での職位により大きく異なる。ただし，現地での職位は派遣前の国内での職位と比べると1〜2ランク上の役職となっているため，責任度は高くなり，担当する職域も大幅に拡大するのが普通である。

　こうして，トップ・マネジメントの役職であれば，そのミッションは経営成果の達成が最優先となり，続いて現地法人の統制，経営理念・経営手法の浸透や伝導が重要であろう。他方，現場のラインを預かるミドル・マネジャーであれば，後進の育成，専門技術・経営ノウハウの移転がより重要となる。若手の場合は，一般職から下級マネジャーとされる場合が多く，この場合はストレッチの利いた仕事をこなしながら，自身の能力開発もミッションの一部となるであろう。人事評価の中の目標管理制度（MBO）の運用においても，部下へのフィードバックを日本とは比べものにならないくらい厳密でオープンな対応を求められる場合が多い。

　さらに，これら「海外派遣者の職位」に加えて，企業のライフ・ステージによ

---

[1] 産学人材育成パートナーシップ グローバル人材育成委員会報告書（2010）『産官学でグローバル人材育成を』

る影響，つまり「現地法人の成長段階」（操業期間の長短が代理指標となろう）という変数は，海外派遣者個々人のミッションを大きく規定する。例えば，スタート・アップにある企業が多いインドでは，事業の立ち上げや市場の開拓・確保というミッションが際立つし，操業期間の長いASEANでは品質管理など経営管理のミッションがより重要となるであろう。

　ともあれ，平均年齢も40代後半層が中心となる海外派遣者は，ベテランが多いとはいえ，重責でストレス度の高い仕事を異文化環境の中でこなしていかざるを得ない。通常の赴任期間は3年から5年と短くはない。赴任地も，日本とほとんど変わらない生活環境や安全性が整っている国・地域から，ハードシップ手当が必要な発展途上国や紛争地域近辺まで広がっている。日本人派遣者の赴任地は6割くらいがアジアとなっているが，その場合，単身赴任（この勤務形態は東アジア特有のものとみられる）の比率は，約4割を占める（白木，2014）。海外での仕事に働きがいを見出す場合も少なくないが，総じて，海外での仕事はストレスフルで国内勤務より厳しい環境の中での仕事とみられている。

　したがって，多くの海外派遣者がそれ相応の処遇を期待するのも無理はない。赴任者の処遇を考える場合，2つの側面から考えることが必要である。

　第1は，短期的な処遇であり，赴任中の給与，諸手当の側面である。多くの企業では，外部の第三者機関やサービス会社の生計費指数のデータや「バランスシート・アプローチ」などのシステムを用いて，国内勤務と海外勤務の間に大きな損得が生じないように制度設計がなされている。しかし，実態としては，ハードシップ手当の有無・高さ，生活習慣でかかるコスト（社会的地位に見合った支出の必要性，チップなど），割高な食事・食料・サービス費用などで不満を抱える人も少なくないようである。加えて，住宅関連費用，子どもの教育費用，各種プレミアムなどの点で，欧米企業の中の優れた処遇状況と比べると，大きな違いがあり，彼我の差を感じて不遇をかこつ場合もある（梅津，2014）。

　第2は，長期的な処遇であり，海外派遣者の将来のキャリア展望に関する不満，不安の問題である。帰任後の問題といってよい。日本国内の組織は多くの場合，成長が鈍化しているところが多く，しかも，従業員の高齢化が著しく進展しており，したがって，50歳になろうとするシニアなスタッフに，一部の例外を除き，海外勤務経験を活かし，それ相応の職位・職責でのポジションを潤沢に準備する余裕が日本本社にない場合がほとんどである。アジアで5,000人規模企業のCEOを務めた人が帰任後に地方の50人くらいの営業所所長として赴任することもよく

ある事例の1つとなっている。日本の労働市場においては、帰任後にこれまでの海外勤務経験を活かせる新たなキャリアを求めて他社に転出するというのは、中高年齢者にとって現実的な姿ではなく、いきおい不遇をかこちながらも定年まで同じ企業にとどまる場合が多いのである。

最後に、海外勤務中の評価のあり方である。アウトプット、パフォーマンス、つまり、「赴任中の業績」がすべてという企業も多い。これは、シニアな人が多い中で当然の評価であろう。若手の場合はスキル評価などがこれに加わる。

さて、「赴任中の業績」という場合に、留意点がある。つまり、その場合「環境条件の違いを含んだ正確で精密な情報収集を必要とし、それらに基づいて評価を行う必要がある……例えば、海外現地法人の業績上の問題が明らかになった場合には、それらの正確で精密な情報に基づき、それが経営者の意思決定や執行方法の失敗によるものか、あるいは環境の制約によるものか正確に判定する必要がある」（白木、1995）ということである。このため、業績評価の「理想としては、海外から帰国したマネジャーを海外勤務の業績基準を改定するチームの永続メンバーとするのが良い」（ブラック、2001）というアイデアも十分考慮に値する。

（白木三秀）

外国人従業員の不満と定着

「外国人従業員」よりやや広いカテゴリーは「外国人労働者」であろう。そこで、まず日本における外国人労働者の現状を押さえておく必要がある。外国人労働者数は、厚生労働省（2017）「外国人雇用状況の届け出状況」により各年10月末現在の状況を知ることができる。

この統計によると、2016年10月末現在、外国人労働者数は日本に約108万人いて、対前年比で19.4％増加し、4年連続で過去最高を更新している。国別では中国（34万人）が最も多く、これにベトナム（17万人）、フィリピン（13万人）、ブラジル（11万人）、ネパール（5万人）、韓国（5万人）と続く。ここ数年の対前年比伸び率でみると、ベトナム、ネパールが他の国々を大きく凌駕している。

外国人労働者は在留資格により、①「専門的・技術的分野」（20万人）、②「特定活動」（EPAに基づく看護師・介護福祉士候補者、ワーキングホリデーなど）（2万人）、③「技能実習」（21万人）、④「資格外活動」（留学生のアルバイトなど）

（24万人），⑤「身分に基づく在留資格」（日系人定住者，永住者，日本人の配偶者など）（41万人）の５種類に分かれる（括弧内は2016年10月末現在の人数）。

　日本政府は，原則として不熟練労働者の日本での就労は認めておらず，逆に「高度人材」等の専門的・技術的労働者の受け入れを歓迎するというスタンスを保持している。したがって，ここでは，「外国人従業員」とは，「専門的・技術的分野」（在留資格に含まれる高度専門職，技術・人文知識・国際業務などに従事するホワイトカラー，スタッフである）と解釈し，そこを中心に検討を加えることにしたい。「専門的・技術的分野」の外国人労働者数も2012年から2016年まで12万人，13万人，15万人，17万人，20万人と着実に増加してきた。そのうち，人数的に大きなシェアとなっているのが技術・人文知識・国際業務従事者で，過去数年間一貫して「専門的・技術的分野」の在留資格者の70％以上を占める。

　さて，このように外国人ホワイトカラーが増加してきたのはなぜだろうか。「外国人雇用状況の届け出状況」（2016年10月現在）に関連するホームページによると，厚生労働省はその理由を「政府が進めている高度外国人材や留学生の受け入れが進んできていることに加え，雇用情勢の改善が着実に進んでいることが考えられる」とみている。有効求人倍率の上昇など雇用情勢の改善により外国人ホワイトカラーが増加するという景気変動要因も大きいが，同時に企業側で留学生をはじめとする専門的・技術的人材を求める構造的な要因も大きいと考えられる。以下でこの点を検討する。

　日本在外企業協会が2012年，ほとんど大企業から成る会員企業に行った調査によると，調査回答企業121社の78％が外国人留学生をすでに採用し，12％が検討中であることが明らかとなった。[1]

　同調査で，外国人留学生を日本で採用する目的・事情を複数回答でみると，第１が「国籍を問わず優秀な人材を採用するため」（80％），第２が「グローバル化に向けてグローバル人材を確保するため」（60％），「海外現地法人とのインターフェース役のため」（25％），「たまたま選考に残ったのが外国籍であったため」（17％）などとなっていた。第２と第３の目的が海外現地法人への将来の派遣者含みであるのに対し，第１と第４の理由は，いわゆるグローバルなタレント人材の採用が目的となっている。

　このように，外国人留学生の日本採用においては８〜９割の大企業が実施済み

---

[1] 日本在外企業協会『第６回日系企業における経営のグローバル化に関するアンケート調査』（2012）

かほぼ実施可能な状態にある。その目的は，将来のグローバリゼーションを見据えて日本人以外の海外派遣者養成のためであり，同時にグローバル・タレント人材の採用のためである。

　近年の外国人採用は日本に来ている留学生だけに限らない。直接海外に出かけて，日本に勤務する人材を採用する企業も増えてきている。海外現地法人で採用し，現地で雇用するだけでは，優秀人材を長きにわたり確保できないことが明らかとなってきたためである。シンガポールでの事例によると，シンガポール国立大学（NUS）の日本研究科の卒業生は日系企業に就職した後，3〜5年ほどすると転職する者が多いという。日系企業で実務訓練を数年積んだ後，より高処遇で他の企業に転職する。処遇以外の理由は，日系企業で与えられる仕事の内容がストレッチの効いたものになっていない，将来のキャリア展望が開けないなどが転職の理由となる。彼らには日本本社でチャレンジングな仕事を提供したほうが双方で満足の高い関係が築ける。このため，日本勤務希望者を海外に出かけて採用する事例が増えているのである。

　企業15社（元留学生社員，直属の上司，それに経営者あるいは人事責任者の三者に対するヒアリング）に対する事例研究[2]によると，外国人スタッフの採用や定着に関して以下のように発見があった。第1に，元留学生は，野心，やる気，モチベーションなどで，同年代の平均的な日本人を上回る。彼らと比較対象にすべきは，日本を出て海外で活躍する日本人であるかもしれない。第2に，初任格付け，仕事の進め方，慣習などについて，企業側と元留学生とに理解上の大きな齟齬がある場合，入社後に相互に不満や不信が高まるリスクが大きい。第3に，直属の上司が，元留学生に対してコミュニケーション，キャリア，ストレッチの効く仕事配分などで適切な気配りをすることがきわめて重要である。第4に，できるだけキャリア・パスを明示し，できればキャリア上のロール・モデルを示すことが肝要である。ロール・モデルが現れ，モチベーションが向上した事例がある。第5に，元留学生の「帰国願望」には根強いものがあることを認識しておく必要がある。家庭の事情や親の扶養のため，日本での勤務を5年なり10年なりに設定している人もいる。これはやむを得ない面もある。問題は，そのことをオープンに話し合い，どのような対応があり得るかを会社とスタッフの双方で議論できる雰囲気を担保することであろう。

---

[2] 早稲田大学トランスナショナルHRM研究所『留学生の採用と活用・定着に関する調査報告書』(2010)

このような当たり前で地道な双方向の意思疎通や長期的なキャリア形成を通じて，外国人スタッフの不満を和らげ，ひいては優秀人材の定着を促すことに結びつくことになろう。

（白木三秀）

引用・参考文献

大項目
評価と処遇

Aguinis, H., & O'Boyle, E. Jr. (2014) Star performers in twenty-first century organizations. *Personnel Psychology*, Vol. 67, 313-350.

Bock, L. (2015) *Work rules: Insights from inside Google that will transform how you live and lead*. New York: Twelve.（鬼澤忍・矢羽野薫訳『ワーク・ルールズ―君の生き方とリーダーシップを変える』東洋経済新報社 2015）

Campbell, J. P., Dunnette, M. D., Lawler, E. E. III., & Weick, K. E. Jr. (1970) *Managerial behavior, performance, and effectiveness*. New York: McGraw-Hill.

Deci, E. L., & Ryan, R. M. (1985) *Intrinsic motivation and self-determination in human behavior*. New York: Plenum Press.

Gladwell, M. (2000) *The tipping point: How little things can make a big difference*. New York: Little, Brown.（高橋啓訳『なぜあの商品は急に売れ出したのか―口コミ感染の法則』飛鳥新社 2001;『急に売れ始めるにはワケがある―ネットワーク理論が明らかにする口コミの法則』SB文庫 2007）

Gower, B. (2013) *Agile business: A leader's guide to harnessing complexity*. Boulder, CO: Rally Software.

Hoffman, R., Casnocha, B., & Yeh, C. (2014) *The alliance: Managing talent in the networked age*. Cambridge, MA: Harvard Business Review Press.（篠田真貴子監訳，倉田幸信訳『ALLIANCE―人と企業が信頼で結ばれる新しい雇用』ダイヤモンド社 2015）

熊谷昭彦（2016）『GE変化の経営』ダイヤモンド社

Latham, G. P., & Mann, S. (2006) Advances in the science of performance appraisal: Implications for practice. In G. P. Hodgkinson & J. K. Ford (Eds.), *International Review of Industrial and Organizational Psychology*, Vol. 21, 295-337. New York: Wiley.

Locke, E. A., & Latham, G. P. (1984) *Goal setting: A motivational technique that works*. Englewood Cliffs, NJ: Prentice-Hall. (松井賚夫・角山剛訳『目標が人を動かす』ダイヤモンド社 1984）

松丘啓司（2016）『人事評価はもういらない』ファーストプレス

O'Boyle, E. Jr., & Aguinis, H. (2012) The best and the rest: Revisiting the norm of normality of individual performance. *Personnel Psychology*, 65, 79-119.

Odiorne, G. S. (1979) *MBO II: A system of managerial leadership for the 80s*. Belmont, CA: Pitman.（市川彰・谷本洋夫・津田達男訳『精解　目標管理』ダイヤモンド社 1983）

リクルートワークス研究所（2016）「特集：人事評価なんてもういらない」『WORKS』第138号, 4-35.

髙橋潔（2010）『人事評価の総合科学』白桃書房

髙橋潔（2011）「人事評価を効果的に機能させるための心理学からの論点」『日本労働研究雑誌』第617号, 22-32.

髙橋潔（2013）『評価の急所』日本生産性本部生産性労働情報センター

髙橋潔（2016）「共創社会における人事評価―成果主義から貢献主義人事制度へ」『試験と研修』第30号, 24-30.

中項目
年功制と職能資格制度

労働省訳・編（1972）『OECD対日労働報告書』日本労働協会

高宮晋編（1970）『体系経営学辞典』ダイヤモンド社

谷内篤博（2008）『日本的雇用システムの特質と変容』泉文堂

成果主義と年俸制

花田光世（2013）『新ヒューマンキャピタル経営』日経BP社
経営行動科学学会編（2011）『経営行動科学ハンドブック』中央経済社
正亀芳造（2010）「第9章　賃金制度」奥林康司編『入門人的資源管理（第2版）』中央経済社
労働政策研究・研修機構（2009）『変化する賃金・雇用制度と男女間賃金格差に関する検討のための基礎調査結果』調査シリーズNo.52
労働政策研究・研修機構（2010）『今後の企業経営と賃金のあり方に関する調査』調査シリーズNo.65
労働政策研究・研修機構（2010）『企業における人事機能の現状と課題に関する調査』調査シリーズNo.68
笹島芳雄（2002）「成果主義の概念」楠田丘編『日本型成果主義』生産性出版
佐藤博樹・藤村博之・八代充史（2000）『マテリアル人事労務管理』有斐閣
Schein, E. H. (1965) *Organizational Psychology.* Prentice-Hall Inc.（松井賚夫訳『組織心理学』岩波書店 1966）
Taylor, F. W. (1947) *Scientific Management.* Harper & Row.（上野陽一訳編『科学的管理法（新版）』産業能率短期大学出版部 1969）

グローバル賃金制度

Mathis, R. L., & Jackson, J. H. (2004) *Human Resource Management*, 8th edition. St. Paul: West Publishing Company.
Milkovich, G. T., & Newman, J. M. (2008) *Compensation*, 9th edition. New York: McGraw-Hill Company.
労務行政研究所（2011）「トップ企業のグローバル人事戦略」『労政時報』第3795号, 12-81.
労務行政研究所（2012）「グローバル基準の人事制度統一事例」『労政時報』第3828号, 10-75.
笹島芳雄（2004）『賃金決定の手引（第2版）』日本経済新聞社
笹島芳雄（2008）『最新 アメリカの賃金・評価制度』日本経団連出版

人事評価の目的と方法

Colquitt, J. A. (2001) On the Dimentionality of Organizational Justice: A Construct Validation of a Measure. *Journal of Applied Psychology*, 86, 386-400.
江夏幾多郎（2010）「処遇に対する公正感の背景―不透明な処遇を従業員はいかに受容するか」『経営行動科学』23(1), 53-66.
Molinsky, A. L., & Margolis, J. D. (2005) Necessary Evils and Interpersonal Sensitivity in Organizations. *Academy of Management Review*, 30, 245-268.
中村圭介・石田光男編（2005）『ホワイトカラーの仕事の成果』東洋経済新報社
日本労働研究機構（1998）『管理者層の雇用管理システムに関する総合的研究』
白井泰四郎（1992）『現代日本の労務管理（第2版）』東洋経済新報社

目標管理制度

Drucker, P. F. (1954) *The practice of management.* Harper Business.
石田光男（2006）「賃金制度改革の着地点」『日本労働研究雑誌』554, 47-60.
石田光男・樋口順平（2009）『人事制度の日米比較―成果主義とアメリカの現実』ミネルヴァ書房
キャプラン，R. S.・ノートン，D. P.（1997）　吉川武男訳『バランススコアカード―戦略経営への変革』生産性出版
北原佳郎（1995）『アメリカ企業の人事戦略―強さを生むインセンティブシステム』日本経済新聞社
Locke, E. A., & Latham, G. P. (1984) *Goal setting: A motivational technique that works!.* Prentice Hall Direct.
三輪幸市（2011）『基本情報技術者スーパー合格本2012年版』秀和システム
奥野明子（2004）『目標管理のコンティンジェンシー・アプローチ』白桃書房
笹島芳雄（2008）『最新　アメリカの賃金・評価制度―日米比較から学ぶもの』経団連出版
髙橋潔（2010）『人事評価の総合科学―努力と能力と行動の評価』白桃書房

八代充史（2002）『管理職層の人的資源管理労働市場論的アプローチ』有斐閣

コンピテンシー評価と多面評価

相原孝夫（2002）『コンピテンシー活用の実際』日本経済新聞社
相原孝夫・南雲道朋編著（2009）『360度フィードバック』日本経済新聞社
Boyatiz, R. E. (1982) *The competent manager:A model for effective performance*. New York: John Wiley & Sons.
Edwards, M. R., & Ewen, A. J. (1996) *360°Feedback, Amacom*. Amacom.
今野浩一郎・佐藤博樹（2009）『人事管理入門』日本経済新聞社
Mirabile, R. J. (1997) Competency modeling & job analysis. *Training and Development*, Vol. 51(8), 73-77.
太田隆次（1999）『アメリカを救った人事革命コンピテンシー』経営書院
Spenser, L. M., & Spenser, S. M. (1993) *Competence at work*. New York: John Wiley & Sons.
厨子直之（2010）『経験から学ぶ人的資源管理』有斐閣

昇進・昇格の仕組み

Aoki, M. (1994) The Japanese Firm as a System of Attributes: A Survey and Research Agenda. In M. Aoki & R. Dore (Eds.), *The Japanese Firm: Sources of Competitive Strength*. New York: Oxford University Press. (pp.11-40).（NTTデータ通信システム科学研究所訳　青木昌彦「システムとしての日本企業―英文文献の展望と研究課題」青木昌彦・ロナルド・ドーア編『国際・学際研究　システムとしての日本企業』NTT出版 1995）
Becker, G. S. (1975) *Human Capital: A Theoretical and Empirical Analysis, with Special Reference to Education*, 2nd ed. Columbia University Press.（佐野陽子訳『人的資本―教育を中心とした理論的・経験的分析』東洋経済新報社 1976）
Doeringer, P. B., & Piore, M. J. (1971) *Internal Labor Market and Manpower Analysis: With a New Introduction*. D. C. : Heath and Company.（白木三秀監訳『内部労働市場とマンパワー分析』早稲田大学出版部 2007）
今田幸子・平田周一（1995）『ホワイトカラーの昇進構造』日本労働研究機構
日本能率協会研究所（1978）『知識労働者職務分析調査研究報告書：資格制度に係る人間能力の開発等の調査研究』日本能率協会総合研究所
日経連職務分析センター（1980）『新職能資格制度―設計と運用』日本経営者団体連盟広報部
日経連職務分析センター（1989）『職能資格制度と職務調査』日本経営者団体連盟広報部
砂田栄光・遊間和子（1998）「ホワイトカラーのキャリアパターンに関する基礎研究―電気機械器具製造業における部長昇格までのキャリアパスの類型化から」『産業教育学研究』28(1), 61-67.
辻勝次（2008）「トヨタ事務・技術系職員の部署異動とキャリア形成―キャリアの幅と深さを中心に（1960年～2000年）『立命館産業社会論集』44(1), 3-23.
内田恭彦（2016）「日本企業のキャリア・システムにおける学習のメカニズム―次世代経営幹部候補の育成」神戸大学大学院経営学研究科博士論文
八代充史（2002）『管理職層の人的資源管理』有斐閣

複線型キャリア開発

Allen, T. J., & Katz, R. (1992) Age, Education and the Technical Ladder, *IEEE Transaction on Engineering Management*, Vol. 39(3), 237-245.
Gouldner, A. L. (1957) Cosmopolitans and Locals: Toward an Analysis of Latent Social Roles.1. *Administrative Science Quarterly*, Vol. 2(3), 281-306.
March, J. G. (1991) Exploration and Exploitation in Organizational Learning. *Organization Science*, 2(1), 71-87.
森正治（1995）「サイエンティフィック・ラダー」奥林康司編著『変革期の人的資源管理』中央経済社
Schlossberg, Nancy K. (1989) *Overwhelmed: Coping with Life's Ups and Downs*. Lanham, MD: Lexington Books.（武田圭太・立野了嗣監訳『「選職社会」転機を活かせ』日本マンパワー出版 2000）

田路則子(2013)「ハイテク産業における研究開発者のキャリア・ラダー」金井壽宏・鈴木竜太編著『日本のキャリア研究―専門技能とキャリア・デザイン』白桃書房
東條伸一郎(2014)「創薬研究開発人材のマネジメント(医薬品業界)」奥林康司・平野光俊編著『多様な人材のマネジメント』中央経済社

非正規従業員の処遇と管理

Atkinson, J. A. (1985) Flexibility, Uncertainty, and Manpower Management, *IMS Report*, No.89. Brighton: Institute of Manpower Studies.
玄田有史(2008)「前職が非正社員だった離職者の正社員への移行について」『日本労働研究雑誌』No. 580, 61-77.
平野光俊(2009)「内部労働市場における雇用区分の多様化と転換の合理性―人材ポートフォリオ・システムからの考察」『日本労働研究雑誌』No.586, 5-19.
平野光俊(2010)「三層化する労働市場―雇用区分の多様化と均衡処遇」『組織科学』44(2), 30-43.
平野光俊(2015)「労働契約法改正の「意図せざる結果」の行方―小売業パート従業員の分配的公正感を手がかりとして」『日本労働研究雑誌』No.655, 47-58.
久本憲夫(2003)『正社員ルネサンス―多様な雇用から多様な正社員へ』中公新書
久本憲夫(2010)「正社員の意味と起源」『季刊 政策・経営研究』第2号, 19-40.
本田一成(2004)「職場のパートタイマー―基幹化モデルを手がかりにした文献サーベイ」『労働政策研究・研修機構 労働政策レポート』No.1
本田一成(2010a)「パートタイマーの基幹労働力化」『日本労働経済雑誌』No.597, 52-57.
本田一成(2010b)『主婦パート―最大の非正規雇用』集英社
JILPT (2011)『多様な就業形態に関する実態調査(調査シリーズNo.86)』労働政策研究研修機構
神林龍(2013)「非正規労働者」『日本労働研究雑誌』No.633, 26-29.
川田知子(2013)「非正規雇用の立法政策の理論的基礎」『日本労働研究雑誌』No.636, 4-13.
厚生労働省(2002)「パート労働の課題と対応の方向性―パートタイム労働研究会最終報告」(http://www.mhlw.go.jp/shingi/2002/07/s0719-3.html, 2016年5月31日閲覧)
厚生労働省(2014)「就業形態の多様化に関する総合実態調査」
厚生労働省(2014)「平成27年度能力開発基本調査」
厚生労働省(2016)「賃金構造基本統計調査」
Lepak, D. P., & Snell, S. A. (1999) The Human Resource Architecture: Toward a Theory of Human Capital Allocation and Development. *Academy of Management Review*, 24(1), 31-48.
守島基博(2011)「「多様な正社員」と非正規雇用」*RIETI Discussion Paper Series*, 11-J-057.
中村恵(1989)『技能という視点からみたパートタイム労働問題』労働省大阪婦人少年室
佐藤博樹(2012)「正社員の無限定化と非正社員の限定化―人事管理の新しい課題」『日本労務学会第42回全国大会研究報告論集』201-208.
佐藤博樹・佐野嘉秀・原ひろみ(2003)「雇用区分の多元化と人事管理の課題雇用区分間の均衡処遇」『日本労働研究雑誌』No. 518, 31-46.
篠崎武久・石原真三子・塩川嵩年・玄田有史(2003)「パートが正社員との賃金格差に納得しない理由は何か」『日本労働研究雑誌』No.512, 58-73.
総務省(2016)「労働力調査」
武石恵美子(2003)「非正規労働者の基幹労働力化と雇用管理」『日本労務学会誌』5(2), 2-11.
鶴光太郎(2011)「非正規雇用問題解決のための鳥瞰図―有期雇用改革に向けて」*RIETI Discussion Paper Series*, 11-J-049.
脇坂明(2012)「有期の正社員はどのように働いているか」『日本労務学会第42回全国大会研究報告論集』217-224.
余合淳(2014)「公正感の規定因に関する人事管理研究―組織的公正理論を手掛かりとした実践的検討」神戸大学大学院経営学研究科博士論文
Yogo, A., & Hirano, M. (2016) Study on Determinants of Part-Time Workers' Sense of Fairness: From the Viewpoint of Systems for Converting to Regular Employees and Part-Time Workers' Career Orientation. *Kobe University Discussion Paper Series*, 2016.06.

トピックス
評価格差と公平性
Bies, R. J., & Moag, J. S. (1986) Interactional Justice：Communication Criteria for Fairness, In R. J. Lewicki, B. H. Sheppard, M. H. Bazerman (Eds.), *Research on Negotiation in Organizations*, 1. (pp.43-55). Greenwich: JAI Press.

加納郁也（2014）「組織的公正―研究系譜と今後の課題」上林憲雄・平野光俊・森田雅也編著『現代人的資源管理』中央経済社

Leventhal, G. S. (1980) What Should Be Done with Equity Theory? New Approaches to the Study of Fairness in Social Relationships, In K. J. Gergen, M. S. Greenberg, & R. H. Willis (Eds.), *Social Exchange: Advances in Theory and Research.* (pp.27-55). Plenum Press.

ポスト成果主義賃金の行方
楠田丘編（2002）『日本型成果主義』生産性出版

守島基博（2010）『人材の複雑方程式』日本経済新聞出版社

女性管理職の活用
阿部正浩・黒澤昌子（2008）「企業業績への影響」佐藤博樹・武石恵美子（編著）『人を活かす企業が伸びる―人事戦略としてのワーク・ライフ・バランス』勁草書房

Aigner, D. J., & Cain, G. G. (1977) Statistical Theories of Discrimination in Labor Markets. *Industrial and Labor Relations Review*, 30(2), 175-187.

青木昌彦・奥野（藤原）正寛編（1996）『経済システムの比較制度分析』東京大学出版会

Becker, G. S. (1957) *The Economics of Discrimination.* Chicago: University of Chicago Press.

濱口桂一郎（2011）『日本の雇用と労働法』日経文庫

今田幸子・池田心豪（2006）「出産女性の雇用継続における育児休業制度の効果と両立支援の課題」『日本労働研究雑誌』553, 34-44.

Kato, T., Kawaguchi, D., & Owan, H. (2013) Dynamics of the Gender Gap in the Workplace: An Econometric Case Study of a Large Japanese Firm. *RIETI Discussion Paper Series*, 13-E-038.

小泉大輔・朴弘文・平野光俊（2013）「女性活躍推進施策が若年女性のキャリア自己効力感に与える影響」『経営行動科学』26(1), 17-29.

Ono, H., & Moriguchi, C. (2006) Japanese Lifetime Employment: A century's perspective, In M. Blomström and S. L. Croix (Eds.), *Institutional Change in Japan.* London: Routledge, 152-176.

Phelps, E. S. (1972) The Statistical Theory of Racism and Sexism. *The American Economic Review*, 62 (4), 659-661.

労働政策研究・研修機構（2011）『仕事特性・個人特性と労働時間』労働政策研究報告書No.128.

労働政策研究・研修機構（2015）「「人材マネジメントのあり方に関する調査」および「職業キャリア形成に関する調査」結果」JILPT調査シリーズNo.128.

周燕飛（2014）「育児休業が女性の管理職登用に与える影響」労働政策研究・研修機構編『男女正社員のキャリアと両立支援に関する調査結果（2）―分析編』JILPT調査シリーズ No.119, 167-185.

脇坂明（2001）「仕事と家庭の両立支援制度の分析」猪木武徳・大竹文雄編『雇用政策の経済分析』東京大学出版会

脇坂明（2002）「育児休業の代替要員問題」『社会政策学会誌』8, 178-194.

脇坂明（2009）「ファミリー・フレンドリー施策と企業―職場の運用の重要性」武石恵美子（編著）『女性の働きかた』ミネルヴァ書房

グローバル・ジョブ・ローテーション
ブラック, J. S., メンデンホール, M. E., & グレガーセン, H. B. 白木他監訳（2001）『海外派遣とグロー

バルビジネス』白桃書房
厚生労働省（2017）「『外国人雇用状況』の届出状況まとめ」
白木三秀（1995）『日本企業の国際人的資源管理』労働政策研究・研修機構
白木三秀（2014）「日本人グローバル・マネジャーは使命を果たしているか？」白木三秀編著『グロー
　　バル・マネジャーの育成と評価』早稲田大学出版会
梅津祐良（2014）「海外勤務を魅力あるものにするには？」白木三秀編著『グローバル・マネジャー
　　の育成と評価』早稲田大学出版会

第 V 章

訓練と開発

1. 人材育成の基本の捉え方（能力開発・キャリア開発）
2. 新入社員・若手社員研修
3. 管理者研修
4. 中堅社員の教育
5. 熟練・中高年社員の教育
6. 経営幹部の教育とキャリア
7. 360度フィードバックとは
8. 組織コミュニケーションの新動向
9. 研修効果・セルフアセスメントの測定
10. 女性社員のキャリア開発
11. キャリア自律への多様な支援（キャリアは誰がデザインするのか）
12. キャリア・カウンセリング, キャリアアドバイス, コーチング
13. 非正規社員のキャリア開発支援

職業教育とキャリア教育
「グローバル教育」（英語教育・外国籍社員の国内キャリア）
新研修技法：バイトサイズ・コンテンツ, ラーニング・コミュニティ
eラーニングとSNS
メンタリング・メンターの育成
働きやすさと働きがい
キャリアコンサルティング施策の現状と今後
公務員育成体系をどう考えるか
KAIZEN推進のための人材育成
ダイバーシティ対応の新潮流

第Ⅴ章 訓練と開発

1. 教育訓練と人材開発

　2014年5月，米国に拠点を置く世界最大規模の企業内教育の専門家団体が名称を変更した。ASTD（American Society for Training & Development）からATD（Association for Talent Development）への名称変更である。この名称変更は企業内教育における，重要な対象範囲の拡充を表しているといえよう。ASTDが表していた企業内教育はTraining & Developmentであり，「Training」がその対象の重要な構成要素であった。それがTalent Developmentに変化したということは，TrainingからTalentへの対象の変更・拡充を意味するものである。
　それではTrainingに表現される教育内容とはどのようなものかを検討してみよう。Training の語源は「連なる」「並ぶ」「列をなす」という意味に由来する。その意味から車両が連なる「列車」Trainの名称になっていったわけであるが，教育訓練の視点からいうとさらに重要な概念がここに内包されている。教育訓練は組織が求める職務・業務スキルや知識を明確化し，それを個人が獲得・学ぶことを重視している。いわば組織の側からの指導であり，はじめに必要とされるスキル・知識ありの学習体系である。しかし，そこにおける「連なる」は単に，学習構成要素としての学ぶ対象がパーツとして連なっている，並んでいるという概念を超え，その各々がロジカルな順序を成し，そこから学習体系が組み立てられていることをも意味している。つまり，1つのスキル・知識の獲得がつぎのレベルのスキル・知識につながり，「連続的な」成長から教育訓練が成立しているといえる。

それに対し，Talent Developmentはどうであろうか。まずTalent とは組織が求める職務・業務スキルや知識を前提とすることとは異なり，個々人がもつ多様な力・能力・スキル・志向性・マインドなどを包括するものである。そもそもDevelopmentは「包む」「覆う」「隠す」というラテン語であるVelopに否定形の接頭語である「De」をつけ，覆う・包む・隠すことを解き放つ，可視化するという意味から成立している。それゆえ，Talent Developmentでは1人ひとりの個人は，自己の中にもつ多様な可能性，力，マインドを保持しているが，それがなんらかの理由で覆い隠されていたり，思い込みから特定の力や可能性の発揮が疎外され，本来個々人がもつ多様な力が発揮されていない状態にあることを前提とし，そこから個々人の多様な力の解放が意味されている（花田，2006）。

　変化の激しい時代，組織は常にダイナミックな変容や成長を求められ，それには特定のスキルや知識の発揮に限定されない，個々人に対する多様な活動への期待や要請が求められことになる。それゆえ，この名称変更はどちらかというと，教育対象内容を特定化し，その対象内容を組織側から体系的に指導するという教育訓練型の対応に加えて，積極的に個々人に対し，個々人が保有する多様な力の発揮を求める教育の概念の拡充を意味していたものといえる。組織の中で活用される技術や業務知識，スキルの発揮の活用期間・消費期限が長期にわたり安定的であれば，教育訓練の実施は組織によって「管理」「標準化」「体系化」された活動となる。しかし，変化対応が求められ，その活用期間・消費期限がより短期化することになれば，むしろ個々人のもつ多様な力の発揮が求められ，それにともない「アンラーニング」「多様な力の気づき」「発揮に向けたマインドセット」といった個人の力の発揮における学習プロセスが教育の対象として重要となってくる。それは組織からの教育訓練による指導というよりは，個々人がもつ多様な力の発揮に向けた組織からの支援と，個々人の自律的・能動的な活動が重視されるという，「自律」「多様化」され「個々の個性化された」対応の重視である。この展開は，「管理」に加えて「自律」を，「標準化」に加えて「多様化」を，そして「体系化」に加えて「個性化」を組み込んだ，教育のパラダイムの拡大・拡充を意味している（花田，2013a）。

2. 教育におけるパラダイム拡大による企業内教育

　この教育訓練に人材開発を加えたことによる教育のパラダイム拡大の展開では，

人材育成の基本的考え方の発展として，教育の展開軸に新たな概念の対比を提供することになった。

展開軸をまとめると，①教育実施におけるイニシアティブの違い，②学習プロセスにおける成長の考え方の違い，③学習における目標の違い，④具体的な主たる活動内容の違い，などがある。

それではこの各々の相違を述べてみよう。

① **教育実施におけるイニシアティブの違い**

人材育成における「教育訓練」と「人材開発」という2つのアプローチのイニシアティブの相違とは，人材育成にあたり，組織を中心に考えるか，個人を中心に考えるかであり，そのイニシアティブの相違で教育の展開は大きく異なってくる。組織視点であれば，組織の管理的な視点，効果的な業務の運用の視点が重視されることになり，そもそも組織を組織にとって必要な役割・業務・職務から構成されるものととらえ，その遂行のベースとなる組織達成目標，それに必要な組織プロセスや情報の処理の仕方，具体的な活動としてのスキルや知識の獲得を重視することとなる。それゆえ，このアプローチでは「人を育てる」という基本パラダイムに沿った展開が主流であった。人を育てるアプローチでは当然のことながら指導が中心であり，たとえば業界や組織などで形成された業務・職務の標準スキルや知識，組織にとって重視される組織目標達成のための一連の活動・マインド・作法などを学び，また組織を効率的にまわすための組織風土や円滑な人間関係構築に対する学びなども重要な学習対象であった（花田，2005，2010a；高橋，2012）。

これに対して人材開発型は，人材育成の基本に個人の自主的な学びを置き，自己のもつ多様な能力や知恵（資産）の拡大や，本人自身が保有しているが気づいていない多様な力に気づき，発揮するという個人の主体的なイニシアティブが重要となる。そのため，個々人の保有する能力や発揮しているコンピタンシー，個々人が保有する多様な資産や資源，働く上で個々人が重視する「価値観」や「自分軸」，などの多様な要因の棚卸が重視され，発揮できていない力の気づき，それを発揮するためのマインドやモチベーションの開発と発揮の「支援」の仕組みが重視され，「人が自主的に育つ」という基本パラダイムに沿った仕組みの確立が個人にとっても，組織にとっても重要な課題となっている（花田，2010a；高橋，2012）。このように自律的な人材が集まり，育ち，組織が活性化するこの

仕組みが組織が自律する個人を雇用することのできる力としての「employment-abililty」（花田，1999a・b，2002）であり，それを個々人がチェック確認する仕組みが「セルフ・キャリアドック」（厚生労働省，2017），キャリア健診（厚生労働省，2017），といえる。

②学習プロセスにおける成長の考え方の違い

　この2つのアプローチの学習プロセスの相違は，1人ひとりの個人の成長に対する考え方に違いをもたらしている。教育訓練では，体系的なスキルや知識の構築が重視され，教育内容が連続的にロジカルに連なり，展開されている。ある特定のレベルに技術や技能，スキルや知識が到達するには，基礎をしっかり押さえ，その基礎をベースとしてその上にさらなる技術や技能，スキルや知識を積み重ね，応用力などもその結果発揮できるようになっていくという段取りが重視され，それは連続性に基礎を置く教育学習プロセスであるといえる。

　それに対し，Talent Developmentには，連続性による力の蓄積に加え，新たな視点や考え方，対応力が生まれる可能性が内包されている。必ずしも連続とはいえない，従来とは異なる発想や対応方法の開発が，個々人のもっている多様な力の発揮と組み合わせによって行われるアプローチでは，従来の見方や対応方法に拘りすぎず，むしろ従来の方法や手法をいったん脇に置き，新しい方法を試してみるというアンラーニングのプロセスが登場し，このアプローチから非連続的な成長が生まれてくる。環境が大きく変化し，従来の発想や対応方法が機能しない変化の時代には，このような多様な力の棚卸，気づき，アンラーニングが成長プロセスとしても活用されるようになってくる。この場合，修羅場体験，新規プロジェクト活動などの現場活動が，Talent Developmentでは用意され，人は困難な仕事・場面で成長するという考え方が人材開発に活用されるようになってくる（花田，2013a）。

③学習における目標の違い

　教育訓練型の教育目標では組織目標の達成，円滑な業務の推進，組織のトータルな力の向上などが重要となってくる。組織のスタンス重視であれば当然のことであるが，組織の成長・革新・活力増加が教育の効果として求められている。それに対して人材開発型の教育目標では，個々人の成長，ライフキャリアを通したEmploy-abilityの向上やキャリアコンピタンシーの発揮，ライフキャリアを通し

たキャリア充実がその目標となり，その結果としての組織の活力の向上が人材開発型のアプローチの特徴である。それゆえ，教育訓練型の目標は組織として共有され，組織全体として成果が把握されるような仕組みが必要となる。人材ポートフォリオ，スキルマップ，ジョブマッチングの仕組みなどはその組織全体としての結果の把握であり，組織により活用される人事・教育施策として重要となる。

　それに対して，人材開発型の目標は個々人の成長，ライフキャリアの充実，キャリアのロードマップの見通しの可視化などであり，組織全体で共有されるというよりは，個々人の個別の活動目標，キャリア目標と連動するものである。それゆえ，個々人のキャリアビジョンやゴール，起こしたい変化，個人として達成したい状態やありたい姿などが個人目標として設定され，組織としてのキャリア支援策の重要なテーマとなってくる。

　その点，人材ポートフォリオも，人材マップも１人ひとりの個人のデータが他の組織メンバーと相対化され，組織視点でのデータの標準化が重要となるが，個々人の目標を重視する人材開発のアプローチでは，個々人のデータを他者と比較するのではなく，個々人が達成する結果は，他者との比較というよりは，個々人のもっている多様な力や，個々人が想定したゴールと比較することになり，個々人の中での相対化というデータの設定・把握・活用が重要となる（花田，2013b）。

④**具体的な主たる活動内容の違い**

　教育訓練型の活動としては様々なものが存在しており，例えば，OJT，階層別・職能別研修，従来型組織開発（OD），目標管理や自己申告の教育的対応，QCやプロジェクトマネジメントなどを活用した研修などをあげることができる。これに対して，人材開発型の教育モデルとしては，COP（Community of Practice）（花田，2001），キャリアデザインワークショップ，360度フィードバック，パフォーマンスデベロプメント対応型人材評価・人材育成などをあげることができる。前者はいずれも組織視点，連続型成長，組織目標の達成，組織としてのプロセスの標準化を重視するのに対し，後者はいずれも個人視点，非連続的成長，個人目標の達成，個人としての成長プロセスやキャリアプロセスの納得や充実を重視するところにその特徴がある。

　この前者の一連の活動は，従来日本企業が強みとしてきた各種人事教育訓練プログラムそのものであり，ここではその説明は省き，むしろ後者に関して説明す

る。この中でキャリアデザインワークショップは，キャリア自律をベースとした人材育成プログラムそのものであり，本ハンドブックの「キャリア自律」の項でも詳細な解説がある。また360度フィードバックも多面的な評価をベースとした自分自身の活動見直しによる行動変容を念頭に置いた人材育成プログラムであり，本ハンドブックの「360度フィードバック」の項で同じく詳細な解説があるので，その両項を参照されたい。

COPは従来の小集団活動が生産性向上・品質向上運動などの組織視点をベースとした諸活動に対して，必ずしも組織の方針・目標にこだわらず，個々人が関心をもつテーマに対して，職制を越えた多様な特性と関心を持つ人材が参加し，インフォーマル活動を実践する「個」をベースとした運動であり，「個」の視点と「多様性」を組み込んだ活動により個々人の成長を促すものである（花田，2001，2003a）。

パフォーマンスデベロプメントもCOPと同じく，個の視点を組み込んだ人材育成活動である。個々人が自分なりの組織への貢献を明確化し，目標設定を行い具体的なアクションプログラムを通して人材育成・開発が仕組み化される。企業が求めるビジネス目標や新技術開発の目標達成の個人版というより，360度フィードバックにおける行動改善や，日常行動場面における具体的な役割発揮を基に，具体的な行動変容や自分で十分に対応できていない活動や多様な能力の発揮などを通して，新たな自分軸・自分らしさ・自分の貢献や成果を目標化し，自身の総合的な成長を自分で計画・実践し，その活動に対する努力や活動，そして成果を通した総合的な成長を図る総合的な人材育成・人材開発プログラムである。

ここまで①〜④で教育訓練と人材開発の相違を述べてきたが，つぎにこの2つのアプローチが歴史的，時系列的にどのように日本企業で展開されてきたかをまとめると以下の流れとなる（花田，2013b；2010b）。

3. 教育訓練と人材育成に関しての時系列的な変遷

図5-1は日本のGDPの推移と人事の仕組みとの対応をまとめたものである。1950〜2017年までの日本企業が採用した人事の仕組みとそれに対応する教育の仕組みは経済の状況と無縁ではない。日本企業の人事の仕組みはこの経済の発展に対応し，労務・人事管理の時代，人的資源管理の時代，そして人的資産管理の

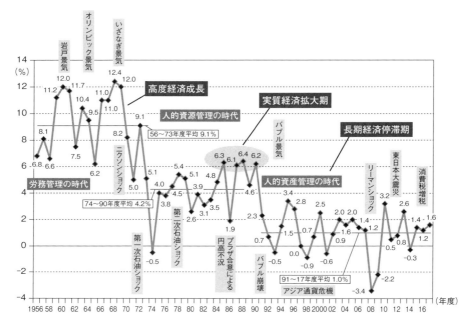

図5-1 日本経済の成長と人事・教育の変遷

時代に3区分化できる。(花田，2003b，2013b)。花田はこの3区分をそれぞれ初期の仕組みを構築し，確定し，組織の中で制度的に推進する「管理」の時代と，その制度をむしろ運用という視点で，現実的な個々の従業員を巻き込み，展開を組織に定着させる「開発」の時代に区分し，合計6つのステージを用意し，図5-2にまとめている。さらにその6ステージがどのような人事のパラダイム，キャリアのパラダイムで構築されていたかをまとめたものが図5-3となる。この図5-1～3を検討することにより，人事・教育の変遷を見ることができるわけだが，特に重要なポイントは時代とともに新しく成立したパラダイムは前の時代のパラダイムに置き換わるということでは決してなく，前の時代のパラダイムに新たに付加され，多様なパラダイムが同時に進展しているということになる。

歴史的に見るなら，組織コントロールが中心であった人事・労務の時代から，組織の視点からではあっても，個々の人材のニーズ対応やモチベーション向上に配慮する人的資源の時代を経て，個の視点に立った個がイニシアティブを発揮し人事・教育の展開を促す人的資産の時代に至るという歴史的な流れであり，同時に人的資産の時代とは，その前の人的資源のパラダイムも，その前の労務・人事

年代	区分・特徴	主たる対象	考え方
1950年代～1960年代前半	労務・人事管理 スキルの獲得と現場活用を重視した職務中心主義	具体的なスキルや生産の向上に係わる諸手法が対象に	戦後復興を可能にする現場の再構築
1960年代後半～1970年代前半	人事・人材開発 大量の社員の長期安定雇用のための年功・職能主義	各種階層別・職能別、長期安定雇用を可能にする職能の序列化と評価の仕組み	パイの拡大路線と底上げ型人事、長期勤務がプラスになる年功型職能中心
1970年代半ば～1980年代半ば	人的資源管理 経営人事の登場と将来方向を軸にした人的資源への有効投資	企業の成長にとりアクティブな貢献をしてくれる重要な人材の活性化、職能とコンピテンシーの統合	人材は組織の重要資源、企業の方向に対応する重要資源への視点のシフト
1980年代半ば～1990年頃	人的資源開発 変革・革新を促す重要資源の徹底的な開発	有意な人材の活性化・能力・意識の高い人材の個の力を組織の視点を中心に開発・活用	組織のさらなる安定成長への変化を可能にする人的資源への長期投資
1990年頃～2005年頃	人的資産管理 個の視点に立った人的資産の成果と発揮能力の重視	人的資産の視点から資産価値の連続的・継続的発揮、特に個人の成果を重視	企業の生き残りをかけ、成果を出す社員への特化
2005年頃～2012年頃はいったりきたり 現在	人的資産開発 内発的報酬と自己成長をベースに置く人的資産・資源の拡大と組織支援 相互啓発をベースにした関係性資産・資本へのシフトが始まる	キャリアコンピテンシー・人間力 成長実感・キャリア充実などがポイントに	多様な成果を生み出す力と投資としての日常活動の工夫と活用、個々人の成長と人間力の開発と発揮とそれに向けたモチベーションの開発

（人材を活用する仕組みの進化）

図5-2　人事・人材開発の仕組みの変化

の時代のパラダイムをも同時に併存しながら，多様な人事・教育プログラムのダイナミックな展開が見られるところに人的資産の特色があるといえる。

①労務管理の時代

　1950～1960年代初頭は職務中心主義が人事の仕組みの中でも主として採用されていた時代であった。戦後荒廃した日本の産業はGHQの積極的な援助の下，欧米で中心に採用されていた職務中心主義を人事制度の基礎に置き，人事の仕組みを構築した。職務中心主義は，当時の焦土と化した日本において，荒廃した産業を立て直し，安定した生産と品質を保った工場運営には最も効果の高い仕組みであった。具体的な職務スキル標準などは米国から導入され，そのスキル標準に沿った現場活動が展開され，日本の工場から出荷された製品が国内隅々，あるいは米国をはじめとする諸外国に輸出され，安定した生産を維持し，経済の回復に寄与するところとなった。この時期，現場での生産効率の維持には米国から導入され

	対象となる力	序列・ランク	キャリアのもとになるコンセプト
労務・人事管理	職務・直近スキル	職務等級	戦後復興を可能にする現場の再構築
人材開発	職能・長期にわたって獲得形成された業務をしていくにあたって必要な能力	職能資格	組織の中で獲得した職位や役割(職能の発揮の結果)と職能
人的資源管理	より限定領域で質の高い標準能力や特定コンピタンシー	標準コンピタンシーや,職務多様化,ジョブレスポンシビリティなどの諸概念と職能の統合,ディメンジョンの管理	精緻化された職能・コンピタンシーなど,資源価値を,組織の視点で資産に変える。組織視点で重要となる職能・コンピタンシーの重視とその管理
人的資源開発	組織の長期的発展に見合う力(投資型・将来型)各種スキルスタンダードと人間力のバランス	能力の序列化,ジョブポイントや責任などの序列化,ロールコンピタンシーハイポテンシャル社員の行動把握による開発目標とキャリアパスの明示とそのプロセスの順位化	資源価値を資産価値に変えることを可能にした多様な経験や活動のリスト化,教育機会のリスト化などから組織にとって重要な活動を通したキャリアパスの形成
人的資産管理	成果・価値,コンピタンシーのハイパフォーマンス	成果・行動発揮による報酬ランキング,きめの細かいジョブグレーディング	成果の網羅・リスト化,プロフェッショナルスキル・エンプロイアビリティなど
人的資産開発	重要資産価値の発揮と拡大,多様な資源の獲得と拡大,資産化に向けた発揮,人間力,プロセス貢献,ソシアルキャピタル,ダイバーシティ開発,キャリアコンピタンシーなどの把握と発揮	内発的な心理的な満足 キャリアチャンスと成長実感のロードマップ どのような状況にあってもサステイナブルな成長を実践できる人材の評価と認証を通したロードマップの足跡,総合的報酬と評価の統合による個人の納得感の醸成,組織化によるグレードは簡素化	ロードマップを具現化する,人間力やキャリアコンピタンシー,資産の発揮と資源の拡大,資源の資産化の連続的実践,個性化(自分軸)・ダイバーシティを活用したキャリア形成が重要に

図5-3　人事のベースとキャリアの考え方

たQCなどの一連の手法,TWI(Training within Industry)とMTP(Management Training Program)といった管理の仕組みが学ばれ,実践され,経済の回復に大きく寄与した。

業務・職務が比較的安定し,それに必要なスキルや知識が標準化され,従業員がそれに対応するスキルをもつことにより,キャリアの見通しが明確化し,安心して業務にまい進し,安定的な成長を組織・個人双方にもたらすことができていた。

ところが,経済が急速に回復し,また生産性の大幅な向上が求められ,GDPの成長が9％台という経済の拡大期になると,この職務中心主義を改編する動きが見られるようになってきた。職務中心主義は比較的安定的な成長には強い仕組みであったが,経済が急速に拡大し,急速な生産の拡大や,新しい領域・業務の拡大などで組織の中で様々な新しい活動が生まれ,次々と新しい業務や職務が登場するようになると,その業務に対応する標準スキルの確立やスキルレベルの確定,そしてそれに見合う業務に先行するスキルレベルの学習が追いつかず,ダイ

ナミックな変化には対応できない限界をもたらした。

そこで登場したのが，職能主義である。スキルや業務よりもむしろ一定レベルの能力の保持を前提とした業務への任用を行い，ジョブ・マッチングなどにみられる個々のスキルや知識レベルの獲得は業務実践に対して先行的に獲得しておくという考えには立たず，むしろ仕事をしながら獲得していくという方式に人事のパラダイムが大きく変化した。この職能中心主義をベースに置く人事の時代がつぎのステージの人材開発の時代の特徴である。

②人材開発の時代

1960年代半ばより，職務中心主義の限界に対応する工夫が進展し，1969年日経連から日経連型職能資格制度が提唱され，職務中心主義から仕事を行うために必要な一定の能力にベースを置く職能中心主義に大きく舵がきられることになった。この職能資格制度・職能主義は拡大する経済において，従業員を長期にわたって雇用し，組織の中で従業員を育成し，給与も資格も雇用期間とともに上昇するという仕組みとして日本企業に定着し，人は現場の仕事で育つという人事・教育のパラダイムの確立を促した。就職よりも就社，職務よりも職能，標準スキルの先行的な獲得よりもOJTと前向きに能力を向上させるマインド，ジョブマッチングよりも現場の仕事で従業員が成長するというタレントデベロプメントとローテーション制度などによる人材開発の考え方とその展開が成立し，人事・教育制度の基礎が確立した。1970年代，多くの従業員はこの職能資格制度のもとで企業に雇用され，長期にわたった能力の開発が教育の基礎となり，新人研修，階層別，職能別，QCや各種問題解決技法などの特定課題別研修が確立され，従業員が継続的に学習するメカニズムが完成した。

この人材開発の時代，長期的に個人が組織に所属し，力を発揮し，処遇を受ける仕組みが重要となり，そのためにスキル・知識の発揮に加えて，その発揮のベースにあるマインド，意欲，仕事に対する前向きな意識が重要となった。とりわけ，職能資格制度の成立をサポートするマインドの強化，モチベーションを高めるマネジメントの工夫が重視され，中でも報酬・福利厚生サービスの底上げ，生産性向上による報酬のパイの拡大・長期雇用に有利に作用する人事報酬体系の確立とそれに対応した人事機能の強化・精緻化が人事の中心に据えられた。労務管理の時代，職務中心主義の時代の主たる対象層であった労働者から，その対象層を管理・監督職にまで拡大し，その層の効率的な働き方の工夫と同時に，その層

に対しても，権限移譲，自主的なインフォーマル活動の推奨など，モチベーションを高める様々な仕組みが工夫された。

　労務管理の時代とは異なり，スキルに限定されない，むしろスキルの発揮に焦点をあてたOJTや職場の人間関係などの教育が重要となり，個々人の能力やマインドの発揮を促す，組織開発や職場のコミュニケーションを円滑化する教育なども積極的に実施されることとなった。特に階層別（新人，主担当，主任，監督職，管理職）などの，職場における働き方，マインド，コミュニケーションなどの教育の仕組みが完成したが，マインド，コミュニケーションといっても，この時代の人事・教育パラダイムは「開発」というよりも，モチベーション「管理」も含めた訓練・指導・管理が中心となっていた時代であり，人事の仕組みも，管理を有効に機能させる，プロダクトアウト型機能人事が中心であり，戦略性や個人のニーズへの対応などの展開はつぎの人的資源管理の時代に完成することとなる。

③**人的資源管理の時代**

　1970年代半ばから1980年代にかけ，職能資格制度をさらに精緻化する動きが見られ，特に職能をベースとした活動を「行動」で表現し，その行動の発揮に向けた組織の中の個人としてのあるべき姿などが重要な教育の対象となるに至った。また長期にわたって活躍しつづける人材のあるべき行動などが明確化され，人材の長期育成が仕組み化され，それを活用したリーダーシップ研修，フォロワーシップ研修，職場の働く作法型の研修などが確立した。いずれも，人材を雇用するうえにおける，組織の視点から見た必要とされる重要な人材のあるべき姿と個々人のキャリアパスやライフスタイルなどからの見通しをベースとし，個々人のニーズなどから求められる個々人のあるべき姿と，組織視点の個人のあるべき姿を調整・統合するものであった。

　職能資格制度の展開の多様化では，企業の戦略に基づいた従業員の採用，長期的な育成と活用，長期安定雇用を目指した人事施策の実施が図られるようになり，長期にわたって人材を育成し，活用することが戦略的に確立した時代であったといえよう。この時代，職能資格制度の適用範囲が多様化し，複線型人事などにおいて総合職（全国展開），地方限定（特定地域ブロック），特定地域限定（特定都市など），特定店舗（基本異動，転勤はなし）において異なる対応を仕組み化し，その多様な従業員カテゴリー別の人事対応教育プログラムが完成された時期であったともいえる。

教育内容は組織戦略に基づき多様化が進展し，国際教育，上級管理者教育，海外ビジネススクールなどへの派遣，次世代経営者教育，戦略的な異動などの戦略的人材活用をベースに，エリート教育やグローバルスタッフの教育なども実践されるに至った。

④人的資源開発の時代

1980年代半ばから1990年代までは，多様な従業員の視点がさらに充実し，組織の視点から見た，個人にとっての働きやすさや働きがいが重要となった時代といえる。高度経済成長を乗り切り，より成熟化し，豊かになった社会情勢を反映した生きがい，働きがいが重視され，労働者や管理者というカテゴリーに加えて，社会における底上げされた「中間層」という新たな視点が付加され，「中間層」の生き方という視点に立った，働き甲斐や自己実現などが企業内教育に登場するようにもなってきた。人的資源開発の人事モデルでは，選択型・カフェテリア型の福利厚生や教育カリキュラムが用意され，画一化されない個々人の選択を企業が用意し，多様な従業員を「組織の視点」で処遇していくことが可能となった時代であった。組織にとっては中間層化しモデル化された豊かな個人をベースとして，カフェテリア型に代表されるように，多様な従業員のニーズに基づき，成長，キャリア，福利厚生の複線化が仕組み化されるに至った。

組織としての仕組み化では，教育・福利厚生・複線型人事といった多様な選択肢を用意することが重要であったが，個の自律や多様な特性に配慮した選択肢というよりも，組織にとってコントロールしやすい多様な属性ごとの選択肢の提供に終わっていた。管理者研修の中でも上級管理者研修の中では，多様な部下への支援が提起されたが，個の自律を前提としたキャリア面談や，キャリア支援という対応に至るわけではなかった。この時代の特徴は，階層化された多様な従業員を一律管理するのではなく，組織の視点から見て，コントロールしやすい属性区分を設け，属性ごとへの対応に踏み込み始めた時代といえる。しかしながら，組織の視点から見た管理しやすい選択肢に基づく属性管理という視点での展開が中心となり，個のキャリア自律といったレベルでの多様性対応はこの時代では始まることはなかった。

⑤人的資産管理の時代

1990年のバブルの崩壊後，短期的な成果を重視する成果主義が組織において

採用される時代となった。低迷する企業業績をなんとか押し上げるため，従来の長期的な視点に立った従業員対策・教育というよりも，短期的な業績・成果・結果を重視する成果主義が導入され，厳しい目標管理制度が展開されるに至った。そのため，長期にわたった成長と努力の結果というよりは，単年度ベースの結果が重視され，「いまここで」の力の発揮が重視される人事制度の導入となっていった。個人に対する評価は，長期的に成果を生み出し続ける個々人の資産価値の拡大や，プロセス貢献，他者への支援よりも，短期的・具体的な効果・成果・結果が重視される時代になった。

人的資産管理の特徴をまとめると，教育機会の提供というよりは，成果主義と報酬管理が重要となるにともない，企業は個人に教育の主体をシフトし，教育の実践は個人責任に求めることが始まった時代であった。人事部門はキャリア採用，非正規社員の活用重視という視点からのTalent Managementを志向したが，社内の従業員が先行的に必要な能力やスキルを自助努力で構築し，人事部門が求めるTalent Managementに対応する力の構築を個人が準備し，対応するしっかりとした支援が組織から出されることはなかった。結果的に，十分な支援インフラが提供されず，個人は十分に自律的な能力開発を行うことができず，組織としては即効性を念頭に置いたTalent Management型の対応に終始し，個の自律を尊重し，個々人の主体的な能力開発を重視し，その支援の仕組みを提供するといった展開には至らなかった。

個々人の教育・資産価値の拡大にあたっては，組織がイニシアティブをとり，組織にとっての資産価値の拡大に向けた準備や仕組みの構築にエネルギーを割くより，むしろ個々人の資産価値の発揮と拡大に向けた個人の準備と力の発揮が重要であり，その発揮の場を自律的に構築する努力や，インフラ，プラットフォーム，コミュニティなどの場づくりを積極的に評価するという方針が打ち出されたが，それに対応する具体的な支援は一部活動を除いて（花田，2010b），仕組みとして提供されることはなかったといえる。結局，個人の準備と力の発揮にあたっては，組織がその支援を提供することが求められていたが，個々人が自律的に活動し，活動の場を自らが構築するという状況で終わっていた。

この時代，組織の教育に対する予算は削減される傾向にあり，教育のコストパフォーマンスが厳しく管理され，教育というよりは，むしろ実践の場を通した学びが，教育の場として位置づけられ，組織主導の教育は後退していた時代，具体的には新人研修はしっかり実施するものの，ミドルに対する研修は削減され，管

理者に対する研修もコスト管理が徹底され，教育の外注や教育部門の切り出し的なアウトソーシングが展開される時代でもあった。

　まとめると，この時代，きめの細かい多様な教育カリキュラムを豊かに提供するというよりは，コストパフォーマンスを重視した，企業にとって，重要度の高い教育に対象を絞りこんだ教育が展開されていた。人材活用も，教育をそれほど必要としない人材派遣の活用，キャリア採用者の採用という方法を組み込み，教育育成に限定しない，スキルを有した人材を積極的に活用する対応を組み込んだ能力発揮を重視する時代であった。教育は組織としての制度的な対応というよりは，多様な経験をすでにもった人的資産を人事的に管理・活用するという時代となり，ジョブマッチング型，Talent Management型の人事の運用とそれに対応する教育の仕組みなども確立された時代であった。教育は人事による人的資産の管理を軸に展開され，組織としては即効性を念頭に置いたTalent Management型の対応にシフトした。それゆえ，人的資源開発の時代に開発されてきた，多様な人材のニーズに対し，多様な選択肢を用意したカリキュラムは後退し，教育カリキュラムの結果とコストを短期的視点で見直し，教育投資は厳しい時代であったといえる。

⑥人的資産開発の時代

　人的資産開発の時代は，多様な人事・教育モデルが併存する時代でもある。①から⑥の各モデルが併存し，そして人事・教育のカリキュラムが同時並行で動きはじめ，各モデルの整理，そして1人ひとりの社員への向き合い方の多様化をどのように調整するかという困難な要請が組織に求められる時代でもある。人的資産開発のパラダイムは，2012年以降，経済の浮揚を目的とした積極的な経済政策の展開にともない，個の積極的な活用をベースに置くキャリア自律とその支援，ダイバーシティを活用した多様性を活かした価値創造などの推進により，個の能動性・主体性・チャレンジ性・選択性を活用する人事・教育の仕組みが登場してきた。それは，1人ひとりの従業員がキャリア自律の考え方をベースに，個々人で自己の職業生活の設計とそのための能力開発に当事者意識と責任をもち，それを支援する人事の施策・キャリア支援を組織が提供し，個の視点に立った人事・教育の運用を行う仕組みであり，いわゆる「人材開発」パラダイムに焦点をあて，個の自律を展開する仕組みでもある。

　この動きは政策的な動きを無視して語ることはできない。2015年に改正され，2016年4月1日から施行されている改正職業能力開発促進法の施行により，1人

ひとりの従業員の職業生活の設計とそのための能力開発責任を個人に求め，その支援の提供義務が企業に求められている。この「開発」パラダイムに基礎を置く，人事・教育の展開は，個々人の活動を重視しながら，それを組織の活性化に結びつける，個の支援と組織の活性化を組織の人材育成方針として明記することを求めている。また，その両立を目指すキャリアコンサルティングと，セルフ・キャリアドックの実践を企業に求め，政策的に人的資産開発の仕組みの構築と実践が企業に求められている。個々人の能動的行動，相互支援，組織の活性化を促すための活動として360度フィードバック，気づき研修，新組織開発の展開や，個々人の人的資産を個人のイニシアティブで拡大していくキャリアデザインワークショップ，節目研修，360度フィードバック研修，キャリアコンピタンシー育成研修などを通して実施することが求められることとなった。それは人が育つ組織の構築を目指し，個のライフキャリアの充実と納得を目指す仕組みともいえる。

4. 人的資産開発の時代，個の支援をベースとした人材開発の考え方と取り組みの進展

①職業能力開発促進法の改正

人的資産開発を企業に促す，様々な法律・政策的な動きが2016年以降顕著に見られるようになってきた。この一連の政策的な展開を，①職業能力開発促進法の改正，②キャリアコンサルティングとセルフ・キャリアドック，③職業能力開発推進者選任の条件変更の3点から見てみよう。

この人的資産開発の考え方をベースにした従業員に対するキャリア支援プログラムの提供を求めている法律改正の理解は重要である。職業能力開発促進法が2015年に改正され，同改正法は，2016年4月より，従業員に対し「キャリアコンサルティング」の提供を義務化し，従業員自らが職業生活の設計とそのための能力開発を行うことを求め，そのための企業による支援の提供が努力義務となった。従来の教育訓練型の組織の視点に立った，働くマインドや職務・業務スキルや知識の獲得という視点に加えて，改正職業能力開発促進法では，従業員1人ひとりが自己の能力開発・キャリア形成に責任をもち，そのための体系的な支援を「キャリアコンサルティング」として規定し，企業に対しその提供を努力義務としている。そして，それが人的資産開発をベースに置く人事・教育システムの展開を促している。

②キャリアコンサルティングとセルフ・キャリアドック

　改正職業能力開発促進法では,「キャリアコンサルティング」を法律として規定し,「労働者の職業の選択, 職業生活又は職業能力の開発及び向上に関する相談に応じ, 助言及び指導を行うことをいうものとすること」と定義した。さらに, このキャリアコンサルティングの具体的内容が「セルフ・キャリアドック」として明示され（厚生労働省, 2017),「セルフ・キャリアドックとは, 企業がその人材育成ビジョン・方針に基づき, キャリアコンサルティング面談と多様なキャリア研修などを組み合わせて, 体系的・定期的に従業員の支援を実施し, 従業員の主体的なキャリア形成を促進・支援する『総合的な取り組み』, また, そのための企業内の『仕組み』のこと」と規定され, 個々人のキャリア自律実現の組織としての支援を「総合的な取り組み・仕組み」として制度化することを企業に求めている。要するに個々人自らが「キャリア開発」に責任をもち, その支援としての「人材開発」プログラムの提供を企業に義務化し,「キャリア自律」に対する「人材開発」の多様な取り組みを法的に整備し, 企業の対応が努力義務となった。従来型の組織視点に基づく「教育訓練」の考え方に加えて, 人材育成の考え方・仕組みに, 人的資産開発・個人視点に基づく「人材開発」の考え方とその実践が企業に求められる時代となったともいえる。

③職業能力開発推進者の選任にあたっての条件の変更

　人事・教育訓練等で担当部署の部・課長などを職業能力開発推進者として選任することが「職業能力開発促進法」第12条において, 事業主の努力義務となっているが, この選任にあたっては, 職業能力開発推進者を「キャリアコンサルタント等の職業能力開発推進者の業務を担当するための能力を有する者」から選任することが平成31年4月1日より求められることとなった。職業能力開発推進者の役割は,(1)事業内における職業能力開発計画の作成と実施,(2)企業内での従業員に対する職業能力の開発に関する相談と指導,(3)国, 都道府県, 中央職業能力開発協会（各都道府県協会）との連絡等であるが, これは企業内の人事教育・訓練担当責任者として, 社内の教育訓練の責任と公的機関との間の連絡責任を担うことがその役割であった。

　この企業内の人事・教育訓練の担当責任者の条件変更は, 従来型の組織視点の教育・訓練担当者から, 個人視点のキャリア支援担当者に変更にするということ

であり，1人ひとりの個の人材開発支援を人材育成の中核として位置づけるという，企業内における「訓練と開発」の考え方の転換を促す変更であろう。米国の企業内教育の専門家団体の名称が，ASTDからATDに変更され，組織にとって必要とされるスキルを基礎に置く「訓練」（Training）から，個々人がもつ能力の「開発」というTalent Developmentに変更された，人材育成の基本的考え方の変更と同じ考え方によるものである。

5. まとめ

　企業組織における教育訓練，人材開発の仕組みは，時代とともに新たな対応が付加されてきた。大きな流れとしては，組織の視点から見た効率的な業務の推進とその効率化に寄与する教育訓練（労務・人事管理），組織管理の視点に加えて，従業員1人ひとりの活動や保有している力を貴重な資産・資源として位置づけ，個の成長を個自身の視点から個々人が開発し，それを組織が支援するという新たな動きが付加されてきている。

　従来，日本企業では，個人1人ひとりがもつ力の拡大のための教育を組織管理，モチベーション管理という視点から展開してきたが，新たな動きとして，1人ひとりの個人の視点に立った，個人自身によるライフキャリアの構築とキャリア充実を図る施策（人的資産開発）の展開により，ダイナミックで複合的な教育訓練・人材開発・キャリア支援の仕組みの構築が新たに付加されることになった。2016年4月1日から実施されている職業能力開発促進法，2019年4月1日から実施される職業能力開発推進者の能力要件の変更は，個の視点に立った，人材育成・人材開発の流れに，法的に努力義務を課した新たな展開でもある。

　組織の人材育成では，組織のニーズに基づく職務・業務スキルや知識の獲得を目的とする教育訓練は今後とも重要である。しかし，それに加えて，従業員個人1人ひとりのニーズに基づく，キャリア開発，職業生活の設計とそのための能力開発，それを可能とする総合的な取り組みと仕組みづくりは同じく重要なテーマにほかならない。サステイナブルな成長と変革・革新が求められる企業においては，人材育成において，この双方の考え方がバランスよく，組織の中で活用されていくことが求められている。

（花田光世）

1. 人材育成の基本の捉え方（能力開発・キャリア開発）

◘ 経営戦略と人材育成戦略

　人材育成戦略は，経営のニーズに基づいて組み立てられるものである。グローバリゼーション，技術革新，産業構造の変化，雇用形態の多様化などに対応するために，人材育成の課題が設定される。企業は，存続し成長発展していくために企業目的を設定する。企業のミッション（経営理念，使命），事業の領域の設定などである。

　つぎに，その目的を達成するために，環境の変化を見通し，自社の保有能力（ヒト，モノ，カネなどの経営資源）を勘案して，経営戦略を立案する。経営戦略とは，企業が自社の強みと弱みを考慮して，人材や資金などの持てる資源をどのような市場，どのような商品，サービスに重点的に注ぎ込むかを決めることである。つまり，経営戦略は，市場と商品の最適な組み合わせ，Market-Product Mixのことである。

　このような経営戦略が立案されると，その推進に必要な機能が効率的に組み合わされて，職能別部門，事業部制やプロジェクトチームなどの経営組織が編成される。

　その組織に配置されて仕事の実際の担い手となる人には，任務の遂行に必要な能力が求められる。長期継続雇用を原則としているわが国の雇用制度の下では，新しい経営戦略が立てられると，それに必要な要員をまず社内で養成することになる。しかし，新規事業などには社内で養成するだけでなく，専門性を持った人を社外から採用することも増えてきている。新卒採用と異なって専門性と実績を評価して処遇を決めなくてはならない。給与や昇進の仕組みなど，人事・業務に関する制度や規程の改訂も必要となる。

　経営戦略は，伸ばす事業と縮小撤退する事業を決めて事業構造の再構築（リストラクチャリング）を進めるものであるから，配属先が見つかりにくい人も出てくる。この人たちに離転職できる能力（エンプロイアビリティ＝雇用され得る能力）を習得させることも経営の新たな教育課題となってきた。

　この一連のプロセスを図示するとつぎのようになる（図5-4）。

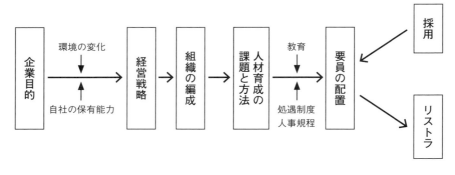

図5-4　経営戦略と人材育成のプロセス

◪ 人材育成の体系

①OJT（On the Job Training）

OJTとは，上司が部下の職務に必要な能力（知識・技能および態度）の向上・改善を目的として仕事を通じて行う，計画的・合目的的・継続的かつ組織的な教育活動である。OJTは人材育成システムの中でもっとも基本的で，実効性の高いものである。その特徴は（1）職務の実践を通じて能力開発が図られるため，職場外で行われる集合研修などに比べて，時間的にも機会が多く，無理なく実行され，コストも安くすむ。その成果が上がれば組織の業務効率にもつながり，上司の評価にも反映される。（2）教えられる側の能力の現状や個性にそって行われる個別教育であるので，業務上の必要性と部下のレベルを考慮しながら進めることができる，上司だけが行える教育である。（3）部下を育てることで，上司が自らを振り返る機会にもなり，上司自身の成長に役立つ。

しかし，仕事中心であるため，当面の問題解決が対象となり，短期志向で視野も狭くなりやすい。また，上司自身の知識や経験の枠，上司の器によって制約される，などの限界がある。

②集合研修

1）階層別研修

新入社員研修，新任管理者教育のように同一資格を持つ人を対象に行うもの。組織の階層にそって実施されるため経営組織についての理解が欠かせない。

リッカートは，「組織は小集団の集合体である」という考え方をとり，図5-5のように説明した。この図から考えられる課長層（●印）の任務は次のとおり。

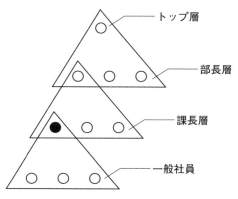

図5-5 リッカートの組織論

(1) 上位者から指示された目標を部下の1人ひとりの課題として明示し，課題の達成に向けて指導・支援すること。(2) 上位者に部下から入ってくる現場の変化について伝え，上位者の目標設定の補佐をすること。(3) 部下（一般社員）・後輩の業務指導と能力開発支援をすること。(4) 部長と課長で構成する小集団の一員として，同僚であるほかの課長との連携を密にして部下が仕事をしやすい環境をつくること。(5) 組織の健康度の維持と風土改革。

以上の任務を達成できる能力の開発が管理職研修の目標となる。

2）専門別研修

営業，生産，品質管理，人事，経理など職能専門別研修など。

3）課題別教育

海外要員，新規事業開発要員，高年齢者向け研修など。

4）組織開発

個人の能力向上だけではなく，組織風土の改善など組織全体のレベルアップをはかるもの。

5）人事制度との連携

CDP（キャリア・ディベロップメント・プログラム）など能力向上を目指した計画的な人事異動や留学制度など。

6）自己啓発への援助と促進

放送大学や通信教育，社会人大学（夜間，昼夜開講制など），大学院への通学時間の確保，公民館・図書館などの公開講座など個人の工夫で利用できる学習用インフラストラクチャー（学習インフラ）の情報提供や学習機会の効率的な活用

方法についての社内発表会や経験交流会の開催など。

7）キャリアコンサルタントの導入・活用

2016年4月1日に国家資格化されたキャリアコンサルタントの社内教育への活用。

◘ 人材育成への基本的な取り組み方

①トップや経営計画担当スタッフとの連携

人材育成は，経営戦略の実現のための人的資源のレベルアップである。そのために，企業目的に関するトップマネジメントの意識をしっかり理解しておくこと，会社の中長期経営計画や事業部の企画スタッフとの連携と相互理解のための情報交換が人材育成計画の前提となる。

②教育課題の設定と教育効果の測定

自社は人材育成上でどのような問題を抱えているのかをトップ層，管理者層，若年層ごとにアンケートやヒアリングによって把握し，トップマネジメントや管理者層と共通の認識を持つこと。スタッフの専門性の向上，社内の意思決定の迅速化，コミュニケーション不足などのテーマを設定し，教育の成果の評価はそれらがどの程度改善されたかということで判定される。社外の教育研修機関に丸投げしていると「役に立った」「新しい知識が習得できた」という感想が出てきても，課題の解決に結びついていないこともある。教育のアウトソーシングや教育部門のアウトプレースメントは慎重でなければならない。

③教育スタッフの専門性の向上

人材育成に携わるスタッフは，教育専門誌に目を通し，先進的な企業を訪問してスタッフ同士の交流を深め，共同学習会をもつなど，他社に負けない専門性を持つことに努力しなければならない。教育スタッフが社内で高い専門性を有するのは当然であり，他社のスタッフと比してどうであるかという研鑽こそが求められる。

④「自立できる社員」の育成が目標

教えて社員を育てるだけでなく，自分で情報を集めて自分で判断できる「自立型社員」の育成が目標である。小集団活動，自己啓発支援など自立的な能力開発を積極的に推進することが望ましい。

⑤キャリア形成支援の重要性

経理や品質管理に関する不祥事など，大企業への信頼が揺らぎ，また少子高齢

化，国際競争，AIなどにより，日本的雇用慣行の特徴であった終身雇用制や年功序列型処遇が修正を迫られている。企業は，社員が現在の自分の仕事が不要になっても，社内で転籍してほかの仕事に就ける能力，関連会社やそのほかの企業でも働ける力，定年後も継続して生かせる職業能力の育成の必要性から，キャリア形成支援を進めることが求められている。

それには，キャリアコンサルティングの基本技能である自己理解，傾聴による他人との関係構築，他者との間に情報・目標・問題認識・解決手順などについての共有関係をもたらすコミュニケーション能力の開発，ジョブカードの作成による現状の自分の力の把握とキャリアプランの作成などの学習が有効である。

⑥「社内の人材」を教材として活用

経営者やすぐれた中堅社員のキャリア・ヒストリーを調べてその人に講話をしてもらい，キャリアモデルとすること。「人材は教材」という視点も大切である。

⑦能力開発の視点

高業績の人に見られる能力開発の共通点を摘出して，仕事への取り組み姿勢のヒントとすること。以下のような視点で整理してみることも重要である。（1）仕事には「指示された仕事」，指示されていないが"これくらいはやってくれるといいな"と「期待されている仕事」，指示も期待もされておらず，上司も考えていない「創造する仕事」がある。（2）当面の課題をやり遂げるだけでなく，仕事の進め方の工夫と作業方法の改善によって，時間の短縮とコスト改善をはかる。（3）仕事には，technical skill（知識，技能）とhuman skill（対人関係能力）と思考・推測能力を高めるconceptual skill（概念化能力）があり，conceptual skillは応用範囲が広く，経験不足を補える。

（桐村晋次）

2. 新入社員・若手社員研修

◘ 新入社員・若手社員研修の背景と目的

新入社員や若手社員に対する研修が必要とされる背景は様々あるが，大きくは，早期離職者の多さと職場における人材育成機能の低下が挙げられる。

①早期離職者の多さ

　新規学卒者については，中卒者の約7割，高卒者の約5割，大卒者の約3割が3年以内に離職してしまう「七・五・三問題」が指摘されている（厚生労働省，2016a）。多くの時間とコストをかけて新規学卒者を採用したにもかかわらず，早期離職が発生してしまうことは組織にとって損失である。そこで，早期離職者を減らし，採用や定着に要した時間とコストの損失を減らすねらいが背景の1つにある。

　では，若年者はどのような理由で早期離職するのか。35歳未満の正社員であり過去に転職経験のある者に，前職の離職理由を複数回答で尋ねた結果をみると，「給与に不満」を筆頭に，以下「仕事上のストレスが大きい」「会社の将来性・安定性に期待が持てない」「労働時間が長い」「仕事がきつい」が上位5項目となっている（労働政策研究・研修機構，2007）。これらからは，理想や期待と現実とのギャップから生じるリアリティショックに直面したことがうかがえる。

　また，同じ調査では6位に「仕事が面白くない」，8位に「キャリアアップするため」，9位に「昇進・キャリアに将来性がない」という理由も見受けられる。これらの背景には，自分自身のやりたいことや好きなことを働くことと結びつけて考える傾向である「やりたいこと志向」（若松・下村，2012）があると考えられる。近年の新卒採用選考では，自己PRや志望動機に加えて，入社後に何をやりたいのかを尋ねられる。ゆえに，それらを考え抜いた末に内定を獲得した学生は，「やりたい仕事」に関する明確なイメージを持っている。しかし，入社して実際に働いてみると，それをすぐに担当させてもらえることは少なく，組織の一員として「やるべき仕事」を担当する。そこで，早期成長志向の強い若年者が「この会社にいても，自分の成長につながらない」などと感じ，離職したと考えられる。

②職場における人材育成機能の低下

　もう1つの背景として，職場における人材育成機能の低下を指摘しておきたい。「平成27年度能力開発基本調査」によれば，能力開発や人材育成に何らかの問題があるとする事業所は71.6％に上り，具体的には「指導する人材が不足している」（53.5％）や「人材育成を行う時間がない」（49.1％）などの課題を抱えている（厚生労働省，2016b）。また，労働政策研究・研修機構（2015）によれば，現在の職場に対する認識を個人に尋ねた結果，50.7％の者が「教育訓練や能力開発の機会が与えられない」と回答し，併せて「自分の能力が高まらない」（58.3％）や「キャリアの方向性がみえない」（64.9％）と感じている。

表5-1 社会人基礎力の能力要素

分類	能力要素	内容
前に踏み出す力 (アクション)	主体性	物事に進んで取り組む力
	働きかけ力	他人に働きかけ巻き込む力
	実行力	目的を設定し確実に行動する力
考え抜く力 (シンキング)	課題発見力	現状を分析し目的や課題を明らかにする力
	計画力	課題の解決に向けたプロセスを明らかにし準備する力
	創造力	新しい価値を生み出す力
チームで働く力 (チームワーク)	発信力	自分の意見をわかりやすく伝える力
	傾聴力	相手の意見を丁寧に聴く力
	柔軟性	意見の違いや立場の違いを理解する力
	状況把握力	自分や周囲の人々や物事との関係性を理解する力
	規律性	社会のルールや人との約束を守る力
	ストレスコントロール力	ストレスの発生源に対応する力

経済産業省（2006）「社会人基礎力に関する研究会―中間とりまとめ―」p.14

バブル経済崩壊以降の組織のスリム化や少数精鋭化によって，職場には質，量ともに人的な余力が少ない。また，成果主義の導入によって短期的な成果創出に重きが置かれると，中長期的な視点での人材育成は後回しにされがちとなる。その結果，人材育成や協働など職場が従来有していた機能が低下した。守島（2014）は，こうした職場機能の衰退を「職場寒冷化」とよび，それが社員のメンタルヘルスに大きな影響を与え，企業の競争力を削いでいると指摘している。それゆえ，職場における人材育成機能の低下を食い止め，もう一度人が育つ職場を再構築することが重要な経営課題となっている。

③新入社員・若手社員研修の目的

以上のような背景を踏まえると，新入社員・若手社員研修の目的は，次の2つに整理できるであろう。

・新規参入者の組織適応（定着化）

新規参入者が直面するリアリティショックを乗り越え，組織の価値観や規範を身につけて組織適応を図ること。換言すれば，新規参入者の定着化である。

・職務遂行能力の向上（戦力化）

Off-JT（Off the Job Training：仕事を離れて職場外で行われる能力開発）やOJT（On the Job Training：職場で仕事を通じて行われる能力開発）を通して職

務遂行能力を向上させること，端的にいえば戦力化である。その際，同じ組織であっても職種が違えば求められる専門知識・スキルも異なる。他方，「職場や地域社会の中で，多様な人々とともに仕事を行っていく上で必要な基礎的な能力」（経済産業省，2006）である社会人基礎力（表5-1参照）のように職種汎用的な能力もある。新入社員や若手社員の場合，社会人としての基礎を固めるとの意図から，後者の向上が重視されやすい。

◘ 新入社員研修の内容と方法

新入社員研修は，期間や内容，集合研修とOJTの割合など，各社各様の独自性が見られる（上西・川喜多，2010）が，おおよそ図5-6に例示したような各プログラムから構成される。入社前研修は，内定辞退の防止や入社企業に対する理解促進などを目的に，主に通信教育やｅラーニングなどの方法を用いて内定者に対して実施する。内定者向けのインターンシップを行う企業もある。

入社直後から行う導入研修は，人事・教育部門主管の集合研修が一般的である。会社概要・部門概要，社会人としての心構え，就業規則等の諸規定，企業倫理・法令遵守，安全衛生，健康管理などを教育する。併せて，ビジネスマナー，職場でのコミュニケーション，仕事の進め方などについて演習を行うこともある。また現場実習では，工場や販売店などの現場で一定期間にわたって実務に取り組むことを通して，自社内の各部門やそこでの仕事について理解を深める。

各職場へ配属後は，ライン部門が主管となりOJTが行われる。OJTについては後述する。また，配属後の一定期間が経過した段階で，人事・教育部門によるフォロー研修が行われる。ここでは，実際の仕事で直面したリアリティショックや

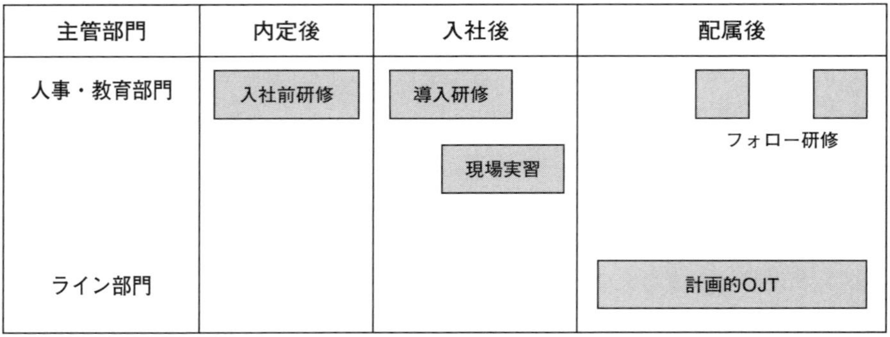

主管部門	内定後	入社後	配属後
人事・教育部門	入社前研修	導入研修	フォロー研修
		現場実習	
ライン部門			計画的OJT

図5-6　新入社員研修の一例

悩みなどを取り上げ，新入社員同士の話し合いなどを通して，それらを乗り越えるための方向性や今後の課題を見出す。

◘ 新入社員・若手社員に対するＯＪＴの進め方

　OJTは重点的に行う。例えば，上司として新入社員や若手社員をみると，「あれも足りないし，これも足りない」「もっと，○○ができるようになってほしい」などと，様々な面での能力不足が目につきがちである。しかし，それらすべての能力を向上させようと無理に指導しても，どれも中途半端な結果になる危険性がある。そこで，重要度や緊急度の高いもの，育成効果の大きいものに対象能力を絞り込む。また，OJTは計画的に実施する。具体的には，①どのような能力を，②いつまでに，③どのレベルまで，④どのような成功体験や失敗体験をさせて向上させるのか，を明確にする。気がついたときにその場ですぐに指導するというような無計画なやり方は避ける。

　経験学習に関する実証研究によれば，若手社員の能力向上を図るには，まず，上司が仕事の意義や全体像，前工程や後工程との関係などを部下に説明すること（仕事説明）が必要である。そのうえで，現在の能力をやや上回るような業務を割り当て（ストレッチ），定期的なフォローアップや部下に内省を促すこと（内省支援）が有効である（中原，2012）。そこで，上述した「やりたいこと志向」への対応としては，仕事説明の際に，「やりたい仕事」にすぐに就けるわけではないこと，組織からの役割期待である「やるべき仕事」があること，「やるべき仕事」で得た経験は後になって必ず生きてくることなどを伝え，仕事を意味づけることが重要となる。

（髙橋　修）

3. 管理者研修

◘ 管理者の定義と存在意義

　管理者といった場合，経営に近い上級管理者から現場責任者としての監督者までその責任と職務の範囲に幅があるが，本稿では職場マネジメントの要である中

間管理者（middle manager）に焦点をあて解説をしていく。管理者に関しては，様々な定義が存在しているが，一般的に管理者とは，「人びとを通じてものごとを成し遂げる（getting things done through people）者」と定義されている。『体系経営学辞典』（ダイヤモンド社）では，「管理者とは，企業その他組織体において，その組織構造の長としての管理（management）を専門とする職位群（professional manageres）」と定義している。これらの定義を参考に，管理者を定義すると，「担当する部門の責任者として，組織メンバーを組織化し，計画・組織・指揮・統制といったマネジメント・サイクルをまわし，組織目標達成に向かわせる者」となる。つまり，管理者とは組織目標達成に必要な管理を実践する者である。管理者のマネジメント能力の良否によって組織の成果は大きく左右される。

リッカート（Likert, R.）が主張するように，管理者は組織におけるまさに「連結ピン」で，上下の階層間のコミュニケーション・チャネルの仲介役で，きわめて重要な存在である。

◘管理者をめぐる2つの議論

ところが，最近，このような管理職をめぐって相反する2つの議論が話題になっている。1つは管理者不要論の動きである。組織のフラット化，プロジェクトやタスクフォースによる業務遂行，さらにはLAN（構内情報通信網）をはじめとする情報ネットワークの普及により，仕事の進め方や指示・命令の出し方が大きく変化し，管理者の存在や必要性に疑問を呈する動きが出始めている。

しかし，こうした管理者不要論の動きは，管理者という地位や権限を背景に，上意下達により業務遂行や職場運営を行ってきた従来の管理者像を前提に議論が展開されており，今後求められる新たな管理者像を視野に入れておらず，問題を矮小化させている。

もう1つは課長・係長の復活の動きである。多くの企業で成果主義が導入されており，組織の指向性は短期の業績や自己の業績にのみ目を奪われ，職場がギスギスし始めている。こうした行きすぎた成果主義は，職場に2つの問題を生じさせる。問題の1つめは「OJTの形骸化」である。成果主義により，管理者そのものがプレイングマネジャー化し，自己の成果や目標達成に目を奪われ，部下育成やOJTを軽視してしまう。つまり，プレイングマネジャー化した管理者は，目標達成の最短の道のりは部下の成長であることを失念し，自己の成果や業績に目を

奪われてしまう。その結果，人材育成の原点ともいうべきOJTが形骸化し，部下の成長が大きく損なわれることとなる。もう１つの問題は「職場の崩壊」である。わが国の成果主義は，個人の業績を賃金や報酬に反映させる狭義の成果主義，つまり報酬主義としての色彩が強いため，部下たちを功利主義に裏打ちされた"点取り虫"へと猛進させ，職場内に個人主義を助長させてしまう。その結果，職場におけるチームワークは破壊され，職場の崩壊へとつながる。管理者復活の動きは，こうした成果主義により生じたOJTの形骸化や職場の崩壊を修復する観点から生じたものであると思われる。

◪ 管理者の役割と期待される能力

　以上，見てきたように，管理者は連結ピンの役割を果たしており，組織にとってきわめて重要な存在である。管理者のマネジメント能力が組織の成果を大きく左右する。したがって，管理者に対する教育は重要な経営課題である。管理者に対する教育を考える場合，まず管理者の役割と必要とされる能力を明らかにする必要がある。

　そこで，２人の先駆的な識者の考え（理論）から管理職の役割を探っていきたい。１人目はミンツバーグ（Mintzberg, H.）である。ミンツバーグによれば，マネジャーの役割は，10の役割から構成されており，対人関係の役割，情報関係の役割，意思決定の役割の３つに大別される。対人関係の役割は，組織の代表としてのフィギュアヘッド，リーダー，連結の役割であるリエゾンの３つから構成されている。情報関係の役割は，情報収集を行うモニター，周知伝導役，スポークスマンの３つから，意思決定の役割は，企業家，組織の脅威を排除する障害処理者，資源配分者，交渉者の４つから構成されている。管理者は権限と地位により対人関係を築くと，それに基づき情報がもたらされ，その情報に基づき意思決定をしていく。このように，管理者の10の役割は，それぞれが孤立した存在ではなく，統合化され，全体として効果的に連動して発揮されることが望ましい。

　もう１人はコッター（Kotter, J. P.）である。コッターは組織行動論の第一人者で，リーダーシップの研究において優れた業績をあげている。コッターは，マネジメントとリーダーシップを比較して，マネジメントはつぎのような３つのステップから成り立っていることを明らかにしている。

　ステップ１：プランニングと予算化（planning and budgeting）
　ステップ２：組織化と人材配置（organizing and staffing）

ステップ３：コントロールと問題解決（controlling and problem solving）

　以上の点からも明らかなように，管理者の管理行動は，冒頭の管理者の定義と同様，組織目標を設定し，その達成に向け必要な人員を配置し，目標達成できるようマネジメントすることである。また，目標達成のプロセスにおいて問題や障害が生じた場合，それを解決し，除去することが求められる。したがって，当然，管理者に求められる能力としても対人関係能力やリーダーシップ，さらには問題解決能力などが必要となる。

◘ 管理者研修の内容

　管理者がこのような役割を果たしていくためには，管理者に対する教育が必要となる。日本産業訓練協会（略称：日産訓）は，職場の監督者対象の研修プログラムとしてTWI（Training Within Industry）研修，管理者を対象とする研修プログラムとしてMTP（Management Training Program）研修を実施・展開している。TWIは，次のような４つの研修内容から成り立っている。

① JI（Job Instruction）：仕事の教え方
② JM（Job Method）：改善の仕方
③ JR（Job Relations）：人の扱い方
④ JS（Job Safety）：安全作業のやり方

　一方，MTPの方は以下の６部会17会で構成されている。

第１部：管理の基礎（1.管理の基本的な考え方，2.管理と人間行動，3.組織の運営，4.基準に基づく管理）
第２部：変革への管理（5.問題解決の基本，6.仕事の改善の実践）
第３部：管理のプロセス（7.計画，8.指令，9.統制，10.調整）
第４部：育成と啓発（11.育成の考え方，12.個人能力の育成）
第５部：信頼関係の形成（13.態度と行動の啓発，14.人をめぐる問題への対処，15.コミュニケーションの確立）
第６部：よい管理の実現（16.リーダーシップ，17.管理の展開）

　こうした日産訓の管理者研修プログラムは，汎用性のあるプロトタイプの研修プログラムで，各企業ではこれを基本に自社のニーズに応じて研修プログラムを組み直している。研修は，主に人事部あるいは能力開発部門がある場合はそこが担当して行われている。研修講師は多くの場合，外部の派遣講師が担当しているが，日産訓の場合は，講師派遣方式とトレーナー訓練方式の２通りがある。

◘ 次世代リーダーの育成

　このような管理者研修は，研修体系における階層別研修の中に位置づけられている。階層別研修の特徴は，各階層の全体的な底上げに主な狙いがあり，研修プログラムも画一的なものとなりやすい。管理職の役割が先述したような役割であれば，全体的な底上げ教育を目指した管理者研修でも何ら問題はないのであるが，企業を取り巻く環境は激変しており，管理職の役割も変わっていかざるを得ない。急速な経営のグローバル化，M&Aや持ち株会社によるグループ経営の本格化など，様々な経営課題が発生しており，これらの課題に積極的に取り組める経営幹部やリーダーがきわめて重要となりつつある。先進的企業では，こうした将来の経営を担える人材を次世代リーダーと位置づけ，早期選抜・早期育成に向けた研修に本格的に取り組んでいる。なお，次世代リーダーの育成には，教育の実施についても新たな視点が必要で，これまでのような人事部ではなく，CU（Corporate University：企業内大学）を設置した新たな教育展開が求められる。

　そこで，アサヒビールのCUを活用した次世代リーダー育成の実際を見ていきたい（詳しくは労務行政研究所『労政時報』第3884号参照）。アサヒビールでは，2000〜2007年までアサヒスーパー塾を設置し，40代を中心とする若手管理者層を対象に本格的な経営リテラシーを学ばせる研修を展開してきた。2010年には，「Asahi Exeutive Institute」（略称：AEI）とよぶ社内大学を設置し，2年間にわたり，現行の執行役員・理事に対し，経営知識・ノウハウの獲得，経営者視点の拡大，大局的・将来的企業観の確立を目的とした経営者教育を実施してきた。さらに，2012年には，将来的に役員を担える所属長手前の管理職（30〜45歳）を対象に「Asahi Next Leaders Program」（略称：ANLP），2013年には直近の執行役員候補でかつ将来取締役を担い得る人材（45〜55歳）を対象に「Asahi Executive Leaders Program」（略称：AELP）を導入し，次世代リーダーの育成を試みている。また，同社のこうしたプログラムには，研修で学んだことを実践で活かせるポジションに就けるよう「経験配置」までが工夫されており，理論学習と経験学習の効果的連動が模索されている。こうした2つのプログラムは，先述したアサヒスーパー塾の進化させた研修プログラムといえよう。

　　　　　　　　　　　　　　　　　　　　　　　　　　　　（谷内篤博）

4. 中堅社員の教育

　中堅社員の決まった定義はないが，本稿では，中堅社員を，新人・若手社員期間（入社後5年以内程度）を過ぎた20代後半から中間管理職の手前までの社員（入社後5～15年程度）と定義し，企業における中堅社員の教育の状況と課題，今後の方向性について述べる。

◪ 中堅社員の役割・能力と人材育成

　新人・若手社員が仕事の基本を覚え，組織社会化の課題を果たすと，中堅社員として一人前の仕事ができ，仕事での自立が期待される。そしてつぎのステップとして，非定型業務や想定外への状況対応力を高め，責任のある仕事・役割を担い，また職場のリーダーとしての役割を果たすことも期待されることとなる。すなわち，中堅社員は，実務的には職場において，"仕事の中心的な役割"を果たすことが期待されている存在である。日本経済団体連合会は，中堅社員には，創造力や戦略・戦術立案力といった課題設定力とともに，その課題を解決していく力が必要であるとし，中堅社員の求められる能力として，①一般常識・専門知識：企業人としての常識（マネジメント・財務・法律知識）②対人関係能力：コミュニケーション能力（説得力，人的ネットワーク），部下・後輩指導力③自己開発能力：自己マネジメント（自己変革）④問題解決力：顧客が抱える問題に対する解決力（営業），経営に対しての提言・提案力（スタッフ），新しい技術に対する探求心，開発力（技術系），課題設定力（創造力，戦略・戦術立案力）をあげている。

　上記のとおり，中堅社員は，職場における"仕事の中心的な役割"を果たすことが期待されるため，モラールの維持，職務遂行上において必要とされる専門能力，組織における役割の確認，コミュニケーション能力（対人関係能力），部下・後輩の指導，リーダーシップ，問題解決などが教育ニーズとなる。中堅社員の育成・成長は，管理職社員のマネジメント力の向上，若手社員の育成・成長についで，多くの企業が人材に関する経営課題として上げており，その重要性が認識されている。

　それでは，企業で実施されている中堅社員の教育はどのようなものであろうか。

中堅社員教育として実施されているものとしては，階層別教育，職能別教育・専門別教育があげられる。階層別教育としては，入社5年目研修，入社7年目研修など入社年次による一律的集合研修，職能資格等級昇格時の集合研修，監督者・リーダー研修などがある。中堅社員の階層別教育では，役割認識，リーダーシップ，後輩育成，問題解決力等，組織における役割を理解させ，中堅社員で特に強化すべき能力を高める内容が主流になっている。職能別教育・専門別教育は，中堅社員としての職務遂行に必要な専門知識や能力・スキルの向上，専門性を深めるための教育である。人事労務，財務経理，法務などスタッフ職を対象としたスタッフ教育，技術職を対象とした技術者教育，技能職を対象とした技能者教育，販売・営業職を対象とした販売・営業員教育などが行われている。職能資格制度が採られている企業では，職能等級ごとに求められる専門知識・スキルや資格にリンクした形で実施されることが多い。職能別・専門別教育としては，高度先端技術やIT技術を中心とする技術革新の急速化，ソリューション営業へのパラダイムチェンジなどの環境変化に伴い，技術教育と営業教育の重要性が高まっている。

　中堅社員に対するOJTはどのようになっているであろうか。日本企業の人材育成の中心はOJTであるとされてきたが，現在でも教育訓練について，OJTを重視するまたはそれに近いとする企業は70％以上で，Off-JTを重視するまたはそれに近いとする企業の約25％に比べ多くなっている。新入社員・若手社員教育が計画的・系統的なOJTにより人材育成が行われているのに比べ，中堅社員では計画的・系統的なOJTが少なくなる一方，出向や転勤も含む多様な人事異動・人事ローテーションや計画的・系統化されていないOJT等の職場経験を通じた人材育成が行われている。

◘中堅社員教育の課題

　バブル崩壊以降，多くの日本企業はコスト削減をはかるために教育訓練費を削減した。また人員削減や業績回復を優先したため，次世代を担う人材を育てる時間的，資源的な余裕がなくなったこと，さらに成果主義導入により長期的な人材育成へのインセンティブも低下し，人材育成が消極化したと言われている。その結果，教育投資の選択と集中が進められ，管理職研修や中堅社員研修などの階層別研修の縮小，次世代リーダーの育成など選抜型研修へのシフトが広がってきた。また，人員削減による個々人の負荷の増大，成果主義の導入，中間管理職の人材育成能力の低下などから，これまで人材育成の中心であったOJTが弱体化した。

さらに技術革新の急速な進展や顧客ニーズの多様化などからOJTそのものが行き詰まり機能しなくなってきている。

これらは，中堅社員教育に限られたことではないが，他の層に比べても中堅社員層の教育訓練・人材育成に大きな影響を与えたと考えられる。中堅社員の人材育成上の課題としては，業務が多忙で育成の時間的余裕がない，上長等の育成能力や指導意識が不足している，人材育成が計画的・体系的に行われていない等が新人・若手層に比べて多くあげられており，中堅社員の人材育成に課題を抱えている企業が多いことがうかがえる。

このような中，中堅社員層では，仕事に意欲を持ち，前向きに仕事に対処している層や自身のプロフェッショナル知識・能力の向上に意欲的なプロフェッショナル志向の層と，仕事に意欲が持てず自身で工夫や前向きな努力をしない，いわゆるぶら下がり層やローパーフォーマー層に階層化しているとの指摘もされている。中堅社員層の不安や悩みとしては，学び成長できていない，これでは自分がだめになっていく，長期的な視点に立てない，一本立ちができていない，モチベーションが持てない，何をしたいか見えない，これから先の自身のキャリアに対する漠然とした不安などがあげられる。

このように，本来，実務遂行面で中核的な役割を果たし，次を担っていくべき中堅社員が伸び悩み，自信を失い，十分活躍できていない状況も散見される。中堅社員層のモチベーションアップや業務遂行に必要な能力と専門性を高め，さらには熟達，熟練のレベルに達するための中堅社員教育にもっと力を入れていく必要があるといえる。

◘ 今後の方向性〜中堅社員のキャリア自律支援

事業環境と雇用システムの大きな変化の中で，従来の企業主導の教育に加え，個人が主体的に自身のキャリア開発に責任を持ち，実践し，企業はむしろその場や機会を提供し，個の自律的なキャリア形成を支援するという組織内キャリア自律の動きが台頭してきている。組織に必要なスキルや知識を，組織主導で育成するだけでなく，個人が自己の能力開発やキャリア開発にもっと責任を担うべきという考え方である。従来の階層別研修，職能別研修は，組織の視点で，特定の組織にとって必要なスキルや能力を社員に一律的に教育するものであるが，今後は社員1人ひとりの自律性を促していく中で，それぞれの能力や適性，意思に応じた自己選択型のメニューの策定など，多様な教育の場と機会を提供し，個の自律

的なキャリア開発，キャリア形成を積極的に支援することが必要になる。

　近年は，個が自身のライフステージ，キャリアステージをデザインし，実行を支援するための節目研修，キャリア自律研修の導入が大手企業を中心に広がりつつあるが，より多くの企業でこれらの研修が採り入れられることが望まれる。OJTも組織のニーズに沿って職務に必要なスキルと知識を現場で体系的に習得する仕組みであるが，今後は個の視点から個々人が持っている多様な可能性を，現場の仕事を通じて発揮する工夫を実践し，仕事への応用力・対応力を獲得することにより，本人のストレッチにつなげるOJD（On the Job Development）への転換とそれへの支援が必要になる。自律型キャリア開発においては，エンプロイアビリティ，人間力，キャリアコンピテンシーの開発・育成が重要になる。

　新人・若手社員にとっては，まず仕事の基礎を学ぶとともに，仕事へのマインド・取り組み姿勢を習得することが重要であるが，中堅社員にとっては，自分自身で当事者意識を持ち，自己の責任で能力開発・キャリア開発に取り組むキャリア自律が今後きわめて重要になる。企業としては，組織のニーズに基づく中堅社員の人材育成に取り組むとともに，今後は中堅社員のキャリア自律に向けた支援を充実していくことが求められる。具体的には，上記の節目研修，キャリア自律研修の提供，OJDなど現場でキャリア自律を実践することが可能となる場の提供，キャリア面談，コーチング型の上司の役割，キャリアコンサルタント・キャリアアドバイザーの活用など，社員が組織内でキャリア自律を実行していくことを支援する受け皿を整備していくことがあげられる。中堅社員が組織の方針や目標，戦略，自己への期待や役割と整合性を取りながら，自分のキャリアを自律的に形成していくことが可能となる仕組みづくりと支援が必要である。なお，平成28年4月1日に職業能力開発促進法が改正され，従業員が自らの職業生活の設計の目標を立て，その達成に必要な能力開発に責任を持ち，そのための支援の機会を企業が提供することが法制化された。企業として個への支援の提供が法律的にも求められるようになった。

〔堀内泰利〕

5. 熟練・中高年社員の教育

◘ 労働環境の変化と中高年社員

　20世紀後半から21世紀にかけてのわが国の労働環境は，急速に進展し続けるグローバリゼーション，技術革新，情報化の影響を受けており，これらの動向が産業構造，種々の経営体に環境への対応を求める要因となっている。さらにわが国は経済活動のみならず，すべての社会活動に影響を与える少子・高齢化問題に直面しており，労働の場，経営活動に様々な影響を与える環境要因となっている。この変化し続ける労働環境の変化は，あらゆる経営体で労働に従事する労働者に求める職業能力が変化し，絶えず新たな能力開発ニーズが生まれる背景にあるといえる。

　労働者が就業規則等に定められた退職年齢到達時点に達すると自動的に雇用関係が解消するわが国の定年制度は，1875年（明治8年）に旧海軍が導入した「定限年齢退役制度」に始まるといわれており，制度は1926年（昭和元年）以降に普及した経緯がある。当初の定年年齢は55歳であったが少子高齢化の進展に対応して，1994年（平成6年）に定年年齢60歳への引き上げの義務化（1998年（平成10年）60歳定年義務化施行），2004年（平成16年）には65歳までの雇用確保措置義務化へと労働に従事する期間は長期化する傾向にある。

　55歳定年制，60歳定年制時点の中高年齢者の多くは，定年退職後に趣味の生活を送るといった労働とは無縁の生活を送る，あるいは送りたいという意識の割合が少なくなかった。しかし，人生80年，100年と高齢化が進展した21世紀になると「健康維持」「生活水準の維持・向上」「今の仕事が好きだ」「経験や能力を活かしたい」といった理由から65歳以上になっても就業を希望する中高年齢者の比率が高まっている。

◘ 変化する労働の場と職業能力

　進展し続けるグローバリゼーションに対応して導入される経営戦略，それにともなう人事戦略は，採用，配置，異動等の雇用管理諸施策に様々な影響を与えており，国内外への配置，異動とともに人材の採用にあたっても国籍，人種等にか

かわらず有能な人材を採用する傾向を定着させつつある。技術革新,情報化の進展は職業能力の根幹になる習得した知識,長年体験した仕事の仕方,熟練した技術・技能が従前どおりには役立たなくなるケースを発生させることがある。

これらの進展し,変化し続ける労働の場に対応を求められている労働者,特に職業体験を積み重ねてきた中高年齢層が変化に適切に対応できる(あるいは対応している)ならば,職務遂行能力を維持していると評価されることになる。しかし,中高年齢層世代を雇用するにあたってはモチベーションの維持とともに,能力の維持・向上,課題形成力の有無が課題であるとの指摘がなされている。

労働の場に影響を与えている環境要因,多様化する人々の意識・価値観に対応した雇用管理制度が導入されているが,それらの雇用制度が正社員,非正規社員といった雇用形態を生み,働く人の生活形態に対応したパートタイム労働,在宅勤務,リモートワーク制度(テレワーク)等々の労働形態が業種,職種によっては広く普及している状況がみられる。

かつての日本的経営の仕組みを構成していた年齢,勤続年数等の属人的要素を考慮した年功による処遇制度,慣行の見直し,産業構造の変化,企業の環境変化に対応した戦略,人々の意識・価値観の変化等々から労働市場は流動化しており,わが国が維持してきた定期採用による採用制度は維持されつつあるものの戦略展開に必要な人材は期中においても広く国内外の労働市場に求める傾向が定着しつつある。労働の場,雇用側では現実に直面している経営課題の遂行,業務遂行が可能な職業能力を保有している人材を求めているため,労働者には常に自己の職業能力を維持し,向上するための取り組み,エンプロイアビリティ(employability)を高める努力が求められている。

◨ 長期化する労働期間―中高年社員の能力開発ニーズと教育訓練・研修―

①熟練・中高年社員の職業能力開発

労働環境が急速に変化し,かつ変化し続けている労働の場においては常にミスマッチの問題が発生する可能性がある。したがって,労働の場では年齢にかかわりなくつねに職業能力の点検を求められることになる。特に労働の場においてのベテラン,熟練者である中高年齢世代は,変化への対応を問われる場面が少なくない。例えば,ミスマッチが発生する理由・原因として「基礎能力の不足」「意欲に欠ける」等の要因があげられるケースがあるが,これらは職種転換教育訓練・研修の障害になる場合がある。また「過去の経験が活かせない」がために業

務が遂行できないというケースも少なくない。

　これらのミスマッチ発生の要因には職務遂行能力としてのtechnical skill（専門[技術・技能]能力），human skill（人間関係能力），conceptual skill（構想力）等々が変化に対応できていない状況があり，これらの状況を適切に把握して個々の中高年齢者が自主的に啓発努力すべき領域，あるいは異動，配置等の人事施策，Off-JT，OJT等によって充当すべき領域とを明確にして，それぞれに対応した手段，方法を選択しなければならない。

②熟練・中高年社員の能力開発ニーズと対応

　能力開発ニーズは，個々の企業の戦略・経営計画等が求める労働市場が要求する能力と労働者個人人が保有する実際能力との差であり，ここでの差を明確にすることが企業等の能力開発担当者の役割であるとともに，個々の労働者にとっては啓発努力すべき領域の明確化，啓発目標設定のステップとなる。

　例えば，労働環境に影響を与えているグローバリゼーションに対応して，コミュニケーション能力としての英語力，異文化に対応し得る知識を保有しているか，進展する技術革新，情報化，社会の変化に自身の専門能力，職務体験は対応しているか等々に関して分析をし，能力開発ニーズを抽出する。

　教育訓練・研修担当部門が中高年社員の能力開発を企画するにあたっては，該当者に対してのアンケート調査，面接調査，所属部門の管理者，関係部門の管理者等の評価を分析してOff-JT，あるいは個々人の自己啓発ニーズを把握し，それらのニーズを充当するにあたって最も適切な方法を選択する。出向，派遣，転籍等の人事施策によって他社，他業界に転出する中高年社員の課題となるケースがある円滑な人間関係を醸成するに必要な能力はOff-JTによって充当する取り組みが効果的であり，新しい技術・技能習得のための技術・技能領域の教育訓練・研修も同様といえる。したがって担当者には能力開発ニーズを的確に把握するための努力，取り組みが求められる。

③熟練・中高年齢者の教育訓練・研修

　企業・自治体等においては，従業員・職員の能力開発手段として教育訓練・研修活動が実施されているが，これらの活動には職位に対応した階層別教育訓練・研修と職種・職能に対応した職種別（職能別）教育訓練・研修とがある。これらの教育訓練・研修は，個別経営体の経営方針，経営戦略，経営計画，経営課題，職場の状況等に対応して教育訓練・研修ニーズ（training needs）が抽出され，明確になった項目に対応したプログラム設計，教育訓練・研修手法（技法）の選

択，教材の作成を行い教育訓練・研修を実施する。熟練・中高年社員の教育訓練・研修に関してもほぼ同様の過程を踏まえて実施することになるが，ここで取り組むべきは労働環境が急速に変化し，しかも労働に従事する期間が長期化しており，個々人が体験し，蓄積した職業能力が変化に対応しているか，将来にわたって現在までのキャリアの延長線上での労働生活が可能か否か，あるいは現在までのキャリアとは異なる領域への転換（career transition）を行うべきか否か等々に関してのキャリア・コンサルティングが行われることが望ましいといえる。そのコンサルティングの結果に基づいての教育訓練・研修の実施，あるいは自己分析等を実施した後に教育訓練・研修を実施する取り組みが熟練・中高年社員に対する効果的な教育訓練・研修，能力開発の取り組みになるといえる。

◪ 熟練・中高年社員のモチベーションと教育訓練・研修

①能力発揮の場・能力発揮の機会の開発

　加齢によって影響を受ける職業能力は職種によって一様ではなく，企業等の管理部門，技術・技能部門等によって，あるいは個々人によって差異があるが，中高年社員への適切な対応が教育訓練・研修活動の成果に影響を与える要因になる。60歳代前半層世代を活用するにあたっては，本人の「モチベーションの維持・向上」「健康」「担当する仕事の確保」等が課題となっており，これらの課題に対しての取り組みを考える必要がある。

　まず中高年社員の課題とされるモチベーションの維持・向上に対する取り組みである。それは中高年社員を対象にした教育訓練・研修，キャリア・コンサルティングの機会が用意されており，職場での自己の役割・責任が明確になっているとともに正しく能力・成績が評価される制度が整備されていなければ，中高年齢者がモチベーションを維持し，能力を発揮させることは期待できないといえる。また中高年社員に対応した職務開発，職務再設計を行い，中高年社員の能力を活用する，能力を発揮できる場，機会を開発しなければモチベーションの維持・向上を期待することは至難である。

②モチベーションの維持とライフ・プラン教育研修

　中高年世代の多くが69歳までは働きたいと希望し，75歳以上になっても年齢にかかわりなく働く意欲の高い中高年社員は少なくない。しかし，65歳以降に従業員を雇用するにあたっては幾つかの課題があげられており，特に中高年世代個々人にかかわる課題がある（前述）。

人は加齢とともに様々な健康上の問題に直面する確率が高くなり，中高年世代にとっては健康管理がきわめて重要な生活上のテーマになる。心身の健康状態はモチベーションにも種々の影響を与えるであろうし，職業能力の維持・向上へ取り組む意欲にも影響を与えることになる。変化し続ける労働環境，長期化する労働期間に対応した中高年社員の能力開発は中高年齢期に至るまでの職業生活，キャリア，職業能力等の全般にわたっての見直しと，考える機会を用意することが先の中高年世代が直面している課題解決の契機になると思われる。

　そのためにはキャリア・コンサルティングを実施する体制を整備することであり，自身が歩んできた職業生活全般を振り返り，中高年齢期以降の職業生活，職業能力開発等を考える契機にする教育研修プログラムの導入が有効な施策になると思われる。中高年世代に対して実施されている生活設計教育研修，ライフ・プラン教育研修，ライフ・デザイン教育研修等々は同世代のモチベーションに良い影響を与えているとの評価がなされており，多くの中高年社員は所属企業において，あるいは自治体等が実施している生活設計教育研修等のプログラムに参加をし，中高年齢期以降の生活への取り組み，職業能力開発，モチベーションの維持に努めることが期待される。

（梶原　豊）

6. 経営幹部の教育とキャリア

◘ はじめに

　「経営幹部」という用語は，一般的には企業組織の上級管理職のポジションにある役職者を指して使われる。具体的には代表取締役，取締役，執行役員，部長，次長，支店長，海外子会社社長など，ビジネスやファンクションを管掌する役職に就いている個人が含まれる。本節においても基本的にはこの一般的な認識を採用する。しかし，特に「キャリア」について論じる場合には，近い将来そのような役職に就くと見込まれる経営幹部候補者を含むとも考えられる。さらに，「経営幹部」の意味合いは企業の規模や業態によって異なる点についても留意が必要である。

経営幹部に対する「教育」は，上級管理職研修ともよばれ，人的資本マネジメントの概念の広まりと共に重要性を増してきた。このレベルにおける教育が目標とするのは，具体的な業務スキルあるいは職能コンピテンシーの獲得ではない。自社の経営理念や全社戦略の理解を深め，経営課題を抽出し，自部門のミッションを策定し，発揮すべきリーダーシップについて明確化するなど，より高度で抽象度の高い内容について理解を深め自覚を促すことが目標である。

　また「教育」は，特に「キャリア」との関連においては狭義の研修（トレーニング）に限定されるものではない。他部門，関連会社，海外子会社への異動が，経験を積み視野を広めるための教育的配慮に基づく場合を含むからである。その観点からは「ディベロップメント」と理解されるべきであろう。

　一般に「キャリア」については，職業に限定して使われる用法と広く人生一般について使われる用法があるが，本節のように教育と絡めて議論される場合には，職業関連でかつ自社グループ内における組織内キャリア開発に限定されると理解するのが自然であろう。企業内でのキャリア・ディベロップメントは，教育と不即不離の関係にある。

◨ 経営幹部教育の目的

　すでに述べたとおり，経営幹部に対する研修は経営者としての高い視点を獲得し，高いレベルでリーダーシップを発揮することを目的としている。教育内容は，個別企業を超えた一般的経営能力の開発と，当該企業の経営に関する企業特殊的経営能力の開発に大別できる。

　一般的経営能力については，担当分野を超えて経営全般を理解するための知識や枠組みの習得，不確実な環境における意思決定能力の向上，将来を見据えるビジョン構築力の獲得，などが含まれる。

　企業特殊的経営能力については，自社や自部門の戦略の策定，経営理念やビジョンについての深い理解，自社を取り巻く環境等についての予測，経営課題の抽出と対応策の検討などが含まれる。

　参加者を日本国内のみならず海外主要拠点から選抜する企業も増えてきている。これは，海外拠点の上級管理職に対する教育が一義的な目的であることは言うまでもないが，日本人の上級管理職に対してグローバルなマインドセットを高めることも副次的目的である。

◘ 経営幹部教育の内容

　経営幹部教育においては，伝統的な講義型よりも参加型・体験型のワークショップやアクション・ラーニングに重心が移っている。例えばゼネラル・エレクトリック（GE）では社内で現実的に起きている問題を事例とし，受講者はプロジェクトチームをつくって問題点を分析して解決案をまとめ，研修が行われている期間内にトップマネジメントに対して発表を行っている。発表は評価の対象となるだけでなく，優れたものについては実行案として採用される。日本でも，例えば，日本オラクルでは，アメリカとスペインのビジネススクールと経営幹部層を対象としたエグゼクティブ・プログラムを共同開発し，戦略の立案や自分自身のリーダーシップや行動特性の認識のほか，実際のビジネス上の課題も取り上げて，解決策を経営層に提案することも行っている。

　また，経営幹部の意識改革を促す教育も広まっている。特に経営幹部向け研修では内省（リフレクション）により経験から学ぶことにも主眼が置かれるようになり，また内省した内容を発表することによりさらなる気づきを与える事例も増えてきた。近年ではマインドフルネスなど自己発見や自己受容につなげる研修も増加している。さらに，一見ビジネスに関係がないようにも見える歴史や宗教などに関するいわゆる「教養（リベラルアーツ）研修」が増えてきたのも最近の経営幹部教育の特徴である。

　例えば豊田通商では，日本およびフランスのビジネススクールと協同し，経営知識の講義やリベラルアーツ・プログラム，アクション・ラーニングを組み合わせたカリキュラムを実施している。対象者は国内外の拠点や出資先の経営幹部候補で，日本・フランス・シンガポールで半年間の集中研修を実施している。

◘ 経営幹部教育の主体

　経営幹部の教育を行う主体は，経営幹部が取締役ないし執行役員を指すのか部次長を指すのかによって異なる。前者についてはトップマネジメントが自ら主体性を発揮する領域であり，後者については人事部・人材開発部が主体となることが多い。

　企業内大学（コーポレート・ユニバーシティ）が主体となっている場合もある。その際に世界中の企業がモデルとしている存在が，GEのクロトンビル（Croton Ville：正式名称「ジョン・F・ウェルチ・リーダーシップ開発研究所」）である。

同研究所はすでに60年の歴史を有する企業内大学であり，ジュニアからシニアまでを対象とする様々なプログラムを提供している。そのうちシニアレベルを対象とするものは本節における経営幹部教育に該当すると考えられる。そして，シニアレベルでも上級とされるコースについては，トップマネジメントが認めた経営幹部のみが参加可能となっている。クロトンビルにおいてはグローバルなチームをマネジメントする方法や経営哲学に関する講義が行われているほか，アクション・ラーニングが行われ，教育と実践の融合がはかられている。

　企業内大学は日本でも増加し，富士通，NTTデータ，ソニー，トヨタ自動車，イオン，博報堂などが設置しており，経営幹部教育の一翼を担う存在となってきた。

◨ 経営幹部候補者の早期同定とタレント・ディベロップメント

　世界の主要企業におけるCEOの就任年齢の中央値は50歳をやや超えた程度であるとされ，40台半ばで就任するCEOは珍しくない。したがって欧米の主要企業においては将来のトップマネジメント候補に対してはかなり早いうちに白羽の矢を立てる早期同定（アーリー・アイデンティフィケーション）が組織的に行われる。「ファースト・トラック」にあるとされる従業員については重点的に経営幹部となるべく教育が行われるほか，海外子会社や関連会社に経営幹部として赴任させ経営経験を蓄積させるといった教育的配慮に基づく異動が行われる。

　経営幹部ならびにその候補者に必要な広い経験をさせるための基盤となるのがタレント・ディベロップメントである。まず，各人の業務経歴や主要コンピテンシーなど様々な情報を登録して，社内の人材データベース（タレント・インベントリー）を構築する。それに基づいて適材適所を実現すると共に，将来を見据えた戦略的人材配置のために経営幹部の能力開発を行っていく。

　タレントのプールについては国内のみならず海外やグループ内企業にも求め，グローバルかつ広いビジネス領域で適材適所を実現しようとする動きも広がっている。

　タレント・ディベロップメントの取り組みは，日本の企業でも徐々に一般化してきた。例えば，日立製作所では海外やグループ会社も含めた社員30万人のデータベースを構築し，このデータに基づいて海外関連会社の人材を本体に登用したり日本人社員を海外に送り出したりしている。

　特に経営幹部の社内キャリアは，後継者育成計画（サクセッション・プラン）

と表裏一体である。後継者育成計画とは，主要なポジションにある幹部に不測の事態が生じた際，円滑にリーダーシップの移転が可能となるように，日ごろから現職の「次」や「次の次」の選定を行い，リストアップしておくことである。

◪ さいごに

タレント・ディベロップメントや後継者育成計画の考え方は，本来的には人材をポートフォリオとして捉える企業側からの視点である。経営幹部については，世界中にその該当者と候補者がどの程度おり，どのような教育が必要で，どのようなキャリアを歩ませるかを考えることは，企業の最重要な戦略といってよい。

経営幹部に対する教育は，多くの企業においては「戦略人事」の一貫と捉えられており，人事部や人材開発部のみならず経営企画部をはじめとする全社戦略部門との共同プロジェクトとなっていることも多い。このことは経営幹部教育が企業にとって根幹的な取り組みであるとの認知の証左となっていると考えられる。

しかしながら，「経営幹部」のレベルであれば，企業が企画し主導する教育制度に留まっていてよいとは考えられない。むしろ経営幹部が自らをディベロップすることのほうが本来の姿であろう。企業としてはそのような努力を正当に評価し支援することが，経営幹部の自律的キャリア開発となると考える。

（杉浦正和・小西由樹子）

7. 360度フィードバックとは

◪ 360度フィードバックとは

360度フィードバック（360 Degree Feedback）は，個々人の仕事ぶり，働き方などの自己評価を，上司，同僚，部下，組織内の他部門の関係者，組織外の関係者などによる多面的な評価とで比較し，その結果を教育，評価・考課，職場の活性化，組織風土の構築などに活用する手法である。そのため，多面観察，適性多面評価という名称を用いられることもある。髙橋（2001）はこれらの活動を4要素に分け，「①日常の職務行動，職務遂行能力，スキル，期待される行動などを，②自己評価すると同時に，③上司・先輩・同僚・部下・後輩・取引先・顧客

などから得た評価と自己評価とを比較することによって，④自己の強みと育成点を認識し，評価結果に基づいた行動計画を作成・実施することを通じて，自己啓発を促す施策である」と説明している。この定義のように，教育的な運用が中心になりがちな360度フィードバックではあるが，人事考課や業績評価のプロセス評価を念頭においた評価型，ダイバーシティの進展や，人材の出入りの激しい職場などにおいて，職場メンバーの相互理解を念頭においた組織開発型も活用されるようになっている。

　最近では上司の役割の中で，部下支援，コーチングなどが重視されるにともない，360度フィードバックを用い，上司の部下理解度を部下の側からの評価で確認し，管理者研修の中で活用されるようにもなってきている。単なる管理者個人の教育的な運用にとどまらず，人間関係の相互理解の促進，職場・組織の活性化，組織風土の改善などを目指す活用も拡大している。そのため職場の活性化，コミュニケーションの円滑度向上，マネジメントの基本といった様々な活動や研修場面でも活用されている。また厚生労働省がすすめるキャリアコンサルティングといった公的な仕組みの中で360度フィードバックの活用が推奨されてもいる（厚生労働省キャリア形成支援室，2017）。

　このように多岐にわたった活用が展開されているが，日本における大規模で組織的な活用としては，慶應大学産業研究所の支援のもと，1970年神戸製鋼所において，管理者と管理職候補者の能力開発を目的として実施された「適性多面観察調査」が初めての組織的な360度フィードバックの活用であると言われている（上田，1974）。

360度フィードバックの導入動向

　労務行政研究所（2014）によれば，360度フィードバックを管理職対象に実施している企業は9.4％，一般社員対象では5.1％であるが，実施予定企業の割合は，管理職対象では15.0％，一般社員対象では13.0％となっている。360度フィードバックの組織としての導入に対する心理的ハードルとしては，「評価結果の妥当性が確保できない」「社員間のなれ合いを助長する」「人間関係の悪化につながりかねない」「実施するうえで手間が掛かる」などが指摘され（労務行政研究所，2011），さらには実施結果にともなう心理ストレスなどの問題も存在している。

　これに対し，米国企業では360度フィードバックの導入が進んでいる。フォーチュン500の企業のうち，60～70％が360度フィードバックを実施している（ゲ

ブライン，2000)。今後，多くの日本企業で360度フィードバックを人材育成に活用していくためには，360度フィードバックの本質を理解し，心理的ハードルを解消していくことが必要になる。筆者らは，慶應義塾大学SFC研究所キャリア・リソース・ラボ（以下，キャリア・ラボ）において，360度フィードバックを，組織風土の改善，職場の活性化，管理者行動の改善，キャリア自律の支援，ダイバーシティ活動の支援など，多様な組織活動の中で長年実施してきた。キャリア・ラボの360度フィードバックは，評価対象者の行動変容とそれによる組織活性化を目指すものである。本項では，筆者らの実践から得られた知見をベースに，360度フィードバックのキーポイントを述べる。

◪360度フィードバックの教育的運用からくる課題

360度フィードバックの活用は多様であるが，一般的なものは教育的な活用である。この教育的な活用を通した360度フィードバックの課題を以下で検討する。

①多様性・主観性

360度フィードバックでは，特定の上司の主観的な判断や評価だけではなく，多数の評価者の多様な視点をベースに評価がされるという特徴がある。それには多様性の担保が重要となるが，そうなると被評価者に対する評価結果を評価者全体の平均値で判断することには課題が残る。360度フィードバックを実施しているベンダーの多くは，コストそしてフィードバックの簡便さから，特定の質問に対する多数の評価者からの回答を，平均値をもとにフィードバックしているが，それでは評価の多様性が失われてしまう。一見，多数の評価者により，量的な「客観性」が担保されているようにも思えるが，被評価者の行動に対する評価結果で分散が大きい場合，その分散は誤差ではなく，分散の中に評価者から見た被評価者の行動が必ずしも一貫性をともなわない多様で異なる「真実」がある。分散の大きさは，被評価者の個々の評価者に対する言動や行動が異なっていることに起因すると見ることができ，この分散を理解することが被評価者の学びには重要という考え方が存在する。複数の評価者による評価が，公平性や客観性をより担保している考え方や，フィードバックを簡単に短時間で終わらせるには平均値を用いたほうが効率的という考え方もあるが，360度フィードバックの原点である多様性の担保をしっかりと押さえなければならない。

評価者が多ければ公平性・客観性が担保されるという主張は，評価者が増えることで，統計的に評価の信頼性が高まることを前提にしている。しかし，実際に

は，それぞれの評価者が自身の主観的な印象・意見に基づいて回答するため，データに多様性（バラツキ）が生じる。ブラッケンら（Bracken et al., 2001）が指摘するように，同僚と部下は，上司のように考課者トレーニングを受けていなく，また回答結果の質に責任を負わされることもないため，主観的な印象で回答する傾向が強い。

そこで，360度フィードバックの結果から実態を浮かび上がらせるには，平均値だけでなく，分散にも着目をする必要がある（花田・志水，2008）。分散とは回答のバラツキ，データが含有する多様性ともいえる。管理者行動としての部下支援度を例にとると，3人の部下の1人が上司と良好なコミュニケーションをとり，支援されていると判断し，5点評価の満点の5で評価し，上司が苦手と感ずる部下は支援度を1と評価し，あまり支援を受けているとは感じていない年配の部下は3と評価した場合，平均は3となる。この3が評価者による上司の支援度と判断することにどれほど意味があろうか。職場の支援活動の実態は，1と3と5の評価が共存し，そこに管理者の多様な対応という事実がある。

このように，平均値だけでは，実態を見過ごしてしまう可能性があるので，分散にも着目することが必要となる。分散の大きいデータは被評価者が各評価者に対して一貫性のない行動をとっている可能性を示唆しており，自己の日頃の言動を見つめ直し，行動の改善を図る教育的な運用では，そうした主観に基づく多様でバラツキのあるデータ理解が有意義な情報源となる。

キャリア・ラボの360度フィードバックでは，各評価者の匿名性に十分配慮をしながら，平均値だけではなく，データのバラツキを度数分布などでフィードバックし，回答の多様性を理解できるように設計している。また，数値データだけでなく自由記述の内容も匿名性を担保したうえでフィードバックをしている。それは，自由記述には，個別の評価者が発信した，他者の視点から見たユニークなメッセージが凝縮されているからであり，ここから得る学びは大きいからにほかならない。

②フィードバックには行動変容のための仕掛けが重要

360度フィードバックの"終着点"は，フィードバック結果の返却ではない。フィードバックは行動変容に向けた出発点であり，フィードバックのセッションで行動変容に向けたアクションプランを作成し，さらには職場・組織の変容に向けた対応の出発点にすぎない。それには具体的な変容を引き起こすための様々な工夫が必要となってくる。それらの工夫としてのポイントを列挙する。

第一の工夫は，各社の実態と用途に合わせた管理行動などの設問の設定である。ベンダーが用意している標準的な設問というよりは，組織のニーズに合った設問設定，活用の対象に見合った設問設定が必要となってくる。これが次の対応の引き金となってこよう。

　第二の工夫は，評価者が安心して評価できる，回答者の匿名化である。評価・考課で活用する場合はだれがどのような評価をしたかが重要な基準となるが，教育視点で被評価者の様々な問題点・課題を指摘してもらうには，評価者が安心して回答できる，評価者の匿名性の配慮が必要であろう。しかし同時に被評価者が負担に感じてしまうプレッシャーや，評価による過度な被害者意識を持たないですむフィードバックの進め方が必要といえる。フィードバックでは，「評価は改善提案」，「自由記述は宝の宝庫」といった，評価を前向きにとらえることの重要性をくり返し強調し，被評価者が自己の評価結果が他の被評価者とどれくらいの差があるかといった，順位を意識させるようなフィードバックは避けることが必要となる。

　第三の工夫はアクションプランの策定につながるセッションの運営とフォローである。フィードバックを回答データ結果の返却で終わらせ，データの持つ意味，読み方，ほかの被評価者との評価結果の単純比較の無意味さ，特定の質問結果を他者との質問結果と比較するのではなく，自身の他の質問結果と比較して，その差の意味をフィードバックセッションで検討するなどの工夫が重要である。これにより，自身にとってのプライオリティー度の高い質問を明確化し，さらにそれに対する結果の掘り下げが可能となる。

　第四の工夫は行動変容を伴う，行動改善のアクションプランの記述と，それに対するフィードバック面談の実施である。時間の制約で充分にデータを理解できず，また心理的な負担などから，建設的なフィードバックにはつながらないことを避けることが重要である。評価してくれた評価者に感謝し，自分自身の行動変容に踏み出すアクションプランと，組織の活性化につながるアクションプランを策定し，どのような対応を図ったかをフォローするフォローアップ面談の実施なども必要となる。組織の活性化に向けては上司や職場メンバーの参加が前提となることから，上司の巻き込み方，評価メンバー参加による組織開発型のミーティングの実施なども検討課題となる。また，個人の変容，組織の活性化に向けた活動をより有効に個人や組織の学びとして活用する工夫として，3年置きといった定期的な360度フィードバックの実施なども必要となる。

以上，人材育成を目的とした360度フィードバックの工夫の勘所をあげた。個々人の行動変容のためにフィードバックを活用するには，様々な仕掛けや工夫が必要であり，これがあって360度フィードバックをより有効に機能させることができる。ダイバーシティの進展，個の自律の進展，管理者の部下支援者としての役割の増加，個の学びと成長を促すプロセスの多様化といった状況が生まれる中，今後さらなる360度フィードバックの実施と工夫が期待されている。

（花田光世・小山健太）

8. 組織コミュニケーションの新動向

◘ 組織コミュニケーション

　組織コミュニケーションの究極の目的は構成員個々人の「開花（flourishing）」にある。開花とは，「個々の潜在能力を発揮し，組織でいきいきとした居場所を認識している状態」（Fredrickson & Losada, 2005; Keyes, 2002）をいう。

　「個人とは，けっして荒野に孤独を守る存在でもなく，強く自己の同一性に固執するものでもなくて，むしろ，多様な他人に触れながら，多様化して行く自己を統一する能力だといえよう」（山崎，1984）。組織におけるコミュニケーションを人財育成という文脈の中で議論する必要条件はこの個人観である。自律した個人の育成である。ここでは，組織コミュニケーションと実践共同体について述べる。すなわち組織という環境問題であり，優秀な人も駄目にしてしまう「駄目なシステムの法則」（Pfeffer & Sutton, 2006）の要がコミュニケーションである。

　まず，組織の学術定義はその観点に応じた数だけ存在する。金井（1999）が10種類の組織観と人間観を提示しているのはその一例である。組織の成立要件としては，共通目的，貢献意欲，コミュニケーションの3要件（Barnard, 1938）が古くから知られている。本稿における組織観は，organizationの語源に基づく。ラテン語のorganum＝楽器の（臓器の）オルガン（organ）である。この言葉は組織の本質を現している。オルガンはまったく同じ音が出る笛を束ねたものではない。それぞれが個性的な独自の音階を持つ笛を束ねているのである。臓器も然

り。すなわち本源的に多様な個々のつながりや人の集まりを意味しているのである。多様な人の集合体が組織の本質なのである。多様な構成員が共通目的を持って，どのような感情や思考の通じ合いが行われると貢献意欲が出るのかが課題となる。communicationはラテン語のとおり，mutabilis（交互の），communio（交わり）を意味する。そしてcomm（共に）unio（一致）するということを意味している。つまりコミュニケーションとは関係という間（あわい）を行き来して共有される過程である。そうすると，組織コミュニケーションは本源的に，多様な個々と共有という矛盾ないし対立を抱えながら進行する過程である（Dewey 1916）。よって，多様性の中で，組織の構成員が自律的に意味づけを行う動態的・生態的行動過程であると作業定義できる。ここで重要なことは「伝わった／伝わらなかった」「誤解／正解」などの「薄概念（thin concept）」ではなく「厚概念（thick concept）」（Williams, 1985）で捉えることが大事である。なぜならば，組織独自の「事実と価値の結合」により成立しているからである。すなわち，組織コミュニケーションは，「人財を育成する」のではなく，「人財が育つ」過程である。具体的には，評価や裁可ではない対話である。面接ではない面談である。その方向性は「実践共同体」の構築である。

構成主義観による知識と学習

　客観的事実ではなく，社会的な構成物（人々の社会的コミュニケーションによってつくられたもの）であると観念することを社会構成主義（Social Constructionism）という。そもそもソサエティ（society）とは「社会」ではなく「人間交際」と訳す（『学問のすゝめ』）ものであるから，人間交際構成主義と訳するのがその本質を捉えているといえる。すなわち人々の交際から構成されると考えるのである。また知識構成主義観においても「人間の知識は，すべて構成されるものである」との命題の下に研究が進められている。意味には絶対にゆるぎない定義など存在しない。絶対だと思われているものは，あくまで人々のやりとりの中で絶対視されているにしかすぎないと考えるのである（Dewey, 1916）。

　このように，共有化された概念とその脱構築・既存概念放棄が繰り返されている過程を学習という。知識は絶対的な存在ではなく他者との相互作用を通じて構築される（Santrock, 2012）。すなわち，意味は，行為と反応から生まれるのではなく，共同行為から生まれるのである（Shotter, 1990）。このような知識観をわが国では「臨床の知」という。臨床の知とは，近代科学〔デカルト機械論〕が無

視し，軽視し，見えなくしてしまった〈現実〉あるいはリアティを捉えることである。それは，〈生命現象〉と〈関係の相互性〉（あるいは相手との交流）である。知識はこれらから生じる（中村, 1992）。組織はコミュニケーションにより創発された共通感覚により絆を結んでいる。このつながりにおける行為を捉えたのが「実践共同体（Community of Practice）」（Lave & Wenger, 1991））概念である。経営の目的は「経営共同体」を構築することにある（加護野, 2011）。

実践共同体と育成

　「コラボレーション」と「経験からの学び」を実践する組織はどのような姿なのだろうか。階層型組織とは異なる共同体（community）概念による理解である。もともとわが国は「対馬の寄り合い」（宮本, 1960）なのである。実践共同体概念は「集団の参加者相互が，日々の社会的相互作用の中において，どのようにすれば，実践行為と，学びがよりよくなるのかという情熱と関心を共有している状態」（Wenger et al., 2002）をいう。では，人財育成における組織という環境と人とのかかわりとはどのようなものだろうか。「人間は環境から働きかけられ逆に人間が環境に働きかけるという関係に立っている。人間は環境を形成することによって自己を形成してゆく，――これがわたしたちの生活の根本的な形式である」（三木, 1940）。組織における学びはコミュニケーションである（Dewey, 1916）。今日知識は団体で生成されるものと考えられている。「集合知」である。集合知においては，①少数の人々が会話を支配したグループは，集団知性が少ない。②社会的感受性，または他者の視点に共感して感謝する能力のみが有意な要因である。③より多くの女性を有するグループは，より高い集団的知性をもたらす集団社会的感度が高かった。④集団の結束，満足度，およびモチベーションは，集団知性の予測因子ではないこと，などがわかっている（Woolley et al., 2010）。

　かかる観識からの組織コミュニケーションの阻害要因は，「協働する共同体（collaborative community）」が持つ「貢献の倫理（An Ethic of Contribution）」に反する概念である。具体的には，単に「良い成果を出す」という概念を排除することである（Adler et al., 2011）。つまり，競争概念である。なぜならば，競争とは，「同一の目標に向かって努力する人々の中で目標を達成するのがただ一人である状況」（Deutsch, 1949）と定義される。そうすると組織を構成する必然性はなくもない。加えて，競争は多様性を認めない。競争とは規格化である。さらに競争はゴールが設定され評価基準が定められる。すなわち今ないしは過去しか

測れない。しかし現代はVUCAである。まして育成という将来に向けた成長は測定もゴール設定もできない。高橋（2011）が「ばかの一つ覚えみたいに，『会社の中での競争が必要だ』と唱えている人がいる」と指摘する所以である。そもそも適者生存などの競争を巡る言説は，同意反復論理である。生存バイアスないし選択バイアスでしかないことは周知のとおり（Denrell, 2005など）だが，さらに根深い問題がある。競争指向者を組織心理学では「社会的支配理論（Social Dominance Theory）」（Sidanius & Pratto, 1999）における，「社会的支配志向性（Social Dominance Orientation）」（Pratto et. al., 1994; Sidanius & Pratto, 2011）概念で捉える。社会的支配志向は，集団を競争の場と考え，集団の優劣をつけ，格差の存在を是認し，不平等に対して，道徳的で知的な正当化を与える働きをしていると考えるそれを思考することである。このような，「自力で利益を稼ぐと考える人は，日本企業にとって危ない存在である。……同じく，実績と登用を結びつける実力主義も日本企業にとってはタブーとなる。……そういう人間を登用すると……自己保身に走る可能性が大である。それを許すと組織の活力がなえてしまうことは言をまたない」（三品, 2008）。再度強調するが，競争よりも協同のほうが重要なのである（Johnson et al., 1984）。

　実戦共同体における評価と支配は重要な問題である。そもそも，多人種（Heterogeneity）多様性（Diversity）の時代に単一の評価で測定し序列化することは不可能である。ウィトゲンシュタイン（1929）がいうように「相対的価値」と「絶対的価値」は本源的に異なる。このように競争概念が多様性を前提とする組織コミュニケーションにおいては障害となる。「人参や報酬をぶら下げてやる気を出させる方法は，同じ事を効率よくこなす20世紀型のビジネスでは非常にうまく機能したが，問題が複雑化し課題自体が何だかわかりにくくなった21世紀型ビジネスでは，逆に生産性が下がってしまうのだ」（Pink, 2009）。共同体を破壊し，学びと行為の向上を破壊し育成を阻害するからである。したがって，評価・考課・査定（annual performance reviews）あるいは成果による序列（rating. Bell Curve）を廃止し，年功序列に基づく賃金（lockstep compensation）を導入することが組織コミュニケーションの十分条件となる。組織コミュニケーションのためには，全員人事で給与はサイコロを振って決めればいいのである。「業績評価を廃止して人材育成へ」（Peter & Tavis, 2016など）なのである。

◪ 知的安全性を提供する環境づくり

　組織コミュニケーションは,「心理的安全性（Psychological Safety）」が担保された環境において意義を持つ。心理的安全性とは,地位やキャリアへの悪影響を恐れることがなく,自分をさらけ出せると感じていること（Kahn, 1990）。組織としての意味は,このような安心感が組織員間で共有されていることである（Edmondson, 1999）。

　このような安全性が担保された環境では,「認識論的内省（epistemological reflection）」と革新が促進される（Magolda, 2004; Schrader, 2004）。育成の核心である。常に発展的な対話を心がけ,安心と生産性につなげなければ,防衛本能が高まり学習の回路が閉ざされる（Bock, 2015）からである。このような状況をわたしたちは「信頼」概念でも把握しているはずである。「自己の呼び掛けに対して他が必ず応えるであろうと信頼する,その際他のまことが信ぜられており,また応える側においても自己に呼び掛ける者のまことが信ぜられている,すなわち信頼は人と人との間に真理が起るということを土台としている」「使命に従って行為することは,世界の呼び掛けに応えて世界において形成的に働くことであり,同時に自己形成的に働くことである。それは自己を殺すことによって自己を活かすことであり,自己を活かすことによって環境を活かすことである。人間は使命的存在である」（三木, 1940）。このような応答関係から職能使命感が育成される。異質と出会った違和感を自らの認識を改めることで新たな一歩へと踏み出せる。言い換えれば,「多様性の相互信任が為されている組織では,アンラーニングが促進され革新組織へと変革する。アンラーニングは学習したスキルや知識を捨て去ることではなく,自分の思い込み,囚われ,特定の見方から自分を解放するプロセスである」（花田, 2013）。

　組織における多様性とは少数派の集合をいう。少数派がその特性を活かせないなら意味がない。単に多様な人が集まっているだけには意味がない。心理的安全性が担保され,自分らしさが尊重され,少数派の意見が尊重され,その特性が活かされる相互理解・相互学習が促進される対話こそが,実践共同体における人財育成のための組織コミュニケーションなのである。

（村上恭一）

9. 研修効果・セルフアセスメントの測定

◘ 研修効果の測定

①はじめに

本稿では，社会人の能力開発／キャリア開発に向けた研修効果について，主に企業内の実務家の視点で述べる。企業内の人材開発／部下育成の主体は直属上司にあり，能力開発の主体は社員個人にある。このことが関係者間の共通認識として，周知されていることが重要である。

②研修効果の評価

研修後の評価基準として広く知られている方法に，カークパトリック（Kirkpatric, 1960）が提唱する4段階評価と，フィリップス（Philips, 1999）が提唱する5段階評価がある。まず，広く活用されている「4段階評価モデル」が表5-2である。

ここでは研修効果をレベルⅠからレベルⅣの4段階に分けて評価する。レベルⅠは，受講者の「反応」や「満足度」を評価する。レベルⅡは，研修内容の「理解度／到達度」を評価する。レベルⅢは，受講者の「意識・行動変容」を測定するもので，受講者の自己評価や上司などからの「他者観察結果」を基に，研修で習得したことが職務遂行にどの程度活用されたかを評価する。研修目的により異

表5-2 カーク・パトリックの4段階評価モデル（1960）

レベル	定義
Ⅰ. Reaction（反応）	受講者の学習態度，研修の有効性／活用性，講師等の満足度
Ⅱ. Learning（学習）	受講者の理解度／学習目標の到達度
Ⅲ. Behavior（行動）	研修数ヵ月後の意識や行動の変容度（主体性，仕事への取り組み）
Ⅳ. Results（成果）	受講者自身の組織貢献度（主体的成長，学習内容活用による業績向上度）

なるが，通常，研修後3ヵ月から半年後にかけて実施する。レベルIVは，受講者の「行動変容」が「生産性や品質向上などの組織的成果」にどの程度結びついたかを測るものである。

産業能率大学の「4段階評価の実施に関する調査」によると「日本企業におけるレベルIの実施率は77.2%に対して，レベルIIは22.3%，レベルIIIは12.0%，レベルIVは6.6%」と実施に格差が見られる（産労総合研究所，2000）。

一方，フィリップスはビジネス貢献度の視点から，4段階評価に「レベルV」として，「ROI（Return On Investment）」を追加している（フィリップス，1999）。

ROIは，「研修費用」に対する「効果」を評価する。一般的な「研修費用」としては，コース企画開発費，教材費，研修備品費，会場費，講師謝金，等が含まれる。研修効果としては受講者の「業績貢献度」や「組織貢献度」等の取り組み等が考えられる。

ROI分析の先行研究事例について，学校教育における事例は見られものの企業内事例はきわめて少ない。背景として，研修のみの効果を測ることは難しいことが考えられる。一方，慶應義塾大学花田の研究事例によると，「投資型人材育成（キャリア自律）は企業の業績と深く結びついており，好業績企業で有意に値を示している」とある（花田，2005）。

③研修効果を高めるには

受講アンケート

アンケートの方法としては，全体的印象だけでなく，セッションごとに聞くことによりプログラム改善につなげられる。できればセッション終了ごとにリアルタイムで聞くことにより，記憶に新しい質の高いフィードバックが期待できる。また，「気づき」や「改善テーマ」等の「自由意見」を聞くことにより，より良いプログラム提供につながる。

事前／事後アセスメント

研修前後のアセスメントを行うには，研修前に受講者の知識／スキルのレベルをテストによって確認する。そして，受講後に再度テストを行い，研修後どの程度のレベルが向上したかを確認する方法である。同様に，マネジメント研修やキャリア研修等の場合は，「意識行動」の変化を見る。個人の「意識や行動変容」にはかなりの時間を要するので，中長期的視点での定点観測が必要となる。

ヒアリング

研修前に，どのような学習目標や心構えで研修に臨むのか，研修によりどのような「気づき」や「意識／行動の変容」があったのかを人材開発担当者が直接聞いていく方法である。このことは，研修主催者側にも役立つだけでなく，受講者の学習意欲や動機づけにきわめて効果的である。

受講者と非受講者との比較

この比較は，研修終了後に「受講者群」（コントロールグループ）と「非受講者群」との間の「意識や行動の変化」「業績貢献度」などの差を測定し比較するものである。本比較の1例として，「キャリア研修は，組織的な成果として，ここ数年の『将来展望』『主体性』を高め，現在における『将来不安』を低くする効果が認められ，自律的，能動的なキャリア開発を支援する目的に貢献していると言える」との指摘がある（吉澤・宮地，2012）。

そのほかの研修効果を高める工夫策として，研修前の「上司面談」や「事前課題」「アセスメント」等がある。また，研修時の「ワークインストラクション」や「ファシリテーション」「グループワーク編成」の工夫，研修後の「フォローアッププログラム」や「上司面談」等がある。

なお，筆者自身の試みでは，「上司の巻き込み」による「受講者の動機づけ」「上司面談」等の支援，「目標管理（MBO）の仕組みと統合した部下育成支援」が最も有効であった。（前田・竹内，2012）

以上，効果測定のノウハウについて述べてきたが，研修目的に対する「達成度」を見ることが基本である。その測定結果を，受講者と上司と「共有」することにより，受講者の「モチベーション」を高め，研修効果を高めることにつながる。

◘ セルフアセスメントの測定

①はじめに（**目的と留意点**）

本項では，「能力開発／キャリア開発」におけるセルフアセスメント（自己評価）について，主に「キャリア研修」や「キャリア面談」に関して述べる。セルフアセスメントの目的は，正しい「自己理解／自己分析」による「気づき」をきっかけとして，上司や人事・人材開発等の支援の下，「自己成長」を目指すことにある。一方，セルフアセスメントは「主観的評価」の傾向があり，この点を考

慮する必要がある。また，アセスメントツールは自己理解のきっかけとなる手段であり，個人のすべてを正確に表しているわけではない。結果から得られる情報は周りの「環境や個人的背景」が反映されるので，この点を考慮する必要がある（宮城，2012）。また，複数のアセスメントツールを併用することにより，「多面的な評価」をすることが重要である。

②自己理解の方法——フォーマルアセスメント

フォーマルアセスメントの主な測定要素としては，「性格」「興味・関心」「価値観」「各種能力」「スキル」「コンピタンシー」などがある。

性格

キャリアカウンセリングやキャリア研修で主に用いられるアセスメントツールとして，「エニアグラム」（武田，1999）や「MBTI[1]」がある。「エニアグラム」の性格論は，1960年代につくられたもので，9つのタイプに分離する。アメリカで70年代から精神医学や心理学の研究者が注目し，研究を重ね，理論を発展させ続けているもので，新しい人間学，心理学として世界各国に広がっており，米国の大学や企業で導入されている。

一方，「MBTI」は，米国のキャサリン・クック・ブリッグス（Katharine C. Briggs）とその娘イザベル・ブリッグス・マイヤーズ（Isabel B. Myers）という母娘によって，スイスの精神科医・心理学者のC. G. ユングの「心理学的タイプ論」の考えをもとに開発され，初版が1962年に完成以来，今日まで50年以上にわたり，研究と開発が進められている。「MBTI」は，性格検査に分類されるが，そもそも能力や適性を測定するものでもない。16のタイプに分類して心の機能と態度の側面から1人ひとりの性格（認知パターン）をみる。16タイプそれぞれの強み，特徴，そしてその人の今後の課題を整理し，個人の成長を促し，人と人との違いを肯定的に捉え，周囲の人との人間関係づくりにも役立てることを目的とする。

検査結果はあくまで自己理解の「きっかけ」と捉え，受検者が自分のしっくりくるタイプ，「ベストフィットタイプ（Best Fit Type）」を自分でみつけるフィードバックのプロセスが大切であり，実施者（MBTI認定ユーザー）がそのプロセスを黒子として支援していくことが，倫理規程によって義務づけられている

---

[1] ⓇMBTI and Myer-Briggs Type Indicator are registered trademarks of the Myer-Briggs Type Indicator Foundation in United States and other countries.

（一般社団法人日本MBTI協会）。

MBTIは，「自己理解・他者理解研修」や「キャリア研修」等の分野で有効・有益に利用されている。

興味・関心，価値観

「興味・関心」に関しては，「適性検査」「興味・関心検査」「適職診断」「職業興味検査」等のツールがある。

「価値観」は個人のライフキャリアの根幹をなすもので，個人の「仕事観」や「人生観」により，キャリアの「方向性」が選択・決定されることが多い。

キャリア研修や面談では，カードやチェックリストに書かれた多様な価値観の中から，個人にとって重要なものを選択し，「重要度」順に「価値観」を抽出し，今後のキャリア選択の重要な判断材料として活用される場合が多い。

そのほかの主なアセスメントツールとしては，「キャリア・アンカー」が使われている。「キャリア・アンカー」は，アメリカの組織心理学者エドガー・H・シャイン（Edger H. Schein）によって提唱された概念で，個人がキャリアを選択する際に，どうしても譲れない価値観や欲求のことである。「管理能力」「技術的・機能的能力」「安全性」「創造性」「自律と独立」「奉仕・社会貢献」「純粋な挑戦」「ワーク・ライフ・バランス」の8つから構成される。同結果は「キャリアの方向性」を決定する際の参考情報として，活用される場合が多い。

能力，スキル，コンピタンシー

「能力，スキル，コンピタンシー」は，組織の「人財要件」によって定義され，それぞれが異なる。個人の多様な能力やスキル，およびコンピタンシーを測定することにより，個人の「強み／弱み」を確認する。特に，「リーダーシップ」や「キャリア自律」では，コンピタンシーの「発揮度」が重要なテーマとなる。

以上，セルフアセスメントの測定について述べてきたが，能力開発の目的により「信頼性／妥当性」の高い適切なツールを選ぶことが重要である（二村，2005）。

また，目的にそった適切なツールの選択とその結果を「MBO」や「上司面談」等の人事制度の一環として，運用することが効果的である。

（前田恒夫）

10. 女性社員のキャリア開発

◪「女性社員のキャリア開発」を考える3つのフェーズ

　1986年に男女雇用機会均等法が施行されてから30年余りが経つ。女性の年齢階級別就業率，いわゆる「M字型カーブ」は底を中心に上昇したが，管理職に占める女性の割合は期待されるほど上昇していない。厚生労働省「賃金構造基本統計調査」によると，課長級の女性比率は1985年1.6%が2013年8.5%に，部長級は1.0%から5.1%に上昇した程度である。

　イーグリーとカーリー（Eagly & Carli, 2008）は，企業トップに女性が少ないのは「トップまであと一歩のところで何らかのバリアによって跳ね返されたからではなく，あらゆる階層での差別が積み重なった結果」と指摘している。程度の差こそあれ欧米も似たり寄ったりである。「フォーチュン500」の執行役員クラスにおける女性の比率は6%足らずである。この現象は，1980年代には「ガラスの天井」として説明されたが，今日では企業トップに至るまでに多面的な課題が存在し，同時並行で対処することが求められている。

　本稿では「女性社員のキャリア開発」を大きく3つのフェーズで捉える。1つは女性の就業継続の問題で，2つめは管理職に占める女性割合の問題である。そして両者をつなぐフェーズとして，女性を管理職候補として育成する課題を取り上げる。

◪働き続ける女性社員を増やす

　総務省「労働力調査」をもとに，女性の「M字型カーブ」について各年齢階層の就業形態内訳を見ると，2015年「正規の職員・従業員」の割合は25〜29歳の46.7%をピークに減少し，それ以降は「パート・アルバイト」の割合が増加する。40代以上で正社員として働いている女性は3割に満たない。企業はその中から管理職登用を進めなければならない。

　女性の平均勤続年数は男性と比べて短い（厚生労働省前掲調査によると2013年，女性9.1年，男性13.3年）。勤続年数が短いことは，企業が女性の採用を手控える要因であった。しかし，近年，育児期に離職することを見越して，女性の採用数

を増やす企業が見られる。デンソーは，事務系総合職の女性採用比率を2017年以降40％以上に引き上げる方針を出した（2016年4月入社の同比率は21％）（日本経済新聞社，2016）。この背景には2016年4月に施行された「女性の職業生活における活躍の推進に関する法律（女性活躍推進法）」がある。女性採用・登用の行動計画策定が大企業などに義務づけられたのである。

　働き続ける女性社員を増やすには，入り口の採用方針・戦略だけでなく，育児期の離職をいかに食い止めるかも重要である。妊娠・出産前後に退職した女性社員が仕事と育児の両立に困難さを感じるのは，「勤務時間があわない」「職場が両立支援的でない」「体力的にきつい」からであり，また子どもを持ちながら働き続けるには「勤務時間（残業がない，柔軟な勤務時間）」「職場環境（両立支援施策）」が必要である（三菱UFJリサーチ＆コンサルティング，2009，2012）。つまり，「勤務時間」と「職場」の課題解決が必須といえる。

　ファッション通信サイト「ZOZOTOWN」を運営するスタートトゥデイは，この課題に挑戦している。2012年，同社は「6時間労働＝ろくじろう」を導入した（労務行政，2013）。勤務時間を原則9時〜15時とし，給与水準や有給休暇は従来どおりを維持している。8時間の業務を6時間で終わらせるのに「昼休みの廃止」「会議時間の短縮」「会議資料の削減」「口頭で済む用件は対面コミュニケーション」「業務の効率化」などを実施し，労働生産性を前年比25％も向上させた。

　業務プロセスの効率化を通じて，社員が働き方やライフスタイルを見直し，仕事だけでなく生活時間を充実させることをねらっている。女性社員にとっては，長時間労働から解放され，働きながら子どもを持つことがイメージできる。子どもの保育時間に対応した勤務時間，働き方を可能にしていくことで，女性社員は就労継続の見通しを持てるようになる。これは，離職という選択を思いとどまらせることにつながるだろう。

◨ 女性管理職を増やす

　女性活躍推進法に先だち，内閣府男女共同参画局は「2020年30％」の目標を掲げ，ポジティブ・アクション（社員の男女間に生じている差を解消するために企業が行う自主的かつ積極的な取り組み）を推進している。この目標は「社会のあらゆる分野において，2020年までに指導的地位に女性が占める割合を少なくとも30％程度とする」というものである（内閣府，2011）。2013年，課長級以上の女性割合は7.5％で（100人以上規模の企業），今後この数値を4倍にするとい

う目標が突きつけられている。

女性管理職が増えない要因は,管理職候補となる女性社員が少ないこと以外に,「女性社員の昇進意欲」「評価・登用の男女均等施策」「上司・職場の育成」にまとめられる。近年,昇進を希望しないという傾向は,女性社員に限ったことではない。それでも男性社員と比べて女性社員のほうが,昇進意欲が低い（労働政策研究・研修機構,2013）。そして,部下の昇進意欲を左右するのが「上司」である。女性社員の昇進意欲についても,上司の部下育成やマネジメントが重要であると指摘されている（21世紀職業財団,2013；武石,2014）。上昇志向でなくても,上司の部下育成が熱心であれば女性社員の昇進意欲は高まる。育児期には「少し困難な仕事を任せる」ことが昇進意欲を高める（21世紀職業財団,2013）。女性社員の昇進意欲の低さを女性社員特有と捉えず,上司の部下育成によって変えられると考えるべきだろう。

「評価・登用の男女均等施策」については,「評価基準の明確化」「男女差別のない評価・処遇」「女性にも幅広い仕事経験を意図的に与える」といった課題が挙げられる（労働政策研究・研修機構,2011）。上司からすると,勤続年数の短い女性社員を一生懸命育成しても報われないという感覚がある。それゆえ暗黙的に男性社員が優先的に育成,処遇されてしまう。そこを見直し,均等施策を徹底することが,女性管理職を増やしていくことにつながっていく。

◘ 女性社員を管理職候補として育成する

「管理職候補の女性社員がいない」「女性社員が管理職に必要な要件・経験を満たしていない」という状況は,これまで企業が管理職登用の目線で女性社員を育成してこなかった結果である。これは「困難な仕事を任せる」「成長につながる仕事につかせる」といった上司の部下育成だけの問題ではない。管理職に必要な要件・経験を満たす配属・ローテーションを行いたくても,女性社員がつける仕事,職種,地域などに制約があったり,配属・ローテーションが妊娠・出産・育児の時期と重なることがある。結果として管理職に必要な「仕事の経験値」に男女格差が生じ,女性社員が管理職候補から漏れてしまっている。

このような状況を打開しようと,キリンは女性社員を対象に「前倒しのキャリア形成」に取り組んでいる。2014年に策定した女性活躍推進長期計画「KWN2021」の中で,「一人一人の個性を見ながら,様々なタイミングで起こるライフイベントの前に仕事経験や成功体験を積み,得意領域を作ることができる

ように『前倒し』で育成すること」が方針として挙げられている（キリン，2013；田邉，2015）。

　女性社員に早めにハードな業務や複数の業務を経験させることは，女性社員のキャリアにどのような効果をもたらすのだろうか。管理職候補の育成，管理職登用をどれほど促進させるだろうか。今後，期待をもって追跡，検証が求められる。

　「女性社員のキャリア開発」についての研究は，女性の職場進出にともなって進められてきた。「2020年30％」の目標が掲げられ，その蓄積は飛躍的に進んだ。それらを概観すると，（1）就業継続に対する均等施策，両立支援の効果（武石，2006など），（2）昇進意欲を左右する要因（21世紀職業財団，2013など），（3）キャリア論からの検討（渡辺，2009；金井，2010など）に分類できる。企業の均等施策と両立支援は車の両輪のごとく女性のキャリア開発を推し進め，両輪に加えて，上司や職場の要因が女性社員の昇進意欲を高めることが明らかとなっている。また，ライフイベントによる「キャリアの転機」とその対処方法，継続的なキャリア開発を支援するロールモデルの必要性なども議論されている。新しいトピックには，短時間正社員制度や非正規雇用とキャリア開発に焦点をあてたものがある（清水，2007；小杉，2010；松原，2012など）。短時間や非正規の社員も，フルタイム正社員と同様，幅広い能力を開発できる多様な仕事，経験を積める工夫が重要とまとめられている。

　「女性社員のキャリア開発」にまつわる課題は，時間とともに解消されるものではない。女性活躍推進に向けた行動計画は，女性社員のみならず男性社員のキャリアにも影響を及ぼすと考えられ，今後新たな研究領域となっていくだろう。

（吉澤康代）

11. キャリア自律への多様な支援（キャリアは誰がデザインするのか）

◘ キャリア自律の背景

　キャリア自律とは，個人が自己の責任において職業生活の設計とその実践を，組織の方針と調整をとりながら行う一連の活動である。個人が主体性を持つキャリア開発は，従来自己啓発活動の一環や，自己実現に向けての個人的な活動とし

て「キャリア自立」という視点で論じられていた。しかし，1990年を境に米国シリコンバレーで展開されたキャリア自律運動などを契機として，個人のキャリア自律活動とそれに対する組織の支援の提供を，個人と組織が共に行うことが「キャリア自律」活動の基本という視点で展開されるようになってきた。これらの経緯は，ウォーターマンら（Waterman et al., 1994）や花田ら（2003）により詳しく論じられている。

1980年代，米国企業には企業規模のスリム化，企業の整理統合，アウトソーシングの活用などの動きが顕著にみられ，それまでの安定的な企業成長と，その成長を念頭においた企業内教育や訓練の仕組みに大きな変化が生じた。特に1980年代から1990年代にかけて，米国のシリコンバレー地域では技術の陳腐化，新技術や新ビジネス領域をベースにした起業やそれに伴う企業連携の仕組みの開発などが進展し，先見的な企業の方向性予測が困難な時代となるに至った。それに伴い，将来必要な業務スキルや知識を企業が明示し，それをもとに長期的な教育訓練などの実施は困難な状況となっていた。

これにともない，現状の業務スキル・知識に対する教育訓練は実施するものの，より長期的な視点に立った，技術開発やビジネス領域へのキャリア対応や知識の拡大などは，組織主導というより個人の責任で行うことが従業員に期待・要請され，その個人の努力に対する支援を組織が行うという方向へのパラダイムシフトが起こった。アップル，HP，などに代表されるシリコンバレー企業がキャリア自律型に向かい人事・教育の仕組みをシフトし，多くのシリコンバレー企業にキャリア自律とその支援の活動が定着していった。先行き不透明な企業群における企業内キャリア自律とその支援のメカニズムの確立である。それらの企業を支援するため，キャリア自律の実践支援に特化したキャリア自律支援専門組織の活動も活発化し，地域としてキャリア自律の支援インフラなどが整備され（花田ら，2003），人事制度の構築や運用なども展開されるようになった。

◘ キャリア自律の展開に向けた法整備と企業の対応

この「キャリア自律」が日本の企業組織の中で確立するに至ったのが，2016年4月1日から実施されている「職業能力開発促進法」の改正である。同改正法によって，従業員個々人が職業生活の設計とそのための能力開発に責任を持ち，またその活動に対して，組織はキャリアコンサルティングの機会の提供とその他の総合的な援助を行うことが義務化され，キャリア自律の実践とそのための支援

が法律によって確定されるに至っている。このキャリアコンサルティングと総合的な支援に関しては，セルフ・キャリアドック報告書（厚生労働省キャリア形成支援室，2017）や花田（2016）が具体的な施策をまとめている。

　しかし，法律的に確定されたとはいっても，組織の方針などとの折り合い・調整をもとに，キャリア自律活動を展開するには様々な工夫が必要であろう。キャリア自律では，個人が当事者意識と責任を持って自己のキャリア開発の実践を行う「キャリア自立」を基本に置くものの，「キャリア自律」では周囲の期待や組織の要請に積極的に応えながら，個々人が自らのキャリア開発行動を「調整」し，「自らを律」し，組織はその支援とその活動の受け皿となる人事の制度の構築や運用をすすめ，個人がその制度を活用するというキャリア自律の展開の工夫が様々に行われている（花田，2016）。

　現実，個人の職業生活の設計といっても，それに慣れていない従業員が多く，また組織の支援の提供といっても，個人の「自立」型キャリア開発行動に対する支援には，統制を重視する組織からは抵抗感が根強く存在している。また，「職業生活の設計とその実践」にかかわる個人と組織の調整とはいっても，キャリア自律活動が，業務スキル・知識の拡大という現状の組織視点の活用にとどまらず，「ありたい姿」「生き方」「身の回りに起こしたい変化」などの，個々人の個性化視点をベースにした仕事構築が求められていることから，その調整は簡単なことではない。キャリアの受け皿としてテクニカルな業務スキルや知識，組織の生産性向上運動などを用意するだけでなく，それを超えた長いライフキャリア構築における職業生活の設計とその運用につながる様々な受け皿構築やそれに向けた工夫や準備・対応が組織に求められるようになっているからである。

◼︎キャリア自律活動に関係する組織内の多様な支援

　キャリア自律活動を支援する各種施策の実施が難しいといっても，それに対する対応策は徐々に企業組織に広がりつつある。現状の業務スキルや知識の拡大にとどまらず，従業員の成長を促す多様な活動を通して，個々人が，主体的にキャリア自律行動が実践できる工夫がなされ，実施に移されてきている。この活動全体を包括的に網羅することは紙面の限界から，ここではできないが，具体的には①目標管理活動の中のMBO-S（Sはセルフコントロールの略）という個々人の成長目標を組み込んだ活動，②社内公募・応募・FA活動，③自己申告活動，④プロジェクトやコミュニティオブプラクティスといった活動，⑤キャリアデザイン

ワークショップの実施などをキャリア自律の発揮の活動の場としてあげることができる。

目標管理活動：目標管理の原点は個人の成長と組織の成長を組織目標の達成を通して実現するという基本概念から出発し，MBO-Sとして展開されていたが，時代とともに，個人の成長という視点が弱まり，組織目標の達成が重視されるようになっていった。しかし近年，目標管理活動とキャリア面談の調整，あるいは目標管理活動に個人の成長目標を組み込むという動きが見られ，グーグル，GEといった海外企業において，目標管理制度上のMBO-Sや，個の視点をベースにしたパフォーマンスデベロプメントとその把握，それに対する上司や多様なメンバーの支援のメカニズムなどが新たなキャリア支援策として注目を浴びるようになってきている。

社内公募・応募：バブル最盛期の1986年頃から日本企業各社で採用されてきた社内公募・応募，社内FA制度なども個々人の主体的意思によって，社内異動を実現させる制度であり，キャリア自律の受け皿としての役割を果たすことが可能である。従来の社内公募・応募に関しては，人事部門が関与せず，各部門からの応募に対して従業員が手を挙げ異動を図る機会であったが，これに対する相談などの支援策が存在しているわけではなかった。しかし，厚生労働省がキャリア・コンサルティング研究会を立ち上げた2002年以降から，キャリアコンサルティングの一環で，異動への応募前後，応募をしたが落ちてしまったなどの機会においてキャリア面談と組み合わせて相談や個人の社内公募などに対する準備状態を把握するなどの方策もみられるようになってきた。キヤノンの社内公募はこのような面談を組み込んだ仕組みとして開始され，またソニーやベネッセの制度などは，個々人のキャリア自律の受け皿としての社内公募応募制度の代表ともいえる制度であった。しかしリーマンショック，その後の経済停滞期には組織主導による，効率的組織運営施策の推進などが前面に出て，社内公募・応募，社内FA制度は徐々にその力を弱める結果となるに至った。しかし職業能力開発促進法の改正に伴うキャリアコンサルティングの機会の義務化とその活動として，再度社内公募制度が注目を浴びるようになってきた。

自己申告制度：古くから活用されていた自己申告制度も，キャリア自律型のキャリア面談の実施で新たな展開を見せるようになってきた。従来の制度は，業績評価・人事考課のフィードバック面談時に，自らの業務上の課題，現状

のスキルの停滞などを克服・改善するための方策として活用されていた。しかし，キャリア面談とのドッキングにより，従業員が自らの成長や，今後担当したい仕事に向けての，新たなスキルや知識の獲得，より長期的なライフキャリアでの生き方を反映する職業生活の設計もあわせて議論される工夫がみられるようになってきている。

- プロジェクト，コミュニティオブプラクティス活動：従来型の小集団活動は組織の生産性向上に焦点をあてたものが多かった。しかし，職場横断型のプロジェクト／コミュニティを活用して，従業員が主体的に問題・課題を選定し，業務や職務を改良・改善したり，新たな業務や職務を構築する一連の個人のキャリア開発につながる活動などが工夫されコミュニティオブプラクティス活動とよばれている。この活動では，前述のパフォーマンスデベロプメントの一環としての，個人の能力開発型としてコミュニティを活用するなどの工夫がみられている。
- キャリアデザインワークショップとそのフォローアップ面談：キャリアデザインワークショップの実践とその後のキャリア面談もキャリア自律支援策として積極的に実践されている。従来の階層別研修などと異なり，セルフ・キャリアドックでは，キャリア面談の提供に加えて，年齢別（35，45，55といった年齢），ライフキャリアの課題別（育児休職・各種復職，ポストオフなど）キャリアデザインワークショップの実践とその後のフォローアップ面談などが提起され，サントリー，NEC，博報堂をはじめとする各社では，キャリア自律支援策としてこれらのワークショップと面談を積極的に実施している。

◼ まとめ

　キャリア支援の充実化を目指して厚生労働省により2004年から設けられたキャリア・コンサルティング研究会はキャリア自律・支援の在り方に大きな影響を与えた。研究会ではキャリア支援の在り方，キャリア支援者の活動，キャリア支援者の能力などを研究し，そして組織の支援策に関する検討を行い，各種提言を行ってきた。この活動によって，キャリア自律の実践とその支援が明確化されるに至った。この一連の活動をキャリア自律の視点でまとめると以下の5つになる。

1．従業員は自身の職業生活の設計とそのための能力開発に責任を持つ。

2．それを可能とするため，組織はキャリアコンサルタントによる，キャリアコンサルティングを提供し，個人の職業生活の設計とそのための能力開発に対する支援を行わなければならない。
3．キャリアコンサルティングを行うキャリアコンサルタントには，国家資格，技能検定による資格取得保有が求められるようになった。
4．キャリアコンサルティングの内容はセルフ・キャリアドックという仕組みでそのプログラム内容を確定し，組織はその内容を従業員に明示しなければならない。
5．セルフ・キャリアドックではキャリア支援としての面談，キャリアデザインワークショップの実践，キャリア自律の促進を阻んでいる組織の障害を取り除くための努力を行わなければならない。

これらの一連の対応によってキャリア自律とその支援に対して，従業員個人，そして組織に対して新たな当事者意識と責任が求められることになったのである。

(花田光世)

12. キャリア・カウンセリング，キャリアアドバイス，コーチング

「キャリア・カウンセリング」「キャリアアドバイス」「コーチング」，これら以外にも「メンタリング」「キャリア・コンサルティング」など，キャリア形成における支援，援助の様々な表現が存在する。利用する個人（クライエント）からすれば，どれも同じように見えてしまうかもしれない，これらのキャリア支援機能について考えてみたい。援助，支援の機能を検討するにあたって，ここでは2つの視点を用いて整理を試みる。1つは，その援助が日常性を帯びたもの，もしくはその延長として行われるものかどうかという視点，もう1つはその援助活動の価値はどこにあるのか，という視点である。

わたしたちは日々，その程度の差こそあれ誰かの支援，援助を受け，逆にわたしたち自身もまた，誰かを支援，援助している。それらは強く意図されて行われることもあれば，意図せずとも結果的に対象者にとって援助となったという場合もある。必ずしも援助を専門とする人，例えばカウンセリングであればカウンセ

ラー，アドバイスであればアドバイザー，コーチングであればコーチといったように，そのプロフェッショナルが行うものだけが，援助活動というわけではない。筆者が大学院で臨床心理を学んでいた時，最初に指導教官に言われたことは「君たちはクライエントから，『（カウンセリングを生業とする）プロのカウンセラーに相談したけれど，ご近所さんに立ち話で相談したことのほうが自分には助けになりました』と言われたらどうする？」ということであった。援助，支援の本質とは何かを考えさせる問いである。

◘ 日常性と非日常性

　カウンセリングや心理療法とよばれる機能はいかに定義されるのか。あえて試みると，「援助的人間関係」という定義が最大公約数になる（國分，1996）という指摘に異論はないであろうが，「人間関係」といっても幅広い。そこで用いられる技能やスキルによって定義を試みることも可能かもしれないが，実に様々なカウンセリングのアプローチ，学派がある中，共通しているのは，その「人間関係」には「ルール」が存在しているということである。これを「構造」と表現する場合もあるが，具体的には時間，場所，費用，契約といった枠を設けるということになる。つまり「特別に組み立てられた人間関係」といえるだろう（一丸ら，2000）。それは日々の生活，仕事の中の人間関係とは少々異なる。

　例えば，毎週月曜日の18時から，この面談室で，面談1時間1万円，といったようなルール，契約をつくることで初めて成立する関係であって，これは日常の延長というよりは，非日常性を帯びたものといえるだろう。一般的な心理カウンセリングは，安全な環境をつくるために非日常性を帯びた枠で行われるものであり，人工的につくられた関係におけるカウンセラーとクライエントによる相互活動である。ゆえに，個人の内面についてのことであれ，外的な環境のことであれ，設定された枠組みの中でのみ扱うことが非常に重視され，カウンセラーはこの枠やルールを超えてクライエントに相対することは，原則として無い。ルールを守ること，逸脱しそうになれば常にルールに立ち返ること，そこにカウンセラーや心理療法家の専門性が拠って立つといって良いかもしれない。

　一方で，援助，支援は非日常的なものだけではない。職場でいえば上司と部下，先輩と後輩，同僚同士で行われるものであろう。それらは教育，指導，アドバイスといった表現になるかもしれない。日常から切り離すのではなく，日々の仕事ややりとりの中で行われるものも援助，支援であり，先に述べた「ご近所さんに

ちょっと立ち話で相談してみる」ということも，日常生活の延長で生まれたものとしてこの範疇に入るといってよいだろう。この関係性では都度，状況に応じて，必要があれば即，その場で援助，支援が行われる。「今はルール上，援助，支援の時間枠外だから，アドバイスはしない」ということはなく，日常に即した，柔軟な活動といえる。日々の現場で起きていること，その空間と時間を共有している関係だからこそできる支援である。日々の現場から切り離すことで成立する非日常性の援助，支援という形式では扱えない内容もここでは可能である。

　日常及びその延長での援助，支援活動。非日常で行われる援助，支援活動。どちらがより優れているかということは一概にいえない。クライエントにとってより適切な形がどちらなのかは，当然その状況によるからであり，検討する1つの切り口は，この日常性と非日常性にあると考える。

◘ 援助，支援することについての専門性，内容の専門性

　キャリア・カウンセリングでしばしば聞かれる問いが，「その仕事や職業についての経験や知識がないにもかかわらず，有効な支援ができるのか？」というものである。同じ仕事をしていなければ，同じ業界にいなければ，同様の経験がなければ，援助，支援ができないのかというと，必ずしもそうとはいえない。カウンセラーはその相談内容について，クライエントよりも豊富で優れた知見を持っているとは限らないが，援助，支援することについての専門性を持っており，そこに価値がある。

　キャリア・カウンセリングの場合であれば，多くは言語を介して行われることが想定されるが，クライエントの本質的な課題は何か，どんな問いかけが援助的なのか，その課題にどう働きかけるのか，技法や理論は幅広くあるものの共通しているのは，それが援助的であるかどうか，という視点を常に持っていることである。場合によっては，「クライエントが求めることに応じないことによる支援」もある。例えばクライエントが情報提供を求めても，カウンセラーは即応せず，それが果たして援助的なのかどうかを検討する。結果としてクライエントの求めに応じることも，応じないことも，どちらもあり得るが，この援助的かどうかという検討なしに対応することはない。

　日本でも一定数普及したコーチングも，内容的な優位性をコーチが持つというよりは，特定のコミュニケーション技法を用いることによってクライエントへの援助，支援を行うという意味では，こちらの分類に含まれるであろう。

12. キャリア・カウンセリング，キャリアアドバイス，コーチング　335

一方で，クライエントの仕事や職種，業界等の内容についてより，焦点をあてての援助，支援が必要な場合もある。その時は，先輩や業界の先端を行く人，より知識や経験が自分より豊かな人から援助，支援を受ける，すなわちその価値は課題の内容そのものについての専門性や経験の豊かさにある，ということになる。キャリア支援でいえば，仮にメンタリングというプログラムが，自分よりも経験が豊富な先輩，年上の人をメンターにして支援を受ける場合はこれにあたるだろう。情報や事例の紹介，メンターが自分の経験等を提供することによる援助，支援活動である。

　何らかのアドバイスを行うアドバイザーという表現も幅広く様々なものを含んでおり，資格試験が設定されているものから「自称アドバイザー」もあるが，いずれにせよアドバイザーの優位性は知識，知見，経験の豊かさに基づくものである。ゆえに，対面せずとも場合によってはネットを介した場等でも成立し得る。

　もちろん，内容的な専門性を持つ人が，「援助，支援することについての専門性」も伴うという形もある。望ましいのは両方とも兼ね備え，両方をその活動で使うことかもしれないが，当然そのような援助，支援を提供できるリソースは限られている。

◪ キャリア形成への援助，支援の今後

　従来，キャリア・カウンセリングやキャリア支援というと，大きな転機，すなわち就職，転職，退職といったイベントに伴って求められるものという印象が強かった。具体的には学校の進路相談，職業紹介，アウトプレースメント，セカンドキャリアといったタイミングや意思決定の場であり，キャリア・カウンセリングもこの時期に提供されてきた。ただし，大きな転機は人生に何度も起きるわけではなく，どちらかと言えば，非日常性の高い援助，支援活動としてキャリア支援は位置づけられてきたといえるであろう。人によっては，キャリア・カウンセリングを体験しないまま，職業人生を完遂することもあったかもしれない。

　ところが近年，雇用環境の変化や組織のあり方，働き方の変化に伴い，大きなキャリアイベント時のみならず，もっと日常性を帯びたもの，例えば個人の働き方や価値観，ワーク・ライフ・バランスといった日々のテーマもまたキャリアの重要な構成要素となっている。個人の生き甲斐や成長感，モチベーションなど，その内的現象を扱うこともキャリア・カウンセリングには求められている一方，職場の人間関係やコミュニケーション，仕事の進め方等といった，毎日の現場で

生じていることを取り上げ，問題解決をしつつ当人のキャリア支援となるような活動も期待されている。

2016年4月，厚生労働省はキャリアコンサルタントを国家資格化した。労働者に「自ら職業生活設計を行う」ことを求め，事業主には「これを支援するための講ずべき措置」に関する指針を示した。政策的にも，個人のキャリア形成への取り組みが明文化されたことは少なからぬインパクトがある。

その時，従来のカウンセリングモデルの延長からさらに一歩踏み込んだ，幅広く，多様な支援の形式や内容が社会的にも求められてくるであろう。様々な呼称によるキャリア支援の機能が存在することは，一見紛らわしさも含んでいるが，個人のニーズに効果的かつ効率的に応じるという点から見れば，その幅広さ，多様さは決して不利益にはならないはずである。問題は，その人にとって適切な支援はどれか，もしくはどの組み合わせが適しているのかを見極めることであり，その観点からここでは非日常性か日常性か，支援・援助の専門性かそれとも内容の専門性か，という視点を持って検討を試みた。さらに複数の視点，軸を検討することで，キャリア支援の幅広さ，豊かさが明らかにされることを期待したい。

（宮地夕紀子）

13. 非正規社員のキャリア開発支援

◘ 非正規社員とよばれる労働者とは

非正規社員とは何かを明確に説明することは難しい。類似する言葉に非正社員，正社員以外，非正規雇用労働者等があり，非正規雇用で働く人々を表す統一的な用語とその定義は今のところない。他方で，正社員という言葉は以前から国の統計・調査でも使われ，正社員か否かという区別は企業の雇用管理でも比較的容易で，正社員でない人々は非正社員となる。

では，非正社員と非正規社員とは同じかどうかである。どちらも多様な働き方を実現するもので，企業もニーズにあった労働力確保が可能になるというイメージはある。だが，非正規とは正規ではないという意味なので，非正規社員という言葉には，法令の対象にならない労働者とか正社員並みの処遇は不要といったマ

表5-3 企業における非正規社員の割合と在職期間

単位＝%　　　　　　　　　　　　　　　　　　　　　　　　　　　　単位＝%

就業形態		労働者比率		3か月未満	3か月〜6か月未満	6か月〜1年未満	1年〜2年未満	2年〜3年未満	3年〜5年未満	5年〜10年未満	10年以上	不明
正社員		60.0										
正社員以外	出向社員	1.2	→	1.6	6.8	10.5	17.5	12.3	11.0	14.2	23.9	2.1
	契約社員	3.5	→	2.8	4.7	12.8	17.3	11.2	16.9	19.2	12.6	2.6
	嘱託社員	2.7	→	2.7	3.5	10.5	18.5	16.4	18.8	12.2	9.8	7.6
	パートタイム労働者	23.2	→	2.2	3.6	7.8	13.4	8.1	17.2	23.8	21.2	2.5
	臨時労働者	1.7	→	8.9	5.5	15.7	12.3	7.2	11.9	13.2	18.4	7.1
	派遣労働者（受け入れ）	2.6	→	7.8	10.1	14.9	17.1	11.0	11.7	17.2	9.4	0.8
	その他	5.2	→	2.2	5.2	9.1	13.5	10.9	16.8	21.2	19.4	1.7

厚生労働省（2015）平成26年「就業形態の多様化に関する総合実態調査」から筆者が作成

イナスのイメージもあるといわれる。現在，行政機関が使用する非正規雇用や非正規の労働者という言葉は，社会的に認知された雇用形態の人々を表し，労働法令の対象となるものはもちろんである。例えば，厚生労働省は「『非正規雇用』の現状と課題」という資料を同省のホームページで公表し，非正規雇用の労働者として，勤め先での呼称が「パート」「アルバイト」「労働者派遣事業所の派遣社員」「契約社員」「嘱託」「その他」を取り上げている（2017年12月現在）。また，同省の「平成26年就業形態の多様化に関する総合実態調査」では「正社員」の定義を「雇用されている労働者で雇用期間の定めのない者のうち，他企業への出向者などを除いたいわゆる正社員」とし，それ以外を「正社員以外の労働者」としている。正社員に対する非正規社員という区分である。そして，雇用契約における雇用期間の定めの有無が両者を区分する重要な基準になっている。

なお，厚生労働省に設けられた「非正規雇用のビジョンに関する懇談会」がまとめた報告書「望ましい働き方のビジョン」（2012年3月27日）では，正規雇用自体が多様化しており，非正規雇用と明確には区分できないとしたうえで，正規雇用を，①労働契約の期間の定めなし②所定労働時間がフルタイム③直接雇用，の3要件すべてを満たす雇用とし，それ以外を非正規雇用と捉えている。

厚生労働省が総務省の労働力調査をもとに算出すると，非正規雇用で働く人々は約2,000万人である（前記「「非正規雇用」の現状と課題」から）。平成28年で

は正社員は3,367万人，非正規雇用労働者は2,023万人で，非正規雇用労働者は労働者全体の37.5%である。平成元年には非正規雇用労働者は817万人だったので大幅増加といえる。特に高齢層での増加が顕著で，非正規雇用労働者全体に占める55歳以上の割合は，平成元年は20%未満だったが，平成28年では35%を超え，65歳以上は4.4%から14.9%に上昇した。

また，表5-3は「平成26年就業形態の多様化に関する総合実態調査」からみたものだが，平成26年では正社員以外の労働者は全労働者の40.0%を占めている。

従前から，非正規社員としての働き方は国民意識の多様化や労働市場の流動等に対応するものとして，労働者からも企業等からも求められてきた。だが，同時に不安定な雇用であり，正社員を希望しながら不本意にも非正規に留まる者が含まれる面がある。現在，国は非正規雇用で働く人々の正規雇用への転換を促進する方針を打ち出している。その重要な柱が職業能力開発等による人材育成である。

◘ 非正規社員の能力開発と人事戦略

非正規社員の具体的な働き方と同一企業での在職期間は表5-3にみるように多様だが，一般的な特徴は比較的同一企業での在職期間が短いことである。すなわち，短期間に企業間移動をする傾向がある。移動しない定年退職後の継続雇用や関連会社への出向などでも在職期間は数年程度が多い。

ところで，労働者自身にとって能力開発は勤務先での能力評価をアップさせて契約更新時に賃金等の労働条件の向上や職務範囲を広げる手段になるし，他企業に転職する際の自己アピールを有利にする手段にもなり得るであろう。つまり，キャリア開発には短期間の実務経験の層を重ねるだけでなく，職業面の技能・技術・知識の体系的な習得が効果を持つはずである。他方で，企業からすれば，長期間の勤続が想定されないなら，その社員への教育訓練投資は自社に還元されないどころか，早期退職を促してむしろ他企業に利益をもたらす結果になると懸念されるかもしれない。これに関して非正規社員のキャリア形成に対する労働者自身と企業の対応はつぎのようになっている。

厚生労働省の「平成28年度能力開発基本調査」では，非正規社員が自己啓発型の職業能力開発を行う割合は，正社員と比較して少なくなっている。自己啓発の実施状況は，「正社員」は45.8%，「正社員以外」は21.6%である。

しかし，今や従業員の約40%を占める非正規社員の能力を十分に活用できるかどうかは，企業の活力に直接影響することになろう。他企業での経験がどうで

あれ，自社での在職が短期間になればこそ，自社の仕事に早く習熟して能力を発揮してもらわねば採用コストを回収できない。となれば，非正規社員の能力開発方策としては短期OJTが注目されよう。同調査で，その点を探ると，計画的なOJTを実施する企業の割合は「正社員」については59.6%，「正社員以外」については30.3%である。ちなみに，OJTよりもコストがかかるOff-JTの実施割合は「正社員」については74.0%，「正社員以外」については37.0%である。

一方で，原（2009）は，「平成18年度能力基本調査」のデータを再分析した結果から，非正社員の入れ替わりが多く，かつ，職業能力評価制度があって評価結果を処遇に反映する企業にOff-JTの実施率が高く，非正社員の受講率も上昇する傾向があると指摘する。つまり，非正規社員は流動性の高い労働力だからこそ，企業は労働者の職業能力を適正に評価して処遇と結びつける必要があるということである。そして，非正規社員のキャリア開発を促進するには，企業に能力評価と連動する処遇決定システムが整うことに加えて，企業の外にある教育訓練機関の機能充実が重要なことを浮き上がらせる。厚生労働省は「正社員転換・待遇改善実現プラン」を2016年1月に決定したが，同プランには，非正規雇用の人々の処遇改善や能力開発を行った事業主に対するキャリアアップ助成金，就業経験等に応じた公共職業訓練，キャリア・コンサルティングの推進といった施策が盛り込まれた。働き方の多様化を求める動きがある中で，これらの施策による非正規社員のキャリア開発支援の具体的効果を注意深く見守る必要があろう。

◪ 正規社員が多様化する中での非正規社員

働き方が多様化する中で，企業での呼称が正規社員あるいは正社員といわれる人々の就業形態も多様化し，正社員ではあっても他の正社員とは異なる条件，すなわち勤務地域の限定，1日の労働時間や就業時間帯の特定，業務と権限の特定などを条件に働く人々が出現している。ワーク・ライフ・バランスの重視や，高度な技術・技能・知識で特定業務に限定して就業するなどの理由で，雇用期間の限定はないが，転勤なしとか残業なしのパートタイム労働といった条件で勤務するなどである。これらの正社員は雇用期間の有無では非正規社員との間に明らかな違いがある。しかし，非正規社員にも1つの企業との契約更新をくり返す人々は存在する。今や正社員と非正規社員の間を明確に区分することは難しい。こうした現状を見通して，守島（2011）はいくつかの先行研究をもとに，「多様な正社員」はある程度確立された人事管理論における概念であると述べ，人事施策と

して「多様な正社員」を取り入れている企業は，内部労働市場を部分的にでも外部労働市場に開いて内部労働市場の柔軟化を意図している可能性があると指摘している。

◪ 今後の研究課題

　正社員の多様化が進むとすれば，企業の非正規社員の活用方針に何らかの変化が生じるであろう。非正規社員のキャリア形成のあり方を探るには，就業目的や労働観の多様性と，彼らが将来キャリアをどのように展望できるかに目を向ける必要がある。特に，年金受給開始年齢の上昇と60歳代後半以降の人々の就労が非正規社員の増加の大きな要因になったことには注意が必要である。高齢期までのキャリア形成計画は40歳以降の労働者の重大な関心事になろう。さらに子育て期に非正規社員として働く女性のワーク・ライフ・バランスと能力活用を両立させる人材育成方策の解明が急がれる。なお，若年者については，フリーターの言葉を当てはめて論じる以前に，従来から新規学校卒業時の景気の状況，すなわち産業経済の影響を就職機会だけではなく雇用形態にも受けやすいことに対する注意が必要である。

（奥津眞里）

TOPICS

職業教育とキャリア教育

　文部科学大臣の諮問機関であり，国の教育行政に大きな影響を持つ中央教育審議会は，平成23年1月31日に「今後の学校におけるキャリア教育・職業教育の在り方について」（答申）を取りまとめた。この中で同審議会は，キャリア教育を「一人一人の社会的・職業的自立に向け，必要な基盤となる能力や態度を育てることを通して，キャリア発達を促す教育」であるとした。また，同答申ではキャリア発達を「社会の中で自分の役割を果たしながら，自分らしい生き方を実現していく過程」であるとしているため，キャリア教育とは，簡潔にいうならば，自立して自分らしく生きていくための教育であるといえよう。

　一方で，職業教育については「一定又は特定の職業に従事するために必要な知

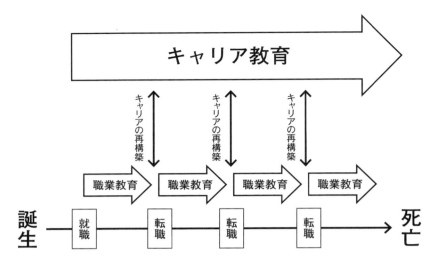

図5-7 職業教育とキャリア教育

識，技能，能力や態度を育てる教育」と定義づけている。近年，職業教育とキャリア教育という，似て非なる言葉が注目を浴びているのは同答申が両者を明確に区別したことにも1つの要因があろう。

　ところで，わたしたちは皆，ひとたび仕事に従事する年齢・段階に至れば，勤務する場所で日々，業務に関する教育を受けることになる。自らが起業する場合においても，自学自習しながら業務知識・スキルを磨いていくことになるだろう。仕事を続けるということは職業に関する教育を絶え間なく受けていくことであり，業務スキルを向上・維持するためのトレーニングを継続するということなのである。

　したがって，職業教育とは本来，仕事に従事する前から始まって，退職するまで続く長期間の教育を意味する。それゆえ，学校等教育機関で学習することに始まり，そして仕事を引退するまで続くものであるはずである。しかしながら，一般に職業教育という場合，多くのケースでそれらは，専門科目を学ぶ専門高等学校（かつての職業高等学校）での教育や，各種専修学校，あるいは専門性の高い実学教育を標榜する大学での教育を指し示すことが多いし，教育という言葉自体が学校機関の中で学ばれるものというイメージが定着しているのである。

　少子高齢化が進行し，高度技術社会への対応が叫ばれる中で，労働力人口の減少を補い，労働生産性の維持・向上を図るために，現在ではより一層の職業教育

の充実が学校に要請されるのは時代の必然である。このような前提に立てば，職業教育は今後，就業前の教育だけでなくして，職業生活を通じた長期教育という概念が浸透していくはずであり，職業教育とキャリア教育の概念は，より一層，分かち難いものにならざるを得ない。キャリア教育が，「自分らしい生き方を実現する過程」において「必要な基盤となる能力や態度を育てる」という長期間の学びを想定している一方で，職業教育が「必要な知識，技能，能力や態度を育てる教育」と限定している，その短期性と限定制の観点が弱まってくるためである。そうすると，職業教育とキャリア教育の関係というものは図5-7のように表すことができる。

職業教育とキャリア教育は，人の誕生から死亡という時間軸の中で，並列関係にあり，お互いが影響を及ぼしあっている。あたかも両教育が人生における両輪となり，キャリア教育と職業教育を結ぶ車軸が，自らの生き方・キャリアと職業を連結するキャリア再構築の概念を表象しているといえよう。

知識基盤社会とよばれる環境において，仕事に関して要求される知識や技術の水準はますます複雑化，高度化していく。その中でわたしたちは自己のキャリアを恒常的に見直しながら，その再構築を図り，自分らしい生き方を探し求めていくということが必要なのである。

(森谷一経)

「グローバル教育」(英語教育・外国籍社員の国内キャリア)

グローバル教育については様々なイシューがあるが，ここでは「英語教育」と「外国籍社員の国内キャリア」について述べる。

まず，英語教育についてである。異なった母語を持つ人どうしがコミュニケーションをとるときの言語を「リンガ・フランカ」とよぶが，英語がリンガ・フランカとして使用されるようになってきている(Jenkins, 1998)。そうした国際的な背景から，社員への英語教育に取り組む企業が近年増加している。その日本国内の代表例は楽天であろう。楽天は2010年に社内共通語を英語にすることを公表し，2012年から社内全体の共通語として英語が正式に導入されている(戎谷, 2016)。

ニーリー(Neeley, 2012)によれば，英語が母語ではない社員が仕事で英語を使用することになったとき，社員の反応パターンは4種類ある。(1)「触発型

(Inspired)」は英語を学ぶ意義を理解し学ぼうとする社員である。これは理想的な反応パターンである。(2)「不満型（Frustrated)」は英語を学ぶ意義は理解しているものの，自身の英語力を向上できると思えていない社員である。(3)「無関心型（indifferent)」は英語の学習力はあるものの，英語を学ぶ意義を理解できていない社員である。(4)「抑圧型（Oppressed)」は英語を学習する意義が理解できていなくて，英語を学習できるとも思えていない社員である。

　そのうえで，ニーリー（Neeley, 2012）は，社内の英語教育について4つのポイントを提示している。(1) すべての社員を巻き込むために，英語学習の目的や意義を周知し，社内のだれもが英語力を向上できるような教育を提供する。(2) マネジャーは部下が英語を学習するように毅然と対応するとともに，支援者としての役割も果たす。(3) 英語を母語とする社員がコミュニケーションを独占しないように，そうした社員は職場の英語の水準に合わせて，ゆっくり話したり平易な言い回しをするなどの配慮をする。(4) 英語が母語でない社員は，英語を学習することに責任感を持つ。

　したがって，社内の英語教育の効果を高めるためには，英語教育の目的を社内でしっかりと共有したうえで，英語が母語の社員もそうでない社員も全社をあげて努力することが必要といえよう。

　つぎに，外国籍社員の国内キャリアについてである。現在，日本で働く外国人は約127万人いる。そのうち，「専門的・技術的分野の在留資格」で働く人は約24万人であり，「技能実習」として働く人（約26万人）とほぼ同等の規模になっている（厚生労働省，2018）。外国籍人材が日本企業の主メンバーとして働けるよう，政策としての環境整備が進められている。例えば，業務に必要な知識の区分（文系・理系）をなくし「技術・人文知識・国際業務」という包括的な在留資格への整理，日本企業のマネジメント職としても働けるように「投資・経営」の在留資格を「経営・管理」へ変更，永住許可要件の緩和などの優遇が受けられる「高度専門職」という在留資格の創設，留学生を2020年までに30万人に増やす政府目標などである。

　しかし，日本企業が外国人社員を中核人材として受け入れる態勢は緒についたばかりと言わざるを得ない。例えば，留学生のうち，日本で就職したいと考えている人は学部生で69.9％，大学院（修士）生で67.7％いるという調査結果がある（日本学生支援機構，2016）。しかし，実際に就職した人は学部留学生で39.7％，大学院（修士）留学生で33.9％に留まる（日本学生支援機構，2017）。日本経済

団体連合会（2014）の調査では，新卒採用者全体に占める留学生の割合がわずか5％未満という企業が74.9％にのぼる。

　日本企業で外国人の採用規模が小さい要因としては，「メンバーシップ型雇用」（濱口，2009）が考えられる。現在でも多くの日本企業が，少なくとも新卒採用者については，定年までの長期雇用を前提として，新入社員研修による集中的な教育や育成のための初任配属を実施している。しかし，外国人社員の勤続年数は10年程度までが87.7％であり（労働政策研究・研修機構，2013），留学生に一番多いキャリア意識は「日本で働いた後，将来は出身国に帰国して就職したい」である（日本学生支援機構，2016）。したがって，長期雇用を期待できない外国籍社員のキャリア開発について，日本企業が戸惑っている状況があると思われる。

　筆者が提案したいのは，ダイバーシティ対応の一環として外国籍社員のキャリア開発を位置づけるという視点である。アドラー（Adler, 2007）によれば，多様なメンバーで構成される組織が効果を発揮するのは，創造的な業務においてであり，その際に異文化のメンバー間に相互学習が生じる。また，小山（2017）は，外国籍社員のキャリア支援に取り組む際，国籍を超えて，1人の社員として個性に着目する必要性を指摘した。したがって，日本企業が今後より一層多くの外国籍社員を迎え入れるためには，どのような業務での活躍を求め，どのような日本人社員との相互学習を期待するのかという採用目的・活用目的の十分な検討，および1人ひとりの個性に着目したキャリア開発というトータルな人材開発戦略を構築すべきだと考える。

　いずれにしても，外国籍社員の国内キャリアはきわめて新しいイシューであるため，各企業において様々な取り組みを試み，その結果を検証することで対応策を確立していく必要がある。

（小山健太）

新研修技法：バイトサイズ・コンテンツ, ラーニング・コミュニティ

米国で毎年開催されるATD[1] International Conference & EXPO の最近のトレン

---

[1] ATD (Association for Talent Development) は，2014年にASTD (American Society for Training and Development) から名称が変更され，職場のタレント（人材）開発に取り組む人々の支援をミッションとして，120カ国以上に約40,000人の会員を抱えている組織である。

ドから新しい研修の動きを紹介したい。

2014年から2016年の国際会議では，研修のあり方に大きなシフトが見られた。

その背景として，多くのセッションで挙げられていたことを整理すると，つぎの5点に集約できるだろう。

研修のデザインに変化を促す5つの背景

1つめは，会議中の多くのセッションで使われていたVUCAワールドである。VUCAとは，Volatility（変動性），Uncertainty（不確実性），Complexity（複雑性），Ambiguity（曖昧性）の頭文字をとった言葉である。こういった厳しい時代に企業が生き残っていくには，新しい価値を創造し続けなければならない。そのためには，個人がより高いパフォーマンスを生み出し，これからの時代に合った行動変容を行う必要がある。

2つめは，ミレニアル世代の台頭である。2025年には米国の就業者の75%をミレニアル世代が占めるようになるといわれている。この世代は，デジタルデバイスを常用し，マルチプルな情報のやりとり，頻繁なフィードバックを求める傾向がある。今後は，彼らの特性に合った学習に変えていかなければならない。

3つめは，近年のニューロサイエンス（神経科学）の研究成果により，従来の学習のあり方やマネジメントのあり方の見直しが求められることである。脳の詰め込みの負荷を減らし，グラフィックを活用する学習方法が求められる。また，今までの競争を促進するマネジメントや，報酬で動機づけするあり方が，従業員の柔軟性に欠けるフィックスマインドセットを増長させ，主体性や創造性を促進するグロースマインドセット[2]を阻害することがわかってきたことから，パフォーマンス・マネジメントの変革も行われ始めている。

4つめは，ラーニングトランスファー（学習移転）への関心の高まりである。様々なセッションで，学習しても行動が15%しか変わらないというデータが紹介されていた。また，70：20：10の法則（人は経験から70パーセントを学び，人とのかかわりから20パーセント，クラスルームから10パーセントを学ぶ）が多くのセッションで引用され，100%の効果を目指す学習のあり方に変えていく必要性が提唱されていた。

5つめは，モバイルやSNSなどを活用したラーニング・テクノロジーの進化で

---

[2] キャロル・S・ドゥエック　今西康子訳（2016）『マインドセット』草思社

ある。現在では，多くの人たちは講義や印刷された書籍で学ぶのではなく，検索ソフトを使ってブログやウィキペディアで調べたり，YouTube，TED，Twitter，Facebookなどを活用して学ぶようになってきた。

ラーニング・カルチャーをつくる

　こうした背景を踏まえて，研修がどのように変わりつつあるのか。その１つは，スキルや知識を習得させることからマインドやカルチャーを育むことに焦点が移ってきたことである。ラーニングによる行動変容を実現するには，創造性や主体性を発揮するマインドセットの変容が大切である。そういったマインドセットを育てるには，恐れや不安を感じない安心・安全な職場でなければならない。互いが信頼しあえる関係性のあるカルチャーをつくる必要があるということである。

バイトサイズ，マイクロラーニング

　つぎの顕著な傾向は，「イベント」として学習を捉える従来のパラダイムが消え，学習を「ジャーニー」や「プロセス」として捉え，ワークプレイスでの経験や相互作用，およびそれを支える様々な学習機会を通して学んでいくアプローチが定着してきたことである。

　多くの企業で，ワークプレイスでラーニングが起きる環境をデザインする様々な試みが行われている。

　特に注目されるのは，いつでもどこでも学べるようにすることと，脳の過負荷を減らすねらいで，5〜7分間で学習ができる「バイトサイズ（Bite-Size）」のコンテンツが一般化してきたことである。テーマを細かくして効率よく学習して，職場で応用してもらう意味で「マイクロラーニング」とよぶことも多い。

　例えば，ある企業では４週間のマネジャー育成の取り組みにおいて，数分間のビデオや90分程度のワークショップ，フォローするアプリや上司からのサポートなど，切片化された様々な学習機会を，学習プロセスの中に散りばめる形で学習のデザインを行っている。このような学習スタイルを，Embedded Learning（埋め込み型ラーニング）やPervasive Learning（浸透型ラーニング），Learning Ecosystem（ラーニング・エコシステム）などの様々な用語でよんでいるが，まだ共通の用語は定着していない。

ラーニング・コミュニティを培う

　こういった学習環境のデザインで押さえられている原則は，企画側の意図でやらせるのではなく，Learner Centered（学習者主体）にすることである。そして，SNSなどを活用して上司や同僚がお互いのラーニングを支え合い，共有し合うラーニング・コミュニティを育てることが意図されている。素晴らしいテクノロジーを用意しても，ラーニング・コミュニティが動き出さないと機能しない。そこで，これをいかに育てるのかが今後の課題となってくるだろう。

(髙間邦男)

eラーニングとSNS

　1980年代の中頃，パーソナルコンピュータの普及とともに，CAI（Computer Assisted Instruction：コンピュータに支援された教授活動）の研究が盛んになった。これが日本でのコンピュータを教育活動に利用する最初のブームである。CAIでは学習者個々のレベルに合わせた学習システムが研究された。しかしハードウェアが高額だったことや，教材開発の難しさ等からこのブームも下火となる。

　それから約10年，1990年代の後半から2000年代中盤にかけてeラーニングと名称が変わり第2のブームが起こった。インターネットの急速な普及に伴い，Webを活用したコンピューターでの教育（WBT：Web Based Training）が身近になったことが背景にある。システムベンダーはLMS（Learning Management System）とよばれるネットワーク上で教材や学習者を管理するシステムを開発・販売し，企業や大学等でこれを導入・活用する動きが広がった。しかし，魅力あるコンテンツの不足や学習管理システム自体のオープンソース化等の影響から，市場としての魅力を実感できなくなったシステムベンダーが相次いで撤退し，このブームも2000年中盤頃から下火となっていく。

　その後，eラーニングは，2012年頃から「ICT活用教育」と名前を変え，3度目のブームを迎える。この要因としては次の3つが考えられる。

　第1の要因は，2010年以降のスマートフォンの急速な普及である。総務省の『平成27年版情報通信白書』によると，2010年にスマートフォンの世帯普及率は7.2％にすぎなかったが，2015年には64.2％に上昇しパソコンの普及率（78.0％）に肉薄するようになった。これによりスマートフォンを学習端末として活用

することが一般化し，パソコンよりも手軽に「いつでも・どこでも」学習することが可能となった。

第2の要因は，2012年から始まったMOOC（Massive Open Online Course）の急成長である。MOOCでは誰もがインターネットを通じて一流大学の講義を無料で視聴できるだけでなく，受講者間でのオンラインミーティング等が用意されアメリカを中心に急速に発展した。こうした無料コンテンツの登場により，オンライン学習を体験することの敷居が一気に低くなった。

第3の要因は，クラウドサービスの普及である。従来のeラーニングでは学習を運営するLMSを企業や大学が自前で用意する必要があった。しかし，クラウドでのeラーニングサービス提供により，サービス開始までの期間を短縮し，運用後もシステム部門の作業負荷が減少したことで，導入の障壁が低くなった。

つまり，eラーニングブームの時に普及の障害となった「学習者のデバイスの問題」をスマートフォンが，「コンテンツの問題」をMOOCが，「システムの問題」をクラウドが解決することにより，第3のブームが起こったと考えられる。

つぎに2016年現在の初中等教育と高等教育におけるICT活用教育の動向を概説する。第3のブームで急速に利用が増加した分野の1つが，中等教育での受験勉強である。例えばリクルート社の「スタディサプリ」は月額980円という価格を提供することで，これまで塾や家庭教師をつけて学習することができなかった層の学生を開拓し，有料会員を約16万人にまで増やすことに成功している。

高等教育においてもこれまでにない変化が表れている。文部科学省（2012）の『新たな未来を築くための大学教育の質的転換に向けて（答申）』において「主体的な学修に要する学習時間確保の必要性」が強調され，それを推進するための教育方法の改善や学修成果の把握が求められるようになった。その解決策の1つとして教育にICTを活用する動きが活性化してきたためである。具体的にはeポートフォリオを用いた学習活動や到達度可視化や，eラーニングを活用した時間外学習の支援・構造（いわゆる反転授業）が挙げられる。

今後この第3の「ICT活用教育」ブームがブームに終わらず定着するためには，いくつかの課題を解決する必要がある。第1の課題は，SNS（Social Networking service）とLMS等の学習支援システムとの連動である。従来のeメールに代わりLINE，Twitter，Facebook等のSNSが日常的なコミュニケーションツールとしての地位を築きつつある昨今，学習についてのお知らせをSNSに配信したり，ディスカッションをSNS上で行うようにしたりといったシステムの連携機能が求めら

れよう。

　第2の課題は，学習支援システムへのアクセス権限の柔軟化である。今までeラーニング上の関与者は教員と履修者に限られていた。しかし，昨今PBL（Project Based Learning）等で学外（企業の人，地域の人等）が，授業に参画する機会が増えてきた。また，近い将来ステークホルダーへの説明責任ということで，学生の親や就職を予定する企業に対し，学習支援システムの情報を開示し，学びの成果（エビデンス）を可視化する必要性が出てくることが予想される。そのようなニーズに対応するためには，柔軟なアクセス範囲の設定と個人情報の保護という二律背反する要求にシステムが対応していく必要があろう。

　第3の課題は，教員の役割意識の変革である。従来「自分の持っている知識を学生にわかりやすく伝達すること」が教員に求められる教授スキルであった。しかし，昨今のICT活用教育においては，知識の伝達はネットでの学習が肩代わりし，そこで得た知識を学習者自身が統合し，自らの知恵に変換することが求められるようになった。そこでの教員の役割は「学生の学びを支援する」方向に変化している。システムの改善よりも，こうした新たな教育・学習観に教員の役割認識を変えること，新たな役割に応じたスキルを身につけることが最も重要といわれている。

　これらの課題の解決を通じて，今度こそブームが下火にならず教育のツールとしてeラーニングが日本に定着することを願ってやまない。

〔古賀暁彦〕

メンタリング・メンターの育成

メンター，メンタリングとは何か

　メンターはキャリア発達にとって重要な役割を果たすとされ教育学の中では長い研究の歴史を持つが，経営の世界では1980年代になって大きく取り上げられるようになったテーマである。メンターとは，知識・技術，経験，地位（の力）を持つものが，それらを持たない主として年少者（プロトジーという）のキャリア発達を，個人的（私的）な関係の中で支援するというものであり，その関係を成り立たせるものは，メンターとプロトジーとの間にある価値観（文化，宗教，人種，出自など）の共有や共感であるとされている。個人的・自然発生的な人間関

表5-4 小野の研究によるメンタリング機能の分類

キャリア機能	情緒的機能
管理者的行動機能	受容・承認（評価）的機能

小野（2010）を基に作成

係の上に成り立つので，はじめからキャリア発達支援を行うことを意図しているという関係ではなく，利害関係も目に見える形で存在しているわけではない。そのため支援（メンタリングという）の形も多様なものがあり，フィリップ−ジョーンズ（Phillips-Jones, 1982）の「目に見えない名付け親」的な支援にみるように，一方的な支援関係のように見えることのほうが多いが，長期的には，両者の間には社会的交換関係が存在することも確かである（小野，2003）。このように，見えにくい関係ではあるが，多くの働く人々に対する実証的な調査研究では，明らかにキャリア発達に対するメンターの支援の影響は大きく，そのような大きな成果を上げることが，公式のメンタリングといわれる組織主導のメンター−−プロトジーの組み合わせによる能力開発へとつながってきたように思える。公式のメンターの，もっとも典型的なものは，わが国で古くから導入されてきた，新入社員に同じような年頃の先輩指導員を割当て，様々な指導や相談への対応などをさせる，一般的にシスター・ブラザー・プリセプターなどとよばれる制度である。

メンタリングの内容について，クラム（Kram, 1985）は大きくキャリア機能と心理社会的機能に分けているが，小野（2010）の日本における継続的な実証研究では，表5-4のように分けることができる。特に，プロトジーを一人前と認め評価する受容・承認機能がキャリア発達に与える影響は非常に大きい。

メンターの育成

本来メンターとプロトジー関係は前述のように自然発生的なものであり，メンターが意識せずにキャリア発達を支援しているというのが，あるべき姿である。その一方，近年は，公式のメンターとよばれるように，組織がメンターとプロトジーを意図的に結びつけ人材の育成を図ろうとすることも少なくない。

このような公式のメンターを制度として行うためには非自発的メンターを，本来のメンターと同じように個人の共感レベルに落とし込んだ支援提供者へと態度変容させることが大きな課題である。そのためにはメンターの養成は不可欠で，

メンタリングの意義やメンターとしての姿勢，さらには，メンターとなることのメリット（相手の成長を見る喜び，自己の振り返りによる知識・技術の再整理の機会，自己の成長の実感，将来的なプロトジーからの恩返し等）などを理解させ，積極的にプロトジーにかかわるようにする必要があろう。

　そこで要求されるのは，プロトジーを一人前の社会人としてリスペクトし，相手の意見を十分に聞くように心がけ，自己との違いを十分に理解し自分の考えを押しつけない，そして思うような成果が得られない時，それをプロトジーのせいにしないという姿勢であり，その技法としてカウンセリングやコーチング，すなわち，傾聴や気づき（気づかせ）について学ぶことである。同時に，組織としては，メンターとプロトジーのニーズや志向を十分に考慮した慎重なペアリングを行うだけでなく，メンターの相談に乗り，メンターとプロトジーの関係が破綻しそうな時には，両者の関係に介入し再構築する機能を持つ事務局や担当者を用意しておくことも不可欠である。そして，短期的にメンタリングの成果，すなわち，プロトジーの成長度合い，を評価しないこともまた，メンターを余分な圧力から解放し，積極的にメンターになってもよいという人を増やすという意味で，組織に求められる重要な姿勢といえよう。

　基本的に，メンタリングは，伝統的に無私の行為であり，利他的なキャリア発達支援であることが大前提にある。この言葉を商標登録をしたり，OJTとなんら変わらない行為をメンター・メンタリングとして喧伝し，ビジネス化を図るがごときは，メンターの持つ理念を全く無視したメンターを冒瀆する行為とされてよいであろう。

（小野公一）

働きやすさと働きがい

　いささか乱暴ではあるが，近現代における人事管理の歴史を振り返るならば，18世紀後半の産業革命を機とした「人事管理黎明期」，20世紀初頭の科学的管理法に基づく「人事労務管理期」，20世紀後半に心理学や経済学の知見によって結実した「人的資源管理期」，そして21世紀の今日は，企業戦略と人事管理の結びつきをことさら強調する「戦略的人的資源管理期」といえよう。人間は過去を振り返る際に現在を進化の極致と認識し，然るべく発展を遂げたと考えがちである。

「働きやすさ」と「働きがい」についてはどうであろうか。

　例えば黎明期においては働きにくい劣悪な環境も当然とされたであろうし，その課題を人事労務管理は職場環境を整えて働きやすくすることによって生産性向上を試みた。さらに人的資源管理は「働きやすさ（外的動機づけ）」に加えた「働きがい（内的動機づけ）」の重要性を強調し，持続的競争優位を獲得すべく人々の能力への投資を重視する。以上から，人事管理においてはまず「働きやすさ」が課題となり，それを克服する過程において「働きがい」の重要性が注目されるに至ったと考えることが可能である。そしてその「働きがい」こそ，人事管理上においてもっとも重要なインセンティブであり，金銭的，非金銭的，心理的報酬を通して得られるとしている。

　しかし，本当に「働きやすさ」と「働きがい」はそのような直線的な関係を持ち，衛生要因にすぎない「働きやすさ」よりも動機づけ要因である「働きがい」のほうが重要なのだろうか。本稿では，「働きやすさ」と「働きがい」の二分化を溶解する概念としての「時間」について考察を試みたい。

　人類は有史以来，協働に基づく集団生活を営んできた。その過程においては，地域や歴史段階による狩猟，農耕，手工業・大規模工業，商業，公務等の生活手段の違い，さらに家族，民族，村落，地域自治体，都市，教会等の集団の存立基盤の違いはありながらも，テンニエスが指摘するように様々な集団はゲマインシャフト（共同体組織）とゲゼルシャフト（機能体組織）の間を揺れ動きながら企業社会としての近代および現代を構成した（Tönnies, 1957）。

　企業経営および人事管理の視点による機能体組織の特徴は，人間がある目的達成のため作為的に形成した観念的・機械的組織体としての社会であり，個体性が根本をなすことによって共同性が二次的な合成によって付加される点である。共同性は人々に外在するものとして人々の頭の中に表象され，つぎに個々人の活動を規制する制度的枠組み（人事管理）として作為によって現実化される。その際に基本となるのはインパーソナルで打算的な人間関係であり，孤立，利益的結合，合理的精神に基づく契約が重視されることとなる。こういった組織をつくり上げる作為的・観念的共同体の源泉をテンニエスは，①大都市に代表される利益の相補性，②国民国家に代表される制御と規制の必要性，そして③コスモポリタン的な知識共同体における概念や知識の客観性としているが，この３つは人事管理におけるインセンティブ（報酬），褒賞と懲罰によるコントロール（統制），業務改善と組織変革によるナレッジ（知識）にそれぞれ相当している。

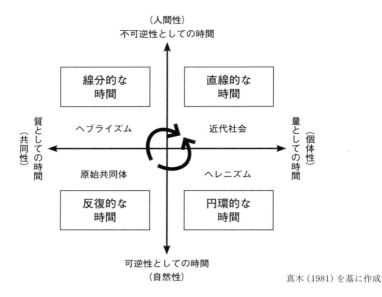

図5-8 社会と時間の関係

　作為的・観念的共同体，つまり企業に代表される機能体組織の源泉には，上記の報酬，統制，知識に加えて「時間」を加えることが可能である。近代・現代社会における不可逆で直線的な時間は，人事管理においては労働時間として金銭に代表される報酬を決定するための直接的，間接的な媒介変数としての基盤をなしており，量による管理が行われてきた。真木（1981）は社会学における時間論の展開において，時間の特性を，①質（共同性）と量（個体性），②可逆性（自然性）と不可逆性（人間性），の2軸によって表現し，社会を4形態に分類した（図5-8）。これは，時間を質と捉えて可逆とする反復的な時間に基づく「原始共同体」，時間を量と捉えて可逆とする円環的な時間に基づく「ヘレニズム社会」，時間を質と捉えて不可逆とする線分的な時間に基づく「ヘブライズム社会」，そして時間を量と捉えて不可逆とする直線的な時間とする「近代社会」とするものである。

　つまり，近代社会における組織と管理の誕生に伴い，自然性から超越した人間性の自立と共同体からの疎外を旨とする抽象的な時間概念がはじめて成立したと考えることができる。それ以来，時間は人々にとって不可逆で直線的なアプリオリとして意味を持ち始め，結果的に労働は時間の尺度によって測定と評価の対象となった。しかし人事管理において，この事実はほとんど意識されていない。労

働時間を単に金銭的報酬の提供根拠と見なすパラダイムにおいては、例えばワーク・ライフ・バランスの概念を絡め取ることも従業員における生活や時間に対する価値観の変化に対応することも困難である。

　平成28年2月23日に厚生労働省より、「事業場における治療と職業生活の両立支援のためのガイドライン」が公表されたことは記憶に新しい。このガイドラインは、治療を必要とする労働者が就労継続に起因する病状悪化を回避し、適切な就業上の措置によって治療に対する配慮を行おうとする事業場の参考となることを目的として、関係者の役割、事業場における環境整備、個別労働者への支援の進め方などをまとめたものである。例えばがん治療を抱える労働者にとって、時間単位の有給休暇は通院において非常にありがたい制度であり、「働きやすい職場」となる。同時に当人にとって柔軟な労働時間によって退職せずに勤務できる環境は生活費を得るだけでなく、社会や他人への貢献と自らの有能感を獲得できる「働きがいのある職場」にもなる。このように今日において「働きやすさ」と「働きがい」の関係は直線的な進化過程でもなく、どちらを優先するかという補完関係でもない。そして「働きやすさ」と「働きがい」の融合する職場こそ、多様な人材が活躍する職場である。

　「働きやすさ」と「働きがい」の二軸によって進化した人事管理は、企業の社会における役割の変化や様々な事情を有する多様な労働者の登場によって、再編が待たれているのかもしれない。その際に重要な概念は「(労働)時間」にほかならない。

(木谷　宏)

キャリアコンサルティング施策の現状と今後

　2016年4月、改正職業能力開発促進法に基づき、キャリアコンサルタントが国家資格となり、登録制度が創設された。労働者の主体的なキャリア形成支援の重要性が指摘されてきたが、それを実施していくためのインフラが整い、より多角的な施策を展開していくことが可能となったのである。

　キャリアコンサルティングという言葉は、昔からあった言葉ではない。厚生労働省が、個人のキャリア形成に係る相談を総称するものとして用いることとした新しい言葉である。2000年頃から使われるようになり、以来15年余りが経過し、

法律に定められるまでになった。ここに至るまでの経緯を振り返るとともに，キャリアコンサルティング施策の現状を紹介し，併せて，今後の課題や研究方向について考えてみたい。

これまでの経緯

2001年，職業能力開発促進法が改正され，公的職業訓練や，企業主導の教育訓練への支援に加えて，新たに，労働者の自発的・主体的なキャリア形成への支援が，職業能力開発施策の柱の1つとして位置づけられた。これを受け，労働者のキャリア形成の支援を担う専門家であるキャリアコンサルタントの養成など一連のキャリアコンサルティング施策が行われることとなった。

背景にあったのは，技術革新の進展や経済のグローバル化などによって，長期雇用システムの変容が進む中で，働くことについての将来予測がより困難となり，労働者の自発的・主体的なキャリア形成が重要になってきたことである。これを支援していくためにキャリアコンサルティング施策が打ち出されたわけで，その意味では，施策先行的であったといえる。

①キャリアコンサルタントの養成

キャリアコンサルタントは，最初から国家資格だったわけではない。2002年，標準レベルのキャリアコンサルタント能力評価試験制度が始まった。民間機関が実施する試験をキャリア形成促進助成金（当時。現在の人材開発支援助成金）の対象として職業能力開発局長が指定するしくみが設けられ，約10団体が試験を実施するようになった。さらに，2008年には2級（熟練レベル），2011年からは1級（指導レベル）のキャリアコンサルティング技能検定が開始され，質を保証するための取り組みが進められた。

こうした取り組みにより，キャリアコンサルタントは大幅に増え，活躍の場も，ハローワークなどの就職支援機関だけでなく，大学のキャリアセンター，企業内キャリア相談室，さらに地域へと広がってきた。同時に，安心してキャリアコンサルタントを活用できるようにするために，わかりやすく，確実で，継続的な質保証が求められるようになった。

これが，法定化につながり，キャリアコンサルタントを名乗るためには，キャリアコンサルタント国家資格試験又は技能検定試験合格後，登録を行い，さらに5年ごとに定められた講習を受け，更新しなければいけないこととなった。また，守秘義務，信用失墜行為の禁止が規定された。2017年8月現在，キュリアコンサ

ルタント登録者数は29,239人である。

②キャリアコンサルティングを受けられる環境の整備

2015年改正により，キャリアコンサルタントだけでなく，キャリアコンサルティングも，職業能力開発促進法において，「この法律において『キャリアコンサルティング』とは，労働者の職業の選択，職業生活設計又は職業能力の開発及び向上に関する相談に応じ，助言及び指導を行うことをいう」と定義された。また，事業主に対し，必要に応じ，キャリアコンサルティングの機会を確保し，労働者の職業生活設計に即した自発的な職業能力の開発及び向上を促進する旨が定められた。

これを受け，2016年度より，年齢，役職等に応じて労働者に節目に定期的にキャリアコンサルティングを受ける機会を提供するセルフ・キャリアドックが推進されている。また，中長期的なキャリア形成を支援する専門実践教育訓練について，多様な受講ニーズに対応できるよう，プログラムを整備するとともに，教育訓練休暇制度等の普及・促進も進められている。

また，2013年からキャリア支援に熱心に取り組む企業の表彰が行われているほか，文部科学省，厚生労働省，経済産業省が連携したキャリア教育への取り組みもなされるようになった。

今後の研究方向と課題

このように，キャリアコンサルタントは法定化され，施策も充実してきたが，課題は多く，研究への期待も多い。

第1に，先にも述べたように，キャリアコンサルティングには，施策先行的なところがあることである。今後は，政策的観点からも，研究的観点からも，施策の効果を把握し，分析していくことが求められる。キャリアコンサルティングのうち，カウンセリング部分については，心理学等を専門とする研究者から，様々な理論やモデルが提唱され，それに基づく技法も数多く開発されている。しかしながら，効果については，事例研究が中心であり，実証的に検証したとまでは言いづらい。また，キャリアコンサルティングには，就職支援，キャリア教育，企業等の領域があるが，領域ごとに求められることはかなり異なる。領域ごとの課題分析や効果検証も必要であろう。また，施策に係る提言・発信なども求められよう。

第2に，キャリアコンサルティング施策は，まだ緒についたばかりだというこ

とである。キャリアコンサルタントには、資質向上が求められる。一方、研究者には、資質向上に役立つ教材や学習機会の提供が求められる。さらに、キャリアコンサルタント、研究者が、互いに協力し合って現場の状況を把握・分析し、キャリアコンサルティングをより良いものにしていくことが望まれる。

　キャリアコンサルタントも、それを活用する就職支援機関、学校、企業の人事部門などの者も、研究者も、それぞれが関係者の1人として、キャリアコンサルティング施策の発展に貢献していくことが期待されているのである。

(浅野浩美)

公務員育成体系をどう考えるか

　国家公務員については、各府省において数年ごとの人事異動による職務経験や留学、出向、海外勤務等を通じた育成・研修が行われているが、ここでは、全府省研修として特色を持つ人事院の初任行政研修を中心に取り上げてみたい。

　初任行政研修は、将来、本府省において政策の企画立案等を担う新規採用職員について、①国民全体の奉仕者としての使命感の向上、②国民全体の視点に立って施策を行うための資質・能力の向上、③研修員間の相互理解・信頼関係の醸成を図ることを目的として、公務員としての基本的心構えと基礎素養を身につけるべく、全府省の対象者631名（平成29年度）を5コースに分けて、合宿を基本とし、一部通勤で5週間の研修を実施している。

　カリキュラムは多岐にわたるが、第1の柱として、近年特に「体験を通して行政の在り方を考える」次のようなプログラムを充実させてきている。

(1)「介護等実地体験」では、グループに分かれ、社会福祉施設において介護補助業務等を1週間実地に体験する。利用者との交流やスタッフとの意見交換を行い、福祉の現状や実態への理解を深める。

(2)「地方自治体実地体験」では、グループで全国の市町村に受け入れてもらい、現場を見て実務を体験し、地方自治体の担う広範囲な業務の理解を深め、国と地方の関係について考える。近年は希望者による被災地支援プログラムが加わり、研修終了後も継続的な活動に発展している。

(3)「現場訪問」では、中小企業やNPO等を訪問し、関係者の声を聴きつつ現場を知ることの重要性を学び、行政の役割を考える。

これらの体験学習は、事前に自主研究を行うとともに、派遣終了後研修員間で意見交換を行い、体験を振り返り、個人レポートを作成する。
　第2の柱は「公共政策の在り方を多角的に検証し考える」プログラムである。
(1) 「政策課題研究」は、府省横断的な政策課題について、基調講義とそれに続く講師との質疑応答、研修員相互の討議、全体討議における発表と講師の講評という過程を通じて、直面する課題が一府省では解決できないことを実感する。
(2) 「行政政策事例研究」は、過去の行政事例（「長良川河口堰事例」「消費税導入事例」「成田空港建設事例」等）を題材として、当時の困難な状況の下で方策を模索した関係者から話を聞き、批判的な視点も含めて、「行政官として取るべき行動」について議論する。全体討議では講師による厳しい経験に裏打ちされた講評が行われ、研修員は、歴史的意義を含めた理解を深め、行政官としての志を新たにする。

　初任行政研修は、平成9年に各省セクショナリズムの弊害の排除を掲げて全体の奉仕者としてのリーダー養成をスタートさせたものであるが、その効果について研修員のアンケートやレポートから考察してみたい。
　第1には「初心の確認」である。自らの志、使命感を語ることにより、自分自身の考えを整理し、目指すものを明確にしている。志や思いを同じくする仲間がいることで、より意識は高まっていく。第2には、「新たな動機づけ」である。体験学習を通じて、自らの置かれた状況を理解し、より広い視野からどのような役割を果たすことが期待されているかを強く印象づけられる。様々な課題状況の中で、それらに取り組む決意を新たにする。第3には、「府省の枠を超えた交流・信頼関係」である。信頼できる仲間のネットワークが構築され、各職場に戻っても日常的に情報交換を続けている。
　平成20年からは3年目にフォローアップ研修が実施され、再び全府省から集まりグループで議論を交わしつつ、初心を思い出し、自分の行動を振り返る。官民協働の議論を重ねつつ、自らの役割を改めて考える機会となっている。研修後の問題意識、行動への反映を継続・発展させるためにも、課長補佐クラス、さらには課長・室長クラスの段階で、振り返りの機会を設けることが有益と思われる。
　近年は、初任行政研修の経験者から課長クラスが出始めており、各府省協議のカウンターパートが研修同期で円滑に進んだとか、他省の情報を事前に収集してから協議に臨めたという声も聞かれる。また、初任行政研修に「有意義な研修だ

からしっかり取り組むように」と研修生を送り出し，先輩職員として進んで講師を担うという効果も実感されている。

　これらの研修の意義・効果をさらに分析し，根拠をより明確にしつつ「行政官としての矜持を涵養する集う場」としての研修体系を充実させていくことが，今後の課題であろう。

（菊地敦子）

KAIZEN推進のための人材育成

KAIZENとは

　KAIZENとは改善である。日本語の改善が産業界で広がったのは，トヨタ自動車の現場での生産性向上に役立つ方法として改善が取り上げられたことによる。しかし，改善がKAIZENとなり，英語として世界中に知られるようになったのは，Imai（1986）による『KAIZEN——The Key to Japan's Competitive Success』が出版されたことによる。Imaiは，「KAIZENは日本的経営における最も重要な概念である」と述べている。さらに日本的経営慣行といわれる生産性向上運動，TQC，QCサークル，協調的労使関係などの真髄はKAIZENという言葉に集約できるとも述べている。今井（1998）は，上記を踏まえて，ジャストインタイム，カンバン，小集団活動，提案制度，品質改善，顧客指向，職場規律などを含めた職場における活動をKAIZENという包括概念（アンブレラコンセプト）で表すことができると述べている。

KAIZENと健康経営®

　KAIZENの概念のベースは，IE（経営工学）に基づくため，生産性向上，品質の向上が優先されてきた。しかし近年，健康経営の考え方が広まるとともに，労働衛生3管理（健康管理，作業環境管理，作業管理）のうちの作業管理に着目して，生産性向上と作業者の安全と衛生を同時に解決しようという動きがクローズアップされてきた。この考え方の基本となっているのがKAIZENである。産業保健人間工学会では，ImaiのKAIZENに人間工学的アプローチを加味して，職場の労働安全衛生の改善と生産性の向上を目指したKAIZENを行うという考え方を推進している。

KAIZENのための技法

　KAIZENを職場で進めるにあって，どのような方法が良いかは議論の余地があるとはいえ，近年では従来からのIE（経営工学）の技法に加えて人間工学的アプローチを取り入れることが重視されている。ILOやWHO等の国連機関では，職場で働く人々が，率先して人間工学的アプローチにより職場のKAIZENを進めている様子が報告されている。このKAIZENに貢献しているのが，人間工学チェックリストである。人間工学チェックリストについては，いろいろなものがあるが，国際的に広く使われているのが『人間工学チェックポイント』である。このチェックポイントは国際労働事務局（ILO）が編集し，国際人間工学会（IEA）が協力して1996年に発表された。現在日本で使用されているものは，全面改訂した第2版で，小木和孝訳（2014）で出版されている。

　このチェックポイントの特徴は，「安全，健康，作業条件改善のための実際的で実施しやすい対策」という副題に示されているように，広範囲の現場状況について応用できる実際的で低コストの人間工学的改善策を，9領域132項目に分けて挿し絵つきで解説しており，現場で仕事をしている人ならすぐに使える内容となっていることである。KAIZENを進めるための手がかりとして事例が，"資材保管と取り扱い""手持ち工具""機械の安全""ワークステーションの設計""照明""構内整備""有害物質・有害要因対策""福利厚生施設""作業組織"の9つの領域にグルーピングされており，KAIZENを誘導するアクションチェックリストとなっているので，現場の作業者にも使いやすい人間工学チェックリストである。

KAIZENと作業管理士

　日本的経営のキーといわれるKAIZEN推進のための人材をどのように育成していくかは，今後の日本の産業の持続的発展のためにも重要である。特に，これからの日本の企業に要求されるのが，健康経営である。その鍵をにぎるのが，生産性の向上と職場の安全衛生を推進するKAIZENを担う人材である。21世紀に入ってからも日本では依然として長時間労働と過労死が話題になる。労働衛生3管理をきちんと行っていれば，そのようなことはなくなるはずであった。健康管理は医師や看護師が担当し，作業環境管理は作業環境測定士が行うことになっている。しかし，実際の作業現場での作業管理を行う専門家がいなかったのである。日本の産業現場では作業者が改善を行い，生産性の向上に寄与していた。しかし，

表5-5 作業管理士にかかわる専門分野6領域

産業保健領域	衛生管理者や産業看護職,産業医など,産業保健,労働衛生における実務経験者
保健体育領域	働く人の健康,体育,栄養の分野における実務経験者
労働安全領域	働く人の安全や心理,働きやすさなどの分野における実務経験者
生産活動領域	生産技術,作業工程の改善等の分野における実務経験者
医療保健領域	医療機関や介護や福祉の分野における実務経験者
社会保険労務領域	労務管理にたずさわる実務経験者

KAIZENを行う視点が乏しく,労働安全衛生のレベル向上による作業者の健康障害を防ぐことができなかった。その結果,頸肩腕障害や腰痛が多発し,過労死が問題となったのである。この問題解決の主役と期待されているのが作業管理士である。作業管理士制度は産業保健人間工学会認定の「仕事の適正管理」ができるエキスパートを育てる制度である。作業管理を行うためにはIE（生産技術・生産管理）および人間工学,保健領域にまたがる幅広い知識および技能を習得し,大規模な生産現場から小規模な作業場,オフィスや介護の現場などの様々な職種を対象として,現場でのKAIZENと産業保健活動が実践できることを前提にしている。

作業管理士資格認定試験

　受験資格は,作業管理にかかわる表5-5に示す6領域での実務経験が1年以上（事業場等の証明書が必要）で,学歴による受験資格の制限はない。実務経験に代わるものとして産業保健に関する研究の実績があればよい。

　試験は記述試験と口述試験が課され,年1回,東京,大阪,福岡等で実施されている。詳細は,認定機関である産業保健人間工学会または認証機関で,試験を実施している（一財）日本予防医学会協会のホームページを参照のこと。

（岸田孝弥）

ダイバーシティ対応の新潮流

　ダイバーシティ・マネジメント（多様性の管理／多様な人々への対応）は企業内外の変化にともなって重要性を増してきたといえよう。例えば，かつてわが国の企業ではフルタイムで働く正規雇用の日本人男性社員が基幹的人材とされてきた。しかし，雇用形態の多様化は進展し，非正規雇用者の役割は，質・量ともに増大した。また女性労働者の数と職域は拡大しつつある。さらに，経済のグローバル化によって国内外で多様な人々が共に働く機会が確実に増加している。同時に，企業の外部（市場，顧客）の多様化も顕著であり，企業内人材の多様性が有効に働くことが期待されるところである。ダイバーシティは現代社会を象徴するキーワードである。企業は生き残りや成長をかけてこれに適正に反応しなければならず，CSR（企業の社会的責任：Corporate Social Responsibility）の観点からも重要と考えられる。そうした中で，企業が適切に認識・対応すべきダイバーシティの範囲は急速に拡大している。

　最初に，グローバル化の影響はダイバーシティの面できわめて大きいといえよう。経済活動を行う国や地域の国内法を遵守することは大前提であるが，ビジネスが複数の国や地域に広がることも珍しくなくなっており，普遍性の高い原則を意識することも重要になる。古くは国連の世界人権宣言（1948年採択）が，「すべて人は，人種，皮膚の色，性，言語，宗教，政治上その他の意見，国民的若しくは社会的出身，財産，門地その他の地位又はこれに類するいかなる事由による差別をも受けることなく，この宣言に掲げるすべての権利と自由とを享有することができる」と述べている（外務省，2016）。

　同様に，21世紀に発足した国連グローバル・コンパクト（UNGC：国連事務総長室の傘下にある組織，2016）は，企業は雇用と職業における差別の撤廃を支持すべきであるとし，上記の要素に加えて「年齢，障がい，HIV／エイズへの感染，労働組合への加入および性的指向」を挙げている。障がいと性的指向については後述するが，グローバル化の進展によって，世界標準が日本国内の企業活動に与える影響が大きくなっている。ここに掲げられた文言を十分に考慮することは，いずれの国や地域においてもビジネスの成功やリスク管理のために必要であろう。また，企業内の教育を通じて多様な人々への配慮と尊重を社員に浸透させることは一層求められるようになってきている。

つぎに，障がいのある人との共働・共生について解説する。わが国においては障害者差別解消法（障害を理由とする差別の解消の推進に関する法律）が2013年に成立し，2016年に施行された。同法は，障がいの有無にかかわらず人々が互いに認め合いながら共に生きる社会をつくることを目指し，「不当な差別的取扱い」を禁止し，「合理的配慮の提供」を求めている。社内外の教育については以下のような先進事例が報告されている（首相官邸，2016）。富士通の例では，社内教育（障がいのある社員とともに検討した合理的配慮の社内実践ガイドブック制作，心のバリアフリー全社教育等）や社外の障がい者に貢献する研究開発や支援等が実施された。JTBグループの場合は，全社員を対象に障害者差別解消法の理解促進のためにeラーニングを実施したり，接客現場における声掛け・対応ができるよう実務研修を行ったりした。また東海旅客鉄道は様々な障がいの特徴への応対，簡単な手話や指文字をイラストや写真で具体的に説明・紹介したハンドブックを制作して社員の理解を図った。

　第3に，LGBT（レズビアン，ゲイ，バイセクシュアル，トランスジェンダー）といわれる性的指向や性自認の面で少数派である人々への対応が社会および企業で変化してきている。2015年に東京都渋谷区は，渋谷区男女平等及び多様性を尊重する社会を推進する条例に基づき，同性のカップルに対して結婚に準ずる関係と認めるパートナーシップ証明書の発行を開始した（東京都世田谷区では区の要綱に基づくパートナーシップ宣誓の取り組みが実施されている）。これを受けて第一生命保険は渋谷区の証明書によって同性パートナーを保険金の受取人に指定できるとした。また同社は幹部1,000名以上にLGBTに関する研修を実施するとともに，社員に対しては休暇や社宅貸与基準の面で同性パートナーを家族とみなすこととした（日経ビジネス，2016）。そのほかの生命保険，携帯電話の家族割等の商品設計においても変化が生れている。LGBT市場は未開拓であったため，今後の発展が期待される。また2014年12月以降，オリンピック憲章に性的指向の差別禁止が盛り込まれたことから，五輪のスポンサー企業が対応を進めている面もあるという。家族を対象とする福利厚生をLGBTのパートナー関係へ広げる動きは，外資系企業のみならず日本企業にも広がってきている。

（原田順子）

引用・参考文献

大項目

訓練と開発

花田光世（1999a）「働き方トライアングルモデル」『人材教育』8月号，16-21．
花田光世（1999b）「人材流動化時代のエンプロイメンタビリティ」『人材教育』8月号，44-48．
花田光世（2001）「コミュニティとワーク・ライフ・バランスが自立型人材にとっての組織求心力となる」『人材教育』11月号，14-19．
花田光世（2002）「組織のEmployment-abilityと心理的なインセンティブの研究価値」『創造フォーラム年次報告書』
花田光世（2003a）「ユビキタスコミュニティと柔らかな組織」『ていくおふ』 Spring(102), 34-37.
花田光世（2003b）「これからの組織における人事・人材開発の課題―ヒューマンキャピタルアプローチの登場」金子郁容編『総合政策学の最先端Ⅱ インターネット社会・組織革新・SFC教育』慶應義塾大学出版会
花田光世（2005）「人材育成型成果主義の提言」『人材教育』7月号，12-22．
花田光世（2006）「個の自律と人材開発戦略の変化―ESとEAPを統合する支援・啓発パラダイム」『日本労働研究雑誌』12(557), 53-65.
花田光世（2010a）「人を育てる会社から，人が育つ会社へ」『プログレス』11月号，2-9．
花田光世（2010b）「個の自律時代の仕組み構築を急げ」『人材教育』12月号，32-37．
花田光世（2013a）『「働く居場所」の作り方―あなたのキャリア相談室』日本経済新聞出版社
花田光世（2013b）『新ヒューマンキャピタル経営―エグゼクティブCHOと人材開発の最前線』日経BP社
厚生労働省（2017）「セルフ・キャリアドック」導入の方針と展開―従業員の活力を引き出し，企業の成長へとつなげるために（http://selfcareerdock.mhlw.go.jp/download/selfcareer_about1222.pdf）
高橋俊介（2012）『人が育つ会社をつくる（新版）―キャリア創造のマネジメント』日本経済新聞出版社

中項目

新入社員・若手社員研修

経済産業省（2006）「社会人基礎力に関する研究会 ―中間とりまとめ」p.5．
厚生労働省（2016a）「新規学卒就職者の在職期間別離職率の推移」（http://www.mhlw.go.jp/topics/2010/01/tp0127-2/24.html 2016年4月6日閲覧）
厚生労働省（2016b）『平成27年度「能力開発基本調査」の結果』
守島基博（2014）「機能する職場をつくる組織開発」川上憲人・守島基博・島津明人・北居明編『健康いきいき職場づくり』生産性出版
中原淳（2012）『経営学習論』東京大学出版会
労働政策研究・研修機構（2007）『若年者の離職理由と職場定着に関する調査』JILPT調査シリーズ，No.36
労働政策研究・研修機構（2015）『正社員の労働負荷と職場の現状に関する調査』JILPT調査シリーズ，No.136
上西充子・川喜多喬（2010）『就職活動から一人前の組織人まで：初期キャリアの事例研究』同友館
若松養亮・下村英雄（2012）『詳解 大学生のキャリアガイダンス論』金子書房

管理者研修

Kotter, J. P. (1990) *A Force for Change*. The Free Press.
Mintzberg, H. (1973) *The Nature of Managerial Work*. Harper Collins Publishers.（奥村哲史・須貝栄訳『マ

ネジャーの仕事』白桃書房 1993)

中堅社員の教育

花田光世（2013）『「働く居場所」の作り方―あなたのキャリア相談室』日本経済新聞出版社
花田光世（2013）「キャリア自律を考える」『企業と人材』産労総合研究所
梶原豊（2005）『人材開発論―人材開発活動の実践的・体系的研究』白桃書房
木村保茂・永田萬享（2006）『転換期の人材育成システム』学文社
厚生労働省（2014）『平成26年版労働経済の分析―人材力の最大発揮に向けて』
三菱UFJリサーチ&コンサルティング（2015）『平成26年度キャリア・コンサルティング研究会報告書』
日本経済団体連合会（2006）『主体的なキャリア形成の必要性と支援のあり方―組織と個人の視点のマッチング』
産業能率大学（2010）『経済危機下の人材開発実態調査』
佐藤博樹編著（2009）『人事マネジメント』ミネルヴァ書房

熟練・中高年社員の教育

梶原豊（2015）『生涯現役時代のキャリア・デザイン―中高年齢者のキャリア開発』リンケージ・パブリッシング
高齢・障害者雇用支援機構（2010）「人事制度と雇用慣行の現状と変化に関する調査研究第一次報告書―60歳代前半層の人事管理の現状と課題（平成21年度）」
高齢・障害・求職者雇用支援機構（2013）「団塊世代の就業と生活意識に関する調査2012年」
労働政策研究・研修機構（2004）「企業における今後の中高年齢者活用に関する調査」

経営幹部の教育とキャリア

花田光世（2013）『新ヒューマンキャピタル経営―エグゼクティブCHOと人材開発の最前線』日経BP社
Hansen, M. T., Ibarra, H., & Peyer, U. (2010) The best-performing CEOs in the world. *Harvard Business Review*, 88(1).
経済産業省（2017）「企業価値向上に向けた経営リーダー人材の戦略的育成についてのガイドライン」（http://www.meti.go.jp/report/whitepaper/data/pdf/20170331001-s1.pdf　2017年12月28日閲覧）
中原淳（2014）『研修開発入門―会社で「教える」，競争優位を「つくる」』ダイヤモンド社

360度フィードバックとは

Bracken, D. W., Timmreck, C. W., Fleenor, J. W., & Summers, L. (2001) 360 feedback from another angle. *Human Resource Management*, 40(1), 3-20.
花田光世・志水聡子（2008）「360度評価データの活用―信頼性を下げるユニーク反応を活用する意義と課題」慶應義塾大学湘南藤沢学会 大会発表論文集
厚生労働省キャリア形成支援室（2017）「セルフ・キャリアドック」
労務行政研究所編集部（2011）「多面評価制度の活用事例」『労政時報』3803号, 10-15.
労務行政研究所編集部（2014）「人事評価制度の最新実態：制度の改定状況，評価関連施策の実施状況，処遇への反映など結果の概要」『労政時報』3873号, 78-95.
スーザン・H・ゲブライン（2000）「アメリカ企業における360度評価の現状と日本の課題」『人材教育』12(5), 81-83.
髙橋潔（2001）「多面評価法（360度フィードバック法）に関する多特性多評価者行列分析」『経営行動科学』14(2), 67-85.
上田敏晶（1974）「若手のエネルギーを引き出す"人物評価"―神戸製鋼所の「多面観察調査」法」『マネジメント』33(1), 107-112.

組織コミュニケーションの新動向

Adler, P., Heckscher, C. & Prusak, L. (2011) Building a Collaborative Enterprise. *Harvard Business Review*, July-August.
Barnard, C. I. (1938) The Functions of the Executive. *Harvard University Press*.
Bock, L. (2015) *Work Rules!*. Twelve.
Cappelli, P., & Anna, T. (2016) The Performance Management Revolution. *Harvard Business Review*, Oct.
Dawn, E. S. (2004) Intellectual Safety, Moral Atmosphere, and Epistemology in College Classrooms. *Journal of Adult Development*, Vol. 11, 2.
Denrell, J. (2005) Selection Bias and the Perils of Benchmarking. *Harvard Business Review*, April.
Deutsch, M. (1949) A theory of cooperation and competition. *Human Relations*, 2.
Dewey, J. (1916) *Democracy and Education: An Introduction to the Philosophy of Education*. Macmillan.
Edmondson, A. (1999) Psychological Safety and Learning Behavior in Work Teams. *Administrative Science Quarterly*, 44 (2).
Fredrickson, B. L., & Losada, M. F. (2005) Positive affect and complex dynamics of human flourishing. *American Psychologist*, 60.
花田光世（2013）『「働く居場所」の作り方―あなたのキャリア相談室』日本経済新聞出版社
Johnson, D. W., Roger, T. J.,& Edythe, J. H. (1984) *Circle of learning*. Association.
加護野忠男（2011）『松下幸之助に学ぶ経営学』PHP研究所
Kahn, W. A. (1990) Psychological Conditions of Personal Engagement and Disengagement at Work. *Academy of Management Journal*, 33(4).
金井壽宏（1999）『経営組織』日経文庫
Keyes. C. L. M. (2002) The mental health continuum: From languishing to flourishing in life. *Journal of Health and Social Behavior*, 43.
Lave, J., & Wenger, E. (1991) *Situated learning*. Cambridge University Press.
Magolda, M. B. B. (2004) Evolution of a Constructivist Conceptualization of Epistemological Reflection. *Educational Psychologist*, 39(1).
三木清（1940）『哲学入門』岩波新書
三品和宏（2008）「見えざる利益」『一橋ビジネスレビュー』第56巻第1号
宮本常一（1960）『忘れられた日本人』未來社
中村雄二郎（1992）『臨床の知とは何か』岩波書店
Peter, C., & Tavis, A. (2016）The Performance Management Revolution. *Harvard Business Review*, October.
Pink, D. (2009) *Drive*. Riverhead Books.
Pfeffer, J., & Sutton, R. I. (2006) *Hard Fact*. Harvard Business School Press.
Pratto, F., Sidanius, J., Stallwarth, L. M., & Malle, B. F. (1994) Social dominance orientation. *Journal of Personality and Social Psychology*, 67.
Santrock, J. W. (2012) *Educational Psychology* 5th ed. *International edition*. McGraw-Hill.
Schrader, D. E.(2004）Intellectual Safety, Moral Atmosphere, and Epistemology in College Classrooms. *Journal of Adult Development*, Vol. 11(2).
Shotter, J. (1990) *Conversational realities*. Sage.
Sidanius, J., & Pratto, F. (1999) *Social dominance*. Cambridge University Press.
Sidanius, J., & Pratto, F. (2011) Social dominance theory. In P. A. M. Van Lange, A. Kruglanski, W., & Higgins, E. T. (Eds.), *Handbook of Theories of Social Psychology*, Vol. 2. SAGE.
高橋伸夫（2011）「『組織力』を考える」SRI 第104号 静岡総合研究機構
Wenger, E., McDermott, R., & Snyder, W. M. (2002) *Cultivating Communities of Practice*. Harvard Business School Press.
Williams, B. (1985) *Ethics and the limits of philosophy*. Harvard University Press.
Woolley, A. W., Chabris, C. F., Pentland, A., Hashmi, N., & Malone, T. W. (2010) Evidence for a Collective Intelligence Factor in the Performance of Human Groups. *Science*, Vol. 330, Issue 6004.
ウィトゲンシュタイン, L. J. J.（1929）「倫理学講話」黒崎宏・杖下隆英訳（1976）『ウィトゲンシュタイン全集 第5巻 ウィトゲンシュタインとウィーン学団』大修館書店

山崎正和(1984)『柔らかい個人主義の誕生』中央公論社

研修効果・セルフアセスメントの測定
花田光世(2005)「人材育成型成果主義：投資型人材育成の活用による組織の活性化を」『人材教育』17(7), 12-22.
カーク・パトリック(1960)『人材開発活動の効果測定―カーク・パトリックの理論』産業能率大学総合研究所
前田恒夫・竹内雅彦(2012)「30代，40代のキャリア自律研修における工夫と効果に関する事例」『人材育成学会大10回年次大会論文集』299-304.
マイヤー, C. A.(1993)河合隼雄監修・氏原寛訳『個性化の課程―ユング心理学概説4』創元社
宮城まり子(2012)『キャリアカウンセリング』駿河台出版社
マイヤーズ, I. M.(2011)園田由紀訳『MBTI®タイプ入門』(第6版) JPP
産労総合研究所(2000)『4段階評価の実施に関する調査』産業能率大学
二村英幸(2005)『人事アセスメント論―個と組織を生かす心理学の知恵』ミネルヴァ書房
フィリップス, J. J.(1999)渡辺直登・外島裕訳『教育研修効果測定ハンドブック』日本能率協会マネジメントセンター
シャイン, E. H. & ヴァン=マーネン, J.(2015)木村琢磨監訳, 尾川丈一・清水幸登訳『キャリア・マネジメント―変わり続ける仕事とキャリア』白桃書房
武田耕一(1999)『ソニー「TK式」エニアグラムリーダー研修―自分と部下を活かす「9つのタイプ」活用法』大和出版
吉澤康代・宮地夕紀子(2012)「企業におけるキャリア研修の効果：A社データによる考察」『産業・組織心理学会第28回大会発表論文集』産業・組織心理学会 28, 196-199.

女性社員のキャリア開発
イーグリー, A. H., & カーリー, R. L.(2008)「なぜ女性リーダーが少ないのか―『ガラスの天井』ではなく『キャリアの迷宮』が問題」『ハーバード・ビジネス・レビュー』33(6), 24-39.
金井篤子(2010)「働く女性のキャリア・トランジション」『日本労働研究雑誌』52(10), 44-53.
キリン株式会社(2013)「女性活躍推進計画『キリンウィメンズネットワーク2021』の策定について」(http://www.kirin.co.jp/company/news/2013/1216_02.html)
小杉礼子(2010)「非正規雇用からのキャリア形成」『日本労働研究雑誌』52(9), 50-59.
松原光代(2012)「短時間正社員制度の長期利用がキャリアに及ぼす影響」『日本労働研究雑誌』54(10), 22-33.
三菱UFJリサーチ&コンサルティング(2009)「平成20年度両立支援に係る諸問題に関する総合的調査研究」(http://www.mhlw.go.jp/houdou/2009/09/dl/h0929-1b.pdf)
三菱UFJリサーチ&コンサルティング(2012)「平成23年度育児休業制度等に関する実態把握のための調査研究事業報告書」(http://www.mhlw.go.jp/bunya/koyoukintou/pdf/h23_0710_3-9.pdf)
内閣府(2011)「『2020年30%』の目標の実現に向けて」(http://www.gender.go.jp/kaigi/renkei/2020_30/pdf/2020_30_all.pdf)
日本経済新聞社(2016)「デンソー，女性採用拡大，来年入社以降，事務系総合職の4割(中部女性shine)」『日本経済新聞 地方経済面 中部』2016年1月27日
21世紀職業財団(2013)「育児をしながら働く女性の昇進意欲やモチベーションに関する調査」(http://www.jiwe.or.jp/research-report/2013motivation_women_to_work)
労働政策研究・研修機構(2011)「女性の管理職登用をめぐる現状と課題」『Business Labor Trend』12, 10-15.
労働政策研究・研修機構(2013)「調査シリーズ No.106 男女正社員のキャリアと両立支援に関する調査結果」(http://www.jil.go.jp/institute/research/2013/106.html)
労務行政(2013)「[企業ZOOM] IN⇔OUT スタートトゥデイ 仕事も生活も楽しみながら会社の成長につなげる『6時間労働』」『労政時報』第3850号, 113-117.
清水直美(2007)「派遣労働者のキャリアと基幹化」『日本労働研究雑誌』49(11), 93-105.

武石恵美子（2006）「企業からみた両立支援策の意義：両立支援策の効果研究に関する一考察」『日本労働研究雑誌』48(8), 19-33.
武石恵美子（2014）「女性の昇進意欲を高める職場の要因」『日本労働研究雑誌』56(7), 33-47.
田邉泰子（2015）「キリン『仕事の経験値』の男女間格差を解消 ライフイベントを見据えた前倒しのキャリア形成」『人材教育』27(8), 40-43.
渡辺三枝子（2009）「女性のキャリア形成支援のあり方―『ロールモデルに関する調査研究』の結果から（女性のキャリア形成支援）」『国立女性教育会館研究ジャーナル』13, 16-26.

キャリア自律への多様な支援（キャリアは誰がデザインするのか）

厚生労働省キャリア形成支援室（2017）『「セルフ・キャリアドック」導入の方針と展開―従業員の活力を引き出し，企業の成長へとつなげるために』
花田光世（2016）「キャリア開発の新展開」労務行政研究所編『これからのキャリア開発支援』10-55.
花田光世・宮地夕紀子・大木紀子（2003）「キャリア自律の新展開―能動性を重視したストレッチング論とは」『一橋ビジネスレビュー』51(1), 6-23.
Waterman, R. H. Jr., Waterman, J. A., & Collard, B. A. (1994) Toward a Career-Resilient Workforce. *Harvard Business Review*, 72 (4), 87-95.

キャリア・カウンセリング・キャリアアドバイス・コーチング

一丸藤太郎・児玉憲一・塩山二郎（2000）「心理学的処遇」鑪幹八郎・名島潤慈編著『新版　心理臨床家の手引』誠信書房
木村周（2015）「キャリア・カウンセリングとキャリア・コンサルティング」『日本労働研究雑誌』No.657, 42-43.
國分康孝（1996）『カウンセリングの原理』誠信書房

非正規社員のキャリア開発支援

原ひろみ(2009)　「非正社員の企業内教育訓練と今後の人材育成 ― 企業横断的な能力開発を実現するためのシステム構築を」『終身雇用という幻想を捨てよ―産業構造変化に合った雇用システムに転換を』63-74.
非正規雇用のビジョンに関する懇談会(2012)　「望ましい働き方のビジョン」　厚生労働省
厚生労働省（2015）　「平成26年就業形態の多様化に関する総合実態調査の概況」
厚生労働省（2017）　「平成28年度能力開発基本調査」
厚生労働省（2018）『「非正規雇用」の現状と課題』(http://www.mhlw.go.jp/file/06-Seisakujouhou-11650000-Shokugyouanteikyokuhakenyukiroudoutaisakubu/0000120286.pdf)
守島基博（2011）「『多様な正社員』と非正規雇用」『RIETI Discussion Paper Series』, 11-J-057.

トピックス

グローバル教育（英語教育・外国籍社員の国内キャリア）

Adler, N. J. (2007) *International Dimensions of Organizational Behavior*. Fifth Edition. South-Western.
戎谷梓（2016）「社内言語・コミュニケーション」関口倫紀・竹内規彦・井口知栄 編著『国際人的資源管理』中央経済社
濱口桂一郎（2009）『新しい労働社会』岩波書店
Jenkins, J. (1998) Which pronunciation norms and models for English as an International Language? *ELT journal*, 52(2), 119-126.
厚生労働省（2018）『「外国人雇用状況」の届出状況まとめ（平成29年10月末現在）』
小山健太（2017）「日本企業で働く外国人若手社員の組織コミットメント意識と上司行動の影響―ミッション共感的コミットメントの可能性」『コミュニケーション科学』45, 3-21.
Neeley, T. (2012) Global business speaks English: Why you need a language strategy now. *Harvard Business*

Review, 90(5), 116–124.
日本学生支援機構（2016）『平成27年度私費外国人留学生生活実態調査概要』
日本学生支援機構（2017）『平成27年度外国人留学生進路状況・学位授与状況調査結果』
日本経済団体連合会（2014）『新卒採用（2014年4月入社対象）に関するアンケート調査結果』
労働政策研究・研修機構（2013）「企業における高度外国人材の受入れと活用に関する調査」『JILPT調査シリーズ』No.110

eラーニングとSNS

文部科学省（2012）『新たな未来を築くための大学教育の質的転換に向けて～生涯学び続け，主体的に考える力を育成する大学へ～（答申）』(http://www.mext.go.jp/b_menu/shingi/chukyo/chukyo0/toushin/1325047.htm)
総務省（2016）『平成27年版　情報通信白書』(http://www.soumu.go.jp/johotsusintokei/whitepaper/ja/h27/html/nc372110.html)

メンタリング・メンターの育成

Kram, K. E. (1985) *Mentoring at Work*. Scott: Foresman and Company.
小野公一（2003）『キャリア発達におけるメンターの役割』白桃書房
小野公一（2010）『働く人々のキャリア発達と生きがい』ゆまに書房
Phillips-Jones, L. (1982) *Mentor and Protégés*. New York: Arbor House.

働きやすさと働きがい

真木悠介（1981）『時間の比較社会学』岩波書店
テンニエス, F. 杉之原寿一訳（1957）『ゲマインシャフトとゲゼルシャフト―純粋社会学の基本概念〈上〉』岩波書店

キャリアコンサルティング施策の現状と今後

厚生労働省（2000）「今後の職業能力開発施策の在り方について（建議）」(http://www2.mhlw.go.jp/kisya/noryoku/20001207_02_n/20001207_02_n.html　2018年1月3日閲覧)
厚生労働省（2011）「キャリア・コンサルティング研究会―キャリア・コンサルタント自身のキャリア形成のあり方部会報告書」
厚生労働省（2016）「キャリアコンサルタント登録制度（国家資格制度）創設を踏まえたキャリアコンサルトの資質保障のあり方に係る調査研究報告書」
厚生労働省（2017）「『セルフ・キャリアドック』導入の方針と展開」
日本キャリアデザイン学会（2014）『日本キャリアデザイン学会10周年記念誌』

公務員育成体系をどう考えるか

公務における人材育成・研修に関する研究会（2015）「時代の変化を踏まえたこれからの人材育成」
人事院公務員研修所（2015）「現場を起点に次代を担う公務員像を考える」『人事院月報』No.794.
杉本芳輝（2012）「能力の自己評価を通してみられる能力観」『行政研修ジャーナル』No.43.
「初任行政研修20周年特集（2017）」『行政研修ジャーナル』No.48.

KAIZEN推進のための人材育成

Imai, M. (1986) *KAIZEN—The Key to Japan's Competitive Success*. McGraw-Hill Education.
今井正明（1988）『カイゼン―日本企業が国際競争で成功した経営ノウハウ』講談社
国際労働機関（2014）小木和孝訳『人間工学チェックポイント―安全，健康，作業条件改善のための実際的で実施しやすい対策』公益財団法人大原記念労働科学研究所出版部
日本予防医学学会協会（https://www.jpm1960.org/）

ダイバーシティ対応の新潮流

外務省（2016）『世界人権宣言（仮訳文）』(http://www.mofa.go.jp/mofaj/gaiko/udhr/1b_001.html 2016年4月30日閲覧）

国連グローバル・コンパクト（UNGC）（2016）『国連グローバル・コンパクトについて』(http://www.ungcjn.org/pretest/gc/principles/06.html 2016年4月30日閲覧）

日経ビジネス（2016）「人事制度から売り場までLGBT，企業を動かす」『日経ビジネス』2月8日号，52-55.

首相官邸（2016）「参考資料1　委員からご提出いただいた好事例集」『ユニバーサルデザイン2020関係府省等連絡会議：心のバリアフリー分科会（第2回）』(http://www.kantei.go.jp/jp/singi/tokyo2020_suishin_honbu/ud2020kaigi/barrierfree_dai2/sankou1.pdf 2016年4月30日閲覧）

第Ⅵ章 組織環境とメンタルヘルス

1. 人間工学
2. Quality of Working Life―労働の人間化―
3. 職業性ストレスに関する基礎理論
4. メンタルヘルスマネジメント
5. ストレス反応とメンタルヘルス不調
6. ソーシャル・サポート
7. 職場ハラスメント
8. 労働災害
9. ワーク・ライフ・バランス
10. ストレス・コーピング

安全文化の確立のために
産業カウンセラーの役割とその育成
ストレスチェック制度をめぐって
ストレス耐性とレジリエンス
ワーク・ファミリー・コンフリクト
ＥＡＰの現状と課題
１次予防としての職場環境改善活動の効果
産業疲労測定のポイント

第VI章 組織環境とメンタルヘルス

1. はじめに

　組織環境におけるメンタルヘルス（mental health）の問題は，大きくは2つの視点から俯瞰することができる。すなわち，消極的メンタルヘルスと，積極的メンタルヘルスである。

　消極的メンタルヘルスとは，劣悪な組織や職場の環境が原因となって，そこで働く労働者や従業員のウェルビーイング（well-being）が損なわれ，結果として人々に様々なメンタルヘルス不全（mental ill health）が生じるという視点である。一方，積極的メンタルヘルスとは，組織や職場環境は人々に職を提供し，金銭的・社会的な報酬に加え，職務満足や働きがいなどの心理的な報酬を与え，その結果として人々の精神的な健康，ウェルビーイングを高めることに貢献するという視点である。

　つまり前者の視点では，職場・組織環境は人々のメンタルヘルスを悪化させる負の要因として働き，後者の視点では，逆に人々のメンタルヘルスを推進する正の要因として機能することを強調する。今日ではどちらの視点も同等に重要であるという考え方が行きわたっているが，労働・組織・職場の文脈におけるメンタルヘルス研究の歴史を振り返ると，消極的メンタルヘルス研究がまず先行し，その後積極的メンタルヘルスの視点に立つ研究が追いついてきたといえよう。

　このことは実務面でも観察できる。高度経済成長期の終わり頃までは，メンタルヘルスという言葉が，経営やマネジメントの場面で今日のように日常的に使われることはきわめて稀であった。それまでは，メンタルヘルスに類似する用語と

して精神衛生（mental hygiene）という言葉が頻繁に使われていた。昭和47年（1972年）に定められた労働に関する重要な法律として「労働安全衛生法」があるが、この法律でもそのタイトルには、健康（health）ではなく衛生（hygiene）という言葉が用いられている。衛生とは一般に病気の予防、治癒を図ることを意味する。一方、健康とは心身が健やかであることを意味する。すなわち、前述の視点に即していえば、衛生が消極的メンタルヘルスの改善を志向し、健康は積極的メンタルヘルスの維持・達成を志向していると言えよう。その意味で、今から半世紀ほど前に起こった「衛生」から「健康」への概念的転換は、今日の労働・組織・職場環境とそこで働く人々のウェルビーイングと健やかさを考えるうえでの、大きなパラダイム・シフトであったと考えることができよう。

2. 消極的メンタルヘルスについて

　消極的メンタルヘルスをめぐる学術的知見や実務ケースの蓄積は膨大な数に上る。これらの知見や実践のほとんどは、①組織や職場の環境要因が、どの程度労働者や従業員にメンタルヘルス不全をもたらすリスク・ファクターとして働いているのかについて検証し、②それらのリスク・ファクターを取り除くことによって、労働者や従業員のメンタルヘルス不全の予防や治療が可能である、という基本的前提に基づいている。

　では消極的メンタルヘルスの結果変数であるメンタルヘルス不全（mental ill health）は、勤労者全体で見た場合にどのくらいの割合で見られるのか、それは増加傾向にあるのか、あるいは減少傾向にあるのか、そしてその主たるリスク・ファクターは何なのであろうか。一方、積極的メンタルヘルスの代表的な結果変数であるウェルビーイング（well-being）は、勤労者全体で見た場合どのくらい達成されているのであろうか。以下では、日本と欧州で行われた2つの代表的な調査結果から、この問題について考えてみよう。

◉── 労働者健康状況調査

　わが国の労働環境におけるメンタルヘルス不全の問題を考える際に頻繁に引用される知見として「労働者健康状況調査」の結果がある。同調査は、厚生労働省によって5年に1度定期的に実施されており、最近は2012年に実施され、2013年にその概況が公表されている。調査方法は常用労働者10人以上を雇用する民

営事業所を無作為抽出し，郵送法によってデータ収集を行っている。調査用紙は事業所票と個人票があり，個人票の「勤務状況に関する事項」の第2項で「仕事や職業生活に関する強い不安，悩み，ストレス」の有無について尋ねている。

2012年の個人票による調査結果（対象者数17,500人，有効回答率56.7％）によると，「仕事や職業生活で強い不安，悩み，ストレスがある」と答えた人は60.9％であった。ちなみに，2007年，2002年，1997年，1992年の調査ではそれぞれ，58.0％，61.5％，62.8％，57.3％となっており，時代による多少の変動はあるものの，この20年間おおむね60％前後で安定した傾向を示している。すなわち，この質問に対する顕著な増加傾向，減少傾向を観察することはできない。一方，「強い不安，悩み，ストレスを感じる理由」に対する回答（3つ以内の複数回答）では，「職場の人間関係（41.3％）」「仕事の質の問題（33.1％）」「仕事の量の問題（30.3％）」となっており，これらの職場環境3条件がネガティヴな反応を生み出すリスク・ファクターとなっていることをうかがい知ることができる。

大切なことは，日本の勤労者の約60％の人々が「仕事や職業生活で強い不安，悩み，ストレスがある」と答えた結果をもってして，それがどの程度正確に人々のメンタルヘルス不全の状態を指し示しているかを吟味することであろう。この種の質問は主観的な認知を尋ねているため，社会的に控え目な回答を生み出しやすい。また，解釈にあたっては，質問紙を通じてとはいえ，自らの身の幸福を公言することを良しとしない一般的な日本人の性向が反映しているかもしれないことを勘案すべきであろう。あるいは，質問紙調査に良く見られる，回答者の黙従傾向を反映しているかもしれない。

そのようなことを勘案したとしても，約60％の勤労者が「仕事や職業生活で強い不安，悩み，ストレスがある」と答えるという事実は，わが国の職場や組織環境が，そこで働く勤労者のメンタルヘルスにとって，決して良好な環境を提供しているとは言い難いことを示唆している。

3. 積極的メンタルヘルスについて

前述したように，積極的メンタルヘルスをめぐる学術的研究の数は，消極的メンタルヘルス研究のそれに比べると限定的である。しかしその研究枠組みは消極的メンタルヘルスのそれと基本的に同様である。すなわち，①組織や職場の環境要因がどの程度労働者や従業員のウェルビーイングに貢献しているかについて検

証し，②それらの環境要因を整えることによって，労働者や従業員のウェルビーイングの促進が可能である，との前提に立つ。

したがって，積極的メンタルヘルスの結果変数としては，労働者や従業員のウェルビーイングを具体的に表す指標，すなわち，ワークモチベーション，職務満足，組織コミットメント，組織市民行動，ワークエンゲージメント，などの組織心理学的変数が一般に用いられることが多い。これらの変数は一般的に，その強度が高くなればなるほど，個人にとっても組織にとっても好ましい状態をもたらすと考えられている。

では，勤労者の「全体的なウェルビーイング（overall wellbeing）」は，どの程度達成されていると推察できるのであろうか。またその程度は国や地域によって異なるのであろうか。そして職場や組織環境の何がウェルビーイングの促進要因として同定できるのであろうか。

◉── ヨーロッパ労働条件調査（EWCS）

　成熟国家や高福祉国家が多く，産業民主主義の定着ならびに労働生活の質（Quality of Work Life：QWL）の向上にいち早く注目し長年取り組んできたヨーロッパでは，積極的メンタルヘルスへの関心が高い。そこでは労働を通して，経済的・社会的・心理的に充実したライフスタイルを志向することが，多くの人々にとって人生の大きな目標となっている。

　こうした状況を背景にヨーロッパでは，EUの専門機関である欧州生活労働条件改善団体（European Foundation for the Improvement of Living and Working Conditions：Eurofound）が主導して，労働者のウェルビーイング向上を目的とした取り組みが数多くなされている。その典型的な例が，EU加盟国の労働者に対して行われてきた「ヨーロッパ労働条件調査（European Working Conditions Survey：EWCS）」である。同調査は，1991年に第1回目が実施された後，これまでほぼ定期的・定点観測的に実施されており，2015年には第6回目が行われた。

　調査の目的は，ヨーロッパ各国における労働条件を測定し，各国の差異を明らかにし，リスクを同定し，ワーク・ライフと職務の質の向上を図るための政策を立案することにある。第6回調査は，EU加盟国28ヵ国にノルウェーとスイス，それにEU加盟候補国5ヵ国を加えた計35ヵ国の労働者を対象に行われた。調査は，調査員が被調査者の自宅を訪れ，1対1の面接場面を設定し，あらかじめ準備した質問項目に基づくコンピュータ支援型面接法を用いて行われた。得られた

データは合計で43,850件（回答率42.5％）であった。

　EWCSに含まれる質問項目は多岐にわたるが，積極的メンタルヘルスに関係する質問は2種類であった。1つは，直截に「現在健康か否か」を尋ねるもので，健康状態が「良い（good）」もしくは「非常に良い（very good）」と答えた人の割合は，EU全体で約80％であった。

　もう1つは，WHOが世界の研究者に呼びかけ，どのような文化にも普遍的なウェルビーイングを測定するために開発したWHO-5（WHO精神健康状態表）を用いたものであった。WHO-5は5項目，6点尺度（0～5点）で構成され，素点による満点は25点である。通常は素点の合計点を4倍し，0～100点をもってウェルビーイング指標として用いる。結果は，被調査者の指標の平均点は約65点であった。これは50点に達しないと低い気分昂揚感，28点以下は抑うつ的傾向が疑われるとするWHOの基準よりもはるかに高い値である。この結果から報告書は，EUおよびEU関連諸国の勤労者の主観的ウェルビーイングはきわめて高い（quite high）状態にあると結論づけている。

　また，各国間の主観的ウェルビーイングに大きな差は見られなかった。国別で見ると，ウェルビーイングの高さの1位（スペイン），2位（チェコ）と，34位（セビリア），35位（アルバニア）との間の得点差は約10点にすぎない。

　以上の結果から，EU域内諸国で働く労働者の積極的メンタルヘルス状態はかなり高いことが推測できる。これは，労働時間の短さ，休暇の多さ，裁量労働の普及，職住近接，など幾多のQWL施策が実行され，組織や職場の環境が整備されたEU域内各国だからこそ到達できた積極的メンタルヘルス状態であると解釈することもできよう。しかし一方で考慮しなければならないのは，EWCS調査は職を有している人々を対象に行われていることである。EU各国の中には，経済的な問題を抱え，失業率の高い国も多い。職がある「恵まれた人」ではなく，仕事をしたくてもできない人たちの全体的ウェルビーイングも，EU域内諸国では同様に高いのであろうか。こうした疑問の湧いてくる調査結果ではある。

4. メンタルヘルスの2次元性

　以上2つの国勢的，国際的調査結果を見て興味深いのは，日本の企業で働く勤労者に消極的メンタルヘルスに関する質問，すなわち「仕事や職業生活で強い不安，悩み，ストレスがあるか否か」を尋ねると，約60％の人が「ある」と答え，

一方，EU域内各国の労働者に積極的メンタルヘスに関する「ウェルビーイング」について尋ねると，回答者の主観的ウェルビーイングはきわめて高いという結果が得られたことである。この結果から，日本の企業で働く人々は，EU関連諸国で働く労働者よりもメンタルヘルスの状態が望ましくない状態，すなわちより不全な状態にあると結論づけるのは，拙速であろう。

まず，これら2つの調査は同じ質問をそれぞれの調査対象者に行った訳ではない。すなわち調査内容が，消極的メンタルヘルス（不安，悩み，ストレスの有無）を尋ねるものと，積極的メンタルヘルス（ウェルビーイングの程度）を尋ねるもの，とそれぞれ異なっている。また，調査方法も郵送による質問紙法と，調査員による対面式の個別面接法と，大きく異なっている。今後もし日本とEU関連諸国の勤労者のメンタルヘルス状態の比較を行うとするならば，これらの技術的な問題を克服する必要があろう。

とはいえ，これら日本とEU関連諸国で実施されてきた，2つの大がかりで定点観測的な調査の結果からわたしたちが学ぶべきものは多い。

第1に，消極的メンタルヘルスについて尋ねる質問項目と，積極的メンタルヘルスについて尋ねる質問項目とでは，大きな回答上の差異（あるいはバイアス）を生み出す可能性があるということである。その意味で，この種の質問紙調査では，積極的・消極的双方の質問項目を含めるべきであろう。

第2に，消極的メンタルヘルス不全が不在であるからといって，積極的メンタルヘルスが必ずしも満たされているとは考えがたいことである。これは，WHOの提唱する健康（health）に関する定義，「健康とは，単に病気が無いというだけでなく，身体的，精神的，社会的にウェルビーイングを達成した状態」という定義と一脈通じるところがある。

第3に，メンタルヘルス概念が有する2次元性に注目すべきことである。メンタルヘルス不全の対極は，「不全が無い」という状態にしかすぎず，必ずしもウェルビーイングが達成された状態であるとはいえない。かつてハーズバーグ（Herzberg, F.）が提唱した職務満足に関する2要因理論（two factor theory）に倣えば，消極的メンタルヘルスと積極的メンタルヘルスは，次元の異なる連続体（continuum）上にあると考えるのが妥当であろう。すなわち，メンタルヘルスのリスク要因と促進要因は，それぞれ消極的と積極的という異なる次元のメンタルヘルス連続体に影響を及ぼすと考えるのである。

5. 予防要因と促進要因

　組織環境とメンタルヘルスの問題を考えるとき，見逃してはならないのが予防要因（protective factor）と促進要因（facilitative factor）である。
　予防要因とは，劣悪な組織や職場の環境にあっても，個人がメンタルヘルス不全に陥るのを防ぐ機能を有する環境条件や個人属性を意味する。一方，促進要因とは，予防要因とは逆に劣悪な組織や職場環境から生じるであろう望ましくない結果を，さらに増強・増幅する環境条件や個人属性を意味する。
　予防要因と促進要因は，消極的メンタルヘルスを考えるうえだけでなく，積極的メンタルヘルスを考える時にも有用な変数となることは言うまでもない。すなわち，良好な組織や職場環境にあって，その効果を阻害したり増強したりする環境条件や個人属性がそれにあたる。
　これまで行われてきた多くの研究では，予防要因と促進要因どちらの要因も，原因変数である組織環境と結果変数であるメンタルヘルス状態の間にあって機能する仲介変数（媒介変数）もしくは調整変数として扱われてきた。仲介変数は，原因（A）と結果（B）の因果関係下にあって，両者の関係を文字どおり仲介する変数（C）である。つまり，研究モデルとしてはA→C→Bという関係を想定する。一方，調整変数とは，原因と結果の関係（A→B）を想定する時，結果変数であるBに対して，A×Cの交互作用が確認できる場合の変数（C）のことをいう。

6. 因果関係と仲介・調整効果

　職場や組織という文脈が，消極的メンタルヘルスという視点の中で，そこで働く人々にどのようなリスク要因を提供し，どのような予防要因を有しているかという知見については多くの積み重ねがある。
　最近の文献によると，貧困な組織マネジメント，組織内の心理社会的問題（統制の欠如，低い裁量権，スキルを使う自由のなさ，努力－報酬の不均衡，など）は代表的なリスク要因として同定されており，それらと抑うつ傾向，不安，疲労，ストレス反応，職務不満，燃え尽き症候群，傷病欠勤などとの関係性が実証されている。また，長時間労働，質的過剰労働，意思決定権のなさ，貧困なソーシャル・サポート，役割曖昧性，などがメンタルヘルス不全に関連しているとする文

献レビューもある。

　これら職場や組織におけるリスク要因と各種のメンタルヘルス不全変数との因果関係に，どのような要因が予防要因あるいは促進要因としてかかわっているかについての研究も積み重ねられている。WHOは以下の要因を，職場におけるメンタルヘルス維持のための予防要因として掲げている。すなわち，社会的スキル，安定した家庭生活，成人との支援的関係，所属意識，積極的な職場風土，成功の機会と達成の承認，経済的安定性，身体的な健康，地域社会とのつながりやネットワーク，ソーシャル・サポートへのアクセス機会，である。

　このように，職場・組織環境とメンタルヘルスとの関係，とりわけ消極的メンタルヘルスの視点から多くの知見が積み重ねられてきた。しかしながら，これらの知見には実証性の観点から，いくつかの脆弱性のあることも指摘しておく必要がある。

　まず第1に，縦断的研究の少なさである。これまで行われてきた研究の多くは，その方法論として，質問紙調査法を用いた横断的なデータ収集を行うことによってなされてきた。そこから得られたデータは，変数間の因果関係を仮定した統計手法（共分散構造分析，など）にかけられ，「あたかも」変数間に因果関係があるかのような議論が行われてきた。しかし，こうした横断的手法は，職場や組織のメンタルヘルス研究のように，因果関係を強く想定する研究では方法論的に脆弱であることは言うまでもない。今後縦断的研究を積み重ね，「真の」因果関係を示すデータのもとで，普遍性のある確固とした議論を展開してゆく必要があろう。

　第2に，客観的でハードなデータの少なさである。質問紙調査法では，個人の主観的な考えや見解を尋ねる質問が多くなりがちである。測定しようとする構成概念の信頼性を高めようとすればするほど，そうしたソフト・データを膨大に収集しなければならない。そして使用する構成概念もまた，その数が増えれば増えるほど他との弁別性が失われる。その結果，原因変数どうしの相関，結果変数どうしの相関が高くなるばかりか，結果変数の分散が原因変数によって実際よりも過剰に説明されてしまうという現象が起こる。つまり見せかけの因果関係が出現することとなる。この問題を克服する1つの方法として，個人情報の保護を考えるとなかなか難しいが，主観的ではない客観的なハード・データを研究の中に取り込む努力が必要であろう。

7. 今後の方向性

　冒頭で指摘したように，今から半世紀ほど前に起こった「衛生（hygiene）」から「健康（health）」への概念的転換は，わたしたちが組織環境とメンタルヘルスとの関係にアプローチするうえでの大きなパラダイム・シフトとなった。そして現在でもなお，そのパラダイムは多くの研究者や実務家から支持されているといえよう。

　歴史を振り返れば，このパラダイム・シフトはいくつかの考え方や実践の台頭によって生じたことがわかる。それらは，①キャプラン（Caplan, G.）によって提唱された予防精神医学（preventive psychiatry）の考え方，②ブロンフェンブレンナー（Bronfenbrenner, U.）によって提唱された生命生態学モデル（bio-ecological model），③WHOによる健康（health）に関する定義，④米国における地域精神健康法（Community Mental Health Act）の制定，⑤ヨーロッパを中心に広がったQWL（労働生活の質）向上運動，⑥世界的なストレス科学の進展，⑦米国におけるコミュニティ心理学の誕生，などである。

　これらの先駆的な考え方の提唱，法令の整備，そして実践や研究には，精神医学から心理学，法学，そして経営学に至るまで，ディシプリンの異なる多くの研究者や実務家がかかわっていた。こうしたディシプリンの多様性こそが，職場や組織環境におけるメンタルヘルスの研究や実践を前に進める原動力となってきたといえよう。それだけ「組織環境とメンタルヘルス」というテーマは，この半世紀，それぞれに多様な研究者や実務家の関心をよぶビッグ・イシューであり続けてきたともいえる。

　「組織環境とメンタルヘルス」の研究と実践が，今後どのような方向性に向かうのかを正確に予測することは難しい。しかしおそらく，上述したパラダイムは当分の間は不変のままで，このパラダイムに則った個々の下位テーマが，研究的にも実践的にも追及されてゆくであろう。

　その歩みを支えるうえで，現時点で重要と考える事項について列挙してみよう。

　第1に，消極的メンタルヘルスと積極的メンタルヘルスを統合的に捉えることである。統合といっても，先に述べたとおり両者は次元の異なる連続体として考えるべきで，一方の達成や充足が，もう一方のそれに転移するという単純な発想は控えるべきであろう。それぞれの次元に関係する研究や実践を併行して同時に，しかも継続的に行うことで真の統合が達成されるものと考える。

第2は，職場や組織環境と個人（勤労者）との関係を，適応（adaptation）概念ではなく適合（fit）概念で捉えることである。言うまでもなく適応という言葉には，個人が環境の状況に合わせて心的・行動的・身体的状態を変化させることによって生存を維持するという意味がある。一方適合には，個人の変化という考え方はほとんどなく，個人と環境とが鍵と鍵穴のようにぴったりと一致するかどうかを示す概念である。長期雇用や年功制が徐々に崩れ，40％弱の勤労者が非正規雇用になっているという現実を考えれば，勤労者に職場環境や組織環境への「適応」を期待するモデルでは，メンタルヘルス不全を防止し，ウェルビーイングを達成することは困難であろう。むしろ，勤労者と職務・職場・組織との「適合」に重点を置いた研究・実践の視座が求められると考える。

　第3に，今一度，生命生態学モデル（bio-ecological model）の視点に立ち返るべきであると考える。言うまでもなく，職場や地域環境はメンタルヘルスの問題に大きな影響を及ぼす重要な社会的文脈を提供している。しかしその社会的文脈は，ブロンフェンブレンナーの提唱する生命生態学モデルに当てはめれば，マイクロシステム，広げて考えてもせいぜいメゾシステムの中に収まる。この観点からすれば，これまでの組織環境とメンタルヘルスに関する研究や実践は，そのパースペクティヴが狭い範囲に留まってきたということは否めない。高齢化社会を迎え，勤労者の平均年齢はますます高まっていく。シニア世代の職場や組織のメンタルヘルス問題にアプローチするなら，生態学的入れ籠構造のさらに外に位置する，エクソシステム（例：産業・福祉），マクロシステム（例：政治・経済）の影響を組み入れた研究と実践が今後求められよう。

　第4は，プログラム評価の必要性である。歴史を振り返ると職場環境とメンタルヘルスの問題には，優れて実践的なアプローチが採用されてきた。様々な介入研究がなされ，多くのアクション・リサーチもなされてきた。しかし，少なからぬプログラムが，十分な形成的評価（プロセス評価）もアウトカム評価も行われないままに惰性的に続けられてきていたり，上部からの予算カットの要請に対抗できるエビデンスを示せないことで，中断の憂き目を見るに至っているのも事実である。今後は，職場や組織のメンタルヘルスに関する介入研究を行う際には，プログラム評価の手順をあらかじめ当該プログラムに組み込んでおく必要があろう。そうすることによって，エビデンスを伴った介入例が蓄積され，実践的アプローチがより説得力のあるものになるであろう。

（渡辺直登）

1. 人間工学

◘ 人間工学の定義とその歴史

　国際人間工学連合（IEA）による人間工学の定義では，「人間工学とは，システムにおける人間と他の要素とのインタラクションを理解するための科学的学問であり，人間の安寧とシステムの総合的性能との最適化を図るため，理論・原則・データ・設計方法を有効活用する独立した専門領域である」とある（日本人間工学会ホームページ）。この定義によると，人間工学の目的は，人間と人間を取り巻くすべての人工物や環境で構成されるシステムにおいて，人間を中心として人間にかかわるすべての要素（例：道具や機械などのハードウェア，仕事やその方法などのソフトウェアを含む）との間に起こるすべての事象について解明し，その関係を最適化することであるといえる。すなわち，人間の特性を理解して，その特性にその他の要素を適合させることこそが人間工学に与えられた最大の任務であるといえる。

　人間工学の起源は，1850年代のヨーロッパにおける労働科学に関する研究（Ergonomics）と第2次世界大戦以降の米国を中心としたヒューマンエラー研究（Human Factors）の2つがあるとされている。ヨーロッパで発生した労働科学に関する研究は，古代エジプトやギリシャ・ローマ時代において多くの記述が残されている"働くことに起因する健康障害の発生"と，それを労働衛生の視点から体系化したイタリア人医師ベルナルディーノ・ラマツィーニ（1633～1714）による「働く人の病」の流れであると考えられる。その後，20世紀に入ってから労働に関する科学的研究が始まり，働く人の健康や安全の確保を目的とした労働科学の領域である作業管理へとつながっている。もう1つの起源であるヒューマンエラー研究は，米国空軍機の墜落事故原因の追及から始まった人間の認知特性を考慮した航空機計器のデザインの開発研究に端を発し，今日の製品の使いやすさを目的とした製品設計開発へとつながっている。このように人間工学はその生い立ちから，社会の発展と共に複雑化する人間を取り巻く環境に対応するべく発生したと考えられる。

　日本における人間工学の始まりは，1921年に暉峻義等（てるおかぎとう）を所長として倉敷労働

科学研究所が設立されたあたりであると考えられる。時期を同じくして「能率研究 人間工學」が田中寛一(たなかかんいち)によって表されている。

◘ 人間の特性の理解

人間工学を学ぶための第一歩は、人間の特性を理解することである。人間工学では、人間の特性を「形態的特性」「認知・心理的特性」「生理的特性」の3つに分類している。人間工学では、これらの特性に適合するようにシステム内の要素を設計・改善する。

①形態的特性

形態的特性は、人間の物理的な形状や大きさ、関節の動作方向・可動域などに規定される動作などの身体的特性を含んでいる。人間の身体の形状や大きさにはある程度の法則があり、動作に関しても同様である。ただし、これらの法則には、性別、年齢、人種、世代などの影響があることも忘れてはいけない。人間の形状や大きさに関する特性の最も古い例としては、レオナルド・ダ・ヴィンチが描いたウィトルウィウス的人体図がある（図6-1）。また、現在では、産業技術総合

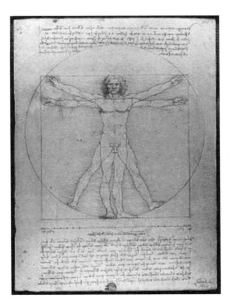

アカデミア美術館（ヴェネツィア）蔵

図6-1　ウィトルウィウス的人体図（1485年頃）

研究所が人体寸法や形状などのデータをデジタル化したデジタル・ヒューマンを公開しており，利用が可能である（産業技術総合研究所ホームページ）。人間の形態的特性を把握し，すべての道具や機器などの設計に活かすことは重要である。

②認知・心理的特性

認知・心理的特性とは，視覚や聴覚といった知覚機能から，過去の記憶などによる認識・推論などといった認知機能に関する特性を含んでいる。人間の視覚や聴覚から得られる情報は，機器による撮影や録音などとは異なり，認識・推論・記憶といった認知過程による情報の抽出・要約・比較・判断を含んでいるため，個人の経験や思い込みなどの影響を受けることであり，ヒューマンエラーの原因となることがある。これらの影響を避けるためには，人間の認知・心理的特性を十分に理解する必要がある。米国を中心としたヒューマンエラー研究は，このような人間の認知・心理的特性の研究から始まっている。

③生理的特性

生理的特性には，疲労・睡眠・加齢などが含まれている。これらが身体機能へおよぼす影響は大きく，特に認知機能への影響が顕著である。近年では，長時間労働による過労のみならず，企業のグローバル化や夜型化したライフスタイルによる日本社会の24時間化は，多くの国民を慢性的な睡眠不足にしている。加えて，現在の日本の高齢化率は26.7％（平成28年度高齢社会白書）であり，4人に1人以上が65歳以上の超高齢社会となっている。このような日本社会の変化は，人間の身体機能や認知心理機能に影響を与え，より多くの人間工学的配慮が必要な状況になっていると懸念される。このように人間の特性は，常に一定というわけではなく様々な要因に影響を受けることを忘れてはいけない。

システムにおける人間以外の要素

システムは人間と人間を取り巻くすべての人工物や環境で構成され，人間工学の目的は人間以外の要素を人間の特性に適合させることである。これら人間以外の要素としては，(1) 作業・仕事 (tasks)，(2) 道具・機器 (Tools/Equipment)，(3) モノ・作業場などの設計 (Design)，(4) 物理環境 (Environment)，(5) 組織・マネジメント (Organizations)，(6) 文化・慣習・法規 (Culture/Laws) などがあげられる。わたしたちが社会生活を営むうえでのライフシーン（労働，生活，移動，コミュニケーションなど）におけるこれらの要素について整理すると，人間工学が対象とする領域が見えてくる。例として，労働のシーンにおける人間工

学について，その歴史を含めて示す。

　労働における人間工学の役割は大きく，労働のシーンにおいては上記のすべての要素が関係している。特に，（1）作業・仕事および（2）道具・機器の人間特性への最適化に関しては，20世紀初頭のテイラーシステムにまで遡ることができる。テイラーシステムとは，アメリカのフレデリック・ウィンズロー・テイラー（Taylor, F. W.）によってまとめられ，1911年に『科学的管理法の原理』として出版された生産技術・管理に関する方法論である。その基本は，作業研究，指図票制度，課業管理，出来高払い制度にあり，特に作業研究および課業管理の2つについては人間工学が大きくかかわっている。作業研究では，使用する工具や作業手順などを，実験的手法によって最高能率で作業ができるように最適化し，それらをマニュアル化（標準化）することによって唯一最善の作業方法を確立する。そして課業管理では，指図票どおりに作業ができるよう訓練された作業者が，1日に行うべき作業量（課業）を科学的根拠に基づき決定した。テイラーシステムは劇的な効果を上げ，企業の生産性・収益性を飛躍的に増大させ，労働者の賃金も増加して，一躍脚光を浴びた。しかしながら，実際は，1日に行うべき作業量の決定に関しては科学的方法ではなく，主観的な方法によって決定されていたため，「労働強化」や「人間の機械視」といった様々な批判を浴び，アメリカ労働総同盟（AFL）からの拒否などの労働組合の反発を受けることとなった。日本の人間工学のパイオニア的な存在である暉峻義等は，この点について『労働科学研究』の第1巻1号の巻頭論文「労働科学について」の中の「科学的管理法批判 − 労働科学としての科学的管理法 −」において以下のように批判している。

　『科学的管理法の主唱者等が皆異口同音に，能率を云々し，無駄な動作を節約し，疲労を最少な本質的な範囲にあらしめようとし，又一方それらについて数多き実例を示しながらも，その根本に横たわる疑問，即ち「疲労とは何ぞや」については，何も語っていない。又疲労測定の方法においても，彼等は何等の独創的なる方法も指示していない，即ち何等客観的方法又は測定による所なく，又これに対し人間の活動がよって以ていとなまれる生理学的条件の研究を行ったのではない』

　科学的管理法における「疲労することなく」「最少の疲労をもって」作業を終了するということが，科学的根拠に基づいているのではなく，作業者の外観から

判断されていることを批判した。これらのことから，今日の作業管理においては，作業の効率化と人間特性への最適化，一連続作業時間と休憩配分の最適化，計画的な生産計画による作業負荷の平準化などが重要であるとされている。

◘ 人間工学のこれから

人間工学に対する要求は，日々変化している。前述の労働シーンにおける人間工学においては，「働くことに起因する障害・疾病の発生の抑制」から「より良く働くためにはどうすべきか？」について考えることが必要となってきている。超高齢社会の日本においては，労働力の不足を補うためにすべての人に少しでも長く働いてもらう必要がある。その実現のためには，健康だけではなく，より良く働くことが重要なのである。より良く働くことによって健康寿命を延ばし，介護などの社会的負担を減らすことを考えるのは，これからの日本社会にとって重要であると考えられる。ただし，より良く働くためにはどうすれば良いのか？そのような職場を実現するためには何をすべきかを真剣に考え，議論しなければならない。高年齢労働者に安全かつより長く働いてもらうためには加齢による心身機能低下について理解し，労働能力に労働環境を適合させることが重要となる。個別の機能低下だけでは評価できない労働能力を表すものとしてワークアビリティやエンプロイアビリティなどの概念があり，Work Ability Index（WAI）やWFun（Wrok Functioning Impairment Scale）などとして利用することができる。労働安全の観点からは，身体機能の加齢影響により転倒リスクが増大するため，その対策も行わなければならない。そのために人間工学がするべきことが何なのかを考える必要がある。

（泉　博之）

2. Quality of Working Life ―労働の人間化―

◘ 概要

1960年代，英語圏やヨーロッパの先進工業国ではベルトコンベア方式に代表される単調な大量生産作業に従事していた労働者の間にアブセンティズムや労働

移動，サボタージュなどの労働疎外症候群が広がった。これに対し，作業組織形態や職務内容を見直して労働の質を高めようという機運が高まり，政・労・使を巻き込んだ取り組みが国際的に展開された。この活動はアメリカでは「労働生活の質の向上」（QWL：Quality of Working Life），ヨーロッパでは「労働の人間化」（Humanization of Work, Humanisierung der Arbeit）とよばれた。本稿では「労働の人間化」という言葉を統一して用いる。

「労働の人間化」の定義

「労働の人間化」に参画する者の関心は，組織環境，生産性，労働者のウェルビーイング，社会からの疎外など幅広い分野に及び，その定義も複数存在するという（Lawler, 1975）。

例えば，奥林（1981）は「労働の人間化」を，「労働者の人間的諸欲求を充足するあらゆる活動であり，社会の進歩に逆行するような生活諸条件や作業環境をなくそうとする運動」としたうえで「労働の人間化」を狭義と広義に区別した。

狭義の「労働の人間化」は，単調な作業への対策として考案された新しい作業様式，作業内容，監督様式など，働き方それ自体の改善を意味する（奥林，2011）。

テイラーの科学的管理法に基づく標準化された作業様式は，移民や教育水準の低い労働者を前提としていた。しかし，豊かな社会の出現や高等教育の普及により，労働者が自己の能力を発揮したり発展できるような職務や雇用機会を求めるようになると，従来の作業様式は労働者の意欲をそぎ，無断欠勤や高い離職率の要因になり得ると見なされた。使用者らは狭義の「労働の人間化」に積極的に取り組んだ。

奥林（1981）は狭義の「労働の人間化」の内容を，職務転換，職務拡充，職務充実，半自律的作業集団などに整理し，つぎのように説明した。『「職務転換」は，労働者が一定時間ごとに順序に従い職務を交代するという，作業の単調さからの解放を目指した制度である。「職務拡大」は隣接する複数の職務や補助的職務を担当し，作業の多様性を高めようとする方法である。「職務充実」は，垂直的職務拡大ともいわれ，作業計画や作業結果の点検も1つの職務の中に含め，職務に自律性と責任を与えようとするものである。「半自律的作業集団」は，作業を少人数のグループで遂行し，やり方を自ら決定し，結果に対しても集団で責任を負う作業方式である』。

1960年代は職務内容の多様化が取り組みの中心であったが，1970年代には人間の多様な能力を活用する作業組織の形成に関心が移行した。

広義の「労働の人間化」は，労働者の基本的人権の保障や経済的・社会的地位の向上を達成する諸制度や諸政策を意味する。その内容は「①安全・衛生などの物理的作業条件の改善，②賃金・労働条件・諸手当などの雇用条件に関する団体交渉の保障，③病気・失業からの保護，④社会生活における労働者の人格の保護，⑤有意義で満足な労働や参加の促進など」に整理される（奥林，2011）。

「労働の人間化」の展開過程では，これが生産性向上やコスト削減，品質向上といった使用者の経済的利益にとどまらず，労働者の心理的欲求の充足や満足度向上にもつながると強調された。この主張は各国政府や国際機関の積極的関与を後押しした。

国際機関による「労働の人間化」や作業組織の変革への取り組み

国際機関は「労働の人間化」の展開に指導的な役割を果たした。

国際労働機関（ILO：International Labour Organization）は1974年の総会において，仕事のペースや単調さによる精神的ストレスの防止，および職務設計や職務内容，職務組織の問題等の労働条件の改善による「労働の人間化」の促進を決議した。1976年からは「作業条件・労働環境改善計画」（PIACT）を開始し「新しい作業組織形態の体系的研究」に取り組んだ（風間，1985）。

ヨーロッパ共同体（EC：European Community）は1973年に社会行動計画を発表し，生活と労働環境の質的改善はECの主要な課題であると宣言した。1975年には生活作業環境改善欧州財団（European Foundation for the improvement of living and working conditions）というシンク・タンクを設立した。ECは資源の有効利用を喫緊の課題と位置づけ，労働者の創造的能力活用には管理の分権化，組織の柔軟化，民主化が不可欠であると主張した（奥林，1981）。

経済協力開発機構（OECD：Organization for Economic Cooperation and Development）およびその加盟国は，1980年代に世界的な需要の低迷を受けて労働市場の柔軟性に関心を寄せ，作業組織の変革を推進した（嶺，1995）。

「労働の人間化」国際会議

1972年，アメリカのコロンビア大学において初めての「労働の人間化」国際会議が開催され，約60名が出席した。翌年には国際労働の人間化委員会（International Council for the QWL）が発足し「労働の人間化」の用語，職務設計の考え方が普及した（嶺，1995）。しかし，二度の石油危機により経営環境が厳しさを増すと「労働の人間化」への関心は低下した。

二度目の石油危機の後の1981年，カナダのトロントで「労働の人間化と1980年代」と称する国際会議が開催され，経営者を中心に労働組合，大学，政府機関から1,700人ほどが集まった。ここでは日本との競争に対処していくという視点，ME（Micro Electronics）技術革新を単なる技術のみの問題として捉えるべきではないとの視点，労使関係の重要性が指摘され，初期に比べ，現実的，実践的になったという（嶺，1995）。

◘ 国レベルの取り組み

各国の政府は中立的な第三者，社会全体の利害調整役として，調査，情報交換，啓蒙，経済的援助を通して「労働の人間化」に関与した（奥林，1981）。ただし政府が労働組合を支持基盤とする国では政府指導のもとに「労働の人間化」が推進された。ノルウェー，スウェーデン，西ドイツの労働組合は社会民主主義思想を基礎とし，産業民主主義を要求した（奥林，1981）。これらの国についての菊野（2009）の報告によると，ノルウェーでは1973年に会社法が修正され，労働者代表が取締役に就任できる制度が導入された。スウェーデンでも1973年に従業員100名以上の企業に労働者代表取締役を2名選出することを認める法律が制定された。ドイツでは1973年に新経営組織法が制定され，作業環境や設備，職務内容の計画を周知・相談する義務が課せられ，作業環境の形成については労働者に共同決定権が与えられた。

◘ 企業での取り組み事例（ボルボ社）

1960年代後半，ボルボは労働疎外症候群と人手不足の問題に直面していた。その工場は直列に結びついたワーク・ステーションを車体が移動し，作業者が約2分のサイクル・タイムでタスクをこなすという典型的なフォード・システムをとっていた。1974年，CEOユーレンハンメル（Gyllenhammar, P. G.）はカルマル工場を開設した。ここでは作業者は15～20名のチームに配属され割り当てられた組立作業すべてを担当した。さらに1985年にはウデバラ工場の建設が決定された。ウデバラ工場は自動車1台の完全組み立てを目的にした並列生産方式をとり，組み立て部品がセットで供給された。カルマル・ウデバラの生産システム

はボルボ・システムとよばれ高く評価された（黒田ら，2009，pp.199-210を参考に記載）。

◘「労働の人間化」研究の展開

「労働の人間化」研究では，統一された定義及び尺度の不在がつねに問題となってきた。特に尺度については，客観的指標と主観的指標のいずれで測定すべきか，静的か動的のいずれの概念として扱うべきかが議論の中心となった。

初期の頃「労働の人間化」は就業可能性や職の保障，所得や利益などの客観的基準で測定されていた。しかし間もなく職務満足を中心とした主観的な尺度で測定されるようになった（Elizur & Shye, 1990）。その後，生活の質（QOL）研究において，同じ疾患に罹患しても患者の生活の質は多様であることが観察され，生活の質は主観的な概念とみなされるようになった。この考え方は「労働の人間化」研究にも採用された（Martel & Dupuis, 2006）。

ローラー（Lawler, 1975）やシーショア（Seashore, 1975）など一部の研究者は「労働の人間化」と職務満足とは異なる概念であると主張し，客観的指標を用いる必要性を訴えた。しかしサージーら（Sirgy et al., 2001）は，「労働の人間化」の概念が登場して30年間，これが満足度から定義されていると指摘し，職務満足度を理論モデルとした尺度を公表した。

マーテルとデュピュイ（Martel & Dupuis, 2006）は「労働の人間化」を動的概念と捉え，自律度などの33項目について，現実と理想との距離，理想に近づく速さ，重要性の3次元で測定する，The 33 QWL SI domainsを考案した。ロユエラら（Royuela et al., 2008）は，この尺度を学術的尺度の一例とし，欧州委員会（EC：European Commission）の評価項目と比較した。ECの尺度は，1.本質的な仕事の質，2.スキル，生涯学習やキャリア開発，3.ジェンダーの平等，4.健康と職場の安全性，5.柔軟性とセキュリティ，6.労働市場へのインクルージョンとアクセス，7.作業組織とワーク・ライフ・バランス，8.社会的対話と労働者の関与，9.多様性と非差別，10.全体的な仕事のパフォーマンスから構成され，ほとんどが客観的尺度であった。それに対し，学術的尺度では個人の知覚による感情や環境に焦点があった。ダールら（Dahl et al., 2009）は主観的，客観的尺度を結合させる必要性を主張した。この議論は未だ決着を見ていない。

◘ QWLの今日的な意義

　近年「労働の人間化」の社会変革的な盛り上がりは収束したが，人間的な仕事のあり方への関心が薄れたわけではない。1999年，第87回ILO総会で第9代ソマビア事務局長（Juan O. Somavia）は「ディーセント・ワーク」（働きがいのある，人間らしい仕事）をILOの主目標と位置づけた。「ディーセント・ワークとは，権利が保障され，十分な収入を生み出し，適切な社会的保護が与えられる生産的な仕事を意味する。それはまた，すべての人が収入を得るのに十分な仕事があること」であり，その後もILO活動を方向づけている。グローバル化，IT化の進展，国際的・国内的な格差の拡大，女性の社会進出，インフォーマル就労の増加等の社会変化を経て，「労働の人間化」の議論は新しい枠組みの中に引き継がれている。

（伴　英美子）

3. 職業性ストレスに関する基礎理論

◘ 職業性ストレスに関する基礎理論

　職場や組織におけるストレスが注目されてきており，様々な職業性ストレスに関する研究が蓄積されてきた。これまでの職業性ストレスモデルは，基本的にストレッサーとストレス反応の因果関係を中心に，その周辺の変数も調べることで，職場におけるストレッサーと，その結果導かれるストレス反応の関係を解明するための様々な理論やモデルが考案されてきている。その代表的なものとして，①「因果関係モデル」②「調整要因モデル」③「サイバネティックス理論」④「個人―環境適合モデル」⑤「仕事の要求度―コントロール・モデル」⑥「努力―報酬不均衡モデル」，などがある。

①因果関係モデル

　因果関係モデル（Causal Relationship Model）とは，ストレッサーとストレス反応に時間軸を基礎とした一方向的な因果関係を想定し，変数間の関連性を解明しようとするアプローチである。クーパーとマーシャル（Cooper & Marshall, 1976）により提唱された因果関係モデルはその典型であり，様々なストレッサ

ーがストレス反応の原因として想定され，(1)職場のストレス源，(2)個人の特徴，(3)健康不全，(4)疾病，の4つの段階が順番に影響するとしている。また，クーパーら（Cooper et al., 1988）は，このモデルの4段階に対応させた，1) ストレッサーの認知，2) タイプA行動，3) ローカス・オブ・コントロール，4) コーピング，5) 仕事に対する満足度，6) 精神的な健康，7) 身体的な健康，の7つの下位尺度から構成される職業性ストレス指標も制作している。

因果関係モデルの特徴は，ストレッサー，ストレス反応およびストレス症状の因果関係を基礎として，その中に様々な調整変数と仲介変数を組み入れ，原因変数，結果変数，調整変数，仲介変数間の関係性の全体像を解明し，個々の変数間の相関関係を明らかにしていこうとする点にある。

②調整要因モデル

調整要因モデルとは，ストレッサーからストレス反応への2変数間のパスの強さに影響を及ぼす調整要因を想定したモデルである。NIOSH（米国国立労働安全衛生研究所）は，それまでの職業性ストレス研究の分析結果に基づき，職場ス

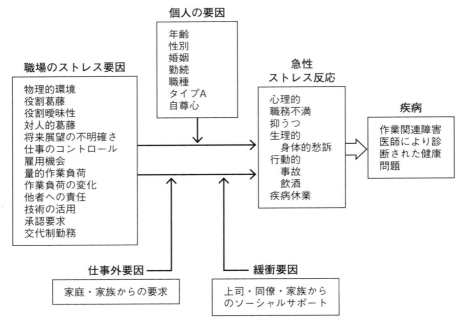

図6-2　NIOSH職業性ストレスモデル

トレッサー（job stressor）と急性ストレス反応間の関係性に対して，仕事外要因（nonwork factors），個人の要因（individual factors），緩衝要因（buffer factors）などによって緩衝，調整されるNIOSH職業性ストレスモデルを提唱した（図6-2）。

このNIOSHのモデルでは，年齢・性別・自尊心・タイプA行動といった個人要因や，家庭・家族の欲求といった仕事外要因，上司・同僚・家族からのソーシャルサポートといった緩衝要因などが調整要因として作用し，ストレス反応を緩和するとしている（Hurrell & McLaney, 1988）。

③サイバネティックス理論

サイバネティックス理論は，混乱した状況下においていかにこれに対応していくかといった自己制御に関する理論として発展してきた。エドワーズ（Edwards, 1992）が提唱したサイバネティックス・モデルでは，ストレス，コーピング，安寧（well-being）を統合したモデルであり，個人の経験するストレス状態は，個人の願望と現実状況に対する知覚の不一致の結果であるとしている。また，このストレス状態は個人の願望や現実状況に対する知覚によって決まるだけではなく，重要性が調整変数として作用し，安寧に影響を及ぼし，その過程でコーピングが喚起され，物理的・社会的環境や個人の特徴，現実に対する認知構造，社会

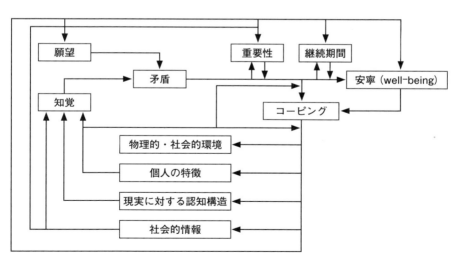

出所：Edwards, (1992) を基に筆者（西田）作成

図6-3 サイバネティックス・モデル

的情報などを通じて再び知覚に影響を及ぼし,直接的に願望にも影響を及ぼすというものである(図6-3)。

④個人－環境適合モデル

個人－環境適合モデル(Person-Environment fit Model:P-E フィットモデル)は,個人と環境の適合・一致の程度がストレス反応を規定するというものである。すなわち,このモデルでは,職務が要求する質・量が個人の有する職務遂行能力よりも大きいとき,個人はその要求から圧力を受けてストレス反応が生じ,逆に個人の能力水準が職務の要求水準よりも高い場合もまた,個人は自らの持つ能力が十分に活用されていないとしてストレス反応を経験するとし,職務の要求度と個人の能力水準との一致がストレス反応を抑える条件であるとしている。

フレンチら(French et al., 1974)は,個人－環境適合モデルを提唱し,職務が個人の有する仕事の質・量と,個人の有する能力の質・量とを比較し,その相違の程度と個人の経験するストレス反応の量との関係を明らかにしようとした。このモデルでは,個人と環境には主観的適合と客観的適合があり,これらの組み合わせ(客観的環境,主観的環境,客観的個人,主観的個人)の不適合からストレス反応や疾病が生じると考える。

4つの適合関係には,①客観的P－Eフィット,②主観的P－Eフィット,③現

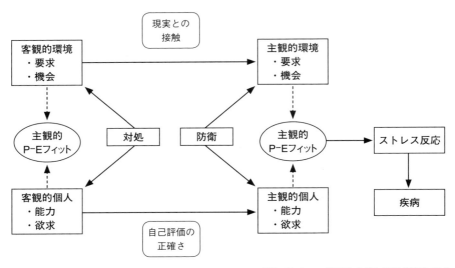

出所:Harisson, (1978)を基に筆者(西田)作成

図6-4 個人－環境適合モデル

実との接触，④自己評価の正確さ，があるとしている。また，個人と環境の適合度合いは，個人の側からみると自らの欲求（needs）と環境が提供する機会（supply）との差，環境側からみると環境が要求する要求（demand）と本人の能力（ability）との差で表現される。さらにこのモデルでは，コーピングが客観的不適合の調整変数として，防衛が主観的不適合を調整する変数として想定されている（図6-4）。

⑤仕事の要求度－コントロール・モデル

仕事の要求度－コントロール・モデル（Job Demand Control Model）とは，個人が経験するストレス反応の量が，職務が個人に強いる仕事の要求度（job demand）と，個人が職務遂行上有する仕事の裁量度（decision latitude）との関係によって決定されるというものである。

カラセック（Karasek, 1979）は，職種によって作業量が健康に及ぼす影響が異なるという点に着目し，①職務の量的負荷，②職務上の突発的な出来事，③職場の対人的な問題といった「仕事の要求度」の影響を，(1)意思決定の権限，(2)スキル自由度といった「仕事の裁量度」が緩和するというモデルとして提唱した。このモデルでは，「仕事の要求度」と「仕事の裁量度」の2変量の組み合わせにより①能動的ジョブ，②高ストレイン・ジョブ，③低ストレイン・ジョブ，④受

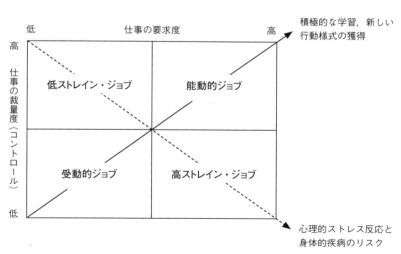

出所：Karasek, (1979) を基に筆者（西田）作成

図6-5　仕事の要求度－コントロール・モデル

動的ジョブ，の4つのカテゴリーに分類する，すなわち，仕事の要求度が高くても，個人が有している仕事の裁量度が高ければ，ストレス反応は生じず，逆に仕事の裁量度が低い状況下で仕事の要求度が高い場合，個人が示すストレス反応の水準は最も高くなるとしている。

⑥努力－報酬不均衡モデル

シーグリスト（Siegrist, 1996）により提唱された努力－報酬不均衡モデル（Effort/Reward Imbalance Model）とは，仕事上行われる努力の量（Effort）と，その結果として得られる報酬（Reward）とのバランスによって，ストレス反応が生じるリスクが高まり，健康に影響を及ぼすというものである。つまり，仕事上大きな努力を行っているにもかかわらず，報酬が不十分な場合には情緒的な緊張や身体的症状を発しやすくなり，より大きなストレス反応（怒りや不満，意気消沈）が生じると考えられる。また，ここでいう努力とは仕事上の要求に対する個人の反応であり，努力は外在的努力と，内在的努力に分けられる。外在的な努力は仕事上の外的な要求（仕事の量や質）への対処を意味し，内在的な努力は，自分の期待や要求水準を持たすことへの対処を意味する。さらに，報酬に関しても①経済的報酬（金銭），②心理的報酬（尊重），③キャリア（状況が安定した状態），などが想定されている。

仕事の要求度－コントロール・モデルが，「仕事の要求度」と「仕事の裁量度」の高低の組み合わせを問題としているのに対して，シーグリスト（Siegrist, J.）の努力－報酬不均衡モデルは，努力と報酬との比率を問題にしているところに特徴があるといえる。

（西田豊昭）

4. メンタルヘルスマネジメント

◘ 背景・概要

企業におけるメンタルヘルスは，非常に大きな課題となっている。長年，厚生労働省は在職死に至ることもあるガン，脳疾患，心疾患と，将来様々な疾患の原因となる糖尿病を，地域医療の基本方針となる医療計画に盛り込むべき疾患とし

て四大疾患に指定し，医療費削減の観点からも重点的に対応を進めてきた。2008年からは，特定健康診査，特定保健指導が法制化され，さらにその対応は，強化された。同じ頃，精神疾患の患者数も急増している。厚生労働省の患者調査によれば，精神疾患により医療機関に受診する患者数は，1999年には年間204万人だったのが，2011年には320万人まで増加している。そのため，厚生労働省は，2013年より，前述の四大疾患に精神疾患を加えて五大疾患としている。

　メンタルヘルスの状況も，1990年代後半を境に，大きく変わってきているといえる。それまでのメンタルヘルスといえば，主に入社後何らかの形で精神疾患，特に統合失調症や双極性障害，大うつ病等を発症した従業員への対応であった。産業医や産業看護職等が，本人の主治医と時に連携しながら，本人が病状を悪化させることなく，就業を継続できるよう支援を提供することが主体であり，企業の経営とは離れたところにあった。

　1990年代後半以降，大きく変化した。野村（2008）や富高（2010），中嶋（2012），岩波（2014）は，いずれもその著書で，その頃から従来の精神疾患者への対応にあわせ，軽症うつ病，軽度なうつ状態を呈する者，適応障害のように職場環境もしくは働くことへの不適応から不調を訴える者，最近の新型うつ病等への対応が急激に増えたとしている。また同時にこれらを，それまでの精神疾患と同様に扱ってよいかどうかにも疑問を呈している。企業におけるメンタルヘルス対策も，新たなタイプの不調者への対応が急増するようになった。新たなタイプは，軽症である者が多く，他罰的な性格傾向を持つこともあるなど，職場で上司や同僚がその対応で疲弊する事例も見られ，人事部門や産業保健部門では，大きな負担となり，その対応が経営課題の1つに挙げられるようになる。

　またこの3〜4年，企業の経営者に健康経営の概念が拡がり始めている。従業員の心身の健康を重視する経営を展開し，その主な柱の1つとしてメンタルヘルス対策，つまりメンタルヘルスマネジメントの目的を，最終的な業績向上，企業価値向上につなげるようになってきている。

　まずは，具体的な企業・組織におけるメンタルヘルスマネジメントの概要として，4つの予防を紹介するとともに，人材育成との関連を説明する。後半では，健康経営として，メンタルヘルスマネジメントがいかに企業の経営の重要事項になりつつあるかを示す。

◘ 企業におけるメンタルヘルス対策の概要

　企業におけるメンタルヘルスの対策は，通常，ゼロ次予防，1次予防，2次予防，3次予防に分けられる。

　ゼロ次予防は，組織や職場の環境や風土，制度・仕組み等の改善，1次予防は，メンタル不調を起こさないように個々のセルフケアや日頃のラインケアを提供，2次予防は，メンタル不調者の早期発見，早期対応，3次予防は，すでに不調になった者への対応であり，休職時や復職時の支援，復職後の再発防止，悪化防止の対策である。通常は，その緊急度から，3次予防，2次予防，1次予防，ゼロ次予防の順番で構築されることが多い。

　具体的な予防策を説明する前に，昨今，一種の社会問題となっている新型うつ病について簡単に説明する。日本うつ病学会では，「新型うつ病」という専門用語はなく，学術的な定義づけがなされていない点を指摘しながらも，その特徴として，以下の4点を挙げている。

① 若年者に多く，全体に軽症で，訴える症状は軽症のうつ病と判断が難しい。
② 仕事では抑うつ的になる，あるいは仕事を回避する傾向がある。ところが余暇は楽しく過ごせる。
③ 仕事や学業上の困難をきっかけに発症する。
④ 患者の病前性格として，"成熟度が低く，規範や秩序あるいは他者への配慮に乏しい"などが指摘される。

　これら以外にも，抗うつ薬が利きづらい等の特徴も挙げられており，従来の薬物療法より，日頃からの働く姿勢や，働くことに対する考え方等の教育・研修が必要であることがわかる。

◘ 3次予防：休職・復職支援プログラム

　3次予防の中核となるのは，精神疾患の発症により，主治医より休養を取り治療に専念する休職せざるを得ない従業員への対応と，その病状が改善し，復職する段階での支援を行う休職・復職支援プログラムである。

　休職・復職支援プログラムでは，従業員宛てに主治医からの休養を必要とする診断書が出ている限りは，すぐに休職に入らせ，治療に専念させるのが望ましい。疾患の治療はあくまで個人のことなので，休職期間中は，本人と主治医で治療に専念し，会社側は，間接的な支援に留めるのがよいとされる。ある程度，体調が

回復してくると，復職に向けての準備が始まる。生活のリズムを整える生活習慣管理や業務に対する考え方の偏りを修正することも必要である。復職はこれらに合せ，就業時間中の労働提供が条件となる。これができていなければ，復職後，職場での業務の厳しさから，すぐに不調に戻って疾患を再発し，休職に逆戻りしてしまいかねない。そのため，復職時の可否判定が重要となる。復職可となった場合は，就業継続のために職場や上司がどのような支援が必要かの検討が行われる。

2次予防：ラインケア

　2次予防は，前述のとおり，不調者の早期発見，早期対応がポイントである。本人が自身の精神面での不調に気がつかずにいたり，気づいたとしてもそれを隠そうとしたりすることがある。上司である管理職が，いかに普段から，部下の様子に気を配り，部下の変化に気づくかが重要である。ラインケアは，管理職が会社に代わり，安全配慮義務を念頭に，部下に何をやるべきかを考え，対応する方法や考え方等を修得する教育である。これは，精神的不調者への対応だけでなく，通常の心身の健康状態にある部下に対しても，その人材育成に効果がある。

1次予防：セルフケア

　1次予防は，精神疾患になるのを防止するために，自らセルフケアを行って，その予防に努める対策である。セルフケアでは，個人へのリラクゼーションによるストレス軽減や，ストレス対処法としてのコーピング，周囲との関係性の改善を図るアサーションなどがある。睡眠時間の確保，良質な睡眠を取ることや，食事の頻度や量に規則性を保つこと等の生活習慣管理も対象となる。

ゼロ次予防

　ゼロ次予防は，個人の状態だけでなく，職場全体の取り組みとして様々な制度の導入や，職場環境改善により，さらなる予防につなげようとするものでる。具体的には，人材育成や職場風土醸成に効果のあるメンター制度の導入，ダイバーシティ＆インクルージョン（多様性の受容）やワーク・ライフ・バランス等，お互いに支え合う職場風土を目指しての各階層への教育・研修，社内で様々な形で，部署，職種，階層を越えた対話が始まる仕組みづくり，定期的な業務見直しや公平な業務分担等により業務の標準化，効率化を図っている。これらにより，職場

環境の改善を促進し，過重労働を減らし，働きやすい就業状況を創り出すといった成果につなげていくのである。これが自然に動くようになってくると，自律性が高く，互助・共助の風土が醸成されたレジリエンス（回復力・復元力）の強い職場になってくるといわれる。

◘ 健康経営という発想

ここ数年注目されているのが，健康経営という概念である。経済産業省は，「健康経営とは，従業員の健康保持・増進の取り組みが，将来的に収益性等を高める投資であるとの考えの下，健康管理を経営的視点から考え，戦略的に実践すること」と定義している。そのうえで，健康投資を「健康経営の考えに基づいた具体的な取組み」とし，「企業が経営理念に基づき，従業員の健康保持，増進に取り組むことは，従業員の活力向上や生産性の向上等の組織の活性化をもたらし，結果的に業績向上や，企業価値向上へつながることが期待される」とする。これは，従業員の健康を増進することで，従業員の活力の向上と，医療費（会社負担分）の抑制を図り，組織の活性化，生産性の向上，社会課題としての国民のQOL（生活の質）の向上，国民医療費の抑制にもつなげていこうとする発想である。

経済産業省を中心に，2015年に始まった健康経営銘柄選定に続き，健康経営優良企業認定制度，健康経営アドバイザー資格制度等，様々な健康経営関連施策が計画されている。企業の真摯な健康への取り組みが，働きやすい環境づくりや職場風土の活性化を通じて，企業収益の向上，企業価値の向上にも結びつけていくものと考えられる。

◘ 健康経営とメンタルヘルスマネジメント

企業が健康に取り組む中で注目されているのが，アブセンティズム，プレゼンティズムという考え方である。

尾形ら（2015）は，健康経営に関連し，アブセンティズムを「病欠・病気休業」，プレゼンティズムを「何らかの疾患や症状を抱えながら出勤し，業務遂行能力や生産性が低下している状態」と定義づけている。米国での先行研究を調べる限り，健康に関する企業の総コストのうち，医療費・薬剤費が占めるのは24%程度にすぎず，占める割合は30〜60%と幅はあるものの，最大のコストはプレゼンティズムであるという研究が多数であると報告している。五大疾患のうち，ガンや心疾患，糖尿病は，医療費と薬剤費の合計額では，疾患等の中でも上位に入るが，ア

ブセンティズム，プレゼンティズムも合計に含めると，メンタルヘルス関連と入れ替わり，上位から消えることも示している。

現在，わが国でも，健康経営に関連して，同様の研究が進められつつある。森（2015）は，日本での健康に関連する総コストとして，400人規模の企業では，3ヵ月間，プレゼンティズムで1人あたり1ヵ月18,000円の損失があるとする。その原因となる疾患等に，第1位「うつ病」，第2位「睡眠不足」，第3位「腰痛」，以下，「不安感」「全身の倦怠感・疲労感」「首の不調や肩のこり」であり，メンタルヘルス関連の事項が並ぶことを報告している。

また，2015年12月に50人以上の従業員を持つ企業にストレスチェック制度が義務化された。企業は，ストレス関連の客観的かつ定期的に測定し，分析できるようになった。この制度も，メンタルヘルスマネジメントで，今後大きな役割を果たすことだろう。

◻ まとめ

これらから，わが国の企業が健康経営を推進，展開するには，メンタルヘルスマネジメントが，いかに重要なのか理解できる。このことから，企業におけるメンタルヘルスマネジメントとしてのゼロ次から3次予防までの対策が，健康経営を通じて，企業活性化の向上，企業収益の改善，企業価値の向上へつながるのである。

現在の企業でのメンタルヘルスの課題は，従来の精神疾患への対策から，非定型うつ病，適応障害や新型うつ病等に大きく拡大してきている。メンタルヘルス対策として，未熟な社員への教育・指導や，組織の成熟度合を高める人材育成に関連するプログラムが多いことを考えると，健康経営実現に向けての施策でも，人材育成が大きなキーワードになることは間違いない。

（前田一寿）

5. ストレス反応とメンタルヘルス不調

わたしたちが生きている限り，ストレスとは切っても切れない関係にある。ストレスという概念を提唱したのはセリエである（Selye, 1936）。もとは工学系の

言葉であったが，現在は市民権を得た言葉となっている。ストレスの種類は多岐にわたっているが，ライフイベントに関連するストレスについて整理されている（Holmes & Rahe, 1967；Rahe & Arthur, 1978）。例えば進学，就職といった人生の節目となるライフイベントのストレスの大きさを表したもので，配偶者や親族の死，離婚，別居といったネガティブな出来事ばかりでなく，結婚，妊娠，出産，収入の増加といったポジティブな出来事もストレスになることが知られている。また仕事に関連する項目も多数あげられており，会社の倒産や吸収合併，仕事上のミス，収入の減少，人事異動，上司・同僚・部下・顧客との人間関係，同僚の昇進・昇格，技術革新の進歩，仕事の増加，課員の増加など多岐にわたっている。こうした外界からの刺激（ストレッサー）に対して「圧力」や「圧迫」を受けると，それに対してわたしたちの身体は何とか順応しようとする。このことをストレス状態とよぶ。ストレッサーは，身体をボールに例えて考えてみるとわかりやすい（厚生労働省, 2016）。ボールを押さえつける力をストレッサーとする。物理的・科学的・生物学的要因に比べ，家族や職場の問題は心理社会的要因になりやすいと言われている。後にラザルス（Lazarus, R. S.）は，ストレッサーをカタストロフィー（大災害など），ライフイベント，デイリーハッスルズ（日々の苛立ち事）に大別している（ラザルス&フォルクマン, 1991）。また，ボールが元に戻る力のことは，ストレス耐性とよばれ，個人の年齢やこれまでの経験，性格，体調等により異なる（厚生労働省, 2016）。さらに，ボールを押さえつけた時にできる歪みはストレス反応になぞらえられ，ストレッサーが引き起こす心身あるいは社会的反応である。例えば，身体的には動悸，頭痛，腹痛，下痢，手足のふるえ，食思不振，循環器系疾患等がみられ，こうした状態が長期的に続くと疾病に罹患しやすくなる。心理的には不安やイライラ，逃避行動等が見られるようになり，社会的には急に遅刻や欠勤が多くなったり，ミスや事故，対人関係トラブルが目立つようになったり，職務不満足などが挙げられる。

　ストレスを受けた人は，その程度や大きさを評価しながら意識的あるいは無意識的に対処（コーピング）しているが，過剰なストレスがかかり続けた場合には心身のバランスが崩れ，気分の落ち込みや物事がおっくうになることがある（抑うつ気分）。また何もする気が起こらない状態が1日中ずっと2週間以上にわたり継続する状態のことを抑うつ状態，うつ状態が重症化したものをうつ病とよび，アメリカ精神医学会のDSM-5では，抑うつ障害群と双極性障害および関連障害群を区分している（日本精神神経学会精神科病名検討連絡会, 2014）抑うつ障害

群の中に，大うつ病性障害と長期間持続する持続性抑うつ障害（気分変調症）を設けている。平成26年度の患者調査では躁うつ病を含む気分（感情）障害の総患者数は約111万人である。働き盛りの者が精神疾患に罹患して離職や自殺に至った場合には，経済的損失が大きい（厚生労働省，2015a）ため，自殺といった深刻な事態を引き起こさないようにするための予防的取り組みが必要とされており，2015年12月から労働者が50人以上の事業所では，年1回のストレスチェック検査が義務化された（厚生労働省，2015b）。

またWorld Health Organization（以下，WHO）は，1997年のジャカルタ宣言で健康の社会的決定要因の重要性を取り上げている（WHO, 1997, 2008）。中でも明確なエビデンスがあるとされるsolid factsの1つにストレスと労働を位置づけている（Wilkinson & Marmot, 2003）。長期間にわたる心配や不安定，社会からの孤立，仕事や家庭でのコントロールの欠如といった状態はストレスの要因となり，循環器系や免疫系に悪影響を及ぼし早逝のリスクを高めるとしている。また労働については，就労していない場合よりは健康には良いとされているが，仕事上のストレスや職場環境が健康状態に大きく影響し，健康の社会的格差を生んでいる。努力に見合った報酬が得られないことは循環器系疾患のリスクと関連すると指摘されている。職業関連ストレスとストレス反応については，米国国立労働安全衛生研究所（National Institute for Occupational Safety and Health: NIOSH）が提唱している職業性ストレスモデル（Hurrell & McLaney, 1988）とカラセック（Karasek, R. A.）の仕事の要求度－コントロールモデルが有名である。

NIOSHのモデルでは，仕事外要因（nonwork factors）や個人要因（individual factors）が，職場ストレッサー（job stressor）に影響を及ぼし，ストレス反応を来すとされている（Karasek, 1979）。さらに，何らかの疾病や障害を持ちながらも出勤しているが労働生産性が落ちている「プレゼンティズム」と，病欠や病気休業の「アブセンティズム」という概念が近年脚光を浴びている（Johns, 2010; Kessler et al, 2003）。高ストレスや喫煙，飲酒，運動不足といった個人の不健康な生活習慣や，肥満や高血圧などの健康リスクが増加するのと反比例して労働生産性が低下することが知られている（Boles et al., 2004）。一方，カラセックはセリエのストレス適応モデルを基に，ストレッサーとストレス反応はU字曲線の関係にあり，ストレッサーが適切レベルであればユーストレス（eustress）として好業績を生むが，適切なレベルから遠ざかるに伴いディストレス（distress）となることを示している。そして仕事の要求度とコントロールを2軸として4群に

分け，仕事の要求度とコントロールの双方が高い仕事では活動水準や労働生産性も高まるが，逆に双方とも低い仕事の場合では活動水準や労働生産性が低くなると整理している。また，高ストレイン群（仕事の要求度が高くコントロールが低い者）はストレス反応が最も高い群であり，抑うつの有病率・罹患率および欠勤率が高く，職務満足感が低いと指摘されている（Karasek, 1979）。さらにソーシャル・サポートや職務満足感はストレス反応の緩衝要因（buffer factors）となるため（下光ら，1998），職場の業績や労働生産性を向上させるようにラインによるケアや職場のスタッフ間のサポート，組織的な取り組みを組み合わせながら労働者のこころの健康づくりを支援していくことが重要になる。

　一方，人は日常的に非常に強いストレスに晒され様々な逆境を体験しているが，その際に示されるストレス反応や受け止め方は個人差が大きい。アメリカ心理学会（American Psychological Association, 2016）は，「レジリエンス」という概念を提唱し，注目を浴びている。レジリエンスとは，ストレス，トラウマ，悲劇，脅威，極度のストレス（家族関係の問題，健康問題，職場や経済的な問題）に直面する中で適応していくプロセスのことを意味する。レジリエンスを高めるためには，人とのつながりを創ること，楽観主義であること，生きる意味や目的，成長を見出すことが重要とされている（サウスウィック＆チャーニー，2015）。

　レジリエンスは，①疾病や障害により職場組織を離れた人，②疾病や障害から回復し，再び職場に戻る人，を支援する際に有効な考え方である。①の場合は，疾病や障害の治療や生活の組み立てが中心的な課題となる。疾病や障害を患うことだけでもストレスフルな出来事だが，休職や退職を伴うことでストレスの度合いが増すことがある。昔から「不幸が続く」という言い方があるが，近親者の死や病気，介護，育児といったことが同時多発的に発生し，個人の許容範囲を超えてメンタル不調を来すことがある。このため，疾病や障害および生活の変化に対する本人や家族の受容が少しでも円滑に進むように傾聴し，その人に合った方法を一緒に考えることが必要になる。ある程度疾病が回復し，障害のコントロールが見込まれる段階になると，②の状態に移行可能となり，リハビリテーションが行われる。社会復帰は本人の病状と主治医や産業医の方針に基づいて進められるが，当然ながらこのプロセスにもストレスがある。必ずしも右肩上がりで回復するのではなく，一進一退の場合もある。このため本人や家族が少し先の見通しを持てるようになることが重要である。

　すでに前述してきた様々な理論やモデルから，複雑な要因が絡まり合ってスト

レス反応が示されることがわかっているが，実際には個人の考え方や睡眠などの生活習慣といった個人要因もメンタル不調と深く関連しているというのが実感である。例えば個人レベルでは楽観的に物事を捉え，睡眠や食事などの生活習慣を整えることが必要であろう。生きている限りストレスはなくならないし，誰しもメンタル不調を来す可能性があるという前提に立てば，ボールを押さえつける力（ストレッサー）に対してできる歪み（ストレス反応）ができる限り小さくなるような予防的活動が必要である。

(吉岡京子)

6. ソーシャル・サポート

◘ 定義と分類

　職場において良好な人間関係を維持することは，心身の健康に役立つことが知られている。人間関係と心身の健康の関連については，ソーシャル・サポートという概念から論じられることが多い。職場におけるソーシャル・サポートとは，1人以上の他者から従業員に提供されている援助と定義される。なお，ソーシャル・サポートは，社会的支援とよばれる場合もあるが，ここではソーシャル・サポートという表記に統一する。

　ソーシャル・サポートを分類するにあたって3つの視点が考えられる。1つは，サポートの源（source）に注目する視点である。誰から提供されたサポートであるかという問題である。例えば，上司，同僚，先輩，部下，家族，取引先の担当者など様々なサポート源が考えられる。その中でも上司からのサポートが個人のウェルビーイングに大きな影響を与えることがよく知られている。

　2つめは，構造的サポート（structural support）とよばれ，ソーシャル・サポートの構造面に注目する視点である。構造的サポートは，個人が持つ社会的ネットワークの広がりやサイズと定義される。具体的には，他者とどのくらいの社会的つながりを保持しているか，自身がメンバーの一員として所属している集団の数はどれくらいかといったことを意味する。構造的サポートは，実際に提供されたあるいは受け取ったサポートの内容や質については扱わない。

そして3つめは，サポートの内容や質に注目する，機能的サポート（functional support）とよばれる視点である。さらに，機能的サポートは，道具的サポート（instrumental support）と情緒的サポート（emotional support）に区分される。道具的サポートは，他者から個人に提供される具体的な援助を示す。ストレスの原因となっている困難さや要求に直接的に作用する援助や支援を表す。例えば，過重労働を抱えている同僚の仕事の肩代わりを行ったり，効率的に仕事を処理したりする方法を提案するといった支援が考えられる。これに対して，情緒的サポートとは，他者から個人に示される共感や関心などを意味する。例えば，上司や同僚が困っている従業員の悩みなどについて傾聴して，声をかけるといった行動が考えられる。

ところで，構造的サポートと機能的サポートは関連する部分もあるが，独立した概念であると仮定されている。多くの人間から得られるサポート・ネットワークを有していたとしても，必ず，問題解決に寄与するソーシャル・サポートを得られるわけではない。一方で，援助を期待できる他者がたとえ少なくても，問題解決に資するサポートを得ることもあり得る。

◪ ソーシャル・サポート，ストレッサー，ストレインとの関係

ソーシャル・サポートは，主に心身の健康やストレスとの関係で論じられることが多かった。ここでは，ストレスの原因であるストレッサーとストレスの反応であるストレインに分けて論じることとする。

これまでの研究によると，ソーシャル・サポートは，ストレッサーとストレインの関係を和らげる効果があるされている。これを，緩衝効果（buffering effect）あるいは調整効果（moderating effect）とよぶ。一般的に，仕事の負荷などのストレッサーと消耗感といったストレインの間には関連がある。その関係は，基本的にストレッサーがストレインを強めるという性質である。ただし，この関連の強さは，ソーシャル・サポートによって調整される。つまりストレッサーとストレインの関連は，ソーシャル・サポートを高い水準で受けている個人ほど弱くなる。少なくともソーシャル・サポートの低い個人に比べて，両者の関連は弱い。ストレッサーがストレインを強める効果が，ソーシャル・サポートによって緩和されるという考え方である（図6-6）。

例えば，仕事の進捗管理などに長けた支援的なリーダーシップの下にある部下は，そうでない部下よりもストレッサーを余分な負担であると感じる傾向が低い

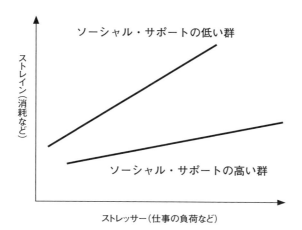

図6-6　ソーシャル・サポートのストレス緩衝効果

ために,職場をより公正に (fair) 判断するとされている (Zhang et al.,2014)。ソーシャル・サポートを調達できる従業員は,そうでない従業員よりも対処資源 (coping resource) が充実しているのでストレッサーに対する耐性が増すと考えられる。

　一方で,逆緩衝効果 (reverse buffering effect) を報告する研究も多くはないが存在する。ストレッサーとストレインの関係は,高い水準のソーシャル・サポートを受けている人の間で強まる——低い水準のソーシャル・サポートを受けている人ではなく——という主張である。ボーリング (Bowling, 2006) は,なぜ逆緩衝効果が生じるかについては十分な知見は得られてはいないとしたうえで,3つの仮説を提起している。第1の仮説は,特定の内容のソーシャル・サポートが逆緩衝効果を引き起こすというものである。例えば,ストレッサーとなっている仕事上の課題のポジティブな側面について目を向けて話し合うことはストレインの緩衝に役立つかもしれない。しかし,仕事上の課題のネガティブな側面に目を向けて話し合うと問題の深刻さが際立ってかえってストレインを高めるかもしれない。第2の仮説は,ストレッサーを引き起こしている人物とソーシャル・サポートの源が一致している場合に,逆緩衝効果が生じるとする考え方である。両者が一致している場合,支援を受けるための行動がストレスの原因となっている対象との相互作用を継続することにつながる。これがさらなるストレスの原因になり,逆緩衝効果を引き起こすと考える。第3の仮説は,ソーシャル・サポート

という誰かからの支援や援助を当てにしなければならない状況である。このように他者に依存して，左右される状況とは，本来，不安定である。こうした不安定さが，ストレスの原因につながるという考え方である。

◘ 知覚された組織サポート (Perceived Organizational Support：POS)

知覚された組織サポート（以下，POS）とは，自分が働いている組織が従業員の貢献を尊重し，彼や彼女たちのウェルビーイングをどのくらい気にかけているかに関する知覚と定義され，ソーシャル・サポートとは，関連はするが独立した概念として産業・組織心理学の分野においては論じられてきた。

POSは，組織に対する態度や業績と正の関連があると考えられている。その関連性は，社会的交換理論（social exchange）と自己高揚（self-enhancement）の観点から説明される。社会的交換の視点に立つと，従業員と組織は，互酬性（reciprocity）の規範に基づく交換関係にあるとみなされる。互酬性の規範とは，金銭的報酬や社会的報酬（好意など）を送られたら，それに対して同等の価値のお返しをしなければならないと考える規範である。POSを知覚した従業員は，組織から気にかけてもらっているという気持ちから恩義を感じる。そして互酬性の規範から，それに対して返礼をしようとする。返礼の印として，組織コミットメントや業績を高める行動などを強めると考えられている。また，自己高揚の考え方に従えば，POSは，様々な心理社会的欲求——承認，自尊，親和など——を充

表6-1 POSと主要なアウトカムとの関連に関するメタ分析結果

概念	k	N	r	SE	rの範囲	Q統計量
組織コミットメント	112	42874	.71	.03	.21 to .81	3795.8
職務満足感	65	30690	.61	.03	.18 to .74	1410.7
タスク業績	32	6075	.18	.03	−.29 to .64	153.3
文脈業績	48	20175	.26	.02	−.11 to .52	218.9
転職意思	37	12445	−.49	.04	−.67 to .05	625.5

注：k = 研究の数
　　N = 総サンプル数
　　r = 希薄化を修正し，サンプルサイズによる重みづけを与えた平均相関係数。すべての平均相関係数は，$p < .001$ の水準で有意。
　　SE = 修正済みの平均相関係数 r の標準誤差
　　Q統計量 = 修正済み相関係数 r の異質性（研究間のばらつき）を検定した値。すべて有意であった。

Riggle et. al. (2009) の研究結果を基に筆者が作成

表6-2 POSとその要因の関連に関するメタ分析結果

	ρ	95% CrI	k	N
組織と価値観の一致	.50	[-.14, 1.00]	7	1,946
心理的契約				
心理的契約の違反	-.67	[-.95, -.38]	16	3,464
心理的契約の達成	.42	[.15, .69]	9	9,315
手続き的公正	.66	[.37, .95]	72	25,070
分配的公正	.57	[.34, .80]	46	16,929
相互作用的公正	.52	[.20, .85]	21	6,835
組織内政治	-.83	[-1.00, -.54]	12	4,980

注： ρ = 修正済みの平均相関係数
　　 CrI = 平均相関係数周辺の信用区間 (credibility interval)
　　 k = 研究の数
　　 N = 総サンプル数

Kurtessis et al., 2015の研究結果を基に筆者が作成

足させる。こうした体験は，組織と個人の一体感やつながりを意識させるので，結果的に組織コミットメントや業績を強めると考えられる。

リグルら (Riggle et al., 2009) は，メタ分析を用いて，POSと主要なアウトカムの間に中程度の相関を見出している（表6-1）。タスク業績（task performance）とは職務記述書に明記された役割内行動であり，文脈業績（contextual performance）は，職務記述書に明記された行動ではないが，職場に利益をもたらすような役割外行動の一種である。

また，別のメタ分析は，POSの要因についても報告している (Kurtessis et al., 2015，表6-2)。心理的契約とは，個人と組織との互酬的な交換において暗黙に合意された項目や条件に関する個人の信念と定義される。組織内政治は，ひいき，適正な実力主義や率直な話し合いの欠落，派閥や内集団の存在に関する知覚を意味する。

このようにPOSは，制度変数や認知変数と行動変数を関連づける重要な態度変数の1つと考えられる。しかし，POSは情緒的コミットメント，信頼性，社会的交換の質などの概念と類似性が高く，これらを統合した尺度もすでに開発されている (Colquitt et al., 2014)。今後，POSが独立した概念として発展するのか，別の概念と発展的に統合されていくのかなどについて，さらなる検討が求められる。

(林洋一郎)

7. 職場ハラスメント

◘ 職場ハラスメントとは

　近年，職場においてしつこくくり返されるいじめやいやがらせを意味するハラスメントに対する認識が高まっている。職場でのハラスメントは，そこで働く従業員はもちろんのこと，企業にとっても大きな問題になる。職場でハラスメントの被害を受けた従業員は，個人としての尊厳や名誉を不当に傷つけられる。働く意欲も低下させられる。そのまま放置すれば，より深刻なトラブルに発展しかねない。実際，職場でのハラスメントにより精神に不調をきたし，退職せざるを得ない状況に追い込まれる場合もある。

　企業にとっても，職場の環境が悪化することにより，仕事の円滑な遂行が阻害される。さらにハラスメントの問題がこじれ，裁判で敗訴すれば，ハラスメントにより退職した従業員の地位確認のほか，損害賠償の支払いが付加される事案もみられる。職場でのハラスメントは，企業の社会的評価にも大きく影響する。以上から，ハラスメントの問題に迅速かつ適切な対処が重要であることは言うまでもないが，未然の防止が何より求められるのである。

　今日，職場のハラスメントは，様々に論じられている。ここでは，ハラスメントという概念が注目される発端となったセクシュアルハラスメント（セクハラ）と2012年に公的な立場で初めて定義が示されたパワーハラスメント（パワハラ）について取り上げる。

◘ セクシュアルハラスメント

　セクシュアルハラスメントは，男女雇用機会均等法第11条で，「職場において行われる性的な言動に対するその雇用する労働者の対応により当該労働者がその労働条件につき不利益を受け，又は当該性的な言動により当該労働者の就業環境が害されること」と定義されている。被害者，加害者の性別は問わず，派遣労働者も含まれる。

　セクシュアルハラスメントは，「対価型」と「環境型」に大別される。前者は，従業員の意に反する性的な言動に対して拒否や抵抗をしたため，その従業員が解

表6-3　労働局雇用均等室への相談件数の推移

相談内容	2010年度	2011年度	2012年度	2013年度	2014年度
募集・採用	1,244	1,100	1,088	1,119	1,165
配置・昇進・降格・教育訓練等	561	493	475	566	562
間接差別	82	67	47	314	479
婚姻, 妊娠・出産等を理由とする不利益扱い	3,587	3,429	3,186	3,663	4,028
セクシュアルハラスメント	11,749	12,228	9,981	9,230	11,289
母性健康管理	3,477	3,169	2,950	3,416	3,468
ポジティブ・アクション	300	225	403	579	878
その他	2,496	2,592	2,547	2,531	3,024
合計	23,496	23,303	20,677	21,418	24,893

出典：厚生労働省（2012b, 2015a）より執筆者作成

雇, 降格, 減給などの不利益を受けることである。後者は, 従業員の意に反する身体的接触や発言, ヌードポスターの掲示などにより, その従業員の就業環境が不快なものとなり, 見過ごせない程度の支障が生じることである。

厚生労働省（2012b, 2015a）によると, 労働局雇用均等室に寄せられた相談内容のうち, セクシュアルハラスメントが最多となる状態が続いている（表6-3）。なお, 当初は女性従業員に対する問題だったが, 男性従業員に対する事案も多くみられるようになってきている（公益財団法人21世紀職業財団, 2015）。

◪パワーハラスメント

パワーハラスメントは, 厚生労働省（2012a）の「職場のいじめ・嫌がらせ問題に関する円卓会議ワーキング・グループ報告」で,「同じ職場で働くものに対して, 職務上の地位や人間関係などの職場内の優越性を背景に, 業務の適正な範囲を超えて, 精神的・身体的苦痛を与える又は職場環境を悪化させる行為」と定義されている。なお,「上司から部下」に限らず,「先輩・後輩間」「同僚間」「部下から上司」なども含まれる。

この報告では, パワーハラスメントを類型化している。①（身体的な攻撃）暴行・傷害, ②（精神的な攻撃）脅迫・名誉毀損・侮辱・ひどい暴言, ③（人間関係からの切り離し）隔離・仲間外し・無視, ④（過大な要求）業務上明らかに不要なことや遂行不能なことの強制・仕事の妨害, ⑤（過小な要求）業務上の合理性なく, 能力や経験とかけ離れた程度の低い仕事を命じることや仕事を与えな

表6-4 民事上の個別労働紛争相談件数の推移

相談内容	2010年度	2011年度	2012年度	2013年度	2014年度
解雇	60,118	57,785	51,515	43,956	38,966
雇止め	13,892	13,675	13,432	12,780	12,163
退職勧奨	25,902	26,828	25,838	25,041	21,928
採用内定取消	1,861	2,010	1,896	1,813	1,639
自己都合退職	20,265	25,966	29,763	33,049	34,626
出向・配置転換	9,051	9,946	9,783	9,748	9,458
労働条件の引下げ	37,210	36,849	33,955	30,067	28,015
その他の労働条件	29,488	37,575	37,842	37,811	36,026
いじめ・嫌がらせ	39,405	45,939	51,670	59,197	62,191
雇用管理等	4,834	5,361	6,136	5,928	5,127
募集・採用	3,108	3,180	3,322	3,025	2,819
その他	38,007	40,010	38,906	37,698	37,667
内訳延べ合計件数	283,141	305,124	304,058	300,113	290,625

出典：厚生労働省（2015b）より執筆者作成

こと，⑥（個の侵害）私的なことに過度に立ち入ること，の6つである。

　厚生労働省（2015b）によると，総合労働相談のうち，民事上の個別労働紛争の相談内容では，「いじめ・嫌がらせ」が2012年度以降3年連続で最多となっている（表6-4）。基準が明確化されたことで，以前から存在したハラスメント行為が顕在化したことも一因と考えられる。

◘職場ハラスメントの背景と発生メカニズム

　職場ハラスメントが生じる背景として，君嶋・北浦（2015）は，近年の職場の変化に対する認識の欠如や無理解によるコミュニケーション不全があると指摘している。具体的な変化として，女性従業員の増大・非正社員層の拡大により，職場がより多様性を有する集団に変化していること，人事管理や仕事の変質が，従業員の意識・行動を個人志向の強いものに変化させていることを挙げている。

　ハラスメント行為の発生には，多分に心理的要因も絡んでいることから，心理学的にも多様な研究が積み重ねられている。セクハラとパワハラの心理学的研究については，田中（2006a, 2006b）がレビューを行っている。

　そしてハラスメントが生じる心理的メカニズムを明らかにすることは，ハラスメントの防止にも寄与すると考えられる。ハラスメントは，パワーの問題であり，

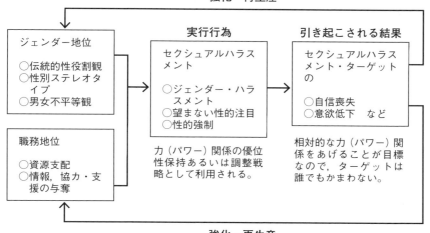

図6-7 セクシュアルハラスメントの再生産モデル

出典：金井（2000, p.31）

個人が他者をコントロールしたり，脅したりすることと考えられる。これを受けて金井（2000）は，セクシュアルハラスメントの再生産モデルを提示している（図6-7）。ジェンダー地位と職務地位のパワーにもとづきセクシュアルハラスメントが利用され，自分の相対的な地位を上げるという目的を達成するのである。そしてこのことがさらにパワーを強化し，次のハラスメントを生むのである。

パワーハラスメントについては，ダベンポートら（Davenport et al., 1999, 邦訳, 2002）の職場いびり進行の5段階がある（図6-8）。最初の段階は，意見の衝突程度であったものが，つぎの段階では心理的な攻撃となる。ときには管理者が状況判断を誤り，被害者の孤立化や追い出しを始める。これにより被害者は，気難しい人などの烙印を職場で押される。最終段階では解雇となり，それが精神的ショックなどを引き起こす。段階を経てエスカレートするのである。

◘ 職場ハラスメントに関する今後の課題

職場ハラスメントは，時として加害者自身も気がつかない小さな言動から始まり，それが継続して深刻な問題に発展する。そのため，職場の管理者への啓発や教育は不可欠である。近年注目される怒りの感情を自己管理する心理的技術であるアンガーマネジメントは，パワハラ予防の具体的スキルとして期待される。

7. 職場ハラスメント　415

1	不和
2	攻撃的行為
3	管理者層が加担する
4	気難しい人，あるいは精神疾患にかかっているとの烙印を押す
5	解雇

出典：Davenport et al. (1999, 邦訳 2002, p.62)

図6-8 職場いびり進行の5段階

　また，妊娠や出産を理由に退職を迫られるなどのマタニティハラスメント（マタハラ），男性従業員の育児参加を上司らが妨げるなどのパタニティハラスメント（パタハラ）も近年社会問題化している。表6-3でも，セクハラに次いで，婚姻，妊娠・出産等を理由とする不利益扱いに関する相談が多い。セクハラ以外の国内でのハラスメント研究は緒に就いたところであり，解明すべき問題も多い。この領域の研究のさらなる進展を期待するものである。

（日詰慎一郎）

8. 労働災害

◘ わが国の労働災害の概況

　労働災害とは，業務中に発生した労働者の負傷，疾病，死亡を指す。わが国の労働災害による死亡者数は，1961年の6,712人をピークとし，1972年の労働安全衛生法施行を機に，長期的には減少傾向にある（図6-9）。労働安全衛生法の定めにより，各事業所では安全衛生管理体制の整備と安全対策の実施が義務づけられ，自主的な安全推進活動（危険予知訓練［KYT］や5S［整理，整頓，清掃，清潔，躾]，等）が取り組まれてきた。労働災害による死亡者数は長期的には減少しており，2015年に972人，2016年に928人と2年連続で1,000人を下回ったものの，いまだ相当数の人命が失われている。また2016年でも，休業4日以上の負傷を含む死傷者数は11万7,910人にのぼる。

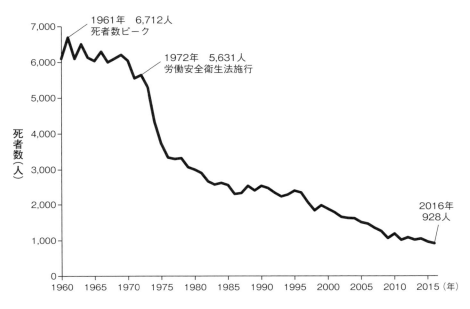

出典:厚生労働省労働基準局安全衛生部『労働災害発生状況』(2017)を基に作成

図6-9 労働災害による死亡者数の推移(全産業)

　労働災害の発生頻度は,年千人率(1年間の労働者1,000人あたりの死傷者数[休業4日以上]の割合)と度数率(100万労働時間あたりの死傷者数)で表される。2013〜2016年の年千人率は順に2.3, 2.2, 2.2,度数率は1.66, 1.61, 1.63であり,労働災害の発生率は横ばい状態で推移している。

　図6-10に,2016年の死傷者数と年千人率を年齢階層別に示した。最も死傷者数が多いのは60歳以上(24.3%),次に50〜59歳(23.4%)であり,災害は高年齢者に多発している。高齢化社会の急速な進展に伴い,高年齢者への安全対策は重要課題とされている。しかし,一方で,若年者の災害も看過すべきできない。20歳未満の年千人率は2.7と高く,60歳以上の3.1や50〜59歳以上の2.4と同水準にある。つまり,各年齢階層の労働者数を考慮すると,災害の発生率はU字型の分布となり,若年者と高年齢者の双方で高い傾向にある。高年齢者には加齢に伴う心身機能の低下に配慮した対策が求められるが,若年者には知識・経験の不足を補完し,未熟な技術・技能の発達を促す教育的施策が事故防止に必要となる。

8. 労働災害

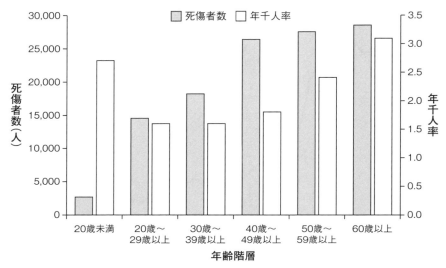

図6-10 2016年の年齢階層別の死傷者数と年千人率

◘ 事故防止のための安全管理の視点

①事故の背後要因へ着目する視点

　技術が高度化し，機械の信頼性が向上した現在の産業では，事故の多くに人間のミスや違反などの不安全行為が関与している。そのため，効果的な安全対策を講じるには，人間の心理や行動への深い理解と洞察が必要とされる。例えば，事故の原因を作業者の不注意に帰結させ，注意喚起や安全規則・手順の強化などの表面的な対策がとられることがある。これは必ずしも適切な措置とはいえない。

　人間の特性を踏まえて安全管理を研究するヒューマンファクターの分野では，注意力や記憶力には限界があること，作業への熟練に付随する動作の自動化が行為のミスにつながることが明らかにされている。ヒューマンエラーそのものを個人の努力で撲滅するのは難しく，むしろエラーを引き起こす作業条件の改善や，エラーが起きてもそれを事故につなげないための対策が有効である。設備にフールプルーフやフェイルセーフの機構を導入するのはその好例である。

　また，重大事故の発生経緯を吟味すると，組織のシステムや管理のプロセス，安全文化に欠陥がみられることがある。これをリーズン（Reason, 1997）は「組

織事故」とよび，組織内の潜在的な問題点が不安全行為を誘発する作業条件や状況をつくり出すこと，また安全対策による防護を無効化してしまうことを指摘している。事故が発生する過程には，様々な問題点が背後要因として潜んでいるため，それらを多角的に洗い出し，幅広い視点から対策を講じる必要がある。

②事故・災害の未然防止を重視する視点

従来の安全対策は，事故が起こった後に，その再発を防ぐために実施されていた。現在ではリスクマネジメントの考え方を導入し，将来発生し得る事故の未然防止を重視した取り組みが行われている。ハインリッヒの法則によると，1件の重篤な傷害を伴う事故の背景には，軽傷の事故が29件，無傷の事故が300件存在する（1:29:300）。さらに無傷の事故の背景には，事故を免れた無数の不安全な行為や状態が存在する。この法則から，事故の未然防止を図るには，傷害の生じなかった事例にみられる問題点の改善が重要であることが示唆される。産業現場では，この法則の考え方に依拠してヒヤリハット（作業で危険に遭遇したが難を逃れた事例）の事例を収集し，作業や現場に潜む危険要因を抽出するための貴重な情報源として利用している。

事故につながる危険要因について，事前にリスクの大きさ（被害の重大性と発生可能性）を評価し，対策の優先順位を検討する手法がリスクアセスメントである。2006年の労働安全衛生法改正により，リスクアセスメントは事業者の努力義務とされ，各産業で普及している。また安全対策を継続的に整備する労働安全衛生マネジメントシステムでも，リスクアセスメントは中核的な役割を担っている。

安全性を向上するための人材育成

昨今の産業現場では，団塊世代が大量に退職を迎えたため，その技術・技能の次世代への継承が急務とされている。技術・技能継承の問題は，安全管理の領域でも浮上している。多様な事故を経験し，安全管理を支えてきた熟練人材が減少したため，事故の未然防止や緊急対応に必要な現場力の低下が危惧されている。

近年，大手企業の化学プラントで爆発・火災による重大事故が頻発した。関係省庁の検討会議（内閣官房・総務省消防庁・厚生労働省・経済産業省, 2014）は，最近の重大事故に共通する背景に，技術・技能継承に関連する問題を挙げている。この報告を踏まえ，他産業にも示唆を持つ人材育成上の課題を以下に述べる。

①リスクアセスメントの専門的人材の養成

　化学プラントの重大事故では，リスクアセスメントが不十分であったことが指摘されている。技術の発展とともに，多様な新しい機械・設備や化学物質が使用され，プラントに潜在するリスクも多様化が進んでいる。リスクアセスメントで危険要因を的確に抽出するには，対象となる作業や設備を熟知しておく必要がある。熟練人材の減少は，リスクの十分な洗い出しを困難にさせている。

　加えて，リスクの大きな危険要因でも，予算や時間の制約からその低減が難しいと，評価対象とせず，対策が先送りされることがある。潜在的なリスクを洗い出すはずが，逆に見つけたリスクを放置して潜在化させることになり，本末転倒である。特に，発生可能性は低いが，深刻な被害をもたらすリスクを「想定外」とするのではなく，その影響を緩和し，被害を最小化する措置を講じる必要がある。なお，労働安全衛生法の一部改正により，2016年6月から化学物質へのリスクアセスメントの実施が事業者に義務づけられた。こうした法規制の動向もあり，専門的知識を持つ人材の育成がより一層重要となっている。

②若年者へのKnow-Whyの伝承

　設備の自動化・電子化が進み，労働者に以前ほど技術力がなくとも，プラントの操業が可能となった。設備トラブルも減少し，若年労働者が実務の中で判断力や技術・技能を向上する機会は失われている。最近の重大事故は，定常時ではなく非定常時や緊急時の作業で多く発生している。この理由として，設備の設計思想，マニュアルや手順の背景にある原理原則（Know-Why）に関する労働者の理解不足が，不適切な対処を招いた可能性が指摘されている。

　設備・業務に加え，各種の安全対策や安全手順についても，Know-Whyを含めた若年者への教育が必要である。熟練労働者の体験を踏まえた危険体感教育，世代間での知識交流を図るミーティング，OJTや教材の工夫など，効果的な教育方法が模索されている（中央労働災害防止協会, 2013）。一方で，若年労働者への教育指導の担い手の育成，上司や先輩の指導力を高める取り組みも求められる。

③過去に起きた事故の教訓の伝承

　化学プラントの重大事故では，過去に起きた事故やトラブルへの対策が十分に展開されていなかった点が問題として指摘されている。他産業でも過去の事故情報やその教訓に基づく対策がうまく共有されず，類似災害が発生した例は見受けられる。かつての状況に比べると，事故の発生率は格段に抑えられており，実際の事故事例から学ぶ機会は少なくなっている。そのため，1つひとつの事例から

教訓を着実に学ぶことが重要である。自社内，そして他の産業や組織の事故情報も共有し，安全対策に反映させていく必要がある。

ただし，貴重な事故情報を入手しても，それを自社の現場，設備，作業内容に置き換えて考えられなければ，重要な教訓も看過される。事故情報を単に周知するだけの形骸化した取り組みでは，一時的な注意喚起に留まり，実効性のある対策にはつながりにくい。事故の事例は「発生状況」「原因」「対策」という観点から，情報が提示されることが一般的である。事故の原因を背後要因まで掘り下げて検討せず，表面的な問題点の指摘に留まれば，当該事例と同じ条件下でなければ役に立たないと判断されてしまう（中村，2013）。事故の背後要因を多角的に捉え，事例と自身の作業経験との共通性を認識させ，日常の業務の中で取り組むべき課題への洞察を促すために，事例の活用の仕方を工夫することが求められる。

（三沢　良）

9. ワーク・ライフ・バランス

◘ ワーク・ライフ・バランスとは何か

ワーク・ライフ・バランス（work-life balance：以下，WLB）は「仕事と生活の調和」と訳され，WLBが実現した社会とは「国民一人ひとりがやりがいや充実感を感じながら働き，仕事上の責任を果たすとともに，家庭や地域生活などにおいても，子育て期，中高年期といった人生の各段階に応じて多様な働き方が選択・実現できる社会」とされる（内閣府，2007）。すなわち，WLBとは，わたしたち個人が充実した状態で仕事と仕事以外の生活領域双方にかかわっていける状態を目指す。

仕事と生活という2つの領域の1つである生活領域は，育児・介護・余暇・地域での活動・個人の自己啓発など仕事以外の様々な活動が含む包括的な概念であるが，特に企業においてWLBにかかわる問題として取り上げられるのは，以下の2点である。第1に，従業員の生活領域の中で特に育児や介護と仕事との両立をどのように実現していくかいう問題である。第2に，従業員の心身の健康を阻害する長時間労働や労働時間の柔軟性の欠如といった労働時間に関する問題である。

◘ WLBが必要となった背景

　WLBが必要とされた背景を確認しておこう。日本においてWLBという言葉が多用されるようになる以前に、ファミリー・フレンドリーという言葉が頻繁に用いられていた時期がある。ファミリー・フレンドリーは、家族の養育責任を負う従業員を対象とした取り組みであり、WLBに通じる部分がある。一方で、ファミリー・フレンドリーは、従業員全体を視野に入れた場合に、「家族の養育責任を負う従業員」というきわめて限定的な従業員を対象としていたことが批判の対象となったこともあり、対象の拡大も意図してWLBという言葉が用いられるようになった。イギリスにおけるファミリー・フレンドリーからWLBへの変遷を論じたレヴィスとキャンベル（Lewis & Campbell, 2008）は、両者の違いを4つの切り口で整理している（表6-5）。

　仕事と育児や介護といった家族的責任との両立が取り上げられるようになった背景には、日本における共働き家族の増加や急速な少子高齢化の進行がある。今日の日本では女性の社会参加が進み、勤労者世帯の過半数が共働き世帯であり、夫婦のどちらかが働き、もう片方が家事を担うという分業が成立せず、仕事も家事も夫婦で担うというタイプの世帯が増加している（内閣府、2014）。同時に、少子高齢化が進む日本には、出生率の回復と共に増加する高齢者の介護をどうするのかという大きな課題があり、共働き世帯の夫婦にも、双方が働きながら子どもを育てる、もしくは親の介護を担うことが期待される。

　労働時間に関する問題も大きい。労働時間が週60時間以上の労働者では、健康状態の良くない人の割合が高まる（総務省、2011）。日本全体でみれば長時間労働問題は改善傾向にあるが、年齢階級別にみると25歳から44歳の正規雇用者

表6-5　ワーク・ライフ・バランスとファミリー・フレンドリーの違い

	ワーク・ライフ・バランス	ファミリー・フレンドリー
目的	仕事以外の生活領域に投入できる時間やエネルギーの増加・調整	家族の養育（特に子ども）責任の遂行を容易にする
対象	全ての従業員	家族の養育責任を負う従業員
時期	労使間の調整により	・出産時ならびに子どもの年齢に応じて ・病気や怪我の時
内容	主として労働時間に関する取り組み	養育にかかわる時間や金銭・サービス

出典：Lewis & Campbell (2008) を一部改変

のうち，労働時間が週60時間以上である者の割合が15%あり，他の年齢階級と比較して高い（総務省，2012）。同年代は仕事面で能力・スキルを高め職場の中核となると同時に，家庭を築き子どもを育てていくという，まさにワークにおいてもライフにおいても重要な時期であり，双方ともに時間やエネルギーを必要とすることから，限られた資源の中でWLBを実現することは1つのチャレンジングな課題となる。

また労働時間のフレキシビリティもある。1990年代の労働時間のフレキシビリティはビジネス・フレンドリー（business friendly）であり，雇用者フレンドリー（employee unfriendly）ではなかった。従業員からみた労働時間のフレキシビリティを高めることが求められるようになってきたのである。

◪ WLBを実現する取り組み

「企業が従業員のWLBを支援する取り組みは何か」という問いに対する答えは一様ではない。育児・介護休業制度や，育児や介護による短時間勤務制度，看護休暇といったいわゆる両立支援策だけでなく，フレックスタイム制度や残業削減のための様々な取り組みといった労働時間に関する取り組み，地域限定社員や在宅勤務といった働く場所に関する取り組みを含むこともある。

WLBが全従業員を対象とする取り組みへと拡大する中でWLBに内包される取り組みは拡大していったといえる。このようなWLBを実現するための取り組みの多様性は，WLB研究の混乱にもつながっている。特にWLBの取り組みがもたらす効果に関する研究で，一致した結果が得られにくいといった状況が続いている。

◪ WLBの実現に向けた取り組みが個人にもたらす影響

企業によるWLB実現への取り組みはどのような効果をもたらすのであろうか。まず，WLB施策が個人にもたらす影響について整理しよう。

働きながら育児や介護といった家庭的責任をも果たそうとすることで生じる問題を概念化したものの1つが，ワーク・ファミリー・コンフリクトである。ワーク・ファミリー・コンフリクトとは，「仕事役割と家庭役割の役割間葛藤であり，仕事役割からの圧力と家庭役割からの圧力が矛盾するときに生じる葛藤である」と定義される（Greenhaus & Beutell, 1985）。

ワーク・ファミリー・コンフリクトには3つの形態がある。まず「時間に基づ

く葛藤（time-based conflict）」である。これは仕事が忙しくて家事・育児など家のことができない，もしくは家族が病気等で仕事に行くことができないことによって生じる葛藤である。つぎに「ストレインに基づく葛藤（strain-based conflict）」である。これは，仕事で疲れて家のことができない，家族間がうまくいっておらず仕事に集中できないといった葛藤のことである。最後に「行動に基づく葛藤（behavior-based conflict）」である。これは，仕事役割で期待されるテキパキした行動が，家族に対しては望ましくないといった際に生じる葛藤である。近年では，仕事から家庭，もしくは家庭から仕事といった葛藤の方向について区別したうえでの検討も行われている。

　ワーク・ファミリー・コンフリクトは，結婚満足感を低下させるだけでなく，抑うつ感などのストレス反応，職務満足感，組織コミットメント，欠勤率，離職率に影響を与える（Byron, 2005）。WLBの取り組みはワーク・ファミリー・コンフリクトを軽減させると指摘する研究が多いが，さらにワーク・ファミリー・コンフリクトの軽減を通じて，抑うつ感などのストレスの軽減や，職務満足感，組織コミットメントの向上，欠勤率や離職率の低下につながると考えられる。

◘ WLB実現への取り組みが組織にもたらす影響

　WLB実現への取り組みが個人を超えて組織のパフォーマンスに与える影響をモデル化したものが図6-11である。図6-11からは，WLBの取り組みが複数のルートを通じて組織のパフォーマンスを高めることがわかる。前述したワーク・ファミリー・コンフリクトの低減を通じてというパスだけでなく，様々なパスを通じて組織のパフォーマンスに影響を与える。例えば，組織からサポートされていると従業員が認知することや，WLBに対して肯定的な組織風土においてWLBに関する施策利用を通じて望ましい行動が喚起される。

　より組織レベルでの影響としては，従業員の裁量度の拡大や今まで以上の努力量の投入を通じて，生産性が向上する。また，WLB施策の導入が低水準での給与を実現することを通じたコスト削減や，従業員をサポートする企業という組織イメージが採用を成功させるといった効果もある。これらの複数のパスを通じてWLBは組織のパフォーマンスに貢献するのである。

◘ 今後の研究に向けて

　企業によるWLB実現への取り組みは，労働時間を軸に展開されると同時に働

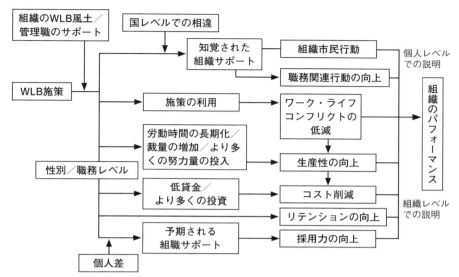

Beauregard & Henry (2009) を基に作成

図6-11 WLBと組織のパフォーマンスの関係性

く場所についても展開されている。さらに、管理職のマネジメントスタイルの変革の重要性も指摘される。WLBとは何かを整理することは、WLB実現への取り組みの効果を検証することと同様に重要である。

(坂爪洋美)

10. ストレス・コーピング

◘ ストレス・コーピングとは

　ストレスが理論的に議論され始めたのは1936年にセリエによる論文が『Nature』に掲載されてからである。セリエはストレスを外部からの刺激によって引き起こされる生物学的反応とその歪みと解釈している。

　コーピングについてはラザルスが1984年にコーピングを「負荷をもたらす特定の要求に対応して、認知的、行動的な改善に向けた努力を伴う動きとした。何

がどの程度ストレスなのかを決めることを『認知的評価』とし，これを主体的に行いながら周囲の要求へ対処し，自己の感情を処理していく過程」としている。

◀『問題焦点型』によるストレス・コーピング

　ラザルスは同じ問題に遭遇してストレスを抱えていても，その問題をどう捉え評価するかで，人それぞれのストレスの感じ方や強弱が変わることに注目した。そして個々人が主体的にストレスに対処するスキルを身につけることは可能であるとした。

　ラザルスはストレス・コーピングを問題解決中心の『問題焦点型』，感情中心の『情動焦点型』の2種類に分類した。「問題焦点型」とはストレッサーそのものに対して自ら原因を明確にし，直接働きかけようとするものである。具体的には，つぎのような対処行動が一部の例としてあげられる。
・解決策をネットや本で調べる。
・カウンセラーや家族，上司，同僚，友人らに相談する。
・過去の経験から解決方法を考える。
・出来事の状況の詳細を様々な角度から調べ直す。
・問題解決のためにもう一歩，前に出た行動を決断する。
・良い結果の部分を探し，その原因と過程をヒントにする。
・安易に諦めてしまう部分を反省し，粘り腰で行動する。
・しっかり計画を立て，ステップを刻んで実行する。
・急がばまわれと，落ち着いた行動をこころがける。
・睡眠をしっかりとり，集中力を高める。
・思考の枠にはまっていないか，思い込みがないかを点検する。
・重要度と緊急度を分けて優先順位を見直す。

　この問題焦点型では自らが試行錯誤を行う過程も含まれており，課題の解決に対峙していく。首尾よく解決の方向に向かうならば，自己の成長のために望ましい対処法となり得る。しかし相手が異性や上司，外国人であったり，まったくの未経験，専門外であることも多い。自分の考えや意見が通らず，また経験や能力も生かせなかったりする。状況が悪化し，から回りしたりで，悪循環に陥ることもある。

　解決策の中でいろいろと相談したり，アドバイスを得たりすることはとても重

要である。自らの気づきの中で問題解決へのヒントを得ていく過程こそが理想であり自己の成長にもつながる。

このプロセスで注目されているのが「ウィーク・タイズ（Weak Ties）」の存在である。ウィーク・タイズ（弱い結びつき）の概念を唱えたのは社会学者グラノヴェッター（Granovetter, M.）で，1983年に「社会学的理論」という学術誌で発表した。東京大学の玄田有史教授がそれを日本に紹介し論評している。

ウィーク・タイズとは，「接触は頻繁ではないが，信頼する人やグループとの細く長い人間関係」と定義されている。

自分の領域とは違う世界に身を置き，いつも会っているわけではないのに不思議と信頼できる人間関係やその情報がウィーク・タイズに該当するようだ。昨今はSNSなどの普及により，このウィーク・タイズのメリットを得られやすい状況が生まれているとも推測できる。

◨『情動焦点型』によるストレス・コーピング

「情動焦点型」とは，ストレッサーに対峙するよりも，それに対する自己の感情や反応を理解し，コントロールしようとする。問題自体に正面からなんとかしようとはせず，一時的に距離を置いたりすることも含まれる。感情的になりすぎた自分を抑制し，ストレッサーに対する関心を弱めようとする。

感情の起伏や障害を緩和していく具体策としてはリラクセーションがよく取り上げられる。これを少し掘り下げた「4つのR」の概念による具体策も参考になる。4つのRとは「リラクセーション」「レスト」「レクレーション」「リトリートメント」の4つの単語の頭文字のRを示している。

リラクセーションとは，しっかり神経を休めること。特に緊張を強いられている現代人は交感神経が優位になっている。これを鎮めてリラックスさせるには副交感神経を活性化させる必要がある。具体策としては，腹式呼吸やヨガ，瞑想などがよく引用されている。感情を整えるのに「匂い」が有効との説もあり，近年はアロマセラピーの活用も広まっている。五感の中で嗅覚は脳で感情をつかさどる「大脳辺縁系」にダイレクトに働きかけるとの説もある。

レストは，意図的にしっかりと肉体を休めること。質の高い睡眠や，リゾートや温泉でゆっくりと休みをとる「骨休み」などが該当する。日本人は世界的な調査でも睡眠時間の短縮化や不眠が懸念されている。睡眠が感情に与える影響は大きく，またレストの質を悪化させうつ病などの直接，間接の原因にもなるので現

代人は特に注意が必要である。

　レクレーションとは，気晴らしの行動のことである。笑う，泣く，運動する，話す，音楽を楽しむ，などが該当するであろう。寄席や落語で大笑いする，職場の行事を楽しむ，カラオケやコーラスで歌う，感動映画で思い切り泣く，など個々人の嗜好により広がりもあり，多くのリストアップが可能であろう。

　リトリートメントとは保養や養生の意味があり，普段いる場所から離れた非日常の中で，時間をかけて他の3つのRとの相乗効果を高めていく概念である。ドイツではクナイプ療法など，温泉保養地で森林セラピーや軽度の運動などを組み合せたプログラムが知られている。このような保養形態にはドイツ政府から補助金や有給休暇などが付与される仕組みがある。

◪ ストレス・コーピングに活用されるＡＢＣ理論

　「情動焦点型」のコーピングの1つとして近年活用が広がりつつあるのが「認知（行動）療法」をベースにした対処法である。感情に影響を与えるストレスに対する解釈（認知）の違いに注目し，その解釈（認知）の内容での偏りがストレスにつながるのであれば，その解釈（認知）の仕方に働きかける対処方法である。この仕組みの理解をするために「ABC理論」を引用して解説する。

　ABC理論の「A」はActivating Eventの頭文字である。これは外部からの刺激であり，ストレス要因やストレッサーと言い換えることができる。例えば，あなたが職場の新年会で司会を担当していたとする。この新年会に取引先の役員が招待されていた。その来客の役員の紹介を司会役であるあなたがすることになる。しかしその招待客の名前を，あなたは紹介アナウンスの最中にど忘れしてしまったとする。あなたは焦ってしまい，頭の中は真っ白である。ここでのその失敗の事実がAになる。

　「B」はBeliefの略である。その失敗のストレスを受けての認知，解釈，信念となる。自動的に発生するので自動思考とも表現する。この認知は家庭環境や教育，性格，性別，年齢，立場などで各人各様で，100人いれば100通りで発生するはずである。あなたが，この失敗に対して「司会の失敗は許されない，私は最低のことをした。上司は自分に失望し，同僚は呆れ，客は怒り取引先を失うだろう。そうなると出世も終わりだ。転職をせざるを得ないだろう」などと認知したとする。

　つぎに「C」はコンスクエンス，Consequenceの略である。CはBの認知を受

けて引き起こされるその結果と状況に相当する。この例ではあなたの感情は落ち込んでしまったとする，自己嫌悪で憂鬱になる，食欲がなくなる，会社を休んでしまいたくなる，という結果になるかもしれない。同時に喜怒哀楽の感情では好ましくない感情が発生してしまうこともあろう。

　このABCのステップでみると，Aは発生してしまった事実であり，過去のことで変えようがない。Cも実はBの結果として発生してしまう。この連鎖に対処していく中で重要なポイントとなるのがBである。自分のBを第三者の目で客観的に再考し，反問していくプロセスがABC理論による対処法でのポイントとなる。

　例えば，上司が自分に失望した，同僚が馬鹿にした，取引先を失う，出世も終わりだ，などの自動思考による認知に対し，1つひとつ本当にそうだろうかと冷静に検証するのである。司会の失敗は絶対に許されないのか。人並みに私も会社に貢献しているではないか，上司がそんなことで100％失望するだろうか。同僚は私の失敗でかえって親近感を覚えたのではないか，と書き出してみるのである。Bに該当する自分の自動思考での認知に極端に偏っていた面がなかったか，冷静な時に自分自身で検証するのである。このプロセスでCに変化が生まれて，不安定な感情が回復していくケースの検証が学会等でも多くなされている。

　ストレス・コーピングが機能しにくい人の傾向として，変えられない過去の事や他人の言動，些細な失敗に注目してこだわる，将来の予測などを悪いほうに極大化するなどの傾向があると言われている。勝ち負けや白黒をつける，ルールや規範，前例などにこだわる，常に完璧を目指してしまう，などの傾向も指摘されている。

　こうなると認知や解釈の面での多面性や柔軟性がもたらす利点には気がつかない場合が増えてくるのである。それでもいつもは問題は起きないのだが，強いストレスやうつ状態などの時にその傾向が強まり悪循環を生みやすくする。

◘ ストレス日記によるストレス・コーピングへの活用

　ストレスで心身不調になった時には，このBとなる自動思考での認知の偏りに気づくチャンスを得られる，認知療法によるカウンセリングを受けることが望ましい。しかし現実にはそのようなチャンスには恵まれないことが多い。そんな時に，前述のABC理論をベースにストレスだった出来事に対して少し書き方を工夫した日記をつける方法がある。

例えば上司からの業績評価で期待以下の評価をつけられたとする。「ひどい業績評価を上司につけられた」「頑張ったが上司に見放された。悲しい。悔しい。頭にきた！」などと思いつくままに事実と感情の状態を日記にする。ひとつ工夫が必要なのは，そのときの感情を点数にしてメモに残すのである。怒り80点，悲しみ70点，不安90点，などと主観のままで書き出せばよい。

つぎに数日後に冷静になり第三者の目でこの日記を見直してみる。日記を記入した時とは違った解釈や感情の変化に気がつくこともある。

「業績評価が悪かったのは会社全体だ。かなり熱くなっていたな。焦らずペースダウンをしてみよう」などと，ストレスを受けた時の思考の枠や認知を点検してみるのだ。このような日記を習慣づけると，ストレスを受けても解釈や認知に柔軟性が生まれコーピングが上達する。

このABC理論によるプロセスをプログラム化し，Webやスマートフォン上でのeラーニングにしたプログラムなども開発されている。英国が先進だが，日本でも個人や企業，大学などで活用が始まっている。軽症のうつ病などへのカウンセリング効果が主目的のようだが，能力開発，組織開発のツールとしても利用が可能であり，ストレス・コーピングの手法はその進化が今後も期待されている。

（渡部　卓）

TOPICS

安全文化の確立のために

安全文化という概念は，1986年に発生したチェルノブイリ原子力発電所事故を契機とし，IAEA（国際原子力機関）によって提唱された。「すべてに優先して原子力プラントの安全の問題が，その重要性にふさわしい注意を集めることを確保する組織と個人の特質と姿勢を集約したもの」（IAEA，1991）として定義され，とりわけ原子力業界においてはその後，各国の規制当局や事業者によって，確立のための取り組みが続けられてきた。

しかし2011年，東京電力福島第一原子力発電所において，チェルノブイリ事故と同レベルと評される大事故が発生した。複数の事故調査報告書において指摘されたのは，東京電力のみならず規制側も含めた安全文化の欠如であった。IAEAの

提唱した安全文化はなぜ，実効力を持ち得なかったのだろうか。

IAEAは安全文化確立のため，安全マネジメントシステムの構築を推奨した。安全文化に求められる要素として提示された組織政策レベルの関与（例：安全ポリシーの宣言），管理者の関与（例：安全関連活動の管理），個々人の関与（例：厳格かつ慎重な実施）をPDCAサイクルに当てはめ，この枠組みの中で安全文化の確立・向上を図ることに主眼を置いた。

安全や品質管理を目的としたマネジメントシステムは，組織の安全や品質向上への取り組みを体系的に管理し，定量的な評価に基づく改善策を継続的に立案するうえで有用である。この頃，わが国の原子力業界では，原子力プラントの自主点検記録の改ざんや，設備保守情報の共有不足に起因した死傷事故といった，品質管理の不備による事故・不祥事が発生していた。そのため，マネジメントシステムの構築により，品質保証体制を基盤とした安全文化の確立を目指すようになった。

しかし実際には，品質管理の実態を書類で保証する，いわゆるエビデンスの作成に労力がとられてしまい，事業者，規制側の双方における品質保証への過度の傾注が，本来の安全性向上に対する意欲や諸外国の動きに機敏に対応する意識を薄れさせてしまった。望ましい所作や慣行も，それを機械的に適用するだけでは十分ではない。安全文化を定義した当初，IAEAはこの点にも言及していた。しかしわが国の原子力業界は，品質保証の考え方の下，安全への取り組みを機械的に管理していく中で，安全文化の本質を見失った可能性がある。

本来，安全文化とは，マネジメントシステムや安全関連活動の導入のみで，たやすく確立できるものではない。組織の文化とは，組織の中でうまくいっている思考や行動の集合体である（Schein, 1999）。そのため，新たな文化を学習・確立するには，既存のやり方を棄却し，新たな思考や行動を職場で試し，それがうまくいくことを実感する，といった幾重ものプロセスが必要となる。このプロセスの中では，組織成員が新しい文化を学習することに不安や抵抗を示す場合もある。管理者は，彼らを変化へと動機づけ，学習を支援し，新たな文化のあるべき姿を示しながら，新しいやり方へのかかわりを増やしていくことが求められる。安全文化は，組織体制ではなく，「人」によって確立されるのである。

安全文化のあるべき姿として，リーズン（Reason, 1997）はつぎの4つの下位文化を示している。エラーやニアミスを進んで報告し（報告の文化），明確な判断基準によって安全規則違反を処罰し（正義の文化），過去の失敗を踏まえた根本

的な改善をいとわず(学習の文化),危機に直面した時には状況に応じて柔軟に組織体制を変える(柔軟な文化)。例えば管理者が,組織のあるべき姿として「報告の文化」を明示し,組織成員にエラーやニアミスの報告を促すとする。しかし,報告した失敗をひとたび咎めれば,報告の文化は確立されないだろう。新しいやり方,すなわち失敗を報告することが組織の中でうまくいくという経験を成員が実感できないためである。あるいは「学習の文化」を標榜しても,失敗に対する小手先の改善を重ねるだけでは,学習の文化は確立されない。根本的な対策を施さない限り,類似の失敗(事故・トラブル等)がくり返され,うまくいかない経験が組織の中で積み重ねられるだけだからである。

　たとえて言うならば,安全文化の確立とは,あたかもOJTのようである。業務を通じて新たなやり方を1つひとつ経験させ,うまくいったという実感を持たせながら学習を進める。うまくいかなければその原因を探究し,さらなる学びにつなげる。管理者の役割は,新たなやり方の実践を促すこと,そして実践の経験から得られた洞察を,文化,すなわち組織で共有される価値観へとつなげることである。安全文化の確立とは,安全を一義に置きながら1つひとつの業務を遂行する人材の育成にほかならない。

　安全文化は,それを維持することもまた,容易ではない。安全文化を維持するには,組織がリスクに対して継続的に注意を向け,恐れを忘れないことである(Reason, 1997)。そのために成員には,組織に迫る危険の兆候を常に監視し,発見した兆候を積極的に報告することが求められる。この実現には「組織に対する危険とは何か」を知り,常に考え,その兆候を見抜く能力を持った成員が不可欠である。また,報告された兆候に対して迅速に対応する姿勢を備えた管理職も要される。組織や扱うシステムの規模が大きいほど,リスク管理は必然的に多くの手に委ねられる。組織の安全を守る成員の育成は,安全文化の確立・維持・向上の鍵といえよう。

(長谷川尚子)

産業カウンセラーの役割とその育成

　(一社)日本産業カウンセラー協会の「倫理綱領」前文には「産業カウンセラーは心の専門的技能者であるだけでなく,関連する広い学問,科学を重んじ,産業

界の動向に通じた複合的能力を持ってあらゆる場面で活躍する」「産業カウンセラーは人間の多様性を承認しつつ，その尊厳，価値，可能性を擁護して人間の生涯発達を促進する視点で活動する。そのためには人としての自立性を尊重し，忠誠と公正を重んじ，働く人々の福祉の増進を目指す」と理念が示されている。

また，同協会CSRの，JAICO憲章（こころざし）に「わたしたちは人間尊重の精神に立ち，産業カウンセリングを通して，働く人をめぐる組織と環境の調整，コミュニティの活性化に寄与し，人々が信頼と安心の絆で結ばれる社会づくりに貢献します」。さらに同CSRには協会としての活動原則と会員の行動原則が詳細に示されている。

1960年に設立された（社）日本産業カウンセラー協会（2013年一般社団法人に改組）は，働く人々を援助するために上記の理念，こころざしを持った産業カウンセラーの育成に注力し，現在では6万弱を超える産業カウンセラーが登録され，全国各地で活躍している。

1．企業分野で産業カウンセラーに求められる役割と能力

総務省が発表した「2016年平均労働力調査」によると「非正規社員の労働者に占める割合が4割に達し，その平均賃金は正社員の6割」（朝日新聞2016・1・15）とあり，勤労者にとって労働（就業）環境，雇用環境（就業困難，失業等）や労働・職場環境（物理的・時間的・設備的・心理的環境）の面で様々な問題が生じている。

一方，産業カウンセリング活動から見た問題点として，①加重・長時間労働，多忙さ，②上司部下，同僚関係希薄化，③孤立化，④仕事の技術の変化と高度化，⑤職場内いじめなどのハラスメントの増加，⑥勤労者のモチベーションやモラル（倫理観の低下），などがあげられる。その結果，勤労者がお互いの心理的なつながりを築くことや将来展望を持つことを困難にし，勤労者の孤立感や「居場所」「存在意義」の喪失感などが強まっている。そうした中で，うつ病，心身症，神経症などの疾病や身体的健康障害に伴う心理的問題，それらから生じる職場不適応状態の可能性が高くなり，世界的な経済環境の変動が予測不可能な時代において今後も存続することが予想される。

2．産業カウンセラーに求められる役割

産業カウンセラーの本来的役割は倫理綱領に謳われているように「カウンセリ

ングサービスを受ける人々の個人の尊厳と人格を最大限に尊重し，その利益を守りながら，専門的技能をもって，勤労者の上質な職業人生（QWL）の実現を援助し企業社会の公正で健全な発展に寄与する」ことである。

　他方，企業の側では近年"ヘルシーカンパニー"が注目されている。これは「健康な社員が収益性の高い会社を作る」という企業戦略のことで，主にメンタルヘルスを対象にして従業員そのものの健康管理のみならず，職場環境におけるストレス軽減措置なども行い，それによって事業の活性化や医療費の軽減を目指すことである（日本データーベース開発「新語辞典」より）。企業が政策的にこのヘルシーカンパニーを構築することは，まさに職場環境の状況及びそれから派生する「心理レベルの問題点」に対処し，解消，改善することである。産業カウンセラーは，その人たちの有効かつ円滑な実行を支援する体制の中で，その一翼を担うことである。

3．産業カウンセラーの活動「領域」での役割

　協会では1997年に３つの活動領域（ⅰ．メンタルヘルスへの援助　ⅱ．キャリア開発への援助　ⅲ．職場における人間関係への援助）に対応でき，社会に通用する経験と専門性を備えた産業カウンセラーの輩出を目的に掲げている。

4．産業カウンセラーの育成の現状

1) 現場で行動する産業カウンセラーを目指し，産業，労働の現状に通じた援助者の育成のために，理論科目でカウンセリング理論，心理学の諸理論，職場のメンタルヘルス，産業・組織の心理学，労働法規等を学習する。また，「傾聴」の態度，技法を徹底的に学ぶ104時間の実技訓練を課している。
2) 産業カウンセラーの上位資格のシニア産業カウンセラー像はメンタルヘルスだけでなく組織風土づくり，風土改革などの課題までも取り扱うことのできる人材の育成を目指し，①個人面接による相談活動を中心としたカウンセリング，②企業組織そのものを健康的なものにする援助，③コンサルタント，コーディネーター，ファシリテーターの機能も果たし，自ら動く能動的なカウンセラー，④福利厚生的な視点だけではなく，安全衛生法的な視点を重要視する，⑤常に自らを振り返り課題を認識し，自己研鑽する，ことを目指し，期待される事項として①信頼され影響力を持つ能力～各種療法を使い分け問題解決・キャリアカウンセリング・キャリア教育，②人

間関係・組織開発を援助する能力～グループを扱う・企業風土の改善・企業現場の多文化，多様化（ダイバーシティ）への対応，③組織に働きかける能力～メンタルヘルス支援体制の構築，維持運営・関連各部署と連携し，組織と個人を支援できる方針のもとに，育成に取り組んでいる。

（安藤一重）

ストレスチェック制度をめぐって

1．背景

ストレスチェック制度は，元々はメンタルチェックとよばれ，自殺予防対策の一環として，2011年に当時の民主党政権下の長妻昭厚生労働大臣が打ち出したものである。その後，わが国の自殺者数は減少したものの，政権が自民党に移っても，職場のメンタルヘルスの問題は大きく，2014年6月に「労働安全衛生法」改正として法制化され，2015年12月より実際に施行されている。

2．ストレスチェック制度の概要

ストレスチェック制度は，①ストレス反応，ストレスの原因，周囲からの支援の各分野の項目を含むテストを実施する，②本人にその結果を通知する，③企業は，そのためのセルフケアのノウハウを提供する，④医師による面談が必要と判断され，本人もそれを望めば，企業は医師による面談の場を提供し，報告を受ける，⑤その結果等も含めて必要に応じて就業制限等の対応をする，⑥個人情報保護を厳重に行ったうえで，集団分析を行い，管理職研修等を通じて職場環境改善を行う，といったことを講ずるものである。50人以上の労働者のいる事業場では事業者に実施義務が課され，50人未満の事業場でも実施の努力義務がある。ただし，労働者には受検の義務までは課せられていない。

3．ストレスチェック制度の目的

主たる目的は，本人のストレスへの気づきを促すこと，職場環境把握及び改善，副次的にメンタル疾患の早期発見を目指す。

厚生労働省は，「労働安全衛生法に基づくストレスチェック制度実施マニュアル」を作成し公開している。このマニュアルでは，ストレスが高い者を高ストレ

ス者とする。その算出例として，職業性ストレス簡易調査票（全57項目）を使用した場合，心身のストレス反応（全29項目）の合計（29〜116点）で77点以上，ストレス要因（全17項目）と周囲のサポート（9項目）の合計（26〜104点）が76点以上で心身のストレス反応の合計が63点以上の者を高ストレス者とするとしている。この範囲に入る者は概ね全体の10％程度にあたる数になるといわれる。

高ストレス者には，相談窓口の紹介や，特に心身のストレス反応の得点合計が高い等の場合，状況がよくないと判断される者には医師による面接・指導の機会が提供される。

4．ストレスチェック制度と人材育成

ストレスチェック制度は，全体の約10％の心身のストレスによる不調者，もしくはその予備軍ともいえる者たちへの対応に焦点があたりがちである。

残りの90％には，どのような対応がなされるのだろうか。それがもう１つのストレスチェック制度の目的である職場の環境把握及び改善を行い，働きやすい環境を創りだすことである。職業性ストレス簡易調査票では，ストレスの原因と考えられる因子として「心理的な仕事の負担（量）」「心理的な仕事の負担（質）」「自発的な身体的負担度」「職場の対人関係でのストレス」「仕事のコントロール度」「あなたの技能の活用度」「あなたが感じている仕事の適性度」「働きがい」の９つの因子と，ストレス反応に影響を与える他の因子として，「上司からのサポート」「同僚からのサポート」「家族や友人からのサポート」「仕事や生活の満足度」で構成されている。

ここで，人材育成の観点で，これらの因子を見てみよう。

ストレスの原因と考える因子の中で，人材育成に関係がありそうなのは，「あなたの技能の活用度」「あなたが感じている仕事の適性度」「働きがい」が挙げられる。また，ストレス反応に影響を与える他の因子にある上記の周囲からの３つの「サポート」と「仕事や生活の満足度」も人材育成に関連する事項といえる。

上司や同僚が部下や後輩，同僚に「サポート」の気持を持って対応することで，各々の「技能の活用度」を高め，「仕事の適性度」を感じるようになり，それが「働きがい」につながり，「仕事の満足度」も高まってくるのである。「働きがい」「仕事の満足度」の高まりが，仕事に起因する「ストレス反応」を下げる効果があることが知られている。上司・部下や，同僚同士が団結し，助け合ってその仕事に取り組めたら，非常に忙しくても（仕事の量），自分の能力以上の仕事や非常に

厳しい条件の仕事を任されたとしても（仕事の質），それに向かってその仕事に「働きがい」を見つけ，「満足度」が高まり，元気に業務を遂行し，成果を上げることができる。

それでは，個人の「仕事の量」や「仕事の質」による調整は，組織としては有効だろうか。企業では，組織としての目標が前年より低く設定され，「仕事の量」や「質」が下がることを容認することは，基本的にない。もし部下の仕事の量を減らすと，誰かがそれを補わなければならず，多くの場合は，上司に負担が集中するだけである。ただ，無駄な業務が多かったり，過剰な品質の業務を行っていたりする場合は，管理職のマネジメントの適正化と業務の効率化で，職場の環境を変え，仕事の量も減らすことで，目標達成もできる。

ストレスチェック制度では，集団分析により，基本的にこれらの状況が可視化でき，より適した体制，仕組みの構築が可能となってくる。

5．まとめ

ストレスチェック制度には，「本人のストレスの気づきを促す」だけでなく，「職場環境把握，改善」がある。後者では，個人や職場の状況を定期的かつ客観的に観測し，数値化したデータを活用する機会にもなる。課題の把握だけでなく，改善の度合いの把握も可能である。この改善の過程では，職場での上司・部下間，同僚間のサポートが重要であり，それは，その職場に所属する人たちの職業人としての成長，職場の成熟度合も高める効果もある。その標準化により，水平展開といった可能性も広がるのである。

（前田一寿）

ストレス耐性とレジリエンス

ストレスとストレス耐性

環境変化が激しい社会の中で，先の読めない不透明感や不確実性が存在し，こうした多様なストレス要因が，働く人々の心身の健康に対しマイナスの多様な影響を与えている。働く人々は，ストレスに効果的に対応し，いかにストレスをうまく乗り越え，心身の健康を維持し向上させることができるかは，単に個人の問題だけではなく，組織の重要な人事施策でもある。

ストレスには2種類ある。1つは，ユーストレス（eustress）で，他方はディストレス（distress）である。適度なストレスであるユーストレスは，働く人にむしろ緊張感や張り合いを与え，目標に向かって動機づける。これに対し，無意味で過剰なストレス（ディストレス）は，マイナスの影響を与え，人の意欲を次第に低下させ生産性の向上を阻害し，働く人々の心身の健康に悪影響を与える。

　組織にとって，働く人々の心身の健康は重要資源である。したがって，無用で過剰なディストレスを削減し，生産性を阻害するようなストレス要因を排除するための努力が必要となってくる。

　だが現実にはストレスのない仕事・職場はほとんどなく，ストレスを完全に回避し無くすことはできない。そこで，欠かせない力とは，たとえストレスに遭遇したとしても，ストレスを効果的に処理・対応し，多様なストレスをうまく乗り越えることができる「ストレス耐性」である。

　ストレス耐性の形成は，子どもの時からの生育環境の中で通常培われる。すなわち，親からの教育・しつけなどが大きく影響する。結果，固有の性格や行動特性が生育過程で形成され，ストレス耐性の形成には個人差が生じる。しかし，人は成長するに従い，経験から多くの学習をし，環境に適宜合わせながら自己をコントロールする力を身につけていく。成人期には，社会，組織や職場ニーズを自ら読み取り，環境に合わせた適応行動が取れるようになるのが一般的な発達過程である。

求められるレジリエンス

　現代のような変化の激しい社会，組織や職場では，時に過剰なストレスや予期せぬ強いストレスに突然襲われることもある。例えば，代表例としては，自然災害，事故，倒産，リストラ，セクハラ・パワハラ，異動（海外転勤，出向）職場での上司と部下の関係性などから生じるストレスがある。こうした予期せぬ強いストレス状況に遭遇し，ストレス耐性の限界を越えると，メンタルヘルス不調になることもある。

　ストレス社会にうまく適応するためには，働く人々は単なるビジネススキルだけではなく，環境変化に柔軟に対応する強い力が必要となる。変化に強い組織をつくり，変化に強い個人を育成するには，次から次へと遭遇する困難やストレスからすばやく回復する力やタフさ，すなわち「レジリエンス」（resilience）が欠かせない。

レジリエンスとは何か

　レジリエンス（resilience）の語源は，「resilire（元に戻る）」，「salire（はね返る）」から来ている。「立ち直る力，（ゴムなどの）弾力性」を意味するが，レジリエンスの定義は研究者により異なり，「防護要因，回復への動的プロセス，回復能力であり結果である」など様々である。レジリエンスは，突然予期せぬ強いストレスに遭遇し，ショックを受け心が落ちこんでも，その状態からしなやかに回復し再適応する力を意味する。すなわち，レジリエンスとは「挫折や困難状況からのしなやかな回復力」である。

　レジリエンスの研究は，セリグマン（Seligman, M.）が提唱したポジティブ心理学において展開されている。従来の心理学は，人をマイナス状態からゼロの状態に戻すことを主に研究していたが，ポジティブ心理学は，人を単にゼロ状態に戻すのではなく，さらにプラスの状態にもっていくことを研究する心理学である。

　セリグマンは，レジリエンスを高めるトレーニング・プログラムを開発し，レジリエンスは訓練によって高めることは可能だとしている（生得的レジリエンスと区別して獲得的レジリエンスとした）。

　また，レジリエンスの研究からは，高いレジリエンスの人は共通する3つの特性を有していることがわかった。3つの特性とは，①チャレンジ（challenge），②コミットメント（commitment），③コントロール（control），である。3つの頭文字をとり「3C」とよぶ。まず，①のチャレンジは，人生において変化は避けられないものであることを受け入れ，困難な状況からも何かを学ぼうとすることである。②コミットメントは，人生で起こるどんなことにも意味を見出そうとする意思をもっていることである。③コントロールは，自分の状況をどう捉えるかを含め，自分には選択肢があり，自分の人生をコントロールしているのは，自分であるという責任感を持っていることである。こうした3つの特性に加え，ほかの共通点は，大変な時こそ人とのつながりを大切にし，逆境の時こそ人とかかわるようにする，そして直面する自己の問題から逃げるのではなく，受け止め対処することであった。

　今後，組織の成長発展のためには，このようなレジリエンスの高い人材を育成することが欠かせない。つまり，不測の事態に遭遇しても，困難を乗り越え自らの手で立ちあがり，成果を上げるレジリエンスが高い人材を育成し，強い組織をつくることが大切である。組織と人のレジリエンスを強化することにより，職場

ストレス耐性とレジリエンス　439

やチームへの適応力や問題処理能力を向上させ，組織全体をしなやかに強化し，さらに生産性を向上させることにつながることが予測される。つまりレジリエンスは単に乗り越え回復することだけに留まらず，遭遇する変化の中で積極的に挑戦し続ける強い力でもある。

（宮城まり子）

ワーク・ファミリー・コンフリクト

　仕事生活と家庭生活とをいかにバランスをとっていくのかといった問題は，近年ますます大きな関心を集めている。これまで伝統的性役割観のもとで男女が棲み分けを行ってきた仕事と家庭の2つの生活領域において，経済状況や個人の価値観の変化から，男女ともに両生活領域を視野に入れた役割行動をとることが求められているからである。しかし，この仕事生活と家庭生活とをいかにバランスをとっていくのかという問題は，それほど簡単な課題ではない。この2つの生活領域は時に対立し，互いにゆずらぬ要求を持つことがあり，そのことが職務満足，家庭満足など個人の様々な心理学的変数にネガティブな影響を与える。この仕事と家庭を両立しようとする際に生じる葛藤をワーク・ファミリー・コンフリクトとよんでいる。

　ワーク・ファミリー・コンフリクトとは，例えば，仕事中に子どもが熱を出したという連絡が保育園から入り，迎えに行かなければならなくなる，あるいは，家族で旅行の予定を立てていたのに急な仕事で旅行に行けなくなるなどの事態における心理的葛藤を指し，「役割葛藤の一形態であり，組織からの要求が家庭における個人の達成を阻害し，また家庭からの要求が組織における個人の達成を阻害する葛藤」（Netemeyer et al., 1996）などと定義される。

　ワーク・ファミリー・コンフリクト研究の目標は，ワーク・ファミリー・コンフリクトの発生の心理社会的メカニズムを明確化し，その解決のための知見を提供することにある。先行研究における知見を概観すると，ワーク・ファミリー・コンフリクトの発生を規定する仕事領域の要因としては，労働時間，通勤時間，正規・非正規などの就業形態，仕事を重視する程度，仕事におけるストレスの程度などがあげられる。また，家庭領域の要因としては，子どもの数と年齢，家事・育児・介護など家庭領域に費やす時間，家庭役割を重視する程度，家庭にお

けるストレスの程度，配偶者の仕事時間などがあげられる。一方，ワーク・ファミリー・コンフリクトが及ぼす影響としては，仕事領域では仕事不満足，キャリア不満足，組織コミットメントやパフォーマンスの低下，転職意思，休職など，家庭領域では結婚不満足や家庭不満足など，そのほかに全般的な生活満足度の低下，抑うつ，心身症傾向，血圧やコレステロールの上昇，身体的不健康，飲酒，バーンアウトなどがあげられる。

　ワーク・ファミリー・コンフリクトの発生プロセスを見てみると，仕事領域の要因は仕事→家庭葛藤を引き起こし，家庭領域の要因は家庭→仕事葛藤を引き起こす（Adams et al., 1996; Frone et al., 1992; Grandey & Cropanzano, 1999）。一方，わが国の調査結果では仕事領域の要因，家庭領域の要因ともに，仕事→家庭葛藤も家庭→仕事葛藤も引き起こし，両領域の要因間に相違が見られない（金井，2002）。この違いについて検討すると，わが国の調査結果では，仕事→家庭葛藤と家庭→仕事葛藤の間の相関係数が海外よりも高くなっていた。わが国では特に男性において家庭のために仕事をしているのだから家庭責任は果たしているというように，家庭における経済的な面以外の役割への認識が低いことや，社会文化的に仕事は公，家庭は私として，私を犠牲にした公が尊ばれる傾向が強いことから，結果として家庭は仕事の下位に置かれることになり，認識としての仕事と家庭との領域の独立性が低いためではないかと考えられる。

　ワーク・ファミリー・コンフリクトに対してどのように対処するかということは現実的な問題として非常に重要な課題である。加藤ら（加藤・金井，2006，加藤ら，2006）は，ワーク・ファミリー・コンフリクトへの対処行動について，職場領域における職場内役割調整対処，仕事役割充実対処，仕事役割低減対処と，家庭領域における夫婦間役割調整対処，家庭役割充実対処，家庭役割低減対処の6つの対処行動を明らかにしている。

　また，富田・金井（2012）は，仕事と家庭の両立におけるネガティブな面としてのワーク・ファミリー・コンフリクトに対し，仕事と家庭の両領域があるからこそのポジティブな面に着目し，ワーク・ファミリー・ファシリテーションの概念を検討している。ワーク・ファミリー・ファシリテーションとは，「ある役割（例：仕事）に携わることによって，他の役割（例：家庭）のパフォーマンスや機能が高まること（Wayne et al., 2004）」である。仕事生活と家庭生活のバランスについて，コンフリクト／ファシリテーションの両側面から検討することは意味があると考えられる。

今後の課題としては，夫婦間の相互作用の観点や社会的資源の活用などの観点からのワーク・ファミリー・コンフリクト／ファシリテーションの検討が期待される。

(金井篤子)

EAPの現状と課題

例えば，仕事が合わなかったり，職場の人間関係に問題があったり，病気に罹患してしまったりすると，勤労者は仕事に身が入らなくなり，仕事ぶりが悪くなってしまうものだろう。EAP（Employee Assistance Program：従業員援助プログラム）は組織との法人契約のもと，このような問題を早い段階で専門相談につなげて従業員や家族の手助けを行い，結果として従業員の仕事ぶりをより良くして組織にも貢献していこうとするプログラムである。

EAPはアメリカにおいて発展し，1985年に日本生産性本部メンタル・ヘルス研究所の今井保次によって日本に紹介された。1990年代より民間のEAPサービスが出始め，筆者が勤める会社は日本のEAP専門会社として最も古い1993年から事業を行っている。1998年に日本EAP協会が設立され，同年に出された労働省「労働の場におけるストレス及びその健康影響に関する研究報告書」には，日本のEAP先進事例が紹介されている（松本ら，1998）。2000年に労働省から「事業場における労働者の心の健康づくりのための指針（メンタルヘルス指針）」が出され，その翌年頃からEAP機関の設立が相次ぎ，日本において導入が進んだといえる。

EAPは大きく分けて，企業内で取り組む「内部EAP」と，企業外のEAP機関と法人契約を行う「外部EAP」に分類されるが，現在ではEAPというと外部EAPのことを指すようになっている。外部EAPの利点は，内部で専門スタッフを導入するより安価であること，プライバシー保護の安心感が高いこと，利用者が自分の問題に応じて専門スタッフを複数の中から選べることなどが挙げられる。外部EAPはクライアント企業の実態に沿ったサービスアレンジが可能な場合が多く，EAPは主に企業のメンタルヘルス対策として普及促進した。

国際EAP協会が示しているEAPのサービスラインナップのガイドラインは表6-6（Employee Assistance Professionals Association, 1997）のとおりである。日本におけるEAP機関のサービスは，表6-6のラインナップを押さえつつ，例え

表6-6　ＥＡＰによる直接のサービス

A. 問題の確認・アセスメントとリファー
EAPはクライアントの抱える問題を確認しアセスメントを行い，適切な行動プランを作成し，必要な場合には，問題解決に適した手段を推薦したり，適切な援助を行う機関へ紹介するものとする。

B. 危険への介入
EAPは従業員，その家族，および組織の直面する危険に対し，機敏な介入措置をとるものとする。

C. 短期的問題解決法
EAPは，問題解決のための短期的措置をいつ行うか，また専門家や地方自治体の提供する手段への紹介をいつ行うかを決めるための手続きを定めるものとする。

D. モニターリングおよびフォローアップ・サービス
EAPは適正なフォローアップ・サービスと，クライアントの進展についてのモニターが行われるように保証する方法を定めるものとする。

E. 組織のリーダーのトレーニング
EAPは，プログラムの目的や手続きならびに，プログラムに関する組織のリーダーの役割を理解し，意思疎通を図るために，組織のリーダーをトレーニングするサービスを提供するものとする。

F. 組織のリーダーへのコンサルテーション
EAPは組織のリーダーに対し，業務成績や行動および医療上の問題を抱える従業員を，EAPへマネージメント・リファーすることに関してコンサルテーションを提供する。

G. 組織に関するコンサルティング
EAPは，従業員の心身の健康に強い影響を与える可能性のある問題，施策，日常業務および慣例についての相談に応じるものとする。

H. プログラムの推進と教育
EAPは，従業員，その家族と認められる者，および組織のリーダーが，プログラムを躊躇なく利用できるような雰囲気を醸成するために，プログラムを発展向上させ，広報資料の作成や広報行事を行うものとする。

ば職場復帰支援など，メンタルヘルス指針において求められる内容もパッケージ化されていることが多い。EAPのメインサービスは相談サービスであり，契約企業の従業員およびその家族は一定回数が無料（サービス費用は企業負担）で，しかも相談者のプライバシーには充分に配慮された形で提供されるのが標準である。「パフォーマンス向上」という目的のもと，複数の相談方法（電話・Web・面談など）を使って専門スタッフに相談できるようになっている。

　以上概観してきたとおり，EAPは目的が「メンタルヘルス問題の改善」でなく「パフォーマンス向上」に置かれており，自分がアクセスしやすい方法で相談できて，かつ自己負担がかからないことが特徴といえる。実はこれらは，上司や人事

や同僚が，気になる社員をEAPにリファーしやすいよう狙ったサービスデザインなのである。

　2015年12月からスタートした労働安全衛生法に基づくストレスチェック制度の施行により，日本のEAP機関は，ストレスチェックをEAPの標準サービスとして位置づけていく方向に動くといえよう。日本型EAPは，日本型人事制度と日本の労働安全衛生法に沿って展開を見せてきた。企業の安全配慮義務を支援しつつ，今後のEAPは少子高齢化やダイバーシティを見据えて，社員に対するセルフケア施策の充実，コミュニケーションスキルやレジリエンス・ワークエンゲージメントの向上，キャリア開発支援など，社員個人が成長につながるような啓発プログラムが求められると予測している。

（松本桂樹）

1次予防としての職場環境改善活動の効果

1．職場環境改善活動とその効果

　職業性ストレスの発生を未然に防ぎ，労働者の健康増進を図るための1次予防は，個人へのアプローチと環境要因へのアプローチとに大別される。このうち後者は，職場においてストレッサーとなっている環境要因を特定し，それらの除去・低減を通して職場環境等の改善（以下，職場環境改善活動）を行うものである。なお職場環境等とは，温度や湿度，騒音などの物理化学的環境だけではなく，作業方法，労働時間，仕事の質や量，職場の人間関係，職場文化・風土などを含む，広い意味でのストレッサーとなり得るものを意味する。

　国際労働機関（ILO）によれば，世界9ヵ国から収集した19のストレス対策の成功事例のうち，14の事例が職場環境改善活動によるものであった。そして，個人へのアプローチの効果が一時的，限定的であるのに比べ，職場環境改善活動を通じたアプローチのほうがより効果が持続すると報告されている（Karasek, 1992）。日本企業においても職場環境改善活動の有効性が報告されている（例：Kobayashi et al., 2008；Tsutsumi et al., 2009）。その一方で，ポジティブな取り組みが当初ねらった効果とは異なる副作用やネガティブな効果を引き起こす場合もある（Semmer, 2006）との指摘や，経営合理化に伴う取り組みでは効果が認められない（Egan et al., 2007）との報告もある。これらのことから，職場環

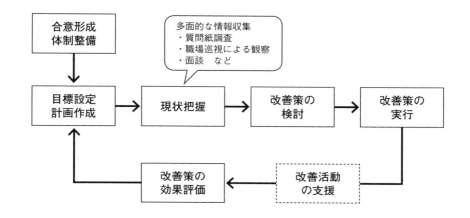

図6-12 職場環境改善活動の一般的な手順

境改善活動の効果に関するさらなる検証が求められる。

2．職場環境改善活動の意義

近年，職場環境改善活動が注目される背景として，次の2点が挙げられる。第1に，ストレスチェック制度の一環としての意義である。2015年12月より労働安全衛生法が改正施行され，労働者に対するストレスチェック制度が導入された。それに伴い，個々人の回答結果を職場単位で集計・分析して，その結果に基づいた職場環境改善活動を行うことが努力義務化された。第2に，組織開発（OD）の一手法としての意義である。ODは，診断型組織開発と対話型組織開発とに大別される（中村，2015）が，質問紙調査を伴う職場環境改善活動は前者の1つに位置づけられる。

3．職場環境改善活動の進め方

職場環境改善活動の一般的な進め方は，図6-12のようになる。組織長の了解を得たうえで，推進役を選任するなどの体制整備を行う。そして，活動の目標を定め計画を立案する。現状把握では，質問紙調査などを行い，その分析結果を踏まえて職場単位で改善策を検討・立案する。この際，一部の人間だけで検討せずに，1人でも多くのメンバーを巻き込むことが，その後の活動をスムーズにする。

実際の改善策は様々である。例えば，仕事の負荷が高いという分析結果を踏ま

えて，毎日の朝礼で各メンバーが抱えている過重負荷や進捗遅れなどの問題を共有し，必要に応じて負荷分散を行うなどである。なお，改善活動が停滞せず継続するように，保健師や外部コンサルタントによる支援も必要となる。

その後，半年から1年間のスパンで改善策を継続して実行し，2回目の質問紙調査を行うなどして改善策の効果を評価する。その評価結果は次期の改善活動に反映させ，PDCAサイクルを回していく。

（髙橋　修）

産業疲労測定のポイント

ここでは職場での仕事や日常生活場面での活動に伴う疲労現象を取り上げる。疲労とは何か，その正体をつめていくことは難しいが，誰でも普段経験している事柄ではある。何らかの活動を続けていると必ず疲れの症状が生ずる。仕事では，能率の低下やできあがりが粗雑になったりする。運動でも遊びでも，初めのうちはよいがだんだんとうまくいかなくなる。休みたくなる。一方，活動しないでいれば，例えば寝ていたら疲れは出ないかとなるとそうでもない。長いこと寝てばかりでいると"寝疲れ"といった言葉があるように寝ていても疲れの現象は起こる。一方，軽い活動や睡眠で疲れを癒すことも日常体験していることである。何らかの活動がすべてネガティブな疲労症状につながるかといえばそうではない。疲労とは，活動と休息という生体リズムの位相の一面であることには違いない。問題は，疲労があって能率が落ちたといったレベルだけではなく，疲労状態が重大な事故につながることもあり，極端な場合は疲労困憊といった生命にも支障をきたすような事態に至ることにある。

仕事や何らかの活動が終わって，快い疲れを感ずることがある。これには一種の達成感が含まれている。そして休みに入る。休息は疲れを癒すだけではなくつぎの活動への英気を養うものであるという視点は大事である。

産業疲労測定法としては，血液や尿などの働き・性状の検査，神経・感覚や筋の機能検査，心理検査などがある。また，直接的な測定とはいえないが，時間研究や動作研究から疲労現象を捉える方法もある。

機能検査法としてよく用いられた「フリッカー検査」を取り上げてみる。これは，物理的に点滅している光点を提示し，その臨界融合頻度（CFF）を測る閾値

法の1つである。光点が融合して見えるか点滅して見えるかの境目を答えてもらうやり方で，点滅頻度（Hz）の変化から機能レベルを調べることになる。一定の作業が課されている場面で，時間的な機能変動の推移をみる。作業前の閾値に対して作業終了時の値がどれだけ低下したかである。ただし，その機能低下の判定は個人差もあるので簡単ではない。フリッカー測定機で測ればすぐさま疲労度がわかるというわけにはいかない。

　仕事等による疲労現象を生体機能の低下という側面から調べる方法はきわめて一般的であるが，実際に職場での疲労調査をやるとなると容易ではない。個人の疲労度だけではなく，職場集団の疲労度が問題となるからである。フリッカー値変動の扱いで，作業（勤務）前値に対し作業終了時の値が5％低下した場合を一応低下した事例と見なし，当該職場集団での測定例中，5％以上低下した人の割合が25％を超えるとき，機能低下の大きい職場という判定枠を設けた試みがあった（狩野，1972）。これについては，統計的な処理の仕方としては可能としても，作業前値を基準とすることの妥当性や個人差（当初の閾値が人によって50Hz近くから30Hzといった差がある）の問題などの難点はあるが，職場の状況を尺度上定位して調べるということからすると有効であろう。

　勤務や作業の前後での機能検査の結果から，一定の基準で機能低下が大きいとされる人たちの多い職場，または少ない職場という区分はできる。しかし，この結果からすぐさま疲労度が高い・低い「職場」としてしまうことは短絡的である。疲労すると機能低下等が起こるという"現象面"との平行関係をいくつかの検査結果として並べ，置き換えているにすぎないからである。測定値が問題になるかどうかについては"判定"が必要となる。

　実際の疲労調査・測定の目的は，疲労現象との平行関係が認められる「検査結果」を手がかりに，多岐にわたる疲労要因の中から主たる要因を探ることにあるといってよい。職務遂行過程や労働・生活条件を調べて，過重な負荷や過小な負荷の有無など健康上のバランスを失する状況にあるかないかを詰めていく，これが疲労測定のポイントである。疲労検査の対象となった"現実の"職場・生活条件の点検ということが骨子となる。名目的な職種別とか年齢段階別に検査結果を並べてみただけでは問題事象への接近は程遠い。

　CFF値測定などの機能検査は客観的な疲労測定法とされているが，疲労感を調べるといった主観的な方法もある。「疲労自覚症状調査票」や「作業後症候しらべ」，フラストレーション自体を検する目的で作成された「情意生活しらべ」等はわが

国の疲労感調査・研究の草創期の代表的なものとして用いられた。これらの質問紙法の流れはいくつかの変容を経つつ現在につながっている。

　疲労感調査は，特に職場メンタルヘルス管理などでの一手法となっているが，ここでもその使い方には難しい面がある。疲労感調査票は，あらかじめ疲労状態のときの症状，「目が疲れる」「肩がこる」「だるい」などの項目がいくつか設定されており，被検者はそれらの項目に該当する症状の有無を答える。これが疲労症状の「訴え」であって，対象職場での「平均訴え率」が取り上げられる。

　疲労症状の様子を主観的な側面から捉えようとするとき，方法としては質問法（質問紙）が一般的であるが，尺度化されたものを使う場合は，出来合いのものとしての扱いは安易である。疲労感の平均訴え率が高い職場は，すなわち労働負担の大きい職場であるといった捉え方は避けたい。

　機能検査や疲労感調査の結果は，「産業疲労」を直接表現するものではなく，「疲労要因」に接近する手がかりを与えてくれるものとして扱うことが主要点である。産業疲労測定の意義は，健康障害に至るような過度の疲労，その要因を探り，労働・生活条件の改善に資することにある。疲労要因とは，労働条件としては，雇用条件，職場組織，作業方式，労働強度，労働時間，管理方策，人間関係等をあげることができるが，それぞれ対象者の行動的レベル，例えば測定対象者の実際の労働時間や残業，休憩の取り方，勤務間隔時間，睡眠時間，余暇の様子などとのクロスで捉えることが肝心で，性別とか年齢段階別，職種別，職場別といった分類による集計・測定結果表示だけで終わることは，労働の後果としての疲労現象を問う場合は不十分である。

〔越河六郎〕

引用・参考文献

大項目

組織環境とメンタルヘルス

Bech, P. (2004) Measuring the dimensions of psychological general well-being by the WHO-5. *QOL Newsletter*, 32,15-16.

Eurofound. (2016) *Sixth European Working Conditions Survey-Overview report*. Publications Office of the European Union, Luxembourg.

厚生労働省（2013）「平成24年『労働安全衛生特別調査（労働者健康状況調査）』の概況」

Mausner-Dorsch, H., & Eaton, W. E. (2000) Psychosocial work environment and depression: Epidemiologic assessment of the demand-control model. *American Journal of Public Health*, 90, 1765-2000.

Michie, S., & William, S. (2003) Reducing work related psychological ill health and sickness absence: A systematic literature review. *Occupational & Environmental Medicine*, 60, 3-9.

野口裕之・渡辺直登編著（2015）『組織・心理テスティングの科学』白桃書房

Peter, R., & Siegrist, J. (2000) Psychosocial work environment and the risk of coronary heart disease. *International Archives of Occupational & Environmental Health*, 73, 41-45.

下山晴彦・丹野義彦編（2002）『講座臨床心理学6　社会臨床心理学』東京大学出版会

Stansfeld, S. A., Bosma, H., Hemingway, H., & Marmot, M. G. (1998) Psychosocial work characteristics and social support as predictors of SF-36 health functioning: The Whitehall II study. *Psychosomatic Medicine*, 60, 247-255.

若林満・松原敏浩・渡辺直登・城戸康彰編（2008）『経営組織心理学』ナカニシヤ出版

渡辺直登（2010）「組織研究への心理学の貢献・限界・可能性」『組織学会創立50周年年次大会報告要旨集』13-18.

World Health Organization. (2004) *Promoting mental health : concepts, emerging evidence, practice : summary report*. Geneva: World Health Organization.

安田節之・渡辺直登（2008）『プログラム評価研究の方法』新曜社

中項目

人間工学

内閣府「平成28年度版高齢社会白書（概要版）」（http://www8.cao.go.jp/kourei/whitepaper/w-2016/html/gaiyou/s1_1.htm）

日本人間工学会ホームページ（https://www.ergonomics.jp）

産業技術総合研究所ホームページ（http://www.aist.go.jp）

Quality of Working Life—労働の人間化—

Dahl, S., Nesheim, T., & Olsen, K. M. (2009) *Quality of Work Concept and measurement*. Working papers on the Reconciliation of work and Welfare in Europe.

Elizur, D., & Shye, S. (1990) Quality of work life and its relation to quality of life. *Applied Psychology: An International Review*, 39(3), 275–291.

長谷川真一（2008）「ILOとディーセントワーク」『労働法律旬報』No.1663-64, 30-34.

風間信隆（1985）「イギリスにおける『労働生活の質』（QWL）の動向—雇用省労働調査部（WRU）の動向を中心として」『明大商学論叢』67(2～7), 579-642.

菊野一雄（2009）「『労働の人間化（QWL）運動』再考—その歴史的位置と意味の再検討」『三田商学研究』51(6).

黒田兼一・守屋貴志・今村寛治（2009）『人間らしい「働き方」「働かせ方」』ミネルヴァ書房

Lawler, E. E. (1975) Measuring the psychological quality of working life: The why and how of it, In L. E.

Davis & A. B. Cherns (Eds.), *The Quality of Working Life*, Vol. 1. (pp.123–133). New York: The Free Press.
Martel, J., & Dupuis, G. (2006) Quality of Work Life: Theoretical and Methodological Problems, and Presentation of a New Model and Measuring Instrument. *Social Indicators Research*, 77(2), 333-368.
嶺学 (1995)『労働の人間化の展開過程―市場競争下の職場の民主主義』御茶の水書房
奥林康司 (1981)『労働の人間化―その世界的動向』(pp.41-42). 有斐閣
奥林康司 (2011)「QWL-QWLへの関心とその基本問題」『日本労働研究雑誌』53(4), 26-29.
Royuela, V., López-Tamayo, J., & Suriñach, J. (2008) The Institutional vs. the Academic Definition of the Quality of Work Life. *Soc Indic Res*, 86:401–415, Springer.
Seashore, S. E. (1975) Defining and measuring the quality of working life, In L. E. Davis & A. B. Cherns (Eds.), *The Quality of Working Life* Vol. 1. (pp.105–118). New York: The Free Press.
Sirgy, M. J., Efraty, D., Siegel, P., & Dong-Jin, L. (2001) A new measure of quality of work life (QWL) based on need satisfaction and spillover theories. *Social Indicators Research*, 55, 241–302.

職業性ストレスに関する基礎理論

Cooper, C. L., & Marshall, J. (1976) Occupational sources of stress: A review of the literature relating to coronary heart disease and mental ill health. *Journal of Occupational Psychology,* 49, 11-28.
Cooper, C. L., Sloam, S. J., & Williams, S. (1988) *Occupational stress indicator.* Windsor: NFER-Nelson.
Edwards, J. R. (1992) A cybernetic theory of stress, coping, and well-being in organizations. *Academy of Management Review*, 17, 238-274.
French, J. R. P., Rodgers, W., & Cobb, S. (1974) Adjustment as person-environment fit. In G. V. Coelho., D. A. Hamburg, & J. E. Adams (Eds.), *Coping and adaptation.* (pp.316-333). New York: Basic Book.
Harrison, R. V. (1978). Person-environment fit and job stress. In C. L. Cooper & R. Payne (Eds.), *Stress at work.* (pp.175-205). New York: John Wiley & Sons.
Hurrell, J. J., & McLaney, M. A. (1988) Exposure to job stress—A new psychometric instrument. *Scandinavian Journal of Work and Environmental Health,* 14 (suppl.1), 27-28.
Karasek, R. A. (1979) Job demands, job decision latitude, and mental strain: Implications for job redesign. *Administrative Science Quartery,* 24, 285-307.
Siegrist, J. (1996) Adverse health effects of high-effort/low-reward conditions. *Journal of Occupational Health Psychology*, 1, 27-41.

メンタルヘルスマネジメント

岩波明 (2014)『心の病が職場を潰す』新潮社
経済産業省ヘルスケア産業課作成 (2015)「健康経営・健康投資を通じた産業創出と企業価値の向上について」
クラム, C (2003)『メンタリング』渡辺直登・伊藤知子訳 白桃書房
前田一寿 (2008)『組織を守るストレスワクチン』同友社
森晃爾 (2015)「産業医の視点から見た健康経営モデル」日本経営会議発表資料
宗方比佐子・渡辺直登編著 (2002)『キャリア発達の心理学』川島書店
中嶋聡 (2012)『新型うつ病のデタラメ』新潮社
日本産業精神保健学会編集 (2005)『メンタルヘルスと職場復帰支援ガイドブック』中山書店
野村総一郎 (2008)『うつ病の真実』日本評論社
尾形裕也他 (2015)「『健康経営』の枠組みに基づいた保険者・事業主のコラボヘルスによる健康課題の可視化」東京海上日動健康保険組合
斉藤環 (2011)『「社会的うつ病」の治し方』新潮社
島悟 (2007)『メンタルヘルス入門』日本経済新聞出版社
富高辰一郎 (2010)『なぜうつ病の人が増えたのか』幻冬舎ルネッサンス
矢倉尚典 (2011)「企業における健康問題への取り組みの視点」『日本労働研究雑誌』51-61.
ゾッリ, A. 須川綾子訳 (2013)『レジリエンス復活力』ダイヤモンド社

ストレス反応とメンタルヘルス不調

American Psychological Association. (2016) *What is resilience?*（http://www.apa.org/helpcenter/road-resilience.aspx 2016年4月26日閲覧）

Boles, M., Pelletier, B., & Lynch, W. (2004) The relationship between health risks and work productivity. *JOEM*, (46)7, 737-745.

Hurrell, J. J., & McLaney, M. A. (1988) Exposure to job stress: A new psychometric instrument. *Scandinavian Journal of Work Environment and Health*, 14, 27-28.

Holmes, T. H., & Rahe, R. H. (1967) The Social Readjustment Rating Scale. *Journal of Psychosomatic Research*, 11(2), 213-218.

Johns, G. (2010) Presenteeism in the Workplace: A review and research agenda. *Journal of Organizational Behavior*, 31, 519-542.

Karasek, R. A. (1979) Job demands, job decision latitude, and mental strain: Implications for job redesign. *Administrative Science Quarterly*, 24, 285-308.

Kessler, R., Barber, C., Beck, A., Berglund, P., Clearly, P., McKenas, D., Pronk, N., Simon, G., Stang, P., Ustun, T., & Wang, P. (2003) The World Health Organization Health and Work Performance Questionnaire (HPQ). *Journal of Occupational and Environmental Medicine*, 45, 156-174.

厚生労働省 (2015a) 平成26（2014）年度患者調査の概況．5主な傷病の総患者数（http://www.mhlw.go.jp/toukei/saikin/hw/kanja/14/dl/05.pdf 2016年4月26日閲覧）

厚生労働省 (2015b) ストレスチェック等の職場におけるメンタルヘルス対策・過重労働対策等．（http://www.mhlw.go.jp/bunya/roudoukijun/anzeneisei12/pdf/150709-1.pdf 2016年4月26日閲覧）

厚生労働省 (2016) こころの耳．働く人のメンタルヘルス・ポータルサイト 〜心の健康確保と自殺や過労死などの予防〜．ストレス軽減ノウハウ3 ストレスからくる病（http://kokoro.mhlw.go.jp/nowhow/003.html 2016年4月26日閲覧）

ラザルス, R. S., & フォルクマン, S. 本明寛・春木豊・細田正美訳（1991）『ストレスの心理学―認知的評価と対処の研究』実務教育出版

National Institute for Occupational Safety and Health. Work Organization and Stress-Related Disorders. (http://www.cdc.gov/niosh/programs/workorg/ 2016年4月26日アクセス閲覧）

日本精神神経学会精神科病名検討連絡会（2014）DSM-5病名・用語翻訳ガイドライン（初版）『精神神経学雑誌』116, 429–457.

Rahe, R. H., & Arthur, R. J. (1978) Life change and illness studies: Past history and future directions. *Journal of Human Stress*, 4(1), 3-15.

Selye, H. (1936) A syndrome by diverse nocuous agents. *Nature*, 138, 32.

サウスウィック, S. M., & チャーニー, D. S. 西大輔・森下博文監訳（2015）『レジリエンス―人生の危機を乗り越えるための科学と10の処方箋』森下愛訳 岩崎学術出版社

下光輝一・横山和仁・大野裕・丸太俊雅・谷川武（1998）「職場におけるストレス測定のための簡便な調査票の作成」加藤正明『労働省平成8年度職場関連疾患の予防に関する研究―労働の場におけるストレス及びその健康影響に関する研究報告書』東京医科大学, 107-115.

Wilkinson, R., & Marmot, R. (2003) *Social Determinants of Health: the solid facts* 2nd edition.（http://www.euro.who.int/__data/assets/pdf_file/0005/98438/e81384.pdf 2016年4月26日閲覧）

World Health Organization. (1997) *Jakarta Declaration on Leading Health Promotion into the 21st Century*.（http://www.who.int/healthpromotion/conferences/previous/jakarta/declaration/en/ 2016年4月26日閲覧）

World Health Organization, Commission on Social Determinants of Health. (2008) *Closing the gap in a generation. Health equity through action on the social determinants of health.*（http://apps.who.int/iris/bitstream/10665/43943/1/9789241563703_eng.pdf 2016年4月26日閲覧）

ソーシャルサポート

Bowling, N. A. (2006) Social Support. In S. G. Rogelberg (Ed.), *Encyclopedia of industrial and organizational psychology*. (pp.741-744). Sage Publications.

Colquitt, J. A., Baer, M. D., Long, D. M., & Halvorsen-Ganepola, M. D. (2014) Scale indicators of social exchange relationships: A comparison of relative content validity. *Journal of Applied Psychology*, *99*(4), 599-618.

Kurtessis, J. N., Eisenberger, R., Ford, M. T., Buffardi, L. C., Stewart, K. A., & Adis, C. S. (2015) Perceived organizational support a meta-analytic evaluation of organizational support theory. *Journal of Management*, 43(6), 1854-1884.

Riggle, R. J., Edmondson, D. R., & Hansen, J. D. (2009) A meta-analysis of the relationship between perceived organizational support and job outcomes: 20 years of research. *Journal of business research*, *62*(10), 1027-1030.

Zhang, Y., LePine, J. A., Buckman, B. R., & Wei, F. (2014) It's not fair… or is it? The role of justice and leadership in explaining work stressor–job performance relationships. *Academy of Management Journal*, 57(3), 675-697.

職場ハラスメント

Davenport, N., Schwartz, R. D., & Elliott, G. P. (1999) *Mobbing: Emotional abuse in the American workplace*. Ames, Iowa: Civil Society Publishing.（アカデミックNPO監訳『職場いびり―アメリカの現場から』緑風出版 2002）

金井篤子（2000）「セクシュアル・ハラスメントにかかわる女と男のシャドウ・ワーク」土肥伊都子・藤田達夫編『女と男のシャドウ・ワーク』（pp.115-135）．ナカニシヤ出版

君嶋護男・北浦正行（2015）『セクハラ・パワハラ読本―職場のハラスメントを防ぐ』日本生産性本部生産性労働情報センター

厚生労働省（2012a）『職場のいじめ・嫌がらせ問題に関する円卓会議ワーキング・グループ報告』

厚生労働省（2012b）『平成23年度 都道府県労働局雇用均等室での法施行状況』

厚生労働省（2015a）『平成26年度 都道府県労働局雇用均等室での法施行状況』

厚生労働省（2015b）『平成26年度 個別労働紛争解決制度の施行状況』

21世紀職業財団（2015）『新・職場におけるセクシュアルハラスメント防止のために（第7版）』

田中堅一郎（2006a）「荒廃する職場の犠牲者―職場の迫害，いじめに関する心理学的研究の展望」『日本大学大学院総合社会情報研究科紀要』7, 1-12.

田中堅一郎（2006b）「職場でのセクシャル・ハラスメントに関する心理学的研究の動向」『日本大学大学院総合社会情報研究科紀要』7, 493-504.

労働災害

中央労働災害防止協会（2013）「若年労働者の労働災害防止のための安全衛生管理手法の開発に関する調査研究報告書」中央労働災害防止協会

中央労働災害防止協会編（2017）『安全の指標 平成29年度』中央労働災害防止協会

厚生労働省（2017）「労働災害発生状況」

中村隆宏（2013）「ヒューマンエラーと事故」 関西大学社会安全学部（編）『事故防止のための社会安全学：防災と被害軽減に繋げる分析と提言』（pp.120-138）．ミネルヴァ書房

内閣官房・総務省消防庁・厚生労働省・経済産業省（2014）「石油コンビナート等における災害防止対策検討関係省庁連絡会議 報告書」

Reason, J. (1997) *Managing the risks of organizational accidents*. Brookfield, VT: Ashgate.（塩見弘監訳『組織事故―起こるべくして起こる事故からの脱出』日科技連出版社 1999）

ワーク・ライフ・バランス

Byron, K. (2005) A meta-analytic review of work-family conflict and its antecedents. *Journal of Vocational Behavior*, 67, 169-198.

Beauregard, T. A., & Henry, L. C. (2009) Making the link between work-life balance practices and organizational performance. *Human Resource Management Review*, 19(1), 9-22.

Greenhaus, J. H., & Beutell, N. J. (1985) Sources of conflict between work and family roles. *Academy of Management Review*, 10, 76-88.

Lewis, J., & Campbell, M. (2008) What's in a name? 'Work and Family' or 'Work and Life' balance policy in the UK since 1997 and the implications for the Pursuit of Gender Equity. *Social Policy & Administration*, 42(5), 524-541.
内閣府（2007）WLB憲章
内閣府（2014）「男女共同参画白書平成26年度版」
総務省統計局（2011）「社会生活基本調査」（平成23年）
総務省統計局（2012）「就業構造基本調査」（平成24年）

トピックス
安全文化の確立のために
IAEA:International Nuclear Safety Advisory Group. (1991) *Safety Culture*. Safety Series No.75 INSAG-4.
Reason, J. (1997) *Managing the Risks of Organizational Accidents*. Ashgate.（塩見弘監訳 高野研一・佐相邦英訳『組織事故』日科技連出版社 1999）
Schein, E. H. (1999) *The Corporate Culture Survival Guide*. Jossey-bass.（金井壽宏監訳 尾川丈一・片山佳代子訳『企業文化―生き残りの指針』白桃書房 2004）

ストレスチェック制度をめぐって
岩波明（2009）『ビジネスマンの精神科』講談社
上島国利編集（2008）『働く人のうつ病』中山書店
厚生労働省（2015）「労働安全衛生法に基づくストレスチェック制度実施マニュアル」
小杉正太郎（2003）『社内うつ』講談社
前田一寿（2008）『組織を守るストレスワクチン』同友社
前田一寿（2015）「ストレスチェック制度―実施に向けての課題と可能性」『病院経営』Vol. 5(2)
宗方比佐子・渡辺直登編著（2003）『キャリア発達の心理学』川島書店
ロビンス, S. P. 高木晴夫訳（1997）『組織行動のマネジメント』ダイヤモンド社

ストレス耐性とレジリエンス
堀毛一也（2010）「ポジティブ心理学の展開」『現在のエスプリ』512, 至文堂
久世浩司（2014）『「レジリエンス」の鍛え方』実業之日本社
ピースマインド・イープ（2014）『レジリエンスビルディング』英治出版
島井哲志編（2013）『ポジティブ心理学』ナカニシヤ出版

ワーク・ファミリー・コンフリクト
Adams, G. A., King, L. A., & King, D. W. (1996) Relationships of job and family involvement, family social support, and work-family conflict with job and life satisfaction. *Journal of Applied Psychology*, 81, 411-420.
Frone, M. R., Russell, M., & Cooper, M. L. (1992) Antecedents and outcomes of work-family conflict: Testing a model of work-family interface. *Journal of Applied Psychology*, 77, 65-78.
Grandey, A. A., & Cropanzano, R. (1999) The conservation of resources model applied to work-family conflict and strain. *Journal of Vocational Behavior*, 54, 350-370.
金井篤子（2002）「ワーク・ファミリー・コンフリクトの規定因とメンタルヘルスへの影響に関する心理的プロセスの検討」『産業・組織心理学研究』15(2), 107-122.
加藤容子・金井篤子（2006）「共働き家庭における仕事家庭両立葛藤への対処行動の効果」『心理学研究』76, 511-518.
加藤容子・金井篤子・富田真紀子（2006）「仕事と家庭の両立にどう対処するか―仕事領域でのワーク・ファミリー・コンフリクト対処尺度の検討」『日本発達心理学会第17回大会発表論文集』292.
Netemeyer, R. G., Boles, J. S., & McMurrian, R. (1996) Development and validation of work-family conflict scales. *Journal of Applied Psychology*, 81(4), 400-410.

富田真紀子・金井篤子（2012）「大学生が展望するワーク・ファミリー・バランス―ワーク・ファミリー・コンフリクト／ファシリテーション予期について男女別の観点から」『産業・組織心理学研究』26(1), 35-52.
Wayne, J. H., Musisca, N., & Fleeson, W. (2004) Considering the role of personality in the work-family experience: Relationships of the big five to work-family conflict and facilitation. *Journal of Vocational Behavior*, 64, 108-130.

EAPの現状と課題

Employee Assistance Professionals Association.（1997）「EAPA基準およびEAP専門家のためのガイドライン」(http://eapaj.umin.ac.jp/guideline.html　2016年4月30日閲覧)
松本桂樹・豊田秀雄・韮沢博一（1998）「事業所外部におけるメンタルヘルスケア」『労働省平成9年度作業関連疾患の予防に関する研究　労働の場におけるストレス及びその健康影響に関する研究報告書』342-344.

1次予防としての職場環境改善活動の効果

Egan, M., Bambra, C., Thomas, S., Petticrew, M., Whitehead, M., & Thomson, H. (2007) The psychosocial and health effects of workplace reorganisation. 1. A systematic review of organisational-level interventions that aim to increase employee control. *Journal of Epidemiology and Community Health*, 61, 945-954.
Karasek, R. (1992) Stress prevention through work reorganization: A summary of 19 international case studies. *ILO Conditions of work digest: Preventing stress at work*, 11, 23-41.
Kobayashi, Y., Kaneyoshi, A., Yokota, A., & Kawakami, N. (2008) Effects of a worker participatory program for improving work environments on job stressors and mental health among workers: A controlled trial. *Journal of Occupational Health*, 50, 455-470.
中村和彦（2015）『入門　組織開発』(p.84). 光文社
Semmer, N, K. (2006) Job stress interventions and the organization of work. *Scandinavian Journal of Work, Environment & Health*, 32, 515-527.
Tsutsumi, A., Nagami, M., Yoshikawa, T., Kogi, K., & Kawakami, N. (2009) Participatory intervention for workplace improvements on mental health and job performance among blue-collar workers: A cluster randomized controlled trial. *Journal of Occupational and Environmental Medicine*, 51, 554-563.

産業疲労測定のポイント

狩野広之（1972）「現場調査の手法について」『労働科学』48, 663-679.

第VII章

グローバル社会と人材育成

1. グローバル化と労働市場
2. グローバル化と日本的経営
3. グローバリゼーションとCSR
4. 企業の海外進出と現地雇用
5. グローバル化と経営戦略
6. グローバル化と人的資源管理
7. グローバル化と組織開発
8. 海外技術移転
9. 現地採用
10. 外国人人材の採用
11. 外国人幹部の採用
12. グローバル・リーダー
13. 海外派遣者のキャリア
14. 外国人留学生の卒業後の実態と育成のあり方

外国人留学生の活用
海外地域特性に合わせたマネジメント対応のあり方
ASEAN・中国・台湾・韓国における日系企業の人材育成活動

第VII章 グローバル社会と人材育成

1. 人材のグローバル化の背景と日本企業の対応

　グローバル人材が求められるようになる背景には，大きく変転する世界経済があった。この変化は，2つの異なる波となって日本の企業組織に及んでいる。第一波は，1985年のプラザ合意に端を発する一連の構造変動である。それまで，日本企業の海外進出は，製造業による製品の輸出によって牽引されていた。しかし，プラザ合意の成立以降は，急激な円高により，日本企業は安い労働力を求め海外での生産に移行することになる。また，その後の欧米との貿易摩擦による輸出規制が，海外現地生産への移行をさらに後押しした。その結果，海外での現地法人も必要となった。

　2000年代に入り，新たな時代の波が日本企業に押し寄せる。中国をはじめ，アジア新興国での市場の成長，またそれに伴い海外直接投資が増加する。他方，日本国内での少子高齢化により，将来の国内市場拡大への頭打ち感が拡大する。この結果，海外売上高比率の上昇傾向が顕著になる。

　製品の輸出の時代から，海外現地生産と海外市場への依存の拡大が，グローバル人材を希求する声を大きくしたと言えるだろう。

　こうした経済構造変動に対する日本の企業組織の反応も，時代ごとに2つに分かれる。第一波に対する日本企業の反応は，まずは経済変動に対する外国企業組織の対応に学ぶ，というところから始まる。しかし，この過程も決してスムーズではなかったようである。概ね，米国の企業での対応を学ぶところからスタートしたものの，日本企業の受け止め方は，グローバル人材についての考え方が「大

きくかけ離れていることに愕然とさせられる」など,「次元が異なる」グローバル人材の登用と処遇に狼狽する企業もあったという(井ノ上,2000)。こうした記述から,突如「グローバル人材」が要求される時代に直面し,右往左往する企業の姿が垣間見える。

しかし2005年あたりから,グローバル人材に対する日本企業組織の意識に変化があらわれる。海外現地法人へ派遣する社員の適性と資質,ナショナル・スタッフの登用など人事管理制度の構築,またそれに対応して本社と海外現地法人との間での人事制度の一体化など,具体的な課題に1つずつ対応する姿が見て取れるようになる。この過程で,人材のグローバル化が遅々として進まないことを指摘する声がなかったわけではない(秋里,2008)。しかし,帰国子女や外国籍留学生の採用に対する意識の変化や現地法人での外国籍社長の増加など,ゆっくりとではあるが人材のグローバル化が進んでいる状況だと見て良い。

2. グローバル人材とは

グローバル人材の必要性を論じる識者は多い。しかし「グローバル人材」とは一体どんな人材を指すのかについては,曖昧なままという印象が強い。グローバル人材が備えるべき能力について,米国ではすでに1970年代から複数の能力評価モデルが提案されていた。例えば,タッカー(Tucker, 1984)はOverseas Assignment Inventoryとして,(1)技術・マネジメント・管理スキル,(2)個人的特性(性格・資質),(3)文化間対応スキル,(4)技術移転スキル(コーチング,メンタリングなどの教育スキル)の総合評価として文化間対応コンピテンシーを定義している。また,ラインスミス(Rhinesmith, S.)は,グローバル・リーダーシップ・スキル・モデルとして,(1)複合的認識力(戦略的思考・分析力,異文化間マネジメント能力),(2)コスモポリタン的感性(対人マネジメント能力,チーム・リーダーシップ),(3)グローバルな行動スキルの3つの能力的側面を指摘している(田村,2000)。

こうしたグローバル人材モデルには,2つの特徴がある。第1に,赴任先の異文化に適応し活躍する派遣者を想定して出来上がった一般モデルであり,その意味で,国や時代は異なれども比較的高い共通性を持つものだということ,第2に,モデルの中に,業務遂行に必要な知識・技能的特性と,異文化下で適合的に活躍するための心的・パーソナリティ特性の2つの側面が含まれるということである。

もちろん，国によって，この定義に多少の変形が加えられる。例えば，日本で登場するグローバル人材の要件には，英語にてコミュニケートできる能力が付加されることが多い。しかし，それ以外はほぼこうした議論に沿ったものが多い。例えば白木（2006）では，海外派遣者に必要な技能は，業務上の専門知識と能力，コミュニケーション能力を含む異文化対応能力，リーダーシップ能力となる。

　近年では，特に心的側面に重きをおく議論が多い。グローバル人材の心的側面については，ジャビダンら（Javidan et al., 2007）が「グローバル・マインドセット」として論じているが，日本でも白木（2012）がそれにならい，(1)グローバル知的能力（グローバル産業についての知識と文化的洞察），(2)グローバルな心理（異文化との出会いを求める情熱など），(3)グローバル・ソーシャル・キャピタル（社会との関係性構築）という3つの構成要素を，グローバル・リーダーの持つべき資質として紹介している。

3. 人材のグローバル化とその課題

　グローバル人材は，「日本人」のみによる企業運営を中心とした従来の経営慣行を外れるところから立ち上がった課題である。それゆえ，経営プロセスのほぼすべての局面で対応課題が新たに登場することになる。本節ではまず，採用・育成・定着といった局面で，グローバル人材がもたらす課題を論じる。

◉── 採用

　いずれの企業組織でも，優秀な人材の確保は必須である。その意味では，国籍を問わず優秀な人材の確保を考える時代であるといえる。しかし，それだけではない。グローバル人材の確保には，ビジネスの国際展開，企業内ダイバーシティの確保，海外現地法人とのインターフェイスなど，特定の目的が付与される。

　こうした目的を持つ採用に特徴的なものの1つは，被採用者の特性と職務内容との適合性が通常の場合とは異なった形で吟味されることである。具体的には，被採用者の異文化適応性，多様性受容能力，異文化コミュニケーション能力，グローバル・リーダーシップなどの心理的・パーソナリティ的諸側面が検討されることになる。こうした能力の多くは，企業活動が専ら日本国内で行われていた時代にはさほど問われることのなかった能力である。

　こうした心理的・パーソナリティ的側面は，企業組織に入ってから涵養するこ

とが容易ではない。それゆえ近年では，一定の年限を海外で過ごすことで多様性や異質性への適応力を身につけているという判断のもと，外国籍留学生と帰国子女の採用に力を入れる企業が多く登場している。しかし，それで問題解決というわけではない。新しい人材の掘り起こしは，新しい採用戦略を必要とする。長期間雇用や組織への忠誠心など，旧来の日本企業での労働慣行とは異なる環境のもとで育った人材を採用する場合，そうした人材にも魅力となる新しい企業内施策を取り入れなければならならない。とりわけ外国籍留学生の採用に関しては，企業内昇進や自己成長の機会，さらには海外現地法人での活躍の場の提供など，日本企業に長期的にとどまるための動機づけとなる方策を考慮しなければならなくなっている。日本企業の外国籍留学生に対する適応力が問われる状況が拡がっていると言えよう。

帰国子女に関しては，2013年，日本在外企業協会が中心となって海外子女教育の拡大に関する要望書を自民党及び政府に対して提出している（日本在外協会, 2013）。この要望書には，海外の日本人学校や日本語補習授業校など，海外子女教育をより充実したものにするようにという要望が記されている。海外経験を積んだ高度人材が将来の企業運営に必要だとする考え方が，こうした要望書の背後にあるといえよう。

●──育成

グローバル人材の育成は，多くの企業組織が長年最も力を入れてきた課題領域である。この領域では，実に様々な議論がなされてきた。前述したグローバル人材の定義論にしても，グローバルに活躍するためには，どういった能力を涵養しなければならないかという観点からなされてきた議論であるといえる。

日本では，育成論は，海外派遣者の育成というコンテクストでなされてきた。ここには，派遣先で苦闘しながらも現地従業員を束ね企業活動を活発化できる人物，という人材像が前提とされている。それゆえ，業務上の専門知識や能力に加え，ストレス耐性，異文化対応能力，コミュニケーション能力さらにはリーダーシップ能力が必要だとされてきた。さらに，これらの能力をどのように育成するかについては，語学研修に始まり，海外経験，プレゼンテーションスキル，マネジメント力の涵養，さらには企業内ダイバーシティの向上に至るまでの施策が講じられてきている。こうした施策は，各企業組織で特徴的なものとならざるを得ないことから，枚挙に暇なく事例をあげることができる。

日本のコンテクストで，育成に関して特徴的なものが英語能力の涵養・向上である。この領域での近年の支配的な議論は，TOEIC®などの英語能力試験でハイスコアをとることを目的とした育成では，グローバル人材の育成にはつながらないというものである。むしろ，英語を使う前提に，論理的思考能力，議論力，積極性，ファシリテーション力などを含めた総合的コミュニケーション能力の育成が必要だと指摘されている。

　「グローバル・マインドセット」とよばれるような心的領域が強調されることも日本での育成論の特徴であろう。ここでは，異文化適応能力，多様性受容力，対人マネジメント力，コスモポリタン志向，人間関係構築能力，さらにはリーダーシップ能力などの側面で能力の伸張がはかられる。英語力であれグローバル・マンドセットであれ，「外国人慣れしない日本人」のイメージが育成のあり方の議論に大きく影響しているといえよう。

● ── 定着

　企業組織は，グローバル化に伴い，いわゆる外国人など自国とは異なる組織文化制度のもとで育った人材を採用しなければならない。そうした人材は，組織に留まるかどうかについても異なる視点からの判断を下す。ここでは，意思疎通環境，個人の成長機会，移動・昇進可能性の三点が考慮すべき課題となろう。

　まずは，異なる文化的背景を持つ人材とのスムーズな意思疎通ルートが組織内に確保されているかが問題となる。日常の業務においても違和感を覚えることのない労働環境，さらには業務以外での人間関係などが定着に影響を及ぼす。

　組織に対する忠誠心の欠如など，外国籍社員は日本的経営風土になじまないという議論は今日でもよく耳にする。翻って，グローバル人材を，個人が成長するよりよい機会を求めて企業組織間を継続的に移動する人材と捉えるなら，そのつなぎ止めには幾つかの考慮が必要になる。まずは，個人的なスキルアップ機会が組織内でどの程度提供されているかどうか，である。さらに，組織に定着した場合のキャリア・パスの明確化も問われる。個人の能力の育成とその評価方法についても，そのコンテンツが明確であるかどうかも問われることになろう。

　企業内での移動や昇進可能性も，グローバル人材の定着には影響を及ぼす。とりわけ外国籍社員が，将来，出身国での就労を希望する場合，その対応策が存在するか否かは定着に大きな影響を及ぼす。また，キャリアの最終点が，海外現地法人のトップで終わることなく，他国の兄弟企業や世界本社にまで伸びているか

どうかもまたグローバル人材の大きな関心となろう。

　雇用の安定や福利厚生など，定着に際して日本人従業員が重要と考える諸点は，外国籍社員には比較的評価されにくい。むしろ，能力評価，昇進，処遇といった観点も含めて，上記の諸点がグローバル人材の定着に影響を及ぼすといえよう。

4. 企業組織のグローバル化とその課題

　人材のグローバル化の方策とともに重要なのが，企業組織そのもののグローバル化である。両者は表裏一体をなすが，本節では，組織制度レベルで対応すべき課題を論じることとする。かつての製品輸出中心の時代とは異なり，今日のグローバル企業では，生産と販売さらには第三国への輸出を現地法人が担う時代になっている。この展開のもと，組織が制度的に新たな適応を迫られることになる。

　世界展開を企図する企業組織であれば，まず考慮しなければならないのが世界最適生産である。ここでは，いわゆる世界本社（world headquarter）を中心に，どこから何を調達し，どこで何を生産・販売するかをグローバルな視点から調整することが求められる。そうした最適化が機能するためには，世界本社，各国本社もしくは現地法人を通して一貫した経営方針が求められる。

　近年，とりわけ議論に上るのが本社と海外現地法人を貫く制度改革である。日本本社と現地法人との間で現存する大きな制度的ギャップを埋めることを目的としたこの動きは，現地人材の雇用と育成の促進に始まり，現地法人と本社を往還するキャリア・パスの設定を含めた処遇制度の統一など，主に人事の諸側面において組織全体にわたって標準化された制度構築の動きへとつながっている。

　この動きは，2010年以降加速化しているように見える。ある調査によると，海外現地法人における外国籍社長の比率は2008年の時点では16.4％だったが，2016年には49％にまで達している。このような急速な変化は，本社と海外現地法人を貫く標準的制度の確立が焦眉の急となっていることの表れでもある（日本在外企業協会，2009）。

　とはいえ，この組織制度の標準化は，とりわけ海外現地法人で大きな課題を抱え込む。上述のように，海外現地法人に現地国籍の社長を置くことは，現地社会により入り込んだ採用やマーケティング，また現地従業員のモラルアップ，優秀な現地社員の採用など，様々な点で利益をもたらす。他方，海外現地法人は，現地人材の雇用と育成，本社と現地法人との間で共通した経営理念の保持，齟齬の

461

ない円滑なコミュニケーション，といった点で課題を抱え込む。前述した調査でも，こうした課題がはっきりと見て取れる。回答したグローバル企業が挙げる経営課題として，現地社員の育成とグローバル人事・処遇制度の確立が，それぞれ73％と51％と非常に高い数字を記録していることからも，この課題の大きさがわかる（日本在外企業協会，2017）。グローバル人事制度の構築は進んではいるものの道半ば，というのが今日の日本のグローバル企業組織の姿だといえよう。

5. 議論と実践をつなぐ：「グローバル人材」論の今後に向けて

　「グローバル人材」は洋の東西を問わず，今日の企業経営にとって不可欠な人材である。とはいえ，そのあり方は一様ではない。西欧の多くの企業組織にとって，グローバル人材の育成は，そのほか多くの経営課題の中の1つの領域にすぎないように見える。他方，日本では，グローバル人材の育成は，重大な関心事としてそれ自体で大きな問題群を形成している。これには，日本の企業経営に固有の歴史的発展のあり方が関係している。1980年代から90年代にかけて，多くの企業組織はマーケットの地球規模化や新しいグローバル経済の波に直面する。この結果，生産品の輸出を中心とした企業構造や日本人中心の企業内価値観といった旧来の経営慣行や経営行動の変更，さらには多くの新規制度の設立といった対応を迫られることになる。

　日本にこのような特殊的な事情があったとはいえ，グローバル人材育成が，これほどまで困難な課題として論じられる理由は，他にもある。それは，グローバル人材という概念が相矛盾する2つの側面を持っているからである。まずグローバル人材とは，文字どおり，世界に汎用的に通用する人材だ，という理解がある。この理解のもとに，ストレス耐性，異文化間適応能力，調整能力，リーダーシップ能力，コミュニケーション能力などがグローバル人材に必要な主たる資質として論じられることになる。さらに日本からの海外赴任人材を想定すると，このリストに，英語力，経営判断能力，そして場合によっては日本人アイデンティティが付加されることになる。一見してわかることだが，こうした資質を総合すると，スーパーマンに近いほぼ完璧な企業人材像が完成する。このような理念像は，一方で，こうした人材が果たして現実に存在し得るのかという疑念を生み出す。現実離れしたあまり抽象的な議論に雲をつかむような感覚が湧き上がるのも，理解できなくもない。

他方，現実の企業行動で必要とされるグローバル人材は，個々具体的である。例えば，マネジャー階層なら全体を俯瞰し判断するマネジメント能力が要求され，他方，ミドル・マネジメントの階層なら，いわゆるグローバル・コンピテンシーとよばれる日常的な業務対応能力が要求される。また職務領域においても，営業なら現地の風土文化を悉知する力が必要とされ，他方人事ならグローバル人事・評価制度に関する知識が要求される。階層と職務領域の2つだけでも，はっきりと必要とされる能力に違いが出てくる。これらの差異に，さらに人材や資材の調達や販売における地域的偏り，また人的配置戦略など，各々の企業組織の組織特性を加えると，現実に必要なグローバル人材はさらに特殊性・多様性を増す。すなわち，組織の持つ個別特殊的な事情から，個別特殊的に突出した能力を持つ人材が「グローバル人材」となる。とにかく英語力があるだけで海外に派遣されるといった事例が今日でも散見されるのも，こうした事情による。このようなグローバル人材は，現実に，いま，ここにある問題を解決するためにつくられたものである。これらの人材は，当該の企業組織内では有用であろうが，他の企業組織においても役立つ人材像であるかどうかはわからない。すなわち，「グローバルに活躍する人材」というイメージからはかけ離れた人材である可能性も否定できない。

　抽象度が高く汎用的な「グローバル人材」像と，具体的で個別特殊的な「グローバル人材」像，この2つの人材像の狭間でグローバル人材育成は論じられてきた。抽象度・完成度の高い人材は，そう簡単には産出できない。すでに紹介したように，2000年代から今日に至るまで，日本の企業組織におけるグローバル人材育成の遅れを指摘する議論，さらには努力するもグローバル人材の産出が一向に進まないとする議論が登場するのは前者のコンテクストであり，他方，個別特殊的な人材育成方針を企業組織ごとにいくつも並べ論じるという議論は後者のコンテクストで登場するものである。いずれかの「グローバル人材」像に引っ張られすぎると，効果的で有用な議論につなげることが困難になる。

　さて，両端に振れることなく，より有効にグローバル人材育成の方策を探るには，どういった領域での議論に焦点をあてなければならないか。いくつか考えられるが，まずミドル・マネジメント領域でのグローバル人材育成手法についての議論に1つの可能性を見出したい。前述したように，グローバル人材育成の議論は，海外赴任先でトップマネジメントに携わる人材を想定している傾きがあった。この議論の延長線上には，高度なスキルや能力を備えた抽象的なグローバル人材

像という落とし穴が待ち構えている。

　この陥穽に陥ることなくグローバル人材の議論を深めるにはどうするのか。それには，職域や階層などで限定したミドル・マネジメント人材の育成に力点をあてる議論が有効ではなかろうか。確かに，現実にはこの領域でのグローバル人材育成の議論は，ほぼ手つかずの状態である。この領域では，ミドルを育成するマネジャーの力の低下や低成長期における組織的成長の停滞に伴うポスト不足など従来から指摘されてきた「ミドル」の諸問題に加えて，グローバルな組織企業でとりわけ求められる企画力や変革遂行力など，いわばミドルの職務権限を超えて要求されることに対する戸惑い（小出，2016）など，多様な指摘がなされている。

　また「ミドル」とよばれる次世代のグローバル・リーダーの育成が進まないことに対する指摘もある（大久保，2010）。その意味では，課題が指摘されつつも，その解決方策については真正面から取り上げられてこなかった領域であるといえよう。しかし，職域や職務階層を限定して，グローバル人材が持つべき能力や資質を論じることで，高度の抽象性に陥ることなく，より現実具体的なグローバル人材育成の議論，ひいては現実の企業判断により近い議論が可能となるのではなかろうか。

　つぎに，外国籍留学生についての議論も，将来のグローバル人材育成を見据えてもっとも有効な議論領域の1つとなろう。グローバル人材の採用を考える企業が増える中，いわゆる外国籍留学生に対する関心は高まっている。しかし，留学生の雇用や就業に関する研究は思ったほど進んでいない。人材育成研究領域でも比較的新しい学問領域である，ということもあるが，それ以外の理由がある。すなわち，この領域は，企業組織と職を求める個人という2つの要素だけで構成される一般図式はあてはまらない。むしろ，外国籍留学生の採用には，企業と学生との一対一の関係以上に，外国籍留学生の多くが身を置く大学や専門学校での教育環境，さらには出身国における経済情勢，また外国籍留学生の背後にある文化的価値や習慣といった諸々の要因を複合的に考慮しなければならない。とはいえ，外国籍留学生が企業組織に有用に定着すれば，企業組織と外国籍留学生双方にとって得るものは大きい。

　言うまでもなく，多くの外国籍留学生にとって，日本の大学や専門学校は日本人や日本の文化慣習に最初に触れる場所となる。しかし，触れるだけではない。実際に積極性，忍耐力，精神力などといった基礎能力から異文化適応・調整能力，さらには日本の常識や文化的素養を学び，かつ日本の地理や歴史への知的習熟を

深められる場所である。大学や専門学校を卒業する時点で，グローバル人材に必要とされるこれらの心的・知的特性を身につけている人材は，グローバル企業にとっても魅力である。さらに，日本での就学経験に加えて就業経験があれば，将来出身国に戻り就業を考える外国籍留学生にとっても利益となるはずだ。

とはいえ，現実には，企業組織と外国籍留学生の理想の循環は，なかなか生み出されていない。なぜか。まずは外国籍留学生を送り出す大学や専門学校の努力不足が指摘される。ここでは，インターンシップ機会，キャリア支援，留学生のキャリアデザインに対する適切な助言などのキャリア教育の不足，就職活動支援，就職セミナー開催，企業採用情報の提供，さらにはインターンなどの就職活動支援の不足などを指摘する声は大きい。さらに，企業側で外国籍留学生に対する宣伝周知や，また採用時に外国籍留学生に対する配慮不足，また外国籍留学生を採用する際に提示する条件が留学生に合わない，また外国籍留学生の文化的背景や考え方を積極的に理解しようとする姿勢の欠如など，組織制度面での不備を指摘する声もある。

こうした問題があるものの，グローバル人材としての外国籍留学生の採用は，それを進めるべく積極的に議論されることのほうがメリットははるかに大きい。語学能力，異文化適応能力，コミュニケーション能力，日本社会に対する理解など，外国籍留学生は，すでに一定程度の「グローバル人材」なのである。こうした外国籍留学生の雇用は，企業組織内部におけるグローバル化にも役立つ。企業内でダイバーシティを高めるのはもちろんであるが，それだけではない。むしろ外国籍留学生を採用し，育て，活躍の現場を提供する一連の過程を経ることで，企業組織もまた確実に異文化適応過程を通る。

日本の企業組織における人材のグローバル化は着実に進んでいる。しかし，多くの課題を抱えながらずっと続く上り坂を登っている，というのが現実の姿であるといえよう。この課題にどう応答するか。産業界と学界が，今後緊密に手を携えて，課題の解決にあたっていくことが必要とされている。

（野宮大志郎）

1. グローバル化と労働市場

◘ 経済のグローバル化と産業構造の変貌

　日本経済のグローバル化は，企業における生産の海外移転を通して顕在化してきた。日本における生産の海外移転は，1980年代から90年代にかけて円高が急速に進行するとともに，海外直接投資の急増のかたちをとって進展した。1980年代には電気機械や自動車などの量産型産業が成長し，特にアメリカ向けに大量輸出を行ったことから日米貿易摩擦が激化し，この対応策として，日本の製造業は海外直接投資に取り組み，生産の現地化を押し進めた。1990年代に入ると，投資先が北米からアジアにシフトし，2000年代になると海外移転は，現地の相対的低賃金を利用した生産コスト削減をねらうものから，むしろ，急速に経済発展した東アジア諸国から東南アジア諸国へと，新興国の現地市場獲得を目指すようになった。

　図7-1にみられるような海外生産比率の推移を踏まえて，海外生産の拡大は日本の産業空洞化を招くとして懸念されたが，他方でこの間に東アジア，東南アジ

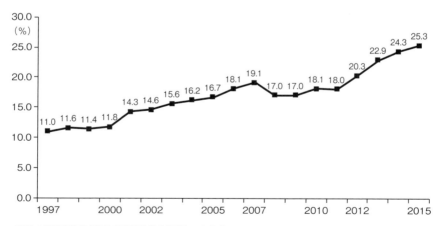

出所・経済産業省「海外事業活動基本調査」より作成
注：国内全法人ベースの海外生産比率

図7-1　わが国の海外生産比率の推移（製造業）

ア規模での国際分業体制の拡大と深化が進行してきた面を見逃してはならない。

　一方で，1990年代の中頃まで，日本経済の強みは製造業における産業集積の存在にあるとみられていた。近年では産業クラスターという用語が使用されているが，産業集積，産業クラスターにおける企業間，組織間関係のあり方に注目するようになったのは，1990年代半ばのことである。大企業と中小企業における下請関係が産業集積における強みであり，産業の国際競争力の源泉であるとみられることが多く，さらに産業クラスターを基盤とした企業間連携，産学官連携など多様な連携，ネットワークによるイノベーションにおける強みに期待が大きかった。

　このような中で，産業集積の形成と充実に力を入れてきた日本は，生産の海外移転による産業の空洞化現象を伴った産業集積の規模縮小から衰退，崩壊へと向かうようになった。産業集積の形成を目指す場合はアグロメレーション（産業集積：agglomeration）というが，経済のグローバル化でこの集積が変質し，産業空洞化をもたらす生産の海外移転によって，フラグメンテーション（分散立地：fragmentation）が進展しているのである。

　アグロメレーションからフラグメンテーションへ向かう中で，新興国の相対的な低賃金コストの優位性を活かした輸出競争力への対抗力を失い，国内製造業を中心としてきた貿易構造が変化し，産業構造が持続的な変質を迫られることになった。そこで，図7-2で産業3部門別就業者数構成比の推移をみると，製造業を中心とする第2次産業はすでに1980年代にピークを迎え，その後一貫してその地位を低下させてきたことがわかる。

　総務省は2013年1月に，2012年12月の製造業の就業者数が998万人となり，51年ぶりに1,000万人を下回ったと発表し，メディアも驚きをもって報じた。製造業就業者はピークであった1992年10月の1,603万人からほぼ一貫して減少してきたが，1,000万人を割るのは1961年6月から51年ぶりであった。就業者全体に占める製造業の割合が最も高かったのは1970年代前半の27％であったが，これが16％まで落ち込み，とりわけ，2008年のリーマンショック以降は，世界景気の減速を受けた輸出の冷え込みで製造業就業者の減少が加速した。

　製造業の国際競争力の低下は，大きな雇用吸収力の維持を期待された産業部門の変質を迫り，その製造業部門内では雇用調整を余儀なくされ，非正規雇用に依存する度合いが高まった。その結果，賃金，所得の面から大きな経済格差を生み出すことになったのである。

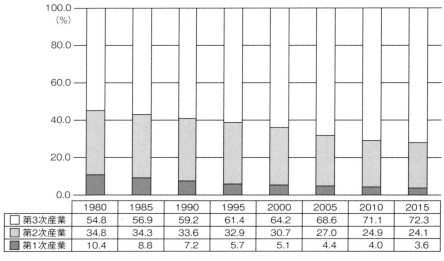

出所:総務省統計局「労働力調査」より作成

図7-2　産業3部門別就業者数割合の推移

◘ グローバル化による雇用構造の変化

　正規雇用者が1990年代半ば以降,毎年減少する一方で,1990年に881万人であった非正規雇用者数は2014年に1,962万人と2倍以上になった。非正規雇用者の割合は1990年の20.2％から2014年には37.4％へと2倍近く上昇したことになる。リーマンショック以降,製造業を中心とする雇用調整,労働市場における解雇規制の緩和の影響もあって,中でも非正規雇用を数多く生み出した。

　製造業における雇用の非正規化がグローバル化とどの程度関係があるかはっきりしていないものの,企業側が雇用の柔軟性や人件費の管理により敏感になったことは否定できない。輸入浸透率と非正規労働者数の増加との相関関係を探ることによって,グローバル化と雇用構造の変質の一端を明らかにすることができるが,厚生労働省「平成26年版労働経済の分析」では,製造業種における輸入浸透率と非正規労働者比率の関係から,貿易を通じて国際競争に厳しくさらされ輸入浸透率が高くなった業種の企業が,必ずしも非正規労働者比率を高めて対応しているわけではなく,この関係は明確ではないとしている。

　グローバル化のもとで雇用の非正規化が進展し,労働需要面と供給面で日本の

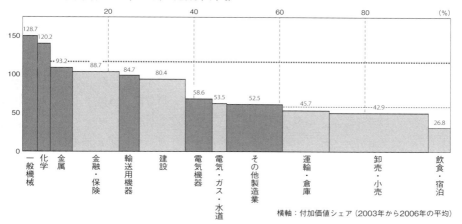

図7-3 わが国の産業別の労働生産性水準（対米国比）

労働市場に大きな変化が生じる中で，雇用形態の多様化，男女参画，中高年者の活用，女性活躍の推進など労働市場にダイバーシティへの対応が求められるようになった。これらの環境変化が，既存の制度を前提とした人材育成だけでなく，ワーク・ライフ・バランスを前提とした多様な雇用システム開発などが大きな課題になっているのである。

雇用の非正規化は製造業で目立ったが，次第に第3次産業に位置づけられるサービス産業部門で深刻な問題が顕在化するようになった。この問題は，製造業における雇用吸収力低下の反面で，相対的に生産性の低いサービス産業部門が雇用吸収先となっていることに起因している。相対的な低生産性が相対的な低賃金をもたらし，非正規労働者の雇用で低生産性のサービス産業が下支えされる構図がうかがわれる。

理論的には，第2次産業よりも第3次産業部門の生産性が一般的に高いから雇用吸収力が高いが，実態は，生産性の低い第3次産業での就業割合が高い。このことから，就業割合の高いサービス産業部門の労働生産性向上が重要課題であることが明らかである。ちなみに，図7-3にみられるように，日本の労働生産性はアメリカに比べると低く，とりわけここで重視するサービス産業部門の生産性の

1. グローバル化と労働市場　469

低さが際立つ。

　近年，研究者の関心が高まっているように，サービス産業は国内総生産（GDP）の約7割を占め，労働者の1.4人に1人がサービス産業に従事しており，サービス産業の生産性向上こそが，経済成長と豊かさの鍵である。医療・福祉，情報通信，流通・物流，観光・集客，ビジネス支援・人材サービスなどが成長の期待されるサービス産業とみられている。サービス産業は，事業所向けサービス業と個人向けサービス業に分けられるが，とりわけ事業所向けサービス業が生産性を高めながら成長・発展すれば，これらのサービスをインプット（投入）することで，第2次産業の製造業もいっそう発展するという循環構造をイメージしておきたい。

◨ 労働生産性向上でグローバル化を乗り越える人材の課題

　労働生産性に言及する意味は，経済成長率が人口や労働力の増加率と生産性上昇率で決まり，この関係を一般的に「経済成長率＝就業者増加率＋労働生産性上昇率」と示すことができることにある。この関係式から，経済成長率が高い時期には就業者数の増加が寄与し，加えて労働生産性も上昇していたが，近年では人口減少を背景に就業者数の増加の寄与する割合が低下するにつれて，労働生産性の動向が経済成長により大きな影響を持つようになったのである。

　労働生産性の向上において，日本の企業は設備投資を中心とする有形資産投資の割合が高く，ブランド力，人的資本投資，組織改編・再構築などを含む経済的競争能力に対する投資割合が小さいと指摘されている。労働市場のあり方と関連づけると，まず，国際的にも大きく後れをとる企業のOff-JTによる人材育成，人的資本形成を軸に経済的競争能力の向上が重要である。

　労働生産性の上昇のために，人的資本形成の1つである能力開発にどのように取り組むべきかが大きな研究課題である。労働生産性と能力開発費の間には一定程度の正の相関があるとされているが，研究開発費への投資が伸びる一方で能力開発費は伸び悩んでいる。この実態から，能力開発の実施状況と労働生産性の関係にかかわる実証作業と課題抽出，政策提案が研究課題になるであろう。

　また，自発的な学習や訓練を通じて1人ひとりが自らの能力を高めていくことも重要であり，特に他産業へ移動する際に必要となる労働市場全体で通用する一般的な能力については，労働者が自発的に高める必要がある。これまで以上に質的レベルの高い自発的，主体的な取り組みを支援する環境整備も課題であり，企

業の積極的な能力開発の推進，労働者の自己啓発に対する積極的な支援で労働生産性のより一層の上昇が期待できるのである。

　これまで，労働生産性の高い分野への労働移動によって全体の労働生産性が高まったことはいうまでもないが，新たな成長産業への労働移動を円滑に進めることが，日本の労働生産性を高めるうえできわめて重要である。また，労働生産性が企業の賃金支払能力を規定するが，逆に最低賃金を上昇させると，最低賃金の近辺で働いている者や非正規労働者の賃金に影響を与え，賃金の全体的な底上げに効果があり，その結果，日本全体の労働生産性の上昇に波及する可能性があると指摘されている（経済産業省「平成28年版　労働経済の分析」を参照）。

　近年，非正規労働，長時間労働，単線型キャリアパスなどの改善・解消を目指す働き方改革だけでなく，ICT（情報通信技術），IoT（Internet of Things：モノのインターネット），AI（人工知能）などによって急速な展開が予想される第4次産業革命を担うレベルの高い人材育成が喫緊の課題になっている。そのため，イノベーションを担う若手研究者のキャリアパスの明確化やキャリア・ステップに応じた能力と意欲を発揮できる環境整備，企業・大学・公的研究機関などの間における人材移動の流動化，データ分析を行う専門的人材の育成などへの取り組みが重要な課題になっている。

（伊藤正昭）

2. グローバル化と日本的経営

◘ 日本的経営の基本的な概念と概要

①日本的経営とは

　日本的経営とは，欧米的経営と比較して日本企業に独特のものとされる経営についての考え方，慣行，諸制度，行動様式などを総称した概念である。したがって，この概念の内容は多様な意味を含んでいる。日本人の特質や日本文化，日本人の精神構造およびその歴史的形成，また日本の組織文化や組織構造などが多様な議論の代表例であろう（岩田，1995；中根，1967；奥村，2005など）。このような多様な議論の中で，ここでは企業経営の日本的特徴に関する議論を中心に，グロ

ーバル化との関連において論じることとしたい。

②企業経営における日本的経営と「三種の神器」

　企業経営における日本的経営は，これまで一般に，終身雇用・年功序列・企業内組合という「三種の神器」を中心に位置づけられてきた。終身雇用とは，学校卒業後，最初に入社した企業に定年退職まで継続して雇用されるといった終身の関係あるいは雇用慣行をいう。この雇用慣行は中小企業では該当しないため，この意味で日本的経営は大企業を対象とした概念ともいえる。年功序列とは，勤続年数を重ねている，あるいは年齢が高いほど高く評価する人事考課や給与算定基準およびそのほか付随する慣行をいう。欧米における専門能力などによる能力給や出来高等に応じた仕事給の比率が高いことに対比する用語でもある。企業内組合とは，企業別組合と同義であり，企業ごとに労働組合が組織されていることをいう。また正規雇用の従業員で構成されているため，従業員組合ともいわれる。これは欧米における産業別組合や職業別組合が一般的であることの対比でもある。

③欧米による日本的経営の発見と「日本的経営」概念の成立

　この「三種の神器」が位置づけられて「日本的経営」の概念が成立してきたのは，1958年に発表されたアベグレン（Abegglen, J. C.）の『日本の経営』に負うところが大きい。アメリカ人の彼は，1955〜56年に来日して日本企業の調査を実施し，この調査結果をまとめたのが『日本の経営』である（Abegglen, 1958, 邦訳, 2004）。この意味で日本的経営はアメリカ人が発見したともいえる。戦後の高度経済成長や二度にわたる石油危機を乗り越えたことにより，日本企業の経営が欧米においてさらに注目を集めることとなった。

　日本的経営を高く評価した代表的な著作はヴォーゲル（Vogel, E. F.）の『ジャパン・アズ・ナンバーワン』であろう。彼は日本的経営に特徴的なボトム・アップ（Bottom Up）方式の経営を，アメリカ企業は教訓とすべきであることを論じた（Vogel, 1979, 邦訳, 1979）。ボトム・アップ方式の経営とは，部課長など下位の管理階層から問題提起や問題解決が実施され，経営に関する提案も行われる経営方式である。欧米ではトップ・ダウン（Top Down）方式の経営，つまり経営トップからの命令による企業経営が一般的であることへの対比である。

　以上が企業経営における日本的経営の概要であるが，そのほかにも日本的経営の特徴とされる用語は多く存在している。例えば，OJT（On the Job Training），QCサークル（Quality Control circle），カイゼン（KAIZEN）などが挙げられよう。

④日本的経営の変貌とグローバル化

　戦後の高度経済成長とともに高く評価されてきたこのような日本的経営といわれる日本企業独特の特徴は、日本企業の「強さ」の源泉とされてきた。ところが1990年代におけるバブル経済の崩壊によって、これら独特の特徴は「弱さ」の源泉と捉える視点が相対的に重視されるようになり、日本的経営は大きく変貌を遂げることとなる。終身雇用は、雇用の流動性が低いために産業構造や企業構造の変化に対応することが難しい点を指摘されるようになり、雇用のミスマッチや企業内配置転換の困難さも強調され、新しい産業や企業を創造する人材の育成が課題となってきた。年功序列もこれら課題にマイナスの影響があるという指摘もされるようになり、能力給や仕事給の比率を上げることが課題とされてきている。このような傾向は欧米的経営に整合的であることから、欧米的経営へ移行すべきであるという主張もみられ、日本的経営は崩壊したという言説も登場している。つまり日本企業の経営は、グローバル化するべきであるといった主張である。ここでのグローバル化とは、欧米化と同義である。

日本的経営のグローバル化論争と経団連の『新時代の「日本的経営」』

①欧米諸国からの圧力と財界における内需拡大的日本的経営論

　バブル経済の崩壊に直面し、「三種の神器」に代表される日本的経営が揺らいでいた1992年、ソニー会長（当時）の盛田昭夫は日本的経営についての見解を財界人として『文藝春秋』に発表した。その中で「日本の製品の欧米市場における圧倒的な競争力はいまや政治問題化し、（中略）日本は世界各国とは相いれないルールを持つ特異な国として日本異質論が展開されています（盛田, 1992. p.96）」と現状認識を述べたうえで、「欧米から見れば異質な経営理念をもって世界市場で競争を続けることは、もはや許されないところまで来ている（同, p.96）」として、「日本企業の経営理念の根本的な変革は、一部の企業のみの対応で解決される問題ではなく、日本の経済・社会のシステム全体を変えていくことによって、はじめてその実現が可能になると思います。（中略）我々企業人が前に述べたような変革を率先して行うことによって、この大事業に積極的に貢献（同, p.103）」すべきであると主張した。

　この「前に述べたような変革」とは、労働時間の短縮、給与システムの仕事給等の重視、欧米並みの株主配当、取引先への配慮、社会貢献、地球環境保護であり、これらによる国民生活向上と内需拡大である。日本的経営による企業経営は、

大企業による輸出至上主義へと至っており，これを内需拡大へと日本的経営の内実を変革すべきであるという主張である。

②財界における「日本的経営」論争

これに対して，経団連会長（当時）の永野健は同『文藝春秋』に，大企業の輸出至上主義を維持・継続して，日本的経営を維持・発展させるべきであるという反論を展開した。その根拠は，低賃金で長く働けばいいものが安くできて当たり前だという欧米からの日本的経営への批判に対して，時間あたりのドル・ベースの賃金比較において日本が最も高いという事実をどのように説明するのかというものであった。

「二十一世紀の日本の産業像をみんなで考える必要がある。（中略）そうなった時問題となるのが，『盛田論文』が提起した『日本的経営』の是非（永野，1992. p.144）」であり，「現在の『日本的経営』に関する議論には，このシステムが経済学的に見てどうなのか，基本にある理念が否定されるべきものなのか，それとも日本が勝手すぎたという結果論として否定されているだけなのか（同，p.147）」と問題提起を行っている。

③経団連の『新時代の「日本的経営」』と非正規雇用

この財界における日本的経営に関する論争は，1995年に日本経営者団体連盟が発表した『新時代の「日本的経営」』につながっており，近年の日本的経営における現実が示されている。近年における「日本的経営」の特質の1つは，非正規雇用の全面化であろう。

同書において今後の雇用形態は，「長期継続雇用という考え方に立って企業としても働いてほしい，従業員も働きたいという長期蓄積能力活用型グループ，必ずしも長期雇用を前提としない高度専門能力活用型グループ，働く意識が多様化している雇用柔軟型グループ（p.4）」と労働者を3つのグループに分けて，労働力の弾力化と流動化を進めることで総人件費の節約が意図されている。このことは，管理職や中心となる労働者のみを正規雇用として従来どおりに終身雇用と位置づけ，それ以外を非正規雇用に区分している。したがって，従来の「日本的経営」を「三種の神器」とした場合，崩壊したとする主張の根拠となっている。

◩ グローバル化と日本的経営の今後

日本的経営は崩壊したとされることが多いが，最近では日本的経営が再評価される傾向もみられる。日本的経営の概念におけるグローバル化は，一般に欧米化

と同義であった。しかし，非正規雇用の拡大は日本社会に負の影響を与えており，企業経営にとっても必ずしも良い結果をもたらさないこと，また能力給や仕事給についても，企業によってはその企業風土になじまないことなど日本的経営をさらに新しく見直す動きが注目されている。

（中道　眞）

3. グローバリゼーションとCSR

　グローバリゼーションとは，あらゆる活動が地球規模で展開することをいう。すべての経営活動にとって，グローバル化するとはCSR活動への関与に直面することを意味する。企業が地球社会の一員としてCSR活動を行った結果，ステークホルダーとウインウインの関係になることは，グローバル化のプラスの側面といえる。他方，グローバルレベルのCSR活動は，政治，社会，文化，宗教，言語，法律・慣習，技術・技能などの違いから，企業や個人の意図に反して誤解やトラブルの発生などのマイナスの側面も持つ。

　ここではCSRの定義，CSRの位置づけ，グローバリゼーションとCSR，社会貢献活動の種類，グローバリゼーションと社会貢献活動について解説し，最後にグローバルレベルのCSRの課題について述べる。

◘ CSRの定義

　CSRとは，企業が法律を順守し，高い倫理観を持って，社会的・経済的影響および環境に配慮し活動すること，ステークホルダーの利益を尊重すること，社会の一員として社会に貢献し得る企業活動をし，企業価値を高めることである。

　社会貢献活動は，CSR活動の中でも大きなウエイトを占めるものである。英語では，フィランソロピーまたはコーポレートフィランソロピーとよばれる。

◘ CSRの位置づけ

　CSRの位置づけは企業にとって重要である。企業は，グローバルレベルの経営理念・経営戦略におけるCSRの優先順位を明確にしたうえで活動することが求められる。CSR活動は，自主的な行動原則または既存の行動原則に従って実施され

る。既存の行動原則は，グローバルコンパクトや国際的なNPOが定める指標に準拠する。

◪ グローバリゼーションとCSR

経営活動のグローバリゼーションとCSRの関係について，市場のグローバリゼーションとCSR，活動拠点グローバリゼーションとCSR，グローバルレベルの連携関係とCSR，グローバルレベルのルールとCSRに分けて説明する。

①市場のグローバリゼーションとCSR

市場のグローバリゼーションとは，あらゆるモノが国境を超えてやりとりされるようになることをいう。グローバル化が進むということは，原材料，部品，製品，リサイクル品，ゴミに至るまで，多様なモノの国際取引が活発化することである。そこでは，取引されるモノの合法性，品質，知的財産の保護，取引の公正性などを含む，グローバルサプライチェーン（グローバルレベルの調達）に関するCSRが重要である。国際取引が禁止されている物品（武器，動植物など）やニセモノの輸出入といった不法な取引，リサイクル目的と称してゴミを移動させる不正な取引などへの対応は，グローバルレベルの市場におけるCSRの課題の一例である。

②活動拠点のグローバリゼーションとCSR

活動拠点とは，企業のあらゆる活動が行われる場所をいう。本社の所在地をはじめ，資源調達の拠点，原材料・部品の調達拠点，物流の拠点，デザインの拠点，生産・加工の拠点，研究開発の拠点，販売・サービスの拠点，情報収集の拠点，研修の拠点，事務処理の拠点，リサイクルの拠点，社会貢献活動の拠点，資金管理の拠点など，様々な活動拠点がある。

活動拠点のグローバリゼーションは，活動拠点が世界中のあらゆる地域に広がることであり，世界の様々な地域社会との関係をつくることにほかならない。企業には，人種・民族，宗教，文化，ジェンダーなどをめぐる多様な価値観に適切に対応するCSRが求められる。対応を誤ると，大きな代償を払う事態に陥ったり，ブランドイメージを低下させるなど，経営活動に大きな影響を与えることになる。

海外拠点でCSR活動をする場合，投資規模が大きくなればなるほど地域の雇用に与える影響が大きな課題となる。それぞれの活動拠点においては，制度の違いだけでなく女性，マイノリティ，障害者など社会的弱者の雇用，児童労働禁止のルール厳守，地域への社会貢献活動などがCSRの課題に含まれる。

③グローバルレベルの連携・協働とCSR

　グローバリゼーションが進む中，買収や合併を含めて，国籍の異なる複数の企業が連携あるいは協働して活動することが一般化してきた。グローバルレベルの連携・協働については，大型プロジェクトになればなるほど，交渉に政府関係者がかかわることが多く，賄賂の授受，飲食やプレゼントの提供など，CSRに反する行為に留意しなくてはならない。

　つぎに連携あるいは協働して活動を始めると，責任の所在をめぐるCSRが課題としてあげられる。例えば，国籍の異なる製造メーカーと部品メーカーが連携しており，調達した部品の中に使用禁止の金属が使用されていたために大きな損失を出した場合，その責任を負うのが製造メーカーと部品メーカーのいずれであるかはCSRにかかわる大きな問題となる。ほかの例として，世界的に有名なブランド企業が開発途上国の製造工場と連携関係を持ち，工場の劣悪な労働環境が原因で事故が発生し犠牲者が出た場合は，製造工場の責任あるいは当事国の規制などの問題に留まらず，有名なブランド企業のCSRにかかわる問題に直結するだろう。

④グローバルレベルのルールとCSR

　経営活動のグローバル化においては，当然のことながらグローバルレベルのルールの順守がCSRと密接にかかわってくる。グローバルレベルのルールには2つのレベルがある。

　1つは活動拠点を置く地域の法律，慣習，契約規則，社会的規律，ビジネスマナーなどのルールである。国・地域によって，法律が厳格なところ，法律が未整備のところと，大きな差がある。ルールの違いへの不十分な対応は，摩擦の原因になり，利害調整のためのコストの増加，リスクの増加，ブランドイメージの低下などにつながる。

　もう1つのルールとは，世界基準のルールを意味する。例えばWTO（世界貿易機構）に加盟している場合は，WTOのルールに従わなくてはならず，原産地の虚偽申請などはルール違反として，企業のCSRが大いに問われることになる。

◼ 社会貢献活動の種類

　CSRの中で大きなテーマの1つは社会貢献活動である。英語でフィランソロピーまたはコーポレートフィランソロピーという。活動の領域としては，国際交流，教育・スポーツ振興，環境保全，社会福祉，学術研究，芸術文化支援，人権支援，災害支援，NPOとの連携などがあり，多岐にわたる。

社会貢献活動は，金銭的なもの，非金銭的なもの，金銭的かつ非金銭的なものに分類される。

①金銭的な社会貢献活動

金銭的（物品的）な社会貢献活動を代表するのは寄付活動である。学校，福祉施設，NPO/NGO，各種イベントに対する経済的支援，自社製品やサービス（IT機器，事務用品，衣服，ソフトウェアなど）などの提供，奨学金を出すなどの活動が該当する。マッチングファンドは，従業員がある団体に寄付すると，その従業員が所属する企業もその団体に同額を寄付する制度である。

②非金銭的な社会貢献活動

非金銭的な社会貢献活動としては，ボランティア活動，工場や施設見学への受け入れ，インターンシップの受け入れなどの活動がある。ボランティア活動の中には，専門性や趣味を活かし地域社会で教える活動，環境保全活動への参加，災害支援など多様なものがある。

③金銭的かつ非金銭的な活動

金銭的かつ非金銭的な社会貢献活動の一例としては，チャリティイベントなどを開催し，収益金の一部あるいは全額を寄付する活動があげられる。

◘グローバリゼーションと社会貢献活動

経営活動のグローバリゼーションによって，地域に密着した社会貢献活動や国境を越えて行われる社会貢献活動が企業に求められるようになった。

社会貢献活動はCSRの一環であり，経営活動との関係の上に成り立っている。ここでは，市場のグローバリゼーションと社会貢献活動，活動拠点のグローバリゼーションと社会貢献活動，グローバルレベルの連携・協働と社会貢献活動，グローバルレベルのルールと社会貢献活動に分けて説明する。

①市場のグローバリゼーションと社会貢献活動

グローバル化した市場では，CSRと同様に，グローバルサプライチェーンに深くかかわる社会貢献活動が実施されている。例えば，タオルメーカーがタオルの原料となる綿花を栽培する現地の農家を支援する活動，チョコレートメーカーが原料となるカカオの栽培を支援する活動，コーヒーやカカオのフェアトレードを進める活動などがあげられる。

②活動拠点のグローバリゼーションと社会貢献活動

進出先において活動拠点の役割が拡大するとともに，その地域に密着した社会

貢献活動が期待されるようになる。それぞれの活動拠点が中核となって，人種・民族，宗教，文化，ジェンダーなどをめぐる多様な価値観をよく理解し，現地のニーズを汲みとって，金銭的，非金銭的，金銭的かつ非金銭的な社会貢献活動を行う必要がある。

価値観の違いを考慮しない社会貢献活動は，思わぬ反感や摩擦を生じさせることがある。1つの例として，東南アジアに進出した自動車部品メーカーが，社会貢献活動として街の清掃活動を提案した。日本ではごく普通の活動であるが，その地域では清掃でお金を稼ぐ貧しい人の仕事を奪う行為だと反対された。また，現地の従業員は大卒の人がほとんどで，掃除をするために大学を出たわけではないと反発を買った。

企業と地域社会が共通価値（shared values）を見出し，ウインウインの関係を築けるような社会貢献活動が求められる。

③グローバルレベルの連携・協働と社会貢献活動

社会貢献活動においては，グローバルレベルの連携あるいは協働が重視される。企業が社会貢献活動を行うにあたって，国際機関，国際的な専門グループ，現地のNPO/NGO，日本人商工会議所との連携あるいは協働による場合が多い。これらと連携・協働する理由の1つは，グローバルレベルのネットワークや高い専門性を持つ機関やグループと協力関係を持つことによって，効率的・効果的な社会貢献活動が可能になるからである。もう1つは連携・協働により，社会貢献活動に対して，国際的な評価や客観的な評価を得られやすいからである。

④グローバルレベルのルールと社会貢献活動

それぞれの地域で社会貢献活動を行うには，世界基準や現地のルールの両方を尊重する必要がある。例えば，国境を越えて紛争地で医療行為に従事する場合，敵味方の区別なく治療行為を行うことが求められる一方で，現地のルールを守り，文化，習慣を尊重することも求められる。

◘ グローバルレベルのCSRの課題

経営活動のグローバリゼーションとともに，企業にとってグローバルレベルのCSRは，ますます重要なものになった。CSRが社会に与えるインパクトは大きく，ブランドイメージや企業価値，そして組織の存続のための基盤となっている。

企業は，その重要性を認識しステークホルダー（消費者，株主，地域社会）を尊重したCSRの位置づけをする必要がある。経営理念・経営戦略におけるCSRの

優先順位を明確にして，グローバルレベルのCSRを実施するためには，言語，人材，システムづくりなど多くの課題がある。

第1の課題は，日本語だけでなく，英語あるいは現地語を用いて，ステークホルダーに企業のCSRに対する姿勢を正確に伝えることである。

第2の課題は，CSRの重要性を組織の構成メンバー全員に浸透させるために必要な人材を育成することである。

第3の課題は，CSRに関するグローバルレベルのガバナンス体制，担当部門，危機管理，内部通報システム，苦情処理システムなどの構築の強化など，問題解決のシステムを整備することである。

第4の課題は，グローバルレベルの機関や専門グループ，NPO/NGO，中立的な組織などを有効に活用して，CSR活動の強化と客観的な評価を実践することである。

(薄上二郎)

4. 企業の海外進出と現地雇用

企業の海外進出と現地雇用について論じる場合，企業レベルの雇用と，国・地域社会レベルの雇用という視点が必要になってくる。

企業レベルの雇用とは，現地雇用を人的資源管理の点からみるものである。ここでは，日本企業の現地雇用を，雇用・雇用の維持・雇用の終了という時間的な流れと，日本から派遣される駐在員と現地雇用の人材の関係からみることにする。一方，国・地域社会レベルの雇用は，海外直接投資と雇用創出の関係から議論されることが多い。

◘ 現地雇用はなぜ重要か

現地雇用はなぜ重要か，進出先の地域（受け入れ側）と進出する企業の両方の視点から整理しておく。

まず，進出先の地域の側からすると，多大な経済効果を期待できるからである。外国企業の誘致による現地雇用は，地域社会に与えるインパクトが大きい。現地雇用は地域の所得水準・生活水準を引き上げ，地域経済の安定，社会インフラの

整備など，地域の活性化に貢献するものといえる。地域経済に与える影響が非常に大きいものであれば，進出先の国・地域における政治的な対応も積極的になる。進出先の政府や地域社会は，工業団地，経済特区，魅力的なインセンティブなど，海外企業を受け入れるための体制を整え，その地域の雇用拡大と地域の活性化に結びつけようとする。

つぎに，進出する企業の側からみると，現地雇用が重要である理由は2つある。1つは，現地における優秀な労働力の雇用と活用は，企業の製品・サービスの質や生産性の高さを決定づける大きな要因となるからである。それは，最終的に企業の業績や国際競争力を左右するものである。優れた人材を，現地で安定的に雇用し活用することができれば，企業の持続的成長につながる。企業にとっての優れた人材は，進出先の状況によって異なる。開発途上国における現地雇用の場合は，安価で優秀な労働力を求めるケースが多く，先進国における現地雇用の場合は，研究開発など専門分野において特に優れた人材を求めるケースがみられる。

もう1つの企業側からみた理由は，進出先の地域で良い経営管理体制を構築するためには，中核となる人材を現地で雇用・育成することが，経営上望ましいからである。進出拠点の重要性が増し，機能が拡充されていくと，中間管理職やエンジニアになる人材，トップマネジメント人材の必要性が高くなる。日本から派遣される駐在員との関係においても，現地雇用した人材を優秀な管理者や技術者に育成することできれば，経営管理体制の整備や生産性の向上につながり，企業の業績や国際競争力を高めることになる。

以上のように，現地雇用は，進出先の地域と進出する企業の両方にメリットがあるため，企業の海外進出において非常に重要な課題とされるのである。現地雇用によって，進出先の国・地域社会と進出企業がウインウインの関係になることが大切である。

◘ 現地雇用と雇用制度

現地雇用を考える場合，進出先の国・地域の雇用制度を知る必要がある。

雇用制度とは雇用にかかわる根拠法のことをいい，国・地域によって異なる。日本にはなじみの薄い兵役が雇用制度に関連している地域もある。雇用制度の監督機関についても国・地域によって異なるが，一元的な管理より，複数の機関によって管理されている場合が多い。

主な雇用制度には，雇用条件，労働時間，休暇制度，賃金制度，付加給付，保

険制度などが含まれる。

雇用条件：雇用契約の形態・手続き，試用期間，退職，解雇，定年，労働組合など
労働時間：労働時間，残業など
休暇制度：休暇の取得，出産・育児休暇の取得，病欠の取り扱い，兵役の取り扱いなど
賃金制度：最低賃金，時間外手当，ボーナス，退職金，諸税（源泉徴収や確定申告）など
付加給付：通勤手当，食事手当，福利厚生など
保険制度：労働保険，社会保険など
その他：雇用均等，人材募集方法，懲戒，苦情処理，職業訓練など

現地雇用をするには，進出先の国・地域の雇用制度や監督機関について理解し，専門家の知識・アドバイスを用いるなどして，適切なマネジメントを行う必要がある。

◘ 海外進出と現地雇用

現地雇用を人的資源管理の点からみると，1つには雇用→雇用の維持→雇用の終了という時間的な流れがある。それぞれのステップについてマネジメントのポイントを説明する。

①雇用

まず，進出先で必要なのは，雇用する側の企業が魅力的であるということである。現地の雇用状況を把握しているコンサルティング会社が発表する就職先人気ランキングの上位に入ることが求められる。進出する企業の魅力は，仕事の内容，ブランドイメージ，賃金や福利厚生，教育訓練の充実，昇進の可能性など，様々な雇用条件などによって決まる。魅力を伝える1つの例として，日本企業は，残業の多さや年功序列的な賃金制度などマイナスのイメージを持たれやすい。進出先で，企業の魅力を十分に発信することができれば，現地雇用で優秀な人材を確保する可能性が高くなる。国・地域によっては，優秀な人材を雇用するためには，大学との連携が重視される場合があり，進出先でインターンシップ生の受け入れや大学への寄付講座を積極的に実施する企業もある。

つぎに，現地雇用で重要なポイントは，人材は企業の競争力の源泉であることを認識し，優秀な人材を確保するためのマネジメントを行うことである。雇用の対象を階層別，職種別（工場ワーカー，中間管理職，エンジニア，トップマネジメント）に区分し，それぞれの労働条件を競合他社のものと比較・分析して，レベルの高い現地雇用へと結びつける必要がある。

②雇用の維持

現地雇用の時間的な流れにおいて，雇用の次に求められるのが雇用の維持である。多くの地域では，人材の流動性（離職率）は日本より高い傾向にある。人材の流動性の高さは，経営上の様々なデメリットを生む。例えば，採用コストや教育訓練コストの増加，組織内における技術やノウハウの蓄積の低下，技術やノウハウの外部流出などのリスクが増すことになる。

日本企業は，国内では歴史的に，長期雇用を前提として人材育成を積極的に行ってきた。人材を育成することによって技術力や顧客対応能力を高め，企業の競争力の向上につなげてきたのである。しかしながら，進出先では，長期雇用を前提とした人材育成は，労働市場における人材価値を向上させることを意味する。人材価値の向上は，転職しやすい環境を整備し，人材の流動性を高める要因になる。企業からすれば，現地雇用し育成した人材に辞められると，雇用のコストパフォーマンスが非常に悪くなってしまう。しかし，人材を育成しなければ企業の競争力を保てないというジレンマに陥ることになるのである。

人材の流動性には，国民性，文化，労働市場の特性，家族や友人の影響，本人の資質や意思など，様々な要因が関係している。現地での雇用が安定しない場合は，その原因を多角的に分析し，総合的な対策（仕事そのものの魅力，賃金，昇格など）が求められる。

③雇用の終了

雇用における最後のステップは終了である。雇用の終了とは，主として企業による解雇と雇用契約の更新打ち切りを意味する。現地雇用の終了は，進出先の雇用制度に準拠してマネジメントされることになる。

第1に，解雇・雇用契約の更新打ち切りに関する法令や就業規則上の解雇条項に反するものでないかを確認する必要がある。解雇・雇用契約の更新打ち切りの理由が容認されるものか否か，解雇・更新打ち切り勧告の時期・手続きの正当性，解雇予告手当の支払いなどが重要な点となる。

企業が解雇・更新打ち切りをする理由には，雇用されている側の理由と企業側

の理由に分けられる。雇用されている側の理由としては，反則行為（無断欠勤，度重なる遅刻など），違法行為（窃盗，横領など），能力適正欠如などがあげられる。企業側の理由には，工場・支店・部門などの閉鎖による整理解雇，会社の解散による解雇などが含まれる。

解雇・雇用契約の更新打ち切りが紛争に発展した場合の解決方法としては，裁判制度を活用するものと，裁判以外の紛争処理手続きを活用するものがあり，金銭的あるいは非金銭的な解決方法がとられる。

◘ 現地雇用—日本から派遣される人材と現地雇用の人材の関係—

現地雇用を人的資源管理からみた場合の，もう1つの重要な論点は，日本から派遣される人材（駐在員）と現地雇用の人材の関係である。進出先の拠点（製造拠点，営業販売拠点，研究開発拠点など）の運営を，本社から派遣される駐在員が中核となって行うか，現地雇用の人材が中核となって行うかという議論である。現実的には，海外拠点は両者の組み合わせによって運営されるのが通常であるが，ここでは単純化して，それぞれの場合のメリットとデメリットを整理したうえで，海外拠点における運営のポイントを述べる。

①**日本から派遣される人材を中核として海外拠点を運営する場合**

海外拠点を，日本から派遣される人材（駐在員）を中核として運営する場合のメリットは，現地と本社の間でコミュニケーションを取りやすいことである。日本国内で長い年数をかけて培った共通の価値観を有する駐在員の存在は，スムーズな意思決定に大きな役割を果たす。

他方デメリットの1つは，日本から派遣される駐在員は，現地の人に比べて，進出先の事情を把握する力が弱いことである。駐在員は定期的にローテーションが行われるため，人的ネットワークの維持，知識やノウハウの蓄積が難しくなる。もう1つのデメリットは，日本から派遣される駐在員の数が多くなれば，コストも高くなる。

②**現地雇用の人材を中核として海外拠点を運営する場合**

海外拠点を，現地雇用した人材を中核として運営する場合のメリットとして，まず現地の事情をよく把握できること，現地の強い人的ネットワークを利用できることがあげられる。つぎに，現地雇用された人材が経営の中核を担うという状況は，現地雇用の従業員全体のモチベーションの向上にも貢献する。他に，日本から駐在員を派遣する場合よりもコストを低く抑えられることもメリットとなる。

デメリットとしては，1つには現地と本社の間のコミュニケーションが希薄になりやすいことである。日本語でのコミュニケーションが可能であったとしても，日本の本社内における人的ネットワークが弱く，意思決定をスムーズに行うことが難しくなる傾向にある。現地雇用の人材が現地の意見を尊重するあまり，本社の方針が軽視されるというリスクを招くこともある。現地雇用の人材が，本社との価値観の共有が十分にできていない場合，意思疎通のためのコストは高くなる可能性もある。

③海外拠点の運営のポイント

　海外拠点の運営は，日本から派遣される人材と現地雇用の人材のどちらが中核となってするかによって，それぞれのメリットとデメリットがある。どちらか一方に重点を置くよりも，それぞれの弱みを補って強みを発揮できるように，両者のバランスをとったマネジメントをすることが重要なポイントといえる。

④現地雇用をめぐる諸課題

　現地雇用に関する領域は広く，ここで述べたテーマのほかにも，買収や合併（M&A）に伴って起きる雇用問題，現地での労使関係の問題，現地雇用と日本国内の雇用との関係の問題など，多くの論点があることを最後に記しておく。

（薄上二郎）

5. グローバル化と経営戦略

◘ 基本的な概念

　本項のテーマ「グローバル化と経営戦略」を理解するうえでは，いくつかの論点の説明が必要となる。そこで，まずそれぞれの用語の意味を明確に示し，「グローバル化」と「経営戦略」の説明から始めたい。続いて，両者が関連する本テーマの意味について説明することとしたい。

　本項では「グローバル化と経営戦略」というように，2つの概念が並列につながっている。ここでの意味として「グローバル化の進展とそれに伴う経営戦略のあり方について」を取り上げたい。さらに，本章は「グローバル社会と人材育成」をメインテーマとしているため，「人材や人材育成に関するグローバル化と経営

戦略」を論じる。
　①グローバル化とは
　グローバル化は，企業活動にとどまらず，広く海外とのヒト，モノ，情報の交流が頻繁になり，地球規模での活動が増えることを意味するが，本項では企業やビジネスを主に捉えることとする。したがって，本項におけるグローバル化の意味は，企業等による事業が国内だけにとどまらず，外国での販売（輸出）や製造拠点の設立（現地化）が進むことである。
　グローバル化による企業経営の変化を示しているのが，ロビンソン（Robinson, 1984, 邦訳, 1985）による多国籍企業に至る企業の国際化の発展段階である。この発展段階では，国内企業，輸出企業，国際企業，多国籍企業，超国家企業とグローバル化が進展するにつれ，企業経営が変遷することが示されている。まず国内だけで事業（製造・販売）を行う国内企業が，製品を海外に輸出することで，グローバル化が進み，輸出企業となる。さらに，海外事業が進むと海外に販売会社や工場，さらには研究所を持つようになる。それらが国際企業，多国籍企業であり，本国にとらわれず，地球を一体化し経営すると考えられるのが超国家企業で，これは理念的であるが，グローバル化が究極に進んだ姿とされる。
　②経営戦略とは
　つぎに，経営戦略とは「企業の長期的な目標（方向性）の決定と目標達成のための進路選択，資源配分の決定」と定義される（チャンドラー, 1967）。経営戦略は，企業が自らの事業分野（ドメイン）を設定し，どの方向へ向かうか，その進め方を示す企業の計画である。一般に経営戦略というと，企業全体を対処とする全社戦略を意味する。これは全社レベルでの方向性やどの事業で戦うかというドメインを定める戦略となる。しかし，グローバル化との関連においては，海外市場で他企業との競争を想定した競争戦略が重要になる。
　③グローバル化と経営戦略の対象
　この項では，導入の部分として，テーマに対する背景や枠組みを示したい。まずグローバル化への対応は，多くの企業にとって，きわめて重要かつ緊急の課題になっている。グローバル化が進展することは，世界に多くの製造，販売，そして研究等の拠点を持ち，それらをある時は連動させ，また調整・連係させて，国際経営を実現させることを意味する。このようなグローバル化を進め，それを成功させるという経営の課題は，1970〜80年代までは国際企業や多国籍企業とされる大企業だけに固有のものであった。

しかし，今日のグローバル化と経営戦略の主体について，これまでとは様相を異にしていると考えられる。その変化や理由は，次の3点である。1つは，国際企業や多国籍企業などの大企業の課題としてだけでなく，地方企業や中小企業においても国際経営が行われ，そのような企業にも対象が広がったことである。2つめには，欧米と日本という先進国に限定された大企業のみならず，アジア，中東，中南米など世界の他地域の企業が発展を遂げ，グローバル化しており，そうした企業も対象となったことである。3つめとして，日本国内におけるグローバル化が進展することで，国内市場を主とする企業にとっても，国際ビジネス活動が浸透し，グローバル化と経営戦略の対象となったことである。

　このように，国際ビジネスが一般化し，国際的な活動をする企業が国，地域，業種，企業規模を問わず増えており，そうした対象の広がりを考慮し，グローバル化と経営戦略を考える必要が生じている。

◘ グローバル化と経営戦略

①グローバル化が進んだ企業

　国際化の進展とともに，多くの企業や組織がグローバル経営を行うようになっている。しかし，その経営戦略や組織など経営のあり方については，国際経営の蓄積がある多国籍企業やグローバル企業の経営が前提となる。グローバル化が進展した企業は，国際企業，多国籍企業，グローバル企業などとよばれている。これらは厳密にはそれぞれに意味が異なるものの，一般には同義や類語として，使われている。中でも，グローバル化の歴史が長く，代表的な存在とされるのは，多国籍企業（Multi-National Company: MNC）である。

　多国籍企業は，20世紀の資本主義経済の発展を牽引する存在とみられてきた。その代表的企業には，GM（General Motors: ゼネラル・モーターズ；自動車），GE（General Electric: ゼネラル・エレクトリック；電機），IBM（International Business Machines: インターナショナル・ビジネス・マシンズ；コンピュータ），エクソン（Exxon；石油）など，主にアメリカ企業があげられる。

　多国籍企業の統一的な解釈や明確な定義はなく，本拠のある国以外で，生産またはサービスの設備を所有もしくは支配している企業というものや，複数の海外拠点を持ち，海外経営拠点を1つの共通した経営戦略で統括する大企業といった定義がみられる。このようにグローバル化の進展した大企業は，その売上高や従業員数が中小の国家規模にも匹敵するため，国家を超えた企業組織として，その

社会的存在や影響についても，多くの議論を巻き起こしてきた。

②グローバル化の進展と経営戦略

グローバル化に伴う経営戦略については，ロビンソンによる企業の国際化・グローバル化の発展段階を基礎に，そこで用いられる経営戦略を考えることができる。この発展段階にある，国内企業，輸出企業，国際企業，多国籍企業，超国家企業への変化は，企業におけるグローバル化の進展と捉えることができる。それぞれの段階についてみていきたい。

・国内企業（Domestic Company）

国内市場を基盤とする企業であり，輸出する場合でも商社等の外部組織によるもので，国内向け製品のみである。この段階での経営戦略はグローバル化の影響をほとんど受けていないが，実際には商品開発などで消費者のグローバル化が考慮されるため，間接的には影響を受けている。

・輸出企業（Export Company）

輸出を増やすため，また海外との窓口として輸出部や海外部など海外対応部署が設置されている企業で，商品の輸出を通じてグローバル化の初期段階にある。輸出の割合にもよるが，経営戦略のあり方は，特に商品開発で国内同様，またはそれ以上にグローバル化の影響を受けている。

・国際企業（Inter-National Company）

輸出先が増え，複数の販売会社が設置され，さらに海外対応のスタッフ部門や海外事業部門も設置される段階にある企業。海外での生産活動が開始される場合も，部品組付けなど部分的な生産や合弁事業であることが多い。グローバル化による経営戦略への影響は大きい。

・多国籍企業（Multi-National Company）

全社的に国際化・グローバル化に対応した組織となり，海外子会社が自立して，海外事業を統合する段階である。地域統括会社が設立されるなど，経営戦略は，グローバル化を前提に，またグローバルに策定される。

・超国家企業（Supra-National Company）

世界統合マネジメントが実現され，真のグローバル企業の段階である。グローバル化の究極的な姿であり，企業の国籍などローカルな経営戦略はなくなっている。実際には，政治的法的規制など各国対応は残るが，経営資源の活用分配については，グローバル視点で世界最適経営が行われる。

③グローバル企業の経営のあり方

　バートレットとゴシャール（Bartlett & Ghoshal, 1989）の多国籍企業モデルでは，すでにグローバル化が進展したグローバル企業（国際企業，多国籍企業，超国家企業に相当）を対象に，その組織と戦略から4つのタイプに分類したモデルを示している。それらは，マルチナショナル（Multi-national：多国籍）型，グローバル（Global：地球）型，インターナショナル（International：国際）型，トランスナショナル（Transnational：世界）型である。それぞれの組織と戦略の特徴は，次のとおりである。

・マルチナショナル（Multi-national）型

　各国の海外子会社への権限分散であり，「現地志向の多国籍企業」に対応するもので，自己充足の組織の連合体と考えられる。各国での経営戦略は独自に策定される部分が大きい。グローバル化により，地域で分権化が進んだ組織である。

・グローバル（Global）型

　本国本社による中央集権型であり，「本国志向の多国籍企業」である。本社を中心に，世界規模へ拡大を図るハブ組織で，グローバルな視点による一元的でダイナミックな経営戦略が考えられる。

・インターナショナル（International）型

　本社（または地域統括本部）による調整を重視する連合型の組織であり，権限というより，知識，イノベーションによる調整によって運営，連係を図ろうとする。集権と分権を使い分けた，柔軟な経営戦略の策定が考えられる。

・トランスナショナル（Transnational）型

　世界規模で統合された組織であり，「世界志向の多国籍企業」に対応する，いわゆる理想的な企業組織といえる。グローバルに展開された各組織が相互依存して，知識共有の実現を図れるよう，経営戦略はグローバルとローカルの視点を併せ持つよう策定される。

　このようにグローバル化が進展した多国籍企業においても，どのような経営戦略をとることが良いかは，その置かれた環境，企業が志向する経営理念などによる方向性，そして資源の制約や活用を含めた組織によって異なり，組織と戦略は多様である。

（宮下　清）

6. グローバル化と人的資源管理

◪ グローバル化の状況と人的資源管理の意味・特徴，実践のために必要な要素

　ジェトロ世界貿易投資報告2017年版によると，日本企業の海外売上比率は，2000年度に28.6％であったものが，2016年度には56.3％になり，また，海外への直接投資も2016年度は過去20年で最高の1,696億ドルを記録した。日本企業の海外展開は，今後さらに加速が予想される中，企業経営も日本型からグローバルに対応した形へと迅速に変えていく必要に迫られている。例えば，ROEが経営指標の1つにとなり，より高い売上げ達成のためのイノベーション強化や，多数の国や地域にわたる会社全体の効率的な経営の追求は喫緊の課題である。

　一般に経営資源は，ヒト・モノ・カネ・情報の4つの要素からなるが，このうちのヒトに関する企業の管理活動の総称が人的資源管理である。1980年代に労務管理に代わって使われ始めたもので，競争優位性を獲得するために，イノベーションの能力や従業員のモチベーション，コミットメントを経営主導で改善することによって労働効率の向上を目ざしたものである（石井，2012）。

　人的資源管理の特徴は，経営戦略との結びつきが強く，トップの戦略計画には，中長期にわたる人員の採用・削減計画など人事関連の課題が含まれる。

　また，人的資源管理業務は，経営戦略の中心に位置づけられ，従業員のモチベーションやコミットメントを高め，学習や成長の機会を与えることが企業業績の向上につながるとして重視される。

　こうした資産としての人的資源の管理を考えるうえで重要なポイントの1つめは，集団的管理から個別管理へのシフトである。日本の大企業では，大量に採用した従業員を入社年次や年功で管理することが一般的であった。例えば，今年度の管理職登用は，〇〇年度入社の従業員から選ぶなど。しかし，グローバルでは，従業員は個別に職務内容や成果，企業のバリューの発揮度合いなどで評価され，報酬決定や異動，昇格することが一般的であり，企業競争力の源泉となっている。近年は，M&Aで数万人単位で従業員が傘下に入ることもある。こうした中，従業員1人ひとりの力量を評価し，それに応じた処遇，育成ができる体制を早急に整備する必要がある。

また，人的資源管理における重要ポイントの2つめは，グローバル規模での頻繁な組織変更や大量の人の異動に対応するしくみの構築である。例えば，イノベーション加速のために研究開発職をグローバルの拠点に集める，ルーチンワークをシェアードサービスとして統合・合理化する，といったことが一部の国や部門を超えて常に起きている。こうしたビジネスニーズに迅速に対応するためには，企業としての存在意義や判断基準の共有，および制度面での統合が不可欠である。日本企業の中には，海外法人の統合が緩やかで，本社とは異なるポリシー，制度，インフラを認めているケースも少なからずあった。しかし，世界各国の従業員が同じ方向に向いて成果を出し，企業として持続的に成長していくためには，企業理念など規範の統合と，規則，インフラストラクチャー，データなどの制度・システムの統合が必須になりつつある。

　企業理念の徹底は，近年特に重要性を増している。なぜなら，従業員が世界中に拡散し，彼らの国籍，性別，バックグラウンドが非常に多様になっている一方で，ビジネス環境は変化が激しく，先の見通しが利かず，複雑で正解がなくなっている。こうした中で，何を目指してどのように行動すべきかを従業員が理解して働いているかどうかは，日々の成果や企業価値を大きく左右するからである。そして，企業のビジョン，ミッション，バリューの実践に基づく評価や登用によって企業風土がつくられ，人材が育ち，次世代の事業基盤ができるからである。

　また，全世界共通の人事制度やシステムも不可欠である。その例が，グローバル・グレーティング・システム（職務の責任範囲や難易度を評価し，社内のすべての職務を1つの体系のもとに位置づける制度で，これによって異動がしやすくなる）やタレントレビュー（定期的かつ全世界的に組織と人材のレビューを行い，必要ポジションに最適人材を異動させたり，後任計画やトップタレントの育成計画を立てたりする場）である。

　人的資源管理における重要ポイントの3つめは，人事部門ではなく，事業部門が当事者として権限を持って進めることである。なぜなら，事業成長の戦略策定とそれを実現する最適人材の見極めができるのは事業部門であり，人事部門ではないからである。事業部門を越えた異動の際に拠出部門と受入部門の利害対立が生じる場合があるが，拠出部門の短期的な利益追求のための人材抱え込みを許さず，全体最適と人材育成への貢献を奨励し，それを実行する経営トップのコミットメントがあれば，目的を完遂することができる。

　そして，人的資源管理における重要ポイントの4つめは，全世界で共通かつ一

元管理された人事データである。グローバルで社員の最新情報を一元管理し，関係者が直接アクセスできるようにしておくことは機動的な社内での人材調達のために不可欠である。何万人という規模の異動・昇格・育成などを管理するためには，各従業員の業績や能力・スキル，異動履歴や今後のキャリアの希望，強み，開発ニーズ，計画と進捗状況などを正確かつ迅速に把握することが必須である。そのため，人材データベースの構築と，常に正確で更新されたデータを担保し，関係者に迅速にデータ共有できることが，人的資源管理においては不可欠である。

つぎに，人的資源管理における関心事の1つである，優秀人材をひきつけて採用し，経営幹部人材を内部から輩出している事例を紹介する。

◘ 事例

長年にわたり社内外に幹部人材を輩出している企業の1つであるGEの事例を紹介する。まず，リーダーシップ・プログラムでは，浅川（2007）によれば，毎年800人の優秀な大卒者をこのプログラムで採用し，ファイナンス，人事，営業などのプロとして鍛える。2年間で4回の異なった実務経験や専門に関する座学，リーダーシップ教育，人脈形成，経営幹部との頻繁な対話，継続的なフィードバックなどを行い，集中的に人材を育成している。

さらに，コーポレートオーディットスタッフというその上のプログラムでは，GEグループ会社の監査を担当させ，経営者としての仕事の一部を体験させる。2年から4年経験すると優秀人材は，エグゼクティブ・プールに入り，その後，シニアエグゼクティブ・プール，その上のプールと進み，コーポレートオフィサーには，早ければ30代前半で到達する。

プログラム以外でも優秀人材を登用し，キャリアアップを加速するしくみがある。事業企画部門など会社の重要戦略分野で，実務を通して育成する方法である。経営陣からの注目度の高さに加え，優先的なストックオプションの付与など，最優秀人材が集まるしくみを整えている。

また，日本GEのサイトによれば，2016年に大学との長期的な共同研究を開始し，自社の重視する分野で次世代エンジニアを育成している。さらに，インターンシップを活用したオープンイノベーションを組織的に推進し，125以上の大学からの優秀人材の発掘と，自社人材の育成を行っている。

このように社内外の幅広い人材交流による多様な刺激や発想の広がりは，人材をひきつけ，育成する格好の場であり，新しい人材育成のモデルとなっている。

このように優秀人材が複数の入り口から入り，国や部門を越え，あらゆる階層で循環するしくみを持っており，これが優秀人材のプールを増やすことに大きく寄与している。

　また，ダイバーシティを経営戦略とし，グローバルで，性別，国籍，人種，退役軍人，LGBTなど多様なバックグラウンドを持つ社員を積極的に採用，育成，登用している。女性管理職比率は，2001年の2％から2014年には17％に増え，また，他国出身の部長が日本で活躍し，事業に貢献している様子など，進んだ取り組みの成果がうかがえる。

◘ まとめ

　グローバルな人的資源管理に必須の要素や人材育成の事例を見てきたが，事業の継続的成長の鍵は人材であり，そのために，各従業員を個別に評価・管理することや，頻繁な組織変更・人材異動に対応するための企業理念・規範の浸透，人事制度の統一，人事データの一元管理，事業部門が当事者として権限を持って推進することが非常に重要であること。また，多様な人材を広く登用し，早期に選抜・育成・異動・循環させることや，社外の優秀人材と交流し，学びあう場を作ることは今後ますます重要になる。そしてこれらをシステムとして連動させ，継続的に実施することが大きな効果につながる。今後グローバル化がさらに進み，国際競争が激化する中では，取り組みを加速させ，一刻も早く実行していく必要がある。

〔赤津恵美子〕

7. グローバル化と組織開発

◘ グローバル化における組織開発

①グローバル化と組織

　グローバルやグローバル化といった言葉は日常語ともなっており，そのために様々な意味で使われている。そこで，まずテーマとなっているグローバル化を組織やマネジメントの観点から捉えてみよう。

グローバル化（globalization）と対比的に使われるものとして国際化（internationalization）がある。国際化は，製品の輸出や国内のオペレーションを単純に海外に延長することを意味している。そこでは，海外の事業をマネジメントしようとする意図は弱く，本社も海外の事業にあまり関与しない傾向にある。それに対して，グローバル化では，海外での製造・販売といった機能の種類や拠点数も増加し，それらを調整・統合する力が働く。海外事業の比重や重要度の増加により，調整・統合により組織の力を発揮しようとする動きが強まってくる。そこに，グローバル化するメリットやグローバル経営の独自性，固有の問題が見えてくることになる。

　バートレットとゴシャール（Bartlett & Ghoshal, 1989）は，グローバル化した企業の理想型として「トランスナショナル企業」の概念を提示している。トランスナショナル企業は，専門化や規模の経済性等から得られる「効率」，個々の国・地域の法規制，市場ニーズや競争条件等のローカルな要求への「適応」，そして各拠点で開発された新技術やノウハウ等の学習成果を移転させる「知識・能力の移転」の3つの要件をともに満たすものである。グローバル戦略やグローバル化の進展度に応じて3つの組織要件のいずれかを軸にすることはあろうが，バートレットらは「トランスナショナル企業」への移行を唱える。そこに，グローバル化した企業の組織力が発揮されることになるし，グローバル企業ゆえの競争優位性も生れるからである。

　バートレットらは，「トランスナショナル企業」への移行にはグローバルな組織構造の設計や意思決定プロセスの確立だけでなく，文化や価値観といった心理面も合わせて開発することが重要と指摘する。過去から組織内に形成されている独自のやり方や伝統が一種の壁となり，移行を妨げるからである。抵抗を乗り超えていく心理的側面の重要性を指摘するとともにその方法も提示しているが，バートレットらは組織開発の導入にまでは言及していない。

　グローバル組織における移行において組織開発を重視したのは，ヒーナンとパールミュッター（Heenan & Perlmutter, 1979, 邦訳, 1990）である。グローバル戦略の展開においてヒーナンらが着目するのは，本社経営陣のグローバル化に対する姿勢や信念である。グローバル化の基本姿勢は，本社中心主義で海外子会社はそれに従えばよいという「本国志向（Ethnocentric）」，現地のことは本社ではわからないため現地の子会社に任せるという「現地志向（Polycentric）」，人事政策等は地域単位で行うべきという「地域志向（Regiocentric）」，そして本社や

各拠点は相互に連携し合うべきという「世界志向（Geocentric）」の4つに分類される。バートレットらの枠組みと類似性も感じられるが，ヒーナンたちは，グローバル化において4つの志向には移行の一般的パターンが存在するという。本国志向から現地志向へ，つぎに地域志向を経由することもあるが最終的に世界志向へという移行パターンである。この移行を円滑に進めるのに組織開発アプローチが求められるというのがヒーナンたちの主張である。

以上，グローバル化における組織，特にグローバル化の進展により変化する組織やそのパターンに力点をおきながら概観した。その中で，組織開発が明示的に採り上げられているものとしてヒーナンら（1979）を紹介した。では，つぎにその発展も含め組織開発はどのような性格を有し，グローバル化とどう関係するのかをみてみよう。

②組織開発とその発展

組織開発は，米国で1950年代後半に生まれたといわれるが，実践性が強く定義やアプローチ方法も多様であり，また時代とともに変化している。フレンチら（French et al.,1994）は，主たる組織開発の論者の定義を詳細に検討したうえで，組織開発の特徴的な性格を，つぎのようにまとめている。

「組織開発のプログラムや努力は，組織の有効性や健全性，より良いシステムの働き，目的を達成するためのより高い能力等を生み出すものである」（p.15）。そして，組織開発の成果として重視されるのは，「組織文化の変革，（とくに再生や適応の）プロセスの変革，持続的自己学習や事前行動を植えつける規範に関連するもの」（p.15）としている。

前項で，バートレットとゴシャール（1989）は，トランスナショナル企業の特性として「効率」「適応性」「知識・能力の移転」をあげていたが，これらの能力を高めるには上記のような性格を有する組織開発が有効な方法であることはわかろう。

組織開発自体，時代の変遷とともに依拠する理論や考え方，手法も変化してきている。ブッシュとマーシャク（Bushe & Marshak, 2009）は，組織開発の流れは「診断型組織開発」と「対話型組織開発」に分類できるとしている。診断型組織開発は，伝統的なものといえ，タイトルにもあるようにクライアント組織のデータの収集・分析を行う診断を重視するものである。診断により問題の真因等を把握したうえで改善プランを策定・実施し，その評価を行うというアクションリサーチの考え方に基づき展開されるのも特徴である。

対話型組織開発は，1990年代以降に生れたアプローチであり，診断型とは前提となる考え方や手法も異なるものである。まず，対話型ではデータの収集・分析といった診断は行われない。参加者が対話を通して現状を把握していくのが大きな特徴である。そこでは，データといった客観的なものではなく，対話により創り出される解釈や状況認識といった参加者の主観的側面が重視される。これは，社会構成主義に立脚するもので，わたしたちにとっての現実は社会的に創り出されるという考え方で，その際に問題やネガティブな面に着目するのではなく，組織の望ましい将来像といったポジティブな現実を創り出すことが目指される。そういう現実が参加者間に生まれることで，その実現に向けて強い力が生まれるというのである。具体的には，組織のポジティブコアに着目するAIやフューチャーサーチがある。

◘ JTの組織開発の事例

　グローバル化では，異文化の人たちとの協働が必然的に伴い，そこでは異文化をうまくマネジメントすることが求められる（Adler, 1991, 邦訳, 1996）。しかし，この異文化の組織をマネジメントすることは，日本企業は不得手であったといっていい。その背景には，日本企業は，成員の同質性を前提としており，「阿吽の呼吸」と言われるように説明しないでも通ずるコミュニケーションが日常化していることがある。しかし，グローバル化では，これは大きな妨げとなる。

　その中で，JT（日本たばこ産業）は，海外企業の大型買収を仕掛け，買収後の企業の統合をうまく行っているとみなせる会社である。会社のM&A（Merger and Acquisition）では，華々しいM&Aの実現やそこに至る過程は注目されるが，その成果については問題にされることは少ない。最近では，PMI（Post Merger Integration）という言葉が使われるように，M&A後の組織統合がその成果を左右する意味でも重要なプロセスになる。ここでは，新貝（2015）の文献に基づき，JTが異文化という状況の中で行ったM&A後の統合作業のプロセスを見てみよう。

　JTは，1999年にRJRインターナョシナル，2007年には当時世界第5位にあった英国のギャラハー社を買収した。買収後の統合期は不安定な時期である。社員のモチベーションの低下や競争企業によりシェアが奪取される危険もあり，これをいかに素早く効果的に行うかが大きなテーマであった。ギャラハー社のほうも，ロシアや東欧，スペイン等の市場を持つ会社3社を合併しており，さらにこの4社の機能統合もできていない有様であった。統合作業は，経理や財務，マネジメ

ントといった異なる機能の統合，それも国が異なる専門家の協働なしではできない苦労の伴う作業であった。

　そこでのポイントとなったのは，「元気で高いスキルを持つ個が部門横断的に協働し，より高い成果を求める組織づくり」であった。こういった組織づくりのために採用されたのが，組織開発の手法の1つである「オフサイトミーティング」である。オフサイトミーティングは，対話型の組織開発の一種であり，参加者の自由で開放的な話し合いの中から，新たなアイデアや変わろうとするエネルギー生み出そうとするものである。JTでは，オフサイト（会社を離れ）で，自己紹介等のお互いをよく知り合うことから始まり，「生煮えのアイデアでも気楽に相談できる関係」を構築していったのである。

　そこでは，オフサイトミーティングを通してつぎのようなことが起きていた。お互いをよく知ることによって，相手を肯定的に扱えるようになる。また，自分にないものを相手に見出すことで相手への敬意が生れる。これらにより相手に対する信頼関係が高まる。信頼関係が基盤としてできれば，組織内においてもお互いの力を最大限に発揮して統合作業を行う協働が可能になる，というものである。たとえ異文化の集合体であっても組織開発により，信頼関係を基盤に個々の力を結集して「1＋1＞2」となるような統合成果が生れたのである。

◪ 今後に向けて

　人材を育成し質を高めることには注目が集まるが，その人材を活かし組織的な成果につなげることは見過ごされがちである。また，うまく機能する組織も時間の経過とともに，役割やコミュニケーションの固定化，ひいては組織の硬直化や機能不全が知らずのうちに起きる。組織開発は，これらの問題への対処は欠かせないものである。

　特に，グローバル化，M&Aは，日本企業にとって大きな経営課題であり，そこにはダイバーシティと同様に異文化融合という難問が横たわっている。JTの事例でもわかるように，この異文化組織のマネジメントという点でも組織開発は有効であることがわかろう。

（城戸康彰）

8. 海外技術移転

◘はじめに

　企業がグローバルにその活動拠点を拡大していく中で，企業にとって競争優位性の高い技術を海外へ移転する重要性は，ますます高まっている。
　海外へ移転される技術には，機械設備などのハードウェア体系に属する技術をはじめ，製造，保全，管理，生産技術，設計，研究開発などのソフトウェア体系に属する技術まで多岐にわたる（植木，2002）。
　また，近年では，多国籍企業の海外事業拡大により技能や経営システムも含めた一括移転の事例もよくみられる。
　本項では，海外技術移転の定義，具体的な企業の実態を踏まえ，今後の展望を述べてみよう。

◘基本的な概念

①技術移転とは

　技術移転とは，ある技術が国境を越え，企業から他の企業に移転または伝播することを意味する。国際的に移転する技術は，具体的にはつぎのように分類される（吉原，1997）。

製品技術：製品として具現化する技術であり，製品の設計図などとして存在する。

生産技術：生産設備などとして具現化するもの。例えば，機械，コンベアライン，工具，計測器，治具，工場内物流装置などから構成される。

管理技術：トヨタ生産システム，JIT，かんばんシステム，リーン生産方式。製品開発に関連したコスト低減の技術の原価企画。経営計画の技術，マーケティング技術，人事管理の技術等が含まれる。

　技術移転には，中間生産物，機械設備，人的能力，生産流通体系，マーケティング・システムなど様々な形態がある。例えば，ライセンシング協定，特許の譲許，経営契約，コンサルティング・サービスなどの技術契約がある。また近年多国籍企業の直接投資により技能も含めた一括移転がされる点が目立っている。つ

まり，技術移転は，政府間技術協力のほかに，民間企業が海外事業活動の拡大に伴い着手されていく。技術移転契約や経営管理指導等により展開される。

後者の民間企業における技術移転に注目すると，企業内技術移転と企業間技術移転の2つの方法がある。企業内技術移転は，企業の海外事業活動を通じた技術移転のことを指し，本社から海外子会社，あるいは合弁会社への技術・ノウハウの内部移転を指す。一方，企業間技術移転は，事業の持続的発展のためのリスクや採算性を考慮しなければならない段階，および生産能力に見合った事業が実現できないといった本格的な海外直接投資の過渡期の段階で選択される場合が多い。具体的には，知識の消散リスク，ライセンス契約やフランチャイジングなどによる企業間の売買を通じて技術やノウハウが移転されることを指す。

企業内技術移転には，企業特有の技術を始め，生産管理技術，ノウハウ，企業家精神などの経営資源がパッケージとして移転される特徴がある（田中，2013）。また，企業間技術移転は，スポット的な市場による取引形態が主流であるのに対して，企業内技術移転は，企業内ネットワークを駆使した内部市場による取引形態に属する。そのため，企業内技術移転のほうが，持続的な組織構築能力を必要とする。

②技術移転の意義と役割

技術移転の方向性は，一見，技術のある国から希少な国へ移転するようにみえるが，実は市場成長性などの魅力度の高い市場へ移転する傾向がある。

例えば，発展途上国の場合，一般的に教育水準が低く，現場作業員の知的熟練の低さが課題となっている。また，技術移転を受けてもそれを海外子会社の実情に合わせて，活用することが重要となる。このように，技術移転が多国籍企業の直接投資を介して実施される際に，移転される技術がその国・地域にとって有用なものか考慮しなければならない。その理由として，先進国の高度な移転技術が発展途上国の雇用創出や技術習得にあまり効果がないと問題視されているのである。

このように，技術の受入先の経済発展により技術移転の中身やタイミングは異なるものの，移転先の国の社会的な課題の解決につながっていくことが望ましいあり方といえる。

企業内技術移転の方向は，主に本国本社から海外子会社への技術の移転，海外子会社の相互間の技術の移転（水平移転），海外子会社から本国本社への移転（逆移転）が挙げられる（吉原，1997）が，多国籍企業の最大の強みは，世界各地

の分散する暗黙知文脈知を現地ネットワークのアクセスにより，国境を越えて移転，共有することとされる（浅川，2003；Kogut & Zander, 1993）。また，技術の移転先から新たなイノベーションを起こす組織能力を高めることが重要視されている。

◘ 事例

　企業内技術移転の内容は，現地国政府の要請や外資政策の影響により，大きく左右される。例えば，ASEAN自動車産業が輸入代替工業化政策から脱却し，国産化を推進していく政策に変更になった際は，簡単な組み立て生産を主とするノックダウン（KD生産）から海外直接投資（高度な技術や経営ノウハウを要する生産機能）や技術集約的な前工程の技術も本格的に移転されるようになった。さらには，部品企業を巻き込んだフルセット型の技術移転，つまり部品のすそ野産業の形成も進展するようになった（植木，2002）。

　多国籍企業の持つ所有特殊的優位が現地受入国に理解されるようになると，研究開発機能の移転や，中国でみられるように自主ブランド車の開発も活発化している。例えば，トヨタは，中国に研究開発拠点を設け，ハイブリッド車の現地部品開発に乗り出している。また，日産は，中国専用ブランド車の「ヴェヌーシア」を開発して生産を拡張している。

　このように，技術移転がうまくいくかどうかは，技術それ自体が優れたものであるかどうかで決まるものではなく，技術を受け入れる側に技術を受け入れたいという強いモチベーションがあるか否か，また，技術を消化吸収して使いこなす能力があるか否かにも依存する。さらに，受け入れ側の吸収能力や環境要因が移転を困難にするという移転粘着性も要因として挙げられる（浅川，2011；Szulanski, 1996）。このように，技術を現場の状況に合うように手直しすること，すなわち現地適応も重要である（植木，2002；吉原，1997）。

　これらの事例からもわかるように，技術移転の内容がハードからソフトへ転換するようになると，問題解決能力を備えた専門職や技術者層の中核人材の役割がますます重要になる。また，研究開発の現地化に伴い，研究開発人材の登用と育成も併せて肝要となる。

◘ 今後の研究課題

　企業の海外事業拡大に伴い，海外技術移転のあり方は，近年ますます大切にな

り企業の戦略的意思決定の重要項目となっている。

　これまでは，製品技術や製造技術を主とするハード中心の技術移転が主流であったが，今後は，高度で複雑な技術やそれを管理・運用し，問題を発見し，解決していくためのソフト面での技術移転も同時に重要な課題として挙げられる。そして，そのオペレーションを円滑に運営していくための経営の現地化と，そのサポート役としての海外派遣要員の役割が大きくなる。

　ハードの技術移転だけではなく，暗黙知が付加された高度な経営ノウハウの移転がますます重要性を持つようになる。

　企業は，製品輸出の段階から現地生産や研究開発の現地化に進展するのに伴い，国内で活用している技術をいかに海外に移転するかが重要な課題となっている。すなわち，技術にはマニュアル化できない複雑な問題発見・開発能力が存在するため，本国本社から海外派遣要員を現地に派遣し，現地社員に指導を行う必要がある。しかし，様々な経営文化や経営土壌の違いを理由にして，技術の受入先が技術をうまく吸収できないといったことも起こり得る。

　さらに，海外拠点に重要な機能を移管していくと，国内の事業規模の縮小や雇用減少といった懸念も生じてしまうため，国内では，中核事業への集中と新規事業への参入といった新たな企業戦略のかじ取りも検討する必要がある。

　このように，海外技術移転の高度化は，国内拠点と海外拠点の役割を明確にし，世界最適な市場のポジショニングと製品の棲み分けによる国際分業の組織的なネットワーク展開をもたらしているのである。

（植木真理子）

9. 現地採用

◘ はじめに

　企業のグローバル化に伴い，海外現地法人において現地で雇用契約を結び，人を採用することを現地採用とよぶ。本社からの海外派遣要員との役割分担，経営の現地化の進展具合により，海外現地法人における現地採用にみる課題はきわめて大きいといえる。

　例えば，他社との人材獲得競争が厳しく優秀な現地社員の採用が難しいことや

外資系企業との給与格差などの処遇面に不満を持つことにより，現地社員の定着率維持・向上に苦労しなくてはならない。

本項では，現地採用の概念，実態と課題，事例，今後の展望をまとめてみたい。

◪ 基本的な概念

①現地採用

現地採用とは，本国の親会社から派遣された出向や駐在との対比で海外現地法人で採用されることをいう。つまり，採用の時点で現地法人の会社と直接雇用契約を結ぶ場合を想定する。

それゆえ，現地採用とは，日系企業であれば，すでに現地にいる日本人が採用される場合も含まれる。しかし，現地採用の給与・待遇面は基本的には現地の水準がベースとなるため，本社から派遣される駐在員との給与格差が存在する。そのため，現地採用された人材からの不満が起こり，他社への転職や離職率の高さという問題が生じる。本国本社から派遣される駐在員のコスト節約の観点から現地の人材を適材適所で活用し，人の現地化を推進していくことが期待されている。

②日系企業における人材登用問題

日系企業における現地採用の実態は，人材獲得競争が激しく，厳しい状況が続いている。

日本在外企業協会のアンケート結果によると，比較的に日系企業の海外事業の歴史が長いとされるASEAN諸国では，1980年代に進出した製造企業にとって，すでに進出後30年を超え，進出当初とは異なる人事労務関係の問題が生じている（下田, 2016）。

例えば，本国本社は人件費の高騰により別の投資先を検討する必要性が高まるなどの新たな試練を受け，これまで以上に海外現地法人の役割の変化を認識しなくてはならなくなった。つまり，海外現地法人はこれまでの安価な生産拠点としての役割から，その国や地域に対してサービスやビジネスを行う市場としての期待が増加してきたのである。

さらに，現地に派遣される日本人社員は，進出当初は技術系の工場長や生産管理の責任者など比較的中堅マネジャーが多かったのに対して，人の現地化や権限の委譲が進むと同時に，日本人派遣者の役割が質的に変化している。

産業構造でみると，ASEAN諸国に対する直接投資はその質を変化させ，2000年以降，特にサービス業と情報産業を中心とする知識集約型産業の進出が増加す

るなど新たな転換期を迎えている。

このように，現地受入国の経済発展や海外現地法人が中核的な拠点になるに従い，海外子会社の役割が質的に進化してくると，現地スタッフの能力向上が必要となってくる。

③人の現地化

企業のグローバル展開が進展するに伴い，世界で適材適所の人的資源配置の観点から人の現地化の重要性が指摘されてきている。このような情勢の中，日系企業も現地採用の積極的な見直しを図らなければならない。

例えば，配置に関しては，その職位につけるのはなぜか，成果を出せばどのような昇進の可能性があるのかを明示していく必要がある。また，現地採用の社員に対して目的や何をするべきかというミッションを明確にしたうえで，それに成功すればどうなるのかを再確認し，職務記述書を作成しておくことが重要になる（橘, 2014）。

東南アジア5ヵ国（シンガポール，マレーシア，タイ，インドネシア，ベトナム）で行った調査結果によると，多くの企業がマネジメント層の人材確保（採用・育成）に苦戦している。特にマネジメントクラス層の離職が多く，育つ前に辞めてしまうという（佐原, 2015）。

人材育成については，グローバル人材の不足，現地採用社員の育成，現地幹部候補の育成が課題として挙げられている。また，海外子会社のマネジメントを指揮する日本人派遣者や現地採用の社員がその先駆けとして十分に育成されていないことが課題となっている。

このように，人の現地化をめぐる諸問題は，日系企業にとって長期的な経営課題として挙げられるが，人事処遇については，日本採用および現地採用外国人国籍社員と日本人派遣者を総合的に網羅する人事制度構築が追いついておらず，グローバルな人的資源管理を図るタレントマネジメントが欧米系企業に比べて著しく出遅れている。

白木（2006）の調査結果によると，大卒比率を高めて現地中間管理職の層を厚くすることが，企業の利益率の向上に貢献するという因果関係が明らかになった。ただし，現地採用の人材が育つ前に拙速な人の現地化を進めることは危険である。つまり，企業内での特殊な知的熟練の蓄積を企業組織内で共有化しないで，企業成長を図ることは難しいため，人の現地化や権限の委譲には，適切なタイミングや状況を見極めながら進めていく必要がある。

今後，日系企業がグローバル経営を進展させるには，日本人の人事育成のみならず，日本採用外国籍社員や現地採用外国籍社員が内外で活躍できるように，明確な共通制度の構築を目指した本社側の取り組みが望まれる。

◘ 事例

事例では，現地採用の拡充に力を入れている2社を紹介したい。

豊田通商タイ（TTTC）は，1957年に現地の政治家一族が51％，トヨタ通商が41％出資する合弁企業として発足した。繊維機械やフォークリフトの輸入販売をする同社は，初の海外拠点と同時にトヨタグループとして初のタイ進出企業であった。現在では，自動車関連ビジネスが全体の9割強を占めている。

また，2018年度には売上高のピークを更新するとの見方を示した。現地採用者を本部長に登用することで現地企業との取引も進め，非自動車分野の比率も2020年をメドに1割弱から25％に伸ばす考えである。

このように，現地とのコネクションやパートナーシップを築くうえで，現地採用社員の上級管理職登用は必須である。

さらに，ヤフーでは，ベトナム・ホーチミン市の開発拠点の技術者数を2018年に5割増の100人増員し，研究開発の現地化を図っている。近年，ベトナムでは，国内のIT技術者の獲得競争が激しくなるため，国の人材育成方針に対応してベトナムで開発体制を拡充している。そこで，ヤフーの現地法人「テックベースベトナム」が開発体制を強化する。そこでは，ヤフーから派遣された人材と現地採用の開発者が共同開発にあたり，国内で強化しているネット通販やオークション，メディア向けのアプリなどを開発している。

◘ 今後の研究課題

以上で述べてきたように，日系企業の現地採用をめぐる課題は山積している。今後も外資系企業や地場企業との人材獲得競争は，ますます厳しい状況が予想される中，日系企業も本国本社と一体となった人事戦略面の強化が必要となる。

従来のように，親会社からの駐在員の役割や権限を見直し，現地社員への権限移譲をさらに進めていく必要がある。また，従来，駐在員が占めていた上位役職を現地に権限移譲することで，ハイパフォーマーな現地採用者は能力の発揮と待遇向上の機会を得て，さらに競争力のある企業に転職する可能性が高いといえる。

日系企業の人材採用難や離職問題は，業界を取り巻く人材獲得競争が原因であ

ると指摘されている。つまり，その背景には外資系企業との給与格差，明確な職務区分に基づく成果報酬，やりがいや専門性を活かす機会を求める優秀な人材が集まるという好循環を起こしている外資系企業のマネジメントシステムを参考にすることが推奨される。

また，給与面の見直しのほかにも，教育研修プログラムの充実，組織開発プログラムの実施，ビジョン・経営計画等の明示など様々な対策を検討していく必要がある。

今後，日系企業は，グローバル志向とダイバーシティ・マネジメントへの対応を期待される中で，現地採用の社員にも本社管理職等への昇格キャリアパスを設定し，本社採用と現地採用の処遇格差是正や統一基準の設定の見直しを図ることが肝要である。

（植木真理子）

10. 外国人人材の採用

本稿のテーマ「外国人人材の採用」の範囲は広い。この広いテーマを限られた紙面の中で論ずるにあたっては，実際に提起されている様々な問題を深堀りし，解決案を示すなどの背伸びをするのではなく，テーマの全体を俯瞰して，どのようなアプローチ方法があるかを考察することに重点を置きたい。また手法としては，筆者は多年企業において海外事業に従事し，外国人の採用にもかかわってきたことから，研究者としての知見に実務家としての経験をミックスさせることとする。

◪「採用」の分類

まずは「外国人人材の採用」と一口に言っても多様な実態があることを，分類を行うことで考察したい。

最初に「採用」という点に着目し，「どこで」，つまり採用地のことを考えたい。本稿が日本の人材育成学会による出版物に掲載され，かつまた日本においてグローバル化というとき，主として日本/日本人の観点から捉えることが含意されていることを踏まえれば，ここでは日本国内と日本国外で分類するのが適当であろう。

つぎに「誰が」という採用の主体者であるが，これも「どこで」と同様の理由で，日本人/日本企業と外国人/外国企業という分類が適切と考えられる。
　ここで留意するべきは，この「誰が」が外国人/外国企業の場合には，本稿の目的からは，「どこで」の「日本国外」が，その外国人/外国企業とは異なった国でなければ意味をなさないという点である。したがって，その意味で，ここでは「日本国外」とせずに「外国」とし，それは採用主体とは異なった国を意味するものとしよう。
　このような分類により「どこで」と「誰が」を基準として2×2のマトリックスを作れば，表7-1で示すように，A，B，C，Dの4つの区分ができる。
　表7-1で挙げた4つの例は，筆者が想定する典型例だが，おそらく読者も同様の例を想定するに違いない。こうして並べてみると，本稿への期待も含めて，一般に日本において議論されている「外国人人材の採用」論とは，A，B，つまり日本人/日本企業が主体者となった場合の対応論について，C，Dの有力なケースを参照しながら論じている場合が多いことが実感される。
　これは「外国人人材の採用」というテーマに限らず，一般に国際経営の研究にあたっては，日本人研究者が海外の事例と比較して，日本企業の特徴をあぶりだすという手法が標準であること，さらに一般化すれば，それは日本社会全般がグローバル化を論ずる際の基本的なスタンスであるともいえよう。

◪「外国人人材」の分類

　つぎに「外国人人材」の分類を示したい。多年，筆者はこの問題において，ホワイトカラー系とブルーカラー系に大きく分けることが必要であると考えてきた。最近頻繁に聞く「グローバル人材」という言葉は，事実上，前者を対象にしていることは間違いないだろう。それは例えば，日本に出稼ぎに来ている外国人労働者が「グローバル人材」と扱われることはないということだ。しかしながら，ブルーカラー系の外国人人材は，現実には数値の面ではとても大きなものがある。日本においてもそうであるが，目を海外に転じれば，「移民労働者」の存在は，欧州において特に大きい。
　「外国人人材」におけるホワイトカラーとブルーカラーの違いは，通常のコンテクストにおけるホワイトカラーとブルーカラーの違い以上のものがある。最大の違いは，前者は仕事そのものが国際的あるいはグローバルな性質を帯びる場合が多いのに対して，後者は仕事そのものにはそうした国際性は付随しないこと

表7-1 「外国人人材の採用」における「採用」の分類

		採用主体	
		日本人／日本企業	外国人／外国企業
採用地	日本	A： 例：日本企業が日本国内で外国人を雇う。 ヤマハがブラジル人，吉野家が中国人を採用する。	C： 例：ネッスルジャパンが日本で日本人を採用する。
採用地	外国	B： 例：日本企業が中国で中国人を採用する。	D： 例：米国マクドナルドが中国で中国人を採用する。

筆者作成

ある。

　言い換えると，外国人がホワイトカラーとして雇用される場合には，「外国人である」がゆえの属性（例：多様性や異なった感性）に雇用者が期待するものが大きい場合があるが，ブルーカラーの場合には，「外国人である」という事実は，一義的な重要性を持たない。ブルーカラーの仕事をなす肉体労働や手作業それ自体，あるいはその結果において，国籍や文化，さらに言語による差異は本質的には影響しないからである。例えば，行き届いた品質管理体制が確立された環境下で決まった製造工程に従えば，日本の日本人労働者も，米国中西部の米国人労働者も，中国内陸部の中国人労働者も，まったく同じ仕様の自動車を作ることが可能であろう。差異があるとすれば，それは仕事そのものではなく，労働者の管理の部分である。

　つぎにホワイトカラーについて見てみよう。先にホワイトカラー外国人人材の場合には，「外国人である」がゆえの属性に期待がかかると述べた。しかしこの点において，ホワイトカラー人材は大きく2つに区分される。1つ（仮にここでホワイトカラーXとする）は，マネジメント系の仕事でグローバルな視野やノウハウが要求される場合で，こうした仕事においては，様々な外国人と接し，言語や文化の様々な課題に直面し，また克服しながら，前進することが求められる。もう1つの種類（ホワイトカラーY）は，主として技術職のような仕事で，国ごとの業務の差が比較的少ないホワイトカラー職である。典型的には，IT技術者が挙げられるであろう。

◘「採用」と「外国人人材」の関係

さて、以上のホワイトカラーX、ホワイトカラーY、ブルーカラーという3分類は、先の採用主体と採用地の2×2のマトリックスとどのように関係するのであろうか。

表7-1において、まずAにおいては、数の上で圧倒的に多いのはブルーカラーであると言えよう。Bにおいても、中国など発展途上国における労働集約的業務における大量の現地労働者の雇用があるので、ブルーカラーが中心となる。ただし、Aに比べれば、有能な現地人のホワイトカラー、特にマネジャー級の人材が不可欠であるということは、どの日本企業も知っているところだ。Cについては、日本人が採用される外国人の大半を占めることになるが、日本の人件費が国際的には高いことを反映して、ブルーカラーの割合は相当に低い。一方でDは、Bと同じ理由で、特に採用地が発展途上国であれば、ブルーカラーが多くなるものの、有能なホワイトカラー外国人の採用が必須であるという状況はBと変わらない。

◘ 課題分析の観点：戦略論と実務論

「外国人人材の採用」というテーマを論ずる場合のもう1つの重要な点は、その観点が大きく企業やビジネスの戦略性にかかわるものと、現実の実務性にかかわるものの2種類があるということである。

前者は現場との距離が比較的に遠い分野、後者は現場で喫緊の実務が存在する分野と言ってもよいであろう。例えば前者では、外国人の採用が企業の大きな戦略の中で多様性の追求、多国籍企業への脱皮という文脈の中で論じられる問題があり、後者は外国人の採用実務や労働条件といった実務上の問題が主流ということになる。

「外国人人材の採用」は、「第Ⅶ章グローバル社会と人材育成」の中の他テーマと比較した場合、上記の後者、つまり現場の実務性が比較的に高い分野であるといえる。言い換えれば、「外国人人材を採用」するということは、現場を離れて論じられるやや抽象的な戦略論としての側面もあるが、現場で現実に様々な問題が日々発生し喫緊の実務対応が必要な部分も相当に大きいといえる。

ここで、戦略論の代表的な問いかけである「なぜ外国人を採用するか」という問題を俯瞰してみよう。例えば中西（2014）では、以下を例示している。

・優秀な人材を確保する

・海外の取引先に関する業務を行わせる
・自社の海外法人に関する業務を行わせる
・外国人としての感性・国際感覚等の強みを発揮してもらう
・日本人社員への影響も含め社内を活性化させる
・日本では確保しにくくなった専門分野の人材を補う

　先述のホワイトカラーとブルーカラーの二項軸で考えると，これらはほぼホワイトカラーの採用理由であることに気づく。それでは，ブルーカラーの採用理由は何かと言えば，言うまでもなくそれは，圧倒的に直接の経済性，つまり自国民に比して安価な労働力確保にほかならない。

　つまりこのことは，先にブルーカラー労働者においては，国籍，文化，さらに言語等は，仕事そのものやその結果（製品の場合もある）においては，あまり意味をなさず，もっぱら管理の部分において留意することがあると指摘したことに符号する。そしてその管理の重要な部分を占めるのが経済性と法的な問題であるということだ。

「外国人人材の採用」の困難な事由

　言うまでもなく，「外国人人材の採用」はいいことだらけではない。メリットと並んでデメリットあるいは困難事由が存在し，それらを相殺してもなおメリットが大きいので採用するという決断となるのが一般的な流れであろう。ここで，「外国人人材の採用」に関して発生する困難・事由を俯瞰してみよう。

　①文化・言語の壁

　外国人人材の採用にあたっての最大の問題点は，文化・言葉の壁であることは言うまでもない。ただ，この点に関しても，先の多様性に関連することであるが，その壁の高さには相当な差があることはもっと注目されてよい。そしてこの壁の高さを決定する要因は，その仕事がホワイトカラーかブルーカラーか，さらに同じホワイトカラーでも既述のように2分類される。ブルーカラーの場合には，仕事そのものというよりも，ブルーカラー労働者の管理の面での壁となることが圧倒的に多い。

　②法律上の問題

　ここでいう法律上の問題とは，外国人であるがゆえの本国人（本稿の文脈では日本人）とは異なった扱いをしなければならないという問題を指し，法律の解釈や適用を巡って現場レベルで起こる誤解や不服従等の問題は，前項の文化・言語

の壁の一部であると整理できる。この法律上の問題こそが，現実には企業にとって大きな問題であることは，この問題について出版されている参考書籍の多さでもわかる。

まとめ

　本稿では，「外国人人材の採用」という幅の広いテーマについて，筆者が重要と考える分類を示すことにより全体を俯瞰し，問題を考察する際のヒントの提供を試みた。最初の分類は，「誰が」採用するか，「どこで」採用するかという点で，2×2のマトリックスを示し，4つの類型の特徴を指摘した。つぎに「外国人人材」をその性質から，ホワイトカラーX，ホワイトカラーY，ブルーカラーのように3分類を行った。その意味するところは，これらの要素（4つの類型，3分類）は互いに相関しており，かつそれぞれの抱える課題も多岐にわたるという点である。この多様性を意識しながら，本テーマに対峙することが重要であることを指摘して本稿を終える。

（小林一雅）

11. 外国人幹部の採用

はじめに

　グローバル化が進む日系企業のマネジメントを考えるうえで，企業の幹部に外国人を採用することは重要なテーマである。このテーマについて議論するにあたり，まず「幹部」とは誰を指し「採用」はどのようなプロセスなのかについて整理しておきたい。

　通常の文脈において，幹部とは企業の上級管理職の地位にある役職員を広く指す。具体的には，会社法に定める役員（代表取締役・取締役等）に加え，執行役員・事業部長・部長・支店長といったシニアなポジションにある従業員を含めるのは妥当な解釈といって良いであろう。英語では，CEO・COO・CFO・CHRO・CTOおよびそれに準じる役職者ならびに各部門長などが該当する。

　「採用」のプロセスは役員と社員では異なる。役員は，会社の取締役会が選任

し株主総会で承認を経て採用される。また，取締役会内に指名委員会を設置している会社では，指名委員会の決定が固有の拘束力を持つ。それに対して，社員の場合は上級管理職といえども人事部経由など通常のプロセスを経て採用される。

以上から，本節において「幹部」という概念は，役員（代表取締役及び取締役）と社員（シニアポジションにある上級管理職）に分けて考える。

外国人を社長に選任した8社の事例

　統計で見ると，日本以外の国籍を持つ人材を役員として選任している上場企業は少ない。2013年のFortune Global 500企業における外国人役員（CEO，その他トップマネジメント）の割合では，全体平均がCEO13%，その他トップマネジメント15%であるのに対して，日本の企業はCEO 3 %，その他トップマネジメント 5 %と低い。

　しかし，数が少ないからこそ外国人社長選任のニュースはメディアなどでしばしば取り上げられる。以下では，広く知られている 8 つの事例を選任方法別（資本提携及びM&A，ヘッドハンティング，内部昇進）に整理する。

　事例1　日産自動車：1999年，経営危機となった同社は，フランスのルノーと資本提携を結び，ルノーの上席副社長であったカルロス・ゴーン（Ghosn, C.）が同社の最高執行責任者（COO）として就任した。そして，2016年にはゴーンは，日産・ルノー・三菱自動車の 3 社連合のトップに就任した。しかし，2018年11月金融商品取引法違反で逮捕されたことを受け，2018年12月には日産と三菱自動車から解任され，2019年 1 月にはルノーの会長職も辞任した。日産の経営危機を救った功績は高く評価されたものの，近年は高額報酬への批判が高まっていたことが背景にあるようだ。自動車販売世界第 2 位のトップであるゴーンの逮捕と辞任は，日本だけでなく世界中で大きなニュースとなった。

　事例2　シャープ：液晶パネル事業の収益悪化のため債務超過に陥ったシャープは，2016年に台湾の電子機器の受託製造サービス（EMS）大手の鴻海精密工業に買収され，鴻海の副総裁であった戴正呉が社長に就任した。その後，戴社長は，コスト削減や販売拡大を牽引し，急速に業績を改善させた。そして，2017年12月には，東証 2 部に降格したシャープを 1 年 4 カ月ぶりに東証 1 部に復帰させた。このように，最近はアジア企業からも社長が就任している。

　事例3　日本板硝子：2008年，売上高規模が同社の 2 倍であったイギリスの

ガラス製造業ピルキントンの買収に伴い,「グローバル企業を管理運営できる人材が日本人の中にいない」として, イギリス人のスチュアート・チェンバース (Chambers, S.) が社長兼最高経営責任者 (CEO) に任命された。しかしながらチェンバースは翌2009年家庭の事情を理由に社長を退任した。2010年には米化学大手デュポン元副社長の米国人クレイグ・ネイラー (Naylor, C.) が社長に就任した。しかし, 業績悪化と事業戦略の相違などを理由に2年弱で退任した。外国人社長が2人とも短期で退任したため大きく注目された事例である。

事例4　武田薬品工業：2013年, 同社は製薬業界のグローバル競争に対応するべく, ルクセンブルグの携帯通信会社の最高財務責任者 (CFO) であったフランソワ・ロジェ (François-Xavier Roger) をCFOとして採用した。しかし, 2015年ロジェは同社を退任し, スイスの食品会社ネスレのCFOに転職した。この事例は, 日本人の社長が取締役として, 資本関係のない他社から外国人を選任したものである。ロジェの短期間での電撃退任は, 外国人幹部の採用の困難さの象徴としてニュースで大きく取り上げられた。一方で, 2014年に同社の代表取締役社長COOに就任した, フランス出身のクリストフ・ウェバー (Weber, C.) は, 翌2015年に代表取締役社長CEOとなり, 2019年1月にアイルランドの製薬大手シャイアーに対する7兆円規模の大型買収を完了した。

事例5　タカラトミー：2014年, オランダ生まれで日本コカ・コーラ等で経営幹部を歴任したハロルド・ジョージ・メイ (Meij, H. G.) がCOOに就任した。同社は当時, 米国事業の不振で大幅赤字に陥っていた。メイはマーケティング戦略を社内に浸透させ, 着せ替え人形「リカちゃん」のブランドを再構築するなど, 業績を大きく回復させた。メイは少年期を日本で過ごした経験を有し日本語が流暢であることから, 日本企業の経営幹部を歴任している。同社を2017年に退任した後, 2018年には新日本プロレスの社長に就任している。

事例6　ソフトバンク：2014年, 同社の創業者である孫正義社長が, グーグルの副社長であったインド生まれのニケシュ・アローラ (Arora, N.) を「自らの後継者」として引き抜いた。報酬が高額 (165億円) であったこと, その後アローラが個人で同社株式の大量買い付け (約600億円相当分) を行ったことで大きな話題となった。アローラはシリコンバレーを中心としたテクノロジー業界の人脈を生かして, 同社のM&Aを主導した。しかし, 2016年6月孫社長が続投を表明したこともあり, アローラは実質2年足らずで退任した。

事例7　ソニー：2005年, 米放送大手のCBS出身で, 同社の元米国支社長であ

ったハワード・ストリンガー（Stringer, H.）が外国人として初めて本社のCEOに就任した。2009年には社長も兼任し，縦割り組織の解体と固定費削減を柱とする構造改革を進めた。しかし，テレビを中心とするエレクトロニクス事業の収益回復は成功せず，2013年に経営トップを後任に引き継いだ。

事例8　オリンパス：2011年，同社のイギリス子会社の社長であったイギリス人のマイケル・C. ウッドフォード（Woodford, M. C.）が代表取締役社長に就任した。当初は「外国人幹部の採用」の代表的事例として大きなニュースとなったが，就任後ほどなくしてウッドフォードはバブル崩壊時に同社が行った企業買収の中に不当に高額なものがあり，会社ならびに株主に損害を与えたとして，当時の日本人会長と副社長の辞任を求めた。しかしながら取締役会議においてウッドフォードは社長職を解任された。その後ウッドフォードによる情報公開から同社の長期的な損失隠しを行う不正な会計処理の実態が明らかになった。

　上記の外国人役員を選任する事例はインパクトが強く，ニュースとして報道された。しかしながらいずれも特殊な背景があり8社8様といってよい。評価についても成功したとされる場合と失敗したとされる場合があり，一律に論じることは難しい。また，短期間で高額の報酬を得て退任した外国人役員の事例（日本板硝子や武田薬品工業）から，外国人幹部の採用に否定的な意見が高まったが，これは個人の事例で，外国人だからと一般化できるものではない。したがって，これらの事例を外国人幹部の役員選任に特有の問題として議論するのは本質を見失う可能性がある。

◪ 外国人の上級管理職（役員以外）の採用

　執行役員や部門長・部長などのポジションへの外国人の就任については，数も多いことから個別のニュースとして報道されることは少ない。この文脈における「採用」は外部からのヘッドハンティングを含む通常のリクルーティングを意味するが，上級管理職のポジションを埋めるという観点からは日本の法人内における内部昇進や海外のグループ企業や関連企業のシニアマネジャーの異動なども含まれると考えられる。

　幹部を社外から採用する方法の長所としては，社外や国外の知識と経験を有していることや，社内の取締役会の人間関係などしがらみがないため既存のやり方に捉われない新しい経営方針や仕事のやり方を始められることなどが挙げられる。

一方で短所として，就任当初は会社の経営方針や価値観に対する理解の蓄積が十分でないこと，社内の人脈が少なく業務執行がスムーズに行われない可能性があることなどがある。

幹部を社内から選出する方法の長所としては，会社の経営方針や仕事の進め方を熟知していることや会社への愛着を持っていることなどが挙げられる。また，他の社員に対して昇進期待を持たせ，組織コミットメントやモチベーションを向上させている効果がある。一方で，業務経験が同一企業もしくは同一企業グループ内に限られがちであったり，既存の経営方針や取締役会の人間関係にとらわれすぎると新たな経営方針や仕事の進め方を始めることが難しかったりするといった問題点も指摘されている。

◪ これからの外国人幹部採用

優秀な経営幹部を選出することが，会社にとってクリティカルであることは議論を待たない。外国人を役員として選任したりシニアポジションに採用したりすることは日本ではまだ珍しいといってよいが，グローバル化の進展に伴い，今後外国人幹部の比率は増えることはあっても減ることはないと予想される。そのような人材についての需要と供給の双方が上向いているからである。

需要面については，日本の総人口は2008年をピークに減少を始めた。日系企業が成長を維持するためには，グローバル市場でビジネスを展開することは避けて通れない。またダイバーシティの観点からも外国人の比率を高めることの重要性が高まっている。

供給面については，多くの企業において日本における外国人の社員が増加し，海外子会社においても優秀な人材が育ってきている。「外国人幹部」について議論する際に「採用」が暗黙裡の前提とされていたのは，従来は社内に人材の蓄積が十分であったからである。今後は他社からの中途採用，社内からの昇進，海外グループ企業からの異動という3つのルートがそれぞれに充実することから，外国人幹部の比率は高まっていくと予想される。

日本においては著名な企業において外国人の役員が選任されることはいまだニュースとなる。しかしながら，「外国人役員」が特別な存在であり続けるうちはグローバルな日系企業の真のグローバル展開は覚束ない。欧米における「真のグローバル企業」においてはすでに「外国人」という概念自体が消失しつつあるようにも見える。グローバルな事業をマネージするうえで，日本人であるか外国人

であるかが問題ではなくなった時に、このテーマはハンドブックから消えるだろう。そうなって初めて日本はグローバル化に対応できたといえるのかもしれない。

(杉浦正和・小西由樹子)

12. グローバル・リーダー

　日本は1980年代から1990年代の経済発展の波に乗り、国内市場から国外市場に目が向けられ、「国際化」の時代を迎えた。その後、2000年代に入り、IT社会の進展とともに国や地域を超えて地球規模の「グローバル化」の時代を迎えている。「モノ」「カネ」「情報」の経営資源は、交通機関並びにロジスティックスやインターネットの発展で容易に地球上のどこにでも移動が可能となったが、重要な経営資源の1つである「ヒト」のグローバル化が課題となってきた。そこで、特定の企業や組織だけではなく、社会のすべての場においてグローバルな視点を持ち、国内外を問わずいたるところで活躍できる人材の必要性が増加し、官産学一体となった「グローバル人材育成」が急務となってきた。

　必要性が高まる一方で、「グローバル人材」「グローバル・リーダー」「グローバル・マネジャー」「グローバル市民」など「グローバル」という言葉がついた様々な文言がメディアに登場し、明確な定義がないままに「グローバル」という言葉だけが先行しているのが現状である。

　そこで、本稿においてはそれらの言葉を整理し、「グローバル・リーダー」について考える。

　まずは、「グローバル人材」について考える。前段階として「国際人」という言葉が新聞紙上に登場するのは1970年代半ばからである。1979年10月に日本経済新聞朝刊において経済同友会が「国際人の養成を急げ、小学校で英語教育も」と題して教育問題で提言を行っている。その後も様々な企業が国際人育成について必要性を述べている記事が散見される。そして、グローバル人材という言葉が新聞紙上に初めて登場したのは、1999年12月8日の日本経済新聞朝刊である。

　その内容は、トヨタ自動車は世界規模で経営幹部を育成する制度を設立し、日本在籍の経営幹部を「グローバル人材」として世界のどこでも経営幹部として活躍できるように世界規模で人材育成を本格化させるという記事であった。このよ

うに，国際化からグローバル化へと社会が変化したことに伴い，「国際人」から「グローバル人材」と言葉が変容したことがわかる。

　つぎに，日本政府のグローバル人材に関する様々な議論を見ていく。日本政府は2010年4月に内閣官房長官を議長として，外務・文部科学・厚生労働・経済産業・国家戦略担当の各大臣をメンバーとする「産学人材育成パートナーシップ・グローバル人材育成委員会」を立ち上げ，グローバル人材の育成に関する検討が始まった。その中では，近年，国内市場の絶対的規模の縮小により，わが国の企業はその事業活動をボリューム・ゾーンの新興国市場を含めた海外市場での発展を求める必要性が高まるなど，経済のグローバル化は着実に進展しており，こうした中，真にグローバルに通用する人材（グローバル人材）の必要性を述べている。委員会の報告書の中で，グローバル人材について以下のように定義している。

　「グローバル化が進展している世界の中で，主体的に物事を考え，多様にバックグランドを持つ同僚，取引先，顧客などに自分の考えをわかりやすく伝え，文化的・歴史的なバックグランドに由来する価値観や特性の差異を乗り越えて，相手の立場に立って互いを理解し，さらにはそうした差異からそれぞれの強みを引き出して活用し，相乗効果を生み出して，新しい価値を生み出すことができる人材」

　2011年4月「産学連携によるグローバル人材育成推進会議」では，「世界的な競争と共生が進む現代社会において，日本人としてのアイデンティティを持ちながら，広い視野に立って培われる教養と専門性，異なる言語，文化，価値を乗り越えて関係を構築するためのコミュニケーション能力と協調性，新しい価値を創造する能力，次世代までも視野に入れた社会貢献の意識などを持った人間」としている。

　2011年6月のグローバル人材育成推進会議中間まとめでは，グローバル人材に求められる資質として，幅広い教養と深い専門性，課題発見・解決能力，チームワークと（異質な者の集団をまとめる）リーダーシップ，公共性・倫理観，メディア・リテラシーなどがあげられる。

　このようにグローバル人材についての具体的な位置づけがないままに「グローバル人材」から「グローバル人材の育成」に議論の中心が変わってきている（吉田，2015）のが現状である。

　つぎに，「グローバル・マネジャー」について考える。

　バートレットとゴシャール（Bartlett & Ghoshal, 2003）は，多国籍企業の現場の業務に従事するマネジャーをグローバル・マネジャーと定義している。彼らに

表7-2 グローバル・マネジャーの類型

	ビジネスマネジャー	カントリーマネジャー	ファンクショナルマネジャー
拠点	本社・地域統括本部	現地法人・支店	限定されない
役割	地域間の統合と分散	本社と現地の調整	技術や技術者の連携
機能	本社の中枢機能として地域全体を統括	本社と現地の業務の橋渡し	地域を越えたプロジェクトの推進

グローバルリーダーシップ・コンピテンシー研究会編著（2005）「グローバルリーダーの条件」p.4を参考に筆者作成

よれば，グローバル・マネジャーは表7-2で示すように，職能により「ビジネスマネジャー」「カントリーマネジャー」「ファンクショナルマネジャー」の3つのタイプに類型化している。

また先行研究においては白木（2014）が，日本の多国籍企業からアジアに派遣される日本人海外派遣者をグローバル・マネジャーとし，実証データを分析した研究がある。

このように，「グローバル・マネジャー」とは，多国籍企業における経済活動の中で海外に派遣されてマネジメントを行う職制を担う人を指す。

つぎにグローバル・リーダーについての議論を整理してみよう。

グローバルリーダーシップ・コンピテンシー研究会編『グローバルリーダーの条件』（2005）の中では，グローバル・リーダーの定義として「組織の上級管理者から，将来の企業リーダーに成り得ると認識されているハイポテンシャルあるいはファーストトラッカー」（Mendenhall, 2001）。また「急速に変化するグローバルビジネス環境においてすべてのマネージャーがなり得るべき複雑性をマネジメントするマネージャー」（Stahl, 2001）などがみられる。さらに「多国籍企業の各国拠点に点在し，ビジネスにおける文化的要素を把握し，現地でのマネジメントスタイルに反映させることができるミドル以上の幹部候補生を指す」と述べている（表7-2）。

これらの定義をみると「グローバル・マネジャー」の定義との明らかな差異はなく，双方の違いを見出すのは困難である。また，そのほかのグローバル・リーダーに関する先行研究をサーベイした結果，語学力や異文化理解力や環境適応力などの資質や教育訓練などのリーダーシップ並びにリーダーシップコンピテンシーに関する研究が数多くみられるものの，その中では「グローバル・リーダー」

の定義について明確に記述されているものは見当たらないのが現状である。

つぎに、ビジネスの現場から視点を変えて研究・教育の分野に目を移してみる。

東京大学が2015年よりスタートした「東京大学グローバル・リーダー育成プログラム」GLP-GEfIL（Global Education for Innovation and Leadership）を見ると、ビジネスや企業活動だけの領域にとどまらず以下のように大きく5つの研究領域で捉えている（図7-4）。

第1に政治学の視点からみたピース・ビルディング（平和構築）で、地球上の国や地域並びに宗教対立、民族対立による紛争や平和維持活動、さらに貧困や難民支援などの解決の役割を担う国際機関などで活躍するリーダーである。第2は、経済学・経営学からみたグローバルエコノミー＆マネジメントで、世界経済を冷静に読み解き、それぞれの環境に応じた戦略を構築できるリーダー並びに多国籍、多文化の人々を統合しマネジメントしていくリーダーである。第3は、医学、保健学の視点から見たグローバル・ヘルスである。地球規模による人口問題や食糧問題に始まり、人が国境を越えて移動するうえで目に見えない細菌など感染症の問題などに専門知識をベースに主体的に取り組むリーダーである。第4に、社会学の視点から見た「ダイバーシティ」である。地球上には、様々な民族が生活し、それぞれの文化を育んでいる。多文化共生に必要なものは、語学力もさることながら言語を超えた意思疎通を図る真のコミュニケーション力や異文化を理解する

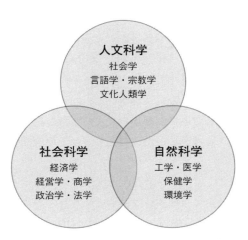

出所:東京大学グローバル・リーダー育成プログラムを基に筆者作成

図7-4　グローバル・リーダーの研究領域

寛容性や忍耐力ひいては人間力が問われることとなる。第5には，工学，環境学の視点から考える「サステイナビリティ」で都市や地球全体の環境保護や資源保護など美しいまちや地球を次の世代に引き渡す強い使命を持ったリーダーである。

このように，グローバル・リーダーが求められているのは，ビジネスの現場においてだけではなく，より幅広く様々な学問分野を横断的な視点で国や地域にとらわれない地球全体の問題解決に向けて主体的に活動していく人材をグローバル・リーダーと捉えている。東京大学では，国際貢献に強い興味がある学生を公募し，すべての講義を英語で行い，必要に応じて留学させるなど国内の大手企業の後援のもとで産学一体となったプログラムを実施している。今後は東京大学の取り組みのように産学一体となった創造的・学際的な分野でのグローバル・リーダーの研究並びに育成が進んでいくことを期待したい。

最後に，グローバル市民について述べる。グローバル人材という概念が2000年ごろから企業活動の中から生み出されたことは冒頭で述べたが，グローバル市民という概念は，古代ギリシャにまでさかのぼる。ギリシャの哲学者ディオゲネス（紀元前4世紀）は「どこの国のものか」と問われて，「コスモポリーテース（地球市民）」と答えたとされる。ここから18世紀後半の啓蒙主義の時代に「コスモポリタニズム」として復興することとなる。やがて国家を単位とする「インターナショナリズム」の台頭とともにこの「コスモポリタニズム」は衰退するが，21世紀になり，交通機関の発達やインターネットの普及により「ヒト」「モノ」「カネ」「情報」が自由かつ瞬時に移動が可能となった現代において環境問題をはじめとして国家単位では解決できない問題が発生し，人類が共通の解決策を見つけ出さなければならない状況となった。そこで「グローバル市民」という概念が必要となってきた。このグローバル市民とは，あたかも国家に帰属するかのように，「地球または人類全体」に帰属し，「個人」として「地球または人類全体」から何らかの恩恵を受ける「権利」を持つと同時に，「義務」をも担っている自覚がある者と定義している（加藤・久木元，2016）。

今後は，一部のグローバル・リーダーが活躍するのではなく，すべての人類がこのグローバル市民の自覚を持ち，各々が専門的な分野でリーダーシップを発揮して様々な問題を解決することで，この地球上で人類が平和で幸福に暮らしていける社会が到来することを切に願う。

（松笠裕之）

13. 海外派遣者のキャリア

　日本企業が海外で現地経営を行う際，実際に携わる海外派遣者はきわめて重要である。現地経営の成功は，海外派遣者に多くを負っていると言っても過言ではない。海外派遣者のキャリアとして，赴任先の現地語を修得していることが重要であることは，多くの研究者が指摘している。また，現地語が英語でない場合でも，英語を習得していることが，必要であることは言うまでもない。現地人とのコミュニケーション能力が，海外派遣者のキャリアとして最も重要である。海外派遣者としてどのような職務経験を中心としたキャリアが必要であるかについては，必ずしも一致した見解があるわけではない。海外派遣者は，国際部門のキャリアを積んできた人材が多いということは言えるが，それ以外のキャリアを積んだ人材でも成功している人は多い。多様な能力やキャリアを必要とされる現在の日本企業の現地経営において，多様な人材が必要とされるのである。特に，日本企業で重要な海外派遣者である技術部門，工場部門の技術者・技能者においては国際的なキャリアのみでなく，専門的な深い経験を持った人材が必要である。海外工場での技術移転において，このような技術者・技能者は不可欠である。

◘ キャリア形成の国際比較

　海外派遣者のキャリアを考察するにあたって，実際に海外のホワイトカラーがどのようにキャリア形成が行われているかについて見てみよう。

　キャリア形成の国際比較に関する著名な研究として小池・猪木（2002）のものがある。この研究は，ホワイトカラーの人材形成について，日本，アメリカ，ドイツを対象とした国際比較を行った。この研究では，キャリアを3つに分類している。

　第1は，「1職能型」である。これは，キャリアが経理，営業，人事，生産管理などの単一の職能による形，すなわちスペシャリスト的キャリア形成に近いものである。この1職種型には，職種の領域，例えば経理職能を財務会計，管理会計，資金などの領域に分類し，1領域しか経験のないタイプを，「狭い1職種型」，2領域ないし3領域を経験するタイプを「やや広い1領域型」に分けた。

　第2は，「主＋副職能型」である。これは，例えば，経理12年，営業3年など，

主領域が判然としているタイプである。

　第3は,「複線型」である。これは,例えば「経理5年,営業5年,生産管理5年」など複数職能を歴任するタイプ,および事業部長や工場長など複数の職能を配下に持つジェネラルマネジャーである。このタイプは,ジェネラリスト的キャリア形成に近いものである。

　この研究では,以下のような結果を得ている。

　第1は,日本,アメリカ,ドイツの部課長のキャリアを比較すると外部労働市場の経験に大きな違いがあった。日本では,転職経験を持つ者がきわめて少なく,転職経験がある者でもほとんどが1回である。一方,アメリカとドイツでは,転職の経験がない者のほうが少数で,転職回数も多く,3回以上の転職経験者が50%前後であった。

　第2は,日本,アメリカ,ドイツの部課長のキャリアを比較すると,キャリア形成に違いがあった。アメリカやドイツでは,「1職能型」が最も多いのに対して,日本では3類型がほぼ同比率で併存していた。すなわちアメリカやドイツでは,同一の職種で幅広い領域を経験した,職能内の仕事経験の幅が広いスペシャリスト的キャリア形成が多い。一方,日本では,「1職能型」,「主＋副職能型」,「複線型」がそれぞれ3分の1程度存在し,それぞれに広域型が多かった。つまり,日本の部課長は,職能や職能内の仕事の経験の両者の面で仕事の幅が広いといえる。日本では,スペシャリスト的キャリア形成の部課長とジェネラリスト的キャリア形成の部課長が並存しているのである。以上から,日本はジェネラリストで,欧米はスペシャリストであるという見解はあてはまらないとしている。

　第3は,日本,アメリカ,ドイツの部課長のキャリアを比較すると,幹部候補生の選別の時期に違いがあった。アメリカやドイツでは,日本に比べると,入社後かなり早期の選別が行われていた。すなわち,アメリカとドイツでは,将来の幹部候補生のためのキャリアコースが,日本よりかなり早い時点で設けられているのである。

◪海外派遣者の適性

　海外派遣者のキャリアに関する研究において,海外派遣者の適性に関する視点は重要である。海外派遣者の適性に関する研究は,世界的にみても必ずしも多くなく,日本での研究も少ない。問題の重要性からみて,将来充実されねばならない研究分野であろう。

稲村は，在留邦人の調査から，異文化適応のための必須要因としてつぎの2つを挙げている（稲村，1980）。第1は，自己完結性，すなわち他の助けを得ることなくどこでも1人でいける程度を指し，別の言葉で言えば，自己充足性とか自立性である。そのためには，生きる支えになる信念，信仰といったバックボーンを持っていること，心理的に成熟していること，豊富な適応パターンを身につけていることが重要であるとしている。第2は，対人疎通性，すなわち他の人との関係の良好性である。対人疎通性には，心が開かれていること，好奇心と吸収力，柔軟性と包容力，広い知識と鋭い洞察力，文化差の認識，人間愛と献身の能力からなる。海外派遣国は，発展途上国，中進国，先進国など多様であるが，海外では，社会，文化等の多くの面で日本とは異なっており，異文化での不適応，カルチャーショックを受けやすいので，その人材の選考には慎重を要する。

　著者は，技術的能力もさることながら，以下の要因が海外派遣者に必要であると思われる。

　第1は，稲村も指摘したように，独立性，自立性である。この性格は個人主義的性格を一面に持つ。日本人は，甘えの心理を基盤とした集団主義的意識が強く，欧米のような個人主義的意識が希薄である。それゆえ，日本企業では，独立心が旺盛で，個人主義的性格の人は，ややもすると協調性に欠けるとか，自己主張が強すぎるとかの理由で組織から排除される傾向にある。ところが，これらの独立心のある人材は，海外において，特に中進国，発展途上国の現場で現地の人の評判が非常に良いケースがかなりある。日本ではよく適応し，職場から評判のよい人が必ずしも海外でうまく適応できず，挫折するケースがある。日本的甘えを持たず，むしろ個人主義的な人のほうが海外でうまく適応できると考えられる。個人主義的といっても，周囲とまったく協調できず自己主張ばかりするのは論外だが，自己の信念，信条を持ち，甘えを捨て，現地人に積極的に飛び込むバイタリティーのある独立心を持った人材は，海外派遣者として最適である。

　ノアー（Noer, 1975）は，アメリカ多国籍企業の研究から，海外派遣者で最も成功している人は，冒険家，企業家的性格を持っていると述べている。海外派遣者の選考では，日本人的発想からのみでなく，このような視点から新たに人選する必要がある。企業内に潜在的に存在する適性を持った海外派遣者を，日本企業はもっと発掘する必要がある。

　海外派遣者の適性として第2は，海外の異文化に対して強い関心と興味を持っていることである。赴任国の文化，社会，言語，民族に対する好奇心と研究心を

持つ人は，現地に容易に適応し，現地人から評判が良い。現地の文化に対する無理解と蔑視は，最も適応を困難にする。著者の調査では，現地人従業員から尊敬され，仕事上で成果を上げている日本人派遣社員は，赴任国の文化を理解しようと努めており，現地のあらゆるものを貪欲なまでに吸収しようとしている人であった（丹野, 1994）。

　これら以外の要因としては，健康であるという身体的要因，妻，子どもなどの家族的要因，また外国語に関する語学的要因が重要であることは言うまでもない。

　日本企業の海外進出は本格化してきており，そのための海外要員が大量に必要である。技術移転が現地で円滑に進むためにも，優秀な海外派遣技術者の発掘と育成が大きな課題である。そのために，海外事業，プロジェクトに関する要員の一部を社内から自由応募で集め，選考する施策も考えられる。海外赴任に強い希望と意欲を持つことは，何よりも海外での成果につながるからである。

（丹野　勲）

14. 外国人留学生の卒業後の実態と育成のあり方

◘ はじめに

　日本学生支援機構において毎年実施している『外国人留学生在籍状況調査』（2017a）によると，平成29年5月1日現在，わが国の大学等に在籍する留学生数は267,042人となっている。当該留学生のうち，1万人以上が日本国内に就職している。

　筆者は文部科学省において，平成20年1月に福田内閣総理大臣（当時）の施政方針演説により提言された『留学生30万人計画』を受け，留学生政策を明確にしていくための業務に携わった。本稿では，筆者の専門である高等教育行政の視点を中心として，外国人留学生の卒業後の実態と育成のあり方について言及する。外国人留学生の卒業後における進路の実態を示しつつ，留学生が日本国内に就職するにあたりどのような課題があり，課題解決に向けどのような支援が必要となるのか，また日本の大学等においてどのような人材を育成することが求められているのかという観点から説明する。

◘ 外国人留学生の卒業後における進路の実態

①卒業(修了)留学生の日本国内への就職状況

はじめに,外国人留学生の卒業後における就職の実態を説明する。毎年,日本学生支援機構において『外国人留学生進路状況調査』を実施しており,本調査で明らかとなっている。

わが国の大学等に在籍する留学生のうち,毎年どれほどの留学生が卒業(修了)するかという観点でみると,直近の数字(平成27年度)では42,643人となっている。うち1,764人は進路不明であるため,進路が判明している留学生は40,879人となる。このうち,日本国内に就職した留学生は12,325名と全体の30.1%となっている。近年の傾向については表7-3のとおりである。本調査では卒業(修了)留学生のうち日本国内への就職を希望する者の割合は不明であるが,本表から,卒業(修了)留学生のうち,日本国内へ就職する人数も割合も増えていることがわかる。

②日本国内への就職を希望する理由と就職を阻む要因

つぎに,卒業(修了)留学生が日本国内への就職を希望する理由および日本国内への就職を阻む要因について説明する。

卒業(修了)留学生が日本国内への就職を希望する理由については,悉皆調査はなされていないが,当該内容の調査は実施されている。新日本有限責任監査法人において実施された『外国人留学生の就職及び定着状況に関する調査』(2015)では,外国人留学生数の多い100大学に対し調査を実施している。

本調査では日本で就職を希望する理由について,回答者数の多い順に,①将来日本企業の海外拠点で働きたいから,②日本企業の人材育成は充実しているから,③日本語を使って仕事がしたいから,となっている。また,理系に限定すると「日本企業の技術力が高いから」という回答数が最も多くなっている。

表7-3 卒業(修了)留学生(進路不明者除)のうち日本国内への就職状況

	H23年度	H24年度	H25年度	H26年度	H27年度
卒業(修了)者(人)	35,579	37,062	37,924	35,807	40,879
日本国内就職者(人)	7,910	8,722	9,382	9,678	12,325
割合(%)	22.2	23.5	24.7	27.0	30.1

出典:外国人留学生進路状況調査結果(2017b)を基に筆者作成

当該結果において，日本における衣食住，文化，給与水準等の環境面よりも，人材育成や日本語力（理系は技術力）といった仕事そのものを重視しているということが要点であると考える。

一方，日本国内への就職を阻む要因について言及する。日本学生支援機構において隔年で実施している『私費外国人留学生生活実態調査』（2016）によると，高等教育機関に在籍する私費留学生における就職活動時の要望として多い順に，①留学生を対象とした就職に関する情報の充実，②在留資格の変更手続きの簡素化・手続き期間の短縮化，③企業においてもっと留学生を対象とした就職説明会を開催してほしい，という結果となっている。これらの事項が主に日本国内への就職を阻む要因と考える。

日本国内に就職する外国人留学生に必要な能力と大学等における支援

①外国人留学生に求められる能力

本節では，外国人留学生を受け入れる企業側の視点から人材育成について言及する。

独立行政法人労働政策研究・研修機構『企業における高度外国人材の受入れと活用に関する調査』（2013）において，高度外国人材（主に大学卒業以上の外国人）の採用実績がある企業に対して，高度外国人材を採用した理由を調査している。

当該結果を見ると，回答割合の多い順に，①国籍に関係なく優秀な人材を確保するため，②外国語や外国の状況を理解している人材が必要，③必要な技能や能力を持った人材がたまたま外国人であった，となっている。

また，前述の『外国人留学生の就職及び定着状況に関する調査』（2015）では，企業に対し従業員規模別に外国人留学生の採用理由を調査している。回答割合の多い順に，①国籍にかかわらず選考を行った結果，留学生が採用されたため，②社内の多様性を高め，職場を活性化するため（以上2項目は同一割合），③留学生の母国にかかわらず海外事業を開拓・拡大するため，となっている。

以上の調査結果をまとめると，企業が外国人を採用する理由として，外国人ならではの理由はあるものの，日本人か外国人かにかかわらず，必要な技能や能力を持った優秀な人材を確保しようとしていることが要点であると考える。

また，筆者の専門である大学関係においても，人材育成学会において同様の趣旨の調査結果が発表されている。留学生数上位70大学へのアンケート調査結果

14. 外国人留学生の卒業後の実態と育成のあり方

において，外国人（大学）職員に求める資質と能力及び外国人職員採用にあたっての問題点を明らかにしている。

資質と能力については，回答割合の多い順に，①日本語の能力が高いこと，②採用にあたって，求める資質・能力は日本人職員と同一である，③多言語で会話できること，となっている。

問題点については，回答割合の多い順に，①日本語能力によって従事させる職種が限られる，②外国人職員の処遇や人事管理の方法が決まっていない，③在留資格の変更など外国人職員を雇う手続きが煩雑，となっている。これらも前節と同様に日本国内への就職を阻む要因と考えられる。

②**各大学等における取り組みの現状**

前節まで日本国内に就職するために外国人留学生に求められる能力および日本国内への就職を阻む要因について整理してきた。

求められる能力については，日本人と外国人とで根本に違いはなく，必要な技能や能力を持った優秀な人材であることが求められていると考える。

日本国内への就職を阻む要因については，これまで整理した事項をまとめると，主に①日本語能力，②在留資格の変更，③留学生を対象とした就職に関する情報の充実，④企業における留学生を対象とした就職説明会の充実，⑤就職後の外国人に対するキャリアプランの未確立，である。

優秀な人材を育成するための教育及び日本語教育の充実については，各大学において取り組んでいるところではあるが，息の長い取り組みが必要となることである。

一方，在留資格の変更に係る支援，就職情報提供の充実については，前者よりも短期間で改善につなげられるものである。これについても様々な取り組みが行われている。

日本学生支援機構において『外国人留学生のための就活ガイド』（2017c）を作成し公表することにより，在留資格の変更に係る支援および日本独自の慣行等を理解させるための支援を行っている。

各大学においても様々な取り組みを行っている。自大学の外国人留学生を対象とした就職セミナーの開催，留学生と同窓会との懇談会等による支援等といったものである。

また，経済団体においても，留学生とOB・OGとの交流会を開催し，日本特有の就職活動の慣習の理解を促進するなどの取り組みを行っている。

就職後の外国人に対するキャリアプランの未確立については，留学生の評価として日本企業の人材育成は充実しているという意見がある一方，将来のキャリアパスを十分に明示してほしい，能力に応じて責任のある職務に就かせてほしい，業務範囲や指示系統があいまいであるなどの課題や要望も多くなっている。

　近年，日本企業におけるキャリアパスや働き方の見直しの必要について議論される機会が多くなっているが，外国人から見た日本企業の視点についても見直しに活かしてほしいと考える。

◘ おわりに

　これまで留学生が日本国内に就職するにあたり，どのような課題があり，課題解決に向けどのような支援が必要となるのか，また日本の大学等においてどのような人材を育成することが求められているのかという観点から説明した。おわりに，今後の課題を提示する。

　外国人留学生に対する調査では，主に各国の外国人留学生数に左右された結果となっているため，留学生数の多い国の意見が多数を占める状況となっている。各国の留学生で異なる事情を抱えていると考えられることから，今後は国別の調査結果を活用することにより，留学生獲得や人材獲得戦略に活用することが必要であると考える。

　また，在留資格の変更に係る支援，就職情報提供のさらなる充実も求められる。日本学生支援機構や経済団体等の取り組みのほか，大学間でノウハウを共有することも必要であると考える。

　様々な取り組みの中でも，最も重要なことは大学教育のさらなる充実である。日本人であるか外国人であるかにかかわらず，必要な技能や能力を持った人材を日本の大学でどう育てられるかをこれからも大学関係者全体で考え，実践していきたい。

（菊地勇次）

TOPICS

外国人留学生の活用

　2009年に設置されたグローバル人材育成委員会を機に，"グローバル人材育成"が盛んに叫ばれている。特に語学力や異文化間能力を身につけさせる目的で日本人学生を海外に留学派遣するプログラムは，2011年から日本学生支援機構（JASSO）をはじめ様々な奨学金が出されるようになり，大学におけるグローバル人材育成の大きな柱となっている。

　一方で，日本に留学する外国人留学生をグローバル人材として活用する動きも広がっている。そもそも日本で学ぶ留学生は，1983年に始まった「留学生10万人計画」や2008年の「留学生30万人計画」[1]により大きく増加し，2017年には267,042人を数える（図7-5）が，卒業後に日本企業で働く人材としては大きく考えられてこなかった。留学生受入れを国際貢献として捉え，帰国後は知日派として自国の発展に寄与してもらう，という日本政府の考えが長く染みわたっていたことや，日本的企業文化の中において事務職や専門職に外国人を採用することに企業が積極的でなかったことが理由として挙げられよう。

　法務省の資料（2017）によると，在留資格を留学から就労へ変更，すなわち日本留学終了後に日本で就職した人の数は，2003年の3,778人から2016年には19,435人と大きく増えている。変更許可後の在留資格は「技術・人文知識・国際業務」が89.3％で，具体的には翻訳・通訳や営業，海外業務，情報処理等で半数以上を占める。

　外国人留学生の活用を進めるにあたっては，教育機関と企業，国という3領域から考える必要がある。まず大学や専門学校等の教育機関からは，外国人留学生受入れの"出口戦略"としての視点が重要となろう。現在，日本の大学は留学生受入れを強化するために教育プログラムの多様化を進めているが，就職支援についてはあまり対策がなされていないのが実情だ。しかし，今後も留学生受入れを増やすためには，卒業後の就職までを含めたサポートを示すことが必要となってく

---

[1] 「留学生10万人計画」では，2000年までに留学生の受入れを10万人にまで増やそうというもので，「留学生30万人計画」は2020年までに30万人受入れようというものである。

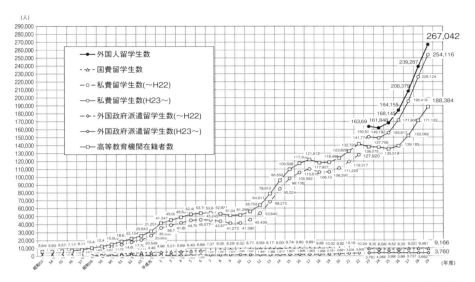

※「出入国管理及び難民認定法」の改正（平成21年7月15日公布）により，平成22年7月1日付けで在留資格「留学」「就学」が一本化されたことから，平成23年5月以降は日本語教育機関に在籍する留学生を含めた留学生数も計上

出典：独立行政法人日本学生支援機構「平成29年度外国人留学生在籍状況調査結果」（2017）より

図7-5　留学生数の推移

るだろう。カリキュラムの中に日本の企業文化や組織を理解する科目を設けインターンシップを取り入れる等，具体的な育成内容が有効だ。地方大学ではその地に馴染んだ留学生を活用することで，人口減少や地域産業の活性化の可能性がある。それには大学や自治体などによる，留学生や地域企業へのきめ細かい支援が重要となる。

　また，近年は英語による科目のみを履修し卒業できる課程を持つ大学学部や大学院も増えている。そこに在籍する留学生の中には日本で就職を希望する者も多いが，企業はある程度日本語ができる外国人を求めているのが現状である。入学時からその点を説明し，日本語力をつけさせるカリキュラムも必要となってくる。

　企業の領域では，人材活用の柔軟化や複層化の検討が早期に求められている。上述のように日本企業では外国人留学生の採用が増えている一方で，彼らの離職率の高さが問題ともなっている。実際，「とりあえず日本で経験を積んで数年で帰国しよう」という留学生もいるが，定着しない理由を十分検証する必要がある。キャリアパスやジョブディスクリプションが示されず，若手が雑用や下積みのよ

外国人留学生の活用　529

うな経験をさせられる日本的キャリア形成に対し、将来的な展望を持てないことが背景にあると言われている。日本で就活する留学生の中には「1つの会社に定年まで勤めたい」という希望も31.9％あり、海外留学した日本人学生の12.8％を大きく上回っている（ディスコ、2017）。グローバル化が進み人材の採用も就労の場も世界規模に広がっている現状を考えると、外国人に対してのみならず、優秀なグローバル人材を確保し活用していくために、職種を複層化して職務内容や働き方を明確にし、キャリアアップの転職も考慮した仕組みを整備する必要があろう。

最後に国の領域からは、少子化による労働力不足に対応するための移民政策として捉える必要がある。日本では外国人を移民として積極的に受入れる環境とはなっていないが、欧州をはじめ先進諸国では優秀な人材確保のためskilled migrant（技術移民）を受入れており、外国人留学生はその予備軍として考えられている。今後、ますます進む少子化や雇用のグローバル化を考えると、日本でも移民政策の一環として外国人留学生を捉え、政策や制度を考えていくべき時期に来ているのではないだろうか。

（小柳志津）

海外地域特性に合わせたマネジメント対応のあり方

企業が海外展開する場合、自己資本による子会社の設立や地元企業のM&Aなど、様々な手法がある。業種や国の発展段階や政治情勢によっても異なり、まさに経営トップの経営判断力が問われるところであり、一般化して論じることは難しい。そこで、本稿においては、実際の企業事例を取り上げ、具体的に論を進めていきたい。

この事例は、物流会社大手の株式会社日立物流である。創業は1950年で、当初は日立製作所から分離独立した社員34名の小さな会社であり、茨城県日立市と東京を結ぶという意味で日東運輸株式会社と名付けられた。2年後に日立運輸株式会社と改名し、1985年に現在の会社名である日立物流となった。1989年には東京証券取引所二部に、その翌年には一部に上場した。システム物流（3PL）事業、フォワーディング事業、重量機工事業が三本柱であるが、近年、3PLの比重が高まっており、日本国内の3PL売上高では、業界第1位である。また積極的なM&A

により，事業規模を急速に拡大し，2015年度末の売上高は約6,900億円，営業利益は270億円となり，総人員も5万人を超えている。

　さて，その海外展開を見てみると，1976年にシンガポールに初めて進出し，2000年には海外拠点数が全世界で100近くになった。さらに海外地域を，北米，欧州，中国，アジアの4極に分けて，それぞれに代表を置き，経営判断の迅速化を図った。この頃はすべて自己資本による子会社設立であった。2006年以降，積極的なM&A戦略を推し進めることにより，現在は400以上ある海外拠点の3分の2がM&Aによって日立物流の傘下に入った会社である。かつては日立グループの海外展開を支援するために海外進出を図り，その後，日立グループ以外の顧客開拓に努めたものの，長年，日系企業を中心としてビジネスを行っていた。しかし，近年の果敢なM&Aにより，今や海外での売上の8割が非日系になるなど，本当の意味でのグローバル化が進展している。また，当社全体の売上の4割が国際物流事業によるもので，数年後には5割に達するものと推定される。したがって，当社のこれからの成功の鍵を握るのが海外におけるマネジメントであると言っても過言ではない。それでは具体的にどのようなマネジメントを行っているのだろうか。ここでは多くの拠点の中から，躍進目覚ましいタイとトルコの拠点を取り上げる。

　まず，タイでは自前の子会社とM&Aをうまく使い分け，かつ，並走させている。1989年にバンコクに現地法人を設立し，現在の人員は900人弱，そのうち日本人出向者は6名と，現地化が進んでいる。ただし社長は日本からの出向者である。さらに2000年に同現地法人下に倉庫業を中心とする合弁子会社を設立し，現在の人員は700人弱，また日本人出向者は約5名である。それに加えて，2011年に地元の優良企業であるEternity社を買収した。当該企業は創業が2002年で，現在もタイ人である創業者が社長を務めている。人員は約950名で，日本人出向者はゼロである。このタイ人の社長は最近，ミャンマーへの出張を頻繁に行っているが，これは新たに展開が予想される隣国のミャンマー，ラオス，ベトナム，カンボジアとタイをつなぐ経済回廊におけるクロスボーダー輸送に打って出る布石にほかならない。地元の人脈を駆使できる現地人社長と長年培った業界での確固たる地位を持つ現地企業がなせる技であろう。さらに，当該社長は英語に堪能であり，日本のビジネスのやり方にも慣れているので，日本本社との意思の疎通も問題がないと見受けられる。

　一方，前述の自前の子会社として設立した現地法人であるが，現地化は進んで

第VII章　グローバル社会と人材育成

海外地域特性に合わせたマネジメント対応のあり方　　531

おり，現地人社員の士気は高いと思われるが，依然としてトップは日本人出向者である。ここでの問題は現地人社員とのコミュニケーションと難解なタイ語で書かれた法律等の文章の扱いである。幸い，日本語とタイ語のバイリンガルな秘書が橋渡しをして，現時点ではうまく機能しているが，長期的に見て，現地トップを現地人にするなどの方策を含めて検討する必要があろう。

　つぎにトルコの事例である。2013年に地元の物流企業Mars社を買収している。当社は1989年に設立され，トルコ国内に12拠点を持ち，人員も1,400人という，地元では名の知れた企業である。陸運，鉄道，倉庫事業，並びにフォワーディング事業も行っている。2012年に開始した鉄道と船舶を利用した複合輸送（インターモーダル）により，輸送効率のアップを図っている。日本人出向者は1名にすぎず，トップはトルコ人の社長である。彼は英語を話さないため，日本語が堪能なトルコ人社員が通訳の役目を果たしている。

　さて当社の本社があるイスタンブールは，ボスポラス海峡を挟んで，アジアとヨーロッパにまたがる地政学的に重要な位置にある。トルコは市場も大きく，経済の発展も目覚ましい国である。しかし，隣国にシリア，イラク，イラン，アルメニア，グルジアを抱えていて，政情が不安であるのに加えて，直近ではシリアその他からの難民が押し寄せており，アンカラなどで，頻繁にテロ事件が起こるなど，ますます混迷を極めている。現地幹部の話では，イスラム過激派組織ISISの問題が解決すれば，現在滞っている物流が一気に拡大し，大きなビジネスチャンスが到来するという。そのため，シリアとの国境近くの町に現在も拠点をおいて将来に備えている。これは地元に根づいた企業だからこその発想であり，M&Aにより獲得した企業だからこそできることであり，M&Aによるマネジメントがうまく機能している。

　以上，それぞれの地域特性を活かしたマネジメントの事例を明らかにした。総じて言えば，子会社の現地化を極力進めること，また，地元の優良企業を買収するなどして，攻めのビジネスを行うこと，である。ただその際に，日本企業が長く培ってきたノウハウを伝授することも大切である。そのためには，日本本社のトップマネジメントのグローバルな対応力，取締役会の活性化，そして日本人幹部の"グローバル人財化"が必須である。それができてこそ，真に地域特性を生かした経営ができるであろう。

（馬越恵美子）

ASEAN・中国・台湾・韓国における日系企業の人材育成活動

1．AESEAN・中国・台湾・韓国に展開する日系企業

　第2次世界大戦後（1945年）の荒廃した社会，そして産業が復興しつつあった1951年から日本企業の海外直接投資が始まっている。当初は中東，ブラジル等への資源確保と輸出促進のための商業投資が中心であり（1951～62年），IMF8条国への移行，開放経済の時代に入り，アメリカ，中南米への投資とともにアジア地域に対しての投資は鉱業，金融，保険，繊維，鉄・非鉄，輸送機器産業などの比重を高めつつあった（1963～67年）。その後，海外直接投資が本格化した1972年以降，世界各地に多くの日系企業が展開しているが，アジア諸国においては，例えば，1957年に台湾に電気メーカーが製造拠点を設置したケースなどの直接投資があり，日本経済の成長，拡大とともにアジア各地に多くの日系企業が事業を展開して今日に至っている。

　日本企業の海外直接投資の動機は業種，業態にとって一様ではないが，1980年代初期の段階では市場の確保と開拓，原材料・資源の供給確保，経営の多角化・国際化の指向，労働力事情の有利性等々があげられていたが，21世紀の日本の産業はTPP（Trans Pacific Partnership：環太平洋経済連携協定）による市場の拡大等に対応した戦略展開に取り組むべきニーズに直面している。

2．日系企業の戦略と現地法人中核人材育成への取り組み

　日系企業が本格的に海外直接投資を始めて以降の取り組みをみると様々な失敗，反省すべきケースがある。例えば，多くの日系企業が選択をした現地企業との合弁形式による進出のケースでは，合弁企業とのコミュニケーション不足により経営活動全般にわたっての障害が発生したケース，合弁パートナーの提案，アドバイスを無視しての事業展開による失敗のケース，日本的経営スタイルを持ち込んで失敗したケース等々があり，現地の文化，ニーズに対応した経営をしなければ海外事業は成功しないという課題を学ぶ時代があった。

　そこで，海外展開を体験した先進企業を中心にして海外事業要員の選抜，教育研修に取り組むケース，現地法人から技術・技能者を選抜して国内事業所において教育研修に取り組むケースがみられた。これらの取り組みは個々の企業によって重視するニーズは一様ではないが，今後も継続された人材育成の取り組みにな

るものと思われる。

3．現地化戦略とローカルスタッフの育成

　海外事業展開成功要件の1つとして「現地化戦略」がある。それには現地法人に対する権限の委譲，現地の有能な人材の登用がある。しかし，日系企業の中には日本的経営の特徴となってきた国内の大学等の卒業生を中心にした新卒者の定期採用，長期雇用慣行，稟議形式による意思決定システムといった慣行，形態，風土が残っており，現地化推進の障害になっているケースが少なくない。

　20世紀後半から21世紀にかけての急速なグローバリゼーションの進展は，技術革新，情報化の進展等々とともに，事業構造改革の要因となっており，温情的な雇用慣行において維持されてきた人事考課に対する考え方の見直し（成果重視），経営活動上必要な人材は国籍，人種等を問わない採用，登用への取り組みが広まっており，グローバルに展開する企業では従来型のOJT中心の人材育成からOff-JTを組み合わせた人材育成への取り組みを積極的に推進するケースがみられる。例えば，1961年にタイ，その後ASEAN諸国，中南米諸国，中国等に事業展開をしている松下電器産業（現パナソニック）は経営戦略に対応しての人的資源管理上の課題に取り組んでいるが，それらは①日本人海外勤務者の少数精鋭化（日本人海外勤務者の量的削減と若手幹部候補者の育成），②ローカル人材活用の仕組みづくり（グローバル経営幹部の発掘・育成），③グローバルな採用の拡大（新卒・定期採用中心からキャリア採用，グローバルな採用中心への転換），等々である。

4．日系企業における人的資源管理開発上の課題

　1978年中国・鄧小平首相（当時）は，松下電器産業を訪問し，創業者である松下幸之助氏（故人）と交流し，鄧小平首相が要望して松下電器産業は1987年に中国北京市との合弁会社を設立，1994年パナソニック・チャイナを設立した。そして，1995年には同社社内に地域研修所を設立して体系的な人材育成活動に取り組んでいる。また同社は経営幹部の育成を北京大学光華管理学院（MBA）と提携してプログラムを開発し，人材育成，現地化の推進に努めている。

　日本と地理的，文化的に近いASEAN諸国，中国，台湾，韓国等の国々に事業展開をしている多くの日系企業のすべてが必ずしも円滑に現地化を推進し，現地法人において体系的な人的資源開発に取り組んでいるとはいえない状況にあるが，パナソニックの取り組みは参考にすべき点が少なくない。特に多国籍化した企業，

多国籍化しつつある企業においての人材育成への取り組みは経営風土，人事処遇上の方針，制度，施策の見直し，経営幹部の意識改革が喫緊の課題になるといえる。パナソニックは戦略に対応してのグローバル採用の拡大，全世界統一のジョブ評価基準の策定・導入，パナソニック・リーダーシップ・コンピテンシーの策定，日本を含めたグローバルベースでの経営幹部職のポスト評価を全地域で実施する等々の課題に取り組んでいるが，これらの取り組みは他の多くの日系企業においても取り組むべき課題といえる。

（沈　瑛）

引用・参考文献

大項目
グローバル社会と人材育成

秋里寿正（2008）「急務の課題　日本企業はグローバル人材をどのように育成すべきか」『企業と人材』41(937), 4-9.

井ノ上裕夫（2000）「グローバル人材育成論，どこか何かが違う？―ある海外人事実務者の悩みとジレンマ」『グローバル経営』232, 17-20.

Javidan, M., Steers, R., & Hitt, M. (2007) *The global mindset*. Oxford: Elsevier.

日本在外企業協会（2009）「海外現地法人のグローバル経営化に関するアンケート調査分析」調査結果報告

日本在外企業協会（2013）「海外子女教育の拡充によるグローバル人材育成に関する要望」（https://www.joea.or.jp/wp-content/uploads/pdf/activityProposal_20130710.pdf　2018/3/21閲覧）

日本在外企業協会（2017）「日系企業のおける経営のグローバル化に関するアンケート調査」調査結果報告

大久保幸夫（2010）「企業における人材育成の課題と教育に求められるもの」財務省財務総合政策研究所『人材の育成・活用に関する研究会』報告書（http://www.mof.go.jp/pri/research/conference/zk090/zk090_07.htm. 2018/3/21閲覧）

小出琢磨（2016）「企業におけるグローバル人材育成の実態と育成の方向性―NTTラーニングシステムズ社の調査を踏まえて」人材育成学会大会第14回年次大会

白木三秀（2006）「特集　グローバル人材育成最前線　企業におけるグローバル人材育成上の諸課題」『グローバル経営』12月号, 4-7.

白木三秀（2012）「特集　着実に進む経営のグローバル化　グローバリゼーションへの企業対応の進展とグローバル・マインドセット日本在外企業協会からの考察」『グローバル経営』12月号, 4-9.

田村三郎（2000）「メガ・コンペティション時代のグローバル人材開発（14）グローバリゼーション時代の中核人材の能力モデル」『企業と人材』33(739), 80-86.

Tucker, M. F. (1984) *Research background for the overseas assignment inventory*. Moron, Stahl, and Boyer, International Division.

中項目
グローバル化と労働市場

伊藤恵子（2013）「企業活動のグローバル化と国内労働市場」『日本政策金融公庫論集』18, 41-62.

厚生労働省「平成26年版，27年版，28年版　労働経済の分析」

森川正之（2016）「サービス産業の生産性と労働市場」『日本労働研究雑誌』666, 16-26.

長松奈美江（2016）「サービス産業化がもたらす働き方の変化―「仕事の質」に注目して」『日本労働研究雑誌』666, 27-39.

日本生産性本部（2016）「日本の労働生産性の動向　2016年版」

労働政策研究・研修機構（2017）「ものづくり産業における労働生産性向上に向けた人材確保，定着，育成等に関する調査結果」JLPT調査シリーズ，No.166

冨浦英一（2012）「グローバル化とわが国の国内雇用」『日本労働研究雑誌』No.633 60-70.

グローバル化と日本的経営

Abegglen, J. C. (1958) *The Japanese Factory : Aspects of its social organization*. UMI Books on Demand.（山岡洋一訳『日本の経営〔新訳版〕』日本経済新聞社 2004）

岩田龍子（1995）『日本的経営の編成原理（現代経営学選集 1）』文眞堂

盛田昭夫（1992）「『日本型経営』が危い：『良いものを安く』が欧米に批判される理由」『文藝春秋』2

月号，94-103.
永野健（1992）「日本的経営から東洋的経営へ：『日本的』経営が異端なら『東洋的』経営を目指せばいい」『文藝春秋』6月号，142-149.
中根千枝（1967）『タテ社会の人間関係』講談社
奥村宏（2005）『最新版 法人資本主義の構造』岩波現代文庫
新・日本的経営システム等研究プロジェクト編（1995）『新時代の「日本的経営」─挑戦すべき方向とその具体策』日本経営者団体連盟
Vogel, E. F.（1979）*Japan As Number One: Lessons for America*. Harvard University Press.（広中和歌子他訳『ジャパン・アズ・ナンバーワン─アメリカへの教訓』阪急コミュニケーションズ 1979）

グローバリゼーションとCSR

Lawrence, A. T., & Weber, J. (2017) *Business and society: Stakeholders, ethics, public policy*. McGraw-Hills Education.
髙巌（2013）『ビジネスエシックス［企業倫理］』日本経済新聞出版社

企業の海外進出と現地雇用

厚生労働省編（2017）『世界の厚生労働2017』全国官報販売協同組合

グローバル化と経営戦略

Bartlett, C. A., & Ghoshal, S. (1989) *Managing Across Borders*. Harvard Business School Press.（吉原英樹監訳『地球市場時代の企業戦略』日本経済新聞社 1990）
Chandler, A. D. Jr. (1962) *Strategy and Structure : Chapters in the History of the American Industrial Enterprise*. The M.I.T. Press.（三菱経済研究所訳『経営戦略と組織』実業之日本社 1967）
宮下清（2013）『テキスト経営・人事入門』創成社
Robinson, R. D. (1984) *Internationalization of Business: An Introduction*. New York: The Dryden Press.（入江猪太郎監訳『基本国際経営戦略論』文眞堂 1985）

グローバル化と人的資源管理

浅川和宏（2016）『グローバル経営入門』日本経済新聞出版社
浅川港　ヘイコンサルティンググループ編著（2007）『世界で最も賞賛される人事─グローバル優良企業に学ぶ人材マネジメント』日本実業出版社
古沢昌之（2008）『日本企業のグローバル人的資源管理に関する一考察─日産自動車の事例研究』大阪商業大学論集5(1), 217-234.
GE Reports Japan（https://gereports.jp/added-value-3d-printing-program-helps-teachers-cultivate-next-generation-engineers/　2018年5月13日閲覧）（https://gereports.jp/unimpossible-challenge/　2018年5月13日閲覧）
石井脩二（2012）「人的資源管理研究の学問的性格：経営学の有用性とは」桜美林経営研究 2, 51-70.
上林憲雄（2012）「人的資源問題論」『日本労働研究雑誌』4月号Vol. 621, 38-41.
経済産業省（2015）「ダイバーシティ100選　Best Practices Collection 2015」pp.163-166.（http://www.meti.go.jp/policy/economy/jinzai/diversity/kigyo100sen/practice/h26_pdf/36_ge.pdf 2018年5月13日閲覧）
日本貿易振興機構（2017）『ジェトロ世界貿易投資報告2017年版』
Taylor, S., Beechler, S., & Napier, N. (1996) Toward an Integrative Model of Strategic International Human Resource Management. *Academy of Management Review*, Vol. 21(4), 959-985.
須田敏子編著（2015）『「日本型」戦略の変化─経営戦略と人事戦略の補完性から探る』東洋経済新報社

グローバル化と組織開発

Adler, N. J. (1991) *International Dimensions of Organizational Behavior*. South-Western Publishing Co.（江夏健一・桑名義晴監訳 IBI国際ビジネス研究センター訳『異文化組織のマネジメント』セントラル・プレス 1996）

Bartlett, C., & Ghoshal, S. (1989) *Managing Across Borders: The Transnational Solution*. Harvard Business School Press.（吉原英樹監訳『地球市場時代の企業戦略』日本経済新聞社 1998）

Bushe, G. R., & Marshak, R. J. (2009) Revisioning Organization Developmen: Diagnostic and Dialogue Premises and Patterns of Practices. *Journal of Applied Behavioral Science*, 45, 348-368.

French, W. L., Bell, C. H., & Zawacki, R. A. (1994) *Organization Development and Transfomation*: Managing Effective Change. Irwin.

Heenan, D., & Perlmutter, H. (1979) *Multinational Organization Development: A Social Architecture Perspective*. Addison-Wesley.（国際ビジネス研究センター訳 江夏健一・奥村皓一監修『グローバル組織開発』文眞堂 1990）

新貝康司（2015）『JTのM&A』日経BP社

海外技術移転

浅川和宏（2003）『グローバル経営入門』日本経済新聞社

浅川和宏（2011）『グローバルR&Dマネジメント』慶應義塾大学出版会

Kogut, B., & Zander, U. (1993) Knowledge of the firm and the evolutionary theory of the multinational corporation. *Journal of International Business Studies*, 24 (4), 625-645.

Szulanski, G. (1996) Exploring Internal Stickiness: Impediments to the Transfer of Best Practice within the Firm. *Strategic Management Journal*, 17 (Winter Special Issue), 27-43.

田中英式（2013）『直接投資と技術移転のメカニズム』中央経済社

植木真理子（2002）『経営技術の国際移転と人材育成』文眞堂

Ueki, H., & Ueki, M. (2016) The International Deployment of R&D Organization and the Collaborative Knowledge Creation: Case Studies of Nissan in China and Brazil. *Journal of Tokyo Keizai University*, Vol. 292, 53-64.

吉原英樹（1997）『国際経営』有斐閣アルマ

現地採用

『日本経済新聞』2016年3月26日付朝刊

『日本経済新聞』2016年4月4日付朝刊

佐原賢治（2015）「人材獲得競争のカギは"人事力"」『グローバル経営』4月号、28-29.

下田健人（2016）「シンガポール・マレーシアにおける人材管理」『グローバル経営』4月号、4-9.

白木三秀（1999）『アジアの国際人的資源管理』社会経済生産性本部

白木三秀（2006）『国際人的資源管理の比較分析』有斐閣

橘・フクシマ・咲江（2014）「日本企業の外国籍人財登用の課題」『グローバル経営』9月号、4-7.

植木真理子（2002）『経営技術の国際移転と人材育成』文眞堂

吉原英樹（1999）『国際経営』有斐閣アルマ

外国人人材の採用

海老原嗣生（2011）『もっと本気でグローバル経営』東洋経済新報社

古沢昌之（2008）『グローバル人的資源管理論』白桃書房

中西優一郎（2014）『外国人雇用の実務』同文舘出版

田口芳昭（2015）『なぜ日本企業は真のグローバル化ができないのか』東洋経済新報社

Trompenaars, F., & Turner, C. H. (2004) *Managing People Across Cultures*. Capstone.（トロンペナールス, F., & ターナー, C. H. 古谷紀人監訳『異文化間のグローバル人材戦略』白桃書房 2013）

外国人幹部の採用

Ghemawat, P., & Vantrappen, H. (2015) How global is your C-suite? *MIT Sloan Management Review*, 56(4), 71-82.
内閣府（2011）「平成23年度 年次経済財政報告」
『日経ビジネスオンライン』2009年7月21日

グローバル・リーダー

Bartlett, C. A., & Ghoshal, S. (2003) What is a global manager? Best of HBR. *Harvard Business Review*, August,101-108.
グローバル人材育成推進会議（2012）『グローバル人材育成戦略』(http://www.kantei.go.jp/jp/singi/global/1206011matome.pdf)
グローバルリーダーシップ・コンピテンシー研究会編著（2005）『パフォーマンスを生み出すグローバルリーダーの条件』白桃書房
加藤恵津子・久木元慎吾（2016）『グローバル人材とは誰か』青弓社
駒井洋監修 五十嵐泰正・明石純一編（2015）『「グローバル人材」をめぐる政策と現実』明石書店
Mendenhall, M. (2001) Introduction: New perspectives on expatriate adjustment and its relationship to global leadership development. *Developing Global Leaders*. West-port, CN: Quorum Books.
文部科学省（2012）『グローバル人材の育成について』(http://www.mext.go.jp/b_menu/shingi/chukyo/chukyo3/047/siryo/__icsFiles/afieldfile/2012/02/14/1316067_01.pdf)
白木三秀（2014）『グローバル・マネジャーの育成と評価』早稲田大学出版部
Stahl, G. K. (2001) Using assessment centers as tools for global leadership development: An exploratory study. *Developing Global Leaders*. West-port, CN: Quorum Books.
東京大学「東京大学グローバルリーダー育成プログラム」(http://www.glp.u-tokyo.ac.jp/)
吉田文（2015）「グローバル人材の育成をめぐる企業と大学とのギャップ」駒井洋監修 五十嵐泰正・明石純一編著『「グローバル人材」をめぐる政策と現実』明石書店

海外派遣者のキャリア

稲村博（1980）『日本人の海外不適応』日本放送出版協会
小池和夫・猪木武徳（2002）『ホワイトカラーの人材形成』東洋経済新報社
Noer, D. H. (1975) *Multinational People Management*. Bureau of National Affairs.
丹野勲（1994）『国際比較経営論―アジア太平洋の地域の経営風土と環境』同文舘出版
丹野勲（2005）『アジア太平洋の国際経営―国際比較経営からのアプローチ』同文舘出版
丹野勲（2010）『アジアフロンティア地域の制度と国際経営』文眞堂
丹野勲（2012）『日本的労働制度の歴史と戦略』泉文堂
丹野勲（2017）『日本企業の東南アジア進出のルーツと戦略―戦前期南洋での国際経営と日本人移民の歴史』同文舘出版

外国人留学生の卒業後の実態と育成のあり方

日本学生支援機構（2016）『私費外国人留学生生活実態調査』(http://www.jasso.go.jp/about/statistics/ryuj_chosa/h27.html)
日本学生支援機構（2017a）『外国人留学生進路状況調査』(http://www.jasso.go.jp/about/statistics/intl_student_d/data16.html)
日本学生支援機構（2017b）『外国人留学生在籍状況調査結果』(http://www.jasso.go.jp/about/statistics/intl_student_e/2017/index.html)
日本学生支援機構（2017c）『外国人留学生のための就活ガイド』(http://www.jasso.go.jp/ryugaku/study_j/job/guide.html)
日本私立大学連盟（2014）『大学時報―特集 外国人学生・留学経験者への就職支援』
労働政策研究・研修機構（2013）『企業における高度外国人材の受入れと活用に関する調査』(http://

www.jil.go.jp/institute/research/2013/110.html）
新日本有限責任監査法人（2015）『外国人留学生の就職及び定着状況に関する調査報告書（平成26年度産業経済研究委託事業）』（http://www.meti.go.jp/meti_lib/report/2015fy/000455.pdf）
武井大貴他（2011）「大学における外国人職員の採用―留学生数上位70大学へのアンケート調査からの考察」人材育成学会第9回年次大会論文集

トピックス

外国人留学生の活用
ディスコ（2017）「外国人留学生の就職活動状況」
日本学生支援機構（JASSO）（2017）「平成29年度外国人留学生在籍状況調査結果」
法務省入国管理局（2017）「平成28年における留学生の日本企業等への就職状況について」

ASEAN・中国・台湾・韓国における日系企業の人材育成活動
池本清・上野明・安室憲一（1981）『日本企業の多国籍的展開―海外直接投資の進展』有斐閣
梶原豊（1985）『日本電気の組織活性化戦略』評言社
大井賢司（2006）「グローバル人材戦略―中国人材の確保と育成」『グローバル経営』

KEYWORD

Iターン

　人口還流現象のひとつ。ターンというが，出身地から別の地方に移住する一方向だけの動きのこと。地図上に描くとアルファベットのI字状となることからIターンとよぶ。明らかな誤用であるが，Uターンに倣う形でIターンという語が用いられた。都会出身者が，良い子育ての環境を求めたり，自然に囲まれた豊かな暮らしがしたいといった生活環境面や，安い地価や経営資源といったビジネス機会，あるいは生まれた街から離れた地で働いてみたいといった理由でIターンするケースがある。過疎化の進んだ地域では，家族を養える水準の収入が得られる職場は概して少ないため，人口減に悩む地方自治体の中には，生活を支えるための技能研修，就職先の紹介，住宅の無料貸与，子育て支援費の支給，医療費の無料化などを併せたパッケージ企画を用意し，Iターン希望者を募集することも行われている。その地域の特性を発揮することができれば，都会出身者にとって刺激的で魅力を感じる生活が期待でき，定住人口の誘致は不可能ではないという側面がある。Iターンした人々が幸福を感じ，定住者が増加すれば地域の活性化につながり，双方にメリットとなる形が期待される。

（荒井元明）

ID手法

　行動主義を基盤とし，一貫した信頼できる方法で教育や研修のカリキュラムを開発する手法。行動主義学習理論は，強化・フィードバック・行動目標・練習といったインストラクションを設計するための概念に用いられている。インストラクションなどの介入の前後で学習者の行動を観察し，行動に変化が生じなければ効果的な介入とはみなされない。

　その起源は，軍事用訓練教材において特定の訓練プログラムの効果を上げるための研究だが，スキナー（Skinner, B. F. 1954）が「The science of learning and the art of teaching」という論文で，人間の学習を伸ばすための要件と，効果的な教材の望ましい特性に関してまとめ，その後の1960年代初期から半ばにかけて，タスク分析や，目標の明確化，基準準拠テストなどが，システム的に教材を設計するための手法として関連づけられ，現在に至る。1970年代から多様なID手法が提案されてきたが，それらのほとんど全てにADDEといわれるシステム的な設計概念を含んでいる。ADDEとは，分析（analyze），設計（design），開発（develop），実施（implement），評価（evaluate）の頭文字をとった略語である。

引用・参考文献
Skinner, B. F. (1954) The science of learning and the art of teaching. *Harvard Educational Review*, 24, 86-97.

（新目真紀）

ITスキル

　ITスキルは，IT（Information Technology：情報技術）を利活用するためのスキルである。ITスキルに関する主な調査・研究，体系化等は，1990年代頃から国内外で始まった。

　当初はコンピュータ等に関わる技術者に求められるスキルとして捉えられていたが，ITの様々な領域への浸透とその利活用や，情報セキュリティ対策に伴い，求められるレベル等は異なるものの，多くの人に必要になってきている。

　日々新たに登場する製品や技術を活用し，単なる業務の効率化に止まらず，新たな事業

を創出したり，革新を起こしたりしていくうえで，技術者以外にもITに関する知識やスキルが必要になってきている。平成29年3月に公示された学習指導要領[1]では，小学校段階からプログラミング教育を行うとしている。

　求められるスキルや知識などについては，ITスキル標準や各種知識体系によって整理されている。なお，ITとは別に，ICT（Information and Communication Technology：情報通信技術）という用語が用いられることがあるが，ほぼ同義語と解釈して良い。国内ではITが定着しているが，海外では，ICTの方が多用されている。政府系では，経済産業省は「IT」を用い，総務省，文部科学省は「ICT」を用いている。

1. 新学習指導要領
(http://www.mext.go.jp/a_menu/shotou/new-cs/1383986.htm)

（原田和英）

アイデンティティ

　アイデンティティは，発達心理学者のエリクソン（Erikson, E. H.）によって提唱された概念であり，個人の自己同一性，すなわち「自分とはこういう人間である」という確信を示す。人はとりわけ青年期の心理的葛藤の中でアイデンティティを確立したり，逆に拡散させて心理的危機に陥ったりする。

　一方，組織アイデンティティについては，組織の中の個人を主体とするミクロな視点と，組織そのものを主体とするマクロな視点から議論される。前者は「組織の一員たる自分とは何者か」という成員性の認識であり，組織という対象に同一化することによって形成される社会的アイデンティティの一形態である。後者は，「組織として我々とは何者であるか」という社会の中での組織の自己定義であり，組織の存在意義や使命，目的などを追求する中で組織の成員たちに共有されていく認識である。両者は独立しているというより，その形成過程において相互に影響し合う関係にあ

るといえる。

（池田章子）

アウトソーシング

　もともとは，企業が外部（他の企業等）の経営資源を自社の資源のように活用することであるが，さらに進んで，企業が自らの機能や業務を委託などの形で外部化（他の企業等に委ねる）し，自社の業務を効率化して中核事業や収益につながる事業に経営資源を集中することをいう。情報通信分野でコンピュータシステムの運用や管理を外部委託したことが始まりといわれる。

　例えば製造業の「ファブレス」という形態では，製品の企画や開発などに特化し，製造業務はすべて外部化する。また，自社に経営資源自体をほとんど持たず専ら外部資源を活用する「バーチャル企業」「プラットホームビジネス」とよばれる企業もある。

　ただアウトソーシングには，外部化によって自社内部に経験やノウハウが蓄積せず，コア・コンピタンスの喪失につながる，あるいは，業務パートナー（委託先）のもつ資源・能力あるいは業務パートナーとの関係が，自社の経営に大きな影響を及ぼすという問題がある（大滝，2006）。

引用・参考文献
黒木英昭（2014）「内部化とアウトソーシングに関する意思決定ならびにマネジメントの研究」『横浜国際科学研究』第10巻第1・2号，34-54.
関口和代（2015）「アウトソーシングと下請制度」『東京経大学会誌』第288号，173-193.
大滝精一（2006）「ネットワーク戦略」大滝精一・金井一頼・山田英夫・岩田智『経営戦略（新版）』（pp.199-226）有斐閣

（石毛昭範）

アクションプラン

　アクションプランという用語には，次の3つの概念が包括され使われることが多い。1つめは経営戦略における，事業部階層レベルで策定される「事業計画」として，2つめはデミング（Deming, W. E.）が提唱した「PDCA

サイクル理論」における「Action（改善）行動」として，そして3つめが組織における男女共同参画推進である「ポジティブアクション施策」として，である。今野（2009）によれば，ポジティブアクションとは「雇用管理における男女の機会および処遇の均等確保に積極的に取り組み，女性の能力発揮を促進し，その能力を活用できる条件整備を行うこと」である。

例えば，東レ株式会社では，2004年度から「女性が活躍できる企業文化の確立」を掲げてこの取り組みが行われている。ここでは，①経営者育成を目的とした研修への女性派遣，②育児・介護短時間勤務制度，③フレックスタイム制度，これらの施策が併用して実施されている。取り組みの結果，管理職（課長職以上）の女性比率は，2004年度の1.9％から，2013年度の3.9％まで増加した。さらに，女性社員の勤続年数は男性社員のそれより長く，結婚や出産後も，女性社員が継続して働くことのできる職場環境へと整備されている。女性の採用，活用，育成，登用に至る一連のマネジメントを体系化して機能連関させることが，アクションプランの設計，導入における要件である。

引用・参考文献
今野浩一郎（2009）「第8章 昇進管理」 今野浩一郎，佐藤博樹『人事管理入門（第2版）』（pp.177-181）日本経済新聞出版社
厚生労働省（http://www.mhlw.go.jp/ 2017年3月12日閲覧）
東レ株式会社（http://www.toray.co.jp 2017年3月12日閲覧）

（岩渕美佳）

アクションラーニング

アクションラーニングは，"アクションラーニングの父"とよばれるレヴァンス（Revans, R.）が提唱した考え方で，行動と学習との関係に着目し，問題解決とチーム学習を融合させた手法である（Revans, 1980）。

アクションラーニングの解釈は様々であるが，マルクアルト（Marquardt, 2004）は「現実の問題を取り上げてグループで解決策を立案・実施する。その過程で生じる実際の行動とリフレクション（内省）を通じて，個人・グループ・組織の学習能力を向上させるチーム学習法」と定義している。問題解決能力の習得を志向するアクションラーニングは，リーダーシップ開発の有効な手法とされている。

企業の人材育成において，アクションラーニングの導入が活発になっている。次世代リーダー育成研修では，これまでの学んだ経営リテラシーやリーダーシップ・スキル，経営陣の薫陶による視野の拡がりを基に，擬似的な経営課題に組織的・実践的に取り組む手法として採用されている。前述の定義にあるとおり，次世代リーダー個々人の能力強化だけでなく，「グループ自体の能力を高め，継続的に取り組める基盤の形成」に重点をおいているところが特徴である。このような考え方は，伊丹（2005）の「場の（マネジメント）理論」などと相通じる。

引用・参考文献
伊丹敬之（2005）『場の論理とマネジメント』東洋経済新報社
Revans, R. (1980) *Action learning: New techniques for management*. London: Blond & Briggs, Ltd.
Marquardt, M. J. (2004) *Optimizing the Power of Action Learning*. Davies-Black Publishing.
大嶋淳俊（2011）「アクションラーニングによる次世代リーダー育成に関する一考察」『多摩美術大学 紀要 2011』26, 123-140.

（大嶋淳俊）

アセスメントツール

人材アセスメントは人材としての適性を客観的に評価し，配置や育成にあたっての問題点を指摘するのみならず，その人材の有する強みを知ることにある。そのためにはツールとしての評価基準が必要となり，職務遂行への時間や動作を，ツールを用いて測定することにより，予測することの必要性は言うまでもない。例えば採用時，昇格時とその活用は幅広く存在する。最近はストレス耐性などが，職業的なうつ病が指摘されるにしたがって重

視される評価項目となっている。

　また，パワハラなどが話題となる現代では個人の人格的なことも重要な項目といえる。具体的には就活に登場するSPIなどは評価するツールの典型であり，これらへの対策が考えられると，その客観性に対する限界が指摘されることとなる。しかしながら何らかのアセスメントツールが存在しないと，人材に差をつけることができないのが実情である。いずれにしても，公平感や納得性が低いツールでは逆効果と言うこともあり得る。

（三宅正伸）

安全文化の醸成

　安全文化は，1986年のチェルノブイリ原発事故を契機とし，国際原子力機関（IAEA）によって提唱された概念である。「安全の問題に対し，その重要性にふさわしい注意が最優先で払われるよう，組織と個人が持つべき特質と態度」と定義され，現場で操業にあたる個人の意識や行動だけでなく，組織が有する安全への姿勢や管理体制，教育・訓練体系等も安全操業に関与するという視座を示した点で，その後の産業界の安全への取り組みに大きな影響を与えた。しかし概念が曖昧であるため，様々な機関（英国健康安全局：HSC，原子力施設の安全に関する諮問委員会：ACSNI，など）や研究者（Reason, J.など）による独自の定義も行われている。

　安全文化の構成要素には，組織に関与するリスクの報告体制や組織的な学習，円滑なコミュニケーションなどが挙げられているが，これらを組み合わせれば必ずしも安全文化が醸成されるわけではない。安全文化を醸成する主要な原動力は，安全に対する管理者のコミットメントや従業員による積極的な関与であり，組織構成員の安全に対する態度を引き出すことが重要である。

（長谷川尚子）

暗黙知

　形式化や他人に伝えることが難しい知識のこと。暗黙知の概念を見出したポラニー（Polanyi, M.）は，われわれは人の顔の個別のパーツを説明できなくても人相を認識できることから，「私たちは言葉にできるより多くのことを知ることができる」と暗黙知の存在を確信した。

　ポラニーは暗黙知の4つの側面（機能的側面，現象的側面，意味論的側面，存在論的側面）を解説した。それによると，暗黙知とは私たちの注目が近位項（直接感知するもの）から遠位項（結果生じる様態）へと移動し，その結果，「統一性を持った存在」へと「個々の諸要素」が統合させるものだと説明した。

　また，暗黙知を認めない近代科学は，あらゆる私的な知を完全に排することになり，自滅することになるという警鐘を鳴らしている。

引用・参考文献
Polanyi, M, (1966) *The Tacit Dimension*. Routledge.（高橋勇夫訳『暗黙知の次元』ちくま学芸文庫　2003）

（神林ミユキ）

EAP

　EAP（Employee Assistance Program）とは，従業員支援プログラムの略称で，企業や団体の従業員を対象とした心の健康をサポートするサービスの総称である。もともとは米国で1970年代に発展した仕組みで，日本では2000年代に入ってから導入が次第に進んでいった。

　EAPには，事業場内のスタッフによって行われる「内部EAP」と，事業場外のEAP機関によってサービス提供される「外部EAP」とがある。外部EAPは，「事業場における労働者の心の健康づくりのための指針」で事業場外資源として位置づけられている。EAPのプログラムでは，従業員に対しては業務のパフォーマンスに影響を与える職場や家庭でのストレス，対人関係，健康問題，経済問題などの個人的な問題への解決支援を行い，事業

場に対しては組織の生産性に関連する問題解決の支援を行う。外部EAP機関が提供できる内容としては，短期カウンセリング，従業員の心の健康問題評価や専門機関への紹介，組織・管理監督者・人事労務担当者へのコンサルテーション，メンタルヘルス教育などがある。

（金丸徳久）

生きがい感

「生きがい感」の定義は様々である。「生きがい感」は目標・対象としてのそれと，「生活充実感」のように「状態としての生きがい感」の両方を含むと考えられる[1]。「生きがい感」は「生きがい」と同義にとらえられる場合もある。この場合，「生きがい」とは，「その人が過去の経験，現在の出来事，未来のイメージといった（生きがいの）対象」を心に思い浮かべ，同時に伴って湧いてくる自己実現と意欲，生活充実感，生きる意欲，存在感，主動感といった種々の感情，つまり「（生きがいの対象に）伴う感情」を統合した自己の心の働きである[2]。

若い世代については，近藤・鎌田は，次のように解釈している[3]。「現代大学生の生きがい感とは，自らの存在価値を意識し，生きる意欲を持つ過程で感じられるものであるが，人生を楽しむ場合にも感じられることがある」。就職などのライフイベントに対する目標意識を持つことによって現在の「状態としての生きがい感」をもたらす[4]。

60歳以上の高齢者では，内閣府2009年調査[5]によれば，「生きがいを感じている」者は8割を超えている。民間調査[6]によれば，「生きがい」のトップは，男性も女性も「レジャー・趣味」，男性の場合，2位「充実感」，3位「仕事」となっている。

引用・参考文献
1 熊野道子（2015）「高齢者の生きがい—時間と状況の2次元からみた生きがい形成の価値過程モデルからの考察」『生きがい研究』29, 26-38.
2 長谷川明弘・藤原佳典・星旦一（2001）「高齢者の『生きがい』とその関連要因についての文献的考察—生きがい・幸福感との関連を中心に—」『総合都市研究』75, 147-170.
3 神田信彦（2011）「生きがい研究に関する一考察—生きがいの概念の検討と，わが国の青年の生きがいに関する研究の動向」文教大学人間科学部『人間科学研究』33, 16.
   近藤勉・鎌田次郎（1998）「現代大学生の生きがい感とスケール作成」『健康心理学研究』11(1), 73-82.
4 熊野道子（2015）『同上誌』, 26-36.
5 内閣府（2009）「高齢者の地域社会への参加に関する意識調査」
6 中央調査社（2010）「『生きがい』に関する世論調査」中央調査報No.636

（太田和男）

EQ（Emotional Intelligence Quotient / EI: Emotional Intelligence）

サロベイとメイヤー（Salovey & Mayer, 1990）による概念であり，自分や他者の感情に気づいたり，感情を識別したり，これによる気づきをうまく自分の思考や行動に活用していくような「感情についての知性」のことである。ゴールマン（Goleman, 1995）が『Emotional Intelligence』を出版したことによって広く知られるようになった。

"EQ"（こころの知能指数）という名称は，"IQ"（知能指数）との対比としてマスメディアがつけたものであり，本来は"EI"とするのが正しい。しかし，一般的には"EQ"で普及している。

EQは，IQほど統一された測定方法が確立されておらず，測定項目も開発組織や研究者によって異なる。しかし測定領域として，自他の感情の理解あるいは推察，自己の感情のコントロールおよびマネジメント，といった点ではおおむね共通している。EQを高めることは，ストレス耐性の強化や，家庭・職場における人間関係の改善と円滑な交流，ハラスメントの防止などにつながると期待される。

引用・参考文献
Goleman, D. (1995) *Emotional intelligence.* New York: Bantam

Books.（土屋京子訳『ＥＱ～こころの知能指数』講談社 1996）
Salovey, P., & Mayer, J. D. (1990) Emotional intelligence. *Imagination, Cognition and Personality*, 9, 185-211.

（高橋　浩）

育児休業制度

　労働者は，期間を明らかにして事業主に申し出ることにより，1歳に満たない子を養育するために休業できると定めた制度。父母ともに休業を取得する場合は1歳2か月まで，保育所に入所できない等一定の事由がある場合に限り1歳6か月まで休業できる。2015年度の育児休業の取得割合は，女性が81.5％，男性が2.65％であった。企業の中には法定期間以上の育児休業制度を制定しているところもある。育児休業制度の規定がある企業のうち4％が「1歳6か月を超え2歳未満」，9.2％が「2歳～3歳未満」，2％が「3歳以上」まで，育児休業を取得できると規定している（厚生労働省「平成27年度雇用均等基本調査」）。

　事業主は，育児休業を取得しない労働者にも，申し出があれば短時間勤務や所定外労働の免除措置を講じなければいけない。さらに事業主には，育児休業が理由の嫌がらせ（いわゆるマタハラ・パタハラ）等，不利益な取扱いが禁止されている。平成29年の法改正では，育児休業を理由とした上司・同僚による嫌がらせの防止措置の義務付けも加わり，派遣労働者の派遣先にも適用された。

（谷　俊子）

意識改革

　意識改革とは，考え方や関心，取り組みの姿勢などを，従来のものから新しいものへ入れ替えること，意識を改革することなどを指す表現である[1]。意識改革は，他人からいわれて変えるものではなく，自分自身から新しいことを学びたいという内発的動機づけや自分の内面からの自発的な動機により，好奇心や意欲などを変えるという意識によって改革することである。意識改革の事例のひとつとしてJALの再生事例が挙げられる。JALの経営破綻からの再生にあたり，稲森和夫会長は，「フィロソフィー」と「アメーバ経営」により，JAL社員に経営者意識をつくり，経営を主体的に考える社員への意識改革を行い，翌年には黒字経営となり，JALを再生させている[2]。

引用・参考文献
1　Weblio辞書（http://www.weblio.jp/）
2　稲森和夫OFFICIAL SITE（http://www.kyocera.co.jp/inamori/）

（郷原正好）

イノベーション

　イノベーションには，提供する商品・サービス自体の変革である「プロダクト・イノベーション」と，それらが創造され，顧客（消費者・住民等）へ提供される過程の変革である「プロセス・イノベーション」がある[1]。

　企業では，イノベーションの多くは顧客との接点が一番大きい「現場」から起きる。そしてイノベーションの震源となるのはミドルマネジャーであることが多く，彼らのミドルアップダウンマネジメントが大いに発揮されている[2]。

　次に，イノベーションが起きている地域に共通している点は，「よそもの・わかもの・ばかもの」が活躍していることである。「よそもの」とは，他地域にいた経験を持つUIターン者，他地域からアドバイザーで訪れている人財などで，彼らは他地域の成功事例や客観的な目を持ち，その地域の真の魅力を見出すことができる。「わかもの」とは，時代の変化を前向きに捉え，周囲を巻き込んで積極的に行動し，過去の前例に臆せず前向きに変革することができる人財である。そして「ばかもの」。聞こえは悪いが，心底地域を愛し，地域での常識を覆して新しい風を起こそうとする企画マンであり，イノベーションへの熱意は誰よりも強い[3]。

引用・参考文献
1 ジョー・ティッド，ジョン・ベサンド，キース・パビッド（2004）『イノベーションの経営学』，NTT出版
2 望月孝（2005）東北経済産業情報『東北21』10月号，41-43，経済産業省東北経済産業局
3 望月孝（2005）東北経済産業情報『東北21』11月号，38-42，経済産業省東北経済産業局

（望月　孝）

異文化適応力

　国や地域，コミュニティ等には，その社会で適切とされる思考行動様式，すなわち"文化規範"がある。人は生れ育った社会において，親や教師，周囲の人々を通して文化規範を体得する。そのため，文化圏を越えた移動では異なる文化規範に直面し，今までの思考行動様式のままではうまく機能できないこととなる。何をどう伝えるかといった対人コミュニケーション方略やスタイルの違いから，時間や空間の意味，宗教も含めた価値観など，様々な差異が考えられる。

　この差異にうまく順応することが異文化適応（intercultural adjustment）であり，対応できない状態を不適応（mal-adjustment），それが原因の心理的な落込みをカルチャーショックとよぶ。

　異文化滞在において，心理的に安定し適切な行動がとれる能力が"異文化適応力"である。それには，母文化の規範に囚われず多様な視点から物事を評価解釈できる柔軟性，異なる価値規範にも共感できる力（エンパシー）が重要であり，グローバル人材育成にはこれらを高めることが鍵となる。

　また，文化規範以外にも，自然や気候，食べ物，水など，物理的環境に慣れることも適応の一部であり，身体的な体力も異文化適応力の重要な要素となろう。

（小柳志津）

eラーニング

　eラーニング（e-learning）とは，情報技術によるコミュニケーション・ネットワークなどを活用した主体的な学習のことである。eはelectronic（電子的）の略である。時間的・空間的制約が少ない。企業内教育にも多く導入されている。インターネットを介する場合は，WBT（Web Based Training）ともよばれる。主にパソコンを使って学習するが，モバイル端末を使う場合は，モバイル・ラーニングともよばれる。学習管理システム（Learning Management System：LMS）を用いることで，学習進捗状況などを一元的に管理できる。インターネットなどを介して，文字，静止画，動画，音声の自由な組み合わせからなるデジタル教材の受講，（対話型）ライブ・レッスンの受講，テストの受験，レポートの提出，電子掲示板やチャットなどでの学習者間のディスカッション，協調学習などを行う。メンタリングあるいはチュータリングとよばれる，電子メールなどを通じての学習誘導，質問・相談対応を併用したり，ブレンディッド・ラーニングとよばれる，集合教育（研修）との組み合わせ学習を用いたりする手法もある。

（志村光太郎）

医療事故

　1999年の患者取り違い等の医療事故発生後，医療安全対策は「医療従事者の個人の努力に委ねた安全でなく，組織全体の問題として医療安全を考え，システム全体を安全性の高いものにしていく」という方針により，国を挙げた安全対策が講じられている。そのひとつに，「事故等事案が発生した場合の届出」が義務化された。

　報告すべき医療事例を次のとおり示している。①明らかに誤った医療行為や管理上の問題により患者が死亡，若しくは患者に障害が起こった事例，あるいは濃厚な処置や治療を要した事例，②明らかに誤った医療行為は認

められないが，医療行為や管理上の問題により，予期しない形で，患者が死亡若しくは患者に障害が起こった事例，あるいは濃厚な処置や治療を要した事例，③そのほか，警鐘的意義が大きいと医療機関が考える事例である。

近年，患者像，医療提供体制，医療の高度化など医療を取り巻く環境が変化したことにより，医療安全推進への取り組みは新たな局面を迎えている。特に，2014年6月の医療法改正により，医療法の「第3章　医療の安全の確保」に，医療事故調査及び医療事故調査・支援センターの規定が加わり，「医療事故調査制度」が2015年10月1日からスタートしたことを受けて，医療に起因する予期せぬ死亡や死産があった場合の事故調査に関する全国の取り組みがはじまっている。

引用・参考文献
日本看護協会「医療事故調査制度」(https://www.nurse.or.jp/nursing/practice/anzen/jikocho/index.html 平成29年4月28日閲覧)

(福井トシ子)

インセンティブ (incentive)

もともと，刺激や励みになるものの意味で，人の気力ややる気を起こさせるような刺激のこと。同様に訳されることの多いモチベーションとともに「動機付け」と訳されることが多いが，インセンティブは，外的に与える刺激（外的報酬）であり，モチベーションは，自発的に起こる内的な刺激のことを指す。

ビジネス用語では，企業が従業員に対して与える報奨金，奨励金，賞与，記念品などの金銭的なもののほかに，賞，称賛，昇給，昇進・昇格，労働条件の改善などもある。これをシステムとして採用したものが，インセンティブ給（能力や作業量に応じて賃金を支払う制度）やインセンティブ制度である。組織の目標達成や利益のために，従業員の意欲を引き出し，彼らの技術や知識をより活用できるような仕組みで，成果主義ではうまく働くといわれている。

しかし，インセンティブ（外的報酬）が常に従業員の意欲を引き出すとは限らない。人は，その仕事自体にやりがいを感じ，外的報酬を得られなくても働くことができる。目標を達成できたときには自己効力感が高くなり，ますます意欲的に行動する。そのときに，外的報酬によって逆に意欲が低下するという研究報告もある。多様な労働力を要する現代では，動機付け要因にも多様さが必要である。

引用・参考文献
新村出編(2008)『広辞苑』第六版　岩波書店
ジョセフ・ボイエット&ジミー・ボイエット著／金井壽宏監訳・大川修二訳(2002)『経営革命大全―世界をリードする79人のビジネス思想』日本経済新聞社
開本浩矢(2007)『入門組織行動論』中央経済社
スティーブン P. ロビンス著／高木晴夫訳(2009)『新版組織行動のマネジメント』ダイヤモンド社

(草柳かほる)

インターンシップ

インターンシップとは，就業を希望する者が，企業等において，自らのキャリアに関連した就業体験を行うことである。インターンシップの果たす役割は，それが欧米各国で行われる場合と日本で行われる場合とで，大きく異なっている。

欧米の多くの国では，日本的な新規学卒者定期一括採用（新卒採用）が一般的でないため，学校を卒業したばかりの者が就業経験のないままに企業等で職を得ることは難しい。そこで，そのような者が職を得るための手段のひとつとして，まずインターンシップ生として企業等において無給（あるいは低賃金）で就業経験を積み，そこで得られた経験やスキルが認められることによって，インターンシップ先（あるいはそれ以外の企業等）で職を得る，ということが行われる。

日本では，インターンシップは，学校におけるキャリア教育の一環として行われることが推奨され，それは高い職業意識，自主性・独創性や実社会への適応能力等の育成が期待されるものであり，企業等の採用活動とは無

関係なものとするべきとされている。しかし，実態としては，採用活動と直結するインターンシップも少なくなく，キャリア教育の一環として行われるものは限られている。

（大石雅也）

インフォーマルリーダー

リーダーシップの定義は様々あるが，地位（権限，権力など）を伴うものと伴わないものに区分することができる。職場では，役職によって権力が与えられた人がリーダーであるが，権力のみで人を動かすことは，ヘッドシップという（森田，1984）。これに対して，正式な地位は与えられていないが，人間的魅力などで，職場に影響を及ぼすリーダーシップを発揮している人をインフォーマルリーダーとよぶ。人のマネジメントには，こうしたインフォーマルな影響力を含めた職場の全体像を把握しておく必要がある。

インフォーマルリーダーの存在が初めて認識されたのは，アメリカのウェスタンエレクトリック社のホーソン工場における実験である（Roethlisberger, 1941）。この実験の当初の目的は，環境や労働条件の変化が生産性にどのような影響を与えるかの検討にあった。しかし，結果は，環境や労働条件よりも，職場における人間関係や目標意識によって生産性が左右されていた。このように集団内には非公式集団（インフォーマル・グループ）が存在し，仲間意識や集団規範が作業能率に影響を与えることを提唱し，人間関係論を展開するにいたった。

引用・参考文献
森田一寿（1984）『経営の行動科学』福村出版
Roethlisberger, J. (1941) *Management and Morale*. MA: Harvard University Press.（野田一夫・川村欣也訳『経営と勤労意欲』ダイヤモンド社 1954）．

（渡邉祐子）

HRM（人的資源管理）

HRM（Human Resource Management）という概念はアメリカで発祥したといわれる。日本においては，人的資源管理とよばれる領域である。HRMを論じるには，まずPeople Managementの歴史を理解する必要がある。

アメリカにおいてPeople Managementの模索が始まったのは，1960年以降である。当時，経済成長を遂げたドイツ・日本からの影響を受ける形で，従業員重視の経営に焦点が当てられた。テイラーリズム型で括られる人材マネジメントの焦点がコスト削減で捉える形態から，従業員を企業競争力の源泉と見なす形態へと変化していった。

このアメリカにおけるPeople Managementは，1970年以降の経営戦略論の学術的進展と伴って更なる変化を遂げていく。この変化を遂げたPeople Managementが，HRMとよばれるようになったのである。特に，1984年に発表された2つの研究が，その後のHRMに影響を与えることになった。ミシガン大学を中心に行われたミシガンモデルと，ハーバード大学で行われたハーバードモデルとよばれる研究である。それらの共通点は，「組織内外の環境と人材マネジメントのフィット（＝外部フィット）」と「人材マネジメントを構成する個別施策間のフィット（＝内部フィット）」を共に重要視していることであった。その後，HRMは，1980年代後半にイギリスにおいて理論的・実践的な進展を見せ，現在に至っている。

引用・参考文献
須田敏子（2005）『HRMマスターコース—人事スペシャリスト養成講座』慶應義塾大学出版会
須田敏子（2010）『戦略人事論』日本経済新聞出版社
須田敏子（2015）「PMとHRM」『日本労働研究雑誌』657

（南　義彦）

HRD（Human Resource Development：人的資源開発）

今日のテクノロジーの進歩とボーダレス化

は企業環境を急激に変化させ，このような環境では企業における従業員のモチベーションの向上が課題の1つである。

一人何役もこなさなければならない今日において，市場や顧客の現在必要とするニーズと近未来に必要と思われるウォンツを的確に把握できる「マネージメント」力を備えた人材が大切である。

現場サイドからもQCD（高品質，低価格，短納期）でモノをつくることがきわめて重要であり，人材教育が必要である。OJTとOff-JT役割分担が大切である。技術の知識（形式知）はOJTでもなされるが，個人の持つ技能（暗黙知）はOff-JTが大切である。HRDは，技術と技能の間で生ずるスパイラルは螺旋的循環して上昇していくものである。

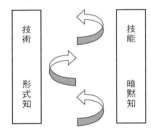

技術（形式知）と技能（暗黙知）による
HRDスパイラル

（辻　栄一）

HCD (Human Capacity Development)

「HCD」は，1980年代半ばの「人的資源管理」の時代に主流であった，「能力開発」のことである。特に，「組織」と「個人」の「持続的成長」や「将来の変化対応」に向けての"マインド"や"態度"の"変容"のために，組織の「マネジメントフレームワーク（ミッション，ビジョン，方針等）」と連動の下，「人材マネジメント」や「人材開発」の仕組みを通しての開発が，一般的に行われた（花田，1984）。

HCDの開発例としては，"ものづくり"現場で仕事に向き合う，従業員の現場活動の『基本特性（「5S活動（整理・整頓・清掃・清潔・しつけ）」「3無活動（ムリ・ムダ・ムラの排除）」や「改善提案」「職場改善運動」など）』の"諸活動"が，従業員の「保有能力（潜在能力）」の"発揮"を促し，「多能工化」や「職務の拡大」につながった（前田ら，2015）

引用・参考文献
花田光世（1984）「日本的経営論から日本型経営論へ：海外日系企業における日本型経営の展開（第Ⅱ部）」『産業能率大学紀要』，147-174.
前田恒夫・小山健太・花田光世（2015）「日本型HRD／HRMシステムの開発途上国への展開の可能性」『人材育成学会第13回年次大会論文集』，19-24.

（前田恒夫）

エキスパート (expert)

エキスパートとは，ある技術や技能に卓越した人，専門家や熟練者を意味する。ビジネスや人材育成においては，エキスパートは，さほど一般的な呼称ではなく，職名として使われることも少ない。職名や職位の場合は，高度専門職や高度技能職といった意味合いが強い。

同様な用語に「スペシャリスト」や「プロフェッショナル」がある。これらの用語は同義として，企業内ではどれか一つが使われることが一般的である。それぞれの用語には少し異なるニュアンスがあり，どれが専門性が高いか，専門の幅が広いかといった議論はあるが，統一されてはいない。そのため，企業などで職位等にこれらの用語を使う場合は独自に定義する必要がある。

関連する用語として，近年は「ビジネスエキスパート」といった名称が使われる。これらはグループ企業の人事経理など事務処理を行う，いわゆるシェアードサービスの企業名などにもみられる。また，ITでは「エキスパートシステム」として，コンピュータが専門知識を体系化するシステムの意味でも用いら

れる。このように現在の日本では，ソフトウェア関連で「エキスパート」が使われることは少なくない。

（宮下　清）

エゴグラム

エゴグラム（Egoglam）は，交流分析における自己分析法の1つで，創案者ジョン・デュセイ（Dusay, J. M.）の「機能的自我状態の心的エネルギー恒常仮説：各人はそれぞれ一定量の心的エネルギーをもつ」（Dusay, 1977）に基づいて，個人のパーソナリティ（機能的自我状態）の各部分同士の関係と外部に放出している心的エネルギーの配布状態を，支配的な親（CP），養育的な親（NP），成人（A），自由な子ども（FC），順応した子ども（AC）の五つの機能に分けて各機能の程度を棒グラフや折れ線グラフで図示する。わが国では，チェックリストによるエゴグラムが複数開発され，臨床や教育・コミュニケーションなど多方面で活用されている。

エゴグラムに表れた自我状態のタイプは以下のように，それぞれ基本的な特徴がある（Dusay, 1977）。①CP優位タイプ：理想が高く独善的・頑固で懲罰的・他者否定的（他人はOKでない）②NP優位タイプ：気が優しく共感的・世話好き・他者肯定的（他人はOKである）③A優位タイプ：頭脳明晰で論理的・合理的で冷静・中立的　④FC優位タイプ：遊び好きの行動派・自発的で創造的・自己肯定的（私はOKである）⑤AC優位タイプ：甘えん坊で依存的・他者順応（自分がない）・自己否定的。

引用・参考文献
Dusay, J. M. (1977) *Egograms: How I see you and you see me.* Harper & Raw.（池見酉次郎監修・新里里春訳『エゴグラム』創元社1980）

（小川正治）

SRKモデル

人間が情報を知覚してから行動を起こすまでの情報処理過程に関するモデルで，ラスムッセン（Rasmussen, 1986）によって提唱された。①スキル・ベース（skill-based level），②ルール・ベース（rule-based level），③ナレッジ・ベース（knowledge-based level）の頭文字からSRKモデルとよばれる。①スキル・ベースは，知覚した情報から状況の特徴を把握すると，即座かつ無意識的に行動を実行できるレベルである。②ルール・ベースは，知覚した情報の特徴が記憶に蓄積された情報（過去の経験やその状況に適用される規則や手順等）と合致した場合に，対応に必要なルール（規則や定められた手順）を検索するレベルである。③ナレッジ・ベースは，未経験あるいは未経験に近い状況に遭遇した場合に，状況から読み取れる目標（ゴール）の達成に必要な行為を選択し，順序立てる（計画する）レベルである。作業内容や作業者の熟練度によって情報処理のレベルは変化する。同じ作業でも熟練した作業者はスキル・ベースで処理できるが，初心者はルール・ベースやナレッジ・ベースの処理が必要となる。

引用・参考文献
Rasmussen, J. (1986) *Information Processing and Human-Machine Interaction: An Approach to Cognitive Engineering.*（海保博之・加藤隆・赤井真喜・田辺文也訳『インターフェイスの認知工学』啓学出版1990）

（長谷川尚子）

SL理論

SL理論とは，「Situational Leadership Theory」を直訳したものである。1960年代後半にケン・ブランチャード（Ken Blanchard）とポール・ハーシィ（Paul Hersey）がオハイオ大学（リーダーシップ研究センター）で状況対応型リーダーシップの開発に着手した。そして，置かれている状況が異なれば，求められるリーダーシップは変化するはずであるという「リーダーシップ条件適応理論」が登

場した。SL理論はその1つである。

SL理論の代表的モデルである状況対応リーダーシップは，リーダー行動（課題行動＝指示的行動）とフォロアーとの関係（関係行動＝協労的行動）に焦点を当てており，その基本的な考え方は，他人に影響を及ぼすための最善の方法などは存在しないとしている。そして，異なる次元の指示的行動と協労的行動を2次元のグラフで軸分けし，4つの象限を得て，リーダーシップ・スタイルの4種の基本形を示した。このリーダーシップ・スタイル図は，リーダー行動効果性評定の基盤として使うことができる。

引用・参考文献
Hersey, P., Blanchard, K. H., Johnson, D. E. (1996) *Management of Organizational Bahavior: Utilizing Human Resourse*.（山本成二・山本あづさ訳『行動科学の展開』生産性出版2000）

（明浄太津子）

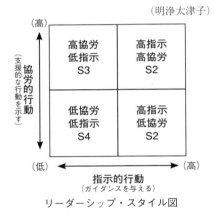

リーダーシップ・スタイル図
出典：ハーシィ＆ブランチャード（2000）『行動科学の展開』を基に作成

エスノグラフィー

エスノグラフィーは，①その対象についてフィールドワークという方法を使って調べた研究，②その調査の結果として書かれた報告書，の2つの意味を持つ（佐藤，1992）。また，その記述に関しては，「分厚い記述」という性格を持つものだとし，見たままの姿を記録するだけでなく，その奥に幾重にも折り重なった生活と行動の持つ意味の文脈をときほぐしていき，その作業を通してはじめて明らかになる行為の意味を解釈して読み取り，その解釈を書き留めていく作業であると述べた（ギアーツ，1987）。

また，調査方法論のエスノグラフィーでは，調査者が研究テーマに関わるフィールドに自ら入って，人々の生活や活動に参加する参与観察が基本であるが，最近では，（参与観察をともなわない）インタヴュー，研究者の自伝（オートエスノグラフィー），文書や映像・音声などの分析，ライフストーリー，オーラルヒストリーなどの質的調査法もしばしば，「エスノグラフィックな」調査法とよばれている（藤田・北村，2013）。

引用・参考文献
C. ギアーツ　吉田禎吾・中牧弘充他訳（1987）『文化の解釈学1』岩波書店
藤田結子・北村文（2013）『現在エスノグラフィー』新曜社
佐藤郁哉（1992）『フィールドワーク』新曜社

（岩田英以子）

NGO（非政府組織）

NGOとは，「Non-governmental Organization」の略称で「非政府組織」と訳される。ただし，明確な定義はなく様々な解釈がなされている。国際協力NGOセンター（JANIC）によれば，「貧困，飢餓，環境など世界的な問題に対して，政府や国際機関とは違う民間の立場から，国境や民族，宗教の壁を越え，利益を目的とせずにこれらの問題に取り組む団体」を意味する。

NPO（Non-profit Organizationの略称，非営利組織）が企業との対比で使われることが多いのに対して，NGOは政府や国連組織との対比で使われることが多い。

発展途上国の貧困問題に取り組む国際協力NGO，地球環境問題に取り組むNGO，平和協力や人権問題に関わるNGOなどがある。自己財源（賛同者からの寄付や会費），政府や

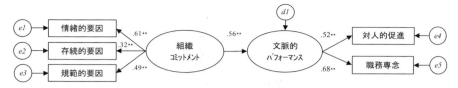

組織コミットメントと文脈的パフォーマンスの因果モデル

民間団体からの受託事業に伴う収入，政府や民間団体から交付される助成金収入などによって活動を行う。活動形態としては，海外の現地に向けた資金助成や緊急救援，日本国内に向けた情報提供などのほかに，政府や国際機関に対して政策提言を行うこともある。

（髙橋　修）

NPO（非営利組織）

様々な分野で社会貢献活動を行う団体で，収益を構成員に分配することを目的としない組織をいう。保健・医療・福祉，教育・文化，まちづくり，災害救援，環境，国際協力，消費者保護など多彩な分野の活動がみられる。NPOとは，「Not-for-Profit/Nonprofit Organization（すなわち非営利組織）」の略称である。1998年に特定非営利活動促進法が施行されたことにより，NPOは所轄庁（都道府県または政令指定都市）から認証を受け，登記し，法人格を取得することが可能になった（特定非営利活動法人＝NPO法人）。NPO法人は団体名義での契約締結や土地の登記などを行うことができる。2001年には，税制上の優遇措置を受けられる認定特定非営利活動法人（認定NPO法人）制度が設けられた。認定NPO法人になるには，NPO法人が一定の要件を満たし，所轄庁（都道府県または政令指定都市）から認証を受けることが必要である。

（原田順子）

FFS理論

FFS（Five Factors & Stress）理論とは，1979年から米国機関の依頼で，人件費・教育訓練費等を抑えつつ，同時に労働強化を行わずに組織の生産性を上げることを目的とし，小林惠智が研究委託され，その有効性を実証した理論である。

人間の持つ個別的特性（個性）を5つの因子とストレス反応の強度で定量化する定量的に測定すること，任意のタイプに分類して定性的表現で記述すること，個体間の心理距離を算出し，類縁図を作成することで個体間の関係性を表示することなどができる。

任意の集団を個性条件に基づいて編成することができる。検証用に行った実験では，任意の編成が行われた集団と，無作為の集団とで，二倍程度の生産性の差が見られた。

（大宮昌治）

MIM（Multiple indicators model：多重指標モデル）

多重指標モデルは，代表的な共分散構造モデルの1つである。上図は組織コミットメントと文脈的パフォーマンスの間の因果関係をモデルとして表したものである。このモデルでは，2つの構成概念である組織コミットメントと文脈的パフォーマンスの間の因果関係を扱い，それぞれいくつかの観測項目で構成されているというモデルを想定している。このように各潜在変数である構成概念（組織コミットメントと文脈的パフォーマンス）が複数の観測変数で測定されるというモデルになっていることから多重指標モデルとよばれる。

（小玉一樹）

MOT

　Management of Technologyの略。「技術経営」と訳される。テクノロジーを生み出し、顧客価値を創出し、利益を生むビジネスとして成立させ、持続的発展可能な社会に向けて貢献することを目的する。また、技術経営分野における大学院のプログラム名称としても使用される。テクノロジーそのものを対象とする工学とは異なり、MOTにおいてはテクノロジーを企業経営における競争力の源泉としてとらえ、テクノロジーの創出・開発・活用・管理などの側面に着目する。

　そのため標準的MOTプログラムにおいては、ストラテジー、マーケティング、組織論などを履修し、技術領域におけるMBAと位置付けられることも多い。また、新しいコンセプトの製品やサービスを創出する社会的要請の高まりを背景として、イノベーションもMOTにおける主要なテーマである。

　プログラムとしてのMOTの目的は、マーケットのニーズを把握し、技術的シーズと効果的に組み合わせ、イノベーション創出過程のマネジメントを含む総合的なマネジメントを行い、戦略立案や組織運営を行う人材を養成することである。

　　　　　　　　　　　　　　（杉浦正和）

MBA

　Master of Business Administrationの略。経営管理大学院（ビジネススクール）において経営に関連する科目を履修することによって授与される学位である。ビジネススクールの教育目的は経営者、上級管理者、起業家などのビジネスリーダーを輩出することであることから、学生は関連する科目群をバランスよく履修することが求められる。

　オーソドックスなMBAコースにおいては「コア科目」と「選択科目」が配置される。コア科目には、ストラテジー、アカウンティング、ファイナンス、マーケティング、組織行動論、人的資源マネジメント、経済学、統計学などが含まれる。平日昼間に2年間学ぶフルタイムのプログラムが主流であったが、働きながら夜間や週末に学ぶプログラムや1年間で卒業できるプログラムや企業幹部を対象とするエグゼクティブMBA（EMBA）プログラムも増加している。

　ケースを用いて意思決定に関する討議を中心に運営される科目が多いことも特徴で、学術的アプローチと実践的アプローチを融合する努力が行われており、入学資格要件として一定年数以上の実務経験を求めることが多い。

　　　　　　　　　　　　　　（杉浦正和）

エンカウンター

　エンカウンターとは「出会い」の意味で、心と心の通い合う「私」と「あなた」の関係をいう。國分康孝・國分久子は、人と人との響き合いであるとしている。これは、相手の身になれる・相手の足しになるようなことをする・お互いが固有の存在であることを認め合えるような人間関係のことである。片野智治は、他者によって無条件に受け入れられるという人間関係によって実現するエンカウンターには、自己啓発や自己変革があり、究極的には人間的成長があるという。

　集中的なグループ体験には2種類ある。1つはカール・ロジャーズ（Carl Ransom Rogers）らを創始者とするグループ・セラピーである。日常生活の中では得られないような「いま、ここのリアルな感覚に基づく純粋な出会いの場」を経験することで、コミュニケーション能力の発達や個人の成長を意図する。また、國分康孝・國分久子ら（2004）によって提唱・実践された「構成的グループエンカウンター」は、ふれあい（本音と本音の交流）と自他発見を目標とし、個人の行動変容を目的としている。折衷主義といわれる背景には、実

存主義，プラグマティズム，論理実証主義，ゲシュタルト療法をはじめとするカウンセリングの主要理論がある。

引用・参考文献
見田宗介・栗原彬・田中義久編（1988）『社会学事典』弘文堂
國分康孝・國分久子総編集（2004）『構成的グループエンカウンター事典』図書文化

（遠藤雅子）

エンプロイアビリティ

エンプロイアビリティとは，Employ（雇用する）とAbility（能力）が合わさった概念であり，「企業から雇用され得る能力，若しくは雇用可能性」と訳される。また，厚生労働省のエンプロイアビリティの判断基準等に関する調査研究報告書によると，「労働市場価値を含んだ就業能力，即ち，労働市場における能力評価，能力開発目標の基準となる就業能力」と示されている。昨今のわが国の企業は，少子高齢化及び産業構造の変化等における経営環境の変化により，自社の従業員の雇用保障（特に長期雇用）が困難になりつつある。

このように雇用の流動化が進む中，キャリア形成を行わなければならない従業員に必要な能力の1つとして，他の企業に転職してもやっていける能力であるエンプロイアビリティの獲得が挙げられる。一方で，企業においても，自社の従業員に対してエンプロイアビリティを含む就業能力の向上を目指した教育及び研修の充実が望まれるようになった。

（絹村信俊）

OJD（On the Job Development）

「OJD（On the Job Development）」は，「OJT（On the Job Training）」に代わる概念で，個々の従業員が"当事者意識"と"責任"を持ち，個々人のキャリアデザイン計画に基づく，"能力の向上・発揮"を日常業務の中で"実践"し，自らの「資産価値」の拡大をはかるアプローチである。

OJTが，"組織が仕事を通じてスキルを獲得させる仕組み"に対して，OJDは，"社員自身が仕事を通じて多様な能力を主体的に開発する仕組み"ということができる（花田，2013）。

両者の"語源の違い"として，本来，"Development"とは，"皮に覆われて外から見えないもの（個々人が持つ多様な力）の皮をはいでいく"という意味があり，"Training（トレーニング）"とは，"組織（機関車）"が，組織目標に向かって，"個人（列車）"を牽引するという意味がある。

参考文献
花田光世編著（2013）「OJDの重要性」『新ヒューマンキャピタル経営』（p.46, 79）日経BP社

（前田恒夫）

海外産業人材育成協会（HIDA）

開発途上国の産業人材対象の研修と専門家派遣等の技術協力を推進する人材育成機関。

財団法人海外技術者研修協会（AOTS）と，財団法人海外貿易開発協会（JODC）が2012年に合併して，財団法人海外産業人材育成協会（HIDA）となり，2013年に一般財団法人に移行した。

研修は，開発途上国をはじめとする海外の企業の技術者や管理者を対象に行うもので，日本に招聘して行う「受入研修」と講師を現地に派遣して行う「海外研修」がある。「受入研修」には，ものづくり技術などを学ぶ「技術研修」と企業経営や生産管理などの知識を身につける「管理研修」がある。「技術研修」は，研修センターでの集団研修のほか，企業で個別の研修計画に沿った実地研修を行う。

専門家派遣は，日本の企業，産業界から，開発途上国の日系企業，取引先企業などに専門家を派遣する事業で，OJTなどにより，現地の状況や課題を踏まえた指導を行っている。

このほか，日本企業のグローバル事業展開

を担う人材の育成を目的に，日本の若手社会人や学生を新興国の現地企業や公的機関に派遣する海外インターンシップも行っている。

前身のAOTS，JODC時代から2015年度までの実績は，受入研修が182,185人，海外研修が197,486人，専門家派遣が8,418人にのぼる。

(浅野浩美)

海外赴任者

「海外赴任者」とは，企業等の海外の事業所等に所属し，その事業所等の使用者の指揮に従って勤務する者であって，一定期間経過後にわが国に戻る予定の邦人を指す。

外務省『海外在留邦人数調査統計』(2015年10月現在)によると，在留邦人全体の約65％を占める長期滞在者は同伴家族も含めて約86万人で，そのうち，主に海外赴任者が占めると考えられる職業である「民間企業関係者」は約46万人，「政府関係者」は約2万人，報道関係者は約4,000人であった。長期滞在者を地域別にみると，「アジア」が約42％と最も多く，次いで，「北米」約30％，「西欧」約18％の順となっており，これら3地域で9割を占めている。

産業能率大学『海外赴任者に対する育成・支援の現状』(2011年10月)によると，海外赴任中にストレスを感じた人は62.2％と多く，海外赴任者のメンタルヘルス対策は課題となっている。ストレスの原因としては，「言葉の壁・コミュニケーションのとりにくさ」「文化・価値観・考え方の違い」「生活環境の変化・生活習慣の違い」が上位を占めた。

(塚崎裕子)

海外ワークプレースメント

海外ワークプレースメントは文字どおり，海外で実施する職業体験であるが，本稿ではイギリスを中心に欧州におけるワークプレースメント・海外ワークプレースメントについて紹介する。

イギリス・ドイツ・フランスなど欧州諸国では，学生の職業体験「ワークプレースメント」が普及しており，特色は6～12か月と期間が長いことにある。日本で普及している言葉「インターンシップ」との違いは期間の長さにあり，イギリスでは，数週間～2，3か月をインターンシップ，6～12か月をワークプレースメントといって期間に応じて言葉を使い分けている。この理由は，アメリカ・カナダなど北米の職業体験は欧州に比べて期間が短く，その北米で普及しているインターンシップを，短期間の職業体験に用いる用語としているというわけだ。

期間の長いほうが，職業体験効果の高いことはいうまでもなく，日本でも欧州流の長期職業体験の普及が望まれる。そしてその長期職業体験の海外版が海外ワークプレースメントであり，大学の科目に組み込まれることも多く，就職にも幅広く活用されている。

(須田敏子)

外国人技能実習

日本企業が開発途上国の外国人を一定期間受入れ，OJTを通じて技能等の移転を図ることにより，母国の経済発展を担う人材を育成するしくみ。

企業が海外の現地法人，合弁企業や取引先企業の職員を受け入れて行う「企業単独型」と，商工会など非営利の監理団体が技能実習生を受け入れ，傘下の企業などで技能実習を行う「団体監理型」の2つのタイプがある。

1993年に開始され，わが国の国際貢献に重要な役割を果たしてきたが，その一方で，受入企業の一部が本来の目的を十分に理解せず，低賃金労働者として扱うなどの問題が生じていた。

このため，2010年に，実習生を法的に保護するために，「技能実習」という在留資格の

創設，監理団体による指導監督の強化のほか，入国直後の講習期間以外は労働関係法令が適用されるようになった。2016年には技能実習法が成立し，技能実習計画の認定や監理団体の許可の制度のほか，実習生への人権侵害行為に対する罰則などが定められた。

また，外国人技能実習機構を設け，受入企業や監理団体への指導を強化する一方で，優良な受入企業や監理団体は受入れ期間を3年から5年に延長できることとなった。2016年6月末時点で約21万人の実習生が在留している。

(浅野浩美)

外国人高度人材

「外国人高度人材」とは，現行の外国人受入れ範囲にある者で，高度な資質・能力を有すると認められる者を指す。「高度人材外国人」ともいう。

外国人高度人材の受入れを促進するため，外国人高度人材に対しポイント制を活用した出入国管理上の優遇措置を講ずる制度が平成24年から導入されている。当該制度においては，外国人高度人材の活動内容を，「高度学術研究活動」「高度専門・技術活動」「高度経営・管理活動」の3つに分類し，それぞれの特性に応じて，「学歴」「職歴」「年収」などの項目ごとにポイントを設け，ポイントの合計が一定点数（70点）に達した場合に，出入国管理上の優遇措置を与えられる。また，外国人高度人材のために新たな在留資格である「高度専門職」が平成27年度に創設された。

政府の「高度人材受入推進会議報告書（平成21年5月）」によると，わが国が積極的に受け入れるべき高度人材外国人とは「国内の資本・労働とは補完関係にあり，代替することが出来ない良質な人材」であり，「わが国の産業にイノベーションをもたらすとともに，日本人との切磋琢磨を通じて専門的・技術的な労働市場の発展を促し，わが国労働市場の効率性を高めることが期待される人材」とされている。

(塚崎裕子)

介護サービス事業者

介護サービス事業者とは，加齢に伴って生ずる心身の変化に起因する疾病等により要介護状態となった要介護者等に対し，これらの者が住み慣れた地域や住まいで尊厳ある自立した生活を送ることができるよう，必要な保健医療・福祉サービスを提供する事業者である。

介護サービス事業者は介護保険法に基づく介護保険事業者と，介護保険外事業者に分けられる。

介護保険で利用できるサービスには，利用者の状況に応じて，要介護1～5と認定された方が利用できるサービス（介護給付）と要支援1～2と認定された方が利用できるサービス（予防給付）がある。

また，介護サービスの種類の分類としては，指定居宅サービス事業者（訪問介護・訪問入浴など），指定地域密着型サービス事業者（小規模多機能型居宅介護事業，認知症対応型共同生活介護事業など），指定居宅介護支援事業者，介護保険施設（介護老人福祉施設，介護老人保健施設，など），指定介護予防サービス事業者，指定地域密着型介護予防サービス事業者，指定介護予防支援事業者の7類型が定義され，7類型の中でさらに詳細に分類されている。

(渡邊 佑)

介護福祉士

日本の国家資格の介護職である。「社会福祉士及び介護福祉士法」（昭和六十二年五月二六日法律第三十号）で法制化された。資格は名称独占である。役割は専門的知識，技術

をもって，身体上，精神上の障害があることにより，日常生活を営むことに支障がある者に心身の状況に応じた介護を行う。また，その者や介護者に対して介護に関する指導を行うことを業としている（2011年6月から厚生省令で定める「喀痰吸引等」も業務に含まれる）。資格は国家試験の合格である。受験資格は，①3年以上の介護実務経験を持ち，都道府県が指定している実務者研修等で知識・技術を習得する。②都道府県知事が指定する介護福祉士養成施設等で必要な知識技術を習得する（2017年度からは国家試験合格が必須になる）。③指定の福祉系高校で知識・技術を習得する。

1989年から2016年9月で登録した介護福祉士は149万4460人である。また，EPAの介護福祉士候補者は実務研修なしで国家試験が受験できる。

（服部万里子）

介護保険制度

近年，日本では高齢化に伴う介護ニーズの増大と少子化や核家族化により，家族だけで介護を支えることが困難になった。介護保険法は介護を社会全体で支え合う制度として2000年4月に施行された。

介護保険の財源は，被保険者の支払う保険料50％と，公費50％で構成されている。制度の実施主体である市町村（および特別区）は3年ごとに介護保険事業計画を策定し，計画に基づき保険料を設定する。保険料を負担するのは65歳以上の第1号被保険者と40歳から64歳までの第2号被保険者である。費用の1割（所得により2割）は自己負担，残りの9割（8割）は介護保険より賄われる。被保険者は介護が必要なとき（第2号被保険者は特定疾病の場合）に要介護（支援）認定を受け，サービスを利用する。

制度がスタートした2000年度から2015年度の間，介護需要は増大し，サービス利用者数は149万人から511万人に（2015年4月末時点），総費用額は約3.6兆円から約10.1兆円へ，保険料の全国平均は月額2,911円から5,514円に上昇した。2011年の改正では地域包括ケアシステムの構築が，2014年の改正では医療および介護の総合的な確保が課題とされた。

引用・参考文献
厚生労働省老健局「公的介護保険制度の現状と今後の役割」（平成27年度）（http://www.mhlw.go.jp/file/06-Seisakujouhou-12300000-Roukenkyoku/201602kaigohokenntoha_2.pdf）

（伴　英美子）

改善：KAIZEN

改善：KAIZENは，トヨタ自動車の生産方式（大野耐一氏が開発）の基軸となる考え方であって，広く海外の現地工場においても，KAIZENと称して普及している。その基調となる思想は「徹底的に無駄を省くこと」であり，それぞれの職場活動の中で全員参加して取り組むという企業文化を形成している。

職場活動を通じて取り組み推進していく改善は，一般的に作業の見直しを着目点としている。〈現状のどこを改善すべきか〉〈見直しすべき点はないか〉などの観点から，全員が担当業務の遂行時，日々の仕事を通じて点検する形態をとる。そうした改善や見直し点は，従業員が自主的に，積極的に取り組み具体化している。改善の成果は，本人，職場，企業の共有の価値となっているところに，トヨタ自動車の強みがある。従業員が当面する仕事の中から，問題となる箇所の気づき，検討し，解決のための方法について考案していく行動の継続は，経営効率の向上とともに，従業員の効力感に連結しているといえる。

引用・参考文献
大野耐一（1978）『トヨタ生産方式』ダイヤモンド社

（服部　治）

概念化能力

概念化能力（conceptual skill）とは，物事

を概念化・抽象化して考えることで複雑な問題の本質を理解し，的確な意思決定を下す能力をいう。これは周囲で起こっている事柄や状況を構造的，概念的に捉え事柄や問題の本質を見極める能力や，実際の現場を見たときに何が課題か抽象的な考えや物事の大枠を抽象化できる力を指し，具体的には論理思考力，問題解決力，応用力などが挙げられる。

管理レベルが上昇するにつれ総合判断や問題意識，問題解決の能力が高く求められる。場合により発想力や創造力なども必要になり，これらを総合した能力が概念化能力という。

ロバート・カッツ（Katz, R. L.）は，マネジャーが必要とするスキルには業務を遂行する上で必要な「テクニカルスキル」，人間関係を管理する「ヒューマンスキル」，それに事柄や問題の本質を捉える「コンセプチュアルスキル」があるとし，マネジャーとしてのレベルが上がるにつれ，コンセプチュアルスキルの重要性が増してくると指摘している。

引用・参考文献
実践的用語解説（http://www.educate.co.jp/glossary/3-education）
吉河哲人（2017）『コンセプチュアル思考』日本経済新聞出版社

（横山利枝）

外発的動機づけ

ライアンとデシ（Ryan & Deci, 2000）は，外発的動機づけ（Extrinsic motivation）は，内発的動機づけ（Intrinsic motivation）と対比されるものであって，その活動と分離することが可能な結果を実現するために行われる活動に関連する構成概念であるとしている。

デシらが提唱する自己決定理論（Self-Determination Theory）では，外発的動機づけは自律性，自己決定の程度や原因の位置により分類できるとされており，外的調整（External regulation, 原因の位置：外的），取り入れ的調整（Introjected regulation, 原因の位置：やや外的），同一化（Identification, 原因の位置：やや内的），統合的調整（integrated regulation, 原因の位置：内的）の4分類が提示されている。

また，自己決定理論では，外発的動機づけは不変的に非自律的なものであるとみなす多くの視座とは異なった視点を取り入れ，自律性の程度によって変化し得ることを提言している。これまで内発的動機づけに対比される典型的な外発的動機づけは外的調整のタイプであったが，自己決定理論では他の類型の外発的動機づけを提示し，内発的動機づけ，外発的動機づけ（4分類）および無力状態（Amotivation）との間に連続性があることを提示している。

引用・参考文献
Ryan, R. M., & Deci, E. L. (2000) Intrinsic and Extrinsic motivations: Classic definitions and new directions. *Contemporary Educational Psychology*, 25(1), 54-67.

（渡辺孝志）

カウンセリングマインド

カウンセリングマインドとは，カウンセリングを行うときのような心という意味である。いわゆる和製英語である。専門のカウンセラーよりむしろ，教師，保育士，看護師，ソーシャルワーカー，さらには，一般企業の管理者，指導員（メンター）等によって用いられる。専門的なカウンセリングの技法でなくとも，その精神に則って相手に接しようという心構えを強調する言葉である。

カウンセリングマインドにおいては，相手の行動をしっかりと見て，また，心を含めその背景にあるものをきちんと把握しようとすることが大切である。ここでは，相手に対する傾聴，承認といった姿勢が欠かせない。そして問題があれば，その行動およびその背景にあるものを変えられるよう，相手に向き合う必要があり，相手の心に寄り添いながら，変容を促すような伝達の仕方がポイントとなる。

一般企業の管理者ならば，絶えず各部下の気持ちを汲み取り，それぞれの欲求を充足し

ようと努める必要がある。また，新入社員の面倒を見る指導員ならば，担当の各新入社員に対しその時々の心の状態に合わせて，アドバイスを与えたり，相談に乗るようにしたりしなければならない。

（志村光太郎）

学習する組織

学習する組織（learning organization）とは，組織自体が継続的に学習し，自らを変革していく組織のことである。クリス・アージリス（Argyris, C.）とドナルド・ショーン（Schön, D.）が提唱し，後にピーター・センゲ（Senge, P.）が体系化したのを機に，普及した概念である。学習する組織においては，各成員による継続的な学習が不可欠であるが，それだけでは十分でない。

センゲによれば，以下の5つのディシプリン（構成技術）が必要であるという。すなわち，①システム思考（各部分を全体の中に位置づけ，相互に関連するものとして把握する思考），②自己マスタリー（各成員が自己の習熟に努めること），③メンタル・モデルの克服（固定化したイメージや概念を払拭すること），④共有ビジョンの構築（全成員が組織の将来像を共有すること），⑤チーム学習（成員間の対話を通じて，チームの知力を高めること），である。システム思考は他の4つのディシプリンを統合し，一貫した理論と実践の総体をつくり得るとしている。学習する組織は力点を組織の構築に置く点で，それを学習の仕方に置く組織学習（organizational learning）と異なる。

（志村光太郎）

カークパトリックの4段階評価

企業などにおける教育研修の効果測定として広く知られている方法に「カークパトリックの4段階評価」がある（フィリップス，1999）。研修効果を「レベル1：リアクション（反応）」「レベル2：ラーニング（学習）」「レベル3：ビヘイビア（行動）」「レベル4：リザルツ（成果）」に分けて評価するものである（Kirkpatrick, 1998）。

レベル1のリアクションは，受講者の反応，研修の満足を評価する。レベル2のラーニングは，研修内容の理解度，習得度を評価するもので，研修後の試験などによって測定される。レベル3のビヘイビアは，受講者の行動変容を測定するもので，研修終了後3カ月から半年後に受講者の自己評価や上司など他者からの行動観察などによって研修で習得したスキルや知識が職務上の行動にどの程度結びついたかを評価する。レベル4のリザルツは，受講者の行動変容がコスト低減，品質向上など組織的な成果をどれほど達成したかを測るものである。

「カークパトリックの4段階評価」は1つのモデルであり，教育研修の目的や内容に合わせて，各レベルで測定すべき項目を検討することが，各教育研修に即した効果測定に結びつく。

引用・参考文献
ジャック・J・フィリップス（1999）『教育研修効果測定ハンドブック』「教育研修効果測定ハンドブック」翻訳委員会訳，日本能率協会マネジメントセンター
Kirkpatrick, D. L. (1998) *Evaluating Training Programs: The Four Levels*. Berrett-Koehler.

（吉澤康代）

家庭サポート

子育て中の家庭へのサポートは，子どもの育ちへの支援だけでなく，親を含めたサポートが必要である。家庭サポートが求められるようになった背景には，親の就労による社会参加の機会の増大，ひとり親家庭の増加，家庭の教育力の低下，地域の人間関係の希薄化等の理由が考えられる。家庭への支援としては各自治体を中心として，「ひとり親家庭サポート」「子ども家庭サポート」「産前産後家

庭サポート」等，対象に応じた多様なサポートが行われるようになってきた。

近年，支援体制の整備が積極的に図られてきた1つに「ひとり親家庭サポート」がある。ひとり親家庭は，児童の養育や健康面の不安など生活の中に問題を抱えている場合や，児童は，親との死別や離別という事態に直面し，精神的にも不安定な状況に置かれていることが考えられる。ひとり親家庭等の自立支援策として，国の基本方針を踏まえて地方公共団体が策定した「子育て・生活支援策」「就業支援策」「養育費の確保策」「経済的支援策」が推進されている。

引用・参考文献
厚生労働省雇用均等・児童家庭局家庭福祉課（2017）「ひとり親家庭等の支援について」(https://www.mhlw.go.jp/content/000331152.pdf)

(川俣美砂子)

ガバナビリティ

ガバナビリティとは，企業の組織「統治」能力，「統治」性能のことをいう。組織には，ときに「統制」性能が求められることもある。例えば，組織が何らかの理由で混乱し，このままでは衰退ないしは崩壊するおそれがある場合などである。そのときは権力行使的な「統制」性能の発揮が求められる。しかしそれは例外的状況であって，通常の組織活動において求められるのは「統治」性能の方である。

端的に言って組織メンバーの協働意欲を喚起し，それを組織の共通目標に向けて束ねることである。当然そこには逸脱現象もあれば，環境条件の変化を受けて異常な暴走現象が生ずることもある。それらの逸脱や暴走を矯正してあるべき軌道へと連れ戻すのもガバナビリティの働きであるが，同時に，その逸脱や暴走のエネルギーを組織活性化のエネルギーとしてどう活かすかもまたガバナビリティの重要な働きである。異常な逸脱や暴走を起こ

させないよう予め管理性能を強めることに主眼を置くマネジメントとの違いはそこにある。そういう意味では，ガバナビリティ（統治性能）はマネジャビリティ（管理性能）を包摂する概念と解してよい。

(花村邦昭)

カラセクモデル

カラセク（Karasek, R.）が提唱した「仕事の要求度－コントロールモデル」のこと。このモデルでは，「仕事の要求度」と「コントロール」つまり職務裁量の範囲との関係によって，心理的ストレス反応の多寡が決まるとする。つまり，心理的ストレス反応は単に仕事の要求度だけでは決まらずに，仕事のコントロールによって修飾される。ここから，仕事の要求度を低下させることなく，職務裁量の範囲を大きくするように職務を再設計することが心理的ストレス反応を低減させる，という示唆が導かれる。

ただし，モデルがあまりにもシンプルであり，仕事の要求度とコントロール以外の重要な変数を見逃しているという批判もある。そのような指摘を受けて，ジョンソンとホール（Johnson, J. V., & Hall, E. M.）は，仕事の要求度－コントロールモデルに社会的支援の要因を加え三次元に拡張した，「仕事の要求度－コントロール－社会的支援モデル」を提唱した。このモデルでは，仕事の要求度が高く，コントロールが低く，かつ社会的支援が少ない場合に，最も心理的ストレス反応や健康障害が発生しやすくなるとされる。

(髙橋　修)

カリキュラム

学校教育など組織的な教育において，指導すべき教科，領域などの分野や扱う内容等を総括的または学年ごとの順序で編成した総合的な教育計画で，教育課程を指すことが多い。

キーワード　561

学校での教育課程の編成は校長の責任と権限で行い、その基準として、校種ごとに文部科学省が告示する学習指導要領が定められている。かつては、学習指導要領の範囲内で各学校が工夫できる余地は少なかったが、教育課程の弾力化が図られ、現在では、高校においては学習指導要領に示す教科・科目以外に「学校設定科目」を設けることができるようになった。

2007年度に、わが国で初めて産業科を設置して開校した東京都立橘高等学校では、専門科目に関する学校設定科目として「起業家精神と職業生活」を開講し、1年生の必履修科目として、キャリア教育の充実を図るという学校教育目標の実現を目指している。このように、カリキュラムは教育内容を定める重要な役割を担っており、学校が充実させたい教育内容または目指す生徒像や育てたい生徒像などとの関連でカリキュラムの編成についての重要性が増している。

引用・参考文献
日本カリキュラム学会編（2001）『現代カリキュラム事典』ぎょうせい

（大室文之）

環境特性

環境特性（environmental characteristics）とは、組織が直面している様々な環境の種類を識別するための環境の属性である。

この概念は、主としてコンティンジェンシー理論において精緻化されてきた。コンティンジェンシー理論では、組織が直面する環境特性が、組織にとっての不確実性を規定し、不確実性の程度・質に応じて有効な組織構造・組織プロセスが異なるとしている。このことを実証するために、不確実性に影響を与える環境特性と、それに対応するための組織構造・組織プロセスのそれぞれが類型化された。

環境特性を類型化するために、コンティンジェンシー理論では、まず環境を一般環境とタスク環境に分け、組織の意思決定により大きな影響を与えるタスク環境を分析対象とする。そのうえで、タスク環境の環境特性を分類し、組織が直面する不確実性を測定する。タスク環境の環境特性を分類する次元には様々なものがあるが、基礎となる次元は、意思決定で考慮すべき要素の多寡と、要素間の同一性の程度を表す「複雑性―単純性」と、意思決定で考慮すべき諸要素の変化の程度を表す「不安定性―安定性」である。

（山口みどり）

関係性アプローチ

ホール（Hall）は、良質な人間関係がお互いのキャリア発達を促進するとし、個人のキャリアに重要な意味を持つ様々な他者との関係性を「発達的関係」とよぶ。発達的関係においては、経験の浅い人のキャリアのみが発達していくというのではなく、その人に関わる他の人々も関係性の中で学び合うことができる。このような関係性は、組織の中に既に存在し日常的に身の回りで活用することができる「天然資源」であり、個人にとっても組織にとっても好都合である。このような視点からキャリアを捉える立場を、関係性アプローチという。

さらにホールは、これからの時代において効果的な組織というのは、かつてのように従業員のキャリアを組織主導でマネジメントするのではなく、従業員がそのアイデンティティや適応力を自己の責任において発達させることを可能にするような機会や人的資源を提供するという。したがって、組織や管理者あるいはキャリアの専門家の役割は、発達的関係の構築を成り行き任せにするのではなく、キャリア発達に必要な人間関係や仕事を取りもったり、促進させたりすることにあるとしている。

引用・参考文献
Hall, D. T., & Associates. (Eds.) (1996) *The career is dead-Long live the career: A relational approach to careers.* San Francisco: Josey-Bass.
Hall, D. T. (2002) *Careers in and out of organizations.* California: Sage.

（坂本理郎）

看護管理者教育

看護管理者教育（Nursing administrator education）とは，看護部長または管理師長，師長，主任を対象に行われる現任教育。わが国における看護管理者教育は，日本看護協会をはじめ国や各設置主体が中心になって実施されてきた。

近年では，継続教育，大学院教育等で行われるようになり，日本看護協会では質の高い組織的看護サービスの提供を目指し，平成5年度から看護管理者の資質と看護の水準の維持及び向上を目的に「認定看護管理者制度」を開始，認定看護管理者に必要な教育課程をファーストレベル，セカンドレベル及びサードレベルの3課程とした。

これは看護師として5年以上の実践経験を持ち，協会が定める510時間以上の認定看護管理者教育を修めるか大学院で看護管理に関する単位を取得して修士課程を修了した後に認定看護管理者認定審査合格で取得できる資格である。また認定看護管理者の水準を均質にするため，認定看護管理者の育成に相応しい条件を備えた教育機関を認定看護管理者教育機関として認定している。

引用・参考文献
見藤隆子・小玉香津子・菱沼典子編（2003）『看護学事典』日本看護協会出版会
日本看護協会（http://nintei.nurse.or.jp）

（横山利枝）

看護管理能力

看護管理者とは，看護の対象者のニーズと看護職の知識・技術が合致するよう計画し，財政的・物質的・人的資源を組織化し，目標に向けて看護職を導き，目標の達成度を評価することを役割とする者の総称をいう。看護管理者に求められる能力は，専門的能力（当該組織の目的達成のために必要な実践上の知識と技術），対人的能力（他人と協調して効果的に仕事ができチームワークをとる能力），概念化能力（物事の関係性を幅広く考え長期的計画を立てる能力）で，看護管理者の機能は，看護職の持つ能力が有効に発揮され，直接の業務が円滑に遂行され，24時間最良の看護が提供されるよう，組織の系統，権限及び責任を明らかにし，人事・設備・備品・労務環境を整えることである。看護部門の理念の周知，病院運営・経営への参画，人的・物的職場環境の整備，チーム医療における業務の質的向上の方策検討，危機管理体制の構築，部門間・関係機関との折衝等における看護管理者の能力が評価され，看護管理者が副院長に抜擢される事例が増加している。

引用・参考文献
社団法人日本看護協会編「看護にかかわる主要な用語の解説—概念的定義・歴史的変遷・社会的文脈」p.38.（https://www.nurse.or.jp/home/publication/pdf/2007/yougokaisetu.pdf 2007年3月30日閲覧）

（福井トシ子）

看護職の人員配置

看護職の人員配置で特徴的なのは，夜間勤務があるということである。2008年に日本看護協会が実施した「時間外勤務，夜勤・交代制勤務等緊急実態調査」の結果から，看護職の労働時間には多くの問題があり，過労死のハイリスクに当てはまる看護職が約2万人にも上ることが明らかになっている。また，医療安全の観点からも時間外勤務をなくし，夜勤・交代制勤務の負担軽減に取り組む必要性があらためて確認された。

看護管理者の側も，職員の労働時間管理について「非常に問題がある」5.7％，「やや問題がある」43.0％と回答するなど，労働時間管理に課題を感じていることがわかっている。

労働時間管理に課題があると考えている看護管理者にその原因を尋ねたところ，トップは「長年の慣例・習慣」（35.7％），「職員定数を増やすことができない」（28.5％），「欠員のまま充足されない」（27.7％）という結果であった。

日本の看護職の人員配置の基準は，看護業務量に基づいた配置ではなく，医療法や診療報酬で，施設基準や入院患者数，外来患者数と看護職員の比率に基づく配置になっており，課題が大きい。

引用・参考文献
看護職の働き方改革の推進（https://www.nurse.or.jp/nursing/shuroanzen/jikan/ 2017年4月28日閲覧）

（福井トシ子）

観察法

観察法は，対象を認識して「観る」過程と，それをもとにして「考察する」過程の二段階に分けて理解することができるが，日常生活での通常の観察においては，これらの二つの過程は瞬間的に同時に行われることが一般的である。しかし，特定の目的を持って観察を行う場合には，仮説を立案してその対象を「観る」方法をあらかじめ計画して，これに沿って実施することが有効である。

基本となるのは，観察する対象の変化を，特定の単位量や基準により把握することであり，この「観る」段階での役割は対象とする事象をあるがままに認識して，これを記録として「外化する」ことである。

この際，観察者の「観たこと」と「考察したこと」を明確に区別して，これらを混在させないことが，その観察記録の利用価値を高めることになる。また，観察力の向上につながるものとしては，同じ対象の観察者との相互の観察観交換が上げられる。

観察に使用する器具については，それぞれの目的に合わせ，筆記具，パソコン，カメラ，ビデオ・レコーダ，カウンター，双眼鏡，顕微鏡などを計画に織り込んで準備し，観察環境を整えることが大切である。

（澤泉重一）

管理者

管理者は，一般的には企業や団体などでそれを管理し運営を行う者やそのような組織をいう。メンタルヘルス関連では，労働安全衛生法において，事業場を1つの適用単位として各事業場に応じて，総括安全衛生管理者，安全管理者，衛生管理者を選任するように義務づけている。

総括安全衛生管理者は，常時使用する労働者が一定規模の人数（業種により異なる）の事業場で選任され，事業の実施を実質的に統括管理し，安全管理者や衛生管理者を指揮すると共に，労働者の危険，健康障害等を防止するための措置・業務を行う。

安全管理者は，特定の業種で常時使用する労働者が一定規模の人数の事業場で選任され，安全衛生業務のうちの安全に係る技術的事項を管理すると共に，作業場等を巡視し，危険を防止するための措置を行う。

衛生管理者は，常時50人以上の労働者を使用する全ての事業場で選任（事業場の規模によって衛生管理者の人数が異なる）され，安全衛生業務のうちの衛生に係る技術的事項を管理すると共に，作業場を毎週1回巡視し，労働者の健康障害を防止するための措置を行う。

（金丸徳久）

官僚組織

官僚制はビューロクラシーの訳語として知られており，語源的には「bureau（＝事務室）」と支配を意味する「接尾辞-cracy」からなり，原義は「事務室支配」となる。社会科学的に官僚制を精緻化したのがウェーバー（Weber, M.[1]）であり，官僚組織は，複雑で大規模な組織活動を合理的に分業化した組織

形態として，①規則に基づく活動，②階統制の構造，③文書主義，④公私の分離，⑤専門化と資格任用といった特徴があると指摘した。

また，これらの特徴は組織目的の達成や組織課題の解決などに役立つ組織原理と考えられ，これは政府組織のみならず，企業などの大規模な組織の仕事を能率的に遂行する合理的な組織形態であるとした。

しかし，官僚組織が規則の順守を強調するあまり，規則に対する「過剰同調」が生じ，規則に従うこと自体が目的となってしまうこと（目標の転移）をマートン（Merton, R.[2]）が指摘するなど，現実の官僚組織の様々な病理現象が提示されている。

引用・参考文献
1　Weber, M. (1956) *Soziologie der Herrschaft, Wirtschaft und Gesellschaft*.
2　Merton, R. (1952) *Reader in bureaucracy*. NY: Free Press of Glencoe.

（渡邊直一）

起業

自己の経験や適性を生かし，それまでに手がけられたことのない分野，または，既存の分野においても新たな需要を開拓して，事業を起こすこと。起業し事業として継続させるためには，成功への強い意志が求められるが，事前の市場調査（需要の把握）は欠かせない。起業に当たっては，起業の動機，起業する事業に関連した経験，取引先，資金調達の方法，事業の見通しなどを事業計画書にまとめることが重要である。起業の動機としては，近年では，自己実現や社会への貢献を掲げる場合も多くなっており，大学・大学院に由来する起業や女性による起業も増えている。起業による雇用の創出も社会貢献の1つである。

また，課題としては，起業時には「資金調達」，起業後には「質の高い人材の確保」が挙げられる傾向がある。わが国では，起業時の資金として自己資金を当てることが多いが，事業計画書を活用して金融機関からの融資や自治体等からの補助を受けることも有用である。さらに，開業後の事業の継続性も課題である。しかし，2000年代に入ってからは，情報通信業や医療，福祉の分野で，開業率が廃業率を大きく上回っている。

引用・参考文献
二神恭一（2006）『新版ビジネス・経営学辞典』中央経済社

（大室文之）

企業家型後継者

事業継承後に何らかのイノベーションによって企業を発展させる「企業家型後継者」は，ベンチャー企業にありがちな創造的なエナジーと同時になりふり構わず自己主張をするような，個性的な企業家型の創業者[1]のイメージとは大きく異なる。

企業家型後継者は，自分自身をうまくコントロールする術を心得ている。彼らは，誰もが一見すると穏やかな表情で謙虚な態度を感じさせるものの，揺らぐことのない信念や価値観と同時に秘めたエナジーを感じさせる。地域に根ざした会社を継承するということは，既存の経営資源のマネジメントを継承しながら実績を積み重ねることによって様々なステークホルダーから信頼を獲得していくことが必要不可欠である。

しかしながら，一方ではリーダーシップを発揮して既存のやり方や仕組みなどの枠組みに囚われない創造と破壊によるイノベーションを創出することも要求される。そのためには単なる破壊者や創造者ではなく，新たなイノベーションを巻き起こす「強い意思」と「静かなリーダーシップ」が要求されると同時に，継続性を意識して状況に応じてバランスのとれたマネジメント手腕が必要不可欠である[2]。

引用・参考文献
1　Manfred, F. R., & Kets de Vries. (1985) The Dark side of entrepreneurship, *Harvard Business Review*, Vol. 63, pp.160-167.
2　望月孝・山家一郎・藤本雅彦（2006）「地域企業の企

業家型後継者のキャリア形成～東北地域における企業家型後継者の事例研究から～」人材育成学会第4回年次大会論文集

(望月　孝)

企業内サブカルチャー

　企業内サブカルチャーは，ある企業で主流文化とされる企業（組織）文化に対して，その下位にある部署や課といった同一組織内にある比較的小規模な集団内でメンバーが学習し共有する文化である。言い換えれば，ある企業における下位文化，副次文化，共文化，部門文化ともいえる。組織文化は企業全体に適用される単一の文化であるが，企業内サブカルチャーは企業内に共存する複数の集団文化を指す。ある部署における企業内サブカルチャーは，例えば部署を統括する部長の人柄・考え・行動パターンや，その部署内での業務遂行に求められる技能・能力などの職務特性といったものに影響を受けながら，部署のカルチャーが創造され，メンバーはそれを共有していく。また企業内サブカルチャーは，企業（組織）文化の傘の下に複数存在し共存している点から，1つの企業は複数の企業内サブカルチャーの集合した多文化組織とみなされる場合もある。

　日本では国・人種・民族などの比較的大きな集団に見られる差異が主に注目されているが，近年では外国との文化差以上に組織文化や部門文化における日本人間での差異の方が大きいことが報告されている。

引用・参考文献

Hofstede, G. (1998) Identifying organizational subcultures: An empirical approach. *Journal of Management Studies*, 35(1), 1-12.

Morgan, P. L., & Ogbonna, E. (2008) Subcultural dynamics in transformation: a multi-perspective study of healthcare professionals. *Human Relations*, 61(1), 39-61.

鈴木有香・八代恭子・吉田友子 (2009)「『阿吽の呼吸』が終焉する時代－平成不況後に企業が求める異文化間コミュニケーション能力」『異文化間教育』29, 16-28.

(久保田佳枝)

企業内大学

　企業内大学（コーポレートユニバーシティ）はアメリカで始まった概念である。カレッジ，アカデミー，社長塾など様々な呼称がある。マイスター（Meister, 1998）は企業内大学の特徴を，「経営層」の積極的関与や人材育成活動の「集中化」により，「ビジネス上のニーズを満たす教育手段すべてを統合的に設計・実施する戦略的中核機関」と定義している。企業内大学が登場した主な理由は，ビジネス環境の変化と競争激化で「リーダー人材育成の強化」と「全社教育活動の統合化」が急務となり，そのプラットフォームが必要とされたからである。さらに，「企業理念の浸透の場」としての役割も求められている。

　日本では2002年頃から多くの大企業が企業内大学を導入し，2008年頃から導入企業の規模・業種に多様性が生まれた。ただ，成果が上げられず，後に廃止する企業もあった。2014年頃からは，「キャリア自律の促進」や「次世代リーダー育成」など重点目標を明確にして取り組む企業が増えている。大企業の例が多いが，中小企業でも，限られた資源で人材を効果的に育成する仕組みとして取り組みが増えている。

　日本の企業内大学には，従来から「全社員の底上げ」タイプが多かった。近年では，企業グループ拡大に伴い，グループ各社を牽引するような次世代リーダーの育成を強化するために企業内大学を導入する例が出てきている。

引用・参考文献

Meister, J. C. (1998) *Corporate universities: Lessons in building a world-class work force revised and updated edition*. McGraw-Hill, Inc.

大嶋淳俊 (2009)「『コーポレートユニバーシティ論』序説」『季刊 政策・経営研究』Vol. 2. 三菱UFJリサーチ&コンサルティング

(大嶋淳俊)

企業文化

　企業文化は組織文化と同意語として扱われる場合が多い。特に対象となる組織体が企業（生産・営利の目的で事業を経営する経営体）である場合に，企業文化という概念が用いられる。

　伊丹・加護野（2003）では，「組織文化とは，組織のメンバーが共有するものの考え方，ものの見方，感じ方，である。ときには企業文化と呼ばれ，あるいは組織風土や社風といわれるものと本質的に同じであると言っていい」としており，区別せず同じものとして扱っている。

引用・参考文献
伊丹敬之・加護野忠雄（2003）『ゼミナール経営学入門第3版』日本経済新聞社

（渡邊　佑）

危険予知

　作業現場で，これから行う作業に伴う危険を予知し，安全に作業を遂行するためのポイントと対策を考える活動である。危険予知（Kiken Yochi）の頭文字から「KY」と略され，KY活動，KY訓練（Kiken Yochi Training；KYT）といった取り組みとして実施される。

　1974年に住友金属工業で考案され，その後，中央労働災害防止協会が推進する「ゼロ災害全員参加運動」の基本理念3原則（「自主的に全員参加」で，「行動する前に潜在的な危険を発見・把握・解決」し，「あらゆる災害を根絶」する）を実現する活動として，多くの産業現場で取り組まれるようになった。

　基本型である「KYT基礎4ラウンド法」は，作業現場の職長・班長等がファシリテーターとなり，第1ラウンド（現状把握：職場や作業に潜む危険要因とそれが引き起こす事態について議論，共有する），第2ラウンド（本質追究：第1ラウンドで挙げられた危険の中から，特に重要な危険を絞り込む），第3ラウンド（対策樹立：個々人の対策を出し合う），第4ラウンド（目標設定：第3ラウンドで挙げられた対策の中から，自分たちの行動目標を絞り込む）と，順に段階を追って進められる。

（長谷川尚子）

帰国子女問題

　「帰国子女」とは，保護者の海外赴任等に伴って海外に一定期間滞在し，日本に帰国した子どもを指す。

　文部科学省の学校基本調査によると，海外勤務者等の子女で，引き続き1年を超える期間海外に在留し，平成27年度に帰国した児童生徒の数は，約13,000人となっており，近年増加傾向にある。

　帰国子女は，わが国とは異なる生活習慣，言語，ものの見方等を持つ社会での生活を経験しているため，帰国後，日本の社会，とりわけ学校生活にうまく適応できないケースが多いという問題がある。このため，文部科学省は，都道府県教育委員会等に対し，帰国児童生徒への教育における①生活適応指導，②日本語指導，③学習適応指導，④特性の伸長及び活用に関する指導について，充実するよう求めるとともに，帰国子女に対する高等学校教育の機会の確保についても配慮を求めている。また，小学校学習指導要領及び中学校学習指導要領において，帰国児童生徒については，学校生活への適応を図り，外国における生活経験を生かすなどの適切な指導を行うよう規定している。

（塚崎裕子）

擬似社会

　擬似という言葉は一般に本物と区別のつきにくいほど似ている状態を示すが，人材育成において擬似社会は，実際に社会人生活に入る前に必要とされる技術・知識だけではなく，職業人として生きるためのコミュニケーショ

ンや応対などの職業訓練の場となる場所を示す。警察，海上保安庁，自衛隊など職務遂行にあたり高度な能力を必要とする職種は，独自に学校を持ち教育を施している。

　一方，企業はその職業訓練の役割を大学に負わせようとしているのが現状であり，大学は企業人育成の場ではないことを自覚しながらも即戦力の育成を行っている。大学も様々な方法で人材育成を模索しているが，学生をインターンとして企業研修に派遣する方法は問題のたらいまわしであり根本的な解決になっていない。

　その中にあって大学が即戦力を育成する方法として，研究室内に擬似社会を作成する方法があるが，教員が唯一の大人で他は若い学生のみで構成されていることが多く，あくまで研究の場であり擬似社会とはなり得ない。しかし，研究室内に社会人学生の存在があることで年齢の違う集団内のコミュニケーション，コンプライアンス意識，企業との対応など擬似社会訓練の場となり得る。

引用・参考文献
文部科学省（2009）「大学における社会人の受入れの推進について」大学規模・大学経営部会（第5回）配付資料　中央教育審議会大学分科会

（長谷川克也）

技術・技能伝承

　日本経済を支えてきた製造業の中小企業が持つ，優れた「ものづくり」技術をいかに伝承するか喫緊の課題である技術伝承の必須条件は，その技術が継承されることである。企業の現場力の低下は企業の死活問題となっている。

　特に「2012年問題」「2017年問題」と話題になった団塊世代（1947～1950年生まれ）が定年を65歳まで延長するなどして問題の先送りがなされたが，いまだ，完全な解決策を見出せないままとなっている。また中小・零細企業では，経営者が70歳を迎え始め廃業が急増するとみられている。企業数が減少すれば，わが国の「ものづくり」力が衰退する。「ものづくり」技術をいかに伝承するかは喫緊の課題となっている。

　製造現場に求められる技術者像を，スキル，役割，資質面で整理すると，

　スキル：個人が専門分野において，多岐にわたった技術を習得し，業務の需要動向把握できることができることが必要。

　役割面：技術・技能をドキュメント化して作業手順書を作成し，後継者に引き継ぐことが大切である。熟練者の経験と勘（暗黙知）はある程度までマニュアルや図面で残すことは可能であるが，並行してOJTにて伝承がなされなければならない。

　資質面：技術者個人の目標管理が大切である。個人の持っている技術・技能の棚卸しを行い，自分のキャリア形成，目標管理をはっきりさせなければならない。また，海外での企業展開を考慮した場合，海外でも技術伝承できる技術者が必要。

（辻　栄一）

技術者育成

　技術者は理学や工学の知識を生かして産業の中でモノやサービスなどを生産するほか，生産に必要なシステム，機械，工程を作成，保守，運用を行う。技術者は，その職種の基礎となる理学・工学知識を使用し，知的生産を行う者からノウハウや経験に基づいた身体的技能により生産活動を行う者までに多くの種類に分かれる。

　また，技術者育成は個人の職種，能力，熟練度，将来像などで多岐に分かれる。さらに，組織の方向性により必要とされる技術者像がそれぞれ存在するため，組織に必要とされる技術者像と個人の能力や適正に合わせ，将来にわたり利益を生むことのできる技術者を確保するために緻密な人材育成が必要とされる。

技術者育成では，現在必要とされるテクニカルな部分だけに目を向けがちであるが，単純労働の海外移転や機械化・コンピュータ化が進むことで作業スペシャリストとしての高度技術者の需要が減少する一方で，専門の細分化された現代の技術社会ではマネージメント能力や問題解決能力が重要となり，理工学の知識を生かした知的生産者であるビジネスパーソンとしての一般的なスキルの育成の重要性が増す。

（長谷川克也）

帰属理論

帰属理論とは，ある結果の原因を何に求めるのかという帰属過程がどのように行われるのかを理論化したものである。一般的に，帰属理論の創始者はハイダー（Heider, F.）であると認められている（Weiner, 1979）。彼の考えの基本は，行動は個人内の諸要因と環境内の諸要因に依存している（Heider, 1958）というものである。

なお，ハイダーの帰属理論には，2つの注意点が存在する。第1に，個人的要因と環境的要因との間には乗算的な関係は存在しない。第2に，内的（個人的要因）か外的（環境的要因）に帰属するかによってもたらされたその後の行動の違いに注目することが，極めて重要である。また，帰属理論の代表的なものとして，ケリー（Kelly, 1967, 1972）の共変モデルおよび因果図式モデル，ジョーンズとデービス（Jones & Davis, 1965）の対応推論理論，シャクター（Schachter, 1964）の情動ラベリングの理論並びにワイナー（Weiner, 1986）の成功と失敗に関する帰属モデルが挙げられる。

引用・参考文献
Heider, R. (1958) *The psychology of interpersonal relations*. New York: Wiley.
Jones, E. E., & Davis, K. E. (1965) From acts to dispositions: The attribution process in person perception : In Berkowitz, L.(ed.) *Advance in experimental social psychology*, Vol. 2. New York: Academic Press.
Kelley, H. H. (1967) *Attribution theory in social psychology*. In Levine, D. (Ed.), Nebraska symposium on motivation. Lincoln: University of Nebraska Press.
Kelley, H. H. (1972) *Causal schemata and the attribution process*. New York: General Learning Press.
Schachter, S. (1964) The interaction of cognitive and physiological determinants of emotional state. In Advances in *Experimental Social Psychology*, Berkowitz, L. (ed.), 49-79. New York: Academic Press.
Weiner, B. (1979) A Theory of Motivation for Some Classroom Experiences. *Journal of Educational Psychology*, 71(1), 3-25.
Weiner, B. (1986) *An Attributional Theory of Motivation and Emotion*. New York: Springer-Verlag.
Weiner, B. (2013) *Human Motivation*. Taylor & Francis.

（徐　毅菁）

技能検定制度

「技能検定」とは，働くうえで必要とされる技能の習得レベルを評価する国家検定制度のことである。検定対象職種は，都道府県職業能力開発協会が実施する職種（機械加工，建築大工等112職種）と民間の試験機関が実施する職種（ファイナンシャルプランナーやキャリアコンサルタント，等15職種）の計127職種がある（2017年1月現在）。

技能検定試験には「実技試験」と「学科試験」があり，両方の試験合格者には合格証書が交付され，「技能士」と名乗ることができる。

「実技試験」は職種により，（1）製作等作業試験と（2）計画立案等作業の両方を行う場合とどちらか一方を行う場合がある。前者は制限時間内に物の製作，組立て，調整等を行う試験であり，中央職業能力開発協会ホームページにて，事前に課題の概要を確認することができる。後者は実際的な対象物または現場の状態，状況等について説明した設問により，判別，判断，測定，計算等を行う試験である[1]。

引用・参考文献
1　厚生労働省「技能検定制度について」(https://www.mhlw.go.jp/stf/seisakunitsuite/bunya/koyou_roudou/shokugyounouryoku/ability_skill/ginoukentei/index.html)

（前田恒夫）

キャリア・アダプタビリティ

　成人期以降の個別性の高いキャリア発達の準備状態を示す概念としてスーパー（Super, 1982）が提示した。サビカス（Savickas, M. L.）は、スーパーのキャリア発達研究を踏まえ、対人行動を人と環境との相互作用と捉えたうえで、キャリア・アダプタビリティを「予想される職業役割の中で起きる課題や転機に対処するための自己調整能力」という、心理社会的な概念、すなわち、自身を働くことに適合させているときに使う態度とコンピテンシーであると定義した（Savickas, 2005; 2013）。

　サビカスは、キャリア・アダプタビリティは、「自信」「関心」「統制」「好奇心」という4つの次元に分けられると説明している。「自信」は自己効力感に基盤を有し、挑戦と障害の克服につながる。「関心」は、これからのキャリアを計画し展開していこうとする推進力であり、キャリアへの「関心」を持つことで、楽観的にキャリアの計画を立てることができることから最も重要な軸といえる。「統制」は責任の所在を示し、職業上の転機を捉え、キャリアを形成していくのは自分の責任であることを認識する能力を示す。「好奇心」は新しいことにオープンで実験し、学ぶことに価値を置く軸である。サビカスによる研究では、これら4つの能力が高いほど、不確実性の高い将来への適応力が高まることが示唆されている。

引用・参考文献
Savickas, M. L. (2005) The theory and practice of career construction. In Brown, S. D., & Lent, R. W. (Eds.), *Career development and counseling: Putting theory and research to work*, 42-70. Hoboken, NJ: John Wiley.
Savickas, M. L. (2013) Career construction theory and practice. In Lent, R. W., & Brown, S. D. (Eds.), *Career development and counseling: Putting theory and research to work*, (2nd ed.), 144-180.). Hoboken, NJ: John Wiley.
Super, D. E. (1982) *Self-concepts in career development; Theory and findings after thirty years.* Paper presented to the International Association for Applied Psychology.

（新目真紀）

キャリアアドバイザー

　「キャリアアドバイザー」は、キャリア形成支援を行う専門家のひとつである。

　キャリア形成支援を行う専門家は、一般的に「キャリアカウンセラー」という名称でよばれる。これはカウンセリングをベースにした個別の相談や面談で、キャリア形成課題に直面しているクライエントを支援することを表している。

　「キャリアコンサルタント」は、厚生労働省の政策推進の下、職業能力開発促進法の改正によって2016年に定められた国家資格で、キャリアコンサルティングを行う専門家のことである。

　これに対して、「キャリアアドバイザー」は、主として企業内でのキャリア支援を対象とし、「従業員の成長や活動を個の視点に立ってサポートする」。この背景には、人事部門のダウンサイジングが進んで現場とのかかわりが難しくなる中、「個人のストレッチングを支援するキャリアアドバイザー」を活用しようとする動きがある。

　キャリアアドバイザーが扱う領域については、「メンタルヘルスに対するケアなどはカウンセラーの役割であり、キャリアアドバイザーは精神的な悩みというよりは、仕事に関する悩みに対して助言する」といった、他の専門家と棲み分けするケースがみられる（花田, 2013）。

引用・参考文献
花田光世（2013）『新ヒューマンキャピタル経営』日経BP社
厚生労働省「キャリアコンサルティング・キャリアコンサルト」（https://www.mhlw.go.jp/stf/seisakunitsuite/bunya/koyou_roudou/jinzaikaihatsu/career_consulting.html）

（竹内雅彦）

キャリア・アンカー

　キャリア・アンカーとは、シャイン（Schein, E. H.）が提唱したキャリアに関する自己イメージの概念である。自分にとって最

も重要であり犠牲にすることができない価値観や軸になるものを指しており，キャリアを選択する際の指針や方向づけになるものである。アンカーは，「専門・職能別コンピタンス」「全般管理コンピタンス」「自律・独立」「保障・安定」「起業家的創造性」「奉仕・社会貢献」「純粋な挑戦」「生活様式」の8つに分類され，ほとんどの人はこれらの8つのタイプのいずれかに当てはまるといわれている。

　これらのカテゴリーの1つひとつは，誰しもある程度の関心を持っているものであるが，その中でもキャリア・アンカーとして認識されるのは，本人が何にもまして重視したいと考える領域を指しており，仕事での経験や他者との対話を通じて本人が見出していくものである。

引用・参考文献
Schein, E. H. (1978) *Career Dynamics*. Boston: Addison-Wesley.（二村敏子・三善勝代訳『キャリア・ダイナミクス』白桃書房 1991）
Schein, E. H. (1990) *Career Anchors: Discovering your real values, revised edition.* San Diego: Pfeiffer & Company.（金井壽宏訳『キャリア・アンカー　自分のほんとうの価値を発見しよう』白桃書房 2003）

（相馬知子）

キャリア意識

　キャリア意識（Career Consciousness）とは，キャリアに関する自己意識やキャリア選択に関する意識や信念など幅広い概念が含まれる言葉である。例えば，若者のキャリア意識研究では，そのうち何かぴったりの仕事に巡り合うだろうと，将来に夢や希望を抱きながら適職との出会いを待ち続ける傾向である「適職信仰」，将来なんてどうにかなる，そのときに考えればよいと，キャリア選択を自分の切実な問題として捉えることができない「受身」，好きなことや自分のやりたいことを仕事に結びつけて考える「やりたいこと思考」の3つが多く存在することなどが示されている（安達，2004）。

　一方，各研究でキャリア意識として測定されている概念としては，キャリアに関する自己効力や結果期待，キャリア成熟，キャリアに関する興味や満足度，進路や就職に関する不決断・未決定意思など非常に多岐にわたっている。このため，キャリア意識としてある1つの概念が想定されているわけではなく，各研究で扱ったキャリアに関する心理を包含する言葉として用いられる傾向が強い。

引用・参考文献
安達智子（2004）「大学生のキャリア意識─その心理的背景と支援」『日本労働研究雑誌』533, 27-37.

（福山佑樹）

キャリア開発

　キャリアという言葉の定義は研究者によって様々に提唱されており，また日本語としては明確に訳しにくい。キャリアの語源はラテン語の「車輪のある乗り物」，あるいは「車輪による轍」という内容であるとされる。その語源から転じて，個人の人生，あるいは職業生活における軌跡，経歴がキャリアの意味するところとなった。

　このようにキャリアについて様々な定義はあるが，職業生活における昇進，成功，あるいは一時点における自己と職業のマッチング，などと部分的に捉えるのではなく，個人の人生，あるいは職業生活における軌跡，経歴と広く捉えるほうが適切であろう。

　キャリア開発という言葉そのものは，career development の訳語として使用されることが多いが，キャリア発達という訳語も使用される。キャリア開発は，組織あるいは個人などの主体者が意図的にキャリアを開発していく側面，キャリア発達はキャリア理論における個人の生涯発達の側面，という差異によって使い分けられる場合もあれば，ほぼ同義で使用される場合もある。

　つまり，キャリア開発を広義に捉えると個人の生涯における発達の軌跡と考えることができ，狭義として捉えると，キャリアの主体

者による意図的な開発と考えることができよう。

（石山恒貴）

キャリア開発プラン・キャリア開発プログラム（CDP：Career Development Plan/Career Development Program）

組織の成果は個々人（組織成員）の成果の総体であり、個人の成果を高めるためには、その「能力（ability）」と「モチベーション（motivation）」とを向上させ、高い水準に維持することが重要である。それにより、組織は人間という「持続的な競争優位の源泉（Barney, 1991）」を獲得して、継続的な発展が可能となる。個人の側面から考えると、高い成果を達成することが高い評価と報酬（内的・外的）とにつながることを学習し、さらに高度な仕事に挑戦し達成しようという、仕事生活における充実したキャリアの形成を機能させる。

このような、仕事組織と個人との調和過程として「CDP（キャリア開発計画・プログラム）」を規定することができる。CDPの構成要件として、①個（個人）の尊重、②成果への高い志向性、③中長期的な視点、④体系的プログラム、⑤効果の科学的測定、⑥職務との高い関連性、⑦組織と個人との双方向性、などが挙げられる。こうしたCDPに基づいて個人が能力を高め、成果の向上を達成するには、これまで以上に、個人サイドが「当事者意識（ownership）」を喚起することが必要である。

また、組織サイドとしてCDPの意義、目的、内容、条件などの情報を「説明責任（accountability）」として開示、提供することも必要である。CDPをほかの人事関連施策と機能連関させて、妥当性、安定性、公平性、透明性を担保することで、成員の納得性を高めていくことが必要なのである。

引用・参考文献
Barney, J. B. (1991) Firm Resources and Sustained Competitive Advantage. *Journal of Management*, 17, 99-120.

（櫻木晃裕）

キャリアカウンセリング

端的には、「個人のキャリア形成を支援するカウンセリング」（木村, 2016）、「人を育て、能力開発を支援するためのカウンセリング」（宮城, 2009）、「職業生活に焦点をあてたカウンセリング」（渡辺, 2001）などと定義される。進路指導、職業指導、職業能力開発の各分野で行われてきたこともあって様々な使い方をされており、渡辺とハー（Watanabe & Herr, 2001）は、「キャリア」「カウンセリング」という用語の多様性、不明確性などから、日本において統一された見解はないと述べている。

特定の理論、手法のみにとらわれない包括的・折衷的アプローチをとるとされている。キャリアカウンセリングに関連する理論やモデル、技法としては、マイクロカウンセリング、ヘルピング技法、現実療法、コーヒーカップ・モデルなど数多くの手法が挙げられる。

類似の用語として、「キャリアコンサルティング」がある。かつては、キャリアカウンセリングは1対1の個別相談、キャリアコンサルティングは環境への働きかけや集団支援などを含むより幅広い支援とし、両者を区別する見方もあったが、キャリアカウンセリングにおいても多様な支援を行っていることから、区別にこだわらないとの見方も増えてきている。

引用・参考文献
木村周（2016）『キャリアコンサルティング　理論と実際―カウンセリング、ガイダンス、コンサルティングの一体化を目指して―4訂版』雇用問題研究会
宮城まり子（2009）産業・組織心理学会編『産業・組織心理学ハンドブック』(p.80) 丸善
國分康孝編著（2001）『現代カウンセリング事典』(p.47) 金子書房
渡辺三枝子・E. L. ハー（2001）『キャリアカウンセリング入門―人と仕事の橋渡し』ナカニシヤ出版

（浅野浩美）

キャリア教育

　キャリア教育とは，学校における，生徒・学生個々人の生涯にわたるキャリア形成を支援することを目的とした教育プログラムのことをいう。

　わが国でキャリア教育という用語が初めて公的に登場したのは，1999年12月の中央教育審議会答申「初等中等教育と高等教育との接続の改善について」においてであった。ここでは，キャリア教育は，「望ましい職業観・勤労観及び職業に関する知識や技能を身に付けさせるとともに，自己の個性を理解し，主体的に進路を選択する能力・態度を育てる教育」とされ，この定義に基づいて，2004年度から，小・中・高等学校においてキャリア教育が実施されるようになった。

　2011年になると，「今後の学校におけるキャリア教育・職業教育の在り方について」において，キャリア教育は「一人一人の社会的・職業的自立に向け，必要な基盤となる能力や態度を育てることを通して，キャリア発達を促す教育」と再定義された。そして，大学教育まで含め，「人間関係形成・社会形成能力」「自己理解・自己管理能力」「課題対応能力」「キャリアプランニング能力」の4つの能力によって構成される「基礎的・汎用的能力」の育成が推進されるようになった。

（大石雅也）

キャリア形成支援

　「キャリア形成」は，就職や転職などの職業選択に加え，中長期の人材育成や能力・スキル開発といった幅広い意味で使われている。その支援を行う人や機関，支援のためのプログラムやツールなどを「キャリア形成支援」という。

　厚生労働省はその背景を「予測のつかない不透明な時代となり，労働者，個人は一回限りの職業人生を，他人まかせ，組織まかせにして，大過なく過ごせる状況ではなくなってきた」と説明している。

　「キャリア形成支援」に関する既存研究は大きく3つのテーマに分けられる。

　1つめは，「支援される対象者」についてのもので，学生，若手，一人前，管理職といったキャリアステージ別の研究や，女性，非正規社員，シニア，外国人留学生といったマイノリティ支援の研究がある。さらに，子育て中，看護職といった特定対象者への研究もみられる。

　2つめは，「支援する側」についてのもので，上司や先輩といった支援者の研究や，キャリアセンターなど支援機関の研究がある。

　3つめは，「支援プログラム」についてのもので，学校でのキャリア教育，企業でのキャリア研修といったプログラムの研究と，インターンシップ，地域活動，メンタリングといった支援活動の研究がある。

引用・参考文献
人材育成学会　ホームページ論文管理（http://www.jahrd.jp/profile/index.html）
厚生労働省（2002）「キャリア形成を支援する労働市場政策研究会報告書」（https://www.mhlw.go.jp/houdou/2002/07/h0731-3.html）

（竹内雅彦）

キャリア健診（キャリア・ドック）

　厚生労働省が平成20年度に開発したキャリア健診は，企業におけるキャリア形成支援の在り方からみた人材育成の現状・課題を，可能な限り客観的に把握するための診断ツールとして有効活用が期待されている。健診では，キャリア健診シートを用いた企業と従業員への定量調査，役員・人事担当者等へのヒアリング，従業員に対する個別カウンセリング（またはグループカウンセリング）を実施し，それらの結果を踏まえ，キャリア・コンサルタントが企業に対して，従業員へのキャリア形成支援に関するコンサルテーションを行うというのが一般的な流れである。

キャリア健診ではこの流れを通して，従業員側と企業側との認識の違いを捉え，そこに問題点や課題があれば解消し，企業と従業員個人とが共に成長する共生関係の構築を目的としている（2011，日本生産性本部）。受診企業は，キャリア健診実施後の結果を基に，企業が従業員の自律的なキャリア形成支援を行ううえでの方向性を見出すことができる。

引用・参考文献
日本生産性本部（2011）『キャリア健診マニュアル』

（川﨑　昌）

キャリアコンサルティング

「労働者の職業の選択，職業生活設計又は職業能力の開発及び向上に関する相談に応じ，助言及び指導を行うこと」（職業能力開発促進法第2条第5項）。

キャリアコンサルティングを通じ，自分の適性や能力，関心などの自己理解，社会や企業内の仕事への理解が深まり，自らに合った仕事の主体的な選択が可能となると期待されている。自身が希望するキャリアの道筋を実現していくための手段として有効とされる。キャリアコンサルティングでは，個人への支援に加え，環境への働きかけも重視される。

キャリアコンサルタントは，キャリアコンサルティングを行う専門家であり，2016年4月から国家資格となった。企業，労働力需給調整機関（ハローワークなど），教育機関などでキャリア支援を行っている。

労働行政では，キャリアコンサルタントの育成やキャリアコンサルティングを受けられる環境の整備を推進している。整備が進む中で，今後は利用促進，普及が課題である。

労働行政では，制度化にあたって，「カウンセリング」という用語に心理的療法を想起させる面があるほか，「キャリアカウンセリング」という用語の多義性や日本におけるニーズなどを踏まえ，キャリアコンサルティングという新たな用語を用いることとした。両者を区別する見方もあるが，区別にこだわらないとの見方も増えてきている。

（浅野浩美）

キャリアサイクル論

キャリアサイクル論は，人間の成長に基づく行動の変化あるいは変容と職業との関係性に焦点を当てたキャリア研究の主要概念であり，発達段階論的アプローチに依拠している。スーパー（Super, D. E.）は，人間の発達段階について「成長（14歳まで）」「探索（15～24歳）」「確立（25～44歳）」「維持（45～64歳）」「衰退（65歳以降）」の5段階で説明している。

また，シャイン（Shein, E. H.）は，キャリアサイクル論をその理論的基礎として，ライフサイクル論と発展的に統合し，①生物社会的サイクル，②キャリアサイクル，③家族サイクルの3つのサイクルが，個人の発達に対して相互に影響を及ぼし合うことを指摘している。組織における個人のキャリア発達に焦点を当て，「成長・空想・探索」「エントリー」「基本訓練」「キャリア初期正社員」「キャリア中期正社員」「キャリア中期危機」「キャリア後期（指導者・非指導者）」「衰え・離脱」「引退」の9段階を設定して，段階ごとの「直面する一般問題」「特定の課題」を提示している。

さらに，ダルトン（Dalton, G. W.）は，職業生活のキャリアを「実習生」「同僚」「メンター」「提供者」の4段階で示して，それぞれの段階における立場，役割から説明している。

引用・参考文献
Dalton, G. W. (1989) Developmental views of careers in organizations. In Arthur, M. B., Hall, D. T., & Lawrence, B. L. (Eds.) *Handbook of career theory*. Cambridge University Press.
Schein, E. H. (1978) *Career Dynamics*. Wesley Publishing Company Inc.（二村敏子・三善勝代訳『キャリア・ダイナミクス』白桃書房 1991）
Schein, E. H. (1990) *Career Anchors*. CA: Jossery-Bass.（金井壽

宏訳『キャリア・アンカー』白桃書房 2003）
Super, D. E. (1953) A theory of vocational development. *American Psychologist*, pp.185-190.
Super, D. E. (1984) Career and life development. In Brown, D., Brooks, L., & Associates (ed.) *Career choice and development: Applying contemporary theories to practice.* Jossey-Bass.

（櫻木晃裕）

キャリア自律

　キャリア自律が注目されたきっかけは、ハーバード・ビジネス・レビューの1994年掲載論文「キャリア競争力プログラムが創る自律する社員」であった。米国でもIBMなどノンレイオフポリシーをとる企業はあったが、1980年代後半からのリストラクチャリングの流れで、そうした企業も雇用の保証を維持することが難しくなった。そこで、この論文では、社員が自身のキャリア開発に責任を持ち、会社はそうした社員のキャリア開発を支援する義務があると指摘した。

　日本では、バブル崩壊後のリストラクチャリングにより、企業が定年までの長期雇用を保証することが難しくなった。シリコンバレーで開発された自律型キャリア開発プログラムを、慶應義塾大学SFC研究所キャリア・リソース・ラボが1999年に日本で初めて展開した（花田ら、2003）。花田ら（2003）は、「キャリア自立」は学習や成長がない自己主張型であると批判し、キャリア自律と明確に区別している。「キャリア自律」は、転機だけでなく日常においても、組織や他者からの期待を踏まえて自らの価値観を拡げ（バリューストレッチング）、どのような仕事であっても能動的に取り組むことで、主体的にキャリアを開発することである。

引用・参考文献
花田光世・宮地夕紀子・大木紀子（2003）「キャリア自律の新展開」『一橋ビジネスレビュー』夏号51(1), 6-23.
Waterman, Jr. Robert H., Waterman, Judith A., & Collard, Betsy. A. (1996) Toward a career-resilient workforce. *Harvard Business Review*, 72(4) (July-Aug.), 87-95. （土屋純 訳「キャリア競争力プログラムが創る自律する社員－企業と個人の新しい契約」『Diamondハーバード・ビジネス・レビュー』1994年10-11月号, 71-81）

（小山健太）

キャリアチェンジ

　職務経験がない職種への転職または異動により、経験のない職に就くこと。大きく分けて、職種・職場を変更する転職型と、社内において違う部署へ異動する職種転換型の2つがある。職務経験が活かせないため、年齢が若いほどリスクが少なく、特に転職型キャリアチェンジの場合は、自らの職業経験を活かした部下の指導・育成が期待される年齢以上（一般的には30歳以上）では受け入れる企業側が慎重になる傾向がある。

　賃金面でも、専門的な職歴に対する加算部分が上乗せされないため、年齢に対して低めの賃金となることが多いが、若年時での職種選択のミスマッチや、意図しない在籍企業の業績不振などを原因として、キャリアチェンジが必要となる場合がある。

　英語での定義はa change to a different type of job from the one you have been doing: Definition of "career change" from the Cambridge Business English Dictionary、またはThe act of changing to a different kind of job.ft.com/lexicon Source: Longman Business English Dictionary（一部リクルートワークス用語辞典2015年3月30日を参照）。

（建宮 努）

キャリアデザイン

　キャリアデザインの目的は、組織が職員の「能力の発揮と成長の機会」を提供しつつ、「個人のキャリア形成」を支援するとともに、職員自身は「自らのキャリア形成に対する責任」を負いつつ、「組織としての目標達成に貢献する」ことにある。

　キャリアデザインシステムとは、主に多能型ジョブローテーション制度や人事の複線化

制度から構成された,「自らのキャリア形成の方向性を見出す」ための"機会"の提供と,自己申告や社内公募・組織内FA制等の「能力発揮」の"場"の提供などを行う,キャリア開発システムと位置づけられる。

そのため,次の事項が重要である。
①職員の「自己理解(価値観,仕事への志向,特性,能力等)」と「環境理解(組織ニーズ及びそのトレンド,スキルのニーズとそのトレンド等)」の場の提供
②職員のキャリアプラン実現をサポートする諸制度の強化
・「自己申告制」の強化を図り,職員のキャリアプランをより反映しやすくするとともに,複線型人事管理制度とのリンクを図る
・「組織内公募制」の実施により,職員がキャリアプランの実現を「より直接的」な方法で実現できる仕組みを構築する

(小林文雄)

キャリアパス (career pass)

人事育成制度の用語で,組織内で職位や職務に就任するための昇進や昇格モデル,目標達成までの道筋モデル,専門性を極める領域までのパターンなど,一連の業務経験とその順序,配置異動などのルートであり,キャリアを得るまでの道筋で業種や職種によって異なる。キャリアパス制度は,従業員にとってどうすれば目標が達成できるのか,その道筋が明確になり,従業員の能力開発や動機づけで大きな役割を果たす。

また,労働者の流動化に伴い,企業外での自分の能力や市場価値を評価することが可能になり,一企業にこだわらない外部労働市場へキャリアの道筋でもある。人事戦略の一環として,ホームページ等にキャリアパス制度を公開し,目的意識を持った人材採用を実施

している。

シャイン (Schein, 1978) は,キャリア開発には,外的キャリアの動きを示し,内的キャリアがどう体験されるかに対して,いくつかの外的な基準点を提供する,外部キャリアを表す「組織の3次元モデル(キャリア・コーン)」を図示した。外的キャリアを表す組織で働く人は,3次元の①階層(序列),②職能(専門領域・分業),③中心性である。組織は垂直軸で階層数を表す3次元の円錐体として描き,部門ないし職能領域の種類は円錐体の円周にそう区分として描ける。外表面から円錐中心に向かう動きは組織の内核への移動として描いている。

職業は多種多様であるが,個人は,キャリア開発サイクルの段階で自信を獲得するとともに,自分自身の実績を判定し,自主的かつ頼もしく行動できる能力を身につけなければならない。

企業と従業員にとって,メリットが高い制度であるが,デメリットもあることから,キャリアパスを個人がどのように歩んでいったか内的キャリアも重要である。

引用・参考文献

奥林康司・上林憲雄・平野光俊編 (2003)『入門 人的資源管理(第二版)』中央経済社
Schein, E. H. (1978) *Career Dynamics: Matching Individual and Organizational Needs*, Reading, MA: Addison-Wesley. (二村敏子・三善勝代訳『キャリア・ダイナミクス』白桃書房 1991)

(佐藤早苗)

キャリア発達段階 (初期)

シャイン (Schein, E. H.) は,キャリアを「組織」と「個人」の両視点から捉え,その関係性を反映させた理論を提唱している。

9つの発達段階のうち,「仕事の世界へのエントリー」「基本訓練」を経た「キャリア初期」として,17~30歳ぐらいの間に組織からの視点としては有能な部下としての役割の基礎をつくり,自分を指導してくれる上役(メンター)との出会いも重要な時期として

いる。

また，基礎訓練時期では一方的に学ぶ存在であったが，この段階においては職務権限の範囲内で主体的に責任のある仕事も徐々に任されるようになる。

個人としては独立を求める自己と，従属させようとする組織の葛藤が生じやすい時期でもあり，転職可能性を吟味し，成功と失敗に伴う感情の処理を経験する段階としている。

（呉　園園）

キャリア発達段階（中期）

25～45歳ぐらいの間で，職務上の専門性を発揮し，責任も担って管理職への展望が課題となる中堅社員の段階である。中堅社員として仕事を実際に動かす生産的人間であると同時に，部下の指導も行う下位レベルの管理職になる。さらに中級及び上級管理者として，自己の長期キャリアの可能性が見極められてくる。

適性や専門分野を再吟味する時期であり，再認識した価値観を重視するのか，現状にとどまるのかという葛藤により，次段階での選択として転職を検討する時期にもなる。

メンターとの関係も強化される時期であり，かつ，自分自身も後進に対するメンターシップを発揮する時期でもある。

家族・自己・職業の間において，それぞれのバランスをとることも重要となってくる。

（呉　園園）

キャリア発達段階（後期）

40歳から引退をするまでの時期で，リーダーとして活躍するタイプと，非リーダーとしてのキャリアを進む場合の2つに分かれる。

前者のリーダーとして活躍するタイプでは，管理者や経営者として，組織の中心で経営的手腕を発揮し，会社の方向性を見出していく。自己中心的な見方から組織的な見方となり，他者の努力を統合していくマネジメント能力が必要となる。組織運営のためには，長期的で中核的な問題に関与するようになり，有能な部下の育成も必要となる。

一方で，後者の非リーダータイプにおいては，部下のいないスタッフや，熟練社員としてのキャリアを積んでいく。

専門的能力を深め，技術的有用性を確保することが必要で，年長者として若い社員への援助と指導・育成をしていくことが課題となっていくが，これらができない場合には無用な中・高年社員とみなされる事態も生ずる。

（呉　園園）

キャリア発達段階（老年期）

後期以降，定年退職までを過ごし，退職をしていくことになる。

体力も低下し，職務上での権限や責任が減少していく状況を受け入れる必要が生じることから，仕事以外での満足を発見していく必要がある。

能力が減退する状況にもなり，仕事以外の生きがいを見つけながら退職準備をしていく状況になり，配偶者との関係を再構築しながら退職を迎える。退職することによって，後進に道を譲ることになる。

新生活への適応が始まると同時に自我の同一性と自己の有用性を維持していくことが始まる。能力や経験を活用しながら，年長者の役割を発見しながら，社会参加の機会を維持していく。

組織の中での生活・キャリアを終えて，様々な変化を受け入れながら，地域社会への参加などによる新しい生き方を模索していく。

（呉　園園）

キャリアビジョン

将来に向けた「ありたい自分，なりたい自分」に関する理想像や展望のこと。個人のこ

れからの働き方や生き方に関する将来設計を行うことをキャリアデザイン（またはキャリア・プランニング）とよぶが，一般的に，①自己理解，②環境や仕事の理解，③キャリアビジョンの描写，④キャリアビジョンの実現に向けたキャリア目標と行動計画の立案，という過程をたどる。つまり，キャリアビジョンの描写はキャリアデザインの一過程である。

「環境変化が激しすぎて，苦労してキャリアビジョンを描いたところですぐに無意味になってしまう」「将来への不安が多すぎてキャリアビジョンを描けない」などと否定的な見解がある一方で，「環境変化が激しく将来が不透明な時代だからこそ，目指すべき方向性を明確にするキャリアビジョンが必要」という肯定的な見解もある。

こうしたことを反映して，組織内で実施されるキャリア研修などでは，従来は研修プログラムの一環として10年後のキャリアビジョンを描くことが多かったが，近年では3年後や5年後などより短期のキャリアビジョンを設定することも多い。

（髙橋　修）

キャリア・マネジメント

組織内におけるキャリア発達を考察する際には，個人の立場から自身のキャリアをコントロールする「キャリア・デザイン」と，組織の立場から個人の興味関心と組織の機会のマッチングを図る「キャリア・マネジメント」という二種類の視点が存在する。

金井・髙橋は，キャリア・マネジメントとは，個人のキャリア・デザインを大枠で方向づけるメタデザインであり，社員のキャリアを計画し，実行し，一連の経過を通じてキャリア展開を管理している継続的プロセスであると説明している（2004）。

組織内の人材育成を考える際には，長期の時間軸を繰り入れて考える必要があることに加え，雇用保証の限界による制約の存在が大きくなる中では，個人と企業が対等な契約関係へと変化しつつあり，企業の求める人材の開発ニーズと社員が描くキャリア・デザインとがマッチするような人材育成を実施する必要性が高まっている。シャイン（Schein, 1995）は，仕事の性質が急速に変化していること，また仕事に対し複雑な人間関係が根を張っていることに鑑み，それらの変化を捉え，その意味合いや新たな仕事に必要な動機，技能，態度を考慮しつつ，戦略的に職務と役割を計画していく必要性を唱えている。

引用・参考文献

金井壽宏・髙橋潔（2004）『組織行動の考え方』東洋経済新報社

Schein, E. H. (1995) The Role of the Founder in Creating Organizational Culture. *Family Business Review*, 8(3), 221-238.

（新目真紀）

キャリア目標の設定

厚生労働省が実施する「キャリア健診」は，企業における人材育成やキャリア形成支援の現状を把握し，従業員へのキャリア形成支援を促すとともに，個々の従業員に対してキャリア形成意識を喚起することで，企業と従業員のより良い共生関係の構築に資することを目的としている。そこでは，「キャリア健診シート」を用いて，現状と今後に向けた課題を次の5つの領域に分けて把握する。すなわち，①キャリア目標の設定，②キャリア形成支援，③職場のサポート，④キャリア形成の自律性，⑤働き方の裁量性，である。

このうち，「キャリア目標の設定」領域では，以下の5点を把握する。すなわち，a）企業の経営理念に基づいた「求める人材像」が従業員に明確に示されているか，b）従業員が職業生活の目標や計画を短・中・長期に分けて考える機会が用意されているか，c）企業の経営課題や企業から期待されている役割を従業員が知ることができるか，d）仕事に必要なスキルや知識が従業員に明確に示されて

いるか，e）上司との間で，職業生活の現状や目標について，すり合わせの機会が用意されているか，である。

（髙橋　修）

教育訓練制度

教育訓練制度とは，長期的・継続的な視点に基づいた様々な知識やスキルに関する従業員の能力開発を進めるにあたり，適切な教育訓練サービスを提供するための組織的な運営管理の基に教育研修に関する計画策定と実施，評価等を行う人材育成の仕組みを指す。教育訓練では，各自の職務を全うするために必要となる知識やスキルを計画的に教育し，その評価を行い従業員のパフォーマンスの向上を図っていくことを目的とする。

教育訓練制度では，実施主体として運営管理組織（特定の所管組織の設置並びに責任者，教育担当者の任命等）が管轄する。教育訓練の基本は，労働者自らの自己啓発による能力開発を踏まえ，新入社員から管理職までの各階層や専門分野に応じ，職場を離れた集合研修によるOff-JT（Off-The Job Training），実際の職場におけるOJT（On The Job Training）を有機的に連環させるものである。どのような知識やスキルを養成していくのかを明らかにし，最終的に教育訓練の評価基準に則った効果的な実施体制を確立する。

（内田恵里子）

教育効果測定

近年，企業における教育効果を可視化するニーズが高まっている。人材開発に携わる管理職を対象にした調査では，「この数年で経営陣が研修の成果や投資対効果について報告や説明を以前より求めるようになった」とする回答は4割を超え，さらに約9割の管理職が「今後，研修の成果や投資対効果をもっと検証すべきだと思う」と回答している（リクルートマネジメントソリューションズ，2016）。教育研修は，プログラムの開発や実施・運営の費用だけでなく，従業員は就業時間を割いて受講するため，「コスト意識」「費用対効果」といった経営視点から効果測定が求められている。

しかし，実際に教育効果を測定している企業は多くない。その要因は効果測定の方法が確立していないことと，効果測定にもコストがかかるからである。アンケート，インタビュー，試験，人事評価，360度サーベイなどの測定方法はあるが，「教育内容」と「期待される教育効果」によって適切な測定方法が選択される必要がある。

引用・参考文献
リクルートマネジメントソリューションズ（2016）『RMS Message』43.

（吉澤康代）

境界人（marginal man）

境界人とは，「二つの集団間の境界上に立ちどまり，両方の集団に関係していながら実はどちらにも所属していない人」（レヴィン，1966）を指す。

田尾（1999）は，組織と環境を結びつける連結ピンのような立場にいる境界人は，「新しい機会やアイデアを内部にもたらしたり，外部の要因の影響を濾過したり，障害を除去するなどによって組織全体の変革への動機づけを高めることができる」としつつも，その二面性に留意する必要があるとしている。それは，組織の境界に位置づく人材が活性化しすぎることで組織への帰属心や忠誠心が乏しくなり，メンバー間の協力関係も希薄になるといった点である。

境界に関する概念として1990年代以降注目されているのが，境界を超える「越境」である。石山（2013）は，越境という概念が生まれた背景に「仕事の質の変容」をあげている。そして，この越境を「既存の前提に疑問を投

げかけ，問題を再構築していくこと」と定義し，越境学習をOJT，Off-JTと異なる効果を持つ第三の学習と位置付けている。組織の境界を往還し，学びを内省し，自身の業務に活かす越境学習は，組織にとっても個人にとっても重要な概念である。

引用・参考文献
石山恒貴（2013）『組織内専門人材のキャリアと学習―組織を越境する新しい人材像』日本生産性本部生産性労働情報センター
レヴィン，K.（1966）『社会的葛藤の解決：グループ・ダイナミックス論文集』創元新社
田尾雅夫（1999）『組織の心理学』有斐閣

（内田智之）

業績評価

業績評価とは，被評価者が，定められた期間において，どれだけの業績（＝成果）を出すことができたかを評価するものである。一般的な日本企業では，従業員の評価には人事考課という用語が使われ，業績評価は，人事考課で取り上げられる評価の三領域である，①能力評価（考課），②情意評価（考課），③業績評価（考課）のうちの1つである。

日本企業においては，業績評価は，目標管理（Management By Objectives）に基づいて行われることが少なくない。目標管理とは，1950年代にドラッカー（Drucker, P. F.）が提唱したもので，①評価対象期間の期初に，評価者と被評価者とで協議して期間内における業務目標を定め，②期中は，被評価者は業務目標達成のために業務を遂行し，評価者はその業務の進捗を管理し，③期末に，業務目標の達成度を双方で評価する，といった流れで展開されるものである。

通常，業績評価は短期評価されるものであり，日本企業においては，その対象期間は半年あるいは一年であることが多い。目標管理の場合，先述の流れが半年あるいは一年毎に繰り返されることになる。

従業員を評価し，その結果を処遇に反映する際に，業績評価の面を特に重視したものが，成果主義的な人事・賃金処遇管理といえる。

（大石雅也）

共分散構造分析

共分散構造分析は，現象の因果関係を統計的に分析する方法の1つである。社会科学の分野では，人の価値観や態度などのように直接計測できない概念が多く取り扱われるため，それらの現象の関係を明らかにすることに効果的である（山本・小野寺，2002）。また，共分散構造分析は，観測変数と直接測定できない潜在変数（構成概念）の両方を扱うことによって，その因果関係を明らかにする分析方法である。つまり，共分散構造分析は因子分析と回帰分析を一体化した分析方法であるといえる。

共分散構造分析の特徴は，①分析者が調べようとする仮説について，自由にモデル化して分析できること，②仮説を立てその妥当性を検証する中で因果関係を調べるという検証的な分析ができること，③構成概念間の因果関係を調べることができること，④直接測定できない事項について，その性質や他の構成概念との間の関係を調べることができること，⑤因果関係や分散などの母数を固定することによって，既に得られている知見をモデルに反映できることなどである。

引用・参考文献
山本喜一郎・小野寺孝義編（2002）『Amosによる共分散構造分析と解析事例』ナカニシヤ出版

（小玉一樹）

クラスター分析

多変量解析の基本的な手法の1つであるクラスター分析（cluster analysis）は，集団を分割して似たような人や変数をグループに括るための方法である。クラスター分析を用いると，観測されたデータをそのデータが持つ

情報に基づいて，いくつかのまとまりに分類することができる。クラスター分析の手法は，小さいクラスターを次第に統合するツリー図を描く階層的手法と，あらかじめクラスター数を指定して集団を分割し，その最適化を図る非階層的手法に分かれる。

人を対象とした調査や実験では，あらかじめフェイスシート項目で回答者の属性情報を取得し，解析時に属性による特徴を把握し，差異を検討することも多い。しかし，時には属性による傾向差が見られないこともある。その場合には，統計的手法の1つであるクラスター分析を用いて探索的にアプローチすることができる。すなわち，層が混在している可能性がある場合にクラスター分析を行うと，混在している層を解きほぐすきっかけが得られる。

（川﨑　昌）

クリティカル・インシデント法

職務において効果的な成果を挙げる行動を明確化する手法であり，フラナガン（Flanagan, 1954）によって体系化された。当初は，航空機操縦における失敗の理由やニアミス事象への効果的な対処行動を抽出する半構造化インタビュー手法として開発され，事象対処時の認知過程や効果的な意思決定を抽出する手法として，タスク分析や事故調査に応用されるようになった。その後，従業員の勤務行動を観察する監督者などに適用されるようになると，一般的な職務における効果的な行動の抽出に用いられるようになった。

産業・組織心理学や経営行動科学の分野では，行動基準評定尺度法や行動観察尺度法といった人事評価技法へ発展する礎となっている（髙橋，2010）。抽出された行動を，ある職務の基準的行動と捉えれば，操作手順の策定や設備・装置の改善に活用でき，高業績を挙げる行動と捉えれば，それらの行動を育む職務訓練の設計・評価に用いることができる。

引用・参考文献
Flanagan, J. C. (1954) The critical incident technique. *Psychological Bulletin*, 51(4), 327-358.
髙橋潔（2010）『人事評価の総合科学』白桃書房

（長谷川尚子）

グローバル化

経営のグローバル化とは，「国内事業と海外事業を区別せず，それらを全世界的ベースで同じ土俵の上にのせて経営を行う」ようになることである（中村，2010）。つまり，経営のグローバル化がなされると，グローバル経営は実現する。また，経営のグローバル化は，国際化を経てからなされるものとされる（中村，2010）。

ここで，国際化（internationalization）とは，「国内から海外へと活動舞台を拡大・進出すること」（浅川，2003）で，企業の戦略的行動の1つである（吉原，1997，2001，2011，2015）。そして，国際化によって，国際経営は，段階的に実現していくことになる。国際化の最終段階は，5段階目の「地域・グローバル統合」といわれる（Dunning, 1993）。「地域・グローバル統合」の段階になると，地域や国境に垣根がなくなる。具体的には，研究開発など，本来，自国内に留めておくべき付加価値の高い企業活動の拠点を海外でも行うようになる。

以上から言えることは，経営のグローバル化は，全ての企業がエントリーできるわけではないということである。すなわち，自社をグローバル化させるということは，自社の国際化に取り組み，国際経営をある程度実現した後に，はじめてエントリーすることができるということである。

引用・参考文献
浅川和宏（2003）『グローバル経営入門』日本経済新聞出版社
Dunning, J. H., & Lundan, S. M. (1993) *Multinational enterprises and the global economy*. Addison-Wesley.

中村久人（2010）『グローバル経営の理論と実態』同文舘出版
吉原英樹（1997）『国際経営』有斐閣
吉原英樹（2001）『国際経営　新版』有斐閣
吉原英樹（2011）『国際経営　第3版』有斐閣
吉原英樹（2015）『国際経営　第4版』有斐閣

（小出琢磨）

グローバル経営

グローバル経営とは，世界規模で経済活動の相互依存が進んでいる経営のことをいい（浅川，2003），全世界を1つの市場と考え，「製品の輸出入，海外進出活動への投資，従業員の指導，知的所有権の国際的扱い等」をマネジメントすることである（Taggart & McDermott, 1993）。つまり，単に海外進出を果たしたばかりの企業を「グローバル経営を行っている」とはいわないのである。

類似の用語に国際経営があるが，国際経営は「企業が国境を越えて行う経営」と定義され（吉原，1997，2001，2011，2015），国境を越えていく国際化の発展段階として，3から5の段階を想定している。

違いは，グローバル経営が，「世界規模でビジネスが行われている」という"ある状態"を示すのに比べて，国際経営は発展段階ごとにビジネスの状態を示すため，幅を持つ。

通説的には，企業の国際経営のレベルは，①間接輸出，②直接輸出（海外での自社販路の開拓，現地販売子会社設立），③現地生産（部品の現地組み立て，生産），④現地生産（新製品の現地生産），⑤地域・グローバル統合と段階を踏まえるごとにあがっていき（Dunning, 1993），5段階目の「地域・グローバル統合」というのは，研究開発など，本来，自国内に留めておくべき付加価値の高い企業活動の拠点を海外でも行う段階である。

グローバル経営における相互依存が進んでいる状態とは，このうちの5段階目に到達していることが必要と考えられ，グローバル経営とは，少なくとも国際経営が最高レベルに達した状態であるということができる。

引用・参考文献
浅川和宏（2003）『グローバル経営入門』日本経済新聞出版社
Dunning, J. H., & Lundan, S. M. (1993) *Multinational enterprises and the global economy*. Addison-Wesley.
Taggart, J. H., & McDermott, M. (1993) *The essence of international business*. Control in Organizations, McGraw-Hill.
吉原英樹（1997）『国際経営』有斐閣
吉原英樹（2001）『国際経営　新版』有斐閣
吉原英樹（2011）『国際経営　第3版』有斐閣
吉原英樹（2015）『国際経営　第4版』有斐閣

（小出琢磨）

グローバルリーダーシップ

グローバル化の進展に伴い，国際的に活躍できる人材に必要なグローバルリーダーシップを習得する重要性が高まっている。

グローバルリーダーシップは，国内で通用するリーダーシップと大きく異なる。国内で通用するリーダーシップは自国の文化出身者ばかりを相手にしている時は有効だが，ひとたびグローバル市場にさらされるとその国内で通用したリーダーシップスタイルは通用しなくなる。なぜなら，国によって価値観や行動形態が異なるからである。

グローバルリーダーシップの構成要素は，多くの企業や学者たちによって研究されているが，中でも有名なものとしてブレイク（Brake, 1997）の研究がある。ブレイクはグローバルリーダーシップのモデルとして，①人を束ねる能力（Relationship management），②ビジネス洞察力（Business acumen），③自己効力感（Personal effectiveness）をあげ，これら3つの中心に「自己変革（Transformational self）」を置いた。

しかし，このブレイクのモデルも，アメリカ人のリーダーのみ対象としている点で完全ではなく，よりユニバーサルなグローバルリーダーシップモデル構築のため，多くの実務家，研究者が研究を続けている。

引用・参考文献
Brake, T. (1997) *The global leader: Critical factors for creating*

the world class organization. Chicago: Irwin Professional Publishing.
Morrison, A. J. (2000) Developing a global leadership model. *Human Resource Management*, 39(2, 3), 117-131.

（小西由樹子）

ケアマネジャー（介護支援専門員）

介護保険法（平成九年二月十七日法律百二十三号）により法制化された介護支援専門員を，ケアマネジメントを担う者としてケアマネジャーという。ケアマネジャーになるには，都道府県が実施する「介護支援専門員実務研修受講試験」に合格し，「介護支援専門員実務研修」を終了し，都道府県に登録しなければならない。資格は5年ごとの更新制である。

役割は要介護者等からの相談に応じ，要介護者等が心身の状況等に応じ適切な居宅サービス又は施設サービスを利用できるよう市町村，居宅サービスを行う者，介護施設等との連絡調整を行うことである。業務は居宅介護支援事業所，介護保険施設，認知症対応型共同生活介護，小規模多機能型居宅介護，特定施設等に従事しケアマネジメントを行うことである。

受講試験の受験資格は，法定資格（介護福祉士，社会福祉士，精神保健福祉士，医師，歯科医師，薬剤師，保健師，助産師，看護師，准看護師，理学療法士，作業療法士，言語聴覚士，視能訓練士，義肢装具士，あん摩マッサージ師，はり師，きゅう師，柔道整復師，栄養士）又は相談援助業務で5年以上の実務経験を有することである。

（服部万里子）

経営人材

変化が激しく不透明な今の時代において，経営の舵取りができる優れた経営人材（経営リーダー）が，企業の生き残りを大きく左右する。優れた経営人材は，企業を成長に導くと共に，判断ミスによる大きな損失の回避の役割も期待されている。

経営人材に求められる重要な要件がいくつかある。第1は，自社の「企業理念・DNA」を常に見つめ直し，倫理観を持ったうえでビジョンをわかりやすく提示し，全体に浸透させることである。第2に，戦略方針を決定し，組織全体が団結して取り組めるよう主導するリーダーシップである。第3は，社員が自律的に仕事をし，組織が活性化する仕組みの設計・構築である。第4は，自らの後継者である「次世代リーダー」の育成を図ることである。

経営人材の獲得には，2つの方法がある。ヘッドハンティングなどで外部から獲得する「外部調達」と，自社内で育成する「内製化」である。前者の例として，実際に「プロ経営者」とよばれて複数の企業で経営者として渡り歩く者もいる。ただし，グロイスバーグら（2007）の研究によれば，経営人材輩出企業として有名なGEで経営幹部になって他社に移って成功した確率は，5割程度だという。

一方，後者の取り組みが，「次世代リーダー育成」である。これを複数階層で実施することで，優れた経営人材を継続的に確保できる可能性が高まる。また，大企業を中心にグループ経営が拡大しており，グループ企業の経営人材の量的確保のために，内製化の重要性が増している。

引用・参考文献
ボリス・グロイスバーグ，アンドリュー・N・マクリーン，ニティン・ノーリア（2007）「GE出身者でも失敗する時：環境が能力を左右する」『ハーバード・ビジネス・レビュー』1月号　ダイヤモンド社

（大嶋淳俊）

経営教育

経営教育（management education）は，「経営（学）に関する教育」と「経営者（候補）に対する教育」という2つの意味を持つ。前者の代表は，ビジネススクールにおけるMBA（Master of Business Administration: 経営学修士）教育であり，経営戦略，組織行動，人的資源管理，マーケティング，会計，

ファイナンス等を体系的に教育することを目的とする。方法論としてのケースメソッドの使用，基礎能力としてのロジカルシンキング（論理的思考力）の重視などの特徴を持つ。

MBA教育に対しては，1980年代初期『エクセレント・カンパニー』（邦訳，2003）の著者ピーターズ（Peters, T.）＆ウォーターマン（Waterman, R.）が指摘した「分析麻痺症候群」という批判や，2000年代になって『MBAが会社を滅ぼす』（邦訳，2006）という著作のある戦略論者ミンツバーグ（Mintzberg, H.）の主張も確認しておかなければならない。後者の代表例は，GE（ゼネラル・エレクトリック社）のクロトンビルで行われるリーダーシップ研修であろう。また，日本企業においては，経営者候補に新規事業や海外子会社などの厳しい現場（いわゆる「修羅場」）の経験をさせることを通じた教育もしばしば行われている。

引用・参考文献
ヘンリー・ミンツバーグ（2006）『MBAが会社を滅ぼす』池村千秋訳　日経BP社
トム・ピーターズ，ロバート・ウォーターマン（2003）『エクセレント・カンパニー』大前研一訳　英治出版

（中西　晶）

経営戦略

企業が存続・発展するための分析・計画・実行の方策全般であり，具体的戦術を選択し，経営目標を達成するために活用される。一般に，競争を展開する事業範囲を決定し，そこに経営資源を獲得配分していくための企業戦略と，選択された事業範囲において持続的な競争優位を確立していくための事業戦略に大別される。

ポーター（Porter, M.）は市場の選択とそこでのポジショニングが戦略の要諦であるとしたが[1]，バーニー（Barney, J. B.）らは，組織・人・プロセスといった，企業が保有する資源や能力から価値を創出することが成功の源泉である[2]とした。

戦略とは，このように企業の内外環境の分析結果を前提として企画実行されるものと捉えられてきたが，ミンツバーグ（Mintzberg, H.）らは意図されたものと，創発されたものが相互作用して戦略が形成されていると，実行段階における学習の重要性を指摘した[3]。

近年の経営戦略は，市場や技術の変化に合わせて絶えず資源や能力を再構成していくダイナミック・ケイパビリティ理論や，不確実性を事業の潜在的な機会と捉え，柔軟で合理的な意思決定によって事業価値を創出するリアル・オプションに代表されるように，激しい環境変化を前提とした理論へと発展を見せている。

引用・参考文献
1　Porter, M. (1980) *Competitive Strategy*.（土岐坤・服部照夫・中辻万治訳『競争の戦略』ダイヤモンド社 1995）
2　Barney, Jay. B. (1996) *Gaining and Sustaining Competitive Advantage*.（岡田正大訳『企業戦略論（上・中・下）』ダイヤモンド社 2003）
3　Mintzberg, H., Ahlstland, B., & Lanpel, J. (1998) *Strategy Safari*.（齋藤嘉則訳『戦略サファリ』東洋経済新報社 1999）

（大野弘嗣）

経営理念

経営理念とは，「組織体を貫く経営の基本的価値信条や行動原理」のことである。経営理念は，創業者などの価値観や信念を反映し，組織全体に浸透した組織成員の行動原理として機能する概念であるとされる（三井，2010）。

経営理念の機能には，社会適応機能と企業統合機能がある。社会適応機能とは，①企業の存在意義や事業姿勢を企業内外に示すこと，②将来への経営ビジョンを明らかにし，将来展望をもたらすことである。一方，企業統合機能は，③経営目的や具体的指針を示し，従業員全体の一体化をもたらすことである。企業統合機能には，組織文化の良質化，従業員の動機づけ，行動規範などに関連しているため，組織の従業員の働き方に影響を及ぼす

と考えられている（鳥羽・浅野，1984，など）。

経営理念には以上のような機能があるため，組織全体に浸透し定着していることが，企業成長や企業存続に多大な影響を及ぼすと理解されている。そのため，多くの企業では，社是，企業理念，ビジョンなどといった名称で経営理念が掲げられている。

引用・参考文献
三井泉（2010）「経営理念研究の方法に関する一試論」『産業経営研究』32, 93-106.
鳥羽欽一郎・浅野俊光（1984）「戦後日本の経営理念とその変化―経営理念調査を手がかりとして」『組織科学』18(2), 37-51.

（小玉一樹）

経験学習

人材開発・育成領域における「経験学習」とは，実際の業務経験を通じて知識やスキルを獲得し，能力を形成することを意味し，コルブ（Kolb, D. A.）の提唱した「経験学習モデル」が研究・実践の双方で長らく注目されている。

このモデルは，①置かれた状況の中で具体的な経験をし（具体的経験），②その経験を多様な観点から内省し（内省的観察），③他の状況でも応用できるように一般化・概念化して仮説や理論に落とし込み（抽象的概念化），④その仮説や理論を新しい状況下で実際に試す（能動的実験）という4つの段階を循環する個人の学習プロセスである（Kolb, 1984）。

ビジネスパーソンの業務遂行に必要な知識やスキルの多くは体系化されておらず，常に変化しているため，状況に合った対応策を自ら見出し，実践に活かすことが必要になる。自らの業務経験を内省し，概念化することを通じた学習の重要性を指摘する「経験学習モデル」は，ビジネスパーソンの能力形成に重要なプロセスである。

引用・参考文献
Kolb, D. A. (1984) *Experiential learning:Experience as the source of learning and development*. EnglewoodCliffs, NJ: Prentice Hall.

（伊勢坊綾）

経験価値

主に消費者行動やマーケティングの分野で使用される概念である。経験価値マーケティングを提唱したシュミット（Schmitt, B. H. 1999）[1]は経験「experiences」をその最重要概念としている。シュミットによれば，経験は外部刺激に反応する個々人の主観的な事象や出来事である。これら反応には行動のみならず，知覚や感情など外部から不可視的な要因も含まれる。

シュミットはこれらの刺激に対する反応を経験としながらも経験価値とまでは言及していない。外部刺激そのものを価値と捉え消費者行動に影響を与える重要な要因として整理し戦略的経験価値モジュール「SEM」にまとめた。SEMではSENSE（感覚的），FEEL（情緒的），THINK（知的），ACT（行動的），RELATE（関連的）の5つの経験価値が示されている。

人材育成の立場からもこの経験価値の概念は有効である。「習うより慣れろ」は経験価値をシンプルに表した言葉である。ただし，人材育成の場では外部刺激に反応する個々人の主観的な事象や出来事を教育や訓練の目標に落とし込めるかどうかがカギとなる。このため常にフィードバックを繰り返し，目標に近づけるよう修正することが重要である。

引用・参考文献
1 Schmitt, B. H. (1999) *Experiential marketing: How to get customers to sense, feel, think, act, and relate to your company and brands*. New York: Free Press.

（池崎宏昭）

形式知

言葉や数字で表すことができ，厳密なデータ，科学方程式，明示化された手続き，普遍的原則などの形で，たやすく伝達・共有する

ことができる。暗黙知を取り除き、表現や説明ができる知識のことを指す。

知識全体の中では、説明ができる形式知は部分的なもので、暗黙的なものが多く、他人に伝達や共有することが難しい。

野中郁次郎と竹内弘高は、形式知と暗黙知の相互作用が企業の知識創造のカギになると、SECIモデルを提案している。このモデルは、共同化・表出化・連結化・内面化のスパイラルを経ることで、個人のレベルから課、部、部門、組織へと知識を上昇・拡大をしていくプロセスとも説明している。

引用・参考文献
野中郁次郎・竹内弘高(1996)『知識創造企業』東洋経済新報社

(神林ミユキ)

ケイパビリティ

ケイパビリティという用語が経営や人材育成の分野で用いられる際には、大きく2つの意味を持つ。

1つは、アマルティア・セン(Sen, A.)による潜在能力アプローチで用いられた、個人が達成し得る機能の様々な組み合わせである潜在能力(Capabilities)を指す。センは、富や効用を重視する伝統的なアプローチを見直し、潜在能力が奪われた状態が貧困であり、潜在能力を拡大するプロセスが開発であるという新たな視点で、公共策の評価や策定、福祉経済に影響を与えた。

もう1つは、正解のない課題や、課題そのものを見つけなければならないときの状況即応的な対応のことを意味し、経営学ではこの意味から派生した、情報を基盤にした企業独自の能力のことを指す。これは、模倣することや売買することが難しい企業の財であり、リソースとともに戦略的経営の基盤となるものとされている。

引用・参考文献
Sen, A. (1985) *Commodities and capabilities*. Elsevier Science Publishers. (鈴村興太郎訳『福祉の経済学－財と潜在能力－』岩波書店 1988)
Sen, A. (1999) *Development as freedom*. Oxford University Press. (石塚雅彦訳『自由と経済開発』日本経済新聞社 2000)
高橋宏幸(2011)『現代経済入門』有斐閣ブックス

(神林ミユキ)

原因帰属

原因帰属とは、行動の結果の原因を何に求めるかということである。複数存在する帰属理論の中、最も影響力を持ちかつ広く知らされているのがワイナー(Weiner, 1987)の帰属モデル(表)である。彼は個人の達成行動において、一般的に認知される原因を能力、努力、課題の難易度および運の4つにまとめることができると主張し、さらに、異なる要因に帰属することで、その後の個人の感情変化ならびに行動に大きく影響を及ぼすと指摘した。例えば、失敗の努力帰属はコントロール可能(内的要因)で可変的(不安定的要因)であるため、モチベーションへの負の影響が小さく、合理的な帰属行動とされている。一方、失敗を内的で安定的要因の能力に帰属する場合、自己効力感の喪失や学習的無力感の醸成につながりやすく、比較的非合理的な帰属行動であるという。

Weinerの2次元4要因モデル

安定性	統制の位置	
	内的	外的
安定	能力	課題の難易度
不安定	努力	運

引用・参考文献
Weiner, B. (1979) A theory of motivation for some classroom experiences. *Journal of Educational Psychology*, 71(1), 3-25.
Weiner, B. (2013) *Human Motivation*. Taylor & Francis.
Weiner, B., & Kukla, A. (1970) An Attribution Analysis of Achievement Motivation. *Journal of Personality & Social Psychology*, 15(1), 1-20.

(徐　毅菁)

研究開発要員

研究開発業務に携わる人材。研究者の定義

は研究開発統計の国際基準『フラスカティ・マニュアル』によって定められているが、世界各国において個別具体的な研究者の定義がなされている。わが国において、総務省統計局や文部科学省による定義では「研究開発」とは「事物・機能・現象等について新しい知識を得るために、または、既存の知識の新しい活用の道を開くために行われる創造的な努力及び探求」及び「学術的な研究のみならず製品開発、既存製品の改良及び生産・製造工程に関する開発や改良に関する活動」とされている。また、「研究開発者」とは「大学（短期大学を除く）の課程を修了した者、またはこれと同等以上の専門知識を有する者で、特定のテーマをもって研究開発を行っている者」を指すことが多い。

研究開発活動には、新しい知識を得るための理論的・実験的研究を主とする「基礎研究」、基礎研究によって発見された知識を利用し実用化の可能性を確かめる研究を主とする「応用研究」、基礎・応用研究から得た知識を利用して新しい装置等の導入や既存装置等の改良を狙う「開発研究」がある。21世紀に入り、先進諸国は知識基盤社会へと変貌したことから、わが国においても彼・彼女らの様々な知識や発想に基づくイノベーションが促進されることが期待されている。

引用・参考文献
科学技術・学術政策研究所（2014）『民間企業の研究開発活動に関する調査報告 2013』
文部科学省（2014）『平成26年版 科学技術白書』（http://www.mext.go.jp/b_menu/hakusho/html/hpaa201401/1340515.htm）
総務省統計局（2016）『平成28年科学技術研究調査』

（田中秀樹）

限定社員

労働契約の内容として雇用期間、担当職種・職務、勤務地、労働時間等が限定された社員のことである。期間の定めのない雇用契約を結び、様々な部署・職務への異動・配置転換があり、日本全国だけでなく海外にも転勤することがあり、所定時間外労働をすることが前提となっている無限定（正）社員に対比される概念である。

契約社員、パートタイマー、嘱託などいわゆる非正規社員は限定社員に該当するが、今日注目されているのは限定「正」社員である。労働力人口の減少に対応して多様な人材が労働市場に参入する必要があるが、育児や介護などの家事責任を担う者、体力の減退した高齢者など、様々な制約から従来型の無限定正社員と同じようには働けない労働者層があり、また、それとは別の観点から多様な働き方、限定的な働き方、専門化した働き方自体を望む労働者が増えている。

中堅・大企業にはこれまでも限定正社員の制度は存在したし、中小・零細企業の場合は仕組みというよりも、実態として職種・職務や勤務地が限定されることが多いのだが、これからは限定正社員の意図的かつ積極的な活用が求められる。

（谷田部光一）

現場中心主義

「現場中心主義」とは、1970年代半ばから1980年代半ばにかけての「人的資源管理」の時代の"マネジメント（管理監督者）"による、中長期にわたる、「現場を中心とする人材育成」のことである。

「現場中心主義」は、「人材マネジメントシステム（資格等級制度、昇進・昇格制度、技能検定制度、等）に基づいた、部下への「権限移譲」や「人材開発体系（階層別、職能資格別、研修プログラム等）」に基づいた、日々の仕事や活動における、OJTを通しての「管理監督者」による、"マンツーマン"の"直接的指導"が特徴といえる（花田、1984年）。

日本固有の"文化的背景"としての、"人は価値ある資源"との概念の下、その「資源

価値」向上に向けての"ミーティング（問題解決や情報共有）"や"しつけ・規律"の指導，"QCサークル"や"小集団活動"，等の機会を通しての「技能レベル」の"深化"と"幅の拡大"をはかった。その結果，従業員の「保有能力（潜在価値）」を"最大限"に引き出し，「作業」や「品質」の改善につながった（花田，1984年）。

引用・参考文献
花田光世（1984）「日本的経営論から日本型経営論へ：海外日系企業における日本型経営の展開（第Ⅱ部）」『産業能率大学紀要』，147-174.

（前田恒夫）

コア・コンピタンス

ある企業が有する力で，自企業の競争優位の源となるものであって，他企業が容易に模倣することができない，中核的なものをいう。ハメルとプラハラード（Hamel & Prahalad, 1994）が提唱した概念である。

ここでいう「力」は組織能力を指すが，具体的には企業の有する技術やノウハウ，開発・生産や販売などのしくみ，組織文化などを指すことが多い。とりわけ，経営資源を活用して新たな知識を生み出すことのできる能力や，その結果，生み出された知識が重視される。また，1つの企業に複数あり得るものとされる。

コア・コンピタンスの要素として以下の5つがある（与那原，1996）。すなわち，「単独のスキルや技術でなく，それらを束ねたもの」「資産ではなく，企業組織において様々な学習が蓄積されたものであって，暗黙知と形式知の両方から成るもの」「顧客に基本的な便益を提供することを可能にし，顧客の認知する価値に大きく寄与するもの」「稀少で，競争相手に簡単に模倣されないようなもので，競争相手との差別化につながるもの」「多様な新製品や新サービスのもととなるものであって，新規参入の基盤を提供してくれるもの」である。

引用・参考文献
Hamel, G., & Prahalad, C. K. (1994) *Competing for the future*, Harvard Business School Press.（一條和生訳『コア・コンピタンス経営』日本経済新聞社 1995）
小出琢磨（2014）「組織能力論におけるコア・コンピタンス論の位置づけ」『経営行動科学学会第17回年次大会発表論文集』pp.41-46.
与那原建（1996）「コア・コンピタンス論の検討」『琉球大学経済研究』第52号 pp.83-100.

（石毛昭範）

コア人材

組織を構成する人材の中で「コア（中核的）人材」という特定の人材グループが世界的にも注目されるようになったのは，アトキンソン（Atkinson, J.）の組織の柔軟性とマンパワー戦略に関する概念モデルが嚆矢であろう。環境変化に対して組織が柔軟性を担保するために従業員は2つに大別される。「機能的柔軟性」に関係し，仕事と活躍範囲との間を迅速かつスムースに移動できる「中核グループ人材」，そして「数量的柔軟性」に関係し，労働需要の変化に従って迅速かつ容易に頭数が増減できる「周辺グループ人材」に分けられる。

一方，日本では戦後の高度成長期の時代から正規従業員（いわゆる正社員）と補助的な非正規従業員（パートや季節労働者など）という人材の二重構造が存在していたが，1995年に日本経営者団体連盟（当時，現日本経済団体連合会）が提唱した「雇用ポートフォリオ」の中で「長期蓄積能力活用型」として扱われる中核的人材とそれ以外の多様な雇用形態の人材の活用が議論され，「人材ポートフォリオ」の概念に発展していった。そして，今日ではコア人材の才能（タレント）に注目し，こうした人材を獲得，育成しリテンションを図るタレントマネジメントの概念に進化した。

引用・参考文献
Atkinson, J. (1984) Manpower strategies for flexible

organizations. *Personnel Management*, 16, August, 28-31.
日本経営者団体連盟（1995）『新時代の「日本的経営」』

（藤本雅彦）

構造化面接

　構造化面接（structured interview）とは，被面接者すべてに対して均一に，あらかじめ設定された評価項目，評価基準，質問項目，質問順序などに従って行われる面接のことである。様々な調査研究において活用されているほか，カウンセリング，採用面接などでも取り入れられている。質問および評価を各面接者に任せる非構造化面接（自由面接）に比べ，面接者間での評価を安定化させることができる。また，採用面接においては，あらかじめ，欲している人材像を明確化し，質問および評価を設計しておくことで，被面接者がその人材像にマッチしているかを客観的に確かめることができる。

　一方，既定の質問項目，質問順序で進められるため，面接が硬直的，表面的となる。それにより，被面接者に機械的で温かみがないとの印象を与え，面接のリクルーティング効果（被面接者に企業をアピールする効果）を低減させるおそれがある。半構造化面接は，あらかじめ質問および評価を設定しておくが，被面接者の回答に応じて，各面接者が質問順序の変更，質問項目の追加などを行うことができる。ただし自由度が増す分，構造化面接の長所を十分に得ることができない。

（志村光太郎）

公的支援制度

　何らかの問題や課題を抱える個人や民間企業が，国や地方自治体などの公的機関による支援を活用できるように整えられた制度のこと。融資や助成などの経済的な支援が主たる内容であるが，各種情報提供やセミナーの開催，専門家の派遣などの人的な支援も公的支援として含まれる。公的支援制度の内容は，個人や企業の多様なニーズに応じて有効に活用できるように幅広く整えられており，医療，育児，介護，福祉，教育，就職，経営，文化芸術など多岐にわたる。

　例えば，経営に関する公的支援では，起業や新分野進出という経営革新などの課題に対して，融資に加えて，オンラインでの情報提供や経営相談，雇用や人材育成に関する支援が行われている。また，日本では，1995年に発生した阪神淡路大震災を教訓に「被災者生活再建支援法」が1998年に施行され，大規模な自然災害による被災者に対する公的支援も行われている。ただし，各公的支援制度の内容は毎年度の見直しにより変更や，同一年度内においても追加が行われる支援もある。

（堀井希依子）

公的資格

　公的資格とは，所管官庁や大臣などによる公的な認定がなされる資格のことである。資格をその認定者により分類すると，国家資格，公的資格，民間資格に分けられる。国家資格とは国が認定する資格であり，医師，税理士など法令により定められた資格である。これに対して，公的資格は民間団体や公益法人が実施し，官庁や大臣が認定する資格で，国家資格に準ずると考えられる。公的資格には簿記検定，ビジネスキャリア検定や販売士などが該当する。民間資格は，民間団体が独自の審査基準により認定する資格で，TOEIC®などの英語試験やPCプログラミング検定などが該当する。

　このように公的資格は国家資格と民間資格の中間に位置づけられる資格といえるが，資格の知名度，信用度や評価は個々の資格によって異なり，国家資格，公的資格，民間資格の序列通りになっているとはいえない。ただ民間資格の中には評価されていないものもあり，玉石混交という状況がある。公的資格は

国家試験に準じ，所管官庁が認定するため，すべての資格で一定水準が保たれている。しかしながら，公的資格が必ず就職などにおいて有利に働くといった社会的に有効な資格であるとはいえない。

〔宮下　清〕

高等教育機関（institutions of higher education）

現在日本で，「高等教育」という制度概念を用いる場合には，公的にはつぎのような条件を備えた教育機会を指すものと考えることができよう。
(1)「学校教育法」に規定されている学校によって提供されている教育機会のうちで，
(2)原則として12年間の学校教育の修了（高等学校卒業）または大学入学資格検定試験等による資格を入学資格要件とし（ただし，この要件を満たしていない場合にも資格を認定する制度がある），
(3)少なくとも2年以上の学習年限と教育課程を有し，
(4)その課程を修了することによって一定の資格，称号，学位を取得することのできる，
(5)中高教育段階以後の組織的な教育機関
を指す。

具体的には大学（大学通信教育，大学院を含む），短期大学，高等専門学校（第4，5学年）によって提供されている教育機会のことを指している。1980年代以後はこのような法制上の慣行にこだわらずに中等教育修了段階以後の教育機会を提供している専修学校（専門課程），各省庁所管の大学校や職業訓練校なども含めるようになった。

〔石川孝子〕

行動特性

特徴的な行動のパターンを類型化し，多くは優れた成果を生み出すための行動の特性のことである。業務など人材評価で高い成果を出す人の行動特性や行動の特徴など共通した行動パターンやフレームワークなどがある。1970年代から学歴や知能レベルが同等の外交官に業績の差が出るのはなぜかを研究し，知識，技術，根源的行動特性を含む広い概念として捉えることもある。

また，企業などで人材育成や優れた成果を生み出すための行動を指すコンピテンシー（competency）を行動特性という場合もある（McClelland, 1973：Spencer, 1993）。高い成果に結びつく従業員の行動特性を分析し，行動特性をモデル化して従業員全体の質の向上を図る。行動現象形態で評価するため評価と会社への貢献度をリンクさせている。さらに，人間の行動特性の肉体的・精神的な性質を分析し，それを機械や製品の設計，作業環境，生産工程などに適用する人間工学分野でも行動特性は応用されている。安全性と能率の向上を目指した人間工学（ergonomics）などの分野でも行動特性は用いられている。

引用・参考文献
藤永保監修（2013）『最新心理学事典』平凡社
McClelland, D. C. (1973) Testing for Competence rather Than Intelligence. *American Psychologist*, 28(1), 1-40.
Spencer, L. M., & Spencer, S. M. (1993) *Competence at Wrok: Model for Superior Performance*, New York: John Wiley &Sons. Inc. (梅津祐良・成田攻・横山哲夫訳『コンピテンシー・マネジメントの展開』生産性出版 2001)

〔中村誠司〕

行動変容

一義的には個人の行動や，その行動の基となる様式などが変化することである。人材育成や組織行動の文脈では，組織における他者からの働きかけや，研修などの成果としてもたらされる行動の変化を特に指すことが多い。

例えば，カークパトリックによる「4段階の研修評価モデル」では，その第3段階の効果として「Behavior（行動）」（への影響）が設定されている。研修で学んだ内容を，実際

に自分の仕事に活かすことができているかという観点において行動変容を捉えたものである。

ほかの側面としては，行動変容のプロセス（内的変化）を追究し，それを意図的に促すような心理学的なアプローチも挙げることができる。米国のナショナル・トレーニング・ラボラトリー（NTL）が提供してきた「ラボラトリー方式」という訓練（T-グループともいう）などはその一例であり，その後，組織開発論の礎を担ったものとして知られる。

また，他者からの働きかけを必ずしも前提とせず，行動や考えを自ら省察し，それをもとに自身を変革していくことを，成人学習の過程として提示しているものもある。メジロー（Mezirow, J.）のTransformative Learning（変容的学習）やコルブ（Kolb, D.）のExperiential Learning（経験学習）モデルなどがこれにあたる。

引用・参考文献
ベニス，W. G.・シャイン，E. H.（1969）『T.グループの理論〈第2〉』岩崎学術出版社
Kirkpatrick, D. L. (1994) *Evaluating training programs: The four levels*. Berrett-Koehler Publishers.
Kolb, D. (1984) *Experiential learning: Experience as the source of learning and development*. Pearson Education.
中村和彦（2015）『入門 組織開発』光文社
ジャック・メジロー（2012）『おとなの学びと変容—変容的学習とは何か』金澤睦・三輪建二監訳 鳳書房

（坂田哲人）

公平意識

組織が競争優位を実現するためには，経営者と従業員との信頼関係が必要だといわれている。これらの信頼関係を築くためには，経営者は従業員に対して公正・公平に，矛盾なく振舞うことが必要である。では，従業員は実際にどういうときに公平意識を感じるのだろうか。

レーベンタール（Leventhal, 1980）は，従業員が持つ公平意識は2種類あると述べている。1つめはどのように報酬が分配されるかに関する分配的公平（Distributive justice）である。従業員が報酬を受け取るときに，公平意識を持つのは，その報酬が自らの貢献に応じて分配されている時，事前に約束されていた分だけ受け取る時，自らが必要とする分だけ受け取る時の3つであると言われている。

2つめはどのような手順で経営者の意思決定や執行手続きが行われるかに関する手続きの公平（Procedural justice）である。経営者の意思決定やその執行手続きが公正で首尾一貫しており，透明で，非差別的で，従業員の見方やニーズを適切に考慮しているときに，従業員は公平意識を持つといわれている。

引用・参考文献
Leventhal, G. S. (1980) What should be done with equity theory? *Social Exchange*, 27-55. New York: Plenum.

（小西由樹子）

交流分析

交流分析（Transactional Analysis：TA）は，米国の精神科医エリック・バーン（Berne, E. 1910〜1970）によって創始された人間行動に関する理論体系とそれに基づく心理療法。現在では医療以外に，カウンセリング，教育，経営，子育て，介護・看護など幅広い領域で活用されている。自発性の増加，親交・親密な人間交流と生活スタイルの実現を目的としている。

交流分析では通常，次の4種類の分析を行う。①構造分析：人は心の中に親（P），成人（A），子ども（C）の3つの自我状態があり，個人により，また状況に応じて優位となる自我状態が異なるとの前提で分析する。②やりとり分析：対人関係における具体的なやりとりを，(P)，(A)，(C) 間のベクトルで図式化することによって，好ましくない交流に気づき，交流様式の改善を図る。③ゲーム分析：心理ゲームともいう。無意識に非生産的なやり方で他人を操作したり，破壊的な結末を招くような交流様式。④脚本分析：脚本と

は，幼時に親たちを中心とする周囲の影響のもとで発達し，その後の人間関係を含めた体験によって強化された無意識の人生プログラムをいう。脚本の内容を知り，それから脱却し，新しい人生を歩み出すことが交流分析の最終的な目的とされる。

（小川正治）

高齢化

　高齢化とは，国や地域の人口に占める高齢者の比率が高まることを指す。しかし，わが国の高齢化は，長寿化と少子化が組み合わさった結果と捉えることができる。わが国の高齢者人口は，団塊の世代が65歳以上となった2015年に3,392万人となった。この団塊の世代が75歳以上となる2025年には，高齢者人口が3,657万人に達すると見込まれている。その後も高齢者人口は増加を続け，2042年に3,878万人でピークを迎え，2043年以降に減少に転じると予測されている（内閣府，2016）。

　高齢者比率の上昇によって懸念されることは，生産活動に参加する人の割合の低下と，経済全体としての供給力不足から生じる国民一人ひとりの生活水準の低下である。このような超高齢社会のカギとなるのが生涯現役社会という考え方である。これは，年齢を重ねてからも個々の事情や意欲に応じて，誰もが何らかの仕事を続けられる社会の実現を目指した考え方である。将来に向けて，個々人が新しい働き方を志向し，社会がそれらを受容し変わっていく必要があるといえるであろう。

引用・参考文献
内閣府（2016）『高齢社会白書平成28年版』日経印刷

（小玉一樹）

コーチング

[意味・定義]

　組織や個人の目標を達成させるために，対話を通して，すでに意識として持っている課題や問題，その対策を表面化し，その気づきや意識を行動の変化，組織の活性化につなげることを支援するプロセスである。

[コーチングのポイント：効果的な質問力]

　コーチングを受ける者（クライアント）に潜在している意識・考えを表面化させるだけでなく，継続的改善に導くための残存効果を残すことも必要なため，環境・状況などを踏まえた「効果的かつ有効な質問をする力」，すなわち幅広い知識，経験，判断力が必要である。

[コーチングの留意事項]

　一般的にコーチングを企画・依頼する者と実際にコーチングを受ける者が異なる場合が多く，受講者がコーチングの価値を見出せず，形式的な場になる可能性もあるため，コーチングの目的，本人のありたい姿（本音），組織やチームのありたい姿を結びつけ，コーチングを受けること自体のモチベーションを向上させる必要がある。

（海老澤剛）

個性の尊重

　人は多くの性格を持っている。それらの性格は時，場所，状況により強さ順序を変えて表れるため，本人が認識している自分の性格と他人から見た性格に違いがあり，一致しているのは4つの領域の内の1つであるとジョハリの窓でもいっている。性格は長所，短所という言い方もされる。個性の尊重は短所をそのまま尊重するという意味ではない。性格は生まれた時の性格が一生続くのではなく，経験，知識，理性，意志の強さ等により変化する。またそのことを活かし，周囲から働きかけ変化を促すことも可能であるから，個性の尊重とはその人のすべての性格を理解し受け入れ，本人が自分の短所に気づき改善しようと努力する心を育てることである。自分の能力を十分評価してもらうためにも短所を長

所に変える努力は必要である。そのためにも，お互いが相手の個性を尊重することが重要となる。

（柳澤由伽理）

子育て支援

子育て世代の人々が子育てをしやすくなるための支援のしくみや工夫・環境の整備などをすること。経済的な優遇措置や，仕事と子育ての両立が可能になるための休暇制度等がある。

次世代育成支援対策推進法では，子育ては家庭だけではなく，社会全体で担っていくとの考えから，国や地方自治体，企業，地域社会等，すべての社会において子育て支援を推進していくものと位置づけられている。

特に雇用環境の整備として，育児休業取得率増加のための休業給付，円滑な職場復帰，託児施設の充実等が子育て支援の方策として挙げられている。労働時間の短縮も子育てとの両立には欠かせないため，子育て支援はワーク・ライフ・バランスの推進の1つとして，国や企業で取り組みがなされている。

育児休業取得率は，女性に比べ男性が極めて低いことから（2015年度，女性は81.5％，男性は2.65％），男性の育児を促進する国主導の社会的なムーブメントとして「イクメンプロジェクト」がある。また「イクボス」は，育児と仕事の両立をする部下を理解し，支援する上司（ボス）のことである。社会的に子育て支援関連の動きや造語が増え，働く場での子育て支援の重要性が高まっているといえる。

引用・参考文献
厚生労働省（2016）「平成27年度雇用均等等基本調査」

（谷　俊子）

個の尊重

これまでの企業は同じ場所に全員が集まり，同時に仕事を行うやり方をとって来た。現在においては子育て，介護，障害を持っている等により，これまでの枠組みでは働けない人が大勢いる。これらの人々に働いてもらうためには，個々の置かれている状況を理解し，どのような点を改善すれば良いかを考える個の尊重が必要となる。このことは企業においても能率，効率，生産性を高めるための見直しのチャンスでもある。

また個である従業員は全体である企業の一員であることを忘れてはいけない。そのため，有給休暇等を積極的に利用し健康管理に気をつかうと共にスポーツ，ボランティア等を通し社会の一員として自分の仕事を俯瞰的に見る目を養う必要も出て来る。これらの経験は従業員の能力を成長させるものであり，従業員一人ひとりの成長は企業の成長発展にもつながっていくものである。

（柳澤由伽理）

コヒージョン

コヒージョン（Cohesion）は，凝集性ともよばれ，一般に，チームや集団としてのまとまりを示す概念として定義されている。コヒージョンに関するポイントとしては，主に2つある。それは，コヒージョンが集団のパフォーマンスに関係しているという点と，コヒージョンが複数の種類を持つという点である。

ロビンスによると，集団目標と組織目標の一致度が高い場合は，コヒージョンの高い集団の方がコヒージョンの低い集団に比べて生産的であるとされている。また，ブライアンとキャロリン（Brian & Carolyn）によるとコヒージョンは，仲間・組織・職務へのコヒージョンという3因子に分けることができ，特に職務へのコヒージョンとパフォーマンスの相関係数が最も高い値を示した。同様にサリーとキャロライン（Sally & Caroline）の研究においても，コヒージョンは，仲間・組

織・職務へのコビージョンに分けられ，職務へのコビージョンと，仲間へのコビージョンは，パフォーマンスと相関関係を持つことがわかっている。

引用・参考文献
Brian, M., & Carolyn, C. (1995) The relation between group cohesiveness and performance: An integration. *Psychological Bulletin*, 115(2), 210-227.
スティーブン P. ロビンス (2009) 高木晴夫訳『【新版】組織行動のマネジメント』(pp.184-185) ダイヤモンド社
Sally, A. C., & Caroline, P. (2000) The measurement of cohesion in work team. *Small group research*, 31(1), 71-88.

（大川浩和）

雇用調整

雇用調整は，景気低迷あるいは厳しい業績打開政策の1つとして実施される。

実質的には従業員数をどう削減するか，解雇するかに運用意図がある。企業の経営業績の上昇を目指す姿勢は基本的なものであるが，反面，苦境の時期に直面する場合もあり得る。現状の回復を図る際，人件費のコストダウンに踏み切るが，これが雇用調整の実施となる。おおよそ，次の6つの段階を経て，実施される場合が多い。

第1段階：残業規制　第2段階：中途採用の削減・中止，新規学卒者の採用削減または中止　第3段階：パートタイマー，臨時・季節労働者の再契約停止または解雇　第4段階：配置転換・出向・派遣・転籍　第5段階：役員報酬・管理職給与のカット　第6段階：希望退職者募集，退職勧奨，指名解雇。

日本企業における解雇措置は，今日までの企業内労使関係を背景にして，慎重に取り組まれてきたといえる。米国のレイオフ制度（一時解雇制）の早急な実施と対照的である。

引用・参考文献
服部治 (2005)『現代経営行動論』晃洋書房

（服部　治）

雇用の流動性

雇用の流動性の定義は多様である。最も包括的な定義としては「労働移動の活発化」が該当するとされるが，対象の労働者を正規労働者，非正規労働者とするのか，労働移動の指標を勤続年数，定着率（離職率），転職率のいずれで判断するのかにより，捉え方が異なってくる（大田，2002）。一般的には企業間の労働移動が前提とされるが，同一企業内（あるいは企業グループ内）の事業場間異動，部署間異動が含まれる場合もある（山田，2016）。

雇用の流動性と経済の活性化の議論については，正と負の影響が生じるが，それぞれ論拠がある。流動性が低いと，労働者が衰退産業に滞留し，成長産業に移動しないことが問題とされる。他方，流動性が高まれば，企業は労働者への教育訓練を怠るのではないか，という指摘がある。

実際には，雇用の流動性と経済の活性化の関係には多くの研究蓄積があるものの，一般論として明確に一致した研究結果があるわけではない。経済の活性化に寄与するのは成長産業の付加価値創造プロセスによる労働移動であり，停滞部門のコスト削減プロセスによる労働移動は寄与しない，という主張（山田，2016）が現段階で有力な説明であろう。

引用・参考文献
大田總一 (2002)「労働市場の流動化とは何か」『日本労働研究雑誌』501, 2-6.
山田久 (2016)『失業なき雇用流動化―成長へのあらたな労働市場改革』慶應義塾大学出版会

（石山恒貴）

コンピテンシー

コンピテンシーが導入される背景として，企業の業績主義導入がある。人事評価結果で，処遇での職員間の格差を大きくすればするほど，人事評価の客観性が厳しく求められる。そこで，「業績評価基準」と適切な手続きに基づいて整備された「能力評価基準」（コン

ピテンシー）が必要となった背景がある。

コンピテンシーとは，高業績者に共通してみられる行動特性のことであり，「ある職務や役割において優秀な業績を発揮する行動特性」をいう。コンピテンシーを設定するにあたっては，組織内で高い業績を上げている職員に対してインタビュー等を行い，その専門技術・ノウハウ・基礎能力等を細かに調査・観察し，どのような要因がその職員をして「高い業績を挙げる職員」にしているのかを明らかにするものである。

このコンピテンシーを行動基準や評価基準に活用することにより，組織の全職員の行動の質を上げて，組織全体の業績向上を図るものである。

また，以下の効果も考えられる。
人材育成指導基準として活用
　　　　　　→ 全職員の行動の質を高める
ノウハウやコツの共有化を図る
　　　　　　→ ナレッジマネジメントの実践
能力評価基準の明確化を図る
　　　　　　→ 客観的な能力評価のための指針

（小林文雄）

コンフィギュレーショナル・アプローチ

コンフィギュレーショナル・アプローチとは，戦略的人的資源管理論におけるタイプ分類の1つである。戦略的人的資源管理論とは，端的に言えば，人的資源管理施策と会社業績のつながりのブラックボックスの解明をめざす研究領域である（Becker & Huselid, 2006）。

戦略的人的資源論の理論的アプローチは，ベストプラクティス・アプローチ，コンティンジェンシー・アプローチ，コンフィギュレーショナル・アプローチの3つのタイプに分類される（岩出，2002）。

ベストプラクティス・アプローチとは，いかなる企業においても会社業績の向上に寄与する普遍的で最善な人的資源管理施策が存在するという考え方であり，コンティンジェンシー・アプローチとは，それぞれの企業の経営戦略の違いに適合した人的資源管理施策が存在するという考え方である。

これに対し，コンフィギュレーショナル・アプローチとは，人的資源管理施策と経営戦略との関係（外的整合性）と同時に，企業内部の人的資源管理施策間の整合性（内的整合性）に着目した概念であり，ベストプラクティス・アプローチとコンティンジェンシー・アプローチの流れをくみ，さらに進化させた洗練された概念（奥寺，2010；鳥取部，2009）と考えられる。

引用・参考文献
Becker, B. E., & Huselid, M. A. (2006) Strategic human resource management: Where do we go from here? *Journal of Management*, 32(6), 898-925.
岩出博（2002）『戦略的人的資源管理論の実相—アメリカSHRM理論研究ノート』泉文堂
奥寺葵（2010）「戦略に対応したHRMの有効性—戦略的人的資源管理の理論的枠組」『千葉商大論叢』47(2), 131-149.
鳥取部真己（2009）「戦略的人的資源管理論の展望に関する一考察」*NUCB journal of economics and information science*, 53(2), 173-183.

（石山恒貴）

再雇用制度

再雇用制度は，「定年に達した定年年齢に到達した者をいったん退職させた後，再び雇用する制度」である。2006年4月の改正高年齢者雇用安定法の施行に伴い，企業は従業員の65歳までの雇用確保のため，定年年齢の引上げ，継続雇用制度の導入，定年の定めの廃止のいずれかの措置をとることが義務づけられた。

継続雇用制度とは現に雇用している高年齢雇用者を定年後も引き続き雇用する制度であり，勤務延長制度と再雇用制度の2つがある。勤務延長制度は「定年年齢が設定されたまま，その定年年齢に到達した者を退職させることなく引き続き雇用する制度」で，原則として仕事内容や賃金水準があまり変化しない。

一方，再雇用制度は，いったん退職した後

で労働条件や処遇の変更（賃金水準の低下など）を伴うことが多い。そのため，労働意欲の低下が懸念される。ほとんどの多くの企業は60歳定年制と再雇用制度の組合せを採用している。その理由として，再雇用制度は賃金を分かち合うことで高齢者雇用を確保できるため適応が容易なことにある。定年前後で仕事が同じ場合は，賃金格差を生じる問題を抱えているため，職責の変更が必要となる（八代2011）。

引用・参考文献
八代充史（2011）「管理職への選抜・育成から見た 日本的雇用制度」『日本労働研究雑誌』606, 20-29.

（岸田泰則）

採用戦略

採用とは必要な人材を必要な数，労働市場から調達してくることであり，採用戦略とは必要な人材を効果的・効率的に労働市場から調達してくるための戦略である。採用戦略を規定するものとしては，経営戦略，内部労働市場，外部労働市場，企業の体力，人事戦略など様々な要因がある。

経営戦略は，採用戦略の最も基本的な要因である。必要な人材とは何か，そして何人必要かは，そもそも当該組織の戦略によって決まるためである。経営戦略が変われば，必要な人材の質も数も変化することとなる。内部労働市場については，必要な人材であったとしても，その人材がすでに組織内で充足している場合には，外部からの採用は必要なくなるため，内部労働市場の状況が採用に大きな影響を与えることとなる。外部労働市場については，外部労働市場で数が多く容易に採用できるか否かに関する問題である。企業の体力は，必要人材の採用・雇用にかかる資金の問題であり，人事戦略は雇用・配置・評価・処遇など採用以外の個別人事戦略である。雇用に関していえば長期雇用を採っていれば，新卒採用中心の採用戦略となるといった具合である。

（須田敏子）

採用マネジメント

日本の長期雇用システムのもとでは，従業員の採用は，新卒一括採用が重要な位置を占めている。そのため，各部署が欠員を補充するということではなく，企業の人事部が基本的に新卒採用に係る業務を一元的に管理しているのが一般的であり，優秀な新卒人材をいかに確保するかが人事部の重要な役割となっている。

具体的な採用活動としては以下の活動を指す。

・採用計画の企画立案や社内との調整
・大学や学生への採用計画などの広報（就職希望学生向けのパンフレット・Webページの作成，説明会の開催など）
・学生の選考（エントリーの受付，書類選考，筆記試験や適性検査の実施，面接，グループワークなど）
・採用者の決定
・内定から入社までの手続きや学生へのフォロー

新卒採用の場合は，日本経団連の採用に関する倫理憲章（現在は「指針」）により，新規学卒者の採用スケジュールが決まっており，これに基づき各社が行動することにより，短期間に優秀な学生を大量に採用しなければならず，その活動の一部をアウトソーシングしている企業も多い。

（亀野　淳）

裁量労働制度

ホワイトカラーで，個人の創意工夫の余地が大きく非定型的な仕事の比重の高まりを踏まえ，弾力的な労働時間制度として導入された制度で，専門業務型・企画業務型がある（事業場外労働のみなし労働時間制を含める

ことがある)。

前者は一定の専門的業務従事者について,労使協定で定めた時間をみなし労働時間として設定する。後者は企業の本社などの企画・調査といった業務の従事者について,労使委員会の決議で定めた時間をみなし労働時間として設定する。両者とも監督官庁への届出が必要で,後者は適用対象者本人の同意を要する。

みなし労働時間を法定労働時間以下の時間で設定すれば,実労働時間にかかわらず割増賃金の支払は不要で,使用者は賃金算定のための労働時間の把握義務がなくなり,労働時間と賃金の関係が切断される。しかしこの制度(特に後者)は,対象者の限定,手続の煩雑さなどからあまり活用されていない。

厚生労働省調査(2015)では,専門業務型は2.3%,企画業務型は0.6%の採用率である。また,仕事量が過大なままでこの制度を導入すれば,長時間労働を助長するおそれがあるという指摘もある。

引用・参考文献
林和彦(2004)「労働法の規制緩和論からみた裁量労働制の再検討」『季刊労働法』207, 64-74.
厚生労働省(2015)「平成27年就労条件総合調査結果の概況」
今野浩一郎(2001)「ホワイトカラーの労働時間管理」『日本労働研究雑誌』489, 48-49.
石毛昭範(2005)「ホワイトカラー・エグゼンプションに関する一考察」『産業経営(早稲田大学)』38, 23-39.
盛誠吾(1997)「変形労働時間制・裁量労働制」『季刊労働法』183, 21-36.

(石毛昭範)

サーティフィケート・プログラム

サーティフィケート・プログラムとは,「学位とは別に,特定領域の知識,能力を取得するためのまとまったパッケージとしての科目群を履修するプログラム(東北大学高等教育開発推進センター高等教育開発部, 2006)」で,大学など高等教育機関が提供する教育課程である。修士号など学位を授与するディグリー・プログラムとは違い,履修者に対してプログラムの修了を認定する履修証明(Certificate)プログラムといえる。

アメリカでは,大学院などにおけるパートタイムでの学びの形態として多様に存在し,特定職種分野の能力証明や,実務に近い内容に焦点を当てたプログラムなどが定着している。学位授与機関のみにおいても2000年ごろにはサーティフィケートの授与数は合計で30万件ほどに達している(林, 2006)。

日本では,高等教育機関が社会人教育の役割を担うことを期待し,従来からあった科目等履修生制度や公開講座等に続いて,履修証明制度(文部科学省, 2011)が創設されている。知識社会といわれる現在,日本でもサーティフィケート・プログラムの普及により学びの形態が多様化し,社会人が働きながら高等教育機関での学習を通じてキャリア形成を行う人が増えることが期待される(古俣, 2012)。

引用・参考文献
林未央(2006)「アメリカにおけるサーティフィケート・プログラムの普及:非学位課程の拡大構造」『東京大学大学院教育学研究科紀要』45, 105-114.
古俣升雄(2012)「社会人のノンディグリー・サーティフィケート・プログラムでの学習を通じたキャリア形成」『法政大学経営学研究科キャリアデザイン学専攻修士論文』
文部科学省(2011)「大学等の履修証明制度について」(http://www.mext.go.jp/a_menu/koutou/shoumei/index.htm 2017年1月14日閲覧)
東北大学高等教育開発推進センター高等教育開発部(2006)「履修証明の在り方に関する調査研究報告書」

(古俣升雄)

サブカルチャー

サブカルチャーは,1つの国社会の中で,複数のカルチャーの違いを互いに認め合いながら,共生・共存という意味合いを伴う概念であり,下位文化,副次文化,共文化,部分文化ともいう。社会科学分野におけるカルチャー(文化)は,価値観や思考・行動パターンなどを意味するが,その観点から「サブ」カルチャーの概念を定義すると,サブカルチャーは下位集団に特有な価値観や行動パター

ンといえる。

　従来は，文化には支配・被支配，上位・下位というよう主従関係が存在していたことから，支配・上位の文化を優勢とみなしていた時代もあった。国文化において優勢とされる支配的なメインカルチャーに対し，サブカルチャーは国の内部にある少数派集団の持つ固有の文化であり，例えばアメリカでは，少数派集団の人々は自分の文化を捨て，白人文化を受入れ，同化していくことが求められていた。

　一方，近年では，世界のグローバル化も相まって，国内におけるゲイ・レズビアンや障害者というような少数派集団に留まらず，世代，ジェンダー，社会階層などにまで至る下位集団間における文化や人種・民族的な違いを相互に認め合い尊重しながら共存するとの考えに変化してきている。

引用・参考文献
Hofstede, G. (2001) Culture's consequences: Comparing value, behaviors, institutions, and organization across nation. Thousand Oaks, CA: Sage Publications.
石井敏・久米昭元編（2013）『異文化コミュニケーション事典』春風社
Martin, J. N., & Nakayama, T. K. (2013) Intercultural communication in contexts. NY: MacGraw-Hill.
Sackmann, S. A. (1992) Culture and subcultures: An analysis of organizational knowledge. Administractive science quarterly, 34, 141-161.

（久保田佳枝）

産官学の連携

　産官学の連携とは，産（民間企業），官（国・地方公共団体），学（教育・研究機関）が共同で，研究，開発，教育などに取り組むことをいう。産学官連携ともいう。競争力強化などを目的とする。連携の形態は多様だが，主なものとしては，研究面での連携，教育面での連携，大学等の研究成果に関する技術移転活動，大学等の研究者によるコンサルタント活動，大学等の研究成果や人的資源などに基づいた起業がある。それぞれの形態は密接に関連しており，複数の側面を併せ持つ場合もある。

　アメリカでは，政府資金を用いて研究開発を行った大学・企業がその特許を所有できるバイ・ドール法が1980年に制定されたのを機に，産官学の連携が進展した。日本でも，日本版バイ・ドール法とよばれる，産学活力再生特別措置法が1999年に施行された。2014年度には，産学連携による特許権実施等件数が初めて1万件を超えた。経団連は2016年，現在の産学官連携による共同研究は，個々の研究者間での純粋な研究活動が多数を占めているとの認識に立ち，産学官連携の最大の役割は，優れた最先端技術の創出と社会実装（イノベーション）の有機的な連携であるとの提言を行っている。

（志村光太郎）

産業医

　産業医は，企業や団体等において労働者の健康管理等を行うのに必要な医学に関する知識（労働安全衛生規則第13条の2で定める）を有する医師である。全ての業種において常時50人以上の労働者を使用する事業場では産業医を選任しなければならない。また，常時1,000人以上の労働者を使用する事業場（一定の有害業務に常時500人以上の労働者を従事させる事業場）では専属産業医を選任しなければならない。

　産業医の職務としては，健康診断及び面接指導等の実施とその結果に基づく措置，作業環境の維持管理，作業管理，労働者の健康管理，健康教育・健康相談その他労働者の健康保持増進を図るための措置，衛生教育，労働者の健康障害の原因の調査及び再発防止のための措置，ストレスチェックの実施並びに面接指導・その結果に基づく措置等がある。

　産業医の権限として，労働者の健康を確保するため必要があると認めるときは，事業者に対し，労働者の健康管理等について必要な

勧告をすることができる。また，総括安全衛生管理者に対して勧告，衛生管理者に対して指導しもしくは助言することができる。

（金丸徳久）

シェアド・リーダーシップ

シェアド・リーダーシップとは，チームメンバー間で相互にリーダーシップの影響が分散された結果，生まれてくる自発的なチームの状態である（Carson et al., 2007）。つまり，チームメンバーの各々がチームの目標達成に向けて，自発的，主体的に他のメンバーに影響を与え合っているチームの状態を指すのである。

この概念は，これまでのリーダーシップに関する研究とは一線を画すもので，個人としてのリーダー行動やリーダーシップのみに着目するのではなく，チームメンバーから発揮されるリーダーシップに着目している。そして，リーダーシップを個人の能力に依存する特性的なものではなく，機能・状態として捉えることでメンバー間でのリーダーシップの機能・役割が共有可能なものと捉えているのである。

先行研究では，シェアド・リーダーシップがチーム業績に正の影響を及ぼすことや，先行要因として共有目的，社会的支援，ボイスという3要素が示されている（Carson et al., 2007）。また，Ishikawa（2012）は，日本の研究開発チームの業績とシェアド・リーダーシップの関係性を明らかにしている。

シェアド・リーダーシップという概念が，組織やチームにとって効果的なマネジメント手法であるにもかかわらず，理論の認知や理解が進んでおらず，今後の課題ともいえるであろう。

引用・参考文献
Carson, J. B., Tesluk, P. E., & Marrone, J. A. (2007) Shared leadership in teams: An investigation of antecedent conditions and performance. *The Academy of Management Journal*, 50(5), 1217-1234.
Ishikawa, Jun. (2012) Transformational leadership and gatekeeping leadership: The roles of norm for maintaining consensus and shared leadership in team performance. *Asia Pacific Journal of Management*, 29(2), 265-283.

（加藤光紀）

Jターン

人口還流現象の1つで，地方から大都市部へ移住した人が，生まれ故郷に近い地方大都市や中規模な都市に戻り定住する現象のこと。地図上に描くと途中まで戻るアルファベットのJの形状なので，Jターンとよばれる。

例えば，宮城県の市町村に生まれ育った人が東京の大学に進学し，卒業後，仙台の企業に就職することをJターン就職と言う。地元に戻りたい（Uターンしたい）のだが，魅力ある働き口やまとまった収入を得られる働き口が地元には少ないので，やむを得ず途中にある地方都市に住む現象が見られることから名付けられた。

生まれ育った自然環境や，ゆとりのあるライフスタイル，両親の近くでの生活などを重視したいと考える反面，自分の望む職種が故郷には少なく利便性も捨てがたい人は，自分が住む都市と親の住む故郷を行き来することが容易になることから，Jターン就職を選ぶ人も多い。

地元近隣に限らず，例えば，青森県出身者が東京の大学に進学し，仙台の企業に就職することもJターン就職である。また，大学卒業後，大都市部で就職したが，転職を期に自分の生まれ育った故郷に近い地方都市に移住，再就職した場合もUターン転職と同様，Jターン転職という。

（荒井元明）

ジェネリック・スキル

ジェネリック・スキルは，どのような職業にも移転できるスキル，あらゆる職業を超えて活用できるスキル，汎用的技能と説明され

ることが多い。概念的には，特定の文脈を越えて様々な状況のもとでも適用できる高次のスキル（higher order skills）を移転可能なスキルとしたうえで（Bridges, 1993），個人の移転可能なスキルのうち組織の中で仕事にかかわるコンピテンスを支えるものをジェネリック・スキルとよぶ傾向にある（Bridges, 1993）。

移転可能なスキルとは，ブリッジズによれば，ワープロの操作は職場が変わっても独立して行うことができるスキルである（コンテクスト独立的）。これに対し，交渉スキルのように相手により異なるような状況依存的なスキルがある（コンテクスト依存的）。

そこでブリッジズは，コンテクスト独立的なもので高次のスキルを移転可能なスキルとした。高次のスキルとは，異なる社会的コンテクスト，異なる認知的コンテクストのいずれにおいても一貫して適用できるスキルである。例えば，選択する，適応する，調整するなどのスキルを挙げている。

ナイトとヨーク（Knight & Yorke, 2003）は大学教育における「キーとなる」「コアな」スキルとジェネリック・スキルを分離すべきではないと主張する。またジェネリック・スキルは個人の質（潜在的な特性）から影響を受けるとして，ジェネリック・スキルは認識されるよりも複雑であると述べている（両者の影響関係はUSEMモデルを参照）。

引用・参考文献
Bridges, D. (1993) Transferable skills: A philosophical perspective. *Studies in Higher Education*, 18(1), 43-51.
Knight, P. T., & Yorke, M. (2003) *Assessment, learning and employability*. Open University Press, McGraw-Hill Education, Berkshire, England. 1-14.

（渡辺研次）

事業戦略

事業戦略とは，単独の事業がそのドメインの中で競争優位性を確立するための方針を指し，「事業で成果を出すために何をして，何をしないか」を決めることである。企業戦略または全社戦略が多くの事業を束ねる戦略を指すのに対して，個々の事業レベルの戦略を指す場合が多い。

また，事業戦略は，「全社戦略⇔事業戦略⇔部門別戦略⇔……」という階層の中で考えられる。個別の事業戦略は，特定の競争環境下において，特定の事業で戦い勝ち抜いていくための基本枠組みである。さらに細分化すれば，営業や開発，生産といった機能分野別の戦略，そして地域別の戦略などが含まれる。経営理念やビジョンの下に全社戦略が策定され，それが事業戦略に分解されていくという流れがあると同時に，個別の事業戦略の策定から全社戦略の可能性が拡大したり，全社戦略の変更がビジョンに影響を与えたりといった上への流れもある。事業戦略は，この企業の戦略全体の中で双方向的なプロセスの中で機能するものである。

引用・参考文献
相葉宏二・グロービス経営大学院（2013）『グロービスMBA事業戦略』ダイヤモンド社
グロービス経営大学院 「MBA用語集」（https://mba.globis.ac.jp/about_mba/glossary/）

（寺嶋一郎）

自己概念（self-concept）

自分自身の性格や能力，身体的特徴などについて捉えている比較的持続的な枠組みのことである。さらに，ロジャーズ（Rogers, 1959）は，自分と他者および自分と人生との関係についての捉え方や，その捉え方に付随する価値観を加えた概念であるとしている。自己概念は，自分自身を観察することや重要な他者からの言動・態度・評価などを取り入れることによって形成される。そして，自己概念は自分の認知・思考や行動を方向づける内的準拠枠としても機能する。

自己概念は，経験したすべてのことを受け入れて形成されるわけではないこと，また理想や思い込みを含んでいることから，しばし

ば自己概念と経験との間にズレが生じることになる。ロジャーズはこの状態のことを「自己不一致」と命名し，心理的不適応の状態であるとした。自己不一致は，ありのままの自己を受け入れて自己概念と経験の一致を増やすこと（自己一致）によって解消され，より柔軟で自由な生き方が可能になるとされている。

引用・参考文献
Rogers, C. (1959) A theory of therapy, personality and interpersonal relationships as developed in the client-centered framework. In S. Koch (Ed.). *Psychology: A study of a science*, Vol. 3: Formulations of the person and the social context. NY: McGraw Hill.

（高橋　浩）

自己効力感 (Self-efficacy)

　自己効力感とは，「自分の人生に影響する事柄に働きかけて，与えられたパフォーマンス水準を上げる能力に対する自分の信念」(Bandura, 1994) である。これは，自身が置かれた状況および課題へ効果的に対応し，求める成果を創出できると思える，自らの可能性に対する信念を指す。
　バンデューラ (1997) は，負荷の高い仕事や難易度の高い仕事へ取り組むとき，自己効力感の低い人は，考え方が揺らぎ，意気は低下し，作業の質も悪化するが，これが高いと挑戦すべき目標を設定し，分析的によく考えながら課題を達成していくと述べている。また，自己効力感を育てる4つの主要な影響力として「制御体験」「代理体験」「社会的説得」「生理的，社会的状態」をあげている。この中で強力な効力感を作り出す効果的な方法は，実際に自分が問題に対峙し，課題解決することで得る「制御体験」であると示している。
　ものごとの捉え方や考え方，行動に影響する自己効力感は，個人だけでなく集団の観点からも重要視されていることから，企業における個人や組織の診断などに使用されることの多い概念である。

引用・参考文献
Bandura, A. (1994) Self-efficacy. In V. S. Ramachaudran (Ed.), *Encyclopedia of Human Behavior*, 4, 71-81.
バンデューラ, A. (1997)『激動社会の中の自己効力』金子書房

（内田智之）

自己実現

　自己実現（self-realization）とは，もともと心理学用語でその概念は多くの観点から論じられている。マズローは欲求階層論の中で「自己実現とは可能性・能力才能のたえざる実現と使命の達成，個人自らの本性の完全な知識や受容，人格内の一致，統合共同動作へ向かう絶え間ない傾向と規定できる」（岡谷，2003）。そして自己実現の欲求は，人間の欲求のうち最も高度であり同時に最も人間的な欲求とし自己の内面的欲求を社会生活において実現することとしている。
　トーマス・ヒル・グリーン (Thomas, T. H.) やフランシス・H・ブラッドリー (Bradley, F. H.) は，自己実現について「本来自己がもっている真の絶対的な自我を完全に実現すること。普遍的，絶対的自我の実現が究極の目的であり，それに導く行為が正しい行為である」としている。さらにグリーンは，自我実現が人生の究極目的であるとした。社会生活においては，この自己実現欲求が人間の重要な行動動機であると考えられている。

引用・参考文献
P・F・ドラッカー (2000)『プロフェッショナルの条件—いかに成果をあげ，成長するか（はじめて読むドラッカー（自己実現編））』ダイヤモンド社
岡谷恵子 (2003) 見藤隆子・小玉香津子総編集『看護学事典』(p.262) 日本看護協会出版社

（横山利枝）

自己申告制度

　自己申告制度とは，社員自身が関心ある業務領域，職務の希望，中長期的なキャリア目標やそのための異動希望，また所持しているスキルや専門知識，職場への意見や要望等について，定期的に申告を行い，上司や会社が

把握したうえで人材の配置の参考にする人事制度のことを指す。

日本企業における自己申告制度は，異動にあたって社員の自主性を発揮させようとする試みの1つであり，申告する内容や頻度は会社によって様々である。自己申告制度を用いることで，会社や上司が把握していない本人のスキルや希望を正しく知ったうえで職務配分や人材配置を検討できること，上司と本人のコミュニケーションの活性化，また社員本人の自己啓発やモチベーション向上につながるメリットがあると考えられる。一方で，異動や職務配分については必ずしも本人の希望通りとなるとは限らず，希望がかなわない場合に，かえって社員の不満やモラルの低下を招く可能性がある等の課題もある。

引用・参考文献
白木三秀・梅澤隆編著（2010）『人的資源管理の基本』文眞堂

（相馬知子）

自己調整

目標達成のために認知・情動・行動を自分で調整し，維持することで，目標に沿った活動に向かわせる過程のことを指す。自己調整は，大人と子どもの自己制御の発達に関する心理学的な研究から始まり，教育学や経営学において，学習意欲やワーク・モチベーションに関する研究と結びつくようになった。自己調整は，一般的にプロセスを経て，段階的に行われることが知られている。

例えば，カンファーら（Kanfer & Kanfer, 1991）は，自己調整は各々に関連する3つのプロセスを経て行われると指摘している。すなわち，(1) 自己観察により，自身の行動や直面している課題を理解し，(2) 自己評価により，達成しようとする目標と現状とを比較し，(3) 自己反応により，職務満足／不満足，自己効力期待を形成することにより，自己調整を行う。さらに，自己調整に関する先行研究では，自己調整のスキル（方略）にも着目しており，行動や認知に対する自己調整のスキル（方略）や（Wolters, 1998など），自己調整（自己管理）プログラムの有用性が示されている（Frayne & Latham, 1987；Latham & Frayne, 1989など）。

引用・参考文献
Frayne, C. A., & Latham, G. P. (1987) Application of social learning theory to employee self-management of attendance. *Journal of Applied Psychology*, 72(3), 387-392.
Kanfer, R., & Kanfer, F. H. (1991) Goals and self-reculation:Applications of thepry to work settings. In M. L. Maehr & P. R. Pintrich (Eds.), *Advances in Motivation and Achievement*, 7, 287-326.
Latham, G. P., & Frayne, C. A. (1989) Self-management training for increasing job attendance:A follow-up and a replication. *Journal of Applied Psychology*, 74(3), 411-416.
Wolters, C. A. (1998) Self-regulated learning and college student's regulation of motivation. *Journal of Educational Psychology*, 90(2), 224-235.

（堀井希依子）

自主性

自主性という言葉は，日常的用語であり，多くの意味を含んでいる。その中心の内容は，主体性と自立性である。主体性は自らの行動を自らの意思によって決定することである。自立性とは，自らの目標を，他人の援助に頼ることなく，自力によって達成できる能力を表す。学校教育において目標とされる自主性とは，「他に依存することなく，自己の正しいと信じるところに従って計画し，決断し実行すること」である（塩田芳久，1970）。個人の創造性や動機付けの中身と密接な関係がある。自主性のコンピテンシーは，自分で考え，計画を立てる；自分から進んで仕事をする；人にたよらず自分の力でやりぬく；自分の意見をはっきり言う；自分の正しいと思うことを主張する；人の意見に左右されない；自信をもって行動するである（旧文部省）。

この2つの側面は，日常生活と知的学習活動における自主性の問題である。自主性は知能と学力，及びパーソナリティなどに影響を与えている。研究によると，職場において，

仕事自主性は個人の創造性を育てる結論があった。そして，仕事自主性の高い環境で，業績フィードバックは役割曖昧による仕事満足度へのネガティブ影響を緩和することができる。

引用・参考文献
塩田芳久（1970）『講座自主性の教育』明治図書出版

（周　ようか）

次世代リーダー育成

次代の経営を担う人材（次世代リーダー）を計画的・体系的に育成することが，「次世代リーダー育成」である。マッコールら（McCall et al., 1998）は，「自社の経営幹部候補層を選抜し，それらに対して経営リーダーとしての意識と能力開発を目的とした一連の機会を提供する取り組み」と定義している。これを一階層だけでなく複数階層で継続的に実施する考え方が，チャランら（Charan et al., 2000）が唱える「リーダーシップ・パイプライン論」である。

次世代リーダー育成のために，「人材の選抜」「（選抜型）研修」「（戦略的）配置」を組みあわせた一連の活動が，「次世代リーダー育成プログラム」である。まず，課長クラスなどの階層から次世代リーダー候補として選抜プールする。次に，選抜人材に対して，経営リテラシー講義，ケースメソッドによる経営者の目線で経営課題の検討，選抜者がグループ別に将来の事業分野を検討・提案するアクションラーニングを行うといった複合的な学習機会を提供する。

この切磋琢磨する過程で，選抜者間の人的ネットワーク形成も大きな意味を持つ。また，経営者としての「志」の醸成を重視する企業も多い。そして，更なる成長を促すために，戦略的なポストに就けて「修羅場体験」をさせる。こうした中で，将来の経営人材として相応しいかを見極められることとなる。

次世代リーダー育成のプログラムは，経営トップの直轄組織や企業内大学の枠組みで推進されることが多い。

引用・参考文献
Charan, R., Drotter, S., & Noel, J. (2000) *The leadership pipeline: How to build the leadership powered company*. Jossey-Bass Inc.
McCall Jr., M. W., Lombardo, M. M., & Morrison, A. M. (1988) *The lessons of experience: How successful executives develop on the Job*. The Free Press.
大嶋淳俊（2010）「リーダーシップ・ネットワーク創出の"場"としての次世代リーダー育成」『経営情報学会誌』18 (4).

（大嶋淳俊）

自尊感情

自尊感情（Self-esteem）とは，自己評価（Self-evaluation）に関する概念の1つで，自分自身のことを好きまたは嫌いかという特性のことをいう（Robbins & Judge, 2007）。自尊感情は，人が長い期間を経て醸成する自分自身に対する認識であり，マネジメントによって短期間に変えることが困難でありながら，上司のリーダーシップと部下による受容やその効果に影響を及ぼすと考えられる。

自尊感情の高い人は，自分に対して肯定的で自信がある一方，自尊感情の低い人は自信がなく，他人からの指示を待つ傾向にある。したがって，自尊感情の低い人は，自尊感情が高い人に比べて受身になる傾向があり，他人からの評価の影響を受けやすいといった特徴がある。逆に自尊感情の高い人は，自分自身の内部で感情や自信をコントロールする傾向にあり，彼らの職務満足や業績にも正の影響を及ぼすとされている（Pierce et al., 1993）。

また，自尊感情の高い人は，他人から高く評価され，自身の能力が認められることを求める。一方で自尊感情の低い人は，自身を高く評価されることに違和感を覚え，逆に低い評価を下されることで快適さを感じる傾向にある（Payne, 2007）。

引用・参考文献
Payne, H. J. (2007) The role of organization-based self-esteem in

employee dissent expression. *Communication Research Reports*, 24(3), 235-240.

Pierce, J. L., Gardner, D. G., Dunham, R. B., & Cummings, L. L. (1993) Moderation by organization-based self-esteem of role condition-employee response relationships. *Academy of Management Journal*, 36(2), 271-288.

Robbins, S. P., & Judge, T. A. (2007) *Organizational behavior*. Pearson/Prentice Hall.

（田代美香）

実験法

　実験法は，仮説の検証を有効に行うために実験の方法を明確にするものであり，事象を「発見」する一過程として位置づけられる。科学哲学においてハーシェル（Herschel, J. F. W.）は，発見がどのように成し遂げられたかの「発見のコンテクスト」と，発見された内容についての「正当性のコンテクスト」は別のものであることを明確にしたが，実験法は正当性の検証について判断するものである。

　ここで用いられるのが，米国プラグマティズムの創始者パース（Peirce, C. S.）の提唱したアブダクション（仮説推論法）であり，仮説を立案して「発見の論理」を構築する推論として知られている。パースは，実験を有効に行う方法として，もっともらしさ，検証の可能性，単純性，経済性の4つの特性を重視しており，多くの方法が考えられる実験において，その有効性を上げることを課題としている。中でも，検証の可能性は実験の意義を左右するものであり，仮説が「偽」である場合には容易に反証可能なものであるべきことを指摘しており，実験は「発見」の正当性を判定することにより評価されることになる。

（澤泉重一）

実践知

　楠見（2012）は，「熟達者がもつ実践に関する知性」と定義している。実践知は学校知と比較されることが多く，中でも仕事の場における実践知には，個人の実践経験によって獲得される，仕事において目標指向的である，仕事の手順や手続きに関わる，実践場面で役立つという4つの特徴がみられる。

　実践知は，経験から実践の中に埋め込まれた暗黙知を獲得し，仕事における課題解決にその知識を適用する能力を支えている。実践知の獲得方法は，観察学習，他者との相互作用，経験の反復，経験からの機能と類推，メディアによる学習などが有効と考えられており，経験から学習する学習者の態度が影響を及ぼすと考えられている。また，実践知の活用には批判的思考と類推が必要である。

　また，塚本（2008）はより哲学的に実践知をとらえ，アリストテレスの知の三分法を用いて，実践にかかわる知は，「テクネー（製作知）」と「フロネーシス（行為知）」から成ると説明をしている。

引用・参考文献
金井壽宏・楠見孝編（2012）『実践知―エキスパートの知』有斐閣

塚本明子（2008）『動く知フロネーシス―経験にひらかれた実践知』ゆみる出版

（神林ミユキ）

質的手法SCAT

　SCATとは，Steps for Coding and Theorizationの頭文字を略したもので，アンケートの自由記述，インタビューのスクリプトなど，比較的少ない質的データの分析にも活用できる手法である。この手法は，以下のように段階的に4ステップでコーディングを進めていく。まず，SCAT分析フォームの所定の欄にセグメント化したデータを記述する。①データの中の着目すべき語句を抜き出す。②抜き出した語句をデータには使われていない別の語句（コード）で記入する。③前の作業で出てきた語句を解釈し，それらを表す概括的な語（コード）を記入する。④ 前後の文脈を考慮して，見えてきたテーマや構成概念（コード）を記入する。最後に④で得たコードに基づいて，ストーリーラインを記述し，このデータから言える理論を記述する（大谷，

2008)。

引用・参考文献
大谷尚（2007）「4ステップコーディングによる質的データ分析手法SCATの提案—着手しやすく小規模データにも適用可能な理論化の手続き—」『名古屋大学大学院教育発達科学研究科紀要（教育科学）』54(2), 27-44.

（半田純子）

質的手法TEM

TEMとは，複線径路・等至性モデル（Trajectory Equifinality Model）を意味し，時間的概念を軸にし，ある時点での研究対象者を考察する質的研究のデータの分析手法である（サトウら，2006）。個人は多様な径路で人生を辿るが，等しく到達する（Equi-finality）があるという考え方に基づいて，人生径路の多様性や複線性を時間の経過とともに捉え，解釈した径路や複線性を図式化したものがTEM図である（荒川ら，2012；安田，2005）。

引用・参考文献
荒川歩・安田裕子・サトウタツヤ（2012）「複線径路・等至性モデルのTEM図の描き方の一例」『立命館人間科学研究』25, 95-107.
サトウタツヤ・安田裕子・木戸彩恵・髙田沙織・ヤーン=ヴァルシナー（2006）「複線径路・等至性モデル—人生径路の多様性を描く質的心理学の新しい方法論を目指して」『質的心理学研究』5, 255-275.
安田裕子（2005）「不妊という経験を通じた自己の問い直し過程—治療では子どもが授からなかった当事者の選択岐路から」『質的心理学研究』4, 201-226.

（半田純子）

質問法

質問法は，情報が不十分なときに科学的に信頼度の高い質問を行ってこれを補う手法である。対象となる回答者が保持する情報を，質問によって外化するものであり，統計的手法にしたがい，個々の質問は回答者が保持する情報に一意的に回答できるものとする。このため，質問内容は事前に考察された仮説が前提となるが，この仮説が反証される場合にもそれを公正に確認できるように設定し，特定の事象への誘導質問とならないように配慮することが大切である。

質問は集団の回答者を対象とするものと個人を対象とするものがあるが，いずれの場合にも質問による調査目的を明確にして，MECE（Mutually Exclusive and Collectively Exhaustive: 重複せず，抜け落ちなく）を基本とした質問を行うことが効率的である。

ただし，回答者の緊張を解くためや心理的余裕を与えるために，最低数の質問で回答を得ることを目的とせず，ときにはダミーの質問を入れることもある。

質問対象となる回答者が多い場合には，質問内容を文章化したアンケート調査を行うことになる一方，回答者が限定され質問に専門的内容が求められる場合には，個々の回答者に合わせて専門家が直接に対面して質問を行うこともある。

（澤泉重一）

シニアボランティア

ボランティア活動を年齢で分類した概念であるが，単なる区分けと異なり老齢学の分野でいわれている活力ある高齢化や生き生きとした長寿を目指す「active aging」の具体的な行動として意味を持つ。シニアとは概ね定年退職後の高齢者層という捉え方ができるが，年齢的には60歳以降の者と考えて差し支えない。また，ボランティア活動は「自主的に社会事業などに参加し，無償の奉仕活動をする人（大辞泉）」と示すことができる。これらの前提を踏まえれば，シニアボランティアは高齢者層で積極的に社会参加し無償で奉仕活動をする人と定義することが可能である。

社会心理学ではボランティア活動を無償で行う援助行動と捉えているが，援助行動には援助効果と援助成果が指摘されている。援助効果は援助される人が得る利得であり，援助成果は援助行動を行う人が得る心理的利得である。活力ある高齢化や生き生きとした長寿を目指すあまり，援助の押しつけとなっては

被援助者を困惑させる結果となる。したがって，シニアボランティア活動も被援助者の求めに応じた適切な援助活動であることが重要である。

（池崎宏昭）

GBL（グローバルビジネスリーダー）育成

インターネットの普及や海外取引の増加などにより，企業規模の大小にかかわらず，海外の取引先や顧客，従業員等を持つ企業数が増加している。こうしたグローバル化により，企業のリーダーに求められる知識や能力，資質も変化してきている。この変化を受けて，多くの企業がGBL育成に取り組んでいる。

GBL育成方法は，大きく3つに分類される。1つめは講義形式の研修であり，異文化研修，ダイバーシティ研修，語学研修などが含まれる。これら講義形式の研修はオンサイト/オフサイト集合研修やeラーニングで提供され，従業員に基礎的な知識を身につけさせるのに適している。

2つめは，育成対象者各人の強みや育成必要項目に応じた個別トレーニングである。個別対応のコーチングやメンタリングを行ったり，外国人と触れる機会を提供したりする。これらの個別トレーニングはGBLに必要ないわゆるソフトスキルの育成に有効である。

3つめは，集中的な異文化経験であり，育成対象者を海外に派遣し，そこで生活して業務経験をしてもらう。この研修は主に幹部候補の若い従業員に提供されることが多い。

このように，企業は様々な方法でGBL育成に取り組んでいる。

参考文献
Caligiuri, P. (2006) Developing global leaders. *Human Resource Management Review*, 16(2), 219-228.

（小西由樹子）

社会構成主義キャリア・カウンセリング

社会構成主義の立場をとるキャリア・カウンセリング手法のこと。大別すると構成主義には，心理学的構成主義と社会的構成主義がある。心理学的構成主義では学びの意味を自分との関わりを構成していく過程と捉えるが，社会構成主義は学習を本質的に社会的な活動であると考え，学習における他者や環境の存在を重視する。そして，「知識は社会関係の中にある」とする立場をとることで，個人主義的理論から関係論的議論への転換を方向づけている。

今世紀初頭，キャリア・カウンセリングは，変化の激しい社会状況の中で様々な領域の課題に直面し，伝統的なキャリア・カウンセリング手法やキャリア・アセスメント，キャリア支援プログラムは，様々な側面からその妥当性が問い直され，次第に個々の相互作用や，関係，意味生成，ナラティブ，メタファといった社会構成主義に依拠したキャリア・カウンセリング手法が開発されてきた。これらの手法は，クライエントの立場を受け身の受益者から能動的な主体に高め，キャリア・カウンセラーの役割を専門家からファシリテーター，もしくは好奇心旺盛で用心深い聞き役に変化させることが指摘されている。

（新目真紀）

社会人基礎力

①「前に踏み出す力」，②「考え抜く力」，③「チームで働く力」の3つの能力から構成されており，「職場や地域社会で多様な人々と仕事をしていくために必要な基礎的な力」として，経済産業省が2006年から提唱している[1]。

昨今，仕事内容とのミスマッチや人間関係がうまく保てないことなどから，数年で職場を辞めてしまう若者が少なくない。こうした現象は，若者自身や企業側にとっても損失となり得るため，社会人基礎力の重要性が年々増している。一方，社会人になって相当年数経過しても，仕事を通じたコミュニケーショ

ン力に乏しく，全力で職責を果たそうとしない人物も少なくなく，全世代に必要な能力である。

「3つの能力」はさらに分野として，①「主体性」「働きかけ力」「実行力」，②「課題発見力」「計画力」「創造力」，③「発信力」「傾聴力」「柔軟性」「状況把握力」「規律性」「ストレスコントロール力」に分類できる[2]。これらは，社会に出てから多様な人々の価値観に揉まれながら培われることが多い。

引用・参考文献
1　経済産業省（http://www.meti.go.jp/policy/kisoryoku/）
2　経済産業省（http://www.meti.go.jp/policy/kisoryoku/kisoryoku_image.pdf）

（大重史朗）

社会人教育

社会人が受ける教育全般のことを指すため，社会人基礎力教育，社員教育，大学等教育機関における社会人を対象とした教育など幅広い概念として用いられる。

生涯教育の振興との関連が強く，公民館や図書館等社会教育施設の整備充実等が行われてきたが，近年では学校教育における生涯学習関連施策が重点施策とされ，特に大学等高等教育機関は生涯教育機関として，多様な学習機会を提供している。

文部科学省は，放送大学の整備拡充や，大学院等への社会人の受け入れの推進，公開講座の開設の呼びかけなどにより，地域住民の学習ニーズ，高度な知識や能力の修得ニーズへの対応が行われてきた。

社会人の教育機会の確保のため，学習方法の多様化がはかられ，遠隔教育（通信教育やeラーニング等）の活用が推進されている。

引用・参考文献
香川正弘・鈴木眞理・永井健夫編（2016）『よくわかる生涯学習 改訂版』ミネルヴァ書房

（神林ミユキ）

社会的構成主義，社会構成主義
（social constructionism）

社会現象や概念，記憶，知識，制度など社会に存在する「現実」は，人々の社会的交流から生まれ，言語に媒介される，とする考え方である。

本質主義や論理実証主義への批判として，バーガーとルックマン（Berger & Luckmann, 1966）やガーゲン（Gergen, 1999）によって提唱された。つまり，「現実」は，普遍的な本質として人間の主観とは独立して存在しているのではなく，人びとの会話という言語活動を通じて解釈され共有される中で構成され，またこのことが繰り返されることによって「現実」は絶えず再構成されるということを意味する。

社会的構成主義は，構成主義（constructivism）の1つであり，客観的真実への疑問視という点で共通するものの，それまでの構成主義が「現実は個人内で構成される」とするのに対して，社会的構成主義は「現実は社会的に構成される」とする点に違いがある。なお，constructivismおよびconstructionismとも，学問領域の慣習や訳者の判断によって「構築主義」と訳される場合がある。

引用・参考文献
Berger, P. L., & Luckmann, T. (1966) *The social construction of reality: A treatise in the sociology of knowledge*. NY: First Anchor.（山口節郎訳『日常世界の構成―アイデンティティと社会の弁証法』新曜社 1977）
Gergen, K. J. (1999) *An invitation to social construction*. London: Sage.（東村知子訳『あなたへの社会構成主義』ナカニシヤ出版 2004）

（高橋　浩）

社会福祉士

社会福祉士とは，1987年成立の『社会福祉士及び介護福祉士法』第2条において，「社会福祉士の名称を用いて，専門的知識及び技術をもって，身体上若しくは精神上の障害があること又は環境上の理由により日常生活を営むのに支障がある者の福祉に関する相談に

応じ，助言，指導，福祉サービスを提供する者又は医師その他の保健医療サービスを提供する者その他の関係者との連絡及び調整その他の援助を行うことを業とする者をいう」と規定されている。

　国家資格でもあるこの資格の特性の1つは「業務独占」ではなく，「名称独占」という点であるが，近年では地域包括支援センターへの必置など限定的な業務独占としての働きもみられるようになっている。これからは，虐待，就労支援，権利擁護，孤立・孤独，生きがいの創出など現代的ニーズ課題に対して，各種専門職と地域住民との協働により解決していくことが求められている。

（村田美由紀）

社会保険労務士

　社会保険労務士とは，社会保険労務士法（昭和43年法律第89号）に基づく制度により定められた，労働・社会保険の問題の専門家であり，(1) 書類等の作成代行，(2) 書類等の提出代行，(3) 個別労働関係紛争の解決手続（調整，あっせん等）の代理，(4) 労務管理や労働保険・社会保険に関する相談等を行う。なお，(3) については，紛争解決手続代理業務試験に合格した「特定社会保険労務士」のみ行うことができる。

　社会保険労務士になるためには，社会保険労務士試験の合格等により社会保険労務士となる資格を有する者が，全国社会保険労務士会連合会に備える社会保険労務士名簿に登録を受けることが必要である。また，個別労働関係紛争の解決手続（調停，あっせん等）の代理を行うためには，社会保険労務士名簿への登録を受けた後，代理業務を行うために必要な学識及び実務能力に関する研修を受けたうえで，1年に1回実施される「紛争解決手続代理業務試験」に合格する必要がある。

引用・参考文献

厚生労働省　社会保険労務士制度（http://www.mhlw.go.jp/stf/seisakunitsuite/bunya/koyou_roudou/roudoukijun/roumushi/ 2017年1月24日閲覧）

社会保険労務士試験オフィシャルサイト「社会保険労務士制度」（http://www.sharosi-siken.or.jp/exam/howto.html 2017年1月24日閲覧）

（小形美樹）

尺度構成

　尺度構成は，第1に概念設定，第2に質問項目作成，第3に信頼性および妥当性の検討という手順で進められる（小塩・西口，2007；宮本・宇井，2014など）。人の価値観や態度などの心理を反映した概念を直接的に測定することは不可能であるため，その概念を明らかにしておく必要がある。すなわち，概念設定とは，尺度を作成する際，その尺度が何を測定しようとしているのかを明らかにすることである。質問項目の作成方法は，1) 海外の尺度の翻訳，2) 既存尺度の改良，3) 質問項目の新規作成などがある。測定された値はいくつかの方法で信頼性と妥当性の検討を行う必要がある。信頼性とは，その尺度が信頼できるかという指標のことであり，目安として安定性と一貫性という視点から信頼性を測ることができる。信頼性の検討の手法は，安定性の視点から並行テスト法，再テスト法，また，一貫性の視点から折半法，クロンバックの α 係数などがある。妥当性の検討方法には，測定指標が構成概念を代表しているかという構成概念妥当性，尺度の内的構造が理論に合致しているかという内容的妥当性，外的変数との間に理論通りの関連が認められるかという基準連関妥当性などがある。

引用・参考文献

宮本聡介・宇井美代子（2014）『質問紙調査と心理測定尺度―計画から実施・解析まで』サイエンス社

小塩真司・西口利文（2007）『質問紙調査の手順』ナカニシヤ出版

（小玉一樹）

若年者労働

厚生労働省は15～34歳までの労働者を若年労働者と定めている。

1990年代半ば以降、日本経済が長期不況に突入し、若年者採用が抑制され、非正規雇用割合が急速に上昇し、不本意な選択として非正規雇用での就職が増加と、若年者の求職態度に問題があるとし、若年者の職業的自立に向けて、幅広い積極的な支援が求められている。二村（2009）は、若年層において最初のキャリア獲得や社会適応が円滑に進められないケースが増え、社会問題になっていること。またキャリア獲得の挫折や不適応は、社会全体の労働力を弱体化させるばかりか、所得格差の拡大や固定化など様々な社会不安を引き起こすことを懸念している。つまり、若年層の初期的なキャリア獲得の不調は、社会的なコストとして無視し得なくなっている。

若者の雇用の促進等を図り、その能力を有効に発揮できる環境を整備するため、若者の適職の選択並びに職業能力の開発及び向上に関する措置等を総合的に講ずる「青少年の雇用の促進等に関する法律」（若者雇用促進法）が、平成27年10月1日から順次施行されている。

引用・参考文献
二村英幸（2015）『個と組織を生かすキャリア発達の心理学－自律支援の人材マネジメント論［改訂増補版］』金子書房

（佐藤早苗）

社内公募制

社内公募制とは、特定の職務について社内で広く募集を行い、希望者を募ったうえで異動を行う制度である。例えば、空きが出たポジションへの異動や新たなプロジェクトに必要な人材などについての公募が行われる。公募で広く候補者を集めることにより、その事業やポジションにより関心が高く、また適性がある人材を広く異動対象者として検討できるというメリットが会社にはあり、社員にとっても、希望通りの職務に就けた場合はモチベーションアップにつながるという長所がある。

一方で、公募の選考に不合格であった場合の本人のモチベーションの維持や、現状の職務への不満から公募への応募を繰り返す社員に対しても気を配る必要がある。優秀な人材の社内での流動を目的とした社内公募制度の場合は、通常直属の上司を経ずに選考が行われることが多いため、該当者を上司が手放さないという状況を防ぐこともできる制度である。そのためにも、選考については応募の秘密が厳守される必要がある。

引用・参考文献
白木三秀・梅澤隆編著（2010）『人的資源管理の基本』文眞堂

（相馬知子）

重回帰分析 (multiple regression analysis)

多変量解析の1つで、回帰分析にて独立変数が2つ以上（2次元以上）のものを重回帰分析（multiple regression analysis）という。例えば、xに対するyの回帰直線$y=b_0+b_1x$と想定した場合、xを説明変数（または独立変数）、yを目的変数（または従属変数）とよび、説明変数が2つ以上の場合を重回帰分析という。単回帰分析は、目的変数yを1つの説明変数xの1次式で表され、

$$y=b_0+b_1x$$

というxとyの間の関係式を求める手法である一方、重回帰分析は目的変数yをp個の説明変数$x_1, x_2, x_3, x_4 \ldots x_p$の1次式で表し、

$$y=b_0+b_1x_1+b_2x_2+b_3x_3+b_4x_4+\ldots\ldots+b_px_p$$

xとyの間の関係式を求める手法である。b_0を切片（あるいは定数項）、$b_1, b_2, b_3, b_4 \cdots b_p$を（偏）回帰係数とよぶ。

分析では（1）予測と（2）要因解析の2つの用途で活用される。予測での活用は、ある1つの変数の値を、別の1つまたは2つ以上

の変数の値を使って予測し，①ある数値を予測したい，②ある数値を逆推定したい，③ある特性の代用特性を検討したい場合の3つがある。一方，要因解析は，例えばある1つの変数が変動する要因を，他の多くの変数の中から見つけだしたい場合に活用する。

引用・参考文献
広中平裕編集委員会代表（1991）『現代数理科学事典』（pp.550-558）大阪書籍
柳井晴夫・繁枡算男・岩崎学・岡太彬訓・高木広文（2002）『多変量解析実例ハンドブック』（pp.84-85）朝倉書店

（中村誠司）

就職活動経験

就職活動経験とは，就職活動（職業に就くための活動の総称）における経験のことである。本項では，わが国における新規学卒者の就職活動経験について述べる。わが国の大卒労働市場には，新規学卒一括採用という独特の慣行，制度が存在するため，多くの大学生が標準化・マニュアル化された就職活動を展開している（小杉，2008）。

現在の就職活動の典型的なプロセスを示すと，①就職支援サイトへの登録，②企業への資料請求（エントリー），③合同企業説明会や企業が独自に行う説明会・セミナーへの出席，④エントリーシート等の応募書類の提出，⑤就職希望企業での面接，という順序になる。適職を求めて行う自己や企業に関する探索行動や，採用選考を受験する過程では，就労目標不確定，時間的制約，採用未決，他者比較というストレスが経験されやすく（北見・森，2010），就職活動は，このような失敗・挫折経験を乗り越えていく過程である（輕部ら，2014）。一方，このような経験を通して，企業情報の精査や問題解決の方法，ストレスコーピングなどの知識やスキルが学習される過程でもある。

引用・参考文献
輕部雄輝・佐藤純・杉江征（2014）「大学生の就職活動維持過程モデルの検討―不採用経験に着目して」筑波大学心理学研究，48(1), 71-85.
北見由奈・森和代（2010）「大学生の就職活動ストレスおよび精神的健康とソーシャルスキルとの関連性の検討」『ストレス科学研究』25, 37-45.
小杉礼子（2008）「大学生の進路選択と就職活動（特集 大学生論）」『高等教育研究』11, 85-105

（髙橋南海子）

終身雇用

企業などにおいて，正規に採用した新規学卒者をその者が定年年齢に達するまで雇用継続することを指す。長期雇用制度もしくは生涯雇用制度ともよばれ，年功賃金制度，企業別組合とともに日本的経営を特徴づける雇用システムである。終身雇用は，企業と従業員との生涯的な関係を通じて，企業に対する忠誠心を高め，生産性の高い従業員を生み出す効果を持つ。この効果が一助となり，戦後の日本企業が，国際社会の中で飛躍的な競争力を養ったと言われている。

近年，終身雇用は転換期にあることが指摘されている。具体的には，バブル経済の崩壊やリーマンショックなどによる経済環境の悪化により，非正規従業員などの短期的で安価な労働力を雇用戦略に組み入れる企業や，キャリア観や就業観の変化により，早期退職や転職を行う従業員が増加傾向にあり，これまでの慣行が変質している。終身雇用の利点と近年の傾向を照らし合わせた雇用システムの再考が求められている。

（堀井希依子）

集団凝集性

集団凝集性とは，集団のまとまりや結束の堅さを表す概念であり，メンバーを集団にとどまらせる力のことである。メンバーが集団に対して価値や魅力を感じているほど凝集性は高く，メンバーはその集団にとどまりたいという思いが強い状態にある。集団の凝集性が高ければ，メンバーは集団の基準や規範に

従い，生産性や効率性向上に貢献することになる。

また，集団全体の成果を上げることがメンバー個人にとっても価値あるものとなるので，社会的手抜き（個人で作業するときと比較して集団で作業するときに個人の努力量が低下する傾向）が生じにくくなる。田尾（1999）は，集団凝集性を高める要因を以下の5つにまとめ，職場の管理監督者が集団凝集性を高めることの重要性を示唆している。

① メンバーが互いに近接する関係にあること。
② タスクが相互依存的であること（コミュニケーションの機会が増える）。
③ 集団の外に競合相手がいること（外に競争相手がいると内側のメンバーは一致団結しやすい）。
④ メンバー間の価値観や態度が大きく相違せず，等質的であること。
⑤ 成功経験を共有すること。

引用・参考文献
田尾雅夫（1999）『組織の心理学［新版］』有斐閣

（石橋里美）

縦断研究

横断研究が，「同一の個人や集団（調査対象）」における，原因と結果を，ある一時点において調査するものであるのに対し，縦断研究は，調査対象を一定期間以上にわたって継続的に調査し，調査対象の時間経過に伴う変化を明らかにするというものである。

縦断研究には，前向き研究と後ろ向き研究があり，以下にそれぞれの特徴を挙げる。

1. 前向き研究：調査対象者を群分けしてから，将来にわたり追跡し，調査対象となる要因の変化との関連を評価する方法。
2. 後ろ向き研究：すでにある情報を元に調査対象者を群分けし，過去にさかのぼって影響要因の有無やその度合いを調べて関連性を評価する方法。

縦断研究のメリットとしては，以下の点が挙げられる。

1. 変数間の因果関係が推測できる。
2. 統計データを長期間にわたって有効活用できる。

デメリットとしては，以下の点が挙げられる。

1. 目的のデータを収集するまでに長期間を要する。
2. 様々な理由から対象者の欠落が生じてしまう。
3. 金銭的・時間的コストがかかる。
4. 欠落票が多くなった場合の対応が必要である。

（福井知宏）

集団発達フレームワーク

集団発達は，レビン（Levin, 1947）が提唱したグループダイナミクスを端緒に，これまで様々な理論やモデルが主張された。1980年代後半から類型学の発達によって，集団の発達していく傾向を分類する研究が行われ，4つほどのフレームワークに分類された。スミス（Smith, 2001）は，これらのフレームワーク分類を参考にして，さらに様々な専門領域を持つ研究者が各々の関心領域における集団の調査や先行研究より導出した理論を整理したうえで，メタ的に類型化して3種類のフレームワークを明示した。

1つめは，ステップ・バイ・ステップで進化していくという特徴で括り，「線型進化（Linear Progressive）フレームワーク」とした。これは，集団は時間経過の中で前段階に戻ることなく機能する時点まで段階的に発達するという理論やモデルが属する。

2つめは，集団の発達が途中で進化と後退を繰り返すという特徴を掲げて「振り子・循環（Cyclical & Pendular）フレームワーク」とした。これは線形進化フレームワークの発達

段階の途中で，前段階に集団が逆戻りしながら発達していく形態が含まれる理論が属する。これらの理論は線形進化フレームワークに属する理論から派生したものが多くを占める。

3つめは，そうした段階的な変化を示さないという特徴でまとめ，「無段階・ハイブリッドモデル（Non-Phasic/Hybrid Models）」とし，集団が置かれた状況に合わせて発達する理論が属する。1980年以降に主張されたものが多いが，理論数としては少ない。

引用・参考文献
Lewin, K. (1947) Frontiers in group dynamics:Concept, method and reality in social science;social equilibria and social change. *Human Relations*, 1(1), 5-41.
Smith, G. (2001) Group development:A review of the literature and a commentary on future research direction. *Group Facilitation*, 3, 14-45.

（丸山琢真）

準拠枠

個人は自分自身の行動，意見，態度の基準となる枠組みを持っている。この基準枠を準拠枠という。準拠枠はその個人が自らを関連づけて，態度や判断の拠り所としている集団から提供される。この集団を準拠集団という。準拠集団には，個人が現在所属している集団や過去に所属したことのある集団のみならず，将来所属したいと願っている組織集団等，個人の所属の有無にかかわりなくその個人に影響を与えている集団が含まれる。

準拠枠の形成過程を示す実験として，シェリフ（Sherif, M.）の自動運動現象（完全暗室内で静止した小さな点を見ていると，それが動き出すように見える錯覚）を利用した実験がある。実験では，まず初めに実験参加者が1人で光点の移動距離判断をした後，2，3人が一緒に入室して，各人100回の移動距離判断を声に出して報告する。実験結果から，実験参加者が1人で移動距離を判断する条件では1人ひとり大きく異なっていた判断が，集団での報告回数を重ねるにつれ，次第に収束していくことが示された。さらにその後再び1人の条件においても，この収束した判断は揺るがないことが明らかになり，光点移動の判断の準拠枠が，集団の中で形成されたことが実証された。

引用・参考文献
Sherif, M. (1936) *The psychology of social norms*. NY: Harper and Row.

（石橋里美）

障がい者雇用

近年，障がい者の就労意欲が着実な高まりを見せる中で，『障害者の雇用の促進等に関する法律』（以下，『障害者雇用促進法』）においては，障害者の雇用の促進と職業の安定を図ることを目的として，①障害者雇用率制度，②障害者雇用納付金制度等，③職業リハビリテーションの推進を中心とする施策を講じることとされている。

障害者雇用促進法でいう「障がい者」とは，「身体障害，知的障害又は精神障害があるため，長期にわたり，職業生活に相当の制限を受け，又は職業生活を営むことが著しく困難な者」をいう。

民間企業，国・地方公共団体は，障害者雇用促進法に基づき，法定雇用率に相当する数以上の身体障害者または知的障害者を雇用しなければならないが，実雇用率は年々増加傾向にある。今後は，中小企業における障がい者雇用の促進，障がい特性や程度による短時間労働への対応などが求められている。

（村田美由紀）

省察的実践論

省察的実践論とは，ドナルド・ショーン（Schön, 1983, 邦訳2007）が専門職業人とその養成機関であるプロフェショナルスクール（日本における専門職大学院）の在り方について提唱した「省察的実践モデル」に関する専門教育論である。第二次大戦直後までのア

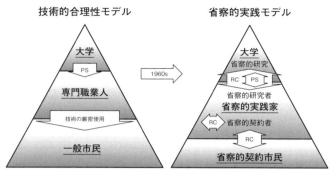

ショーン（Schön, 1983/2007）の省察的実践論

メリカでは，専門職業人による科学技術の厳密な使用が社会問題の解決を導くと考える「技術的合理性モデル」が社会的に受容されていた。科学技術の圧倒的優位性の下，大学から専門職業人へ，専門職業人からクライアントである一般市民へと，科学的知識が職業的職業を介して，一方的に移動した。

しかし，1960年代に入り社会が成熟し複雑化するにつれ，科学技術への不信感が社会に広まる。これを受け新たにショーンが提唱したものが省察的実践モデルである。専門職業人は科学技術を厳緻に使用するのではなく，状況との省察的な対話を通して適応的に社会実装させつつ精緻化することに価値をおく。そしてそれに資するプロフェショナルスクールこそ本来の在り方だとした。ショーンはこのような専門職業人を省察的実践家とよんでいる。対大学には省察的研究者として，対一般市民であるクライアントには省察的契約者として，そして同じ専門職業人の間で省察的対話者として実践活動を行う専門職業人が省察的実践家であると定義している。また，この省察的実践モデルには，専門職業人だけでなく，大学側が省察的研究機関となること，クライアントは専門職業人と共に社会問題を解決する省察的契約市民となることが必要であるとしている（上図参照）。

引用・参考文献

Schön, D. A. (1983) *The reflective practitioner: How professionals think in action.* NY: Basic Books, Inc.（柳沢昌一・三輪建二訳『省察的実践とは何か─プロフェショナルの行為と思考』鳳書房 2007）

柳沢昌一（2013）「省察的実践と組織学習─D. A. ショーン『省察的実践とは何か』（1983）の論理構成とその背景」『教師教育研究』6, 329-351.

（豊田　香）

少子高齢社会（Aged Society with a Low Birth Rate）

子どもが少なくなり高齢者が増えることを人口構造の少子高齢化という。「少子社会」という言葉は，出生率が低下して子どもの数が減少する現象のことをいい，1992年に経済企画庁が『国民生活白書』の中で初めて公式に使った。わが国では合計特殊出生率（ひとりの女性が一生の間に産む子どもの数）は2015年に1.46となっている。

一方，「高齢社会」とは，総人口に対して高齢者（65歳以上の者）の割合が高くなっている社会をいう。国際連合の分類では65歳以上の人口の割合（高齢化率）が7％を超えた社会を「高齢化社会」，14％を超えた社会を

「高齢社会」，21％を超えた社会を「超高齢社会」という。日本がはじめて「高齢化社会」となったのは1970年で，1994年には「高齢社会」，2007年に「超高齢社会」に進んでいる。

高齢化の速度が速いと従来の社会構造が高齢人口をうまく吸収できず，様々な社会的対応を迫られることになる。年金制度の見直し，医療施設の充実，介護者の確保，地域福祉の充実，生涯学習の場の整備などの行政上の課題が少なくない。

(石川孝子)

承認行為

医療機関に就業する専門職で最も多いのが看護職である。看護職の職務満足度を高めることは看護サービスの質を上げるために重要である。職務満足度を高めるためには，承認行為が強く影響するとされている。看護師長の承認行為によって看護職員の満足度が高まる行為は，"忙しいときその業務を手伝う"，"患者ケアや病棟管理をスタッフと話し合う"のような「個々のスタッフへの目配りと支援」，"成果の上がったスタッフを看護部長へ書類で報告"，"仕事の成果を院内報に載せる"など「患者からの評価の上申」，「必要な超過勤務を認める」，「勤務表の希望を尊重」などの「勤務時間に対する希望の尊重」が紹介されており，承認行為と職務満足度との関連性が報告されている(尾崎，2003)。

承認行為によって，看護職のモチベーションを高めていくマネジメントはますます重要になっており，看護管理者の役割が大きくなってきている。

引用・参考文献
尾崎フサ子(2003)「看護職員の職務満足に与える看護師長の承認行為の影響」『新潟医学会雑誌』117(3)，115－163.

(福井トシ子)

情報開示

情報開示あるいはディスクロージャー(disclosure)とは，企業が自社(自社グループ)における事業内容等について，ステークホルダーに対して開示することを指す。一般的には，株主・投資家に対して商法・証券取引法等の諸法規で定められている財務会計情報の開示という意味で用いられることが多い。

近年では，グローバル化に伴い，国際会計基準(IFRS)の視点からの開示が求められている。また，企業の社会的責任(CSR)の認識の高まりやコーポレート・ガバナンスの強化から，環境対策等の非会計情報もアニュアルレポート(年次報告書)などで積極的に開示されるようになった。情報開示には，適時性・正確性・公正性が必要である。

一方，これらの条件を満たさない不適切な情報開示，すなわち隠蔽や改ざんが企業不祥事として強く認識されるようになり，企業の存続にまで影響するようになった。2000年代初頭の米国におけるエンロンやワールドコムの会計不正事件はその代表事例である。これらの事件後，2002年に米国はSOX(サーベンス・オクスリー)法を設定し，内部統制の強化を求めた。日本においても同様の事象が発生し法改正なども行われたが，2017年には東芝の「不適切会計」の問題が明らかになった。

(中西　晶)

情報の非対称性

双方が同じ量及び質の情報を持ち合わせているのではなく，情報に不均衡な状態が発生している場合，情報の非対称性が存在するといわれる。アカロフ(1970)は中古車市場を売り手は中古車という商品の不具合を知っているが，買い手はその情報を知らないからリスク回避のため市場から逃げてしまうという逆選択の「レモン市場」と指摘した。取引活動における情報の非対称性は短期的な収益を

生み出す可能性もあるが，一方で取引相手が市場から逃げてしまうという「市場の失敗」を招くこともある。

　市場の失敗は，中小企業の採用活動の場でも起こっている。求職者は就職活動で様々な情報の開示を求められる。一方，企業側の情報は自社のホームページを初めとして，広報のために作成されたパンフレットなどである。このような情報は，企業の負の情報は一切記載されていない。この結果，「レモン市場」と同様に不確実性の高い取引を行う危険性があるため，求職者が持続的な生活設計を立てられる大企業を希求する。積極的に情報開示を行い情報の非対称性を解決することは採用活動に好循環をもたらす。

引用・参考文献
Akerlof, G. A. (1970) The Market for "Lemons": Quality Uncertainty and the Market Mechanism. *The Quarterly Journal of Economics*, 84(3), 488-500.

（池崎宏昭）

職業興味検査

　進路選択やキャリア発達を促すために開発された心理学的測定のツールに関する総称で，多くは質問紙法が適用されている。1927年のストロング職業興味検査（SVIB：Strong Vocational Interest Blank）が初期のツールとして知られる。その後，RIASECモデルを採り入れて1976年，ストロング・キャンベル職業興味検査（SCII：Strong-Cambell Interest Inventory）として大幅に改訂された。

　また1958年の職業興味検査（VPI：Vocational Preference Inventory）は，ホランド（Holland, J. L.）によって開発されたツールで，多くの言語に翻案されている。VPI日本版は，短大生・大学生を対象に1988年に翻案され，現在第3版が頒布されている。中学生以上を対象にしたツールは1989年，職業レディネス・テスト（VRT：Vocational Readiness Test）がある。これらは開発以来，学校教育における

キャリア教育の教材として利用されたり，ハローワークなどにおけるカウンセリングのために利用されていたりする。

（二村英幸）

職業訓練

　職業訓練とは一般に，労働者や求職者に職業上必要な知識や技術を身につけさせ，職業人としての能力を開発し向上させる訓練と解されている。「公共職業訓練」や「企業内訓練」，手工業の世界で昔から行われていた「徒弟制度」などを指すが，学校教育までその範囲を含めて論じられることもある。

　わが国では現在，職業能力開発促進法第4条2項に基づき，国及び都道府県が，離職者，在職者，及び学卒者に対する「公共職業訓練」を実施している。また，同法第13条・第24条に基づき，事業主等の行う職業訓練のうち，厚生労働省令で定める訓練基準に適合している旨の都道府県知事の認定を受けた職業訓練を「認定職業訓練」という。

　しかしながら，これらの職業訓練だけで実務能力を身につけることはできず，「労働者の業務の遂行の過程において」職業訓練を行うOJT（On the Job Training）により職務経験を重ねるさせることが必要となる。

引用・参考文献
厚生労働省「公共職業訓練の概要」（https://www.mhlw.go.jp/bunya/seikatsuhogo/fukusijinzai_kakuho02/dl/01_0005.pdf 2017年1月28日閲覧）
厚生労働省「認定職業訓練」（http://www.mhlw.go.jp/bunya/nouryoku/nintei/ 2017年1月28日閲覧）
田中萬年（2013）「『職業訓練』の論点」日本産業教育学会編『産業教育・職業教育学ハンドブック』大学教育出版
八幡成美（2014）「職業訓練（職業教育訓練）」日本キャリアデザイン学会監修『キャリアデザイン支援ハンドブック』ナカニシヤ出版

（小形美樹）

職業性ストレス

　仕事や職業生活において労働者が感じるストレスを職業性ストレスという。企業は経営

効率を高めるためにITCやAIの導入を促進し，多様な価値観に対応することが求められている。労働者のメンタルヘルスを悪化させる職場の要因は何か，逆に厳しい労働環境でも活き活きと働き続けられる条件は何か等を検討することは，労働者の健康を高め，かつ労働生産性を高めるための重要な研究である。

それをモデル化したものが職業性ストレスモデルであり，カラセク（Karasek, R. A.）の「仕事の要求─コントロール─支援モデル」やシーグリスト（Siegrist, J.）の「努力－報酬不均衡モデル」，最も包括的なモデルであるNIOSHの職業性ストレスモデルなどがある。

労働安全衛生法のストレスチェック制度では，労働者が50人以上いる事業所において毎年1回，職業性ストレスを測る検査をすべての労働者に対して実施することが義務づけられている。「職業性ストレス簡易調査票」等を使用して労働者のストレスの程度を把握し，労働者自身のストレスへの気づきを促すとともに，職場改善につなげ，働きやすい職場づくりを進めることによって，労働者がメンタルヘルス不調となることを未然に防止することを主な目的としている。

（松本桂樹）

職業選択

職業選択は，適性，準備，職業的熟成そして職業興味の4要素の総合的なアウトプットであり，自己の表現であると同時に，周囲からの（個人の役割への）期待に対する反応であるとされる。そのプロセスは，職業的熟成と職業的自己概念（vocational self-concept）の発達という概念で動態的に捉える（Super, 1957）ものと，個人の特性と一致した職業環境を求める「個人－環境適合論（Person-Environment Fit theory）」により静的に捉えるもの（Holland, 1966）がある。

前者は，成長に伴って適性が明確化し，職業的自己概念が形成され，これに準備がモチベーションとなり，熟成が一定まで進むと自己概念の実現として職業選択に至る（Shullman & Carder, 1983）とする。後者は，興味・関心・性格といった個人的特徴と仕事や活動領域の環境的特徴とのマッチングが職業選択の満足を高めるとし，それらを6つに分類したRIASECモデルを提唱。

わが国では長期雇用を前提とした新規学卒の定期採用が主流であるため，求職者は業種と会社名が重要であり，職業選択よりも企業選択である「就社」が現実的である。これにより企業の内部労働市場の変化に，自らの職業興味を合わせる方が有利に働くため，職業的自己概念は特定企業における職務経験において形成されるという「企業－職務選択モデル（company-job）」（渡辺・野口，1999）も提示されている。

引用・参考文献
Holland, J. L. (1966) *The psychology of vocational choice.* Waltham, MA: Blaisdell.
Shullman, S. L., & Carder, C. E. (1983) In Walsh, W. B., & Osipow, S. H. (Eds.), *Handbook of Vocational Psychology, Vol.2, Applications.* Erlbaum, London.
Super, D. E. (1957) *The psychology of careers.* NY: Haeper & Row.
渡辺直登・野口裕之（1999）『組織心理測定論』白桃書房

（杉原大輔）

職業能力

職業に就いて活動を進めるために必要な能力・資質をいう。職業には個人的，経済的，社会的諸側面があり，社会的存在証明の機能を営む。職業は生活リズムを決め，生活を規律づけることにより心身の健康を保持し，ときに創造や献身の喜びを与え，他者との社会的関連や精神的交流を可能にする。

職業に就こうとする者に対しては，主として労働行政と学校教育界が指導援助を行ってきた。労働者に対しては，職業に必要な技能や知識を習得させ，労働者の能力を開発・向上させるための訓練を行ってきた。わが国の人的資源開発の歴史を踏まえ，社員教育のテ

ーマは，基礎的だが持続する学習能力の開発へと移行すべきであり，時代の変化に耐え得る基本的な能力の育成が大切であると川喜多喬はいう（2004）。

職業能力開発促進法では，職業訓練は学校教育との重複を避け，かつ，これとの密接な関連の下に行われなければならないとしているが，社会で求められる人材像や能力は，その時代環境により異なる。同時に，長期にわたり変化しない基本的要素も存在する。職場や地域社会で多様な人々と仕事をしていくために必要な「社会人基礎力」を2006年から経済産業省は提唱している。

引用・参考文献
川喜多喬（2004）『人材育成論入門』法政大学出版局
見田宗介・栗原彬・田中義久編（1988）『社会学事典』弘文堂

（遠藤雅子）

職業パーソナリティ

パーソナリティは人の個性を表す心理学の概念，用語で，職業興味とは別次元の概念と捉えられるが，職業興味もパーソナリティの一部と捉える見方がある。ホランド（Holland, J. L.）の職業選択理論においては，職業興味もパーソナリティ同様に遺伝的な要素も存在するし，さらに家庭，学校，親族，友人などからも影響を受け，それが傾性（disposition）として形作られていく性質があるとされる。こうした職業興味のパーソナリティ的な側面を強調する意味から「職業パーソナリティ：vocational personality」という用語が用いられることがある。ホランドは同様の趣旨から，さらに「職業的アイデンティティ：vocational identity」の表現も用いている。

この考え方は，環境との相互作用を経て職業興味タイプが形成されると捉えていることから，「構造的－交互作用的」，あるいは「類型的－交互作用的」な理論と説明される。RIASECモデルの項参照。

（二村英幸）

職業発達理論

スーパー（Super, D. E.）による一連の研究で，人は役割（キャリア）を通じて成長するものであり，成長の結果として，次の役割へ移動したり，移動の準備（レディネス）ができる，というもの。個人的体験が人を成長させるというフロイト流に対して，社会的な役割体験が人を成長させるという考えに基づく。したがって，職業選択は自己の表現であると同時に周囲からの（個人の役割への）期待に対する反応であるとする。

初期の研究は，個人の育成歴と職業発達の関連を検討するCareer pattern study（CPS：キャリアパターン研究）から始まり，職業人生を成長・探索・確立・維持・離脱の5段階に定義し，キャリアの「熟成」として発達課題と職業的発達の対応関係を検討した。

しかしながら，すべての段階を説明することができず，青年期までを熟成すなわちレディネス，確立期以降では適応性や柔軟性として検討されていくこととなる。

この後，職業生活だけでなく生活全体での様々な役割との相互関係に注目した，Work Importance Study（WIS）を経て，個人の生涯には9つの主要な役割があり，特定の役割のみではなく同時に多くの役割を並列して演じる必要があることを説明するLIFE・CAREER・RAINBOW（1980, 1990）としてまとめられている。

引用・参考文献
Super, D. E. (1980) A life-span, life-space approach to career development. *Journal of Vocational Behavior*, 13, 282-298.
Super, D. E. (1990) A life-span, life-space approach to career development. In D. Brown & L. Brooks, Career choice and development: Applying contemporary theories to practice. CA: Jossey-Bass.

（杉原大輔）

職業倫理

コンプライアンス（法令順守）は元より，どの職業にも人として守り行うべき道（モラ

ール）は存在するが，特に人がヒトに直接働きかける対人サービス分野の職業では重要である。この分野の職業として挙げることができるものに，教育サービス，医療介護サービス，弁護士や会計士のサービスなどがある。

その理由は，サービスの受け手と担い手側との間に圧倒的な情報格差があり，担い手側がサービスの場を支配し有利に働くサービス構造があるからである。したがって，担い手側はサービスの目標をしっかり掲げ，ルールを遵守しながら誠実・公正に職務を遂行する能力，および取り組む姿勢が問われる。法律家や医師，看護介護福祉士などの団体では，それぞれの職業倫理を定めは明文化している。

具体的には以下のようなものがある。

日本弁護士連合会（2004）「弁護士職務基本規程」

日本医師会（2008）「医師の職業倫理指針（改訂版）」

日本看護協会（2003）「看護者の倫理綱領」

日本介護福祉士会（1995）「日本介護福祉士会倫理綱領」

（池崎宏昭）

職人育成

職人とは，農林鉱水畜産物を，身につけた技術で生産加工あるいは修繕する人々をいうが，日本の近世以前には，芸能民をも含めて職人とよんでいた。農工分離が進み，都市が発展すると，職人層は都市安住の傾向を強め，親方・職人・徒弟といった階層分化が起こった。鋳物師，鍛冶屋，木地屋，大工，左官，鳶，指物師，桶屋，畳職人など職種はきわめて多い。

ものづくりを通じて親方は弟子を一人前の職人に育て上げ，習う方も親方の職業，生き方を範としたが，戦後徒弟制度が廃止され，民主的技能教育制度が確立した。しかし，産業別労働組合を標榜しながらも親方層を内包する組織において，欧米のような労働者の育成，供給の仕組みの構築は容易ではなかった。そこで職業安定法，職業訓練法などのもとで企業内訓練が一定の役割を果たしてきた。

多くの産業では採用した人材の内部育成に熱心で，終身雇用，年功序列などで定着を図ってきた。小規模事業所は，将来独立自営を目指す職業人養成に寄与したが，それは一人親方の再生産につながった側面もある。伝統的な職人が激減した今，いかにその技能を伝承し，新たな職人を育成していくかが課題である。

引用・参考文献
藤澤好一（2007）「職人育成の今日」『建築雑誌』122（1565），33．
見田宗介・栗原彬・田中義久編（1988）『社会学事典』弘文堂

（遠藤雅子）

職能資格制度

職能資格制度とは，従業員の職務遂行能力（＝仕事をするうえで必要となる能力）の内容と程度に応じて，あらかじめ設定されている職能資格等級にすべての従業員を格付けし，その等級に基づいた人事・賃金処遇を行う人事制度のことである。いわゆる企業内資格制度の1つで，明治期～第2次世界大戦までの身分的資格制度，第2次世界大戦後～1960年代までの年功的資格制度に続くものとして考案され，1970年代以降，大企業を中心に広く普及していった。これは，1960年代までの年功的な人事・賃金処遇管理をあらため，能力主義的な処遇管理への移行を目指すものであった。

職能資格制度は，①その企業における仕事をするうえで必要となる能力要件（＝職能要件）を抽出する，②各職能要件を職種別・難易度別に整理する，③職種の違いを超えた共通的な能力要件を整理し，難易度別に段階区分する，④全従業員を職能資格等級基準における各能力要件の定義に照らし，該当する等級に格付けする，といった形で展開される。

本来は，企業における年功主義を排し，能力主義へと転換することが制度の趣旨であったが，能力要件の定義の曖昧さなどから，年功的な運用に陥るケースが多かった。

（大石雅也）

職場環境改善

職場環境等の改善とは，職場の物理的レイアウト，労働時間，作業方法，組織，人間関係などの職場環境を改善することで，労働者のストレスを軽減しメンタルヘルス不調を予防しようとする方法である。

職場環境等の改善は，「労働者の心の健康の保持増進のための指針」（2006年3月31日）でもメンタルヘルスケアの具体的進め方の1つとされている。また，労働安全衛生法に基づくストレスチェック制度においても，努力義務とされている。

『労働安全衛生法に基づくストレスチェック制度実施マニュアル』（2015）では，効果的な職場環境等の改善のための5つのステップとして，以下を紹介している。

ステップ1．職場環境等の改善のための体制づくり
ステップ2．職場環境等の評価
ステップ3．職場環境等の改善計画の立案
ステップ4．対策の実施
ステップ5．効果評価と計画の見直し

国際労働機関（ILO）は，1992年の報告書で，19の事業所のストレス対策成功事例のうち14の事例が職場環境の改善等であり，職場レイアウトの改善，人間工学的改善，チームワークや小グループ活動の活性化，作業のローテーション化が効果的であったと報告している。

引用・参考文献
厚生労働省（2015）「労働安全衛生法に基づくストレスチェック制度実施マニュアル」（https://www.mhlw.go.jp/bunya/roudoukijun/anzeneisei12/pdf/150507-1.pdf）

（福井知宏）

職場ストレッサー

ストレス反応を引き起こす要因であり，リスク要因でもあるストレッサーには，ストレス対策を講じる活動主体によって，空間概念を用いて3つに分けることができる。

1．「個人もしくは管理者（自身）」：職務レベルのストレッサー
2．「管理職」：職場（集団）レベルのストレッサー
3．「経営者や人事労務部門」：組織レベルのストレッサー

従業員が職場集団に所属することによって生じるストレッサー，つまり職場（集団）レベルのストレッサーの主な環境要因と具体例を以下に挙げる。

1．職場目標・方針：（例）職場目標や方針が，成員に対して示されていない
2．キャリア見通し：（例）昇進や将来の技術や知識の獲得について情報が少ない
3．職場の人間関係：（例）管理者，同僚からの支援や成員相互の交流が少ない
4．意思決定への参加：（例）職場の意思決定に参加する機会が少ない
5．職場風土：（例）上下関係や年齢に関係なく，言いたいことが気軽に言える雰囲気がない
6．人事評価：（例）不公平な人事評価が行われている，また，評価結果の個人へのフィードバックがない
7．物理化学的環境：（例）好ましくない換気，照明，騒音，作業レイアウト

（福井知宏）

職務態度

従業員の職務態度（job attitude）についての研究は多様であり，研究者によってその概念定義は異なる。先行研究では，職務満足度，職務関与，組織コミットメント等の概念を含

むものとして職務態度を議論しているものが多い。古川（1974）は、近年、理論的モデルに基づき、職務態度として従業員の持つ価値観を含めた幅広い態度が測定され、それらとモチベーションやパフォーマンスとの関係性が分析されていることを報告した。また、鄭ら（2011）は、企業の人材開発投資に対する従業員知覚が従業員の組織及び職務に対する適合感を高め、その結果、従業員の職務満足や職務関与を向上させ、転職意思を低下させているという職務態度への媒介過程を明らかにし、同時に組織におけるキャリア計画の重要性を示唆した。

引用・参考文献
古川久敬（1974）「職務モティベーションに関する期待理論」『実験社会心理学研究』14(2), 147-158.
鄭有希・竹内規彦・竹内倫和（2011）「人材開発施策が従業員の職務態度に与える影響過程：個人－環境適合の媒介効果とキャリア計画の調整効果」『日本経営学会誌』27(0), 41-54.

（川﨑　昌）

職務特性

どんな職務にも共通の職務特性があり、それらの職務特性は個人の行動や心理に影響を及ぼすといわれている。

心理学者のハックマン（Hackman, J. R.）と経営学者のオルダム（Oldham, G. R.）は、組織のメンバーのモチベーション等を評価する指標として、仕事の特性に着目、「職務特性モデル」を提唱した。

本モデルでは、どの職務にも共通する、以下の5つの中核的職務特性が、仕事の有意義感・仕事の結果への責任感・仕事の結果の認識といった心理状態を経て、個人・仕事上の結果として、動機づけ・業績・満足感・離転職行動に影響を与えることを示している。

1. スキル多様性：職務が多様なスキルや能力を必要としているか。
2. タスク一体性：職務の全体が明らかで、始めから終わりまでを見渡すことが可能か。
3. タスク重要性：職務が世の中の人にどのくらい重要な影響を及ぼしているか。
4. 自律性：職務を遂行するうえで、どの程度の自由、独立性、権限があるか。
5. フィードバック：職務の遂行具合について、直接に明確な評価やフィードバックが与えられているか。

（福井知宏）

女性管理職

日本の中央省庁編集による刊行物では、女性管理職を、「社会のあらゆる分野において指導的地位に就く女性」と定義し、女性活用の指標としても活用している。また、2007年の男女共同参画会議において指導的地位の具体的内容として、①議会議員、②法人・団体等における課長相当職以上の者、③専門的・技術的な職業のうち、特に専門性が高い職業に従事する者とすることが確認された。日本の女性管理職比率は世界的にみて低い水準にあり、女性の個性と能力が十分に発揮できる社会の実現と少子高齢化による労働力不足が必至の日本において女性活用が重要課題であることが認知されるようになった。

このような背景から、2016年4月1日より、「女性の職業生活における活躍の推進に関する法律（女性活躍推進法）」が施行され、国・地方自治体および従業員数が301人以上の大企業は、①自社の女性の活躍に関する状況把握・課題分析、②その課題を解決するための行動計画の策定・届出・周知・公表、③自社の女性活躍に関する情報公開を行うことが義務付けられ、女性の管理職の登用をはじめとする女性活用の促進が試みられている。

（堀井希依子）

女性起業

わが国においての女性起業家への期待は高

まっている。起業家には，新たな地域経済の担い手として，産業の新陳代謝を促進し，わが国の経済を活性化する役割が期待されており，とりわけ，女性起業家は，従来の業界慣習や固定観念を打ち破り，多様化する市場のニーズをすくい上げることで需要を生み出す傾向にあり，より一層の"起爆剤"となり得る期待が集まる[1]。

日本政策金融公庫によると起業家の22.1%が女性である[2]。

開業時の組織形態は，個人経営が61.8%，株式会社が31.7%，NPO法人1.2%となっている。主な業種は，「個人向けサービス業25.2%」「医療，福祉19.2%」「飲食店，宿泊業15.0%」「小売業12.0%」「教育，学習支援業3.7%」の順となっている。最終学歴は「大学21.3%，短大16.5%」「専修・各種学校27.3%」「高校29.8%」「中学2.5%」である。開業直前の職業では，「正社員・職員（管理職）26.8%」「正社員・職員（管理職以外）25.8%」「非正社員21.3%」「専業主婦7.8%」であり，男性に比べて「正社員・職員（管理職）26.8%」の割合が低くなっている[3]。

引用・参考文献
1 経済産業省（2016）「女性起業家等実態調査」(http://www.meti.go.jp/policy/economy/jinzai/joseikigyouka/pdf/joseikigyou_report.pdf)
2 日本政策金融公庫総合研究所（2016）「2015年度 起業と起業意識に関する調査」(https://www.jfc.go.jp/n/findings/pdf/topics_160328_1.pdf)
3 日本政策金融公庫（2013）「女性起業家の開業」(https://www.jfc.go.jp/n/findings/pdf/topics_131224_1.pdf)

（竹谷希美子）

ジョブクラフティング

近年，自律性などのプロアクティブ行動を表す概念の中でも，従業員が自ら職務をデザインするジョブクラフティングが注目されている。ジョブクラフティングは，レズネスキーとダットン（Wrzesniewski, A., & Dutton, J. E. 2001）が提示した概念であり，「従業員が自ら仕事の範囲・仕事の意義・人間関係の境界を変化させる行動」と定義される。この概念の特徴は，上司の命令ではなく従業員の自発的な意志で行われる点にあり，下位次元としてタスククラフティング（仕事そのものの境界を変える行為），関係的クラフティング（仕事に関する人間関係の境界を変える行為），認知的クラフティング（仕事の意義の境界を変える行為）の3次元がある。職務の相互依存性が低く職務の自由度が高いほど，従業員はジョブクラフティングが可能であると知覚する（Wrzesniewski & Dutton, 2001）。

従業員にとっては，ジョブクラフティングがワークエンゲージメントを高めストレスを軽減する効果が期待できる。組織にとっては，ジョブクラフティングが生産性を高める可能性がある。ただしジョブクラフティングが組織にとって有益でないケースもあり得るので，注意を要する。

引用・参考文献
Wrzesniewski, A., & Dutton, J. E. (2001) Crafting a job: Revisioning employees as active crafters of their work. *Academy of Management Review*, 26(2),179-201.

（岸田泰則）

ジョブローテーション

ジョブローテーション（job rotation）とは，企業などにとって将来必要な人材の育成を目的に，計画的に様々な職場で勤務させたり，各種研修を受けさせたりすることである[1]。職員の能力開発を行うことを目的として，人材育成計画に基づいて定期的に職場の異動や職務の変更を行うことで，組織全体を知るゼネラリストを育成するための人材育成システムである。長期雇用を前提とする日本企業ならではのものである[2]。

長所・短所としては，多様な業務経験を積むことによって職員が組織への幅広い知識や視野を養えること，職員の適性や能力が見極められて適材適所の配置が可能になること，職員のキャリアパスに役立つこと，異動によ

り横断的なネットワークがつくられ，職場のコミュニケーションが活発化されること，業務のマンネリ化によるモチベーションの低下を防ぐなどがある一方で，定期的な異動となるために専門性の高いスペシャリストを育成しにくいというデメリットもある。

引用・参考文献
1 『大辞林』三省堂 (http://www.weblio.jp/cat/dictionary/ssdjj)
2 日本の人事部 (https://jinjibu.jp/)

（郷原正好）

自律

職務が許容する裁量の程度。すなわち，職務遂行者が計画，方法または手続きを決定する際に有する裁量の程度のこと。ハックマンとオールダム (Hackman, J. R., & Oldham, G. R. 1976) によれば，職務の計画を立てる際や職務を実行するための手続きを決定する際に，職務実行者に対して当該職務が提供する持続的な自由，独立性，決定権の程度と定義される。

ハックマンらの職務特性モデルでは，5つの中核的職務次元が3つの重要心理状態を介して個人成果や職務成果を高めることが提示されているが，自律性（Autonomy）は当該モデルの中核的職務次元の1つとして設定されており，成功や失敗といった職務成果に対する責任の認識を高めることを通じて，内的な職務モチベーションや職務成果の質を高める変数であるとされている。

これらの関係は多くの実証実験により検証されており（Humphrey, Nahrgang, & Morgeson, 2007など），自律性が職務成果に及ぼす影響が確認されているが，近年では自律性は組織市民行動（OCB）などの従業員行動の説明変数としても扱われている。

引用・参考文献
Hackman, J. R., & Oldham, G. R. (1976) Motivation through the design of work: Test of a theory. *Organizational Behavior and Human Performance*, Vol. 16, 250-349.
Humphrey, S. E., Nahrgang, J. D., & Morgeson, F. P. (2007) Integrating motivational, social, and contextual work design features: A meta-analytic summary and theoretical extension of the work design literature. *Journal of Applied Psychology*, 92(5), 1332-1356.

（渡辺孝志）

自律型人材

組織行動論や組織心理学の文脈における「組織における自律性」に議論の端を見出すことができる。これは，組織で与えられた役割や業務を忠実に遂行することだけではなく，むしろ自らの判断で自主的に行動し，成果を生み出していくという働き方と，それを包摂していく組織のあり方の両者をまとめた概念といえる。田尾（1991）によれば，このような自律性の要素として「自由」「自立」「裁量」の3点を挙げている。

「自律型人材」という用語により注目が集まったのは，雇用が流動化し，組織と個人の新しい関係性が議論され始めてからである。自らのキャリア形成や働き方について自らの意思のもとにつくり上げていくという考え方やそのための行動を「キャリア自律」といい，そのことが実践できる人材を「自律型人材」と称するようになった。

現在では，自律性や自律型の概念は，より広義に「自分自身の判断で適切に動くことができる」という意味のもとに用いられている。

さらには，自律に際し，「自由」や「自立」といった自らの意志や考えだけを主張するのではなく，周囲から求められる役割や期待にも配慮し，行動を適切に選択できる人材のことを「自律型人材」と称し，比してそうでない人材を「自立型人材」と区別して表現することもある。

引用・参考文献
花田光世（2013）『「働く居場所」のつくり方』日本経済新聞出版社
鈴木竜太（2007）『自律する組織人―組織コミットメントとキャリア論からの展望』生産性出版
田尾雅夫（1991）『組織の心理学』有斐閣
Waterman, R. H. Jr., Waterman, J. A., & Collard, B. A. (1994) Toward a career-resilient workforce. *Harvard Business Review*,

（坂田哲人）

自律的キャリア意識

　日本の大企業の社員管理は，従来新卒一括採用をスタートに長期雇用下で人材育成を図るもので，主として人事部が社員のキャリアを管理していた。社員は会社の定める異動昇進の仕組みの中で，会社の辞令で総合職であれば世界どこでもいつでも赴任することが条件とされてきた。社員に異動希望を出すことが制度化されている企業は多いが，その希望の実現は難しかった。

　しかし，個の持っている潜在的な力をより発揮させるには，社員本人が自分のキャリアを意識して形成したほうが有効と思われ始めた。仕事のアウトプットはスキル，やる気，適性の組み合わせで決定すると考えると，本人の意向の有効さは明らかである。「自分の専門スキルを磨きたい」「自分のやりたい仕事だからがんばれる」「自分に合っている仕事だから成果が出る」となりやすく，あてがいぶちの仕事をしている人とでは違いが出てくる。そこで，自分でキャリアを自律的に形成してもらおうと企業も考え，支援し始めた。そもそもキャリアとは自律的なものという原点に立ち返ったといえる。

（西山昭彦）

人材育成

　就業する従業員の職業能力をより高めるとともに，業務に対する取り組み意欲を向上させていくこと。具体的には，目標管理に基づくOJT及びOff-JTや自己啓発などの手段がある。目標管理では，上司が部下に目標や課題を設定させ，その目標実現や課題解決に向けて，意欲を高めつつ業務能力を向上させていく。管理期間としては，通常1年間が多い。上司は部下の話をよく聞いて目標や課題の設定を行わせ，業務の進捗に伴って重点的に取り組む目標や課題を明確化し，管理期間の終了時に成果と残された課題を確認する。このサイクルを繰り返すことで従業員の育成が図られる。

　OJTは，業務を進める中で，上司が具体的・実践的な指導を行い，部下の知識・技術・意欲を高めることができる。また，社内外の研修やセミナーに参加したり，従業員が自己の個人的な時間を使って勉強に励むOff-JT及び自己啓発は急速な技術革新や顧客ニーズの変化に対応するためにも重要である。雇用者は従業員が，Off-JT及び自己啓発に積極的に取り組めるよう環境整備に努めることが大切である。

引用・参考文献
秋山義継編著（2009）『ベンチャーコンパクト用語辞典』税務経理協会

（大室文之）

人材育成型人事考課

　人事評価では何らかの目的のための手段として優劣格差をつけることになるが，処遇と連鎖するような格差が自己目的化する傾向を否定できない。人材育成を目的する手段としては，処遇への格差と連動する必要があるのかの検討がなされていなかった。小堀喜康は評価とせずに考課（課題を考える）として，岸和田市役所での実践を人材育成型人事考課制度と称している。

　人材育成型に対比されるものが処遇管理型であるが，そのような信賞必罰式ではなくて「気づき」を提供して「自学」を促すことを目的とする人事制度を提唱した。

　人材育成とは自らの強みを知って研鑽する個性的な人を育てることである。この各自の強みを伸ばし，意識改革することを支援することこそが人事考課の目的と解している。このためには人事制度として，研修や処遇が総合的・戦略的に体系化されなくてはならない。

組織力とは個人の力と組織マネジメント力の相乗である。また，これらの支援の有効な手法はフィードバック（育成面談）にあり，人事をブラックボックス化することは不信感につながると考えられる。

（三宅正伸）

人材情報マネジメント

　一般的に人事管理は，人事政策・計画，採用管理，配置・昇進管理，評価・報酬管理，人材育成，退職管理などの多様な機能で構成されるが，それぞれの機能に応じて多種多様な人事情報が不可欠となる。また，近年の情報技術の革新によって膨大な量の人事情報が人事データベースなどに蓄積され活用されるようになった。

　一昔前までは，人事情報といえば，人事部が管理するための氏名や年齢などの基本的な個人属性データをはじめとして人事発令や給与・処遇などの人事管理運用（オペレーション）に必要なデータを意味していた。しかし，今日では，人事政策や計画の策定をはじめとして目標管理制度や評価制度および適正配置や人材育成などの様々な意思決定やマネジメントに必要な多種多様な人材情報が求められ，ICTを活用した全社的な人材情報マネジメントが定着してきた。さらに，一部の組織ではAI（人工知能）を活用した人材の発掘や適正配置などを支援するためのマネジメント情報システムが模索されはじめている。

　しかしながら，人材に関する情報は，全てがデータベース化されるものではなく，評価とは異なる評判のように現場で生じる直感的で冗長的な人材情報を無視することがないように留意すべきであろう。

（藤本雅彦）

人材・人財

　人材：才知ある人物。役に立つ人物。その人を形作っている性格・才能など（『広辞苑第六版』）。

　使われている言葉が一般化しすぎてしまい，独自の意味づけを行おうとして，造語をつくる場合がある。「人材」は辞書に載っている程度に一般化している言葉だが，「人財」はまだ辞書に載るほどの一般化はしていない。

　さて，『人財』にどのような意味を付与しているのかといえば，『財となる人，財を生み出せる人』という意味である。

　辞書の意味を読んでいただければわかるとおり，人材の材は才の意味で，人材といった時点で「役に立つ，何かを生み出せる人」ということである。つまり，『材』であるか，『財』であるかに本質的な差はない。

　どちらにしても，企業内，領域内でどういった意味を付与したか，それが継続的に共有されているかといったことのほうが重要になる。

　「人財」のほうが優秀で「人材」は普通というのも，単なる意味づけにすぎず，現在では特に目新しさを感じるものではない。

（大宮昌治）

人材マップ

　組織や職場における個人同士の関係性を可視化することを目的として描かれる図のことを指す。特に組織構成員の関係性が組織のパフォーマンスや，個々人のモチベーションなどに影響しやすい組織や職場などで活用されることを想定している。

　実際には，主に管理職（職場長）が面談や日常会話などを通じて情報収集を行い，その得られた情報をマッピングすることによってつくられる。その結果，人材マップには，組織や職場の個人1人ひとりの存在（名前など）と，その相互の関係性などが矢印などを用いて表されている。

　背景理論には，個人の関係性が職場のパフォーマンスに影響することを説明した「ソー

シャル・キャピタル」の議論をあげることができる。ベーカー（Baker, W. 2001）は，ソーシャル・キャピタルには多様な社会資源のアクセス性を表すという観点（いわゆる「スモール・ワールド」）に加え，相互の信頼関係や相互支援の力を表すものであると述べている。また，ソーシャル・キャピタルを可視化するための方法としては，安田（1997）の「ネットワーク分析」が代表的である。いわば，人材マップはこれらの概念を実践的に応用したものである。

引用・参考文献
ウェイン・ベーカー（2001）『ソーシャル・キャピタル—人と組織の間にある「見えざる資産」を活用する』ダイヤモンド社
坂田哲人・井上眞理子・今井豊彦（2016）「保育マネージャー養成講座」『保育ナビ』5，6，7月号，50-51．
安田雪（1997）『ネットワーク分析—何が行為を決定するか』新曜社

（坂田哲人）

人事政策

　一般的に人事管理は，採用，配置・昇進，評価・報酬，人材育成，退職などの様々な人事管理制度（サブシステム）によって構成されているが，こうした管理制度のあり方や運用に関する意思決定の拠り所となるもので，中長期的な一貫した指針や方針が人事政策である。

　欧米などでは，1980年代以降，人事政策は，経営戦略や事業戦略との関係によって議論されはじめ，Human resource management strategy（人的資源管理戦略もしくは人事戦略）などとよばれるようになってきた。組織の戦略に従って人事政策が策定されるコンティンジェンシーモデルと，組織の戦略とは関係なくアプリオリに策定されるベストプラクティス（もしくはコミットメント）モデルに大別されてきた。

　日本では，大手製造業を中心とする人事政策は，戦後の高度経済成長から1980年代までの日本的な経営モデルと表裏一体の関係にあり，その支柱となってきた。しかし，1990年代前半のバブル経済崩壊後，日本企業の多くが経営戦略や事業戦略の見直しが迫られ，こうした動向に呼応する形で人事政策のあり方が議論されるようになってきた。

（藤本雅彦）

人事戦略

　人事戦略とは，経営理念の実現と経営戦略の遂行に向けて，人材に関するすべての機能，いわゆる，採用・育成・評価・報酬を包括した組織の人材価値を高める施策の総称である。人事戦略が狙う成果は，適材適所の実現・能力開発と組織学習・支払能力と処遇のバランスによって，組織の人的生産性と個々の従業員満足度の向上を図ることであり，大きく4つの領域に分けることができる。

　1つめは，人材フローマネジメントといわれる「採用から退職」までの一連の流れを管理する領域である。2つめは，学習マネジメントといわれる「スキルトレーニング，キャリアディベロップメント，組織学習を管理する領域である。3つめは，パフォーマンスマネジメントといわれる「評価による従業員の方向づけ，動機づけ」の領域である。最後が，報酬マネジメントといわれる「処遇体系，評価制度，賃金制度のデザイン」の領域である。4つの領域はそれぞれ関連性も持って，運営されることが非常に重要である（グロービス経営大学院，2015より抜粋）。

引用・参考文献
ビジネスコンサルタント社（https://www.bcon.jp/）
グロービス経営大学院（2015）『「変革型人事」入門—これからのHRに求められる発想の転換』労務行政

（寺嶋一郎）

人事の複線化（複線型の人事管理制度）

　複線型の人事管理制度とは，従来の「部長→課長→係長……」といった職制を柱とした，単一の枠組みの中で「評価・処遇・育成」を

行う『単線型人事管理制度』に対し，個人の適性や志向に合わせて複数のキャリアパスが選択可能な人事管理制度をいう。

単線型人事管理制度による一律処遇では限界のある，個人の職業人としての「価値観や適性の多様化等」への柔軟な対応が可能になり，例えば「ライン管理職へ昇任しマネジメント能力を発揮する」ことよりも，「自らの専門性を活かすことにより組織に貢献する」ことを望む者などへの適切な処遇が可能となる。

人事管理制度に複線型を採用することにより，職員の「自律的キャリア開発」「専門性の向上」を促進することが可能になり，それがひいては「多様・高度化する組織ニーズ」に対する適応性を高めることにつながると期待される。

そのため次の事項が重要である。
・従来の職制によるライン（ゼネラリスト）と，高い専門性を持つ専門職（スペシャリスト，エキスパート）の2系統のキャリアパスの設定
・職員が自らの能力や専門性を最大限に発揮できるキャリアを「選択」できる人事管理制度の提供

（小林文雄）

人事評価基準

人を評価することは従前から日常的に行われていたが，これを人事評価として制度化することには困難な要素が多い。何よりも，何によって評価するかの基準が必要になってくる。また，そのことによる見返りとしての昇給や昇進は，「何が求められているか」の有効なメッセージとなる。営利企業の場合は，企業に利益をもたらした業績を基準とできるが，日本企業においては，このような成果主義の考えは職場のコミュニケーションを悪くするとの考えもある。

一般的には業績（成績）評価，能力評価，情意（態度）評価の順で客観性が主観的になるといわれているが，たとえ評価者の主観において評価決定しても，何をすれば評価されるのかが納得されていれば問題も生じない。明確な人事評価基準が必要といわれているが，上司の恣意性が幅を利かせている現状も事実として認めなくてはならない。努力の方向性が示されなくては，極端な場合にはマイナス方向に情熱と意欲を使い果たされることすらあり得るのである。企業が社員に何を求めているのかを明確にすることが重要で，それに普遍性が生じて組織的協働が円滑に行えるような基準を必要とするである。これらのことは合意と納得の上になされるものと考えられる。

（三宅正伸）

人事部の役割変化

伝統的な欧米の組織における人材マネジメントは，ラインマネジャーが必要な人材の採用から評価・処遇や退職に至るまでの意思決定の主体であり，人事部の役割は，それらに関係する法的手続き支援や労使関係などの業務運用（オペレーション）を担うエキスパート業務が中心だった。しかし，ウルリッチ（Ulrich, D. 1997）によれば，1990年代以降，人事部の役割は，「いかに付加価値を生み，成果を上げ得るのか」という視点から経営戦略や事業戦略を実現するための戦略パートナーとしての役割が重視されるようになった。

一方，伝統的な日本の組織では，本社人事部が人材の採用から配置や処遇および退職までの意思決定に深く関与する強力な人事権を持ち，給与処理から労使関係まで様々な業務運用も担っていた。

しかし，1990年代以降，大手企業などでは，組織のフラット化や事業戦略の見直しに伴い，各事業部などに人事機能が分散化し，本社人事部の役割は全社的な人材政策や幹部人材の配置や育成などの機能に限定されはじめた。

また，一部の企業では給与処理や福利厚生などの業務運用は，外部にアウトソーシングされる傾向が高まってきた。

引用・参考文献
Ulrich, D. (1997) *Human Resource Champions: The next agenda for adding valur and delivering results.* Harvard Business School Press.

（藤本雅彦）

人事プロ検定 (PHR)

人事プロ検定 (PHR) とは，アメリカを代表する資格で世界で最も浸透した人事資格である。1976年から資格認定機関HRCI (Human Resource Certification Institute) により試験が実施されている。この資格は165カ国28万人の会員を擁す世界最大の人事専門組織SHRM (Society for Human Resource Management) が設置した資格である。HRCIは資格検定の公正確保のため，1973年に設立された。

PHR（人事プロ検定）の問題は，アメリカ連邦法，規則，実践と一般慣習等に基づき，人事管理の全分野から作成される。試験は3時間の多肢選択問題である。PHR受験に推奨される業務経験年数は2〜4年，SPHRは6〜8年で，PHRは担当としての運用・機能について，SPHRでは戦略・政策について出題される。PHRの他にSPHR（上級人事プロ検定）とGPHR（国際人事プロ検定）が，さらにaPHR（初級人事プロ検定），カリフォルニア州資格としてPHRcaが加わった。2016年の類型取得者は，PHRで約8万人，HRCI人事資格全体で14万人弱である。

（宮下　清）

新人看護職員研修

医療の高度化や在院日数の短縮化，医療安全に対する意識の高まりなど国民のニーズの変化を背景に，臨床現場で必要とされる臨床実践能力と看護基礎教育で修得する看護実践能力との間には乖離が生じ，その乖離が新人看護職員の離職の一因であると指摘されている。

看護基礎教育と臨床現場との乖離を埋めるためには，看護基礎教育の充実を図るとともに，臨床実践能力を高めるための新人看護職員研修の実施内容や方法，普及方策について検討し，実施に移すことが求められたことから，平成21年7月の保健師助産師看護師法及び看護師等の人材確保の促進に関する法律の改正により，平成22年4月1日から新たに業務に従事する看護職員の臨床研修等が努力義務となった。

そのため，新人看護職員研修ガイドラインの策定及び普及のための具体的方策について検討することとなり，厚生労働省に「新人看護職員研修に関する検討会」が設置され，新人看護職員研修ガイドラインが作成され，平成26年2月に改訂版が出された。

引用・参考文献
厚生労働省 (2014)「新人看護職員研修 ガイドライン【改訂版】」(http://www.mhlw.go.jp/file/06-Seisakujouhou-10800000-Iseikyoku/0000049466_1.pdf 平成29年4月28日閲覧)

（福井トシ子）

人的資源

人的資源（human resources）とは，事業活動に必要な能力の保有者としてのヒトである。人的資源概念は，1960年代に，動機づけ理論の人的資源パースペクティブにおいて使われ始め，1980年代の人的資源管理の普及とともに広まった。ヒトの資源的側面が注目された背景には，労働者を，企業の生産性向上のための重要な資源とみなし，人的資源に投資して資源を開発することが企業成長につながるとする，人的資本理論に基づく考え方がある。

人的資源の特徴は2つある。第1に，人的資源は可変性を持つ。人的資源には，まだ開発・活用されていない潜在的能力があり，そこから引き出し得る能力の質・量は，教育訓

練・能力開発などを通じて変化する。変化の激しい環境において企業が持続的競争優位を獲得するには、長期的な視野の下で、企業戦略の実現に必要な能力を持つ人的資源を育成することが重要な課題となる。

第2に、人的資源は、労働を通じて自らの潜在能力を開発し、成長したいという欲求を持つ、主体的な存在である。人的資源の開発・活用を通じて企業が成長するためには、個人の目標を企業戦略に結びつけることが重要である。

（山口みどり）

人的資本マネジメント

ベッカー（Becker, G.）らが主張した、人材を資本とみなし、教育訓練投資によってより大きな収益回収を引き出すという人的資本理論[1]を軸に展開されたマネジメント手法を指す。労働者の技能を、汎用性を持つ一般的技能と、その企業のみで強力な威力を発揮する企業特殊的技能に大別すると、市場経済の規制が強く、間接金融が進み、収益回収が比較的長期となる日本では、企業は企業内教育により特殊的技能の形成を進め、高い企業コミットメントを保有する熟練した労働者に依拠した生産戦略が採られる傾向となる[2]。

また須田[3]によれば、伝統的な日本型人事システムは、高い雇用保障を軸とし、新卒一括採用、人基準の社員格付・賃金制度、年次管理、ローテーションを含む内部人材育成、遅い昇進・選抜などの補完的施策によって、企業特殊的な能力形成を実現している。

対照的に米英などのより自由な市場経済では、一般的技能を持つ人材による企業横断的市場が確立され、外部からの人材調達、職務基準の格付、成果主義・現価主義的な賃金制度、スペシャリスト型人材の活用といったマネジメント施策が展開され、企業はより短期的視点での人的投資の回収を目指す形が採られる。

引用・参考文献

1　Becker, G. (1962) Investment in human capital: A theoretical analysis. *Journal of Political Economy*, 70(5), 9-49.（佐野陽子訳『人的資本—教育を中心とした理論的・経験的分析』東洋経済新報社 1976）
2　Hall, P. A., & Soskice, D. (Eds.) (2001) *Varieties of capitalism: Institutional foundations of comparative advantage*. Oxford University Press.（遠山弘徳・安孫子誠男他訳『資本主義の多様性』ナカニシヤ出版 2007）
3　須田敏子（2010）『戦略人事論』日本経済新聞出版社

（大野弘嗣）

心理的契約

人間の限定された合理性と契約の不完備性により、心理的契約は存在する。人間の情報探索能力と将来の環境の変化への予測に限界があるために、紙ベースの契約書はすべての条件と可能性を規定しきれない。そして、契約を締結してから、双方の履行状況を観測することも実現しにくいために、心理的な期待と履行意志の影響は存在する。この概念は組織行動論や労使関係などの分野で重要な位置づけをしている。この概念が最初に提出されてからいままでは60年弱の歴史がある。

1960年にアージリス（Argyris, C.）は初めて「心理的労働契約」という概念を提出した。その後、その定義は数回ぐらい変わって、ルソー（Rousseau, D. M. 1989）によると、心理的契約とは、当該個人と他者との間の互恵的な交換について合意された項目や条件に関する個人の信念である（服部、2013）。その特徴は、非明文化、非正式で、暗黙的である。その分類としては、関係的心理的契約と取引的心理的契約がある。そのほかに、バランス的心理的契約も挙げられる。

引用・参考文献
服部泰宏（2012）『日本企業の心理的契約 増補改訂版』白桃書房
Rousseau, D. M.(1989) Psychological and implied contracts in organisations. *Employee Responsibilities and Rights Journal*, 2(2), 121-139.

（周　ようか）

ステークホルダー

ステークホルダー（stakeholder）とは，利害関係者のことで，企業にとっては活動に影響を受ける株主，投資家，顧客，従業員，取引先，地域社会，行政官庁等を指す。企業はこうした多様なステークホルダーといかに良好な関係を構築するかが経営上の重要な課題となる。ステークホルダーを重視する経営を「ステークホルダー経営」という。

こうしたステークホルダー理論は，1980年代の経営学者フリーマン（Freeman, R. E.）の研究などが基本となる。しかし，現実にはすべてのステークホルダーを等しく満足させることは難しい。例えば，2000年代初期の米国を中心とした株主重視経営は，一時期，グローバル化と景気低迷に苦しむ日本企業の範とされたものの，大企業の会計不祥事などから過度な傾倒が見直されることになった。

したがって，企業はCSRを考慮しつつ，どのようなガバナンスが適切なのかを常に考える必要がある。また，ステークホルダーの要求を把握し，自社の活動を説明するため，顧客対応やIR（株主・投資家対応）などにおいて双方向コミュニケーションの体制を整えることも重要である。

（中西　晶）

STEP表

保育所の中で保育士がどのような成長過程を経るのかについて，保育士育成に焦点化して作成した保育士の成長発達の仮説モデル。このモデルは保育所の管理職（園長または副園長）10名へのグループインタビュー形式での聞き取り調査から得られたもので，以下に示すような5段階からなる保育士の成長ステップが描かれている。

・ステップ5：保育所の経営，運営のマネジメントをしている
・ステップ4：保育所の保育全般のマネジメントをしている
・ステップ3：後輩保育士の育成をしている
・ステップ2：担当クラスの運営をしている（クラス担任）
・ステップ1：他の保育士のサポートをしている

入職して間もなくは，先輩保育士が担当するクラスに入り，その仕事をサポートしながら保育技術並びに所の保育について学んでいく（ステップ1）。その後，一人で一クラスが運営できるまでに成長し（ステップ2），後輩育成を担当できるベテラン保育士へのステップアップが示される（ステップ3）。さらに経験を積み重ね，保育をマネジメントする管理職（主任保育士）へとステップアップし（ステップ4），保育所全体をマネジメントする園長になっていく（ステップ5）。

一般的に示されるステップアップのプロセスと，この5段階において異なる点があるとすれば「ステップ2」と「ステップ3」の位置づけである。保育士などの専門職においては，その業務の特性から「独り立ちして仕事ができる」という点が比較的重視される。そのため，初任の段階から当面目指されるのは，「一人前としての保育士」の姿である。その後，仕事の幅を広げつつ，後進の育成にあたるという道をたどる。そのため「一人前の保育士（ステップ2）」から先のステップアップが，必ずしも望まれるキャリアとなっていない現状があり，保育所における人材育成の課題となっている。

引用・参考文献
日本保育協会（2015）「保育所における人材育成の実態に関する調査報告書」

（今井豊彦）

ストレス反応

ストレッサーによって引き起こされるストレス反応は，心理面，身体面，行動面の3つ

に分けることができる。
1. 心理面でのストレス反応：活気の低下，イライラ，不安，抑うつ（気分の落ち込み，興味・関心の低下）など
2. 身体面でのストレス反応：体のふしぶしの痛み，頭痛，肩こり，腰痛，目の疲れ，動悸や息切れ，胃痛，食欲低下，便秘や下痢，不眠など
3. 行動面でのストレス反応：飲酒量や喫煙量の増加，仕事でのミスや事故，ヒヤリハットの増加などがある。

ストレス反応が慢性化すると，まず活気が低下して，元気がなくなっていく。この状態が解消されないままだと，イライラや不安感を覚えるようになる。そして最終的には気分が落ち込んだり，ものごとがおっくうになったりするなど，いわゆる「抑うつ」の状態に近づいていく。また，ストレス反応が改善されずに慢性化したままであると，メンタルヘルス面での疾患だけでなく，気管支喘息，冠動脈疾患（狭心症，心筋梗塞）などの身体面での様々な疾患に至ることがある。

（福井知宏）

ストレス・プロセス

ストレスは，①心身の安全を脅かす環境からの刺激や要請（ストレッサー），②刺激や要請に対応する心身の諸機能・諸器官の働き（ストレス対処あるいはストレス状態），③対応した結果としての心身の状態（ストレス反応），の3要因から構成される。そして，想定するストレス・プロセスの相違から，ストレス研究は医学・生理学的ストレス研究と心理学的ストレス研究に区別される。

医学・生理学的ストレス研究では，環境からの刺激や要請によって生物的に歪んだ生体が疾患の発症に至るストレス・プロセスを想定する。これをモデル化すれば，〔ストレッサーとしての環境からの刺激・要請〕→〔身体諸器官の反応〕→〔疾患の発症〕となる。

一方，心理学的ストレス研究では，環境からの刺激や要請を主観的に認知した結果としてストレッサーが発生し，ストレッサーへの対処プロセスを経て，ストレス反応が生起し不適応状態に至るというストレス・プロセスを想定する。これをモデル化すれば，〔環境からの刺激・要請〕→〔主観的認知によるストレッサーの発生〕→〔ストレッサーへの対処〕→〔心理的ストレス反応の生起〕→〔不適応状態〕となる。

（髙橋　修）

スペシャリスト（Specialist）

専門家のことで，特定の分野について深い知識や優れた技術を有する人。特殊な技能を有する人。その一方で，複数の専門家を束ね，業務を達成するために複数の分野に見識を有する専門家や，専門家と経営者の橋渡しができる人材も求められている。例えば，近年話題にのぼるサイバー攻撃への対処にあたっては，セキュリティに関する様々な専門家を束ねつつ，経営者と連携し，事態解決に向け，迅速に行動できる専門家が求められている。

同様の用語に，「プロフェッショナル」「エキスパート」などがある。これらの3つの用語の違いや使い分け方には，統一された定義はない。

概ねプロフェッショナルが最上位に位置づけられた見解が多い。スペシャリストとエキスパートについては，エキスパートを上位とする見解が多い一方，スペシャリストを上位に位置づけるものもある。なお，ゼネラリストの対義語として，専門家全般を指して，スペシャリストと称することがある。

このように，定義が曖昧なため，現場での使用に際しては，定義を明確にすることが重要である。

引用・参考文献

労働政策研究・研修機構「企業内プロフェッショナルのキャリア形成 ―知的財産管理と企業法務の分野から―」
（http://www.jil.go.jp/institute/siryo/2016/178.html）

（原田和英）

性格特性

性格特性とは，様々な状況を通して一貫して表れる個人の固有の感情や意向，一定の行動傾向である。「特性」は個人のパーソナリティを表す要素であり，個人に共通するいくつかの特性を量的に考え得点化し，その強弱で個人のパーソナリティを示そうとするのが特性論とよばれる性格の理論である。

特性論の代表的な研究者であるオルポート（Allport, F. H.）は，特性を個人に固有の「個別特性」と，人間に共有の「共通特性」を区別し，「個別特性」は他者と比較することができないのに対し，「共通特性」は他者との比較が可能なものとした。

キャッテル（Cattell, R. B.）は，オルポートの考え方を発展させ，人の性格因子として16の根源特性を見出した。

アイゼンク（Eysenck, H. J.）は性格の基本的次元を，外向－内向，神経症傾向，精神病傾向の3因子として整理した。

また，特性論に基づき多くの性格検査が開発された。代表的なものとして日本人向けに開発されたY・G性格検査（矢田部・ギルフォード性格検査）が挙げられる。これは，社会的適応性を問う12の尺度（抑うつ性・回帰性傾向・劣等感・神経質・客観性・協調性・愛想のよさ・活動性・のん気さ・思考的外向・支配性・社会的外向）をそれぞれ10段階で評価し，性格傾向を測定する検査である。

近年ではパーソナリティ特性の基本的次元は5つであるというビッグファイブ仮説が支持されており研究が進展している。

（石橋里美）

成果主義人事制度

成果主義人事制度とは，従業員の職務遂行によって顕在化された能力（＝成果）に基づいて，人事・賃金処遇を決定する人事制度のことである。これは，わが国で成果主義が一種のブームとなった1990年代後半に，日本企業で一般的であった職能資格制度，すなわち従業員の潜在能力を基とする能力主義的人事制度に対抗するものであった。

当時はバブル経済の崩壊からくる不況期にあり，新しい人事制度による閉塞感の打破，あるいは，成果を基とすることを大義名分とした総額人件費の抑制効果への期待から，多くの企業が成果主義人事制度の導入を試みた。なにより，市場原理に従う企業において，成果が求められるのは当然であるという意識がそこにはあった。

しかし，すぐに，①そもそも成果の正確な測定など可能なのか，②外部環境による影響の排除は可能なのか，③配属先や職務内容を自己選択できない日本企業において，成果のみが求められることに正当性はあるのか，④成果を求めるあまり，短期的成果の追求が横行しないか，⑤総額人件費抑制のための口実でしかないのではないか，などといった疑問が投げかけられるようになり，大多数の企業で成果主義の撤回・修正されることとなった。

（大石雅也）

正規社員と非正規社員

正規社員・非正規社員ともに法律上の定義はないが，正規社員とは雇用期間の定めがない雇用形態を指す場合が多い。

新規学卒者採用の正社員では職種も勤務地も限定せずに，総合職として営業職から経理職や，全国転勤も伴う人事異動をする場合もあるが，職種や勤務地を限定した一般職正社員，地域限定正社員等もある。

非正規社員には，パート・アルバイト・契

約社員・派遣社員等があり，一般的には雇用期間の定めがある有期労働契約ということが多いものの，無期雇用契約のパート・アルバイトもある。

同じ雇用契約先の場合でも，賞与・交通費の有無や支給額，昇給や昇進・昇格において正規社員の方が優遇されていることがほとんどであり，2016年に安倍首相が同一労働同一賃金の推進を重要課題として掲げ，同年12月に「同一労働同一賃金ガイドライン案」が示された。

2017年1月時点では，ハローワークを窓口として非正規社員を正社員とする際に助成金を支給するキャリアアップ助成金を活用することができる。

（今村健太郎）

成功体験

人は経験を通して学習し，経験を積み重ねて成長する。豊富な経験から高度な知識とスキルを修得し優れた業績を上げている人をエキスパートという。人材育成がめざす人間像の中核であって，その顕著な特性の「強い自信」は成功体験によって醸成され，さらに自信が成功体験を創出するプラスのスパイラルで熟達化が促進される。「失敗は成功のもと」とは限らない。失敗から学ぶことはその事象に限定的な教訓であり他の要因による失敗は回避し難い。また人を褒めて育てるにしても本人に成功感がある行為を褒めなければ効果は小さい。すなわち人材育成においては成功するための思考・行動プロセスの学習が必須の課題である。

成功体験の根幹をなすものは目標達成である。挑戦的な目標設定と達成努力により獲得した成功体験が日常的に蓄積されて，知識・技能・態度の多面にわたる能力向上と自信増強が図られる。しかし実務において成功体験を継続することは容易ではない。実例を元にしたスクリプトによるシミュレーションやロールプレイングは成功体験の濃密な蓄積が可能であり，現実での適応性が高く効果的である。

（水上武司）

成熟（maturity）

成熟は様々な意味を内包した言葉である。一般的に，生物学では個体が種としての完全な発達の状態に至ることあるいはその過程をいい，心理学では個体が本来もつ成長過程を実現していくことをいう。性的成熟は生物学でいう成熟の概念に近く，乳児から18歳までの社会的適応能力を対象にしたドル（Doll, E. A. 1936）による社会的成熟度は心理学でいう成熟の一例である。

キャリア心理学の分野ではスーパー（Super, D. E.）が「キャリア成熟」という概念を提唱している。これは就職や転職など自分にとって重要なキャリアの選択を個人が行っていくために必要な能力や態度を獲得している状態を表すもので，職業選択という場面に焦点をあてている。

人格心理学者のオルポート（Allport, G. W.）は，「成熟した人格」の特徴として，①自己意識の拡大，②暖かい対人関係，③情緒的安定，④現実的な知覚，技能および課題，⑤自己客観視，⑥統一した人生観，の6つを挙げている。「人格の成熟」には実践的なスキルや態度の獲得を通じて社会への適応を促進するという面が含まれ，ドルの社会的成熟度をさらに一般化したものといえよう。

引用・参考文献
Doll, E. A. (1936) Preliminary standardization of the vineland social maturity scale. *American Journal of Orthopsychiatry*, 6, 283-293.

（大泊　剛）

成人教育

成人教育，もしくはアンドラゴジー（andragogy：アンドラゴギーともいう）は，

子どもを対象とした児童教育，ペダゴジー（pedagogy：ペダゴギーともいう）と対比させる形で使用される。この概念は，米国の教育学者ノールズ（Knowles, M. S.）が提唱した。アンドラゴジーとは，ギリシア語で大人，成人を示すanerと指導を示すagogusを合成した語である。

ノールズは，成人教育における4つの考え方を示している。第一に自己概念は，成長するにつれて依存的なものから自己決定的なものになる。第二に，成人は，失敗も含めた経験が，学習のリソースとなる。第三に，成人の学習のレディネス（準備状態）は，職業や生活など社会的役割の発達課題に向けられる。第四に，成人の学習は，課題や問題の解決に方向づけられる。また，成人は即時的な応用を重視し，動機づけにおいて自尊心や自己実現などが重要になる。企業における人材育成は当然としての成人を対象とする。また，関連してレイブ（Lave, J.）とウェンガー（Wenger, E.）の状況的学習理論やコルブ（Kolb, D. A.）の経験学習理論なども理解しておく必要がある。実務的には，「自律的な学習者」を前提とするコーチングは成人教育の考え方を前提としている。

（中西 晶）

成長感

成長とは，育って大きくなり，成熟していくことで，客観的にも主観的にも目に見えることである。成長感（自己成長感と同じ意味で使うことが多い）とは，実際に何かが育ち大きくなることではない。人が，何かを通して，自分の"チカラ（様々な知識や技術を含む能力）"について，「以前よりよくなった，できるようになった」と感じたとき，周りから認められ期待されたときに感じるものである。成長感は，自分の"チカラ"が急激に変化したとき，長期的な視点で過去と今の"チカラ"を比較したとき，困難なことを乗り越え，やり遂げたときに実感することが多い。特に，試練や修羅場経験にチャレンジし，切り抜けられ，認められたときには，「一皮むけた経験」となり，成長感も大きくなるといわれる。

（草柳かほる）

成年後見制度（Adult Guardianship）

認知症高齢者，知的障害者，精神障害者などの判断能力の不十分な成年者の生活と財産を保護する制度。高齢社会への対応及び知的障害者・精神障害者等の福祉の充実の観点から，自己決定の尊重，残存能力の活用，ノーマライゼーションの実現等の新しい理念と従来の本人保護の理念との調和を旨として，柔軟かつ弾力的な利用しやすい制度とするため，1999年に民法の改正が行われ，従来の禁治産・準禁治産制度を法定後見制度に改め，任意後見制度を新設した。

法定後見制度は，補助・保佐・後見の3類型から成り立っている。家庭裁判所が申立てにより，判断能力の不十分な人には補助人を，判断能力が著しく不十分な人には保佐人を，判断能力を欠く状況にある人には後見人を選任してこれに権限を付与することによって，認知症高齢者や精神障害者の保護を実現しようというのが，この制度の目的である。

任意後見制度は，本人が将来判断能力が不十分な状態になった場合を想定し，自ら選んだ任意後見人に対し，療養看護や財産管理に関する事務の全部または一部について代理権を付与する委任契約を公正証書によって締結し，家庭裁判所が任意後見監督人を選任したときから，その監督の下で任意後見人の保護を受けることができるという制度である。

（石川孝子）

セカンドキャリア

「第二の人生における職業，生き方」を意味し，もともとはプロスポーツ選手が引退後に進む新たな道のりを考える際の用語であったが，その後は「企業の中高年層や子育て後の女性社員が蓄積した素養や知識，スキル，経験を活かして，新たに自らのキャリアを切り拓いてゆくこと（日経連事務局，2001）」として一般的に用いられている。最近では長寿高齢化社会を反映し，シニアとしての新しい生き方をどう模索するかという観点からも用いられるようになっている。

このように，言葉の浸透と時代背景に伴い対象範囲や概念を拡大してきているため，その考察に際してはこれまで歩んできた職業人生における継続的過程だけでなく，働くことにまつわる生き方そのものを，また職業を離れた場合には自分自身を見つめ直し，置かれた環境を精査したうえで何を目標に生きて，どう社会とつながっていけば良いかなど，人それぞれの生き方をも磨いてゆくといった視点で考えることが重要である。

引用・参考文献
日経連事務局編(2001)『人事・労務用語辞典』日本経団連出版

（増田　巧）

CES-Dスケール

日本語版うつ病自己評価尺度（日本語版CES-Dスケール）とは，抑うつ状態（うつ病）の有無，ならびに程度の把握を目的とした自記式の質問票である。米国国立精神衛生研究所が開発し，島悟らによって日本語版が作られた。

本質問票は，抑うつ状態が疑われる傾向，例えば「憂鬱だ」「皆がよそよそしいと思う」「なかなか眠れない」等の質問が16項目，「毎日が楽しい」等の肯定的な質問（逆転項目）が4項目の計20項目と，きわめて簡便に構成されている。これらの質問に対して，「過去1週間で全くないか，あっても1日も続かない（0点）」「1～2日ある（1点）」「3～4日ある（2点）」「週のうち5日以上ある（3点）」の4段階で回答するのが本質問票の特徴である（逆転項目は「全くない」が3点～「5日以上」が0点）。

最高点は60点，最低点は0点，何らかの介入が必要とされる境界点（カットオフポイント）は16点となっている。そして回答状況（点数）によって，「被験者の抑うつ状態は急性（一過性）か慢性か」「軽度～重度のどれに該当するのか」といった情報が得られ，うつ病の早期発見や早期介入が可能になる。

引用・参考文献
島悟・鹿野達男・北村俊則・浅井昌弘（1985）「新しい抑うつ性自己評価尺度について」『精神医学』27(6), 717-723.

（羽岡邦男）

ゼネラリスト（Generalist）

分野を限定しない，複数の分野にわたる広範な知識，スキル，経験を持つ人のことである。数年ごとに職場や職務を異動（ジョブローテーション）させることにより育成する。組織全体を掌握する必要のある幹部の養成の手段として有効視されている。

一方，組織要員に高い専門性が要求されている今日，それらの要員の人心を掌握し，組織として成果を出していくには，従来にも増して，高いコミュニケーションスキルや，要員から一目置かれる専門性が求められている。このため，育て方として，ローテーションを繰り返しつつも得意分野を見つけて伸ばす方法や，専門家として育てつつもある段階から領域を拡げていく方法など，様々な方法がある。従来のような，漫然とローテーションを繰り返し，専門性のない何でも屋を育てる方法では，組織も要員も立ちゆかない時代になってきている。

また，イノベーションの創出や，社会・技術の激しい変化への対応，さらには変化をリードしていく側になっていくには，特定の専

門領域に閉じこもっていては実現できない。複数の専門領域や，より広い視野が求められており，専門家にもゼネラリスト的な面が求められてきている。

（原田和英）

セレンディピティ

serendipityは，ウォルポール（Walpole, H.）が1754年1月28日付け書簡で「思いがけないものを発見する才能」を意味する造語として書き残した言葉であり，寓話に登場するセレンディップ王国の3人の王子の多くの「発見」に因むものである。ウォルポールは，彼らの「発見」の要因を「偶然」と「聡明さ」に絞ったが，のちになってこれが大きな意味をもたらすことになる。

「科学の進展」を研究していたアメリカの社会学者マートン（Merton, R. K.）は，1945年に科学上の発見に「偶然」の関わることが多いことに気づき，セレンディピティの貢献を追認して科学の分野へ導入したことである。文化生活を送る人々は，パラダイムを共有して効率的で円滑な生活を送る反面，そこに疑問を感じて創造的発見につなぐ機会を失してしまうことになる。いわば文化やパラダイムが創造的取り組みを拘束しており，「偶然」は間違いなどの予測外事象によってこの拘束力を緩和して，「発見」の機会を創出するという理解である。

現在のセレンディピティ研究は，この「偶然」の作用力と「聡明さ」に包含される仮説立案の作用力を活かして，「思いがけない発見」の機会を創出している。

（澤泉重一）

センスメーキング

センス（意味）をメーキング（形成）するとは，日常語で理解するならば，「腑に落ちること」であり，人々が自身の経験の中にこれまでには認識されなかった意味を付置する瞬間，もしくはそのプロセスのことをいう。組織心理学者のワイク（Weick, K. E.）によれば，センスメーキングは「組織化」の重要なプロセスであり，組織や集団の中で，人々がある出来事を通してその理解のために相互作用し，驚き，納得をへて新たな解釈の枠組みが生成されることである。

この「組織化」という概念の中心にある主張は，人々の行動に機会や制約を与える文脈とは，当事者たちから独立して存在するのではなく，自分たちが行為をする中でつくり出しているということである。

このようなワイクの組織観において，組織とは人々の思考とは別に存在する秩序を持ったハコのようなものではなく，人々のセンスメーキングによって創造される文脈そのものである。したがって「組織」（organization）という固定を表す名詞ではなく，「組織化」（organizing）という流動を表す動詞で表される。

（池田章子）

専門職

専門職は，高度な専門知識や技能が必要となる特定の職種である。従来，国家資格を必要とする職業を指すことが多かったが，近年では，高度な専門知識が必要となる仕事については，国家資格を不要とする仕事でも専門職と呼称することが多い。

一方，企業における正社員の社員区分として，総合職，一般職と並んで専門職と呼称される社員区分が登場するようになった。総合職の多くは一定の勤続年数を経たのちに管理職に昇進していく。しかし，最近では，管理職ポストが足りないこともあって，高度な専門能力を要する職務に就く専門職を分ける制度を導入する企業が増えてきている。

大手企業の多くでは，専門職制度が導入されている。キャリア形成の視点でみると，あ

る一定のランクまでは単一のキャリア・ルートを昇進し，それ以降，管理職ルートと専門職ルートに分かれる。こうして分化したキャリア・ルートの対応関係については，管理職と専門職のランク（偉さ）を1対1で対応させ，専門職としての昇進を保障しているケースもある。特に最近では，高度専門職などの名称で，役員レベルまでの専門職のキャリアが伸びている企業も存在する。

（高橋宏明）

専門性

一般に「専門性」とは，「特定分野に限定された探究や担当」を意味する「専門」という概念[1]から派生した用語であり，人事管理では「人材が有する，担当職務における成果創出の根拠となる能力」を意味する。類語として，「職能」「熟練」「芸」「腕」などがある。人材育成の目的は専門性の向上ともいえるが，「能力」の定義が組織や個人によって多様であることから，多くの企業等においては「専門性」を構成する厳密な内容は定まっていない。

具体的には，担当職務における特定領域に関する高度な知識や経験を指すことが多く，専門性の種類と高さに応じて処遇が行われることから，専門性自体が権威を意味する側面を持つ。就職／採用活動の際には，自ら／候補者の専門性によって，担当する職群・職務に応じた社員区分制度／社員格付制度に即した入職行動が行われ（例：企業における一般職の事務職，医療機関における看護職，オーケストラにおけるバイオリン奏者），その後は担当職務に応じた専門性を選択，修得，向上，あるいは変更することとなり，このプロセスを「キャリア形成」とよぶ。「プロフェッショナル人材」の根拠としても，人材育成における専門性の重要性は高い[2]。

引用・参考文献
1　新村出編（2008）『広辞苑 第六版』岩波書店

2　宮下清（2001）『組織内プロフェッショナル―新しい組織と人材のマネジメント』同友館

（木谷　宏）

専門能力認定制度

専門能力認定制度とは，仕事を行う能力（職業能力）を一定の基準によって客観的に評価することで，労働者の職業能力の向上，就職（再就職）の促進に役立つことができる制度であり，組織での評価や採用を行う際の指標や組織内の制度として専門能力を認定する組織もある。職業の資格としては，国家資格，公的資格，民間資格などによる技能検定制度，社内検定認定制度，ビジネス・キャリア制度，実務能力認定などがある。また，国際的に通用する国際資格もある。

厚生労働省では，これらの制度などで労働者の職業能力を一定の基準で客観的に評価するための職業能力評価基準を整備している。職業能力評価基準は，仕事の内容を細分化して成果につながる行動例と必要な知識を整理・体系化したものであり，わが国の「職業能力評価制度」の中心をなす公的な職業能力の評価基準であり，採用や人材育成，人事評価，検定試験の「基準書」として，活用できるものとなっている[1]。

引用・参考文献
1　厚生労働省「職業能力評価基準について」（http://www.mhlw.go.jp/bunya/nouryoku/syokunou/）

（郷原正好）

早期選抜

企業内で社員の能力，業績等を評価して職能資格，役職等を昇進させることは社員の適正配置，モチベーション向上の点で有効な仕組みである。同期入社者を対象として，その後の昇進を左右する重要な選別の時期に注目して，早い選抜，遅い選抜と分けることがある。

例えば，課長ポストへの昇進がそれにあたる。従来，米国企業が早い選抜，日本企業が

遅い選抜をとっているといわれていた。しかし，近年では日本の大企業の中でも早期選抜を行う例が増えてきている。人材の時価での評価を高め，アウトプットの拡大と組織の活性化を促すためとみられる。

早期選抜のメリットは，早くから有能と評価された者を重要な責任あるポジションにつけ，職場のアウトプットを高めるとともに，さらなる上位へ進むための経験を積ませることで成長が早くなる点がある。将来経営トップに任用するとしたら，そのための訓練が早くから必要とされる。他方，選抜時にそれまでの実績が不十分であれば，その後の活躍が思ったほどでないケースも出る。そのときは入替えが必要だが，降格等のない企業にとってそれは難しいという問題がある。

（西山昭彦）

総合的能力開発

「総合的能力開発」とは，個々人の持つ"保有能力（潜在能力は"経験"を積み重ねることにより"発揮能力"は高まる）の概念のもと，「日本型HRM／HRDシステム（"新卒一括採用"や"年功賃金制度"，"昇進・昇格制度"，"職能資格制度"，"技能検定制度"，"終身雇用制度"，等）」に基づいた，仕事の"権限移譲"や"ローテーション異動"，"プロジェクト活動"，"タスクフォース活動"といった，一連の"あらゆる機会や場"を通じての"中長期レンジ"での「能力開発」のことである。

この「日本型HRM／HRDシステム」は，1970年代から80年代にかけて，「製造業（ものづくり）」を中心にした，"高品質"の生産体制に大きく寄与し，高度経済成長を支えた。この戦後の日本経済の"高度経済成長"の要因を分析した，海外の研究者や実践家から，「日本型HRM／HRDシステム」に基づく，"日本的経営"として，高く評価（"ジャパン・アズ・ナンバーワン"－"日本からの学び"）

された（Vogel, E. E. 1979）。

引用・参考文献
前田恒夫・小山健太・花田光世（2015）「日本型HRD／HRMシステムの開発途上国への展開の可能性」『人材育成学会第13回年次大会論文集』19-24.
Vogel, E. F. (1979) *Japan as Number One: Lesson for America*, Harvard University.

（前田恒夫）

創造性開発・創造的行為

創造的な仕事とは，高度な技術を開発するということばかりではない。日常において創意工夫をこらし，改良，改善を積み上げていくことである。企業でも従業員1人ひとりがQCD（高品質，低価格，短納期）を考え，自分の持ち場で，もっと安く，良いものを，もっとも能率の上がる方法はないか，考える習慣をつけることである。

創造的行為は個人的ではあるが，創造能力の開発は重要である。創造性開発を一般化することは難しい。職場で，創意工夫をこらして，改善したり，新しい企画立案することには創造性・独創性能力が必要である。こうした能力を伸ばす教育訓練が必須となる。

創造開発の技法については，多種あり目的に応じた選択が重要である。それぞれの技法に向き不向きがあり，それぞれの技法の特徴をよく把握しておく必要がある。

受講者側の企業や個人のニーズやウオンツを把握し知ることは，今後の職業能力開発の課題が明確になる。これからの研究開発型企業では，自ら考える創造型技術者が必要である。

（辻　栄一）

測定の信頼性と妥当性 (reliability and validity)

同一の対象者に対して同一の条件下で同一の測定を繰り返したとき，対象者の能力に変化がなければ，理論的には常に同じ結果を得ることができるはずである。すなわち測定値の正確さであり，この程度を信頼性（reliability）という。また測定においては，測定したい

ものを真に測定しているかどうかも重要な問題であり，この程度を妥当性（validity）という。

実際の測定においては，測定項目への慣れや測定条件の微妙な変化などが影響して，毎回の測定値が同一になるとは限らない。信頼性を推定する方法としては，同一検査を一定の間隔で2度実施し，得点間の相関係数を求める方法（再検査法）や，内容や難易度が等価な2つの検査を実施し得点間の相関係数を求める方法（平衡検査法）などがある。妥当性は，専門家の評価の一致度（内容的妥当性）や，あらかじめ設定された外部基準との関連の強さ（基準関連妥当性）から推論される。ただし，設定された外部基準自体の適切さも問題になることがある。妥当性の問題は，測定された値の正確さよりも，その測定が目ざす目的に深く関連しており，慎重な判断と研究の蓄積が必要である。

（角山　剛）

ソシオメトリック

ソシオメトリック（sociometry：ソシオメトリー）とは，集団内の人間関係を定量的に測定し，分析するための社会的測定法の一手法という意味が定説である。これはモレノ（Moreno, J. L.）により提唱された手法で，集団の構成員の心理的・感情的作用に注目して，それらの作用による集団の構造化と秩序，関係性の維持や，その再構成に関して，数学的に明らかにしようというものである。人間関係や集団構造の分析のための主要な方法として，構成員間の心理的・感情的関係性を測定するために開発されたソシオメトリック・テスト（sociometric test）が一般的な分析法として多用されている。

ソシオメトリーは，教育の分野の学級集団，社会科学における職場集団，コミュニティ等，多方面に活用されており，メンバーの編成替えや資料として用いられている。また技術上の発展については，選択の強度解析法，マトリックス解析法の発展，確率論の導入，検定理論の洗練などが主要な課題として取り上げられている。

引用・参考文献
河井芳文（1985）『ソシオメトリー入門―学級の子どもたちを理解するために』みずうみ書房
大塩俊介（1959）「社会測定」『応用心理学講座1』光文社
田中熊次郎（1959）『ソシオメトリーの理論と方法』明治図書出版

（村上正昭）

ソシオメトリック・データ

ソシオメトリック・データには，ソシオメトリック・テスト（sociometric test）から得られたデータと集団内の人間関係を定量的に測定することを目的とした調査結果から得られたデータの2つの意味がある。

前者において，データは，空間的に図表化されたソシオグラム（sociogram）に表される。ソシオグラムは，個人のパーソナリティ特性，集団内地位，指導性等を視覚的に診断するうえで有効である。また，計算の便宜のためにマトリックス表が用いられ，これをソシオマトリックス（sociomatrix）という。

後者については，ペアの質問紙調査の結果をデータにして，分析を進める方法がある。具体的には，ソシオメトリック・データをもとにペアデータに変換し，ロジスティック回帰分析を行い，職場内訓練（OJT）の成立を判定し，教授者・学習者の準備状況，状況変数に関する実証的考察を行っている犬塚（2009）の研究がある。

引用・参考文献
犬塚篤（2009）「職場内訓練の成立条件―ソシオメトリック・データを用いた実証」『産業・組織心理学研究』，22(2), 115-126.
大塩俊介（1959）「社会測定」『応用心理学講座1』光文社

（村上正昭）

組織間キャリア志向

組織間キャリア志向とは，現在所属してい

る組織から別の組織へ、転職・在籍出向・転籍出向等で移動してキャリア形成を望むことであり、山本（2002）によると、「組織内キャリアから組織間キャリアへの移行をどの程度志向しているかを示す主観的概念」と示されている。また、この組織間キャリア志向は、どの程度志向しているかを示す主観的概念のため、実際に組織間キャリアである転職・在籍出向・転籍出向を経験した従業員のみならず、組織間キャリアの経験はないが検討はしているという従業員も含まれている。つまり、この組織間キャリア志向が高いということが、組織間移動の実際数に必ずしもリンクしないということになる。

現実的には、いくら組織間キャリア志向があっても、常に組織間移動が実現されているわけではないので、組織間キャリア志向を上述したように定義することで、実社会における組織間キャリア志向がより高い精度で測定できるといえる。一方で、この組織間キャリア志向のコアとなる概念である組織間キャリア発達については、山本（2005）によると、「組織を移動することによって、自己のキャリア目標に関係した経験や技能を継続的に獲得していくプロセス」と示されている。

引用・参考文献
山本寛（2002）「組織従業員の組織間キャリア志向とキャリア戦略との関係」『悠峰職業科学研究紀要』10(1), 25-40.
山本寛（2005）『転職とキャリアの研究―組織間キャリア発達の観点から』創成社

（絹村信俊）

組織行動論
[意味・定義]

組織内における人々の心理や行動、態度を体系的に整理し、将来の予測や組織統制の一助とするものである。関係する学問は、心理学、人類学、政治科学、社会学、社会心理学など幅広く、世の中の潮流とともに変化しやすいものである。

[組織行動論の活用：組織の長期的成長のキー]

組織の長期的な成長には、モチベーションを重視する必要があり、トップダウンとボトムアップのバランスをとること、組織文化の形成・維持・向上するために必要な変化をもたらすための自由度（柔軟性や改善の余地）を持つことが重要である。

[組織行動の留意事項]

組織内のセクハラ、パワハラ、長時間労働の継続による精神疾患など、一人のコミュニケーションの誤りが、組織を揺るがす事件になり得るため、CSR（企業の社会的責任）の本来の目的に目を向け、統制のとれた組織とする必要がある。

（海老澤　剛）

組織コミュニケーション

組織を人間の協働という観点から定義する近代組織論が展開されて以降、組織におけるコミュニケーションの重要性は自明なものとなっている。近代組織論者のバーナード（Barnard, C. I.）は組織を、共通の目的に向かって貢献意欲を持った人々がコミュニケーションによって作り上げる協働の体系、と定義する。同じく近代組織論者のサイモン（Simon, H. A.）は組織を、合理性に限界のある人々が行う意思決定とそのコミュニケーションのパターン、と定義する。

組織コミュニケーション研究のテーマとしては、情報伝達や意思決定のプロセス、上司と部下の協働関係、公式、非公式なコミュニケーションの流れ、さらにはこれらの要素に深く関係する組織風土や文化に関するものなどがあり、多様に展開されている。

一方、近年では、組織を一義的に捉えるこれまでの前提そのものを再考し、多義的な文脈を前提に、それを縮減することを組織化のプロセスとする新たな観点から、組織（化）理論が展開されている。組織心理学者のワイク（Weick, K.）によれば、こうした多義性の

縮減はコミュニケーションによって行われるものである。このような視点において，コミュニケーションは組織を成立，存続，発展させる一要素としてではなく，コミュニケーションそのものが組織（化）であるとされる。

（池田章子）

組織市民行動

組織市民行動（Organizational Citizenship Behavior：OCB）とは，提唱者であるオーガン（Organ, D. W.）の定義によれば，「任意の行動であり，公式の報酬システムによって直接，もしくは明確に承認されているものではなく，集合的に組織の効率を促進するものである」（Organ, 1988）とされる。つまり，OCBとは「他者を支援するような，職務に規定されていないし，職務としても求められていない行動」のことであるといえる。

OCBの最も代表的な2つの要素としては，「援助」と「誠実性」がある。援助とは，同僚など特定個人に対してとられる行動であり，「新入社員が職務を覚えるのを援助する」ことなどが含まれる。誠実性とは，非人格的で一般的な方法による，部門や組織に対する貢献であり，「仕事や会議の際に時間を守ること」などが含まれる。

OCBが組織に与えるメリットとは，職場の管理コストを減らしリソースをもっと有用なことに投入できるようになることや，従業員同士の結びつきを強めることで，情報交換を促し学習を促進したり，人材流出を防いだりできることなどがある（オーガンら，2007）。つまり，OCBは，会社の利益に直接ではなく間接的に貢献する行動であるといえる。

引用・参考文献

Organ, D. W. (1988) *Organizational citizenship behavior: The good soldier syndrome*. Lexington, MA: Lexington Books.
オーガン・デニス,ポザコフ・フィリップ,マッケンジー・スコット（2007）上田泰訳『組織市民行動』白桃書房

（福山佑樹）

組織社会化

組織社会化とは，組織への新規参入者の適応プロセスを指す。良く使用される定義に「組織社会化とは，組織への参入者が組織の一員となるために，組織の規範，価値，行動様式を受入れ，職務遂行に必要な技能を習得し，組織に適応していく過程」（高橋, 1993）がある。

組織社会化研究の主要領域として「社会化段階」「社会化戦術」「新人の能動性」「社会化内容」「適応定義」がある。特に「組織による社会化」である「社会化戦術」に関しては，企業研修や職場OJTにも関連し先行研究も多数存在する。その一方「新人の能動性」は，「個人による社会化」に着目した研究領域であり，新規参入者がいかに周囲から情報を獲得するのか等，新人の能動性発揮に関連した研究が多い。

組織社会化研究の多くは，教育機関から組織に参入する新規学卒者に関するものが多く，中途採用者に関するものは少ない。また，近年の傾向として，会社全体ではなく職場単位での組織社会化や，上司ではなく同僚による組織社会化に着目した研究が増えてきている。さらに，研究者だけではなく，実務家らも「オンボーディング」という概念で発信を始めている。

引用・参考文献

高橋弘司（1993）「組織社会化研究をめぐる諸問題：研究レビュー」『経営行動科学』8(1), 1-22.

（関根雅泰）

組織社会化ステージモデル

組織社会化ステージモデルは，組織社会化を達成していくプロセスを発達段階になぞらえ，各段階固有の社会化課題を克服していくことで組織社会化が促進されるという前提を持つ分析視角であり，組織社会化研究の古典的な研究に多い。具体的には，フェルドマン（Feldman, 1976）の「予期的社会化」→「順

応」→「役割管理」の3つのステージモデルがある。

この組織社会化ステージモデルは，継時的な観点から組織社会化を捉えている点，さらに，そのような時間の流れに沿って，どのような課題が生じてくるのかを明示的に示している点，また，提示されている課題も比較的類似性が高い点などから，組織社会化プロセスを理解するためには有益である。

しかしながら，これらのステージモデルは，理想的な組織社会化プロセスが示されているものであり，誰もがこのような理想的なプロセスを辿るわけではない（尾形, 2015）。その点が，組織社会化ステージモデルの問題点として指摘される。

引用・参考文献
Feldman, D. C. (1976) A contingency theory of socialization. Administrative Science Quarterly, 21(3), 433-452.
尾形真実哉（2015）「若年ホワイトカラーの適応タイプと適応プロセスの多様性に関する実証研究：量的調査と質的調査の混合研究法による分析から」『甲南経営研究』55(3), 21-66.

（尾形真実哉）

組織特性

組織集団個別の特異性。現在，特に統一基準，統一見解があるわけでなく，各人が都度定義を行っている。

組織を何らか特徴づける量を測定し，それを比較検討した時点で，「組織の特性」ということができる。

（大宮昌治）

組織の創造性

創造性は新しく有意義なものをつくり出すことを意味するが，多くの組織が大量に製品やサービスを提供する現在の社会においては，組織自体が創造性を高めることが求められている。これは個人の創造性に変化速度および量的対応に制限があり，複雑な関わりを有する社会への対応は，組織として有効な人材や資財をつぎ込んでこの創造性の完結を求められるためである。

ここにおいて，組織は個人の創造性を管理する立場へと引き込まれることになるが，組織の創造性は管理を主体とするものにとどめ，個人の創造性とは異質のものであることを認識することが有効と考えられる。これは，個人の創造性を擬人化した組織に課すとすれば，個人の創造性に類似した機能を，それを有していない組織に要求することになるためである。これらの機能とは，好奇心，探究心，挑戦意欲などのモチベーションとして個人的要因が強く働くことであり，管理力と相反する放任された分野にある。

このため組織の創造性を高めるため際には，協働で発揮する創造性と個人の創造性を併存させる裁量が求められる。また，個人の独創性の評価については別の観点から定期的に行う必要がある。

（澤泉重一）

組織風土

組織風土とは，多くの場合社風ともいわれ，成員に明示的もしくは暗示的に知覚される目には見えない組織の体質のことである。例えば，「風通しの良い風土」「自由にものが言い合える社風」などと表現されるように，成員の意識や行動のパターンと深く関係している。組織風土と類似する概念としては，組織文化がある。

両者の違いについては多様な視点があるが，その1つに，各々の形成プロセスにどれほど人々の価値判断が介在しているかという議論がある。こうした視点によれば，組織風土とは，知らず知らずのうちに空気のようにそこに存在するようになり，いつの間にか人々に共有されるようなる知覚である。その一方，組織文化とは，「何が重要か」という人々の対話を通して形成され，意識的に共有される

ようになる前提である。

しかし組織変革という観点から，こうした風土や文化について議論するとき，両者を区別することに大きな意味はなくなる。いずれにしてもその改革の方法や道筋に決まったものはなく，成員1人ひとりの意識改革に根ざした長期的な取り組みが必要となる。

(池田章子)

組織風土改革

組織風土（≒組織文化）を改め変えることである。

組織文化の変革の必要性について，キャメロンとクイン（Camero & Quinn, 2006）は，過去の研究から「組織文化の変革という根本的な変革が伴わない限り組織の業績を改善することなどほとんど不可能である」とし「組織の業績改善が組織文化の変革に大きく依存している理由は，たとえ業務の手順と戦略が変わったとしても，組織の価値観，方針，定義，目標が変わらない場合には，組織が現状維持に簡単に逆戻りしてしまうからである」「組織文化を変更することは，業績を改善するための主要な手法であるTQM，ダウンサイジング，リエンジニアリングの実施のためのカギであると同時に，現在，組織が直面している厳しい経営環境に適合するためのカギでもある」と述べている。

伊丹・加護野（2003）は，パラダイムを組織文化の重要な構成要素としている。このパラダイム転換のマネジメントにおける成功事例には共通のパターンがあるとし，それは「トップによるゆさぶり」「ミドルによる突出」「変革の連鎖反応」「新しいパラダイムの確立」といった4つのステップを踏んでいる事を指摘している。

引用・参考文献
Cameron, K. S., & Quinn, R. E. (2006) *Diagnosing and changing organizational culture.* (中島豊訳『組織文化を変える―競合価値観フレームワーク技法』ファーストプレス 2009)

伊丹敬之・加護野忠雄（2003）『ゼミナール 経営学入門第3版』日本経済新聞社

(渡邊 佑)

組織不適応

組織不適応とは，従業員が組織にうまく適応できていない状態であり，組織社会化もしくは組織再社会化がうまくできていない状態を表す。この組織社会化は，高橋（1993）によると，「組織への参入者が組織の一員となるために，組織の規範・価値・行動様式を受け入れ，職務遂行に必要な技能を習得し，組織に適応していく過程」と示されている。

また，組織再社会化は，山本（2005））によると，「組織間移動によって，個人が前の組織で達成した課題や獲得した態度を，場合によっては白紙に戻し，移動先の組織が要求する課題の達成や態度の修得が必要になる」と示されている。

このように，組織社会化及び組織再社会化は，学卒後初めての組織なのか，もしくは2つめ以降の組織なのかという違いがあるにせよ，現在所属している組織に適応することを指している。何らかの理由により，これら組織社会化もしくは組織再社会化に失敗してしまう状態を組織不適応という。

引用・参考文献
高橋弘司（1993）「組織社会化研究をめぐる諸問題：研究レビュー」『経営行動科学』8(1), 1-22.
山本寛（2005）『転職とキャリアの研究―組織間キャリア発達の観点から』創成社

(絹村信俊)

組織文化

組織文化の定義は，様々な研究者によってその考え方が異なっている。

例えば，キャメロンとクイン（Cameron & Quinn, 2006）によれば，組織文化は「組織に長い間影響を与え，緩やかに変化する組織の特性」と定義し，組織における暗黙の，時に識別できないものを指すとし，シャイン（Schein, 2010）は，組織文化はいくつかの異

なったレベルにおいて分析可能だとし,「人工の産物（artifact）」「信奉された信条と価値観（espoused belief and values）」「基本的な深いところに保たれている前提認識（assumption）」の3つのレベルに区分できるとした。また, 北居（2014）では, 組織文化は当該組織で共有された価値観や信念, 行動規範であるとした。

組織文化の類似概念として, 組織風土があるが, 多くの研究において組織文化は組織風土よりも根底にあるとの認識を示している。北居（2014）では, 両概念においてどちらも組織で共有された特性として取り扱うことが可能であることを指摘し, 両概念における研究は, 組織の社会的文脈という同様の現象に対し, 異なったアプローチを試みてきた研究であったと結論づけている。

引用・参考文献
Cameron, K. S., & Quinn, R. E. (2006) *Diagnosing and changing organizational culture*.（中島豊訳『組織文化を変える―競合価値観フレームワーク技法』ファーストプレス 2009）
北居明（2014）『学習を促す組織文化―マルチレベル・アプローチによる実証分析』有斐閣
Schein, E. H. (2010) *Organizational culture and leadership* (4th ed.).（梅津祐良・横山哲夫訳『組織文化とリーダーシップ』白桃書房 2012）

（渡邊　佑）

組織マネジメント

経営組織論の礎を築いたチェスター・バーナード（Barnard, C. I.）は, 組織とは「2人以上のメンバーが意識して調整を行う, 様々な活動や力からなるシステム」であると説明し,「メンバー間で協力して働くことによって個人ではなし得ないなにがしかを実現することに組織の元来の意味がある」と説いた。さらに, 組織を組織足らしめる要素として, ①共通目的, ②貢献意欲, ③コミュニケーションを挙げた。つまり通常組織は, 皆が達成すべきとみなす共有された目的を有しており, 組織のメンバーは, 自己の欲求をある程度自制して組織のために貢献したいという意欲を持ち, メンバー間で指示・命令や意思などの情報を伝達することが不可欠だとされ, この3要素は現在でも組織論の認識としての基礎をなしている。

一方, マネジメントとは,"Getting things done though others" つまり「他者を通じて物事を足し遂げた状態にすること」であることから, 組織マネジメントの本質は, 組織に関連する様々なステークホルダー（利害関係者）を活用して, 理念などの組織の目標を達成することである。そのために管理職（マネージャー）は, 組織内外の人のつながりを円滑にする対人関係の役割, 組織内外の情報を収集・分析する情報関係の役割, 外部環境の変化に応じて組織を発展させるために最終的な意思決定を行う役割等を臨機応変に果たすことが求められる。

引用・参考文献
Barnard, C. I. (1938) *The Functions of the Executive*. Harvard University Press.（山本安二郎・田杉競・飯野春樹訳『新訳経営者の役割』ダイアモンド社 1968）
ヘンリー・ミンツバーグ（1993）奥村哲史・須貝栄訳『マネージャーの仕事』白桃書房
Minzberg, H. (2003)「マネージャーの職務：その神話と事実の隔たり」 *Diamond Harvard Business Review*, 1, 54-70.

（井上眞理子）

ソーシャルサポート

周囲から受けるサポートをソーシャルサポートという。悩みを聞いてもらったり, 問題解決のために助言を受けたり, 苦しいときに励ましてもらうなどのサポートだけでなく, 国の社会保障制度や会社の福利厚生なども含まれる。

社会学者のハウス（House, J. S.）はソーシャルサポートを, ①情緒的サポート, ②道具的サポート, ③情報的サポート, ④評価的サポートの4つに分類にしている。①情緒的サポートは, 大変さをわかってあげたり, 共感するなどの主に気持ちの支援。②道具的サポートは, 肩代わりして手伝ってあげるなどの

問題解決の直接的な支援。③情報的サポートは，有益な情報を提供してあげるなどの問題解決の間接的な支援。④評価的サポートは，褒める，ポジティブフィードバックをするなどの自信を高めてあげる支援，といえる。

ソーシャルサポートは，ストレス低減に直接効果を及ぼしたり，他のコーピング効果を高めたり，ストレス予防に重要な役割を果たしている。労働安全衛生法に規定されるストレスチェック制度においては，必ずチェックを行わなければならない項目として「ストレス要因」「ストレス反応」に加え「周囲のサポート」，すなわちソーシャルサポートが指定されている。

（松本桂樹）

第一印象

メラビアン（Mehrabian, A.）の有名な調査（1971）がある。言葉（言語情報）・音声（聴覚情報）・写真（視覚情報）の3要素に矛盾があった場合，相手が重視する割合は「言語7％・聴覚38％・視覚55％」というものだ。3要素に矛盾がなければ，ここまでの結果にはならないと考えられるが，言語以外の要素の重要性は否定できない。面接など初めて人に会った時の第一印象にもそれがいえる。具体的には顔の表情，目線，態度，声の大きさ，トーン，服装，髪型などが影響する。

筆者が以前人材紹介業の面接官調査をした時に，面接での候補者の評価は，面接会場に入った瞬間からはじめの質問への応答までで75.8％が決まっていた。第一印象が決まるのに要する時間は平均6分で，短時間で第一印象が決まる。さらに，面接を続けても，第一印象での評価が変わらないが60.8％，変わるは17.5％にすぎない。第一印象でわかるものは，人柄85.2％，常識度78.1％，頭の良さ53.1％，企業面接の合否56.2％となっていた。この調査では，いかに第一印象が大事かがわかった。受けるほうは，その点を考慮して十分なる準備をして臨むことが重要といえる。

引用・参考文献
東京ガス都市生活研究所（2002）『人は見かけで選ばれる』中経出版
Mehrabian, A. (1971) *Silent Message*. Belmont, California: Wadsworth Publishing.

（西山昭彦）

大学教育

大学は教育基本法（昭和22年法律第26号）第83条において，「大学は，学術の中心として，広く知識を授けるとともに，深く専門の学芸を教授研究し，知的，道徳的及び応用的能力を展開させることを目的とする。」（第1項）と法的に位置づけられている。後述する短期大学に比べるとより学術を志向しているといえるが，進学率の上昇に伴い，大学や大学生も多様化しており，すべての大学が「大学＝学術」とはいえないのが現状である。

また，短期大学は，学校教育法において，大学の制度の枠内に置かれたものと位置づけられており，学校種としては大学の一類型とされているが，同法第108条において，「第83条第1項に規定する目的に代えて，深く専門の学芸を教授研究し，職業又は実際生活に必要な能力を育成することを主な目的とすることができる。」と規定されており，これを短期大学と称している。

つまり短期大学は，大学（四年制）に比べて職業に直結した能力の育成をより志向しているといえる。近年，学校数，学生数とも減少傾向であるが，差別化を図り様々な教育を実施している短大も多い。

これらに加え，実践的な職業教育を行う新たな高等教育機関の制度化に向けた検討が進められている。この新たな高等教育機関については，2016年5月の中央教育審議会答申（「個人の能力と可能性を開花させ，全員参加による課題解決社会を実現するための教育の多様化と質保証の在り方について」）におい

て，その具体的な制度設計について検討がなされ，2019年度の開設に向けた具体的な検討が進められている。

（亀野　淳）

対人能力

対人能力とは人と向き合いコミュニケーションをとったり社交的に付き合ったりする能力，うまく対人関係を築く能力，一般的に人間関係を良好に保つために必要な能力のことで相手や集団との関係性を円滑にしていく力といえよう。

また仕事上の人間関係を構築するうえで，人を観察・分析し望ましい働きかけを選択・実行するスキルなど，他人と協調して効果的に仕事ができチームワークをとる能力で「対人関係能力」ともよばれ，ヒューマンスキル（Human skill）と訳されている。対人能力について，大久保（2016）は「他者との豊かな関係を築く親和力，目標に向けて協力的に仕事を進める協働力，場をよみ組織を動かす統率力」に分けて説明している。対人関係能力は主に理解する力，考える力，伝える力が必要になる。

カッツ理論ではマネジャーの階層が上がるにつれて，ヒューマンスキルの重要度はより高くなると指摘している。そのスキルにはヒアリング力や説得・交渉力，物事を論理的思考に基づき考えていくことができる能力を意味するロジカルシンキング，リーダシップや向上力などが含まれる。

引用・参考文献
実用日本語表現辞典（http://www.practical-japanese.com/）
大久保幸夫（2016）『キャリアデザイン入門［1］基礎力編』日本経済新聞出版社

（横山利枝）

ダイバーシティ・マネジメント

多様性の管理，多様な人材の（経営）管理をいう。意義としては，多様な属性を有する人々を用いてビジネスの発展につなげたり，多様な人々に社会的機会を提供したりすること等があげられる。英語（diversity management）由来の外来語である。アメリカの場合，平等雇用機会の法的枠組みによって雇用者の多様性を保護することから始まり，やがて多様で有為な人材と成長の関連性に目が向けられるようになった。

日本型ダイバーシティ・マネジメントの場合，従来は男性中心であった企業社会における女性という少数派の管理から始まったといえよう。その背景には，性別を理由とする差別の禁止についての法改正があり，企業は法令遵守の観点からもダイバーシティ・マネジメントに取り組む必要性に迫られた。さらに，社会経済の環境変化や法的整備が進展したことから，働き方の多様化（雇用形態，労働時間，勤務地など），属性の多様化（高齢者，外国人など）等に対して，適切な人材管理が一層求められている。

（原田順子）

多職種連携（Inter Professional Work, Inter-professional Collaboration）

主に医療保健福祉分野において，「複数の異なる背景を有する専門職や関係する人々が，それぞれの知識と技術を提供し合い，相互作用しつつ，共通の目標の達成を患者・利用者と共に目指す協働した活動（Centre for the Advancement of Interprofessional Education：CAIPEによるInter Professional Workの定義などをもとにした埼玉県立大学の定義2009）[1]」。医療の専門分化や地域連携の必要性を背景に，多職種連携・協働の必要性が高まっている。

近似概念として，日本では専門職のマンパワー不足や地域包括ケアの推進を背景に「チーム医療」が用いられており，「医療に従事する多種多様な医療スタッフが，各々に高い

専門性を前提に，目的と情報を共有し，業務を分担しつつも互いに連携・補完し合い，患者の状況に的確に対応した医療を提供すること（厚生労働省，チーム医療の推進に関する検討会，2010）」と定義されている。

手段としての「連携（collaboration）」は，随時の報告・連絡・相談を行う「連絡の段階」，定期的な会議やカンファレンスにより業務連携は行われる「連携の段階」，地域も含めたすべての社会資源が一体化され恒常的につながりネットワークを形成する「統合の段階」へと発展する。「協働（collaboration）」は，共有，パートナーシップ，権力，相互依存性，プロセスなどの基本概念により説明されるが，その要素間の関係性は不明瞭である（D'Amour et al., 2005）[2]。

保健医療福祉分野の多職種連携コンピテンシーは，2つのコア・ドメインである「患者・利用者・家族・コミュニティ中心」と「職種間コミュニケーション」，それを支える4つのドメインである「職種としての役割を全うする」「関係性に働きかける」「自職種を顧みる」「他職種を理解する」[3]があり，2000年以降基礎教育からの多職種連携教育が行われるようになった。

引用・参考文献
1 大塚眞理子（2009）「1）IPW／IPEの定義（第1章IPW／IPEの理念とその姿）」埼玉県立大学編『IPWを学ぶ―利用者中心の保健医療福祉連携』(p.12-13)中央法規出版
2 D'Amour, D., Ferrada-Videla, M., San Martin Rodriguez, L., & Beaulieu, M. D. (2005) The conceptual basis for interprofessional Collaboration: Core concepts and theoretical frameworks. *Journal of Interprof Care*, Suppl 1, 116-31.
3 『文部科学省未来医療研究人材養成拠点形成事業「リサーチマインドを持った総合診療医の養成」選定事業 筑波大学「次世代の地域医療を担うリーダーの養成」』: 医療保健福祉分野の多職種連携コンピテンシー（第1版），2016年3月31日（http://www.hosp.tsukuba.ac.jp/mirai_iryo/pdf/Interprofessional_Competency_in_Japan_ver15.pdf 2017年1月28日閲覧）

（荒木暁子）

タスクパフォーマンス

タスクパフォーマンス（task performance）とは，ボーマンとモトウィドロ（Borman & Motowidlo, 1993）が提唱した概念で，組織から期待されている役割や業務を遂行する職務行動を意味する。つまり，個人が任された仕事や役割をいかに効率よく，効果的に遂行するかということである。モトウィドロとヴァン・スコッター（Motowidlo & Van Scotter, 1994）によれば組織内での仕事や役割の編成に対応する形で次の2つに分類することができる。

1つには，インプットを製品やサービスなどのアウトプットに変換し顧客に提供するプロセスに直接的に関わる主にライン部門で働く人々の職務活動である。具体的には販売員であれば小売店で商品を売る，工場労働者であれば製造工場で生産機器を操作する，教師なら学校で教える等が挙げられる。

もう1つは，インプットをアウトプットに変換するプロセスをサポートする主にスタッフ部門で働く人々の職務関連行動である。具体的には，原料の供給を補充する，完成した生産品を配分する等，調整，管理，スタッフの機能が挙げられる。

引用・参考文献
Borman, W. C., & Motowidlo, S. J. (1993) Expanding the criterion domain to include elements of contextual performance. In N. Schmit & W. C. Borman (Eds.), *Personnel selection in organizations*. San Francisco, CA: Jossey-Bass: pp.71-98.
Motowidlo, S. J., & Van Scotter, J. R. (1994) Evidence that task performance should be distinguished from contextual performance. *Journal of Applied Psychology*, 79(4), 475-480.

（村上正昭）

タックマン段階モデル

心理学者であるタックマン（Tuckman, 1965）は，集団が発達してゆく段階モデルを提唱し，集団発達理論の中でも引用数最多を誇っている。彼は，社会心理学的観点において，15〜30名で構成された学生や社会人集団について，彼らのトレーナーや同僚の視点から集団の発達を観察した。その変容過程の着

眼領域は，「集団構造」と「課題活動」の2つである。

「集団構造」とは，メンバー間の社会性や対人関係性の変容の視点であり，「課題活動」は，課題遂行の行動における相互作用の変容の視点である。研究の結果，集団はつぎの段階を経て機能すると述べている。

第1期【形成期】メンバーが決定し，チームの目標や課題を共有する時期・お互いをよく知らない状態。

第2期【混乱期】チームの課題を解決するアプローチを模索する時期・メンバー間で考えや価値観がぶつかり合う嵐の状態。

第3期【統一期】メンバーがお互いの考え方を受容して関係性が安定し，行動規範や役割分担が形成される状態。

第4期【機能期】チームメンバーに一体感が生まれ，チームとして機能し全員の力が目標達成に向かう状態。

なお，タックマンらは1974年に，機能期の後に集団が消滅する「解散期」を加えて，5段階のモデルを提唱した（Tuckman & Jensen, 1977）。

引用・参考文献
Tuckman, B. W. (1965) Developmental sequence in small groups. *Psychological Bulletin*, 63(6), 384-399.
Tuckman, B. W., & Jensen, M. A. (1977) Stages of small-group development revisited. *Group & Organization Studies*, 2(4), 419-427.

（丸山琢真）

達成動機 (achievement motive)

あるすぐれた基準を設定してそれを完遂しようとする動機をいう。目標の達成に向けて人間を内部から行動に駆り立てる動機（欲求ともいう）を社会的動機といい，達成動機もその1つである。マクレランド（McClelland, 1953）らが達成動機の高低の個人差を特定する道を開いてから達成動機の性質や発達に関する研究が急速に進んだ。アトキンソン（Atkinson, J. W.）は達成動機をより深く理解するためには，失敗回避動機を理解する必要があると考え，合成的動機づけモデルを考案した。

これらの研究より，達成動機の高い人の特徴として，1）適度の困難を伴う課題に挑戦しようとすること，2）自らの活動の成果を知りたがること，3）精力的で斬新な手段活動を行うこと，4）自己の行った行動に対していさぎよく責任を負うこと，5）働く同僚として親しい人より有能な人を選ぶ傾向があることなどが明らかにされた。達成動機の高い人と低い人では，幼少期のしつけの違いや成功・失敗の原因帰属にも違いがあることが知られている（平凡社，1981より抜粋編集）。

引用・参考文献
平凡社（1981）『心理学事典』

（大泊　剛）

WLB憲章

ワーク・ライフ・バランス（work-life balance）「仕事と生活の調和（ワーク・ライフ・バランス）憲章」・「仕事と生活の調和推進のための行動指針」。

日本では2007年12月18日に内閣総理大臣ほか関係閣僚，経済界・労働界・地方公共団体の代表等からなる「官民トップ会議」において定められ，2010年6月29日に政労使トップの交代を機に，仕事と生活の調和の実現に向けて一層積極的に取り組む決意表明として，新たな合意が結ばれた。

「誰もがやりがいや充実感を感じながら働き，仕事上の責任を果たす一方で，子育て・介護の時間や，家庭，地域，自己啓発等にかかる個人の時間を持てる健康で豊かな生活ができるよう，今こそ，社会全体で仕事と生活の双方の調和の実現を希求していかなければならない」「性や年齢などにかかわらず誰もが意欲と能力を発揮して労働市場に参加すること」「我が国の活力と成長力を高め，ひい

ては，少子化の流れを変え，持続可能な社会の実現にも資する」として，仕事と生活の調和の必要性，目指すべき社会の姿を示した官民一体の取り組みである。

公共入札の受託者評価基準にWLBの取り組みに対する評価が盛り込まれ始めている。

（今村健太郎）

ダブルループ学習（double-loop learning）

ダブルループ学習とは，行為の科学（behavioral science）を研究関心とするアージリス（Argyris, C.）とショーン（Schön, D.）が，1974年に発表した問題解決型の経験学習モデルの1つとされる。成人学習理論の中でもデューイ（Dewey, J.），コルブ（Kolb, D.），レヴィン（Lewin, K.）へとつながる実用主義の系譜に入り，省察的実践論における認識枠組の基礎となる（Finger & Asún, 2001）（下図参照）。

アージリスとショーン（Argyris & Schön, 1974）は，経験学習にはシングルループ学習（single-loop learning）とダブルループ学習（double-loop learning）の2種類があると考えている。シングルループ学習とは，組織的な場の一貫性が維持できるかどうかという勝ち負けの学習で，これを行為の理論（theory of action）モデルⅠとよんでいる。ダブルループ学習とは，モデルⅠそのものの前提を見直す探索学習であり，これを行為の理論モデルⅡとよんでいる。モデルⅡは，行為者が信じ込んでいる信奉理論と，実践の行為を規定する行使理論とのズレから生じる「モデルⅠのジレンマ」を経験することで形成されるとしている。またダブルループ学習が起きる場合は，組織的価値観と対立する「モデルⅠからⅡへの移行のジレンマ」を経験するのではないかとしている。

ダブルループ学習という概念は，成人教育者の役割が，知識の伝授だけではなく，モデルⅠという行為の理論（theory of action）の前提の見直しを促す援助者（メンター）であるという新たな認識を示した点で，成人教育研究において高く評価されている（Finger & Asún, 2001）。

引用・参考文献

Argyris, C., & Schön, D. (1974) *Theory in practice: Increasing professional effectiveness.* San Francisco: Jossey-Bass.

Finger, M., & Asún, M. J. (2001) *Global perspectives on Adult Education and Training. Adult Education at the crossroad:*

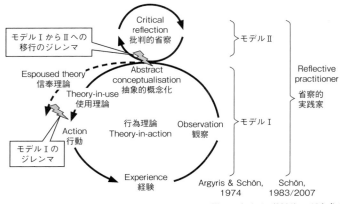

ダブルループ学習

Learning our way out. London & New York: Zed Books. pp.44-47.
永井健夫（2000）「『省察的実践論』の検討―二つの行動世界」『山梨学院大学一般教育部論集』22，1-22.
永井健夫（2002）「『省察的実践論』の検討（Ⅱ）―「ジレンマ」との出会い」『山梨学院大学一般教育部論集』24, 51-76.

（豊田　香）

多文化共生

　現代の日本社会では少子高齢化，および人口減少時代を迎えており，国際交流も盛んに行われ，年齢や性別，国籍の違い，障がいの有無などにより多様な価値観を持った人々が生活している。1990年に改正・施行された出入国管理及び難民認定法を機に，「日本人の配偶者等」の在留資格と日系人の子孫などを受け入れるための「定住者」の在留資格が新設された。

　その後，製造業を主な産業とする北関東や東海地域を中心に，ブラジルやペルーなどから南米系日系人が家族を伴って入国した。例えば，静岡県浜松市では，外国人労働者やその家族との多文化共生社会を自治体として推進するため，2001年に外国人集住都市会議を立ち上げ，外国人住民の教育や福祉を中心に課題解決に向けた自治体間の情報共有・情報交換を行っている[1]。

　2008年のリーマンショックを機に，帰国する外国人も増えたが，現在では200万人程度の外国人住民が各地で生活する。かつての「デカセギ」労働者と違い，長期にわたり家族とともに国内に移り住むため，地域の中での生活者として，不自由なく暮らせる配慮がなされる必要がある。さらに，昨今では外国人住民の日本で生まれた子どもが成長し，学校や職場においてチームの一員として活躍する場面が珍しくなくなってきている。

引用・参考文献
1　太田市役所交流推進課　「外国人集住都市会議」（http://www.shujutoshi.jp/gaiyou/index.htm）

（大重史朗）

多変量解析（multivariate analysis）

　多くの変数を全体的に，または同時に分析する方法。大きく分けて，説明対象となるある1つの変数（従属変数，被説明変数）を，複数のほかの変数（独立変数，説明変数）から予測・説明・判別する手法（重回帰分析，数量化Ⅰ類，判別分析，数量化Ⅱ類）と，複数の変数間の関連性を検討したり情報を圧縮・整理する手法（因子分析，主成分分析，クラスタ分析，数量化Ⅲ類，コレスポンデンス（対応）分析）がある。目的とデータの質（量的か質的か）によりそれぞれ適する手法が異なる。また，データの質をそろえること，サンプル数を変数より多くすること（少なくとも2倍，できれば数倍），説明変数間の強い相関関係などに留意して実施する。

（末廣純子）

多面評価

　従来から上司が部下を評価することは当たり前と思われてきたが，近年では部下が上司を評価することや，先輩後輩や同僚同士での評価が上司の主観的な恣意性を排除するのには有効な方法と考えられるようになった。この評価者が多面的になる評価を「多面評価」「360度評価」などと称するが，部下の評価に厳しい上司は部下からの評価も厳しくなる傾向を否定できない。

　この評価方法が人気投票のようになってしまうと，甘い上司や先輩の評価が厳しい上司や先輩よりも高くなることもあり得る。またこれによって給与査定がされるようになると，ますます職場全体に厳しさがなくなることも考えられる。構成員の「人望」や「評判」が必ずしも職務遂行能力と一致しない場合が見受けられるのを考えると，構成員同士が褒め合える職場のコミュニケーションツールとしての活用のほうが望ましいと考えられる。

　あくまで職務として人事評価するのは上司

であるため，給与に直結する評価を担う上司の評価能力の向上が必要なことは言うまでもないことである。また，業績面・能力面・情意面を総合的に評価することを多面評価と称することもある。

（三宅正伸）

タレントマネジメント

タレントマネジメントは，有能な人材の獲得が企業の競争優位を左右するというマッキンゼー社のウォー・フォー・タレント（War for Talent）という概念（Michaels et al., 2001, 邦訳, 2002）によって，実務上，広く知られることになった。しかしその定義は多様であり，学術的に確立された理論ではなく，現象の段階にとどまっているとされる（Dries, 2013）。とりわけ定義においては，従来の人的資源管理施策との差異がどこに存在するのか，という点が問題となり，採用，選抜，人材開発，キャリア開発，後継者計画などの一連の人的資源管理施策の単なる呼称変更ではないか，という批判が存在する（Lewis & Heckman, 2006）。

タレントマネジメントが実質的に意義を持つためには，企業が競争優位に資する自社独自のタレントの定義を行うことが重要であろう。競争優位に資するタレントの定義には，自社の経営戦略や企業文化が織り込まれる。その定義に基づきタレントの選抜，育成，登用を行うことができれば，その企業においてタレントマネジメントは経営戦略に合致し，人事施策が有機的に組み合わされた状況となる。そうなれば，従来の人的資源管理施策には存在しなかった価値を見出すことができるだろう。

引用・参考文献
Dries, N. (2013) The psychology of talent management: A review and research agenda. *Human Resource Management Review*, 23(4), 272-285.
Lewis, R. E., & Heckman, R. J. (2006) Talent management: A critical review. *Human Resource Management Review*, 16(2), 139-154.
Michaels, E., Handfield-Jones, H., & Axelrod, B. (2001) *The war for talent*. MA: Harvard Business School Press.（マッキンゼー・アンド・カンパニー監訳・渡会圭子訳『ウォー・フォー・タレント』翔泳社 2002）

（石山恒貴）

男女雇用機会均等法

1985年に制定され86年に施行の男女雇用機会均等法は，当初，雇用の分野における女性差別を対象にし，しかも努力義務規定中心の緩やかな規制であった。その後，2006年の改正（07年施行）で女性だけでなく男性も保護の対象とする性差別禁止法に変化している。数次の法改正で禁止項目が増え，努力義務規定は禁止規定（強行規定）化され，これに反する取扱いは民事上も違法・無効となる。

同法における募集・採用から退職・定年・解雇までの，性差別禁止の内容は次のとおりである。①募集，採用について性別にかかわりなく均等な機会を与えなければならない。②配置，昇進，降格，教育訓練，福利厚生，職種・雇用形態の変更，退職の勧奨，定年，解雇，労働契約の更新について性別を理由として差別的取扱いをしてはならない。ただし，ポジテブ・アクション（均等確保を目的とする女性に対する積極的優遇措置）は適法とされている。

以上のほか，同法では，間接差別（性別以外の事由を要件とする措置）の禁止，結婚・妊娠・出産等を理由とする解雇その他の不利益取扱いの禁止，妊娠・出産等に関するハラスメントの防止措置，セクシャル・ハラスメントの防止措置などについても定めている。

（谷田部光一）

地域経済団体

「地域経済団体」は，明確な定義はないが，一般的には，都道府県，市区町村またはその複数において個々の企業・事業所や企業人・組合などを指導する立場にある団体を指す。

具体的には，①地域ブロックの経済団体連合会（北海道経済連合会，東北経済連合会，中部経済連合会，北陸経済連合会，関西経済連合会，中国経済連合会，四国経済連合会，九州経済連合会），②都道府県経営者協会，③商工会議所（商工会議所法に基づき，その地区内における商工業の総合的な発展を図り，兼ねて社会一般の福祉増進に資することを目的とした団体。現在全国に515団体），④青年会議所（20～40歳の青年経済人の「ひとづくり」「まちづくり」「教育」「国際社会」「環境」など社会活動を行っている団体。全国に696団体），⑤「その他の経済団体」として都道府県の経済同友会，商工会連合会，中小企業中央会，中小企業家同友会などがある。

近年，地方経済団体では地域の若者の人材育成に対しても積極的に活動を行っている。こうした状況は吉本・亀野・稲永（2007）や亀野（2008）などに詳しい。

引用・参考文献
亀野淳（2008）「地域における経済団体等の人材育成への取組みと課題―大学との連携を中心に―」『北海道大学大学院教育学研究院紀要』106号, 37-51.
吉本圭一・亀野淳・稲永由紀（2007）「地域経済団体のインターンシップへの貢献と人材養成観」『インターンシップ研究年報』10, 22-31.

（亀野　淳）

知識社会

知識社会とは資源の中心が知識となる社会をいい，そこで働く者の中核は知識労働者である。つまり，資本主義社会における最大の資源であった資本と労働力に，知識が取って代わる社会，これが知識社会である。

知識社会には3つの特質がある。第1に，知識は資金よりも容易に移動するがゆえに，いわゆる境界のない社会である。第2に，万人に学習の機会が与えられるがゆえに，上方への移動が自由な社会である。第3に，誰でも生産手段としての知識を手に入れられるが，全ての人が勝てるわけではないがゆえに，成功と失敗が併存する社会である。

この3つの特質ゆえに，知識社会は，組織にとっても，1人ひとりの個人にとっても高度に競争的な社会となる。知識社会では，知識は誰にでも修得でき，年齢も性別も国籍も関係ない。インターネット等の情報技術により瞬時に伝えられ，万人の手に渡り，その伝達の容易さとスピードが，たとえ市場と活動はローカルであっても，競争力はグローバル・レベルにあるべきことを要求する社会でもある（ドラッカー, 2002, 2012より抜粋）。

引用・参考文献
ドラッカー, P. F.（2002）上田惇生訳『ネクスト・ソサエティ』ダイヤモンド社
ドラッカー, P. F.（2012）上田惇生訳『経営の真髄（上・下）』ダイヤモンド社

（寺嶋一郎）

知的熟練

昭和30年代以降，本格化する高度経済成長によって，わが国の職業構造には急激な変化がおとずれた。それまで多数を占めていた第一次産業従事者層に代わって，労働者（ブルーカラー）層と新中間層ともよばれるホワイトカラー層が大幅に増加した。これらの「知的熟練」の内実を明らかにしたのが小池（2005）である。

小池（2005）は，ブルーカラーの知的熟練を，問題と変化をこなす技能であるとした。一見くり返し作業ばかりで，なんの技能もいらないかにみえる量産組立職場でも，よく観察すると，ふだんと違った作業に問題と変化への対応がある。

例えば，問題への対応でもっとも重要な技能として，①問題の原因推理力，②不良の直し，③不良品の検出，の3つがある。また，変化への対応には，①生産方法の変化，②生産量の変化，③製品構成の変化，④人員構成の変化，がある。

ホワイトカラーの知的熟練については，大手メーカーの大卒事務系で経理畑の予算管理

担当を例にあげ，予算額と実績額との乖離の原因をもとめる分析力であるとした。

乖離の原因分析には，製造過程や物流についての理解，組織内部のコミュニケーションの問題，さらに市場の変動状況などの外部要因把握など，多様な知識と経験にもとづく推理分析力が必要とされる。

こうした技能は，すなわち不確実性をこなす技能で，ブルーカラーにとっても，ホワイトカラーにとっても枢要な技能といえる。

引用・参考文献
小池和男（2005）『仕事の経済学（第3版）』東洋経済新報社

（増田昌幸）

チーム

『広辞苑（第六版）』によれば，共同で仕事をする一団の人と解説されているが，目的達成のための集団であるとか，相乗効果が出る集団であるといった，単純な人間集団やグループといったものとは明確に分けて考えている場合もある。

「目的と行動規範を共有している人間集団」といった定義のほうが一般的に活用しやすいと思われる。

引用・参考文献
ロビンス，S. P.（1997）髙木晴夫訳『組織行動のマネジメント』ダイヤモンド社

（大宮昌治）

チームエンパワーメント

チームエンパワーメントとは，集団として取り組むべき課題に対する集団成員の集約的かつ肯定的な評価を持つことによる，動機づけが高まった状態や，作業をコントロールするための権限を持ち，そのチームの働きに責任を持っているというチームメンバーの集合的信念である（Kirkman & Rosen, 1999）。

カークマンとローゼン（Kirkman & Rosen, 1997）は，チームエンパワーメントの意味を心理学的な側面から捉え，大きく4つの次元（有能感，有意味感，自律性，影響感）に分け，チームエンパワーメントを詳細に説明している。別の研究では，作業をコントロールするための権限を持ち，そのチームの働きに責任を持っているというチームメンバーの集合的信念であるとする研究もある（Mathieu et al., 2006）。

ただ単に地位や権限を委譲（エンパワーメント）するだけでなく，委譲されたチームメンバー各々が権限を委譲されたと感じなければ，エンパワーメントが機能したとは言い難いのである。そのため，エンパワーメントに関しては表面的なものではなく，エンパワーメントする側，される側両方の心理的な側面にも着目する必要性がある。

引用・参考文献
Kirkman, B. L., & Rosen, B. (1997) A model of work team empowerment. In Woodman R. W. & Pasmore W. A. (Eds.), *Research in organizational change and development*, 10(1), 131-167.
Kirkman, B. L., & Rosen, B. (1999) Beyond self-management: Antecedents and consequences of team empowerment. *Academy of Management Journal*, 42(1), 58-74.
Mathieu, J. E., Gilson, L. L., & Ruddy, T. M. (2006) Empowerment and team effectiveness: An empirical test of an integrated model. *Journal of Applied Psychology*, 91(1), 97-108.

（加藤光紀）

中小企業

中小企業の定義は，法律や制度によって「中小企業」として扱われる範囲が異なることがある。例えば，法人税率の特例における中小企業者（等）は，普通法人のうち各事業年度終了時において資本金の額等が1億円以下であるもの又は資本等を有しないものなどと定めているが，中小企業基本法では，「中小企業者の範囲」を次ページの表のように規定している。

引用・参考文献
中小企業庁「中小企業・小規模企業者の定義」(http://www.chusho.meti.go.jp/soshiki/teigi.html 2017年1月25日閲覧)

（小形美樹）

中小企業者の範囲

業種分類	中小企業基本法の定義
製造業，建設業，運輸業その他	資本金の額又は出資の総額が3億円以下の会社並びに常時使用する従業員の数が300人以下の会社及び個人
卸売業	資本金の額又は出資の総額が1億円以下の会社並びに常時使用する従業員の数が100人以下の会社及び個人
サービス業	資本金の額又は出資の総額が5千万円以下の会社並びに常時使用する従業員の数が100人以下の会社及び個人
小売業	資本金の額又は出資の総額が5千万円以下の会社並びに常時使用する従業員の数が50人以下の会社及び個人

中小企業基本法第一章第二条1項より，筆者一部加筆

中小企業診断士

　中小企業診断士とは，中小企業の経営課題に対応するための診断・助言を行う専門家であり，法律上の国家資格として，「中小企業支援法」第11条に基づき，経済産業大臣が登録する。中小企業基本法では，中小企業者が経営資源を確保するための業務に従事する者（公的支援事業に限らず，民間で活躍する経営コンサルタント）として位置づけている。中小企業診断士になるには，中小企業診断協会が実施する第1次試験に合格し，その後，次の2つのうち，いずれかの方法によって，中小企業診断士として登録されることが必要である。

（1）第2次試験合格後，実務補習を修了するか，診断実務に従事する。
（2）中小企業基盤整備機構または登録養成機関が実施する養成課程を修了する。

　中小企業診断士は，企業の成長戦略の策定について専門的知識をもってアドバイスをする。

　また，策定した成長戦略を実行するに当たって具体的な経営計画を立て，その実績やその後の経営環境の変化を踏まえた支援も行う。このため，中小企業診断士には，専門的知識の活用とともに，企業と行政，企業と金融機関等のパイプ役，中小企業への施策の適切な活用支援まで，幅広い活動に対応できるような知識や能力が求められる。

引用・参考文献
中小企業診断協会　「中小企業診断士ってなに？」（https://www.j-smeca.jp/contents/0 02_c_shindanshiseido/001_what_shindanshi.html　2017年1月25日閲覧）

（小形美樹）

中年期の危機

　35～45歳ぐらいの間にある中年期におけるキャリアの危機を抱えやすい状態を示している。

　将来的な昇進か転職かを意識するものの，現在の組織に留まり続けることが多く，定年までのキャリアをどのように形成していくかを見定める中で，先が見えてくることで危機を感じる状態である。仕事を通じて自分の価値観や能力を明確に理解し，当初の夢や野心と比較したときに，現実や将来の可能性がかけ離れてしまった場合に，自らのキャリアを再検討する中で生じる。

　このような認識が侘しさや虚しさの感情を引き起こし，家庭においても子どもたちは親の手を離れ，妻もパートや地域社会の活動など妻自身の世界を持つようになり，自分だけが取り残されたという状態が生まれる。

　転職や脱サラをするのも多い時期だが，場合によっては今まで過ごしてきたキャリアを無にしてしまう判断もあり，人生を生きていくための節目で非常にストレスを抱え，中年サラリーマンの自殺傾向にも重なる。

（呉　園園）

超国籍企業（トランスナショナルカンパニー）

　超国籍企業は，多国籍企業の1種である（吉原，1997; 2001; 2011; 2015）。吉原によると，多国籍企業とは，「ひとつの経営単位のなかに多くの国籍の企業をかかえている企業」である（1997, 2001, 2011, 2015）。そしてバートレットとゴシャール（Bartlett & Ghoshal）は，プラハラードとドス（Prahalad & Doz）が示した多国籍企業に関する2次元のフレームワークを用いて，超国籍企業を定義する。ここで，プラハラードとドスのフレームワークとは，I-Rグリッドとよばれ（1987），縦軸をグローバル統合，横軸をローカル適用と表現するものである（浅川，2003）。

　バートレットとゴシャールは，I-Rグリッドの2軸を用いてマトリックスを形成し，多国籍企業を4つのタイプに分類する。1つめは，「インターナショナル」であり，グローバル統合とローカル適応の両方が低い。2つめは，「マルチナショナル」といい，グローバル統合は低いが，ローカル適応が高い組織である。3つめが「グローバル」で，グローバル適合が高くローカル適応が低くなっている。最後が，「トランスナショナル」で，グローバル統合もローカル適応も共に高い組織である（Barlett & Ghoshal, 1989）。

　超国籍企業は，組織の特徴として，①資産，能力は分散し，かつ相互依存的であり，さらにそれぞれが専門化されている，②海外の各ユニットは，それぞれ差別化した形で世界中のオペレーションに貢献している，③ナレッジは，ほかの本・支社ユニットとともに開発され世界中で共有されるという特徴を持つ。

　この超国籍企業の概念は，実際の企業の事例から帰納的に導き出した概念ではなく，前述の3つのモデルの持つ利点のみを活かした理想モデルであり，理論上は欠点のない組織である。しかし実際にはそのような企業を構築することは極めて困難であると考えられている（浅川，2003）。

引用・参考文献
浅川和宏（2003）『グローバル経営入門』日本経済新聞出版社
Bartlett, C., & Ghoshal, S. (1989) *Managing across borders: The transnational solution.* Harvard Business School Press.（吉原英樹監訳（1990）『地球市場時代の企業戦略』日本経済新聞社）
Prahalad, C. K., & Doz, Y. (1987) *The multinational mission: Balancing local demands and global vision.* NY: Free Press.
吉原英樹（1997）『国際経営』有斐閣
吉原英樹（2001）『国際経営 新版』有斐閣
吉原英樹（2011）『国際経営 第3版』有斐閣
吉原英樹（2015）『国際経営 第4版』有斐閣

（小出琢磨）

定性的分析

　定性的分析とは，自由記述によるテキストデータやインタビューデータなど，収集したあるがままのデータを数量化せずに分析することである。通常，データの収集や分析に時間がかかり，先行研究の少ない特殊な事例を扱うことが多いため，分析対象者の数は少ない。

　定性的分析を用いる質的研究法には，KJ法，グラウンデッド・セオリー・アプローチ，ナラティブ・アプローチ，フィールドワーク等々多くの枠組みがあり（西條，2007），主として研究の仮説を生成する目的で行われる研究デザインの型で用いられる（下表）。研究目的によって，定性的分析と定量的分析の

研究の問いのレベルと定性的分析を用いる場合の主な研究デザイン

研究の問いのレベル	仮説の有無	研究デザイン
これは何であるか	なし	質的記述研究デザイン
何が起こっているのか	なし	質的・量的記述デザイン

南ら（1999）『看護学大系10 看護における研究』より引用，改変

使い分けや相互補完的な活用について検討することが重要である。

引用・参考文献
南裕子・井上幸子・平山朝子他編著（1999）『看護学大系10　看護における研究』日本看護協会出版社
西條剛央（2007）『ライブ講義・質的研究とは何か』新曜社

（川﨑　昌）

ディーセント・ワーク

ディーセント・ワーク（Decent Work）とは「働きがいのある人間らしい仕事」のことである。1999年の第87回ILO総会に提出された事務総長報告で初めて用いられた概念であり，ILOの活動の主目標と位置づけられた。

先進国も含めて世界中の人々は，失業だけでなく不安定で低収入の仕事，危険な仕事，権利が保障されていない仕事，適切な社会的保護のない仕事など，人間としての尊厳が欠如した非生産的な仕事に直面している。これらを解決するため，21世紀のILOの役割としてディーセント・ワークの推進が掲げられている。

具体的には，①仕事の創出と雇用の促進，②社会的保護の拡充（職場環境の整備と社会保障の充実等），③社会的対話の推進（政・労・使の話し合いの促進等），④労働における権利の尊重・保障—の4つの戦略的目標を掲げて活動を展開している。そしてジェンダー平等と非差別がこれらの目標における横断的な課題である。

ILOは各国の実情に応じたプログラムを策定し支援しているが，日本政府も概念の普及と様々な労働政策を推進している。「仕事と生活の調和（ワーク・ライフ・バランス）憲章」や「日本再生戦略」（2012年7月）にもディーセント・ワークの実現が盛り込まれている。

（谷田部光一）

定年

定年制とは，日本型人材マネジメントの特徴の1つであり，長期雇用と年功制に関連した人事施策である。定年制の合理性を説明した理論の1つにシャーキング理論がある。その合理性は次の理由で構成される。

企業は，従業員のキャリア中盤での賃金を実際のパフォーマンスよりも抑えて支払う。企業は，平均以上に昇給した従業員にはキャリア終盤での賃金を実際のパフォーマンスよりも高く支払う。従業員は，キャリア終盤において実際のパフォーマンスよりも高い賃金を得るために，平均以上の評価をキャリア中盤で得る懸命な努力を行う。よって，キャリア中盤での競争激化により，企業は全体としての経済合理性を実現できる。

しかし，"キャリア中盤でのパフォーマンスと賃金との差"以上の賃金をキャリア終盤で支払うことになるため，企業にとってそれを永続的に続けることは経済合理的とならない。

そこで企業は定年制を設けることで，従業員間のキャリア中盤での強い競争と高いパフォーマンスを獲得しつつ，後払い賃金がマイナスにならない時点で従業員との契約を円満に解約することができるのである。

一方，アングロサクソン型人材マネジメントの代表であるアメリカでは，原則，年齢を理由に従業員を退職させることはできない。年齢に関わらない"成果主義・現価主義"という人事施策と補完性を有することで，全体としての経済合理性を実現している。

引用・参考文献
須田敏子（2005）『HRMマスターコース』慶應義塾大学出版会
須田敏子（2010）『戦略人事論』日本経済新聞出版社

（南　義彦）

定量的分析

定量的分析とは，通常，大きめの母集団を対象に行われる量的調査において，対象者に

研究の問いのレベルと定量的分析を用いる場合の主な研究デザイン

研究の問いのレベル	仮説の有無	研究デザイン
これらには関係があるのか	あり	仮説検証型研究デザイン
これらには因果関係があるのか	あり	因果関係検証型研究デザイン

南ら（1999）『看護学大系10 看護における研究』より引用，改変

ある事象の頻度や割合を事前に設定した選択肢などに基づき回答させ，数量的・統計的アプローチによりそれを分析することである。通常の選択肢型設問を例にとれば，回答比率データの算出，統計的検定による標本誤差の検討，設問間の差異の比較検証が可能である（大隅・Lebart，2000）。

定量的分析に用いられる手法としては，多変量解析や構造方程式モデリングがある。南ら（1999）は，定量的分析を用いる場合の主な研究デザインの型を上の表のように整理している。

引用・参考文献
南裕子・井上幸子・平山朝子他編著（1999）『看護学大系10 看護における研究』日本看護協会出版会
大隅昇・Lebart, L.（2000）「調査における自由回答データの解析―InfoMinerによる探索的テキスト型データ解析」『統計数理』48(2), 339-376.

（川﨑　昌）

適性 (aptitude)

課題や仕事を適切に成し遂げられる潜在面，顕在面での能力や特性をいう。ここで重要な点は，学力のように獲得された能力だけではなく，努力や修練によって上達する可能性を重視していることである。適性には進学適性と職業適性があり（續，1964；柳井，1975），この両者は深く関わっている。学力のみで進学しても，大学での授業に関心が持てず，職業選択もおぼつかないということが起こり得る。柳井は，高校における進路指導や適性指導は，大学卒業後の職業を考えて進路決定させるとよいと述べている。スーパーは適性を能力的側面に限定して解釈し，より広く欲求，性格，価値観，興味，態度など人格的側面を含めた職業適合性を重視した。

また藤永と麻生は，適性には4つの意味があると述べている。第1は職務の遂行に必要不可欠な能力的条件を有していること，第2は興味や性格的条件が適合し職務を効率的・効果的に遂行できること，第3は職務の遂行が社会的に適切であること，第4は職務の遂行において生きがいや使命感が得られることである。これらはスーパーの職業適合性とも符合しており，適性をひろくとらえる現在の一般的な考え方といえよう。

引用・参考文献
續有恒（1964）『適性　進学・就職・結婚』中公新書
柳井晴夫（1975）『進路選択と適性　大学・職業はこうして決める』日経新書

（大泊　剛）

適性検査 (aptitude test)

上級学校への進学や特定の職業への就職にあたって，個人の適性を予測するために開発された標準化された検査のことを指す。進学に関する適性を捉えるものを進学適性検査，各種の職業に対する適性を捉えるものを職業適性検査とよぶ。適性検査は，学習や経験によって獲得された保有能力やスキルではなく，将来における学習や職業上の活躍の土台の働きをする潜在的な可能性としての能力や資質の測定を意図するものである。

適性検査が測定する対象としては，大きく能力的側面と人格的側面（性格や興味など）の2つの領域がある。学業や職業上の成功のためには将来の学習の基盤としての知的能力の高さが第1に求められるが，他方，継続的に勉学や仕事に従事するうえでは性格や興味

が当該学業領域や職業と適合していることが併せて重要となる。

また，受検者の将来の可能性を把握するものである適性検査には高い測定精度が要求される。具体的には，測定結果の安定性を示す信頼性，および，目標とする構成概念を忠実に反映している程度である妥当性を高い水準で満たすこと，また，規準集団に照らした得点算出や実施の手続きなどが厳密に設定された標準化検査であることが理想である。

（内藤　淳）

デュアル・キャリア（Dual Career）

デュアル・キャリア・ファミリー（Dual Career Families）といった場合は，共働き夫婦のこと。ラポポート夫妻（Rapoport, Ro. & Rapoport, Rh.）により「家族生活を一緒に維持していくのと同時に，両方の世帯主たち（つまり夫と妻）がともに，キャリア（経歴）を追求しているような家族の形態」と定義されている。

一方，研究開発者のキャリア管理として，管理職志向と専門職志向のキャリア・パスを設定して，この２つの能力の開発を意図したものもデュアル・キャリア（二元的キャリア）とよばれる。

引用・参考文献
Rapoport, Ro. & Rapoport, Rh. (1971) *Dual-career families*. Penguin Books.

（石川孝子）

転職志向

職業・職場を変更することを希望すること。転職とは雇用者が雇用主との雇用契約を解消し，別の雇用主と新たな雇用契約を結び雇用されることを指し，それを志向すること。経済のグローバル化，終身雇用制度の終焉を含む雇用環境の変化などに伴い，日本の労働者にもより魅力的な仕事，賃金，待遇を目指して機会があれば積極的に転職したいとする考え方が定着化してきた。

企業側も優秀な人材確保という観点から転職マーケットの活用を重視しているが，転職により賃金等が上がるキャリアアップでなく，下がるキャリアダウン事例も多くある。これは，経験のない職種に転職するキャリアチェンジの場合だけでなく，転職時点までの職歴が企業本来の目的である業績の向上に関連していない場合にも多く発生する。キャリアアップを目指す場合，受け入れ先企業に対して，職歴による成果や今後の成長期待，業績向上への寄与可能性などを効果的に明示する必要がある（リクルートワークス研究所　ワークス人事用語辞典から一部引用）。

引用・参考文献
リクルートワークス研究所　ワークス人事用語辞典（http://www.works-i.com/dictionary/ 2015年3月30日閲覧）

（建宮　努）

転職者の受入れ

転職者の受入れは，「組織再社会化」という概念で説明されることが多い。以前の組織から，新しい組織への参入に伴い「再」社会化という適応プロセスが発生するためである。

組織再社会化研究には，組織内での「異動」により起こる「組織『内』再社会化」と，転職による「組織『間』再社会化」という２つがある。転職者の受入れは「組織『間』再社会化」であり，その定義は，「前所属組織を去った個人が，新組織の一員となるために，新組織の規範，価値，行動様式を受入れ，職務遂行に必要な技能を獲得し，新組織に適応していく過程」（長谷川，2003）である。

教育機関から初めて組織に参入する新規学卒者と，転職者の違いは，前職での経験にある。そのため，転職者の新組織参入時には，「即戦力というラベルに起因する周囲からのサポートの低さとプレッシャーの高さ」，そして「前職の経験を学習棄却（アンラーン）する必要性」が存在する（中原，2012）。つ

まり，白紙（タブラ・ラサ）状態の新規学卒者よりも転職者のほうが，その組織再社会化には困難が予想されるのである。

実際，転職者の組織再社会化のカギは，「即戦力なのだから任せておけばよい」という放置ではなく，「上司による進捗管理と内省支援」と「職場学習風土」とする実証研究も存在する（中原，2012）。

引用・参考文献
長谷川輝美（2003）「合併企業従業員の組織再社会化に関する研究─小売業における一考察」『経営行動科学学会年次大会発表論文集』6, 56-61.
中原淳（2012）『経営学修論─人材育成を科学する』東京大学出版会

（関根雅泰）

伝統文化

伝統とは，信仰，風習，制度，思想，学問，芸術などの様々な分野において，古くからのしきたり・様式・傾向，血筋などの有形無形の系統を受け伝えることであり，世代を超えて受け継がれた精神性も含まれる。長い歴史の中で形成され，普遍的に重んじられてきた習慣・慣習，固有の価値観は，社会全体で脈々と受け継がれ，それぞれの地域の特性が生み出した祭事や神事，伝統芸能の中に表れている。

伝統文化のカテゴリーは，郷土芸能・民族芸能，祭り，神楽，神事・儀式，神話・民話，歌舞伎，能・狂言，文楽・人形芝居，暦（二十四節気），民族技術などに分けられる。なんらかの集団を担い手とし，集団内部で世代間に伝達される価値を踏まえているが，その価値は規範的・束縛的で，新規の試み・創造を目指す最新世代にとっては，しばしば対立物となる。

伝統と創造は，対立・矛盾・止揚を含み，伝統は制度的・物的側面を持つ。伝統が専門小集団に独占されると家元制度ができあがる。伝統文化の継承は地域に誇りと愛着をもたらし，地域共同体に果たす役割も大きい。地域性を創造する伝統文化は地域の魅力の源泉でもある。

引用・参考文献
見田宗介・栗原彬・田中義久編（1998）『社会学事典』弘文堂
農林水産省（2006）「美の里づくりガイドライン」（http://www.maff.go.jp/j/nousin/soutyo/binosato_gaidorain/）

（遠藤雅子）

動機づけ

動機づけ（motivation）とは，人間を含む動物の行動の理由づけに用いられる概念であり，人間に適用する場合は心的概念として考えられる。心理学的には行動の発現やその方向性を説明する際に，行動主体が持つ要求（need），要求の対象となる誘因（incentive），そして行動が発現する際の推進力となる動因（drive）を持って説明される。これらが含まれる過程の上位概念，包括概念として動機づけは位置付けられる。

分類としては，一般的に生理的動機に近い一次的動機（primary drive）と社会的動機である二次的動機（secondary drive）に分けられる。一次的動機は睡眠，摂食，飲水などで構成され，本能（instinct）やホメオスタシスで説明する理論がある。二次的動機とは期待－価値説や内発的動機づけ理論で説明される認知的社会的動機づけである。具体的には，達成動機や親和動機などの分類で説明される。経営学におけるワークモチベーション研究や人材育成領域ではマズロー（Maslow, A. H.），ハーズバーグ（Herzberg, F.），アルダファー（Alderfer, C.），マクレガー（McGregor, D.），マクレランド（McClelland, D. C.）の理論や内発的動機づけ理論などが参照および使用される。

（野田浩平）

統計的検定（statistical testing, or statistical test of hypothesis）

「標本」から得られたデータの特徴が，「母

集団」にも当てはまるかどうかを確率的に判定するもの。最終的な判断は有意水準というものを設定して判断する。有意水準とは，偶然生じたにしてはあまりにも起こりにくいことが起きたので，「これは偶然生じたのではない」と判定するための基準のこと。

検定の具体的な手順としては，立証したい予想を対立仮説，それを否定する仮説を帰無仮説として，この帰無仮説が「起こり得ないこと」かどうかを有意水準を基に判断する。めったに起きない（100回中5回以下しか生じない）事象が起きたのなら，偶然に生じたのではないではない（＝帰無仮説に無理がある）と判断して「帰無仮説を棄却」する。

（末廣純子）

トリプルループ学習 (triple-loop learning)

トリプルループ学習とは，専門教育論において，科学技術の優位性に陥ることなく，科学技術を社会に活かしつつ，科学技術そのものを時代に合わせて組み替えていくことを説明した，知識の循環を示す経験学習モデルである（豊田, 2012, 2015）。省察的実践モデル（Schön, 1983）は，専門職業制度が確立された米国における職務給制度を前提に提唱したものであるため，職能給制度が一般的である日本では日本型省察的実践モデルとよべるものが必要であるという考えに基づいている。

一般的に職能給制度下では，問題解決のためのチーム内に，専門教育の有無や経験の豊富さにおいて多様な成員が混在していることから，問題解決の手段として科学技術の使用そのものが評価されることはない。

この場合，モデルⅠ（Argyris & Schön, 1974）において，省察的一般成員が企業等組織の一貫性を維持し，業績や企業文化を重視しようとする。そしてモデルⅡにおいて，専門教育を受けた省察的専門成員が，科学技術等の理論的視点からモデルⅠを省察することが考えられる。しかし，そこで使用される科学技術そのものを問い直す視点がなければ，科学技術の優位性が起きてしまう。そこで理論上必要となるのは，モデルⅡそのものを問い直す省察的研究者による探索学習の行為の理論モデルⅢである。

この3種類の行為の理論は，博士号取得者の実践者においては個人内で起きると考えられるが，産学連携において個人間で起きる場

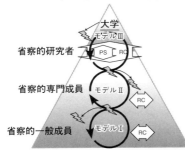

日本型省察的実践モデル
（トリプルループ学習）

アメリカ型省察的実践モデル
Schön（1983/2007）
（ダブルループ学習）

PS：プロフェッショナルスクール (professional school)
RC：省察的対話 (reflective communication)

省察的実践モデルにおけるトリプルループ学習とダブルループ学習

合もあると考えられる。トリプルループ学習による知識の円滑な循環が起きるためには、プロフェッショナルスクール（専門職大学院）などが重要な役割を担うものとして位置づけられている（前ページ図参照）。

引用・参考文献
Argyris, C., & Schön, D. (1974) *Theory in practice: Increasing professional effectiveness.* San Francisco: Jossey-Bass.
Schön, D. (1983) *The reflective practitioner: How professionals think in action.* NY: Basic Books, Inc.（柳沢昌一・三輪建二訳『省察的実践とは何か―プロフェショナルの行為と思考』鳳書房 2007）
豊田香（2012）「専門職大学院ビジネススクールにおける知識の性質についての考察―学術知と実践知の関係性の視点から」『東京大学大学院教育学研究科紀要』52, 275-285.
豊田香（2015）「省察的実践論が示唆する専門職大学院ビジネススクールによるグローバル人材育成―『ダブルループ学習』モデルの限界、『トリプルループ学習』モデルの可能性」『人材育成学会第13回年次大会論文集』145-150.

（豊田　香）

NIOSHモデル

米国国立職業安全衛生研究所（National Institute for Occupational Safety and Health：NIOSH）が、過去の文献レビューに基づいて作成した「NIOSH職業性ストレスモデル」のこと。

このモデルでは、物理化学的環境、役割葛藤、役割不明確、対人葛藤、仕事の将来不明確、仕事のコントロール、雇用の機会、量的な作業負荷などの「仕事のストレッサー」が「急性の反応（ストレス反応）」を引き起こす。ストレス反応としては、職務不満足、抑うつなどの「心理的反応」、身体的愁訴などの「生理的反応」、事故、アルコール・薬物使用、疾病休業といった「行動的反応」を想定している。さらに、ストレス反応が過大または持続的となり「疾病」の発生に至る可能性もあるとする。

加えて、ストレッサーとストレス反応との関連に影響を与える修飾要因として、年齢、性別、婚姻状態、勤続年数、職種、タイプAパーソナリティ、自尊心といった「個人要因」、家庭・家族からの要求を意味する「仕事外の要因」および上司、同僚、家族からの社会的支援を意味する「緩衝要因」の3つを想定している。

（髙橋　修）

内省

実験心理学の祖ヴィルヘルム・ヴント（Wundt, W. M.）が考え出した自分自身の精神状態を観察する方法である。自分の心理過程を自ら観察・考察して意識的経験の知識を得ようとすることを指す。自分自身の言動とそれに付随する気持ちの変化行程を冷静に客観的に振り返り見つめ直すことにより、気づきや学びの会得につながることでその後の行動に反映させることができる知恵に昇華させることが可能になる。

内省は振り返りともいわれ、近年人材育成において注目されている。仕事や業務などを単に経験するだけではなく、経験を振り返ることによって、経験した仕事や業務の本来的な意義や意味を理解したり、それらに対する深い理解を促進するからである。自分がこれまで経験したことがないことに取り組むにあたり、内省は効果的である。

つまり、その目的や行程が不明確でも、言動とその振り返りによって気づきや軌道修正の繰り返しを通じて、着実に前に進むことが可能になる。内省はこうした心理過程を振り返ることで経験から知識を得ることを示す一方で、反省は過去の行動の良くなかった事柄に着眼し、二度と同様の事象が生じないよう自分自身を戒める行為であり、それ以上を得ることは困難である。

（丸山琢真）

内発的動機づけ

デシ（Deci, 1975）は、内発的動機づけ（Intrinsic motivation）を、外部から管理され

て与えられる報酬がなくても継続的に課題を遂行することと定義し，内発的に動機づけられた活動とは当の活動以外には明白な報酬がまったくないような活動のことであるとしている。また，ライアンとデシ（Ryan & Deci, 2000）は，内発的動機づけを，その活動と分離することが可能な結果のためというより人間に本来備わっている満足のための活動を行わせるものと定義している。

すなわち内発的動機づけは，外的な刺激，圧力や報酬などのための手段としてではなく，当該活動そのものを目的とする動機づけである。Deciらが提唱する認知的評価理論（Cognitive Evaluation Theory）では，①内発的に動機づけられた活動に従事する人が外的報酬を受けると，因果律の所在が内的から外的に変化することにより内発的動機づけの低下をもたらす，②内発的動機づけは，有能さと自己決定の感情が高まれば増大し，有能さと自己決定の感情が低下すれば低減する，③全ての報酬は制御的側面と情報的側面を有しており，制御的側面が顕著である場合には原因の位置に変化を生じ，情報的側面が顕著である場合には有能さと自己決定の感情に変化が生じる，といった内発的動機づけに関する3つの命題が提示されている。

引用・参考文献
Deci, E. L. (1975) *Intrinsic motivation*. NY: Plenum press.（安藤延男・石田梅男訳『内発的動機づけ』誠信書房 1980）
Latham, G. P. (2007) *Work motivation: History, theory, research and practice*. CA: Sage publications.（金井壽宏監訳・依田卓巳訳『ワーク・モティベーション』NTT出版 2009）
Ryan, R. M., & Deci, E. L. (2000) Intrinsic and extrinsic motivations: Classic definitions and new directions. *Contemporary Educational Psychology*, 25(1), 54-67.

（渡辺孝志）

ナラティブ

語り（narrative）が日本語訳であり，物語（story），ストーリーとも近く，もともと一般名詞であるが構造主義，ポストモダン以降に専門用語として広く使われるようになった概念。英語のnarrativeをそのままカタカナで用いている言葉である。人文科学（哲学，心理学，社会学，文化人類学，文芸批評領域等）で使われる。

例えば，ロラン・バルト（Barthes, R.）は，消費社会に現れる多様な語り（神話）を分析してみせた。他に近しい概念として会話分析の中での言説（dis-course），経営学等での対話（dialogue）などもある。

また，臨床心理，医療の領域ではナラティブセラピーという社会構成主義の影響を受けた比較的新しい手法の中で特に重視される。もともと語りは心理療法の初期の手法である精神分析や分析心理学でも用いられている手法であるが，マイケル・ホワイト（White, M.）によるナラティブセラピーの定式化により中核に据えられることとなった。

経営学の分野ではストーリーテリングともよばれ，例えばトップによるビジョン発信の語りや，組織開発（Organizational Development: OD）における組織活性化のための語りの活用，分析に使用されている。

（野田浩平）

ナレッジワーカー（knowledge worker）

ナレッジワーカーとは，現在の日本の企業組織ではあまり使われていないが，ナレッジマネジメントによって広まった重要な概念である。ナレッジワーカーは「知識労働者」や「知識ワーカー」などと訳されるが，一般には，ナレッジ（知識）を生かして働く専門性のあるホワイトカラーを意味する。さらに，高学歴社員や高度複雑職務に従事するスタッフなどを指すなど，ナレッジワーカーには多様な従業員やスタッフが含まれ，その意味や役割について厳密な定義は存在しない。

ナレッジワーカーという用語は，1960年代にドラッカーの著書である『経営者の条件』（1966，邦訳，2006）に現れ，1990年代以降，

ナレッジマネジメントの浸透と共に広く知られるようになった。ナレッジマネジメントとの関連においては，知識経営を実践するポジティブな人材という位置付けとなる。さらに情報を収集し，理解・活用し，新たな知識を生み出すイノベーティブな役割を果たす人材である。一方，ナレッジワーカーは単純業務や定型業務を扱うマニュアルワーカーの対極であり，情報技術（IT）の担い手といった位置付けもなされている。

引用・参考文献
Drucker, P. F. (1966) *The Effective Executive: The definitive guide to getting the right things done*. NY: Harper & Row.（上田惇生訳『経営者の条件』ダイヤモンド社 2006）

（宮下　清）

ナレッジマネジメント (knowledge management)

ナレッジ・マネジメントは「知識経営」ともよばれ，個人が持つ知識や情報を組織で共有し，それらを有効に活用し，組織全体の知識や能力の向上と活用を図る経営管理である。「ナレッジ」とは知識や情報を意味しており，それらは文字や数字で示される「形式知」と文字などでは伝えられない「暗黙知」に分けられる。暗黙知をどう伝達し，活用するかは，ナレッジマネジメントの重要な課題である。

情報技術の分野では，情報共有システムにより，情報収集や業務プロセスの改善がなされ，そこでは形式知によるナレッジマネジメントが主となる。一方，人材マネジメントや育成では，暗黙知によるナレッジマネジメントが重要になる。欧米のナレッジマネジメントでは形式知が主であり，情報技術に使われることが多い。しかし，意思決定やイノベーションの実現のためには人材育成や組織開発が重要となり，暗黙知の果たす役割が大きい。

1990年代から野中教授らによるナレッジマネジメントの理論が示され，その中心となる「知識創造理論」では，知識創造を暗黙知と形式知の相互変換運動としている。2000年頃から，日本企業でもナレッジマネジメントの実践が広まった。

（宮下　清）

日米欧の就職活動

日本の新規学卒一括採用は，大学在学中の早期から就職活動を開始するという特徴があり，他国には見られない日本独特の慣行である。労働政策研究・研修機構が参加した大卒就職の国際比較調査（2001）によると，日本では8割前後の卒業者が就職活動を行い，その95％以上は卒業前から活動を開始する。

一方，欧州各国では，卒業前から就職活動をした者は4割に満たず，卒業後からはじめた者も3割近くいる。豊田（2013）の調査によれば，日本の大学生の就職活動期間は他国に比べ長く，学生はその活動に腐心することも特徴的である。例えば，アメリカにおいては，教育機関を離れてから定職に就くまでの間に若者の多くが多様かつ短期間の就業経験等を経ており，他国との比較においても突出した特質となっている（労働政策研究・研修機構，2004）。アメリカの一部で行われる新卒採用（College recruiting）は通年で行われ，個別採用が多く，大学での成績を重視する（関口，2014）。これに対し，日本は，大学での勉学内容や，知識・スキルと採用後の職務との対応が重視されず，他国と比べて，不明確な選考基準で選抜がなされている（本田，2010）。

引用・参考文献
本田由紀（2010）「日本の大卒就職の特殊性を問い直す」苅谷剛彦・本田由紀編『大卒就活の社会学―データからみる変化』東京大学出版会
日本労働研究機構（2001）「日欧の大学と職業―高等教育と職業に関する12カ国比較調査結果」日本労働研究機構報告書No.143.
労働政策研究・研修機構（2004）「諸外国の若者就業支援政策の展開―ドイツとアメリカを中心に」労働政策研究報告書No.1.
関口定一（2014）「アメリカ企業における新卒採用―その実態と含意」『日本労働研究雑誌』643, 81-91.
豊田義博（2013）「日本の大卒就職市場の真の課題は何か？

―アジア主要国のキャリア選択行動比較」『Works Review』8, 36-49.

(髙橋南海子)

日本型経営

終身雇用，年功序列（賃金），企業別組合に特徴づけられる。ここで，終身雇用といえども，同期同士の熾烈な出世競争が存在する。ただし，年功序列により，若手がシニアのライバルとならないために，技術・ノウハウのタテの移転がスムーズだといわれている。また，企業別組合により，労使の密接な信頼関係が築かれている。そのため，新製品のラインの導入等が欧米企業と比してスムーズであるといわれている。さらに日本型経営の特徴として，家族主義が挙げられる。ソフトでは，冠婚葬祭や運動会等の社内行事等，ハードでは，社宅や社員食堂等を通じて，家族のような密接な互助関係，人間関係を構築する。

加えて，日本型経営の特徴は，その職務分担にも現れている。欧米企業と比して，職務分担の区分はゆるやかであり，どちらの持ち分でもない職務が存在する。そのために互いにフォローしあう必要があり，職務遂行において，新卒一斉入社で年功のある社内の事情に通じた社員が有利である。このために，日本の企業では，中途入社はあまり見受けられない。以上のような特徴を持つ日本型経営も，近年では，終身雇用制の綻び等，再考の時期に来ている。

(辻本京子)

日本型賃金制度

雇用形態・企業規模による格差が大きいこと，正社員においては年齢・勤続年数に応じた昇給が大きいこと，職務内容と賃金が直接連動しない人ベースの賃金制度であること，マーケットペイを考慮せず組織内の評価のみで個人賃金が決定する組織ベースの賃金制度であること，など日本型賃金制度には数多くの特色が存在する。

世界的にみると，日本型賃金制度は非常にユニークなものであるが，この原因は，長期雇用・年次管理に基づく年功制や，あいまいな職務定義など日本型人事制度全体の特色との補完性にある。

そしてこの補完性が有効に機能して，長期にわたって日本経済の繁栄をもたらしてきたわけだが，1990年代以降は完全にオーバーホール状態となり，変革が求められているが，なかなか変化できていない。社会的にも問題は大きく，政府が進める働き方改革の主要施策の1つとして挙げられている「同一労働同一賃金」は，担当する職務に賃金を連動させるものであり，日本型賃金制度からの大きな変革を求めるものである。

企業の競争活力，社会全体の安定・繁栄など多くの側面から，日本型賃金制度から同一労働同一賃金への変化が求められているが，いったん定着した制度の変化は困難を極めている。

(須田敏子)

日本的リーダーシップ

組織理論を根底で支える枠組（パラダイム）には2つある。1つは，機械論パラダイムであり，いま1つは，生命論パラダイムである。前者は，全体は要素に還元可能であり，要素の特性を調べてそれを再集計すれば元の全体について十全な理解を得ることができるという要素還元主義に立脚する。これは，規格品の機械的大量生産工程や，指揮命令系統の乱れがいっさい許されない軍隊などでは有効なパラダイムである。

生きた人間の協働体系である企業組織の運営に求められるのはむしろ後者の生命論パラダイムである。それは，全体はつねに生成変化するトータルな流れであって，統合的なプロセスとして捉えるしかないとするホーリス

ティックな観点に立つ。日本的リーダーシップが準拠するのはこちらである。すべては成るべくして成る、作為的介入はなるべく最小限にとどめて、状況変化に柔軟迅速に適応していくよう全体プロセスを導くのが最高のリーダーシップだとする理解がそこにある。日本的経営の真髄もそこにある。

(花村邦昭)

人間力 (Human Skill)
[意味・定義]

変化する社会の中で、自立した一人の人間として強く生きていくための力、「精神力」「身体能力」「円滑な対人関係を構築するためのコミュニケーション力」「人を育てる力」などが該当する。

[人間力向上のポイント：心・技・体]

人間力を適切に発揮、強化する際のポイントとなる3要素「心・技・体」は、以下の内容である。

心：思いやりの精神と非常時に助けを求められる存在を持つこと

技：目標達成や成長課題達成のために必要な小さな挑戦の継続（もしくは断続）

体：安定した力を発揮するための心身に対する静と動、緩と急のバランス

[人間力向上に関する留意事項]

人間力は、育った環境に影響されやすく、幼少期における発達課題に対する取り組みの不足（厳しさや優しさの不足等）が、成人後に問題行動となる可能性（犯罪や精神疾患等）もあるため、成長段階の不足対策にも目を向ける必要がある。

(海老澤　剛)

認知構造

認知心理学の概念である。外界から情報を収集し処理する際に、生体が用いる構造化された知識表象を指す（都築ら、2010）。なお、認知構造がいかにして個人の行動に影響を及ぼすかについて、2つの対立する観点が存在する。ゲシュタルト学派の理論では、認知構造は媒介概念と捉えている。レヴィン（Levin, K.）の場の理論によれば、生体に認知された環境は必ずしも物理的環境を正確に反映するとは限らないが、行動の起こり方に直に影響している。また、ケーラー（Köhler, W.）は、洞察のような急激な行動変容は認知構造の再構造化に起因することを示唆した。

一方、発達心理学の学者らはより認知構造の重要性を強調し、認知構造の動的なメカニズムや構造要素の解析に焦点を当てている。バートレット（Bartlett, F.）は過去の経験から体制化された抽象的な認知構造が、人間の記憶において重要な役割を果たしていると指摘した。また、ピアジェ（Piaget, J.）は、群性体の概念を用いて、図式（スキーマ）の発達的な構成過程と同化及び調節という機能的要因について分析した。

引用・参考文献
箱田裕司・都築誉史・川畑秀明・萩原滋（2010）『認知心理学』有斐閣
マイヤーズ, D. G.（2015）村上郁也訳『マイヤーズ心理学』西村書店

(徐　毅菁)

認知説と期待説

「認知説（Cognitive Theory）」学習理論は、学習過程を規定する基本概念の性質によって、連合説と認知説という2つの対照的な流派に分類される。連合説、いわゆるS-R（stimulus-response）理論では、外界の刺激と人や動物の反応につながりができることが学習であると考える。

一方、認知説はS-S（sign-significate）理論ともよばれ、その別名どおり、外界の刺激全体に対する認知の変化が学習であるという考え方である。よって、認知説では、連合説が示すような経験の反復や執行錯誤は学習成立の主要因としない。なお、認知説の代表的な

理論としてケーラー（Köhler, W.）の洞察説，トールマン（Tolman, E. C.）のサイン・ゲシュタルト（sign-gestalt）説ならびにレヴィン（Levin, K.）の場の理論が挙げられる。

「期待説」とは，トールマン（1935）のサイン・ゲシュタルト説の別名で，学習理論における認知説の代表的な理論の1つである。トールマンはネズミ迷路学習実験を用いて，2つの結論を導き出した。第1に，刺激による行動が融通性のない機械的なものでなく，目標とそれを導く手段が学習を仲介すると主張することである。第2に，学習と実行行動を別概念とし，潜在学習の存在に対する指摘である。ここでいう潜在学習とは，課題の解決方法を認知したとしても，何らかの条件（動機づけや環境要因など，実験内では報酬の有無）が整わなければ，行動に現れない現象をいう。

引用・参考文献
Knud, I. (2008) *Contemporary theories of learning:Learning theorists... in their own words*. Routledge.
Tolman, E. C., & Brunswik, E. (1935) The organism and the causal texture of the environment. *Psychological Review*, 42(1), 43-77.

（徐　毅菁）

認知バイアス

一般に，ヒトの推論や判断は必ずしも合理的ではないとされ，推論の歪みや妥当性の低い信念を形成する場合がある。多くの場合，ヒトは自分の態度や行動は一般的な基準に概ね沿っており，他者も自分と同様であると考えているとされる。この推論の歪みは自身の利害や希望による方向性を有する場合があり，対象への評価や自身の行動の選択に影響を与えるとされ[1]，認知上のバイアスとも考えられる。認知バイアスには「ポジティブバイアス」「楽観性バイアス」「悲観的バイアス」「正常性バイアス」「ダニング＝クルーガー効果」「自信過剰効果」など，各種のバイアスがある。

例えば，ダニング＝クルーガー効果のように能力の低い個人が自身の能力を過剰に高く見積もることにより，パフォーマンスの低下につながる場合があるとされる[2]。一方で，ヒトはそもそも将来的に生じる可能性があるネガティブな事象を過小評価する傾向があり，楽観性そのものは健康状態や寿命，収入などにポジティブな効果があることも知られている[3,4]。近年では楽観性バイアスに関する神経機構に関する知見も得られており，鬱病などの精神疾患との関連についても検討されている[4]。

引用・参考文献
1　池上知子・遠藤由美（2009）『グラフィック 社会心理学 第2版』サイエンス社
2　Kruger, J., & Dunning, D. (1999) Unskilled and unaware of it: How difficulties in recognizing one's own incompetence lead to inflated self-assessments. *Journal of Personality and Social Psychology*, 77 (6), 1121–1134.
3　Carver, C. S., & Gaines, J. G. (1987) Optimism, pessimism, and postpartum depression. *Cognitive Therapy and Research*, 11(4), 449-462.
4　Sharot, T., Riccardi, A. M., Raio, C. M., & Phelps, E. A. (2007) Neural mechanisms mediating optimism bias. *Nature*, 450, 102-106.

（跡見友章）

ネウボラ

フィンランドの子育て支援ネウボラ（neuvola）は，アドバイス（neuvo）の場という意味で，妊娠期から就学前までの子どもの成長・発達の支援はもちろん，家族全体の心身の健康サポートも目的として行われている。ネウボラはどの自治体にもあり，妊娠の予兆がある時点でまず健診（無料）に行く。妊娠期間中は6～11回，出産後も子どもが小学校に入学するまで定期的に通い，保健師や助産師からアドバイスをもらう。

健診では母子の医療的なチェックだけでなく，個別に出産や育児，家庭に関する様々なことを相談でき，1回の面談は30分から1時間かけて行われる。また，担当制になっているため，基本的には同じ担当者が継続的にサポートをするので，お互いに信頼関係が築き

やすく，問題の早期発見，予防，早期支援につながっている。医療機関の窓口の役割もあり，出産入院のための病院指定，医療機関や専門家の紹介も行う。利用者のデータは50年間保存されるため，過去の履歴から親支援に役立てたり，医療機関との連携に活用したりし，効率的に子どもとその家族を支援する。

　最近では親の精神的支援，父親の育児推進がネウボラの重要な役割となっている。ネウボラ日本版の導入が全国の市町村で始まっており，厚生労働省もフィンランドをモデルにした妊娠，出産，子育ての包括的支援拠点づくりを各自治体に奨励している。

引用・参考文献
フィンランド大使館（http://www.finland.or.jp/public/default.aspx?nodeid=41275&contentlan=23&culture=ja-jp 2017/01/05閲覧）
藤井ニエメラみどり・高橋睦子（2007）『安心・平等・社会の育み フィンランドの子育てと保育』明石書店

（川俣美砂子）

ネットワーキング行動

　金井壽宏（1994）[1]によるフォーラム型ネットワークは，「ルース・カップリング（弱い紐帯）」と「厳格な会員資格のないオープン・メンバーシップ」がキーワードになっている。グラノベッター（Granovetter, 1974）[2]，渡辺（1999）[3]は転職活動を扱ったネットワーク研究から，「転職活動において弱い紐帯が大変有効である」ことを実証した。また，バート（Burt, R. S.，邦訳，2006）[4]は，構造的空隙の理論で「構造的空隙を仲介することは新たな価値をもたらす」ことを論じた。そして，このような緩やかなネットワークを形成するクラスターの中には，ずば抜けて多くのリンクを持つ人物（コネクター）がいる。

　ネットワーク行動の多くは，彼らコネクターに現れる。彼らは，特に異分野，異地域の人とのネットワークを毎日のように拡げている。1年間に1,000～2,000枚もの名刺を使うと聞く。彼らは，社内外，地域内外を問わず，異分野のキーマン同士で広く弱い人財ネットワークを構築し，毎日多くの生きた情報を収集しているのである。そして多くの企業や地域のイノベーションは，このような異質の人財と情報の交流点が起点となって実現している[5]。

引用・参考文献
1　金井壽宏（1994）『企業者ネットワーキングの世界』白桃書房
2　Granovetter, M. (1974) *Getting a job: A study of contacts and careers.* Harvard University Press.（グラノヴェター, M. 渡辺深訳『転職―ネットワークとキャリアの研究』ミネルヴァ書房1998）
3　渡辺深（1999）『「転職」のすすめ』講談社
4　バート, R. S. 安田雪訳（2006）『競争の社会的構造―構造的空隙の理論』新曜社
5　望月孝（2013）「経営人財ネットワーキング―震災復興に活かす」『現代経営研究学会誌』Vol. 3.4，50-55．

（望月　孝）

年功制

　年功制とは，年齢や勤続年数に基づいて，人事・賃金処遇を決定する仕組みのことをいう。わが国企業において年功制という場合，それは年功序列と年功賃金とを意味することが多いが，そのいずれも，新規学卒者定期一括採用や長期安定雇用などといった，日本企業特有の雇用慣行と密接に関連しあうことで成立するものである。

　日本企業にみられる年功制が広く一般に受け入れられた理由には諸説ある。年功序列については，わが国に古くから根づく儒教的思想，すなわち年長者は敬わなければならないという行動規範や，工業化初期段階において，能力は長期的な継続勤務によって増す習熟度や経験によって向上するため長期勤続者の能力は高いはずだとする発想などがあったことが挙げられる。

　年功賃金については，第2次世界大戦後すぐに広まった電算型賃金体系による影響が大きいとされる。電算型賃金体系では，賃金構成要素の大部分が従業員の年齢や扶養家族数を基にした生活保障給から成っており，日本

企業の賃金＝生活（年齢）給という意識が定着した。

しかし，1950年代以降，職務給，職能給の導入が図られるなどして，仕事や能力を基にした人事・賃金処遇が模索されるようになっていった。

（大石雅也）

能力主義

わが国では日経連（日本経営者団体連盟：現 日本経団連）が1965年総会において，従来の年功中心的な伝統的人事管理を修正するものとして少数精鋭主義を目指す「能力主義管理」の確立を産業界全体の見解として採択したことにより，「能力主義」が普及し始めた。

日経連によれば，能力主義とは「労働者一人一人の能力を最高に開発し，最大に活用し，かつ，学歴や年齢・勤続年数にとらわれない能力発揮に応じた真の意味における平等な処遇を行うことによって意欲喚起を重視し，もって少数精鋭主義を目指す人事労務管理」である。

日経連は，「能力とは企業における構成員として，企業目的達成のために貢献する職務遂行能力として顕現化されなければならない」とし，職務遂行能力の要素は，体力，適性，知識，経験，性格，意欲であるとしている。しかしながら，これらの能力を適正に評価し賃金などに反映するのは難しい。

厚生労働省は，職業能力を客観的に評価する仕組みとして，「職業能力評価基準」の策定に取り組んでおり，仕事をこなすために必要な「知識」と「技術・技能」に加えて，「成果につながる職務行動例（職務遂行能力）」を，業種別，職種・職務別に整理している。

引用・参考文献
日本経営者団体連盟編（1969）『能力主義管理―その理論と実践』日本経営者団体連盟弘報部
厚生労働省「職業能力評価基準について」(http://www.mhlw.go.jp/stf/seisakunitsuite/bunya/koyou_roudou/shokugyounouryoku/ability_skill/syokunou/index.html 2017年1月29日閲覧)

（小形美樹）

能力評価制度

能力評価制度とは，個人の能力を評価する制度のことである。ここでいう能力とは，組織での人事評価を行う際に，職員の職務を遂行するうえで必要な能力のことである。

人事評価には，一般的に能力評価と業績評価の2つがあり，評価期間としては，1年間の職務遂行において発揮した能力を評価している。能力評価の要素としては，職位によって異なるが，一般的に職務能力として企画力・判断力・理解力・実行力，コミュニケーション力として協調性・調整力・折衝力，性格として責任感・統率力・適応力，社会性として社会常識・規律性などであるが，職務遂行に必要な心身の健康と体力を評価項目にしている職種もある。

職位が上がるにつれて人材育成力としての部下の能力，コンディション，抱えている仕事量の進捗管理，適正な業務配分や指導・助言により部下の能力を発揮させることなど，仕事の困難度をレベルアップさせて成長させる育成力も必要とされている。

（郷原正好）

バイアス

評定対象が同一であれば，それに対する全ての評定者の結果も同一となることが理想的である。しかし，現実には自然科学における「測定」のように常に同じ結果になるのではなく，個々の評定者によって，その結果が異なることが指摘されている。評価における「真の評定値」と「（人間によって測定された）評定値」との差がバイアスであり，ソーンダイク[1]（Thorndike, E. L.）やキングスバリー[2]（Kingsbury, F. A.）が評定における誤差（バイアス）の存在を指摘して以来，多くの研究

が行われている。

　特に人事評価における代表的なバイアスとしては，ハロー効果（halo effect），寛大化傾向，中央化傾向，厳格化傾向，自己投影効果，論理誤差などが指摘されている。このうち，ハロー効果は，評定者が評定対象の特徴的な側面や全般的印象に引きずられて，他の評定項目についても同一視してしまうバイアスであり，ソーンダイクが初めてその用語を用いている。

　なお，認知心理学や社会心理学の観点から，人間の合理的な選択理論とは異なる認知バイアスとして，プロスペクト理論や様々な心理的なバイアス（ヒューリスティック等）の存在も指摘されている。

引用・参考文献
1　Thorndike, E. L. (1920) A constant error in psychological ratings. *Journal of Applied Psychology*, 4(1), 25-29.
2　Kingsbury, F. A. (1922) Analyzing rating and training raters. *Journal of Personnel Research*, 1, 377-383.

（渡邊直一）

バウンダリーレス・キャリア
(Boundaryless Career)

　バウンダリーレス・キャリアとは，1990年代からArthurらによって提唱された，自らの能力や技術を中心として組織の境界にとらわれない働き方やそのキャリア志向を捉えようとした概念である。世の中の急激な変化（IT化やグローバル化，経済の浮き沈みなど）により，1つの会社で正社員として働きつづける雇用の形は崩壊し，転職や非正規で働くなど，個人のキャリア形成の仕方は変化せざるを得なくなっている。

　一方で，雇用する側も個人のキャリア形成を支える力がなくなっており，自分のキャリアは自分の責任において形成しなければならない時代となった。その流れの中で，コンピテンシーを高めながら働き続けられる人材や労働市場の存在を示す概念がバウンダリーレス・キャリアである。

　アーサーとルソー（Arthur & Rousseau, 1996）は，バウンダリーレス・キャリアの意味には，①いわゆる"シリコンバレー"の労働市場のように個人がいくつもの雇用先を移動するような場合，②学者や大工のように，今の雇用者ではなく外部からの評価や市場性が出されるような場合，③不動産業のような外部とのネットワークや情報によって支えられているような場合，④階層的な報告や出世が原則のような伝統的なキャリアの境界が壊れている場合，⑤個人的もしくは家族的な理由で現存しているキャリアの機会を拒絶する時，⑥キャリアを生きる個人の解釈によって制度の制約に関係ないバウンダリーレスな将来に気づいたかもしれない時，にバウンダリーレス・キャリアが存在するといっており，これらの特徴を知り，人事や採用に活かすことが大切であると提案している。

引用・参考文献
Arthur, M. B., & Rousseau, D. M. (1996) *The boundaryless career: A new employment principle for a new organizational era*. NY: Oxford University Press.

（草柳かほる）

働きがい

　「働きがい」の定義は，谷田部（2012）の見解を引用すれば，次のようになる。「①働くことにより生活の安定や社会との結びつきを実現するだけでなく，②仕事や所属組織が自分の価値観にあっており，③仕事や組織を通じて能力を十分に発揮できかつ人間として成長でき，④併せて働くことに達成感や充実感が生じ，⑤仕事や組織自体に誇りを持ち，⑥仕事や所属組織に満足している主観的状態」[1]。

　一方，アメリカのGreat Place to Workは「働きがいのある会社」についてこう述べている[2]。「従業員が会社や経営者，管理者を信頼し，自分の仕事に誇りを持ち，一緒に働い

ている人たちと連帯感を持てる会社」。ここで，会社経営に対する信頼を構成する要素として，勤務している会社や経営者に対する尊敬，公正，信用をあげている。

さらに，2017年の厚生労働省調査によれば，「評価処遇・配置」「人材育成」などの労働者の前向きな行動を促すと考えられている雇用管理制度等は，その実施によって，「働きがい」「働きやすさ」の向上に効果があるものと考えられ，その「働きがい」などの向上によって，従業員の意欲や定着を高め，会社の業績向上に寄与するものと考えられている[3]。

引用・参考文献
1 谷田部光一（2012）「人材マネジメントと働きがい」『政経研究』49(2),1-33.
2 Great Place to Work（https://www.greatplacetowork.com/ 2017年1月27日閲覧）
Great Place to Work「働きがいのある会社」モデル（https://hatarakigai.info/job_satisfaction/five-elements.html 2017年1月27日閲覧）
3 厚生労働省職業安定局雇用開発部雇用開発企画課（2014）「働きやすい・働きがいのある職場づくりに関する調査報告書」176.

（太田和男）

発達課題 (developmental tasks)

人間には心理学的特徴によって区分される特徴的な発達の段階があるとされ，人間が健全な発達を遂げるために，前段階で達成しておかなければならない課題を発達課題という。

発達を規定する要因について，発達心理学においては長らく，遺伝的に決められた成熟要因によって決まるという成熟説と，環境の刺激に反応する個体の反応の連合によって決まるという環境説が論じられてきた。しかし今日では環境と遺伝が相互に影響しあうという相互作用説が一般的である。

相互作用説は，1950年代半ばから次第に有力となっていった。個体と環境の相互交渉により発達を理解することの重要性を主張したのが，ハント（Hant, J. McV.）である。また，ハヴィガースト（Havighurst, R. J.）は，人間がある段階で成功する能力は，その前の段階で達成していなければならないとして，発達の特定の時期に個人が達成すべき課題を具体的に記述した。エリクソン（Erikson, E. H.）は，ライフサイクルの考えに基づいて自我の生涯発達を8段階に分け，それぞれに特徴的な危機と達成すべき課題があるとした。

これらはいずれも発達を現実の社会の中における経験を通して展開する，能動的行動による環境との相互作用として捉えている。

（大泊　剛）

バランスト・スコアカード

バランスト・スコアカード（balanced scorecard：以下，BSC）は，策定した戦略を遂行するための具体的な計画を設定し，統制するための経営管理システムである[1]。

その具体的計画は，財務の視点・顧客の視点・業務プロセスの視点・学習と成長の視点という4つの視点を用いて，これらの視点間の連鎖を意識することにより，戦略との連動性を可視化するという特徴を持つ。この可視化された戦略実行計画は戦略マップとよばれる。また，戦略マップに基づき，4つの視点において達成すべき戦略目標と成果尺度ならびにアクションプランを設定することにより，戦略目標の達成に向けた具体的活動を組織全体に示すとともに，その達成度のレビューを通じて，戦略実行の統制を行う。

このツールとして用いられるのがスコアカードである。BSCは，この戦略マップとスコアカードの策定と運用を通じて，組織全体が可視化された戦略を共有し，より効果的に経営管理を行うためのシステムとして認識されているのである。

引用・参考文献
1 伊藤嘉博・清水孝・長谷川惠一（2001）『バランスト・スコアカード理論と導入』ダイヤモンド社

（渡辺明良）

PAC

　交流分析では，人の感情・思考・行動の基になっている心の状態を自我状態といい，刻々と変化する可能性を持った3つの心の状態（親：Parent，成人：Adult，子ども：Child）に分かれていると仮定する。①親の自我状態（P）は，親や周囲の大人たちの感じ方，考え方，行動の仕方を取り入れた心の状態であり②成人の自我状態（A）は，現在の周囲の環境や自分自身について，事実に基づいて判断・行動する心の状態，③子どもの自我状態（C）は，子どもの頃と同じような感じ方・考え方・行動をしている時の心の状態である。

　「PAC」は，以上3つの自我状態を表現する用語である。3つの自我状態は，さらにその機能面を以下5つに分類して機能的自我状態に着目するのが，臨床・非臨床では一般的である。①支配的な親（CP）：社会的な規範やルールを守り，世の中の秩序を維持していくために働く機能，②養育的な親（NP）：相手に保護的・養育的に関わる機能，③成人の自我状態（A）：周囲の状況を観察し，最も適切な判断をする機能，④自由な子ども（FC）：自分のやりたいようにしたい気持ちを優先させる機能，⑤順応した子ども（AC）：自分の存在が周囲に受け入れられているか否か，が気になるので，周囲に合わせてしまう傾向を示す機能。

（小川正治）

PM理論

　PM理論とは，1966年に三隅二不二が提唱した，科学としてのリーダーシップ行動論である。集団の基本機能には，P（Performance）機能＝集団における目標達成や課題解決に関する機能と，M（Maintenance）機能＝集団の維持に関する機能があり，この集団機能概念によってリーダーシップを客観的に捉えようとしたのが「リーダーシップPM論」である。

　三隅は，リーダーシップは状況の関数であり，具体的な職務の条件，組織体の構造，社会的環境等の違いによって変化するものであるとし，集団や組織体における特定の人のリーダーシップ行動がP機能の次元に関わるものを「P行動」，M機能の次元に関わるものを「M行動」と名づけ，PとMをそれぞれの測定尺度から直交する座標軸で4類型（PM型，Pm型，pM型，pm型）に分類した。そして4類型の優劣判定では，PM型リーダーシップが生産性を上げ最適のリーダーシップであるとしているが，それはP行動とM行動の相乗作用による効果であるとしている。

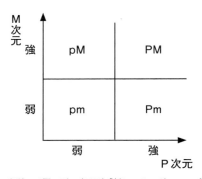

出所：三隅二不二（1966）「新しいリーダーシップ」
（ダイヤモンド社）から作成

（明浄太津子）

ピグマリオン効果

　教育心理学における，心理的行動で，「人間は期待された通りに成果を出す傾向がある」ことを指し，別名は「教師期待効果」「ローゼンタール効果」とよばれる。

　アメリカ合衆国の教育心理学者ロバート・ローゼンタール（Rosenthal, 1964）が，ネズミを用いた迷路による実験結果の差を調べた。実験前に学生に，「利口なネズミの傾向」と「動きが鈍いネズミの傾向」と伝え，「利口なネズミ」と伝えられていたネズミのほうが，

結果がよかったという実験結果が得られた。

また，ローゼンタールとジェイコブソン（Rosenthal & Jacobson, 1968）は，小学校でランダムに生徒を選び，「心理学的なテスト結果にもとづけば，これらの生徒は能力が著しく向上する」と教師に告げ，学年の終わりに，他の生徒より高まっていたという結果を得た。

この結果から教師の生徒に対する期待や態度が，生徒たちの知能や学習の意欲に大きな影響を与えるということが発見された。教師の期待や予期が，生徒に対し意識的・無意識な影響を与え，知らず知らずのうちに生徒に大きな影響を与えるということである。教師の態度が，学習意欲や学業成績に影響を与えること，学力の低下を招く可能性もあるとしている。

ピグマリオンとは，ギリシャ神話に登場する，彫刻が上手な王様の名前である。自らが象牙に彫刻した理想的な女性の彫刻像に恋をし，その彫刻像の女性を生きた女性に変え，妻にしたいと祈っているうちに，女神アフロディーテが，この願いを聞き入れて，彫刻に生命を与え人間にしたという逸話にちなんで，ピグマリオン効果と名付けられる。

引用・参考文献
Rosenthal, R. & Jacobson, L. (1968) *Pygmalion in the classroom:Teacher expenctation and pupils' intellectual development*. NY: Holt,Rinehart & Winston.

(佐藤早苗)

ビジネス・キャリア制度

ビジネス・キャリア制度は，ホワイトカラーの職務に必要な専門的知識・能力の体系的習得支援のため，1993年に労働省により創設された公的資格制度である。当初のビジネス・キャリア制度は学習支援を目的としていたが，2002年度からは職務能力評価を主とする「ビジネス・キャリア検定」に発展的な制度変更が行われた。

ビジネス・キャリア制度は，人事・労務・能力開発，経理・財務の2部門で始まり，その後，営業・マーケティング，生産管理，法務・総務，広報・広告，物流管理，情報・事務管理，経営企画と国際業務と対象の部門が増やされ，1998年度には全10分野として完成し，企業での代表的職務がほぼ含まれるようになった。

ビジネス・キャリア制度の対象となる職務分野は，企業の標準的な職務部門に基づいて設定され，各職務分野は2～4の部門に分かれる。部門はさらにユニットとよばれる1～12の学習単位に細分化され，ユニット毎の学習が可能となっている。習得した知識・能力の確認は年2回の修了認定試験で行われ，受講者は修了認定の取得により，専門知識・能力の客観的評価を得ることができる。

(宮下　清)

非正規社員の基幹化

武石（2003）によれば，基幹的な仕事とは，各企業において従来正規労働者が主に担ってきた，①管理的な業務（部下の管理や職場の管理），②指導業務（職場の他の社員の指導・育成），③判断を伴う業務（決められたパターンに従って業務を遂行するのではなく，状況判断が業務遂行に求められる非定型的な業務），と捉え，こうした業務を非正規労働者が担っていく動きを非正規労働者の「基幹労働化（基幹化）」とした。

また，本田（2004）は，正規社員に対する非正規社員の比率の拡大（量的基幹化）と，仕事の高度化に示されるような質的な役割の向上（質的基幹化）を区別し，正規労働者への接近が質的な基幹化であるならば，基幹化の最終段階は正社員化であると述べた。しかしながら，非正規社員の多くが短時間労働であるため，基幹化を最後まで成就させるには，短時間勤務の正社員を創設して待遇するしかないと論じた（本田，2010）。

引用・参考文献
本田一成（2004）「職場のパートタイマー――基幹化モデルを手がかりにした文献サーベイ」労働政策研究・研究機構労働政策レポートNo.1.
本田一成（2010）「パートタイマーの基幹労働化」『日本労働研究雑誌』597(4), 52-57.
武石恵美子（2003）「非正規労働者の基幹労働力化と雇用管理の変化」『ニッセイ基礎研所報』26, 1-36.

（岩田英以子）

ビッグファイブ（性格）

ビッグファイブ（big five）という考え方は、パーソナリティの特性論の1つで、主要な5つの特性でパーソナリティを包括的に説明できるという考え方である。5つの特性とは、①神経症傾向、②外向性　③開放性、④調和性、⑤誠実性とされる。1980年代以降より研究が蓄積されており、欧米諸国や日本など複数の文化圏で妥当性が確認されている。その1つにわが国でも、日本版5因子人格検査「NEO-PI-R」（1999）が公刊されている（下記の表参照）。

ビッグファイブは、特性の数が少ないため理解や比較が容易であり、産業場面における人的資源管理とパーソナリティとの関連性においても議論が進展している。例えば、「外向性」は営業成績や管理職の適性と相関することや「誠実性」が規則違反の低さと相関することなどが報告されており（Hough et al., 1985）、今後の研究の広がりと実践的場面での活用が期待されている。

引用・参考文献
Hough, L. M., Barge, B. N., Houston, J. S., McGue, M. K., & Kamp, J. D. (1985) Problems, issues, and results in the development of temperament, biographical, and interest measures. Paper presented at the annual meeting of the American Psychological Association.
下仲純子・中里克治・権藤恭之・高山緑訳（1999）『NEO-PI-R, NEO-FFI 日本版共通マニュアル』東京心理

（石橋里美）

PBL（Project-based Learning）

わが国では1970年代半ば以降に大学が大衆化・多様化した。大学で学ぶことの意味や目的意識が希薄になり、伝統的な方法で講義をしても関心を示さない学生の姿が顕著になったのは80年代からのことである。そこで、発見学習、問題解決学習、体験学習、調査学習等を含む、学修者の能動的な学びが広まった。

問題解決型学習（Problem-based Learning）は、現実社会で直面する問題等の解決を通して、基礎と実社会とをつなぐ知識の習得、問題解決に関する能力や態度等を身につける学習であり、医学系ではじまった。

それに対してプロジェクト学習（Project-based Learning）は、実社会に関する解決すべき複雑な問題や問い、仮説を、プロジェクトとして解決・検証していく学習のことである。自律学習者として自主性を尊重し、興味あるテーマから総合的に学習を組み立てる。調べ学習やデータ分析した結果から考察を行い、最後は成果物として仕上げるために発表を行ったりレポートを書いたりする。

日本版NEO-PI-Rの測定次元

次元	下位次元
①神経症傾向	不安・敵意・抑うつ・自意識・衝動性・傷つきやすさ
②外向性	温かさ・群居性・断行性・活動性・刺激希求性・よい感情
③開放性	空想・審美性・感情・行為・アイディア・価値
④調和性	信頼・実直さ・利他性・応諾・慎み深さ・優しさ
⑤誠実性	コンピテンス・秩序・良心性・達成追求・自己鍛錬・慎重さ

下仲ら（1999）を参考に作成

2つのPBLには共通点が多いが，相違点としては，与えられた課題に取り組むか学修者自ら課題を設定するか，プロセス重視か最終プロダクト重視か，という違いが挙げられる。

引用・参考文献
溝上慎一・成田秀夫編（2016）『アクティブラーニングとしてのPBLと探求的な学習』東信堂
溝上慎一編（2016）『高等学校におけるアクティブラーニング理論編』東信堂
NPO法人日本PBL研究所（http://pbl-japan.com/）

（遠藤雅子）

ヒヤリハット

危ない場面でヒヤリとしたりハッとしたが，怪我やトラブルに至らなかった事象を指す。事故には至らなかったものの何らかの異常を発生させた事象を含め，国外では「インシデント」とよばれることが多い。これらの事象の発生には，不安全な職場環境や設備の不備，不安全行動といった，職場に潜む種々の危険源が関与している場合が多いため，ヒヤリハット事象の発生原因を分析し，危険源の除去・改善を行えば，重大事故の未然防止につなげることができる。

そのため産業現場では，安全管理上の有用な情報としてヒヤリハットに関する情報を収集し，原因の分析・評価を行って職場環境や設備の整備につなげる活動が行われている。しかしこれらの活動に伴い，ヒヤリハットの報告者が責を問われることを恐れて報告をためらう，収集された情報が職場環境の改善につながらないと報告が漸減する，発生した異常が軽微であると適切な分析・評価が行われにくい，といった問題も発生する。潜在的な危険源を発見する好機としてヒヤリハットを捉え，その収集から分析・評価，改善に至るまで体系的に取り組む必要がある。

（長谷川尚子）

ファイナンシャル・プランナー（FP）

個人や中小企業事業主（顧客）の相談において顧客の資産に関する情報を収集・分析し，顧客のライフプランやニーズに合わせた貯蓄，投資，保険，税務，不動産，相続・事業承継等についてのプランを立案し，アドバイスを行う，資産相談に関する専門家をいう。

日本におけるFP資格は，国家資格（技能検定）と民間資格とに分類される。FP資格認定機関については，前述のように「一般社団法人金融財政事情研究会」と「特定非営利活動法人日本FP協会」の2つの法人がある。FP資格は，2001年度にFPが技能検定として，技能士の職種に追加されて国家資格となり，その際に厚生労働省がこれらの2つの法人を指定試験機関としている。

国家資格でFP技能士は，FP技能検定を受検し，合格した者が称することができる。FP技能士には，1級，2級，3級の3つの等級がある。資格取得状況は1級17,853人，2級372,427人，3級774,431人（2016年12月15日現在）である。

民間資格で上級資格である「CFP®（サーティファイド ファイナンシャル プランナー®）」，「普通資格AFP（アフィリエイテッド ファイナンシャル プランナー）」は，特定非営利法人日本FP協会において認定を行う。資格認定者数はCFP® 20,751人，AFP 154,409人（2016年7月現在）である。

引用・参考文献
金融財政事情研究会（http://www.kinzai.or.jp/fp）
金融財政事情研究会（http://www.kinzai.or.jp/ginou/fp/faq）
日本FP協会（https://www.jafp.or.jp/）

（竹谷希美子）

ファシリテーション（Facilitation）

集団による知的相互作用を促進する働き（堀，2004）[1]。facilitationは，容易にする，便利にするなどの意味であるが，ビジネスやグループ活動などで用いられる場合には，目標達成のために，問題解決，ビジョン形成，合意形成や学習などのプロセスを支援し，促進

することをいい，それを行う人をファシリテーターとよぶ。

ファシリテーションのプロセスに沿って，場を創り（場のデザイン），受け止め・引き出し（対人関係），かみ合わせ整理（構造化）し，まとめ・分かち合う（合意形成）などのスキルが用いられる[2]。また，そのミーティングや打ち合わせの方向づけするために，Outcome（成果・目標），Agenda（大まかなスケジュール），Role（参加者の役割），Rule（ルール・約束）の頭文字をとってOARR（オール；ボートの櫂）を決めておくことも提唱されている。特に，参加者の思いや意見を引き出す適切な質問，可視化，対立解消のスキルなどが重要となる。

硬直化した組織や集団や問題解決に糸口が見えない場合などに効果的に用いられると，関係性を改善し，成果を上げることができる。ファシリテーターは，特別な訓練を受けたものだけが行うわけではなく，ファシリテーター，メンバー双方がファシリテーションを知っておくことで，より質の高い話し合いが可能となる。

引用・参考文献
1 堀公俊（2004）「第1章 脚光を浴びるファシリテーションの技術，2協働を促すファシリテーション」『ファシリテーション入門』日本経済新聞社
2 堀公俊（2004）「第2章 応用が広がるファシリテーションの世界，3ファシリテーターに求められる技術」『ファシリテーション入門』日本経済新聞社

（荒木暁子）

ファミリーフレンドリー

女性の社会進出を促進し，職業生活と家庭生活を両立させ，ワークアンドライフバランスに留意した働き方を志向すること。ファミリーフレンドリー企業とは，仕事と育児・介護が両立できる様々な制度を持ち，多様でかつ柔軟な働き方を労働者が選択できるような取り組みを行う企業を指す。

具体的には，育児・介護休暇の支給や時短等。ファミリーフレンドリー企業は，モーレツ会社人間中心企業と比して必ずしも業績が悪いわけではない。業種，職種によっては，より優れた成果を挙げている企業もある。むしろ業績が良いから，ファミリーフレンドリーな施策を実行する余裕があるのだという見方もある。さらに，ファミリーフレンドリーな処遇の恩恵が，正社員に偏っているとの見方もある。

女性の社会進出やそれに伴う女性活用の必要性の向上，及びヒューマンサービス組織の台頭による従業員満足度の重要性の向上から，ファミリーフレンドリーである施策はより幅広い社員，企業にとって，重要になってくると考えられる。

これを受けて，厚生労働省は，ファミリーフレンドリー企業の選出，表彰を行い，ファミリーフレンドリー企業の躍進を支援している。

（辻本京子）

フィンランドの教育制度

フィンランドでは，日本の小中学校にあたる基礎学校に入学する前に6歳児向けの就学前教育が行われている。就学前教育は自治体の管轄で，授業料は無料である。母国語や数字に触れたりしながら，勉強したいことや興味が持てるものを探したりして，就学の準備のための教育が行われる。

全ての子どもは，7～16歳の間に総合学校で基本的義務教育を受ける。義務教育は無償で提供され，教材や給食も無料である。最終成績を見てまだ勉強量が足りないと感じられた場合は，ネガティブなイメージではない留年が認められ，10年生として残ることができ，専用のカリキュラムが組まれる。義務教育を終了後，半数は普通高校で3年の教育を受け，最後に大学入学資格を取得する国家試験を受ける。半数は職業学校へ進学して職業教育を

受ける。高等教育は大学とポリテクニック（応用科学大学）の2つから構成され，大学では科学的研究や従来の学問を続け，ポリテクニックでは職業生活で要求される高レベルの専門能力を身につける。

引用・参考文献
フィンランド大使館「フィンランドで学ぶ」（http://www.finland.or.jp/public/default.aspx?nodeid=46063&contentlan=23&culture=ja-JP 2014年5月5日閲覧）

（川俣美砂子）

フィンランドの保育制度

フィンランドでは1973年に保育園法ができ，全ての子どもたちに保育施設を用意することが自治体の義務となった。1996年には法改正が行われ，母親の就労有無にかかわらず誰もが保育園に入れるという主体的権利が子どもに与えられた。この自治体は保育場所を24時間確保する責任があり，夜間保育や特別支援が必要な子どもにも良質なサービスを提供することが義務付けられた。

保育には，公立や私立，在宅や通園と様々な選択肢があるが，利用者の90%以上は自治体の公的保育を利用している。利用料は所得に応じて決まり，入園の4ヵ月前までに申し込む必要がある。しかし，仕事，就学，資格取得等のために急遽，保育利用の必要がある場合は，申し込みから2週間以内に自治体はサービスを確保することが政令で定められている。全日保育の利用は最長10時間までで，希望する場合は朝食を保育園で食べることも可能である。保育園では，3歳未満の子ども4人につき，1人の保育専門職が担当し，1クラスの人数は12人までである。3歳以上の場合は，子ども7人につき保育専門職が1人以上，1クラス最大21人までとなっている。

引用・参考文献
フィンランド大使館「フィンランドの子育て支援」（http://www.finland.or.jp/public/default.aspx?contentid=332415. 2017年1月5日閲覧）

（川俣美砂子）

復職支援プログラム

メンタル不調によって休業している労働者が，職場に復帰して通常業務の勤務が継続できるようになるために，休業から復職までのフロー及びそのサポート態勢をあらかじめ明確にしておく必要がある。その職場復帰支援の制度をいう。

平成16年に厚生労働省によって「心の健康問題により休業した労働者の職場復帰支援の手引き」が作成されている（平成21年，平成24年に改訂）。心の健康問題で休業していた労働者の職場復帰支援については，個々の事業場の実態，組織や業態の特殊性，休業している労働者の心の健康問題の特性に応じた柔軟な対応が必要とされる。

職場復帰支援の流れとしては，休業開始までの手続き，休業中のフォロー，職場復帰に向けて情報収集と評価，職場復帰可否判断，職場復帰支援プランの作成，職場復帰後のフォローアップ，プランの評価と見直しとなる。

実施においては，当該労働者のプライバシーに十分に配慮し，事業場内産業保健スタッフ（人事労務担当者含む）や管理監督者が労働者と十分な信頼関係をつくり，主治医とも連携を図りつつ取り組むことが重要である。

（金丸徳久）

プラス発想

経営コンサルタント会社である日本マーケティングセンター（現・船井総合研究所）の創業者である船井幸雄が『プラス発想の視点』を記している。同著は，月刊『流通ビジネス』誌の巻頭に毎月，「視点」という題名で書いたものを，そのまま集めて編集したもので，「プラス発想の視点」という記事そのものはない。

ただ，「はじめに」の中で，"「思うことは実現する」ということである。難問につき当たっても「心配する」とうまく答が出ないが，

「安心」すれば，すぐ見事に解決する""ともかく，まず「思う」ことが肝心なのである。ところで，よいことを思うことを「プラス発想」という。悪いことを思うのが「マイナス発想」である。したがって，世の中をよくするのはまず「プラス発想」をすることからといってよいだろう"としている。

近年，「プラス思考」という言葉も「何事においても，きっとうまくいくさ，何とかなるものだなどと良い方向に考えが向くこと。特に，悪い状況の中でも前向きに考えること。物事を肯定的にとらえる考え方」という意味で用いられている。

(今村健太郎)

ブリッジ人材

「ブリッジ人材」とは，海外の事情と日本国内の事情の両方に精通し，海外と日本のビジネスの架け橋となる人材を指す。ブリッジ人材は架け橋としてつなぐ二か国の言語に通じている場合が多い。

ビジネスのグローバル化が一段と進み，インターナショナル，マルチナショナルな発展段階に進む企業が増える中で，企業にとってブリッジ人材の雇用や育成が重要な課題となっている。企業は外国人留学生等を雇用し，出身国と日本をつなぐブリッジ人材となるようその育成に努めるとともに，海外に日本人社員を派遣し，ビジネス経験を培わせること等により日本人のブリッジ人材の育成も図っている。

IT分野においては，「ブリッジSE」という言葉が用いられる。「ブリッジSE」は，海外の事情と日本国内の事情の両方に精通し，海外と日本の架け橋となって全体の業務の進捗管理等を行うSEを指す。ブリッジSEには，SEとしての能力や言語力に加え，プロジェクトマネジャーとしての能力が求められる。

(塚崎裕子)

プレイングマネジャー

プレイングマネジャーは，組織の経営，管理，運営を行う「マネジャー」であると同時に，組織の利益に貢献する現場の「プレーヤー」としての業務を行う状態にある者をいう。また，プレイングマネジャーの行う組織経営・管理の中には部下の育成・指導も重要な業務として当然含まれる。

一般にプレーヤーとして優秀な者がマネジャーに登用され，プレーヤーとして一流を保ちながらマネジャーの能力の発揮を期待され，現在の日本においてほとんどの初級管理職はプレイングマネジャーとなっている。マネジャーとプレーヤーの従事割合はそれぞれであるが，一流であったプレーヤーに負荷の高いマネジャーとしての業務を追加するため，プレーヤーとしてのリソースが減少し元の成果を出し続けることは不可能である。

マネジャーとプレーヤーの完全な両立は困難であることから部下への業務委譲が必須であるが，目先の成績が出やすいプレーヤー業務に注力してしまうことで仕事を抱え込みマネジャーとしての意識が薄くなることや，自分のできたことができない部下に対して「なぜできない」という評価を持つなどの人材育成に対する弊害が報告されている。

(長谷川克也)

プロアクティブ行動

プロアクティブ行動とは，受け身で現状に適応する行動ではなく，現状に挑戦してよりよい状態をつくるための行動であり，クラント (Crant, 2000) は，社交的な行動 (socialization)，フィードバックを求める行動 (proactive feedback seeking)，問題を売り込む行動 (issue selling)，イノベーション (innovation)，キャリアマネジメント (career management)，ストレス対処 (coping with stress) の6つをあげている。フィードバックを求め

る行動は，目標達成における重要な情報源であり，調整行動を喚起することから，積極的な行動であるとみなされている。

また，グラントら（Grant et al., 2009）は，プロアクティブ行動の効果として，個人の業務範囲の拡大，職場の生産性の向上，職場の人間関係が変化した結果として推進される責任の委譲（Clegg & Spencer, 2007），人脈拡大，そして，仕事のモチベーションの向上（Clegg & Spencer, 2007）をあげている。

そのほかには，プロアクティブ行動の多い個人は，そうでない個人に比べて，売上実績が高い（Crant, 1995），昇給や昇進の回数が多い（Seibert et al., 1999），起業家として高い業績を挙げる（Becherer & Maurer, 1996），周囲にリーダーシップを評価される（Bateman & Crant, 1993），失業後の新たな仕事の獲得が速い（Frese et al., 1997），などの効果が報告されており，従業員のプロアクティブ行動は，企業が競争優位を保ち，成長を続けるうえで必須のものであると考えられる。

引用・参考文献

Bateman, T. S., & Crant, J. M. (1993) The proactive component of organizational behavior: A measure and correlates. *Journal of Organizational Behavior*, 14, 103-118.

Becherer, R. C., & Maurer, J. G. (1996) The moderating effect of environmental variables on the entrepreneurial and marketing orientation of entrepreneur-led firms. *Entrepreneurship Theory and Practice*, 22(1), 47-58.

Clegg, C., & Spencer, C. (2007) A circular and dynamic model of the process of job design. *Journal of Occupational and Organizational Psychology*, 80(2), 321-339.

Crant, J. M. (1995) The proactive personality scale and objective job performance among real estate agents. *Journal of Applied Psychology*, 80(4), 532-537.

Crant, J. M. (2000) Proactive behavior in organizations. *Journal of Management*, 26(3), 435-462.

Frese, M., Fay, D., Hilburger, T., Leng, K., & Tag, A. (1997) The concept of personal initiative: Operationalization, reliability and validity of two German samples. *Journal of Occupational and Organizational Psychology*, 70(2), 139-161.

Grant, A. M., Parker, S., & Collins, C. (2009) Getting credit for proactive behavior: Supervisor reactions depend on what you value and how you feel. *Personnel Psychology*, 62(1), 31-55.

Seibert, S. E., Crant, J. M., & Kraimer, M. L. (1999) Proactive personality and career success. *Journal of Applied Psychology*, 84(3), 416-427.

（赤津恵美子）

プロアクティブパーソナリティ

プロアクティブ・パーソナリティは，環境に影響を及ぼすために行動する傾向（Bateman & Crant, 1993）であり，この傾向が高いと，現状を改善するために率先して動き，望む変化が現れるまで耐え抜く（Crant, 2000）。これに対し，この傾向が低いと，現状に挑戦せず，好機を捉えられず，ほとんどイニシアティブを発揮せず，受身で今の環境を受け入れる。従業員のプロアクティブパーソナリティは，個人や組織の成果の予測，例えば，キャリアの成功（Seibert et al., 1999），仕事の成果や創造性（Parker et al., 2006），企業家精神（Becherer & Maurer, 1999）などを予測するのに役立つといわれている。

ベイトマンとクラント（Bateman & Crant, 1993）によるプロアクティブ・パーソナリティ・スケールの質問肢には，以下のようなものがある。社会や世界を変える力があると思う，新たなプロジェクトを率先して行う傾向がある，構想を実現するのが楽しい，もし気に入らなければ自分で何とかする，成功の見込みが低くても実現できると信じている，好機を見つけるのがうまい，物事を行うよりよい方法をいつも探している，現状に挑戦するのが好き，もし問題があれば立ち向かう，問題を好機に変えるのが得意だ，他人が気づくずっと前に好機を見つけられる，もし誰かが困っていたら，どうにかして助け出す。

引用・参考文献

Bateman, T. S., & Crant, J. M. (1993) The proactive component of organizational behavior: A measure and correlates. *Journal of Organizational Behavior*, 14, 103-118.

Becherer, R. C., & Maurer, J. G. (1999) The proactive personality disposition and entrepreneurial behavior among small company presidents. *Journal of Small Business Management*, 37(1), 28-36.

Crant, J. M. (2000) Proactive behavior in organizations. *Journal of Management*, 26(3), 435-462.

Parker, K. S., Williams, M. H., & Tuner, N. (2006) Modeling the antecedents of proactive behavior at work. *Journal of Applied Psychology*, (91)3, 636-652.

Seibert, S. E., Crant, J. M., & Kraimer, M. L. (1999) Proactive personality and career success. *Journal of Applied Psychology*, 84(3), 416-427.

（赤津恵美子）

プロソーシャル行動（prosocial behavior：向社会的行動）

　プロソーシャル行動とは，組織成員が職務や役割を超えて，自主的に他者（同僚，部下，上司）に対して，利他的にふるまうことによってポジティブな影響や効果を与えるものである。この行動によって職場集団や構成員のモチベーションを高め，ひいては組織全体の機能に効果的に結びつくものとされる（古川，1988）。

　米国等の国々では，職務記述書（job description）によって，雇用や業務範囲の決定や進め方，評価にいたるまで明確にされている。これに対し，日本は職責があいまいで重複部分が多く皆で補完する仕事が多いことから，この行動が占める部分は少なくない。プロソーシャル行動は自発的に行動した結果を説明しているため，動機については様々な理由を認めており，心から他者を気遣って助けようとする行為だけでなく，自らのプライドの保持や，他者からの承認を得たいという理由で他者を助けようとする行動なども含まれる。

　類似の概念に，利他行動（altruism behavior）や，援助行動（helping behavior）がある。行動レベルでは類似するため，ある程度の互換性が認められるものとして取り扱われることが多い。関連語句には，非行や犯罪など意図して既存の社会に悪影響を与える反社会的行動（antisocial behavior）や，社会から乖離することで，意図せずに周囲に悪影響を与える行動を非社会的行動（asocial behavior）がある。

引用・参考文献
古川久敬（1988）『組織デザイン論』誠信書房

（渡邉祐子）

プロフェッショナル

　「プロフェッション（profession）」すなわち専門的な知識や技術を必要とされる職業に就く人材。語根である"fess"が「公言する」ことを意味することから，プロフェッショナルとは外部に対して公言できる高い能力を持つ専門的職業人であるというのが本来の含意である。プロフェショナルは，典型的には特定の職業の名称によってよばれ，何らかの資格要件を有することが多い。専門領域に関する体系的な理論背景を有すること，知識や技術が組織を超えて通用する汎用性を持つものであることなどもプロフェッショナルのいわば外的な条件である。

　同時に，プロフェショナルには内的な条件もある。マックス・ウェーバー（Weber, M.）が資本主義精神の発展を研究する中で「使命としての職業」を意味するドイツ語「ベルーフ」に類似するラテン語として"professio"を取り上げた際，その言葉は比較的に内面的な意味で用いられたとしている。プロフェッショナルには明確なミッションを持ち，自律的に判断・行動することなどが期待され，また責任感や倫理観などの内面的規律を有することが暗黙裡に想定されている。

引用・参考文献
Weber, M. (1905) *The protestant ethic and the spirit of capitalism*. Routledge.（大塚久雄訳『プロテスタンティズムの倫理と資本主義の精神』岩波書店1989）

（杉浦正和）

プロボノ

　プロボノ（Pro Bono）とは，知識労働者が自分の職能と時間を提供して社会貢献を行うことで，ラテン語のPro Bono Publico（公共善のために）を略した言葉である。欧米では，

もともと，弁護士や会計士，コンサルタントなどが，NPOの法律や会計，経営の相談などを無償で行っている。日本でも，社会人が会社に所属しながら，自分の時間の一部を効率的に活用して社会貢献に役立てる手法として話題になった。

近年，コンサルティング企業が社会貢献の一環としてプロボノを行っており，若手コンサルタントたちをNPO等に派遣している。彼らは，仕事で培ったスキルや専門的知識により，NPOの課題解決を行う。企業側は，企業の社会的責任（CSR）以外に社員の育成にも期待している。例えば，中原（2010）は，越境学習としてのプロフェッショナル・ボランティアに着目し，その人材育成への効果を評価している。ただし，日本では2010年が「プロボノ元年」と言われたように，この活動はいまだ新しい領域である。

引用・参考文献
中原淳（2010）『職場学習論―仕事の学びを科学する』東京大学出版会

（高橋宏明）

分散分析 (ANOVA：analysis of variance)

3つ以上のグループ間の平均値に差があるかどうかを検討する手法。分散分析は，2つ以上の変数間の相違を，全体的または同時に，さらに変数を組み合わせて検討することができる。分散分析では，独立変数（あらかじめ設定する条件，影響するもの）と従属変数（独立変数の影響を受けるなどして変化するもの）を設定する。独立変数が1つのとき1要因，2つのとき2要因といい，「1要因の（1元配置の）分散分析」等と表現する。また1つの独立変数中にカテゴリーが2つあるときに2水準，3つあるときに3水準という。なお，全体的な相違が認められた場合に，どのグループ間に相違があるのかも多重比較という手続きにより検討可能である。

（末廣純子）

文脈的パフォーマンス

文脈的パフォーマンス（contextual performance）とは，ボーマンとモトウィドロ（Borman & Motowidlo, 1997）が提唱したタスクパフォーマンス（task performance）と対をなす概念である。文脈的パフォーマンスは，職務上の活動であることは課題パフォーマンスと同じであるが，中核的な職務に貢献をする活動ではなく，中核的な職務が機能するためのより広範囲な組織的・社会的・心理学的環境を支援する活動であるとされている。

文脈的パフォーマンスは，次の5つのカテゴリーに分類されている。①必要なときには，人一倍努力する。②正式には自分の役目ではない課題パフォーマンスを自発的に行う。③他者を助けたり，他者と協力したりする。④個人的には不便であっても，組織の規則や手続きには従う。⑤組織の目標を支持・支援し保守する。文脈的パフォーマンスは，組織市民行動と関連する次元を含んでいるとされている。

引用・参考文献
Borman, W. C., & Motowidlo, S. J. (1997) Task performance and contextual performance: The meaning for personnel selection research. *Human Performance*, 10(2), 99-109.
蔡芢錫（2010）「パフォーマンスに関する研究の現状と課題」『産業・組織心理学研究』23(2), 117-128.

（村上正昭）

ヘルシー・カンパニー

1980年代にロバート・H. ローゼン（Rosen, R. H.）が米国で提唱した「ヘルシー・カンパニー」という概念は，従来分断されてきた経営管理と健康管理を統合的に捉えようとするアプローチである。管理視点のヘルシー・カンパニーは，主として以下の2点を同時に実現しようとする取り組みである。①企業（経営者）が人事制度を構築し，従業員の健康増進と生産性向上につながる労働環境，組織風土をつくりあげる。②企業（経営者）が従業員に健康増進と予防の機会を提供し，疾病や

心身の不健康状態に対する抵抗力を高める。

日本では，2000年代に入って以降，経済産業省が中心となって「健康経営」を推進する動きがみられる。その取り組みでは，従業員等への健康投資を行い，従業員の活力向上や生産性の向上等の組織の活性化をもたらし，結果的に業績向上につながることが期待されている。

引用・参考文献
Rosen, R. H., & Berger, L. (1992) *The healthy company: Eight strategies to develop people, productivity and profits*. Tarcher.（ローゼン, R. H. 宗像恒次訳『ヘルシー・カンパニー――人的資源の活用とストレス管理』産能大学出版部 1994）

（川﨑　昌）

変革型リーダーシップ

変革型リーダーシップ（Transformational Leadership）とは，バーンズ（Burns, 1978）によってその礎が築かれ，バス（Bass, 1985）によって提唱された。変革型リーダーシップは元来，交換型リーダーシップ（Transactional Leadership）との対比で語られる（Groves & LaRocca, 2011）。交換型リーダーシップとは，リーダーがフォロワーの行動の成果に対して報酬を与えることで，部下のやる気を引き出し，目標達成をはかるリーダーシップである。

対する変革型リーダーシップは，上司が部下に対して当初想定した以上の業績を上げられるよう，部下のモチベーションを向上させ，目標達成そのものの達成感や充実感を与えるリーダーシップである。変革型リーダーは，部下に内発的報酬を与えることを通じて，モチベーションや職務態度等に影響を及ぼすことが様々な実証研究を通じて明らかになっている（Gong et al., 2009; Hui et al., 2005; Piccolo & Colquitt, 2006）。

バス（Bass, 1985）は，変革型リーダーシップの下位概念として「理想化された影響」「モチベーションの鼓舞」「知的刺激」「個別配慮」の4つを挙げている。「理想化された影響」とは，リーダーがフォロワーにとっての強いロールモデルであることや，ビジョンやミッションを示してフォロワーをチームの目標に向けてまとめ上げることを指す（Northouse, 2009）。「モチベーションの鼓舞」は目標達成のためにリーダーがフォロワーに対して高い期待を示し，シンボルを用いて適切な行動を促す行動である（Bass & Avolio, 1990；石川, 2009）。「知的刺激」とは，フォロワーが既存の考えにとらわれず，創造的で革新的な手法を生み出すことをサポートすることや，あるいはフォロワーに課題や問題を気づかせ，新たな見地から解決策を導くよう働きかけることを指す（Yukl, 2010）。「個別配慮」とは，リーダーがフォロワーの個別のニーズに関心を払い，フォロワー1人ひとりの成長を支援し，彼らの個性に合わせたアドバイスやコミュニケーション方法に留意する行動である（須田, 2005）。

引用・参考文献
Bass, B. M. (1985) *Leadership and performance beyond expectations*. NY: Free Press.
Bass, B. M., & Avolio, B. J. (1990) *Transformational leadership development: Manual for the multifactor leadership questionnaire*. Consulting Psychologists Press.
Burns, J. M. (1978) *Leadership*. NY: Harper & Row.
Gong, Y., Huang, J.-C., & Farh, J.-L. (2009) Employee learning orientation, transformational leadership, and employee creativity: The mediating role of employee creative self-efficacy. *Academy of Management Journal*, 52(4), 765-778.
Groves, K., & LaRocca, M. (2011) An empirical study of leader ethical values, transformational and transactional leadership, and follower attitudes toward corporate social responsibility. *Journal of Business Ethics*, 103(4), 511-528.
Hui, W., Law, K. S., Hackett, R. D., Duanxu, W., & Zhen Xiong, C. (2005) Leader-member exchange as a mediator of the relationship between transformational leadership and followers' performance and organizational citizenship behavior. *Academy of Management Journal*, 48(3), 420-432.
石川淳（2009）「変革型リーダーシップが研究開発チームの業績に及ぼす影響―変革型リーダーシップの正の側面と負の側面」『組織科学』43(2), 97-112.
Northouse, P. G. (2009) Leadership: Theory and practice. SAGE.
Piccolo, R. F., & Colquitt, J. A. (2006) Transformational leadership and job behaviors: The mediating role of core job characteristics. *Academy of Management Journal*, 49(2), 327-340.
須田敏子（2005）『HRMマスターコース―人事スペシャリ

スト養成講座』慶應義塾大学出版会
Yukl, G. A. (2010) *Leadership in organizations*. Prentice Hall.

(田代美香)

報酬

モチベーションのプロセス理論（process theory）の中で，ブルーム（Vroom, 1964）は，「期待理論」で職務遂行から得られる金銭などに代表される「外的報酬」を動機づけの要因としている。ローラーⅢ（Lawler, 1971, 邦訳 1972）は，ブルームが他人から与えられる外的報酬のみに限定していたのに対し，人間の内的な心理状態に由来する感覚，達成感や満足感，成長感，有能感・自己決定など「内的報酬」を含めてとらえた。

坂下（1985）は，ブルームの研究を継承し，「組織論的期待モデル」で「報酬」は「職務満足」をもたらすことになり，「外的報酬」は「報酬公平度の認知（自分と他者との公平感）」により「職務満足」との関係を条件付けられるのに対し，「内的報酬」はそのようなモデレーターを持たないという点で「職務満足」と直接的な関係にある。人間の置かれた環境及び組織という外部要因が，プロセスでの個人経験から影響を受けることを表現している。

報酬は，人材マネジメント（HRM）の機能の1つである。経営者は，金銭とその他の報酬を通じて従業員の動機づけができると考えられ，「報酬制度」の制度設計や運用の仕方によって左右される場合が多い。報酬の決定は，オープンかつ公正，正確であることが求められ，労働者が職務や役割で，いかに組織目標達成に向けて積極的・意欲的な態度で仕事に取り組むか，やる気の動機づけ機能を左右する要因となる。外的報酬の代表的な金銭的報酬は，賃金・給与・年俸・賞与・ボーナス・インセンティブ・手当など，会社の目標達成に向け，従業員の提供する作業労働・貢献結果に対して支払う対価である。金銭的以外の報酬は，賞賛・表彰制度などのフィードバック・言語報酬なども含まれる。

古川（1988）は，組織における個人が，個人の学習プロセスを通じて，「正の報酬」と「負の報酬」を通じて認知に影響を及ぼす。所属する組織にとって望ましいものであるならば，個人は組織から昇給・昇格・賞賛などの「正（プラス）の報酬」を得ることができる。自分の意思決定や遂行した行動が正しかったことを学習することで，次の行動の発生が強化され補強される。ところが，結果が，組織にとって望ましくないものであるならば，個人は組織から注意・批判・叱責・不快な顔をされる（心理的制裁）などのような「負（マイナス）の報酬」を受けることになる。自分の行動が正しくなかったことを学習することで，次の報酬には前回の意思決定を変更し行動の発生は抑制され消去される選択する。スキナー（Skinner, 1938）の，「刺激（stimulus）状況　行動（response）結果（behavior）」の3要素から成立する「S-B-Cモデル」と，バンデューラ（Bandura, 1977）の，スキナーの「S-B-C モデル」を修正して，刺激事態（S）と行動（B）との間に，人間の認知（organ-ism）あるいはプロセスを想定する4要素から成立する「S-O-B-Cモデル」を紹介している。

引用・参考文献
古川久敬（1988）『組織デザイン論―社会心理学的アプローチ』誠信書房
二村敏子（2004）『現代ミクロ組織論―その発展と課題』有斐閣ブックス
Lawler, E. E. Ⅲ (1971) *Pay and organizational effectiveness. A Psychological View*. NY: McGraw-Hill. (E. E.ロウラー三世　安藤瑞夫訳『給与と組織効率』ダイヤモンド社 1972)
坂下昭宣（1985）『組織行動研究』白桃書房
櫻木晃裕（2005）「第1章　人間行動」稲葉元吉編著『現代経営学講座7　企業の組織』八千代出版
Skinner, B. F. (1938) *The behavior of organism: An experimental analysis*. NY: Appeleton-Century-Crofits.
Vroom, V. H. (1964) *Work and mothivation*. NY: Wiley. (坂下昭宣・榊原清則・小松陽一・城戸康彰訳『仕事とモティベーション』千倉書房 1982)

(佐藤早苗)

ポジティブ・アクション（positive action）

ポジティブ・アクションとは，人種，信条，宗教や性などにおける特定の少数者集団に対する差別的取扱是正を目的に，雇用，教育，政治などの分野において実質的な平等を実現するために少数者集団を優先させる改善措置のことである。米国，カナダ，オーストラリアなどでは，アファーマティブ・アクション（affirmative action）とよばれる。

日本では，雇用の分野において，「積極的改善措置」という用語で規定され，主として，女性労働者を対象とした改善措置を指す。固定的な性別による役割分担意識や過去の経緯から，男女労働者の間に事実上生じている差を解消するため，企業が行う自主的かつ積極的な取り組みのことである（厚生労働省，2002）。女性だからという理由だけで，女性を「優遇」するためのものではなく，女性が男性よりも能力を発揮しにくい環境に置かれている場合に，実質的な男女均等取扱を実現するための取り組みである。労働力確保のみならず，女性の意欲向上や，多様な人材による新しい価値の創造，ひいては，男性労働者の刺激になり，結果として，経営パフォーマンスにも良い影響が期待されている。

引用・参考文献
厚生労働省「女性の活躍促進協議会」（2002）「ポジティブ・アクションのための提言」http://www.mhlw.go.jp/houdou/2002/04/dl/h0419-3a.pdf 2017年1月17日閲覧）

（渡邉祐子）

ポジティブ組織行動論（Positive Organizational Behavior）

これまでの組織行動論は，ワークモチベーションや職務態度などを中核概念として展開してきたが，その後，新たな中核概念やアプローチは登場しておらず，一種の閉塞状況に入っているといえる。ルーサンス（Luthans, 2002）は，この組織行動論にポジティブ心理学の視点を取り入れた「ポジティブ組織行動論」を提唱し，これを「現代の職場パフォーマンスの向上のために測定でき，開発でき，効果的にマネジメントできるポジティブ志向の強みや心理特性の研究や応用」と定義している。ポジティブ組織行動論で使用される概念としては，「自信・自己効力感」「希望」「主観的ウェルビーイング・幸福感」「情動知能」などがある。

内田・城戸（2012, 2013, 2016）は，ポジティブ組織行動論で使用される概念の中で「幸福感」に着目し，「幸福感」を高める組織要因や「幸福感」がもたらす組織成果について研究している。それによると，自己効力感や組織内の対人関係・評価に満足していることが「幸福感」を高めること。また，「幸福感」は，「レジリエンス（復元力）」や「価値ある目標やビジョンへ挑戦する姿勢」を高めることを発見している（内田・城戸，2016）。

引用・参考文献
Luthans, F. (2002) The need for and meaning of positive organizational behavior. *Journal of Organizational Behavior*, 23(6), 695-706.
内田智之・城戸康彰（2012）「ポジティブ組織行動論の試み―仕事での『幸福感』と組織内要因」『人材育成学会年次大会発表論文集』217-222.
内田智之・城戸康彰（2013）「幸福感と組織内行動―仕事から得られる幸福感とその効果」『人材育成学会年次大会発表論文集』237-242.
内田智之・城戸康彰（2016）「組織における幸福感―前件要因と効果」『産業能率大学紀要』36(2), 65-80.

（内田智之）

ホワイトカラー

組織内における社員区分の1つとして便宜的に用いられる用語であり，規程や規則等に用いられることはない。正式には，white-collar workersであり，企業等で事務・管理部門，さらに技術・販売部門に携わる従業員の呼称であるが，国，地域，人により定義や範囲は異なる[1]。語源は，事務職に従事する労働者が白い襟（white-collar）のワイシャツを着ていたことと言われている。

これに対して，現場で直接的に生産・製造

業務に携わる現業系や技能系の労働者は色のついた作業服を着ていたことからブルーカラー（blue-collar）とよばれる。最近ではIT技術の発達に伴い，企画・管理業務等を中心とするホワイトカラーと，生産現場での業務に従事するブルーカラーとの中間的な業務に従事する労働者が増えており，この人々をグレーカラー（gray-collar）とよぶこともある。さらには創造的工業技術者を尊敬の念からメタルカラー（metal-collar）とよぶ場合もあり[2]，産業構造の変化に伴う担当職務の複雑化によって社員の分類も変容することが窺える。

国際的にも「ホワイトカラーの生産性」といった用例は一般的であり，知的労働や価値創造の重要性が問われる今日において，ホワイトカラーの人材育成を再構築することは日本企業の喫緊の課題である。

引用・参考文献
1　日本経団連出版編（2011）『人事・労務用語辞典 第7版』日本経団連出版
2　山根一真（1993）『「メタルカラー」の時代』小学館

（木谷　宏）

ホワイトカラー・エグゼンプション

アメリカで一定の要件に該当するホワイトカラーを，週40時間を超える労働時間への割増賃金支払の規制から適用除外する制度である。対象者（エグゼンプト）は，いわゆる管理職，企画業務の従事者，専門職などである。一定の要件とは，「管理業務などへの従事」「欠勤や遅刻・早退などで賃金の減額がないこと」「一定額以上の賃金額」である。制度適用には本人の同意，労使協定，監督官庁の認可，届出等は不要で，アメリカの労働者の約2割が対象と推定されている。

日本でも，管理監督者などを対象とした労働時間規制の適用除外の制度（労働基準法41条）があるが，対象者の不明確さや範囲の狭さなどが指摘されていた。これに対し経済界などからこの制度の適用拡大論が高まり，2015年に，職務の範囲が明確で年収1,000万円程度以上の労働者が，高度な専門的知識を必要とする等の業務に従事する場合に，健康確保措置や本人同意・企業内の委員会の決議などを条件に労働時間規制の適用除外とするという内容の法案（高度プロフェッショナル制度）が国会に提出された。もっともこれには「残業代ゼロ法案」との批判があり，2017年1月現在，審議が進んでいない状況である。

引用・参考文献
石毛昭範（2005）「ホワイトカラー・エグゼンプションに関する一考察」『産業経営』38, 23-39.
梶川敦子（2002）「アメリカにおけるホワイトカラー労働時間法制」『季刊労働法』199, 180-214.
栩木敬（2004, 2005）「ホワイトカラー・イグゼンプションの規制改正」『労政事情』第1064号66-72，第1066号64-70，第1068号60-69，第1069号46-51，第1071号43-55
笹島芳雄（2001）『アメリカの賃金・評価システム』日本経団連出版部

（石毛昭範）

マイノリティ雇用

マイノリティの定義は極めて多様であり，国際的な合意があるわけではない。一般的には，言語や宗教，文化の相違のために支配的集団に対して人口の上で少数の者が念頭に置かれているものの，支配的集団に対して社会的に抑圧されている集団を指す場合もある（桐山，2011）。マイノリティの雇用における問題は，その雇用が促進されない，または，雇用条件（労働条件）等が，十分ではない状況に置かれることである。マイノリティ労働者の生活に及ぼす影響としては，正規雇用と比較しての待遇格差，生活水準や生活の安定の低下が挙げられる。また，キャリア開発，就労に対する影響としては，無業や非正規雇用での雇用形態の固定化，就職・就労の可能性の低下，キャリア開発・発展につながる可能性の低下が挙げられる。

このような不利益を被っているマイノリティに対し，一定の受け入れ枠や目標を定めて優先的に機会を提供しようとするなど，実質的な機会均等を確保するために講じる優遇策

が，アファーマティブアクション（格差是正措置）である。外国人，性的少数者（LGBT），障害者，高齢者，一人親家庭等を対象とした施策が行われている。

引用・参考文献
桐山孝信（2011）「国際法学におけるマイノリティ研究の過去と現在」孝忠延夫編著『差異と共同』関西大学出版部

(高橋南海子)

マインドシフト

行動開始から目的達成までのプロセスに特徴的な認知・思考状態（Heckhausen & Gollwitzer, 1987），今まで持っていた考え方，ものの見方，固定概念としての発想など（これらを総称してマインドセットという）を意識的に変えてみること。内外の環境が劇的に変化し，それに対応する新たな取り組みがあらゆる組織や企業で求められている昨今，マインドシフトは人材育成の観点でも極めて重要になってきている。

上司／部下の関係性や組織のあり方など，人材育成の巧拙に影響を及ぼすものは古くから存在するだけに，多くの人が過去の経験や知識を基にした「常識」「支配的な解釈」「旧態依然とした考え方」などに囚われやすい。そのようなことにならないためには，自分の側に問題があると思って意識や行動を主体的に変えていくという，「内省／自省」の精神・考え方で臨むことが大切になる。特に，人材育成の現場においては，「育てる」側と「育つ（成長する）」側の両当事者が共にこの精神で取り組むことが大いに期待される。

引用・参考文献
Heckhausen, H., & Gollwitzer, P. (1987) Thought contents and cognitive functioning in motivational versus volitional states of mind. *Motivation and Emotion*, 11(2), 101-120.

(増田 巧)

マネジメントスタッフ

「スタッフ」は，「上級経営者のために情報を収集し，資料を作成し，分析し，必要な助言をすることを基本的役割とする」[1]とされており，経営企画室などに代表されるように，上級経営者の全般的経営管理活動に対する支援活動を行う。これは，実務の現場において「ゼネラルスタッフ」や「マネジメントスタッフ」などの呼称で使用されている。

一方，部門の現場業務を支援するスタッフとして「スペシャル・スタッフ」や「サービス・スタッフ」といった呼称や，従業員そのものを「スタッフ」の呼称で用いるなど，「スタッフ」は実務の場面では多様な定義で使用されていることから，これらの「スタッフ」と区分する観点からも「マネジメントスタッフ」が用いられる。

特に，病院や会計監査法人などに代表される専門職業家組織においては，「上級経営者に対する支援活動を行うスタッフ」にとどまらず，専門職業家組織と管理組織とを明確に区分する意図から，管理組織の職員を「マネジメントスタッフ」として，広義に使用する例も見られる。

引用・参考文献
1 唐沢昌敬（2002）『創発型組織モデルの構築―構造によって支配された静態的秩序から，人間の意思によって支配された動態的秩序へ』慶應義塾大学出版会

(渡辺明良)

未成熟 (immaturity)

未熟人格ともいい，自分の年齢にふさわしい行動のできない人のことをいう。神経症的人格と同義語に使われることもある。感情や情緒を自分で統制することができず，情緒不安定で気分の変化が著しく，怒りや敵意をそのまま表現してしまう。

このように従来は病理的な意味合いを帯びていたが，近年では，より広範囲にごく普通の若者の成熟の遅れとして論じられることが多くなっている。具体的には，高校の進路指導，大学のキャリア教育，企業の若手社員教育，メンタルヘルス不調者の心理相談場面な

ど若者に関わる現場で，彼らの自律性の弱さや精神的な脆弱性の問題が指摘されている（金子，2012；町沢，1992；斎藤，1998など）。

これらは現代における未成熟の問題といえるが，これらの問題の背後には，以前はそうでなかったものが，何らかの社会の変化を原因として，近年マイナスの方向へと変化しているという現状認識が存在している。ただ，これらの問題は複雑で様々な社会的背景をその要因としており，どのように対応していけばよいかという改善の方向性に関する有効な施策の提示までには至っていないことが多い。

引用・参考文献
金子元久（2012）「大学教育と学生の成長」『名古屋高等教育研究』12(3), 211-236.
町沢静夫（1992）『成熟できない若者たち』講談社
斎藤環（1998）『社会的ひきこもり—終わらない思春期』PHP新書

（大泊　剛）

無形資産評価

『無形資産』とは，会計制度上計上することができない，実体を伴わない資産。実体化されない資産のことである。

"価値"の生み方が，人や組織，戦略や価値観により大きく異なる資産であるが，特に組織人事の領域で考えるべき部分としては，人や人同士の関係に付随して共有されている概念について，ということになる。

人間関係の数値化といった無形資産を有形化して測定しようとする試みや，有形資産を集めて，生み出された価値との相関を考えたとき，有形資産に左右されない部分を無形資産の影響として見るような試みなどがある。

（大宮昌治）

メタ理論 (meta-theory)

メタとはギリシャ語に由来する接頭語で，「上位の」あるいは「～を超えて」という意味を持つ。理論を超えた理論ということになるが，その意味するところは，個々の理論についてその構造や含まれる概念をより上位のレベルから捉え直そうとするもので，理論を問う理論，理論についての理論といえる。上位のレベルには，哲学や科学論的な認識が含まれる。

心理学についていえば，心の問題は長く形而上学的問題として考察されてきた。しかし19世紀末に生まれた現代心理学は，初期の段階で物理学の方法に基づく測定手法を採り入れ，それを独自に発展させることで，実証性を重んじるとしての道をたどるようになった。その過程では，心理学全体を俯瞰する理論についての考察は大きな潮流とはならなかったが，科学論の発展に伴い，心理学の世界でも発想や思考の枠組みの転換の重要性が論じられるようになった。すなわち，従来の理論の枠組みや立脚点を問い直し，哲学や科学論の思考も採り入れ新たな発想で理論を構築しようとする試みである。

例えば，心の問題にアプローチする場合，導かれる結論は現在の理論が及ぶ範囲に留まり，それ以外あるいはそれ以上の認識を生むことはできない。その限界を打破するには，理論をより上位（メタ）の視点から捉え直し，新しい思考の枠組みを構築することであり，そこから新たな科学的認識が生まれる。

（角山　剛）

メンター制度

メンター制度とは，組織的にメンタリング行動を促す施策の1つである。

メンタリングは，知識や経験の豊かな者（メンター）が，未熟な者（メンティ）に対して，キャリアや心理社会面における発達を目的に継続して行う支援行動と定義（Kram, 1985）されている。特に日本企業においては，新入社員に先輩社員をメンターとして指名することで，新入社員のキャリア開発を促す場合が多い。OJTと比べて，キャリア形成促進

を目的とする比較的長期のサポート行動として考えられている。

メンタリング自体には，キャリア的支援（仕事のコツや組織の内部事情を学び，組織内における昇進・昇格を支援する機能）と心理社会的支援（メンティの職業人としての成長やアイデンティティの確立を促進する機能）の2つの機能があるといわれており，メンティにとっては，学習の促進，職務満足感，組織コミットメントや組織社会化の向上などの効果があり，メンターにとっては，自身の技術や知識を再確認するとともに，周囲からのポジティブな評価を得ることで，自信や自己価値への認識を高める効果があるといわれている。

引用・参考文献
Kram, K. E. (1985) *Mentoring at work: Developmental relationships in organizational life*. Lanham, Maryland: University Press of America, Inc.

（仁田光彦）

メンタリング行動

メンタリング行動とは，経験豊かな人（メンター）が，経験不足な人（プロテジェまたはメンティー）のキャリア形成に関して一定期間継続的に行う支援を指す。クラム（Kram, K. E.）は，18組のメンターとプロテジェの人間関係について調査を行い，組織におけるメンタリング行動を体系的に整理し，「キャリア的機能」と「心理・社会的機能」に分類した。

キャリア的機能とは，メンターが組織的地位や影響力などを保持している場合に発揮しやすい支援行動であると考えられる。「スポンサーシップ」「推薦と可視性」「コーチング」「保護」「挑戦しがいのある仕事の割り当て」という5つの行動が含まれる。心理・社会的機能とは，相互信頼と親密性を増していく人間関係を前提とし，メンターに組織的な地位や影響力がなくても発揮されると考えられる。「役割モデル」「受容と確認」「カウンセリング」「友好」の4つの行動が含まれる。

心理・社会的機能は，アイデンティティの形成や自己有能感を促進し，主にキャリアの主観的側面を支援する。これに対してキャリア的機能は，仕事のやり方を学ぶことや，昇進や昇格の支援をする機能を有しており，主にキャリアの客観的側面を支援する。

引用・参考文献
Kram, K. E. (1985) *Mentoring at work: Developmental relationships in organizational life*. Lanham, Maryland, University Press of America, Inc.（渡辺直登・伊藤知子訳『メンタリング―会社の中の発達支援関係』白桃書房 2003）

（坂本理郎）

メンタルヘルス

メンタルヘルス（Mental Health）という用語は，こころの健康，精神保健，精神衛生等と訳され，精神面の健康そのものや，精神面の健康の維持増進や精神障害の予防と治療を目的とした方策を示す。精神障害は他の疾患や貧困率と関連する。また最近の研究では，精神障害を原因とする世界の経済損失は2011年から2030年の間，累計16.3兆米ドルに上ると推定されている。世界保健機構（World Health Organization）は，メンタルヘルスを「人が自身の能力を発揮し，日常生活におけるストレスに対処でき，生産的に働くことができ，かつ地域に貢献できるような満たされた状態」と定義し，近年メンタルヘルスアクションプラン2013-2020を始動させた。

日本の職域では，1988年に「事業場における労働者の健康保持増進のための指針」が，2000年には「事業場における労働者の心の健康づくりのための指針」が，2006年には「労働者の心の健康の保持増進のための指針」が公示されるなど，メンタルヘルスケアが強化されてきた。近年では2015年に「ストレスチェック指針」，「改正労働安全衛生法（ストレスチェック制度義務化）」が公示された。

引用・参考文献

Bloom, D. E., Cafiero, E. T., Jané-Llopis, E., Abrahams-Gessel, S., Bloom, L. R., Fathima, S., Feigl, A. B., Gaziano, T., Mowafi, M., Pandya, A., Prettner, K., Rosenberg, L., Seligman, B., Stein, A. Z., & Weinstein, C. (2011) *The global economic burden of noncommunicable diseases*. Geneva: World Economic Forum.（http://www3.weforum.org/docs/WEF_Harvard_HE_GlobalEconomicBurdenNonCommunicableDiseases_2011.pdf. 2017年2月28日閲覧）

厚生労働省『メンタルヘルス対策（心の健康確保対策）に関する施策の概要』http://kokoro.mhlw.go.jp/guideline/guideline-mental-health/（2017年2月28日閲覧）

松村明編集（2006）『大辞林　第三版』三省堂

新村出編（2008）『広辞苑　第六版』岩波書店

三省堂編修所編（2014）『見やすいカタカナ新語辞典』三省堂

World Health Organization. (2013) *Mental health action plan 2013-2020. WHO Document Production Services*. Geneva: Switzerland.（自殺予防総合対策センター訳『メンタルヘルスアクションプラン2013-2020』国立精神・神経医療研究センター　精神保健研究所自殺予防総合対策センター2014）（http://apps.who.int/iris/bitstream/handle/10665/89966/9789241506021_jpn.pdf?sequence=5）

World Health Organization. (2004) *Promoting mental health: Concepts Emerging Evidence Practice, Summary Report*. Geneva: Switzerland.（http://www.who.int/mental_health/evidence/en/promoting_mhh.pdf. 2017年2月28日閲覧）

（伴　英美子）

メンタルヘルス指針

「労働者の心の健康の保持増進のための指針」のこと。事業場においてより積極的に心の健康の保持増進を図ることを目的とし，労働安全衛生法第70条の2第1項の規定に基づき，2006年3月に厚生労働省から公表された。事業場において事業者が講ずるように努めるべき労働者の心の健康の保持増進のための措置（以下「メンタルヘルスケア」）の原則的な実施方法が示されている。

メンタルヘルスケアの取り組みにおいては，教育研修，情報提供及び「セルフケア」「ラインによるケア」「事業場内産業保健スタッフ等によるケア」並びに「事業場外資源によるケア」の「4つのケア」が継続的かつ計画的に行われることが重要である。事業者は，衛生委員会等において調査審議を行い，「心の健康づくり計画」を策定するとともに，実施に当たっては，ストレスチェック制度の活用や職場環境等の改善を通じて，メンタルヘルス不調を未然に防止する「一次予防」，メンタルヘルス不調を早期に発見し，適切な措置を行う「二次予防」及びメンタルヘルス不調となった労働者の職場復帰の支援等を行う「三次予防」が円滑に行われるようにする必要があることが示されている。

2015年11月に公表された，本指針の改正版は「ストレスチェック制度」（2015年12月1日施行）を含めたメンタルヘルスケアの実施について定めている。

参考文献

厚生労働省（2006）「労働者の心の健康の保持増進のための指針」

厚生労働省「用語解説：メンタルヘルス関係」こころの耳　働く人のメンタルヘルス・ポータルサイト（https://kokoro.mhlw.go.jp/glossarycat/mentalhealth/#mentalhealth-ma　2016年12月29日閲覧）

（伴　英美子）

メンタルヘルス不調

「メンタルヘルス不調」という概念は，生活上問題となるようなストレス反応が生じている状態を表す包括的な概念である。事業者が講ずるべきメンタルヘルスケアの原則的な実施方法を定めた「労働者の心の健康の保持増進のための指針」では，メンタルヘルス不調を「精神および行動の障害に分類される精神障害や自殺のみならず，ストレスや強い悩み，不安など，労働者の心身の健康，社会生活および生活の質に影響を与える可能性のある精神的および行動上の問題を幅広く含むもの」と定義している。

高度情報化とグローバル化が進む中で，労働者は不安やストレスに晒されている。厚生労働省の労働安全衛生調査等の調査によると，仕事に関して強い不安やストレスを自覚する労働者の割合は，1982年（50.6%）→1997年（62.8%）→2002年（61.5%）→2007年（58.0%）→2012年（60.9%）→2013年（52.3%）→2015年（55.7%）と変化し，ピーク時よりは低い

ものの，過半数を上回る状況が続いている。2014年度「精神障害等に係る労災補償状況」では，精神障害の労災請求件数は1,456件，支給決定件数は497件と，いずれも過去最多であった。事業場において，積極的に心の健康の保持増進を図ることが重要な課題となっている。

引用・参考文献
厚生労働省（1982, 1997, 2002, 2007, 2012, 2013, 2015）「労働安全衛生に関する調査」（http://www.mhlw.go.jp/toukei/list/list46-50.html）
厚生労働省（2006）「労働者の心の健康の保持増進のための指針」（https://www.mhlw.go.jp/houdou/2006/03/dl/h0331-1c.pdf）
厚生労働省（2007）「平成19年労働者健康状況調査」（https://www.mhlw.go.jp/toukei/list/49-19.html）
厚生労働省（2014）「平成26年度精神障害等に係る労災補償状況」（http://www.mhlw.go.jp/stf/houdou/0000089447.html）

（伴　英美子）

モラルサーベイ

モラルサーベイ（moral survey）は組織活動において，従業員がどんな点を問題として意識しているか，また現状について満足度あるいは不満足度はどうかについて科学的に調査する技法である。調査によって，現状の組織活動をめぐる従業員意識の動き，満足度あるいは不満足度の実態を捉えることができる。

NRK方式では，調査対象を5つの分野（労働条件，人間関係，管理，行動，自我）から分析している。こうしたモラルサーベイによって，調査結果から得た標準値との比較，分析もできる。標準値に比べて，当該組織の現状の問題，強み，あるいは弱点を把握することも可能といえる。従業員が現在の職場活動に対して，どのように意識しているか，満足度，不満足度の分析・把握を通じて，組織として講じるべき対応の必要性を明らかにすることも可能となる。組織活動を担当するメンバーとしての従業員満足（ES）を高めるうえで，モラルサーベイの実施とその活用は望まれるところである。

引用・参考文献
日本労務研究会「NRK方式モラールサーベイ（従業員意識調査）」資料（http://www.nichiroken.or.jp/morale_survey/index.htm）

（服部　治）

問題解決能力 (problem-solving ability)

問題解決能力は，セルフマネジメントやカウンセリングなどでその有効性は示されており（Heppner, 1978 ; Heppner et al., 2001），筋道の通った手順及び考え方，基礎的な知識の操作，調節など，マネジメントの場面での意思決定などに活用されている。

問題解決の基本的な考え方は，有効でない行動から生じる「現状」と「理想」のズレや逸脱や未達成の状態を指し，問題を解決するために必要な知識や技術をどのように実践していくかが重要である（Kanfer & Goldstein, 1980 ; Kazdin, 1994）。例えば，外部資料収集，情報収集など情報収集の目的，情報の整理，収集方法などは問題解決能力の1つである。集めた結果は，量的な数値情報として棒，折れ線，円，散点などでグラフ化，質的な情報は，違いをわかりやすく示すレーダーチャートや内訳を表す帯グラフなどで表現し，問題の発見と原因追究，解決へ導いていく。

また，統計解析を用いて代表値，記述統計，推測統計，推定，検定，要因分析など問題発生要因，因果関係，平均の差，仮説検証して，問題解決へのヒントを発散思考や収束思考を繰り返して論理的思考や演繹的推論，帰納的推論，確率判断，意思決定などゼロベース思考で考え，重要度，緊急度，優先度で評価することも問題解決能力の1つである。

引用・参考文献
藤永保編（1981）『心理学事典』平凡社
Heppner, P. P. (1978) A review of problem-solving literature and its relationship to the counseling process. *Journal of Counseling Psychology*, 25(5), 366-375.
Heppner, P. P., Cooper, C., Mulholland, A., & Wei, M. (2001) A brief, multidimensional, problem-solving psychotherapy outcome measure. *Journal of Counseling Psychology*, 48(3), 330-342.
Kanfer, F. H., & Goldstein, A. P. (1980) *Helping people change:A*

textbook of methods. NY: Pergamon Press.
Kazdin, A. E. (1994) Clinical psychology: Science and practice. *Clinical Psychology Science and Practice*, 1(1), 1-2.

（中村誠司）

役職定年制度

役職定年制度は，ある一定の年齢で管理職の役職を解く制度で，役職解任年齢は50歳代が多い。歴史的には定年延長の引き換えに導入されたものであり，広い意味の定年制の一部とみなせる（森戸，2001）。大企業で多く導入された。年功序列の弊害を年齢基準で取り除こうとする仕組みといえる。高齢者が能力を発揮するには役職定年制度のような年齢制限は大きな障害になるとの指摘がある（藤村，2005）。高齢者雇用の促進が要請される時代に逆行していることや能力主義とは一線を画すことへの批判がある。

一方，中年層の不満をやわらげ，課長の上位への職位への昇進可能性認知を高める効果がある（山本，2016）。そのほか人件費の抑制，世代交代の促進，次世代の育成，組織の活性化などの効果も期待できる。65歳までの高年齢者雇用措置が確保されキャリア時間軸が延長された現代においては，役職定年後の長期のキャリアプランを設定することが企業にとっても個人にとっても求められているといえよう。

引用・参考文献
藤村博之（2005）「高齢者雇用と企業の人事管理─企業・従業員・組合の取り組み課題とは」『定年延長再雇用制度事例集』日本経団連出版
森戸英幸（2001）「第3章 雇用政策としての『年齢差別禁止』─『雇用における年齢差別禁止法』の検討を基礎として」清家篤編著『生涯現役時代の雇用政策』日本評論社
山本寛編著（2016）『働く人のキャリアの停滞─伸び悩みから飛躍へのステップ』創成社

（岸田泰則）

役割志向

役割志向（role orientation）は組織社会化研究で扱われてきた概念であり，保守的役割志向（custodial orientation）と変革的役割志向（Innovative Orientation）がある（Van Maanen & Schein, 1979）。保守的役割志向は，組織内の既存の役割を引き受ける役割志向である。また，変革的役割志向は，既存の役割を否定し再定義する，もしくは既存の役割を改善する役割志向である。

このように，保守的役割志向と変革的役割志向は質的に異なる概念として定義されたが，実証研究では1次元の尺度として使用されることが多かった。例えば，ジョーンズ（Jones, 1986）では，保守的役割志向に影響を与える組織社会化戦術を分析した。その際，役割志向は1次元の尺度で測定された。つまり，保守的役割志向はすなわち「変革的役割志向でない」とみなして分析されたのである。

こうした研究の背景には，ビジネスモデルが比較的安定していた時代においては研究上の関心が保守的役割志向に影響を与える要因を探究することにあったためだと考えられる。しかし，新しいビジネスモデルを創出することが求められる現在においては，変革的役割志向を保守的役割志向とは異なるものとして尺度化し，その影響要因を探究することが課題といえよう。

引用・参考文献
Jones, G. R. (1986) Socialization tactics, self-efficacy, and newcomers' adjustments to organizations. *Academy of Management Journal*, 29(2), 262-279.
Van Maanen, J., & Schein, E. H. (1979) Toward a theory of organizational socialization. *Research in Organizational Behavior*, 1, 209-264.

（小山健太）

有期・無期社員

有期社員とは，期間の定めのある労働契約，すなわち1年契約などの有期労働契約が適用される労働者を意味する。パート，アルバイト，派遣社員，契約社員，嘱託など，様々な職場での呼称が存在するが，呼称の種別に関係なく，期間の定めのある労働契約が適用されていれば有期社員に該当する。他方，無期

社員は期間の定めのない（ただし，定年を定めることはできる）労働契約が適用される労働者を意味する。

無期社員の定義は，正規雇用者の定義と混同されることがあるが，両者の定義が完全に一致するわけではない。正規雇用者とは，直接雇用，期間の定めのない雇用，フルタイム労働の3条件を満たすことが定義とされる（清家，2013）。例えば，期間の定めのない労働契約を締結しているパート社員は，無期社員ではあるが，フルタイム労働ではないため，正規雇用者には該当しない。

従来は，無期社員と正規雇用者は，一致する比率が高かった。しかし，改正労働契約法により，2013年4月1日以後に開始される有期労働契約が通算で5年を超えて反復された場合，労働者の申し込みにより，無期労働契約に転換された。今後は従来以上に，多様な形態の無期社員が増加すると考えられる。

引用・参考文献
清家篤（2013）『雇用再生―持続可能な働き方を考える』NHK出版

（石山恒貴）

USEMモデル

大学教育において大学生のエンプロイアビリティ（卒業生が職を獲得し，得た職で成功するための業績・理解・態度のセット）を発達させるためには教員にも学生にも共通のモデルが必要となる。ナイトとヨーク（Knight & Yorke, 2003）が示したものがUSEMモデルである。

モデルは4つの要素で構成される。①学業の理解・知識（U）：学業成績ではなく，ドゥエックの主張する自己理論における拡張知能観の習得。②スキル（S）：カリキュラムを通じてコアスキルを含めたジェネリック・スキルの習得。③個人の質・特性（E）：バンデューラの主張する効力の信念を柱とし，ガードナーに由来する情動的知能など個人の質・特性の発達。④メタ認知（M）：ピントリッチが主張する自己調整学習（特にメタ認知）の習得。4つの頭文字をとってUSEMとよぶ（英文表記は省略）。各要素と要素間の関係および従属変数に対する影響力を流れ図で示したものがUSEMモデルである（下図）。ヨークとナイト（Yorke & Knight, 2005）は個人の質を10項目，大学教育におけるコアスキル12項目，プロセススキル17項目を示している。

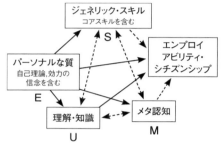

Yorke & Knight (2005), p.5. に一部加筆

大学生のエンプロイアビリティモデル

引用・参考文献
Knight, P. T. & Yorke, M. (2003) *Assessment, learning and employability* (pp.1-14). Berkshire: England. Open University Press, McGraw-Hill Education.
Yorke, M., & Knight, P. T. (2005) *Embedding employability into the curriculum*. Learning and Employment Series1. The Higher Education Academy.

（渡辺研次）

Uターン

人口還流現象の1つで，生まれ育った地方から大都市部へ移住した人が，再び生まれ故郷に戻る現象のこと。地図上に描くとアルファベットのUの字のような形での移動であるためUターンとよばれる。例えば，青森県で生まれ育った人が東京の大学に進学し，卒業後，青森県の企業に就職することをUターン就職という。故郷にはない雇用環境を求めて，そのまま大都市部で就職したものの，帰省すると，やはり地元が一番と考える人や，家庭の事情などで地元に戻って企業に再就職する

Uターン転職もある。

　地元に若者を呼び戻すため，自治体自らはもちろん，人材情報会社等に依頼してUターン転職や定住のPRを活発に行っている地方自治体も増えてきている。

　一方，地元出身の大学生がUターン就職を希望しながら情報不足などを理由にあきらめるケースもあることから，大学と協力してUターン就職を促進することを目的に，県レベルの自治体と大学が学生の就職支援に関する協定を結ぶ例も増加している。なお，一度Uターン就職した人が，田舎の風習や刺激のなさなどに嫌気がさして再び都市部に戻って就職することもあり，これも形状からOターンという。

（荒井元明）

欲求階層理論

　欲求階層理論とは，マズロー（Maslow, A.）が提唱した理論で「欲求の階層説」または「自己実現理論」とよばれる。これは「人間は自己実現に向かって絶えず成長する生きものである」と仮定し，人間の欲求には階層が存在しその欲求を5段階に理論化したもので階層は下層から順に次のようになる。

1．生理的欲求

　食欲や排泄欲・睡眠欲など生命の維持に関する欲求で，これが満たされないと生命維持にまで影響を及ぼしかねない根源的な欲求。

2．安全欲求

　戦争や天災，病気から逃れたい，衣服や住居など生命に関するものを安定的に維持したいという欲求。

3．社会的欲求

　集団に所属し仲間からの愛情を求める欲求。この欲求は，生存を脅かされない状態になってはじめて生まれる欲求。

4．自我（自尊）欲求

　承認，尊敬，独立などを求める欲求。この欲求は当然ながら社会的欲求である集団帰属が前提となる。

5．自己実現欲求

　自己の成長や発展を求める欲求で自分の能力や可能性を発揮し創作的活動や自己の成長を図り，あるべき自分になりたいと思う欲求。

引用・参考文献
Educate.co. 実践的用語解説（http://www.educate.co.jp）
中橋国蔵・柴田悟一編（2001）『経営戦略・組織辞典』東京経済情報出版

（横山利枝）

ライフキャリア（life career）

　ライフキャリアとは，仕事以外を含めた人生における役割・環境・出来事を包含した広義のキャリアである。ガイスバースとムーア（Gysbers & Moore, 1973）は，スーパー（Super, D. E.）のライフ・キャリア・レインボーを発展させて「ライフキャリア開発」という概念を示した。その定義は，人生における役割・環境・出来事の相互作用とその統合を通じて行う，全生涯にわたる自己開発である。

　「ライフ」という言葉は，人物全体の生涯における成長と発達のことを意味する。「キャリア」という言葉には，役割・環境・出来事などが含まれる。役割とは，学習者，職業人，消費者，市民，家族の一員，余暇人などである。環境とは，家庭，学校，職場，地域社会などである。出来事とはライフイベントであり，就職，結婚，昇進，離婚，退職などである。さらに，多様化・グローバル化している現代では，性，民族，人種，宗教，社会経済的地位も考慮する必要がある（McDaniels & Gysbers, 1992）。このように，生涯における役割・環境・出来事など，人生における重要な要素を見渡して理解することと，その結果をキャリアの目標達成や問題解決の計画に組み込んでいくことがライフキャリア開発に求められる。

引用・参考文献
Gysbers, N. C., & Moore, E. J. (1973) *Life career development: A*

McDaniels, C., & Gysbers, N. C. (1992) *Counseling for career development: Theories, resources, and practice.* San Francisco: Jossey-Bass.

（高橋　浩）

ライフサイクル論

ライフサイクル論は，人間の成長段階ごとに直面する課題あるいは対応など，人間行動の変化，変容を分析対象とする研究分野の主要概念であり，発達段階論的アプローチに依拠している。ここでは，ライフサイクルをキャリア研究の分野に限定する。レビンソン（Levinson, D. J.）は，男性のライフサイクルとして，「児童期・青年期（幼児〜22歳）」「成人前期（17〜45歳）」「中年期（40〜65歳）」「老年期（60歳以降）」という4つの段階を設定して，それぞれの段階の前後を過渡期としている。

これらが，「幼児への過渡期（0〜3歳）」「成人への過渡期（17〜22歳）」「中年への過渡期（40〜45歳）」「老年への過渡期（60〜65歳）」の4つである。

また，エリクソン（Erikson, E. H.）は，生涯発達モデルとして，「乳児期」「幼児期初期」「遊戯期」「学童期」「青年期」「前成人期」「成人期」「老年期」という8つの段階を設定して，段階ごとの達成されるべき課題と達成する際の危機の存在について指摘している。

例えば，第7段階の「成人期」の課題が「世代性（generativity）」という概念で示され，この課題が達成できないことが「停滞する危機」の発生原因となることを指摘している。その後，第8段階の「老年期」を迎えるが，自我の統合性を達成して「絶望の危機」を回避するためには，前段階での課題達成が要件とされる。

引用・参考文献
Erikson, E. H. (1982) *The Life cycle completed.* W. W. Norton.（村瀬孝雄・近藤邦夫訳『ライフサイクル，その完結』みすず書房 1989）
Levinson, D. J. (1978) *The seasons of a man's life.* Random House.（南博訳『ライフサイクルの心理学（上・下）』講談社学術文庫 1992）

（櫻木晃裕）

RIASECモデル

ホランド（Holland, J. L.）が提唱した，人の興味と職業の特性に関わる職業選択理論のことである。個人は職業興味タイプによって，職業は環境モデルによって，いずれもつぎに示す6つの同じカテゴリーにそれぞれ分類され，両者が一致するキャリアが適合的とされている。すなわち，現実的（Realistic），研究的（Investigative），芸術的（Artistic），社会的（Social），企業的（Enterprise），慣習的（Constitutional）である。その頭文字を用いて下図のように，6角形で示されることから「6角形モデル」「RIASEC（リアセック）モデル」などとよばれる。各職業興味のタイプを配置し，対角線を挟む2つのタイプ間は反対関係，隣接するタイプ間は類似した関係，1つおきのタイプ間は緩やかな関係と説明される。職業パーソナリティの項参照。

Holland, J. L. (1997) *Making Vocational Choices: A Theory of Vocational Personalities and Work Environments.* 3rd ed. 渡辺三枝子・松本純平・道谷里英共訳 (2013)『ホランドの職業選択理論』雇用問題研究会より作成

ホランドの職業選択の理論

（二村英幸）

リアリティショック

リアリティショックは，学生から社会人の移行時に生じる現象で，入社当初の組織への

適応課題として取り上げられる現象である。

尾形（2012）では，複数のリアリティショックの先行研究をまとめ，その定義を「組織参入前に形成された期待やイメージが組織参入後の現実と異なっていた場合に生じる心理現象で，新人の組織コミットメントや組織社会化にネガティブな影響を与え，早期離職を促進するもの」と要約している。

この定義から理解できるように，リアリティショックが生じる原因として，新人が組織参入前に抱く非現実的な期待やイメージが挙げられる。それゆえ，リアリティショックを抑制するためには，それらを抑えることが重要である。そのために，組織は採用過程において，組織や仕事に関する正確な情報提供を行うことが求められる。

また，組織への参入希望者は，インターンシップやOB／OG訪問などを活用し，正確な情報獲得とそれに基づく期待やイメージの形成が求められる。組織・個人双方の行動が，リアリティショックを抑制し，新人の円滑な組織適応を促進することにつながる。

引用・参考文献
尾形真実哉（2012）「リアリティ・ショック（reality shock）の概念整理」『甲南経営研究』53(1), 85-126.

（尾形真実哉）

リサーチ・ユニバーシティ（research university）

「研究大学」という言葉は日本ではあまりなじみがない言葉と思われる。アメリカにはおよそ3,600校の大学があるといわれるが，研究大学と認められているものはわずか60校にしかすぎない。研究大学かどうかは，アメリカ大学協会が審査している。この協会が設立され，高等教育がアメリカで推進されるようになったのは，南北戦争ののち，特に1890年代にアメリカで高等教育改革が大きな転機を迎え，それまでの学段段階での教育だけでなく，大学院を設置し，研究（リサーチ）を推進しようという動きが出てきたことに起因する。

この高等教育改革は，『富の福音』で知られる鉄鋼王アンドリュー・カーネギーのような慈善事業家からの私財が，カーネギー財団のような教育の分野に用いられることで可能となった。高等教育をヨーロッパに依存するというそれまでの姿勢から，アメリカ国内で，Ph. D.（博士号）を養成しよう，また，旧来の知識伝授型の教育だけでなく，新しい発見のための研究を進めようとして大学院大学形成が進んでいったのである。

こうした状況の中，1900年，アメリカ大学協会がつくられた。その目的はつぎのように述べられている。「本協会は，協会員に次の2つの方法で奉仕する。1つは，アカデミックなリサーチと大学院・プロフェッショナルスクール教育に関係する問題について国レベルでの政策形成を補助する。もう1つは，大学学部教育に関する様々な問題を討議する場を付与することである」。

このような主旨で博士号を付与する14の大学が1900年に設立したアメリカ大学協会は，現在，北米の60の大学から構成されている。協会設立当初からのメンバー14校には，ハーバード大学，コロンビア大学，コーネル大学といったいわゆるアイビー・リーグとして知られる大学が含まれている。

（石川孝子）

リーダーシップ

リーダーシップにとって，メンバーから寄せられる信頼と信望は必須である。それには，組織人（職業人）に固有の意識構造について，つまり，＜組織にあって人間は二重の人格を生きている。1つは，組織の中で一定の役割を担う機能的人格であり，いま1つは，組織を離れてもなお自存する個人的人格であって，組織人はこの二重の人格を自己一身において

統合すべくそれぞれに苦労しながら生きている＞という現実について深い理解を持つことである。

リーダー自身がそういう統合的人格主体であってはじめて、同じ境遇を生きるメンバーから、心情的共感に裏打ちされた信頼と信望を獲得することができる。それがあってはじめて、リーダーはメンバーの道徳的意識を高め、それを組織の倫理的目標に効果的につなぐことができる。

リーダーの働きには、状況を読み、状況を選択し、状況を創出するというもう1つの役割がある。組織が危機的状況にあるときは統帥型リーダーシップを、組織が恒常的発展軌道に乗っているときは参謀型リーダーシップを発揮することでそれを効率的に行わねばならない。いずれの場合においても、その根底において求められるのはメンバーから寄せられる信望と信頼である。

（花村邦昭）

リテラシー

リテラシー（literacy）とは、そもそも「読み書きの能力」と解されるのが一般的であるが、知識が重要な価値を持つ「知識基盤社会（Knowledge Based Society）」の到来により必要とされる資質・能力の考え方が大きく変化した。

こうした中で全米学力（National Assessment of Education Progress: NAEP）の中で行われた1985年の青年リテラシー調査（Young Adult Literacy Survey: YALS）において、リテラシーは、「社会で機能するため、個人の目標を成し遂げるため、そして自分の知識や可能性を発展させるために、印刷され書かれた情報を活用すること」と定義された（松尾，2015）。

また、PISA（Programme for International Student Assessment：生徒の学習到達度調査）では、「多様な状況において問題を設定し、解決し、解釈する際に、その教科領域の知識や技能を効果的に活用してものごとを分析、推論、コミュニケートする生徒の力」（OECD, 2004）と定義し、読解リテラシー、数学的リテラシー、科学的リテラシーの3つの分野を設定している。

このように、必要とされる能力論の中でリテラシーも幅広く定義され、それが教育内容の変遷にも大きな影響を与えている。

引用・参考文献
松尾知明（2015）『21世紀型スキルとは何か——コンピテンシーに基づく教育改革の国際比較』明石書店

（亀野　淳）

倫理憲章

企業や団体はその存在する意義や目標をしっかり掲げ、ルールを遵守しながら誠実・公正に職務を遂行する能力、および取り組みの姿勢が問われる。そこで行動する際の指針や規範を具体的にはっきり文書で書き示し、自己の組織内部に徹底するとともに外部に向けて発信することで社会的公器としての役割を担うことを宣言する。この明文化されたものの1つが倫理憲章である。このほかに同種のものとして行動規範や倫理綱領がある。

倫理憲章の例として、日本経済団体連合会が「採用選考に関する企業の倫理憲章の理解を深めるための参考資料」を出している。これは、通称「倫理憲章」とよばれ、採用選考活動の早期開始の自粛等を記載している。具体的な活動は企業が業界情報や企業情報などを学生に対して発信する広報活動と採用基準に達した学生を選抜することを目的とした採用活動である。倫理憲章といえば一般的にこの経団連の採用活動に関する取り決めが想起されるように過度な採用活動がモラル・ハザードを起こせば重大な社会問題につながる恐れがあるためである。

（池崎宏昭）

レジリエンス

レジリエンスはもともと物理学の用語である（Davidson et al., 2005）が，心理学ではこれを「弾力性」や「回復力」などと訳し，人生における困難や挑戦に首尾よく対処する過程，そしてそうした適応の結果を指す概念として，1970年代以降に研究を蓄積させてきた。

代表的なものだけでも，「逆境に直面し，それを克服し，その経験によって強化される，また変容される普遍的な人の許容力」（Grotberg, 1999）や，「困難あるいは脅威的な状況にもかかわらず，うまく適応する過程，能力，あるいは結果」（Masten et al., 1990）など複数の定義があるが，それらに共通しているのは，レジリエンスが，①困難や脅威にさらされた状況にもかかわらず，②心理的な安定を維持する，あるいは仮に一時的に不適応状態に陥ったときにもそれを乗り越えて健康な状態へと回復していく，③個人の力に注目した概念だということである。こうした点を緩やかに共有しつつ，レジリエンスの高い人の特性や，不適応状態からの回復プロセスの解明，あるいは回復力の生得的な側面などに注目するのが，レジリエンス研究なのである（Richardson, 2002）。

引用・参考文献

Davidson, J. R., Payne, V. M., Connor, K. M., Foa, E. B., Rothbaum, B. O., Hertzberg, M. A., & Weisler, R. H. (2005) Trauma, resilience and saliostasis: Effects of treatment in post-traumatic stress disorder. *International Clinical Psychophatmacology*, 20(1), 43-48.

Grotberg, E. H. (Ed.)（1999）*Tapping your inner strength: How to find the resilience to deal with anything.* New Harbinger Publications.

Masten, A. S., Best, K. M., & Garmezy, N. (1990) Resilience and development: Contributions from the study of children who overcome adversity. *Development and Psychopathology*, 2, 425-444.

Richardson, G. E. (2002) The metatheory of resilience and resiliency. *Journal of Clinical Psychology*, 58(3), 307-321.

（服部泰宏）

労働安全衛生法

職場における労働者の安全と健康の確保，労働災害の防止，快適な職場環境形成の促進を目的とする法律。職場の安全衛生について網羅的な法規制を行っており，安全衛生管理体制，労働者の危険や健康障害を防止するための措置，機械や危険物・有害物に関する規制，労働者に対する安全衛生教育，労働者の健康を保持増進するための措置などについて定めている。

安全衛生管理体制に関しては，責任体制の明確化や自主的活動の促進に向けた措置を講ずることとされており，一定規模以上の事業場に，総括安全衛生管理者などの配置や，安全委員会，衛生委員会の設置，産業医の選任などを義務付けている。

労働者の危険・健康障害を防止するために事業者に様々な措置を講ずることを義務付けているが，技術的な事項も多いため，大部分が厚生労働省令に委ねられている。

また，事業者に対し，労働者に安全衛生教育を行うことや医師による健康診断を実施することなどを義務付けている。

最近では，2014年に改正され，事業者に，一定のリスクのある化学物質についてリスクアセスメントを義務付けたほか，労働者の心理的な負担の程度を把握するためのストレスチェックの実施などを義務付けた。

（浅野浩美）

労働観

労働観は働く人が労働に関して何を重視するかを示すものであるが，清川・山根は，つぎの3つの概念を持って構成されるとする[1]。すなわち，「労働の本質・意義」に対する理解，「労働倫理観」，「労働の環境に対する見方」である。

労働観は，社会情勢など環境に大きく影響されることは，西欧と日本のそれとを比較す

ることによっても明らかである。西欧における労働は，旧約聖書では，神の指示に反した人間の行為に対する罰であった。しかし，新約聖書におけるパウロの言葉である「働かないものは食べてはならない」と労働を評価する流れがあった。これは，ウエーバーにより，天職義務と禁欲という倫理観を持った労働観として近代資本主義の形成に貢献したとされた[2]。

一方，日本においては，労働は，神話の時代や中世の仏教・儒教思想の中でも一貫して価値あることと認識されてきた。第2次世界大戦後の高度成長期において，年功序列，終身雇用，企業内組合というに日本型経営の三種の神器の中で，会社への忠誠心を強調する労働観が，浸透してきていた[3]。しかし，近年，仕事を自己実現手段と考えが強まり，転職を容認し，好きな仕事を追及するフリーターが増加するなど，労働観も変化してきた。

引用・参考文献
1 清川雪彦・山根弘子（2004）「日本人の労働観―意識調査にみるその変遷」『大阪社会問題研究所雑誌』542, 14-33.
2 髙橋美保（2006）「『働くこと』の意識についての研究の流れと今後の展望―日本人の職業観を求めて」『東京大学大学院教育学研究科紀要』45, 149-157.
3 髙橋美保（2006）『同上誌』
朴 新（2001）「『日本人の労働観』研究の歴史的変遷―その位相と今日的課題」『慶應義塾大学大学院社会学研究科紀要』52, 39-49.

（太田和男）

労働組合

労働組合法第2条には，「労働者が主体となつて自主的に労働条件の維持改善その他経済的地位の向上を図ることを主たる目的として組織する団体又はその連合団体をいう」と定められている。

同法第7条1項の但し書きに「労働組合が特定の工場事業場に雇用される労働者の過半数を代表する場合において，その労働者がその労働組合の組合員であることを雇用条件とする労働協約を締結することを妨げるものではない」とされているように，職員に労働組合の組合員となることを義務付け，組合から脱退した場合には解雇するというクローズド・ショップもある。

2017年6月30日時点での日本国内での単一労働組合数は24,465組合，労働組合員数は998万1千人，推定組織率（雇用者数に占める労働組合員数の割合）は，17.1％で，民間企業の規模別にみると企業規模1,000人以上では推定組織率44.3％に対し，29人以下では0.9％となっている。

全体の傾向として組織率が低下しているが，パートタイム労働者では若干上昇し，2017年6月時点の推定組織率が7.9％である。

（今村健太郎）

労働契約制

労働契約法第3条で，「労使双方が（1）対等の立場による合意に基づいて締結・変更すべきもの，（2）就業の実態に応じて，均衡を考慮すること，（3）仕事と生活の調和に配慮すること，（4）信義に従い誠実に権利を行使し，義務を履行しなければならず，（5）権利を濫用してはならない」としている。

また，労働基準法第15条において労働契約締結時に，使用者が労働者を採用するときは，賃金・労働時間その他の労働条件を書面などで明示しなければならないとしている。

労働契約法は2008年3月に施行し，2013年4月1日に改正法が施行され，期間の定めのある有期労働契約の場合でも，同法の18条にて2013年4月1日以降を始期とする労働契約で「同一の使用者との間で有期労働契約が繰り返し更新されて通算5年を超えた場合は，労働者の申込により，無期労働契約に転換できる」とされ，有期労働契約者の雇用安定が盛り込まれている。ただし，大学等研究機関の研究者，教員等は10年とする特例等が設けられている。

（今村健太郎）

労働ストレス調査

　何らかの自記式調査票を用いて労働者個々人のストレスを測定し，その結果を，①ストレスが高い個人のフォローアップや，②集団分析および職場環境改善などに活用すること。

　産業領域でよく使用される調査票としては，カラセクモデルに基づいて作成された「JCQ（job content questionnaire）」，NIOSHモデルに基づいて開発され，仕事のストレッサー，ストレス反応，修飾要因（個人要因，仕事外の要因，緩衝要因）を包括的に測定できる「NIOSH職業性ストレス調査票」，日本で独自に開発された「職業性ストレス簡易調査票（BJSQ）」，BJSQに部署や事業場レベルでの仕事の資源および労働者の仕事へのポジティブなかかわりを測定する尺度を追加した「新職業性ストレス簡易調査票」などがある。

　なお，労働安全衛生法に基づくストレスチェック制度においては，「職業性ストレス簡易調査票」の使用が推奨されている。この調査票は，仕事のストレス要因9尺度17項目，ストレス反応6尺度29項目，修飾要因5尺度11項目の合計20尺度57項目から構成されている。すべての業種で使用することができ，回答時間は10分程度と労働者の回答負荷が少ないことが特徴である。

〔髙橋　修〕

労働の人間化

　労働の人間化（Human of Work）は，労働をより人間的なものにするための方策の総称。労働場面における働く人たちの労働条件，職場環境，さらに経営への参加体制の改善や制度を進めることに主眼を置いている。働くという活動を通じて，それぞれに人間としての存在価値，労働の有意義性を実感できる体制の確立が要請された。

　1970年代にILO（国際労働機関）が積極的に推進して，それまでの労働条件，職場環境などへの見直しと改善を促進する広がりとなっていった。従来の労働従事における賃金に対する強い労働観から移行して，労働におけるやりがい，働きやすい環境・組織の改編へと観点の修正として捉えられる。そこで，20世紀の産業社会にみられた労働における単調感，疎外感をめぐる問題は，1972年における「生活の質に関する国際会議」によって，具体的に労働の人間化やQWL（Quality of working life）への関心を喚起した。その後，経済情勢の変動，労使関係の推移の中で，問題の取り組みと考察は進められた。

引用・参考文献
上田利男（1988）『労働人間化と小集団活動』泉文堂

〔服部　治〕

ロールモデル（role model）

　ロールモデルとは，自身が進む目標の方向性の明確化やモチベーションの喚起など，自己の成長を促す手本や規範となる存在である。具体的には，個人が，「あの人のようになりたい」という尊敬や憧れの対象であり，具体的な行動や考え方などの模範がイメージできる身近な人物である。

　著名人や歴史上の偉人もロールモデルになり得るが，日本の徒弟制度やドイツのマイスター制度などのように，職場でのOJT（on-the-job training）をとおして，直接観察，模倣することで仕事の手本とし，時には助言を受けることができる身近な人物を指す場合が多い。

　企業が提示する場合は，企業理念の実現を目指すために具体的にイメージできるような好業績を上げた人や，円滑な人間関係で職場成員を率いている管理職をロールモデルとする場合が多い。目的は，若年層に向けたキャリア開発のためや，管理職候補養成の研修などでリーダーシップ開発の指針とするためなどである。変化が激しい昨今，具体的なロー

ルモデルを選定することが難しいことから，複数の人物の行動特性の中から有益と思える特性を抽出してロールモデルを創出する場合もある。

(渡邉祐子)

若者自立・挑戦プラン

高い失業率や増加する無業者，フリーター，高い離職率などを解消するため，2003年，経済産業省や文部科学省，厚生労働省などが一体となって対策を立てた国家レベルのプラン[1]。当初の目標は，「若者の働く意欲を喚起しつつ，全てのやる気のある若年者の職業的自立を促進」するもので，「若年失業者等の増加傾向の転換」を掲げた。

当時から「格差社会」が社会現象として問題視された。一度，正社員になれればひとまず安心だが，非正規労働者だと，不況も相まってなかなか正社員になれない時代が続いたからだ。また，仮に正社員になれても「仕事内容とのミスマッチ」などが理由で離職する若者が多く，彼らが年齢を重ねるうちに就ける仕事も限られるため，中高年のフリーターの増加が懸念される課題を解決するために練られた政策ともいえる。

さらに，2008年のリーマンショックを機に日本国内でも新卒者がなかなか就職できない「就職氷河期」を迎えた。そうした中で，自分で仕事の内容を考え，ビジネス感覚，金銭感覚を身につけ，創意工夫して創業することも行政的支援の一環となった。また，新卒一括採用の考え方を改め，通年採用の普及を目指すほか，仕事観・職業意識の形成のため，小学校段階からキャリア教育の必要性が説かれている。

引用・参考文献
1 若者自立・挑戦戦略会議 (2003)「若者自立・挑戦プラン」(https://www5.cao.go.jp/keizai-shimon/minutes/2003/0612/item3-2.pdf)

(大重史朗)

ワーク・エンゲージメント

ワーク・エンゲージメントとは，「仕事に関連するポジティブで充実した心理状態であり，活力，熱意，没頭によって特徴づけられ」，また「エンゲージメントは，特定の対象，出来事，個人，行動に向けられた一時的な状態ではなく，仕事に向けられた持続的かつ全般的な感情と認知」とされている (Schaufeli et al., 2002；島津，2010など)。

ワーク・エンゲージメントの規定因として「仕事の資源」(社会的支援や仕事のコントロール／自律性，等)や「個人の資源」(自己効力感や楽観性)が挙げられ，それらはワーク・エンゲージメントと正の関連を持つことが指摘されている (Halbesleben, 2010)。また，ワーク・エンゲージメントは，仕事・組織への肯定的な態度 (職務満足度やコミットメント，等)の向上・離転職意思の低減，学習への動機づけ向上や心理的苦痛の低減につながることも指摘されている (島津，2014等)。

なお，ワーク・エンゲージメント測定尺度については，日本語版の妥当性も確認されており，ポジティブメンタルヘルスが世界的に注目される潮流の中，今後日本でもより一層普及していく概念となろう。

引用・参考文献
Halbesleben, J. R. B. (2010) A meta-analysis of work engagement: Relationships with burnout, demands, resources, and consequences. In Bakker, A. B. & Leiter, M. P. (Eds.), *Work engagement: A handbook of essential theory and research* (pp.102-117).
Schaufeli, W. B., Salanova, M., González-romá, V., & Bakker, A. B. (2002) The measurement of engagement and burnout: A two sample confirmatory factor analytic approach. *Journal of Happiness Studies*, 3(1), 71-92.
島津明人 (2010)「職業性ストレスとワーク・エンゲイジメント」『ストレス科学研究』25, 1-6.
島津明人総監訳 (2014)『ワーク・エンゲイジメント—基本理論と研究のためのハンドブック』星和書店

(田中秀樹)

ワーク・モチベーション

ワーク・モチベーションとは，「個人内，

個人間に生ずるある種のエネルギーのことであり，仕事に関係する行動を引き起こし，その形態，方向，強さ，持続性を決定する」ものであると説明される（Pinder, 1984）。すなわち，仕事，もしくは仕事を行う組織の目標に向かって行動を立ち上げ，努力し続ける意思のことを指す。ワーク・モチベーションに関する研究蓄積は数多く，そのアプローチの違いから内容理論（モチベーションの内容に関する理論）と過程理論（モチベーションのプロセスに関する理論）とに大別される。

また，仕事に対するモチベーションは，給料や職場環境などの外的要因によって規定される立場に立つ外発的動機づけと仕事の面白さややりがいなどによりモチベーションは規定されるという立場の内発的動機づけに大別されることもあるが，現在では，内発的動機づけの重要性が注目されている。そして，内発的動機づけを高めるうえで，職務設計モデル（Hackman & Oldham, 1980）が支持されており，職務が，多様性，完結性，重要性，自立性，フィードバックの特性を有することで，ワーク・モチベーションは高まることが指摘されている。

引用・参考文献

Hackman, J. R., & Oldham, G. R. (1980) *Work redesign*. MA: Addison-Wesley.

Pinder, C. C. (1984) *Work motivation: Theory, issues, and applications*. Scott Foresman & Co.

（堀井希依子）

ワークライフバランス

内閣府によれば，ワークライフバランスとは，「仕事と生活の調和」とし，やりがいや充実感を感じながら働き，仕事上の責任を果たすこととされる。子育て・介護の時間や，家庭，地域，自己啓発等にかかる個人の時間を持てる健康で豊かな生活ができるよう，社会全体で仕事と生活の双方の調和の実現をすることを希求している。

そして，ワークライフバランスと経済成長は車の両輪であると述べた後に，若者が経済的に自立し，性や年齢などにかかわらず誰もが意欲と能力を発揮して労働市場に参加することは，わが国の活力と成長力を高め，少子化の流れを変え，持続可能な社会の実現にも資するとしている。

一方，仕事と生活の調和が必要な背景には，仕事と生活が両立しにくい現実がある。働き方においては，正社員以外の労働者の増加と正社員の労働時間の高止まりという二極化が生まれている。女性の社会参加が進み共働き世帯が増加し，生き方も多様化しているが，職場，家庭や地域では男女の固定的な役割分担意識が残っている。個人においても積極的に職業能力を向上させようとする人，仕事と生活の双方を充実させようとする人など多様な働き方の模索が見られる。このような多様な選択肢を可能とする仕事と生活の調和の実現が必要となる。その実現のためには，企業と個人，国，地域の関係者が果たすべき役割について考え取り組むこととしている。

引用・参考文献

内閣府 「仕事と生活の調和」推進サイト（http://wwwwa.cao.go.jp/wlb/government/20barrier_html/20html/charter.html）

（竹谷希美子）

あとがき

　人材育成学会は創設から多くの会員の皆様のご支援を受け，現在，500名を超える規模の日本学術会議の協力学術研究団体になり，年次大会・研究会開催，機関誌発行などの事業を着実に進めながら順調に発展し歩んできた。

　この度，人材育成学会設立15周年を記念して『人材育成ハンドブック』を金子書房から刊行することになりました。本書の取りまとめにあたっては，特に森田一寿前会長，荒井元明常任理事，事務局の児玉利之氏にはお手を煩わせました。ご尽力に心から感謝申し上げたい。

　今回の『人材育成ハンドブック』出版の目的は，次の4点にある。
　1．人材育成学会設立15周年記念出版であり，知名度の向上を図ること
　2．人材育成学会がどのような研究領域に関心を持っているかを理解していただくこと
　3．人材育成学会が産学官の連携した共同研究組織で，多様な視点から研究を進めていることを知っていただくこと
　4．人材育成に興味・関心を持つ学会員をはじめ実践的研究家の指針になり，研究・実践の動機づけにしていただくこと

　本書は，人材育成学会創設時の6つの研究領域「人材育成と社会システム」「戦略と計画」「採用と配置」「評価と処遇」「訓練と開発」「職場環境とメンタルヘルス」に，「グローバル社会と人材育成」を新たに加えた7章立てになっており，各章，「大項目」「中項目」「トピックス」「キーワード」で構成されている。
　＊「大項目」：章全体の概要
　＊「中項目」：テーマの概要・事例・今後の研究課題
　＊「トピックス」：テーマの話題提供・今後の研究方向と課題
　＊「キーワード」：用語解説

　各章の編集委員は，永野仁・藤本雅彦・二村英幸・髙橋潔・花田光世・渡辺直登・野宮大志郎の先生方である。専門領域からのご支援に御礼申し上げたい。

　本書は体系的・包括的に解説されているので，それぞれの研究分野で会員の皆

様はじめ多くの方々にお役立ていただき，社会に貢献する新しいクリエィティブな着想の実践的研究が誕生することを期待している。

機関誌『人材育成研究』の充実化と情報発信力の強化

　機関誌『人材育成研究』のさらなる充実を図りたい。機関誌は年次大会の発表と同様に会員の研究成果を社会に問いかける絶好の機会であり，学会活動を支える大黒柱である。会員として日々のたゆまぬ研究活動の成果を年次大会で研究発表し，機関誌を通じてその評価を問いかける。若い研究者の積極的で活発な研究活動が学会発展の原動力であると考えている。

　今まで機関誌編集にご尽力を賜った先生方には大変なご苦労をいただいた。かつて機関誌の編集委員をしていた時に感じたことは，投稿論文を査読する際，その負担の大きさである。審査を行う作業は，時間的にも精神的にも負担が大きい仕事である。

　要望であるが，グローバル化の一環として機関誌を英文に翻訳して世界に向けて発信する方法を検討してみることもよいだろう。これからの人材育成学会は社会に向けてより一層，情報発信力を高めていくべきではないかと思うからである。

　会員の皆様に国内だけでなく海外の人材育成研究の動向にも目を向け，機関誌を充実化していくことが重要である。有意義な情報発信源として機関誌『人材育成研究』を充実化することが重要な課題と考えている。

最近の年次大会における研究活動の歩み

　2014年4月に会長就任以降の人材育成学会における最近5年間の年次大会（第12〜16回）の統一テーマを参考にしながら研究活動の歩みの振り返りをしてみたい（『人材育成学会第12〜16回年次大会論文集』参照）。

　第12回年次大会は，明治大学の永野仁実行委員長のもと，明治大学駿河台キャンパスにて2014年12月7日（日）に開催。

　大会テーマは「多様性時代の人材育成」で，働く世界での高齢者問題，女性問題，外国人問題，非正規社員問題など人材活用の多様性時代を迎え，その多様性を活かした組織づくりを目指す人材育成や人材マネジメントに関する現状と課題について議論が展開された。

第13回年次大会は，中央大学の野宮大志郎実行委員長のもと，中央大学多摩キャンパスにて2015年12月13日（日）に開催。
　大会テーマは「氾濫するグローバル―グローバル人材育成ver.2―」で，グローバル化時代を迎えた日本社会における人材育成や人材マネジメントに関する現状と課題について問題提起された。「グローバル人材」とは何か。氾濫する「グローバル」に踊らされないためには何をすればよいのか。大学が輩出する「グローバル人材」をどう評価するかなどの問いを通して研究者と実務家の立場から，研究の最前線の探究と我々が進むべき未来への指針を見出すことのできるキャリアデザインで活発で刺激的な議論が展開された。

　第14回年次大会は，東北大学の藤本雅彦実行委員長のもと，東北大学川内南キャンパスで2016年12月3日（土）に開催され，人材育成学会としては初めての地方都市での年次大会となった。
　当時，東日本大震災から約6年が経過し，大会テーマは「地方創生と人材育成―地方における雇用創出を考える―」で，地方創生の重要な課題は「人材育成」であり，地方における安定した雇用を創出する人材育成や人材マネジメントに関する現状と問題が提起された。
　地方における安定した雇用を創出するためには，誰が何をどうすべきなのかなどの問いを通して研究者と実務家の立場から，研究の最前線の探究と我々が進むべき指針を見出すことのできる活発な議論が展開された。

　第15回年次大会は，法政大学の石山恒貴実行委員長のもと，法政大学市ヶ谷キャンパスにて2017年12月10日（日）に開催。
　大会テーマは「働き方と人材育成―生涯にわたって活躍できる働き方を考える―」で，少子高齢化，情報化，グローバル化の進展の中で人材育成の観点から，「働き方改革の現状と課題」が提起された。
　働き方改革については，仕事に取り組む意欲をいかに継続・維持させるかが問題である。「非正規雇用の処遇改善」「長時間労働の是正」「高齢者の就業促進」など日本の労働制度と働き方の問題を行政，企業，研究者，実務家それぞれの立場から，生涯にわたって持続的に活躍できる働き方はどうあるべきかを問題意識として，働き方改革の課題を掘り下げて解決策を見出し，我々が進むべき未来への指針を見出すことのできる活発な議論の展開がなされた。

第16回年次大会は，東海大学の荒井元明実行委員長のもと，東海大学高輪キャンパスにて2018年12月9日（日）に開催。

　大会テーマは「新たな人事・教育部門のあり方―生産性や革新性，成長性を高める組織運営のために―」で，第15回年次大会の「働き方と人材育成―生涯にわたって活躍できる働き方を考える―」を継承しながら「働き方改革」の実現に向けて設定されたテーマで議論が展開された。

　また，「グローバル社会と人材育成」プロジェクトのシンポジウム「グローバル人材育成・第三の道：外国籍留学生の雇用と課題」を開催。グローバル人材として日本の大学に在籍する30万人の外国籍留学生が，日本企業で就職を希望しているが，就職率は3割という現実問題を中心に，外国籍留学生の就業から日本企業の構造的特質の現状と課題が活発に議論された。

　研究テーマは，「人事・教育のあり方」「職場改善」「キャリア意識とデザイン」「大学教育」「職場の変化と適応」「グローバル化と人材育成」「人材戦略」「中高年と働き方」「自立とモチベーション」「大学における連携」など，研究領域が多岐にわたり，発表も年次大会を重ねるにつれ質量ともに充実し，多角的な検討と議論も活発になり，興味深い発表が多くなっている。

　年次大会は人材育成研究に関する研究成果を問う発表の場であり，意見交換をする貴重な機会でもある。学会員の皆様の研究や実務を促進し，参加者の知的交流の場として活発でチャレンジングな報告，議論が繰り広げられ有意義で実りある大会に進化してきている。

グローバル社会と人材育成

　激変する国際情勢の中でグローバルに活躍できる人材の育成が求められている。時代の潮流を鋭敏に読み取り，積極的に環境適応し得る企業が生き残り，時代のニーズを先取りできない企業は時代から取り残されていく。「組織は人なり」と言われているが，企業における人材確保・育成はいつの時代も共通の課題である。グローバル時代における人材の資質要件は，新しい時代環境への着想に優れた未来開拓力と国際感覚を備え，イノベーティブな能力を発揮し，広い視野から柔軟な姿勢で時代の変化に対応できる質の高い人材が求められている。それだけに企業が時代感覚に敏感な若い有能な人材にかける期待も大きい。

グローバル化，情報化の進展に伴う厳しい国際競争の中で，企業は生き残りをかけてドラスティックな構造改革を迫られている。このような厳しい経営環境を企業が乗り越えていくためには，グローバルな視野から社会経済情勢を的確に判断し，重層的に新しい経営戦略や事業継承力を展開していくことが重要である（木谷光宏「グローバル時代の人材育成」『旬刊経理情報』中央経済社第1393号2014年10月 参照）。人材育成は企業組織の根幹だ。グローバル・リーダーに求められる能力として，(1)外国語のコミュニケーション能力，(2)他人を受け入れる異文化理解力，(3)粘り強く挫けないタフな精神力などの要因が考えられる。

　グローバル社会の中で幅広い視野からの教養と高度な専門性を持ち，強く逞しいグローバル人材の育成が求められている。人材育成学会がグローバル人材の育成研究に先導的な役割を果たす担い手でありたいと考えている。

人生100年時代のキャリアデザイン

　「人生100年時代」を考える風潮が高まり，人材育成の観点から，「これからどう働くべきか」「モチベーションを維持しながらイキイキと働き続けられる環境づくりとは」「イノベーティブで持続可能性の高い働き方とは」など，変化の激しいグローバル社会の中でキャリア形成や働き方の問題が重要な課題である。

　生涯現役で多様な活動を行うことを目指し，1人ひとりが自分の努力と力量で人生100年時代に向かって揺るぎない人生の生涯設計を構築し，発展させていくことが肝要だ。

　ロンドンビジネススクールのリンダ・グラットン氏が著書『LIFE SHIFT』，『WORK SHIFT』の中で「人生100年時代」と語っているように，これからは今まで当たり前のように考えられてきたライフステージやキャリアデザインが通用しなくなっていくと考えられる。すでに1つの会社に定年まで勤め続けるという慣習は薄れつつあり，定年年齢もかつての60歳から徐々に延びてきている。これまでのライフステージは，大きく「教育」「就職」「定年後」という3段階に分けられたが，人生100年時代になるとそのような単線的なものから，複線的・複々線的な生き方が求められるようになる。

　例えば，大学での基礎教育を終えて社会人になったあと，仕事に活かすために学び直してもう一度同じ会社に戻ったり，新たな会社でそれまでとは異なる生き方に挑戦したり，リカレント教育によって学びと就労を繰り返しながら自分らしい生き方を実践していくのが当たり前になるかもしれない。その意味でも，人生

のほどよいタイミングで学び直さなければ，自分が望むキャリアをデザインできない時代になっていくかもしれないだろう。そのためにも人生100年時代を生涯現役で働き続けるには，「学び続ける意識を持つ」ことが重要になるといえる。

　学ぶ意欲に定年はない。学び続けることこそ長い人生を充実化させるものである（木谷光宏「働き方新潮流：イキイキ職場のつくり方」『BILANC』第17号　私立大学退職金財団 2018年11月参照）。

　人生100年時代といわれる社会では，様々な形で社会参加をする期間が長くなる。そこで私たちは常に新鮮な能力を維持し磨き続けていくことが肝要だ。ライフスタイルや仕事ぶりには1人ひとりその人の生きざまが出るものだ。それぞれの個性にマッチした柔軟な働き方を模索しながら人生目標を目指してチャレンジマインドの精神を忘れることなく，一日一日を有意義に過ごすとともに充実した日々を送ることが求められている。

　これまで研究交流の場である人材育成学会の発展のために献身的にご尽力いただいた学会役員，会員の皆様方そして事務局の方々に深く感謝の意を申し上げる。人材育成学会のさらなる発展に向けて，会長として微力ではあるが，会員の皆様と一緒に努力していくので，今後ともご支援ご鞭撻のほどお願い申し上げたい。

　これからも産学官が連携を深め，研究者と実務家が協力し合い産学官協同の課題解決型学会を目指し，グローバルで多面的な視角から人づくりを考え，人材育成研究の理論と実証研究の両立を図る実践的な研究成果を社会に問う学会に育てていきたいと考えている。

　この度，刊行をお引き受けいただき多大なご支援ご協力をいただいた金子書房編集部の皆様に心から感謝の意を捧げたいと思う。

　末筆になりましたが，人材育成学会を代表して，『人材育成ハンドブック』へのご執筆を快諾されご尽力いただいた皆様方に厚く御礼申し上げ，「あとがき」とさせていただきたい。

人材育成学会　会長

木谷　光宏

索　引（人名）

Abegglen, J. C.	131, 472
Anderson, N.	92
Aoki, M.	235
Atkinson, J. W.	86
Bandura, A.	88
Barnard, C. I.	52
Barney, J.	8
Bartlett, C. A.	494, 516
Bass, B. M.	90
Bauer, T. N.	159
Becker, G. S.	26, 235, 252
Bezrukova, K.	10
Bourgeois, L. J.	8
Bronfenbrenner, U.	382
Bushe, G. R.	495
Butler, J. E.	10
Caplan, G.	382
Chandler, Jr. A. D.	54
Collings, D. G.	9
Csikszentmihalyi, M.	89
da Vinci, L.	385
Davenport, N.	415
Deci, E. L.	88
DiMaggio, P. J.	9
Dipboye, R. L.	154
Doeringer, P. B.	235
Dunnette, M. D.	129
Edwards, M. R.	231
Fisher, C. D.	159
Florida, R.	21
Furukawa, H.	92
Ghoshal, S.	494, 516
Gouldner, A. L.	238
Granovetter, M.	427
Guion, R. M.	129, 153
Heenan, D.	494
Herzberg, F.	379
Hirata, S.	237
Hoppock, R.	133
Huffcutt, A. I.	155
Hunter, J. E.	131
Imada, S.	237
Ishihara, N.	111
Jackson, S. E.	8
Kanai, A.	415
Karasek, R.	397, 405
Kimura, T.	10
Kirkpatric, D.	320
Kogi, K.	361
Kotter, J. P.	295
Latham, G. P.	87
Lazarus, R. S.	425
Locke, E. A.	87
Marshak, R. J.	495
Masakame, Y.	203
Matsuo, M.	13
Mellahi, K.	9
Michaels, E.	110
Mintzberg, H.	295
Mitchell, R. K.	10
Morita, A.	473
Munsterberg, H.	129
Nagano, T.	474
Ohsawa, T.	131
Okubayashi, K.	389
Perlmutter, H.	494
Phelps, E. S.	252
Philips, J.	320
Pinder, C. C.	86
Piore, M. J.	235
Porter, M. E.	21
Powell, W. W.	9
Priem, R. L.	10
Putnam, R. D.	22
Ramazzini, B.	384
Reason, J.	418, 431

Renwick, D. W. ………………………………………… 10
Rousseau, D. ………………………………………… 168
Sasajima, Y. ………………………………………… 203
Saxenian, A. ………………………………………… 21
Schein, E. H. ………………………………… 83, 324, 431
Schultz, T. W. ………………………………………… 26
Schmidt, F. L. ………………………………………… 131
Seligman, M. ………………………………………… 89
Selye, H. …………………………………………… 403, 425
Senge, P. M. ………………………………………… 116
Smith, A. …………………………………………… 55

Spence, A. M. ………………………………………… 26
Steers, R. M. ………………………………………… 86
Super, D. E. ……………………………………… 39, 142
Tanaka, K. ………………………………………… 414
Taylor, F. W. ……………………………… 129, 206, 387
Teruoka, G. ………………………………………… 384
Vaiman, V. …………………………………………… 9
Vogel, E. F. ………………………………………… 472
Warren, C. H. ……………………………………… 141
Wenger, E. ………………………………………… 23

索　引（人名）　707

索　引（事項）

【A】
ABC理論 …………………………………………… 428
AHERO（The Assessment of Higher Education
　Learning Outcomes） ………………… 28
ASTD ………………………………………… 110, 268
ATD ……………………………………………… 268

【B】
Behavioral Description Interview ……………… 154
BSC（Balanced Score Card） ………………… 226

【C】
CDP ……………………………………………… 206
COP（Community of Practice） ……………… 272
CSR（corporate social responsibility）
　………………………………… 9, 53, 128, 363, 475
CU（Corporate University） ………………… 297

【D】
DeSeCo（Definition and Selection of
　Competencies） ……………………………… 28

【E】
EAP（Employee Assistance Program） ……… 442
EVA（Economic Value Added） ……………… 226
eポートフォリオ ……………………………… 349
eラーニング …………………………………… 348

【H】
HRM（Human Resource Management）
　………………………………… 71, 94, 96, 97, 98
HRM情報システム …………………………… 103
Human capital …………………………………… 26

【I】
IE（経営工学） ………………………………… 360
IEA ……………………………………………… 361
ILO ……………………………………………… 361

【K】
KAIZEN ………………………………………… 360

【L】
Learnig Transfer Research ……………………… 12
LGBT …………………………………………… 364

【M】
LMS ……………………………………………… 348
M&A ………………………………… 530, 531, 532
MBTI …………………………………………… 323
MOOC ………………………………………… 349
MTP …………………………………………… 296
M字型カーブ ………………………………… 325

【N】
NIOSH …………………………………… 395, 405

【O】
Off-JT ……………………………………… 3, 11, 534
OJT ……………………………… 3, 11, 286, 292, 534

【P】
PBL ……………………………………………… 350
PDCAサイクル ……………………………… 446
proactive活動 …………………………………… 92

【Q】
QWL（Quality of Working Life） …………… 389

【R】
RBV（reource-based view） …………………… 8
reactive活動 …………………………………… 92
RJP（Realistic Job Preview） …………… 132, 160
ROE（Return on Equity） …………………… 227
ROI ……………………………………………… 321

【S】
school to work ………………………………… 127
SHRM（strategic human resource management）
　………………………………………………… 8
Situational Interview ………………………… 154
SNS ……………………………………………… 349

【T】
Talent Development …………………………… 269
talent management（TM） …………… 9, 97, 110
TWI（Trainig Within Industry） …………… 296

【W】
WHO …………………………………………… 378

708

【あ】

- アグロメレーション　467
- アジャイル化　186
- アセスメント　321
- アセスメントセンター　206
- アブセンティズム　388, 402
- α（アルファ）係数　150
- アンガーマネジメント　415
- アンケート　321
- 安全文化　430
- アンダーマイニング現象　88
- 安定性　206

【い】

- 生きる力　28
- １次予防　401, 444
- イノベーション　242
- 異文化コミュニケーション　458
- 異文化適応性　458
- インクルーシブ教育　44
- インターンシップ　27, 206
- インテリジェンス　113

【う】

- ウィーク・タイズ　427
- ウィトルウィウス的人体図　385
- ウェルビーイング　374

【え】

- 英語　460
- エニアグラム　323

【お】

- 欧米的経営　471
- 応募者の反応　156
- 遅い昇進モード　199
- オフサイトミーティング　497
- オリンパス　513

【か】

- 海外現地法人　457, 461
- 海外進出　480
- 海外派遣者　459, 520
- 海外赴任者　254
- 外国人従業員　256
- 外国人留学生在籍状況調査　523
- 外国人留学生進路状況調査　524
- 外国人留学生の就職及び定着状況に関する調査　524, 525
- 外国人留学生のための就活ガイド　526
- 外国籍留学生　459
- 改善　360
- 外部EAP　442
- 科学的管理法　129, 206
- 科学的管理法の原理　387
- 課業管理　387
- 学習する組織　116
- 学士力　28
- 家族手当　208
- 課題　90
- 学校教育　25, 26
- 壁　93
- 壁や溝　93
- 過労　386
- 環境型セクシャルハラスメント　412
- 緩衝効果（buffering effect）　408
- 管理組織　55

【き】

- 機会の公正性　207
- 企業特殊性　235
- 企業内教育　25
- 企業内大学　297, 308
- 企業における高度外国人材の受入れと活用に関する調査　525
- 企業のグローバル化　386
- 企業の社会的責任（CSR：corporate social responsibility）　9
- 企業文化　82
- 帰国子女　459
- 技術・技能継承　419
- 技術移転　498
- 基準関連妥当性　150
- 技能検定　17
- 機能的サポート（functional support）　408
- 基本原理　203
- 基本的仮定　83
- 逆緩衝効果（reverse buffering effect）　409
- キャリア　4
- キャリア・アンカー　324

索　引（事項）　709

キャリア・トランジション……… 132, 165, 241
キャリア・ラダー……………………………… 238
キャリアカウンセリング……………………… 206
キャリア教育……………………………… 26, 341
キャリア権……………………………………… 6
キャリアコンサルタント…… 17, 288, 355, 356, 357
キャリアコンサルタント国家資格試験……… 356
キャリアコンサルティング
　　　　　　　……… 17, 40, 282, 355, 357
キャリアコンサルティング技能検定………… 356
キャリアコンサルティング施策……… 356, 357
キャリア自律………………………………… 328
キャリア心理学……………………………… 132
キャリアデザインワークショップ………… 332
求職者支援訓練……………………………… 16
教育訓練……………………………………… 270
教育訓練給付………………………………… 17
教授設計理論………………………………… 11
業績指標……………………………………… 223
競争力………………………………………… 91
共有ビジョン………………………………… 117
協力組織……………………………………… 65
均衡処遇問題………………………………… 243
勤続給………………………………………… 208

【く】
倉敷労働科学研究所………………………… 384
クリエイティブ・クラス…………………… 22
クリスマス・ボーナス……………………… 209
グローバリゼーション……………………… 475
グローバル・マネジャー…………………… 516
グローバル・グレーティング・システム… 491
グローバル・ジョブ・ローテーション…… 254
グローバル・マインドセット……………… 458
グローバル・リーダーシップ……………… 458
グローバル化……… 205, 456, 466, 471, 473
グローバル教育……………………………… 343
グローバル経済……………………………… 462
グローバル市民……………………………… 519
グローバル人材……… 254, 456, 506, 515
グローバル人材育成………………………… 528
クロスボーダー輸送………………………… 531

【け】
経営幹部……………………………………… 306
経営幹部教育………………………………… 308
経営工学……………………………………… 360
経営戦略………………………………… 69, 485
経営組織……………………………………… 52
経営判断の迅速化…………………………… 531
経営ビジョン………………………………… 94
経営理念………………………………… 53, 84
経験学習……………………………………… 293
経験学習理論………………………………… 13
形態的特性…………………………………… 385
結果の公平性………………………………… 207
健康管理……………………………………… 360
健康経営……………………………… 360, 361, 402
研修転移研究………………………………… 12
現地化………………………………………… 532
現地化戦略…………………………………… 534
現地雇用……………………………………… 480
現地採用……………………………………… 501
現地法人……………………………………… 461
現地法人中核人材育成……………………… 533
現場実習……………………………………… 292

【こ】
広域障害者職業センター…………………… 163
公共職業安定所……………………………… 163
公共職業訓練………………………………… 15
後継者育成計画……………………………… 310
貢献主義人事制度…………………………… 195
公式組織……………………………………… 55
構成概念妥当性……………………………… 150
構造化面接（structured interview）
　　　　　　　　　……… 151, 153, 154
構造的サポート（structural support）…… 407
公的職業訓練………………………………… 20
公平性………………………………………… 206
高齢・障害・求職者雇用支援機構………… 16
高齢化率……………………………………… 386
高齢者雇用…………………………………… 40
コーチング…………………………………… 66
コーピング…………………………………… 404
コーポレート人事スタッフ………………… 61

コーポレートガバナンス	85
国際人間工学連合	384
国際人間工学会	361
国際労働事務局	361
互酬性（reciprocity）の規範	410
個人人格	54
個人と環境の適合性（Person-Environment fit）	158
個人マスタリー	116
コスモポリタン	238
個別状況別妥当性	130
コミュニティオブプラクティス活動	332
コミュニティ心理学	382
コンピテンシー	144, 206
コンピテンシー評価	228

【さ】

在職者訓練	16
在職者法	135
最大限の繁栄	207
財務指標	225
採用主体	506
採用選考	145
採用地	505
採用面接	151, 152
裁量労働	206
作業環境管理	360
作業管理	360, 384
作業管理士	361
作業研究	387
作業組織	55
サクセッションプラン	61
指図票制度	387
差別禁止指針	164
サポートの源（source）	407
産業カウンセラー	432
産業技術総合研究所	385
産業クラスター	21
産業心理学	129
産業疲労	446
産業保健人間工学会	362
三種の神器	472
3次予防	400

3 PL	530
360度評価	206
360度フィードバック	310

【し】

時間	353
事業構造の再構築（リストラクチャリング）	285
事業部制	285
シグナリング理論	26, 28
嗜好の差別	252
自己啓発	3
自己高揚（self-enhancement）	410
自己効力感	88
自己申告	206
自己申告制度	331
システム	384
システム思考	117
次世代経営幹部候補	237
次世代リーダー	297
七・五・三問題	290
実践共同体	23, 317
質的基幹化	243
私費外国人留学生生活実態調査	525
シャープ	511
社員格付制度	238
社会貢献活動	478
社会構成主義	316
社会人基礎力	28, 292
社会人大学院生	28
社会的交換理論（social exchange）	410
社会的支配志向性	318
社内FA	206
社内公募	206
社内公募・応募	331
従業員援助プログラム	442
集合研修	286
集合知	317
就職基礎能力	28
就職協定	127, 172
終身雇用	29
重層型昇進構造	237
住宅手当	208

重量機工事業	530	職務記述書	59, 209
就労移行支援事業	164	職務給	203
就労継続支援事業A型	164	職務充実	389
就労継続支援事業B型	164	職務遂行能力	175
障害者基本法	162	職務中心主義	275
障害者雇用率制度	43	職務転換	389
障害者差別禁止法	162	職務等級	210, 234
障害者就業・生活支援センター	163	職務評価	209
障害者職業総合センター	163	職務評価要素	210
障害者総合福祉法	162	職務分析	209
障害者の雇用の促進等に関する法律	161	職務満足	132
障害者理解	44	職務明細書	59
昇格先行・昇進追随	236	女性管理職	326
上級管理職研修	307	女性の就業継続	325
消極的メンタルヘルス	374	初任行政研修	358
少子高齢化	5	初任配置	157
小集団活動	360	ジョブ・デザイン	206
情緒的サポート（emotional support）	408	ジョブ・ローテーション	158
情動焦点型	426	ジョブ型	157
除外率制度	161	序列法	210
職業教育	20, 26, 27, 28, 341	人材アセスメント	100
職業性ストレス	393	人材育成	25, 26, 29, 91
職業性ストレス簡易調査票	436	人材育成機能の低下	289
職業性ストレスモデル	393, 405	人材開発	2, 11, 270
職業適合性	142	人材システム	69
職業的レリバンス	29	人材スペック	58
職業能力開発促進法	18, 329, 356	人材ポートフォリオ	244, 246
職業能力評価基準	17	人材要件	141
職業リハビリテーション	161	人事給与（情報）システム	104
職種別採用	206	人事考課	185
職能給	201, 208, 209	新時代の「日本的経営」	473
職能資格	234	人事等級制度	203
職能資格制度	201, 208, 233	人事評価	213
職能中心主義	277	新卒一括採用	25, 29
職場学習理論	14	身体障害者	160
職場環境改善活動	444	身体障害者雇用納付金	161
職場寒冷化	291	身体障害者手帳	42
職場適応援助者制度	161	身体障害者福祉法	160
職場のいじめ・嫌がらせ問題に関する円卓会議ワーキング・グループ報告	413	診断型組織開発	495
		人的資源管理	94, 97, 103, 490
職務拡大	389	人的資源管理開発	534
職務価値	210	人的資本	26

人的資本論	25, 26, 28
信頼性	149
信頼性係数	150
心理的安全性	319
心理的契約	133, 168

【す】

ステークホルダー・マネジメント	10
ストレス	403, 438
ストレス・コーピング	425
ストレス耐性	438
ストレスチェック制度	435, 444, 445
ストレス日記	429
スペシャリスト	237

【せ】

成果給	203
性格的要素	143
成果主義	203, 294
成果主義賃金	208, 249
精神障害者	161
精神障害者保健福祉手帳	42
生成（generation）	92
制度的補完性	253
制度理論	9
生命生態学モデル	383
生理的特性	385
世界本社	461
セクシュアルハラスメント（セクハラ）	412
積極的メンタルヘルス	374
絶対評価	214
ゼネラリスト	237
ゼネラル・エレクトリック（GE）	308
攻めのビジネス	532
セルフ・キャリアドック	283, 357
セルフアセスメント	322
ゼロ次予防	401
選抜結果の公正	152
専門学校	465
専門職大学院	28, 37
戦略的HRM	108
戦略的人的資源管理理論（SHRM: strategic human resource management）	8
戦力化	291

【そ】

早期成長志向	290
早期離職	290
相互作用的公正	249
相互特殊投資	236
操作主義	66
創造革新	93
創造革新性パラドックス	92
創造性	91
創造的アイデア	92
創造的アイデアの生成	92
創造的アイデアの履行	92
相対評価	214
ソーシャル・キャピタル	22
ソーシャル・サポート	407
促進要因	380
組織	70
組織開発	445, 495
組織学習	66
組織コミットメント	112
組織コミュニケーション	315
組織事故	418
組織社会化	132, 159, 166
組織社会化理論	13
組織人格	54
組織設計	75
組織適応	291
組織的公正	247
組織的公正論	216
組織内政治	10
組織のパラダイム	84
組織のフラット化	294
組織風土	84
組織文化	56, 82, 84
組織文化の計画的変革	84
組織文化の定義	83
組織文化の変革	84
組織目標	53
卒業方式	236
ソニー	512
ソフトバンク	512

【た】

- 対価型セクシャルハラスメント……412
- 大学……465
- 大学進学率……25, 27
- 対処資源（coping resource）……409
- 対人的公正……152
- 態度的要素……143
- ダイバーシティ（多様性）……205
- ダイバーシティ・マネジメント……9, 30
- ダイヤモンドフレーム……21
- 対話型組織開発……495
- タカラトミー……512
- 武田薬品工業……512
- 多国籍企業……486
- タスクフォース……294
- 多段階評価……215
- 妥当性……153, 206
- 妥当性一般化……130
- 妥当性係数……150
- 多面評価……228
- 多様性……5, 118
- 多様な正社員……245, 246
- タレント・ディベロップメント……309
- タレント・マネジメント（TM: talent management）……8, 105
- タレント・マネジメント（情報）システム……105
- タレントレビュー……491
- 短期計画……53
- 男女均等施策……327
- 男女雇用機会均等法……35
- 男女雇用機会均等法第11条……412

【ち】

- 地域障害者職業センター……163
- 地域精神健康法……382
- チーム学習……117
- チェンジ・エージェント……85
- 知的障害者……160
- 中堅社員……298
- 中長期計画……53
- 長時間労働……386
- 調整効果（moderating effect）……408
- 賃金表……210

【つ】

- 追跡法……135

【て】

- ディーセント・ワーク……393
- 定期一括採用……170
- 定限年齢退役制度……302
- ディストレス……438
- 定着化……291
- テイラーシステム……387
- 適応……383
- 適合……383
- 適性……141
- 適性テスト……100, 149
- 出来高制……207
- 出来高払い制度……387
- デジタル・ヒューマン……386
- 手続き的公正……152, 247
- デュアル・ラダー……238

【と】

- 道具性期待理論……87
- 道具的サポート（instrumental support）……408
- 統計的差別……252
- 導入研修……292
- 透明性……206
- 特例子会社……161
- 特例子会社制度……161
- トップ・ダウン……472
- トップマネジメントのグローバルな対応力……532
- 共に見るもの……94
- 豊田通商……308
- トランスナショナル企業……494
- 取締役会の活性化……532

【な】

- 内需拡大……473, 474
- 内発的モチベーション理論……88
- 内部EAP……442
- 内部労働市場……235
- 内容的妥当性……150
- ナショナル・スタッフ……457
- 納得性……206

【に】

- 21世紀型組織……80

2次予防	401
日産自動車	511
日本板硝子	511
日本オラクル	308
日本学生支援機構	523, 524, 525, 526, 527
日本経営者団体連盟	474
日本産業訓練協会	296
日本人幹部の"グローバル人財化"	532
日本的経営	82, 471, 472, 473, 474, 533
日本的経営の「三種の神器」	82
入社前研修	292
人間工学チェックリスト	361
人間工学的アプローチ	360
人間の機械視	387
人間の特性	385
認識・推論・記憶	386
認識論的内省	319
認知・心理的特性	385
認知（行動）療法	428
認知過程	386
認知機能	386
認定社内検定	17
認定職業訓練	16

【ね】

年功主義	203
年功昇進	199
年功制	199
年功賃金	208
年俸制	207
年齢給	203, 208

【の】

能率研究　人間工學	385
能率性	53
能力	174
能力育成	91
能力開発	2
能力主義人事	200
能力的要素	143
能力評価基準	20

【は】

パワーハラスメント（パワハラ）	412
パタニティハラスメント（パタハラ）	416
働きがい	352
働きやすさ	352
働く人の病	384
発達障害	161
パフォーマンス	223
パフォーマンス・マネジメント	187, 223
バランス・スコアカード	218
半自律的作業集団	389
反転授業	349
汎用的能力（Generic Skill）	28

【ひ】

ヒアリング	322
非公式組織	55
非財務指標	226
ビジネススクール	37
非正規雇用	474
非正規社員	337
非正規従業員	242, 243, 246
ヒューマンエラー	384
ヒューマンファクター	418
評価者訓練	206
評価のインフレーション	190
標準化	387
標準仕事量	206
表面的妥当性	150

【ふ】

ファスト・トラック	206
ファミリー・フレンドリー	422
フォーマルアセスメント	323
フォローアップ面談	332
フォロー研修	292
フォワーディング事業	530
複線型キャリア開発	238
複線型人事制度	203
フラグメンテーション	467
フリッカー検査	446
ブルーカラー	506
プログラム評価	383
プロジェクト	294, 332
プロジェクトチーム	285
プロフェッショナル	113
分配的公正	247

分離教育 44
分類法 210

【へ】

ヘイ・システム 210

【ほ】

報酬制度 203
法定雇用率 160
ホーソン研究 129
ボーナス 209
ポジティブ・アクション 326
ポジティブ心理学 89
ボトム・アップ 472
ポリテクセンター（職業能力開発促進センター）
 16
ホワイトカラー 506

【ま】

マタニティハラスメント（マタハラ） 416
マッチング 167

【み】

未経験課題 91
ミスマッチ 303
溝 93
ミドル・マネジメント 463

【む】

無関心圏 57

【め】

メタ分析 130, 153
面接での評価内容 155
面接の評価プロセス 154
メンタリング 351
メンタルヘルス 374, 398
メンタルヘルス指針 442
メンタルヘルス対策 400
メンタルヘルス不全 374
メンタルモデル 116
メンバーシップ型 157

【も】

目標 90
目標管理活動 331
目標管理制度（MBO） 185, 217, 280
目標設定理論 87, 218
目標による管理 206

モチベーション 86
モデレータ 119
求められる人材像 58
求められる組織像 54
問題焦点型 426

【や】

やりたいこと志向 290

【ゆ】

誘因（インセンティブ） 54
有効性 53, 206
ユーストレス 438
輸出至上主義 474

【よ】

養成訓練 16
要素別点数法 210
ヨーロッパ労働条件調査（EWCS） 377
4つのR 427
予防精神医学 382
予防要因 380
夜型化したライフスタイル 386
4段階評価モデル 320

【ら】

ライン（拠点）人事スタッフ 61

【り】

リアリティショック 132, 166, 290
リーダーシップ 57, 85, 90, 119
リーダーシップ・プログラム 492
リクルーティングの機能 156
履行（implementation） 92
離職者訓練 15
リスク・ファクター 375
リスクアセスメント 419
リスクマネジメント 419
リソース・ベースト・ビュー（RBV:resource-based view） 8
リテンション 111
留学生30万人計画 523, 528
留学生10万人計画 528
療育手帳 42

【れ】

レジリエンス 406, 438
連携 93

【ろ】

- 労働衛生……………………… 384
- 労働衛生3管理………………… 360
- 労働科学……………………… 384
- 労働科学研究………………… 387
- 労働強化……………………… 387
- 労働災害……………………… 416
- 労働者健康状況調査…………… 375
- 労働生活の質………………… 377
- 労働の人間化………………… 389
- ローカル……………………… 238
- ローカルスタッフの育成……… 534

【わ】

- ワーク・ファミリー・コンフリクト……… 423, 440
- ワーク・モチベーション…………… 87, 100
- ワーク・モチベーション理論………… 87
- ワーク・ライフ・バランス…………… 245

編集者・執筆者一覧

編集

　編集責任者　　森田一寿　　人材育成学会初代会長
　編集副責任者　木谷光宏　　人材育成学会会長

ワーキンググループ

　宮下　清　　長野県立大学グローバルマネジメント学部教授
　櫻木晃裕　　宮城大学事業構想学群教授
　髙橋　修　　東北大学高度教養教育・学生支援機構准教授
　荒井元明　　東海大学教学部高輪教学課キャリア就職担当課長

執筆者一覧（執筆順）

第Ⅰ章

　永野　仁　　（編集幹事）明治大学政治経済学部教授
　木村琢磨　　法政大学キャリアデザイン学部教授
　中原　淳　　立教大学経営学部教授
　浅野浩美　　高齢・障害・求職者雇用支援機構雇用推進・研究部長
　石山恒貴　　法政大学大学院政策創造研究科教授
　亀野　淳　　北海道大学高等教育推進機構准教授
　横山和子　　東洋学園大学大学院現代経営研究科・研究科長・教授
　西山昭彦　　立命館大学共通教育推進機構教授
　牛尾奈緒美　明治大学情報コミュニケーション学部教授／明治大学副学長（広報担当）
　金　雅美　　和光大学経済経営学部教授
　木村　周　　労働政策研究・研修機構（JILPT）リサーチ・アドバイザー
　鹿生治行　　高齢・障害・求職者雇用支援機構雇用推進・研究部
　髙見令英　　国際武道大学体育学部教授・学長

第Ⅱ章

　藤本雅彦　　（編集幹事）東北大学大学院経済学研究科教授
　竹村之宏　　多摩大学名誉教授
　宮下　清　　長野県立大学グローバルマネジメント学部教授
　三木佳光　　三木経営研究所所長
　咲川　孝　　新潟大学大学院技術経営研究科教授
　角山　剛　　東京未来大学学長・モチベーション行動科学部教授

古川久敬	九州大学名誉教授
小川悦史	大阪経済大学経営学部准教授
塩津　真	キャリアアンカー代表取締役コンサルタント
須田敏子	青山学院大学大学院国際マネジメント研究科教授
山本　寛	青山学院大学経営学部教授
田尾雅夫	愛知学院大学経営学部客員教授
小野公一	亜細亜大学経営学部教授
中西　晶	明治大学経営学部教授
石川　淳	立教大学経営学部教授

第Ⅲ章

二村英幸	(**編集幹事**)(元)文教大学教授
岡崎仁美	リクルートキャリア就職みらい研究所所長(2017年時点)
内藤　淳	リクルートマネジメントソリューションズ HRアセスメントソリューション統括部アセスメント開発部主任研究員
舛田博之	リクルートマネジメントソリューションズ測定技術研究所
今城志保	リクルートマネジメントソリューションズ組織行動研究所主幹研究員
飯塚　彩	リクルートマネジメントソリューションズHRアセスメントソリューション統括部ソリューション推進部ソリューション開発グループ主任研究員
尾形真実哉	甲南大学経営学部教授
服部泰宏	神戸大学大学院経営学研究科准教授

第Ⅳ章

髙橋　潔	(**編集幹事**)立命館大学総合心理学部教授
谷内篤博	実践女子大学人間社会学部長・教授
櫻木晃裕	宮城大学事業構想学群教授
笹島芳雄	明治学院大学名誉教授
江夏幾多郎	名古屋大学大学院経済学研究科准教授
田辺和彦	ジィ・ディー・エル代表取締役
梶原武久	神戸大学大学院経営学研究科教授
須東朋広	組織内サイレントマイノリティ代表理事
内田恭彦	山口大学経済学部教授
平野光俊	神戸大学大学院経営学研究科教授
余合　淳	名古屋市立大学大学院経済学研究科准教授
加納郁也	兵庫県立大学経営学部教授
山田　久	日本総合研究所調査部理事
小泉大輔	大阪国際大学経営経済学部講師
白木三秀	早稲田大学政治経済学術院教授

第Ⅴ章

花田光世	(**編集幹事**)慶應義塾大学名誉教授
桐村晋次	(元)法政大学大学院教授
髙橋　修	東北大学高度教養教育・学生支援機構准教授
堀内泰利	慶應義塾大学SFC研究所上席所員
梶原　豊	高千穂大学名誉教授
杉浦正和	早稲田大学経営管理研究科教授
小西由樹子	早稲田大学ビジネス・ファイナンス研究センター招聘研究員
小山健太	東京経済大学コミュニケーション学部准教授
村上恭一	慶應義塾大学大学院　政策・メディア研究科　特任教授
前田恒夫	HRDアソシエイツ代表 人材育成アドバイザー
吉澤康代	香川大学大学院地域マネジメント研究科准教授
宮地夕紀子	慶應義塾大学大学院政策・メディア研究科特任講師
奥津眞里	(元)労働政策研究・研修機構統括研究員
森谷一経	北海道文教大学外国語学部准教授
髙間邦男	ヒューマンバリュー会長
古賀暁彦	産業能率大学情報マネジメント学部教授
木谷　宏	県立広島大学大学院経営管理研究科教授
菊地敦子	公務人材開発協会代表理事
岸田孝弥	高崎経済大学名誉教授
原田順子	放送大学教養学部教授

第Ⅵ章

渡辺直登	(**編集幹事**)愛知淑徳大学グローバル・コミュニケーション学部教授
泉　博之	産業医科大学産業生態科学研究所人間工学研究室准教授
伴　英美子	慶應義塾大学SFC研究所上席所員
西田豊昭	中部大学経営情報学部准教授
前田一寿	ロブ代表取締役社長
吉岡京子	国立保健医療科学院生涯健康研究部公衆衛生看護学研究領域主任研究官
林　洋一郎	慶應義塾大学大学院経営管理研究科准教授
日詰慎一郎	群馬県立女子大学国際コミュニケーション学部教授
三沢　良	岡山大学大学院教育学研究科講師
坂爪洋美	法政大学キャリアデザイン学部教授
渡部　卓	帝京平成大学現代ライフ学部教授
長谷川尚子	電力中央研究所上席研究員
安藤一重	産業カウンセラー協会
宮城まり子	キャリア心理学研究所代表

金井篤子	名古屋大学大学院教育発達科学研究科教授
松本桂樹	ジャパンＥＡＰシステムズ代表取締役社長
越河六郎	大原記念労働科学研究所客員研究員

第Ⅶ章

野宮大志郎	**(編集幹事)** 中央大学文学部教授
伊藤正昭	明治大学名誉教授
中道　眞	別府大学国際経営学部准教授
薄上二郎	青山学院大学経営学部教授
赤津恵美子	武田薬品工業株式会社グローバルHR人材開発・組織開発（日本）ヘッド
城戸康彰	産業能率大学経営学部教授
植木真理子	拓殖大学商学部教授
小林一雅	近畿大学国際学部教授
松笠裕之	九州産業大学地域共創学部准教授
丹野　勲	神奈川大学経営学部教授
菊地勇次	千葉大学学務部教育企画課長（兼）スーパーグローバル大学事業推進事務室長
小柳志津	首都大学東京准教授
馬越恵美子	桜美林大学経済経営学系教授
沈　瑛	松蔭大学経営文化学部准教授

（所属は2018年12月時点）

森田一寿（人材育成学会初代会長）
元産業能率大学・目白大学大学院教授。
1937年東京都生まれ。東京大学心理学科卒。ミシガン大学・ハーバード大学に私学振興財団助成留学でJ. W. アトキンソン・D. C. マクレラントに師事。
担当科目は，「心理学概論」「産業組織心理学」「行動科学」「人的資源管理」など。科学技術庁・文部科学省・通商産業省・厚生労働省の専門委員歴任，「高齢・障害・求職者支援機構」「労働政策研究・研修機構」などの外郭団体や民間企業のプロジェクト・共同研究・指導等多数。『経営の行動科学』(福村出版)，『企業人教育のあり方』(産能大出版)など著書・報告書・論文多数。
現所属学会：日本心理学会（終身会員）　産業・組織心理学会　経営行動学会　組織学会　日本産業カウンセリング学会　日本ベンチャー学会など。

木谷光宏（人材育成学会会長）
明治大学政治経済学部専任教授。広告電通賞審議会選考委員，㈱重松製作所非常勤監査役などを務める。
1949年北海道生まれ。明治大学政治経済学部経済学科卒業。同大学大学院政治経済学研究科博士課程単位取得退学。ノース・カロライナ大学客員研究員（1991〜92）。
担当科目は，学部「産業心理学」「消費心理学」「現代心理学」，大学院博士前期「産業社会学研究」，大学院博士後期「産業社会学特殊研究」など。
専攻は産業心理学。指導する木谷光宏産業心理学ゼミナールでは商品のマーケティングや企画・開発に産学連携で取り組み，紙パック飲料「ココアの休日」，即席カップ麺「トマトらーめん」，大学生のシステム手帳「就勝手帳」などの発売に寄与。『地域産業とコミュニティ』（共編著　白桃書房），『大学生のためのライフ・デザインのすすめ』（共編著　リンケージ・パブリッシング），『産業・組織心理学入門』（共著　福村出版），『大学生の就職と採用』（共著　中央経済社）など著書・論文・報告書など多数。
現所属学会：日本社会心理学会　産業・組織心理学会　日本労務学会　日本社会学会　日本グループ・ダイナミックス学会　日本選挙学会　社会環境学会　日本砂漠学会　日本マス・コミュニケーション学会　地域デザイン学会　日本消費者行動研究学会　明治大学政経学会など。

人材育成ハンドブック

2019年3月29日　初版第1刷発行　　　　　　　　〔検印省略〕

編　集　　人材育成学会
発行者　　金子　紀子
発行所　　株式会社 金子書房

〒112-0012　東京都文京区大塚3-3-7
TEL　03（3941）0111（代）
FAX　03（3941）0163
振替　00180-9-103376
URL　http://www.kanekoshobo.co.jp

印刷　藤原印刷株式会社　　製本　島田製本株式会社

© Japanese Academy of Human Resource Development 2019　Printed in Japan
ISBN978-4-7608-2670-4　C3034